반려동물 행동지도사
한권으로 끝내기

시대에듀

Always with you

사람의 인연은 길에서 우연하게 만나거나 함께 살아가는 것만을 의미하지는 않습니다.
책을 펴내는 출판사와 그 책을 읽는 독자의 만남도 소중한 인연입니다.
시대에듀는 항상 독자의 마음을 헤아리기 위해 노력하고 있습니다. 늘 독자와 함께하겠습니다.

합격의 공식 ▶ 시대에듀

자격증 • 공무원 • 금융/보험 • 면허증 • 언어/외국어 • 검정고시/독학사 • 기업체/취업
이 시대의 모든 합격! 시대에듀에서 합격하세요!
www.youtube.com ➡ 시대에듀 ➡ 구독

머리말 PREFACE

반려동물 양육가구가 1,500만 시대인 요즘을 '펫휴머니제이션(Pet Humanization)'으로 부른다고 합니다. 즉 이제는 한 가족의 구성원으로서 반려동물들을 바라본다는 의미입니다. 최근에 이런 현상에 맞춰 반려동물에 관한 수요는 점차 높아지고 있는 반면에 훈련을 담당하는 전문인력에 대한 수급은 민간에서 제각기 이루어져 체계적이고도 객관적인 자격제도 운영에 대한 요구가 지속적으로 제기되어 왔습니다.

반려동물행동지도사 국가자격시험이 2024년부터 처음으로 시행되었습니다. 반려동물 행동지도 분야에 관심을 가지고 있는 많은 분들의 염원에 힘입어 본 도서를 출간하게 되었습니다.

❶ 반려동물행동지도사로서 갖추어야 할 가장 기본적인 이론 지식을 「반려동물 행동학」, 「반려동물 관리학」, 「반려동물 훈련학」, 「직업윤리 및 법률」, 「보호자 교육 및 상담」의 5과목으로 구성하였습니다.

❷ 각 과목의 챕터별로 실전예상문제를 수록하여 이론학습을 마무리하면서 학습의 정도를 바로바로 점검해볼 수 있도록 알차게 구성하였습니다.

❸ 암기가 필요한 주요 이론들은 그림이나 도표, 더알아보기 박스, 용어설명 박스 등을 통해 한눈에 파악하기 쉽도록 깔끔하게 정리하였습니다.

반려동물과 함께 오래 행복하게 살아가기 위해서 알아야 할 것과 갖추어야 할 것은 무엇인지에 대해 예비 반려동물행동지도사분들에게 본 도서가 도움이 될 것이라 확신하며, 앞으로 반려동물행동지도사로 활약하게 될 수험생 여러분들의 건승을 빕니다.

이웅종 올림

시험안내 INFORMATION

● 반려동물행동지도사

반려동물의 행동분석 및 평가, 반려동물에 대한 훈련, 반려동물 소유자 등에 대한 교육, 그 밖에 반려동물 행동지도 및 교육과 관련된 업무를 하는 사람

● 반려동물 연관산업 규모 전망

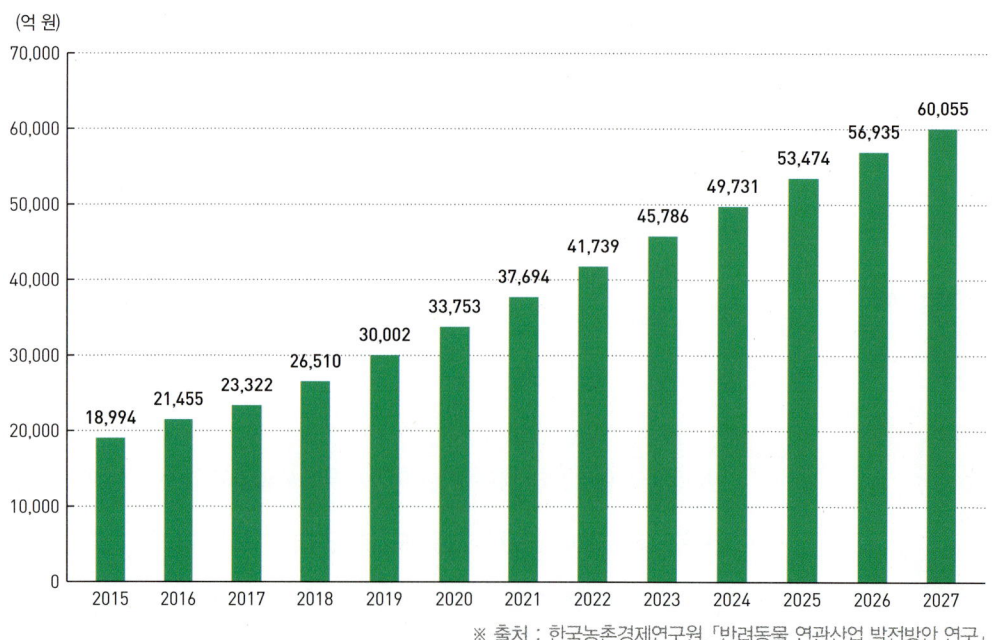

※ 출처 : 한국농촌경제연구원, 「반려동물 연관산업 발전방안 연구」

- ▶ 1인가구 증가 및 고령화로 반려동물 양육인구가 지속적으로 증대
- ▶ 반려동물 산업시장 규모가 꾸준히 확대될 것으로 전망
- ▶ 반려동물 관련산업 증대에 따라 체계적인 훈련과 관리에 대한 수요가 있을 것으로 예상

반려견 물림사고 현황

2016년	2017년	2018년	2019년	2020년	2021년	2022년
2,111건	2,405건	2,368건	2,154건	2,114건	2,197건	2,216건

※ 출처 : 소방청, 「야외활동시 개 물림 사고 주의 당부」 보도자료

▶ 매년 2천건 이상 반려견에게 물리는 사고가 반복되어 환자 및 사망자가 발생함
▶ 반려동물과 사람의 공존을 위한 펫티켓 문화 정착 및 반려동물 교육이 필요함

출제기준

과 목	주요 내용	
반려동물 행동학	• 반려동물 행동의 개념 • 반려동물의 정상행동 • 반려동물의 문제행동	• 반려동물의 행동발달 • 반려동물의 의사소통
반려동물 관리학	• 반려동물의 복지 • 건강관리 • 운동 및 행동관리	• 영양관리 • 환경관리 • 반려견개론 및 견종 표준
반려동물 훈련학	• 반려견 훈련개념 및 훈련의 영향 요인 • 훈련원리의 활용	• 반려견의 학습이론 • 반려견 훈련능력 평가와 활용
직업윤리 및 법률	• 동물보호법 • 기타 생활법률	• 소비자기본법 • 반려동물행동지도사의 직업윤리
보호자 교육 및 상담	• 반려동물 보호자의 개념과 역할 • 반려동물 보호자 교육방법 • 고객상담 • 사후관리	• 반려동물 보호자 교육 계획수립 • 반려동물문제행동 예방교육 • 반려견 위탁서비스

Q & A QUESTION & ANSWER

반려동물행동지도사 자격시험 주요 질의응답(Q&A)

Q1. 반려동물행동지도사란 무엇인가요?

반려동물에 대한 행동분석 및 평가, 훈련, 소유자 등에 대한 교육을 수행할 수 있는 전문가로서, 농림축산식품부 장관이 시행하는 시험에 합격하여 국가자격을 취득한 자입니다.

Q2. 반려동물행동지도사는 등급이 나뉘어 있는가요?

반려동물행동지도사는 2개 등급(1급, 2급)으로 구분합니다. 다만, 2024년에는 2급 자격시험만 시행하며, 1급 자격시험은 2025년부터 시행할 예정입니다.

Q3. 자격시험 응시자격은 어떻게 되는가요?

2급 자격시험은 18세 이상이 응시할 수 있습니다.

※ 응시자격 검증을 위한 증빙서류 및 제출 방법은 수탁기관 세부 운영규정에 따릅니다(자격정보시스템 내 별도 공지).

Q4. 실기시험은 어떻게 진행되는가요?

실기시험은 해당 등급 시험 합격 이력이 없는 응시자 본인 또는 직계가족 소유의 반려견과 함께 지정된 활동을 수행합니다(상세한 안내는 자격정보시스템을 통해 제공).

Q5. 실기시험에 응시할 수 있는 견종의 제한이 있는가요?

견종 및 크기에 상관없이 응시 가능합니다.

Q6. 자격시험 응시원서는 어떻게 접수하는가요?

응시원서 접수는 수탁기관에서 운영하는 반려동물행동지도사 자격정보시스템(apms.epis.or.kr/pet)을 통해서만 가능하며, 단체접수나 현장접수는 불가합니다.

Q7. 자격시험의 합격기준은 어떻게 되는가요?

필기시험은 전 과목 평균 60점 이상, 각 과목 40점 이상이며, 실기시험은 60점 이상이 합격입니다.

Q8. 자격증의 유효기간이 있는가요?

유효기간은 없으나, 향후 반려동물행동지도사의 업무능력 향상을 위한 별도 보수교육이 진행될 예정입니다.

Q9. 반려동물행동지도사의 결격사유가 있는가요?

「동물보호법」 제32조 제1항에 해당하는 사람은 반려동물행동지도사가 될 수 없습니다.

> **동물보호법 제32조(반려동물행동지도사의 결격사유 및 자격취소 등)**
> ① 다음 각 호의 어느 하나에 해당하는 사람은 반려동물행동지도사가 될 수 없다.
> 1. 피성년후견인
> 2. 「정신건강증진 및 정신질환자 복지서비스 지원에 관한 법률」 제3조 제1호에 따른 정신질환자 또는 「마약류 관리에 관한 법률」 제2조 제1호에 따른 마약류의 중독자(다만, 정신건강의학과 전문의가 반려동물행동지도사 업무를 수행할 수 있다고 인정하는 사람 가능)

3. 「동물보호법」을 위반하여 벌금 이상의 실형을 선고받고 그 집행이 종료(집행이 종료된 것으로 보는 경우를 포함)되거나 집행이 면제된 날부터 3년이 지나지 아니한 경우
4. 「동물보호법」을 위반하여 벌금 이상의 형의 집행유예를 선고받고 그 유예기간 중에 있는 경우

Q10. 반려동물 관련 분야에 종사하려면 반려동물행동지도사 자격 취득이 필수인가요?

반려동물행동지도사는 면허가 아니므로, 관련 분야 종사에 필수 사항은 아닙니다. 다만, 자격기본법 제30조(자격취득자에 대한 우대)에 따라 국가자격을 취득한 자는 관련 분야 채용 시 우대받을 수 있습니다.

반려동물행동지도사 실기시험 주요 질의응답(Q&A)

Q1. 반려동물행동지도사는 반려동물 교육센터, 학원, 학교 교육기관을 통해 배우는 것이 유리한가요?

반려동물행동지도사는 아무래도 반려견 교육전문가 교육이기 때문에 전문성이 필요합니다. 개인적으로 독학을 통해 공부할 수는 있겠지만 전문 지도능력이 필요하기 때문에 전문교육을 받는 것이 자격증 취득에 도움이 될 것입니다.

Q2. 반려동물행동지도사 실기 교육을 받으려면 어떻게 준비해야 할까요?

개인은 사설로 운영되는 반려동물 교육센터, 학원에서 정보를 찾아 배우는 것이 도움이 될 것입니다. 우리나라는 한국애견연맹과 애견협회 소속 지정기관이 반려견 훈련소를 운영하거나 소속이 아니더라도 반려견 교육센터가 전국에 있으니 참고하면 될 것입니다. 또한, 전국 반려동물학과 학생 및 학원생들께서 반려동물행동지도사를 목표한다면 학교 훈련학 수업을 통해 자격증 과정을 이수하여 실기시험에 응시하는 것을 권장합니다.

Q3. 반려동물행동지도사 실기시험 응시견의 교육기간은 어느 정도 잡아야 할까요?

10가지 테스트 항목을 수행하기 위해서는 견종의 훈련성과 집중력, 이해력이 좋다는 것을 전제로 최소한 10~12개월은 교육을 받아야 합니다. 물론 시간 투자와 훈련을 시키는 능력에 따라 달라지기도 합니다. 하지만 모든 개들이 요구하는 항목을 전부 따라오지는 못합니다. 일반적인 가정견이라면 3~6개월 정도이면 생활을 하는데 문제가 없지만, 항목이 정해져 있는 시험에서 10개 항목을 통과하려면 이 정도의 훈련기간은 생각하고 준비해야 합니다.

Q5. 반려동물행동지도사 시험에서 견종 선택을 하려고 합니다. 어떠한 품종이 응시견으로 유리할까요?

아무래도 견종 선택이 중요하기는 하지만, 결국은 훈련능력이지요. 반려동물행동지도사 1급까지 도전을 하신다면 사역견에서는 저먼셰퍼트와 벨지움 마리노이즈, 도베르만이 대표적이라고 말을 할 수가 있습니다. 훈련성이 뛰어난 견종은 많습니다. 보더콜리, 래브라도 리트리버, 골든 리트리버부터 소형견으로 푸들, 몰티즈, 포메라니안, 믹스견 등 다양한 품종이 있지요. 하지만 시험을 보기 위해서 무조건 사역견을 분양받는 것보다는 시험을 보고난 후 추후 관리에 대한 생각이 우선되어야 합니다. 좋은 견종을 선택하여도 시험에 모두 통과하기란 쉽지 않습니다. 체계적인 관리와 교육 시간투자, 훈련성, 훈련자의 자질에 따라 많은 변수가 생긴다는 것을 참고 바랍니다.

Q6. 국가기관 탐지요원으로 활동을 하고 있습니다. 담당 탐지견 및 특수목적견으로 시험응시가 가능한가요?

현행법상 자기 소유의 동물로 등록되어있는 견만 가능합니다.

주의사항 CAUTION

◉ 반려동물행동지도사 시험 주의사항

- 견의 목줄은 지정된 용품은 가죽재질, 천재질이 사용가능하다.
- 응시견 동물등록 확인
- 신분증 지참
- 응시표 확인

◉ 반려동물행동지도사 시험 보고요령

- 기본자세(각측정좌)에서 심사위원에게 보고
- 출진자
- "행동지도사 2급 시험 준비 끝났습니다."라고 보고해야 한다.
- 출진번호
- 견명

◉ 출진자 감점요인 주의사항

다음 과목을 위한 코스 이동 시 보행이 제대로 이루어지지 않을 경우 감점

- 리드줄로 개를 컨트롤 하는 경우 감점
- 리드줄을 짧게 잡고 견을 지시하거나 당겨지는 경우 감점
- 리드줄을 길게 늘어뜨리는 경우 감점
- 심사위원 지시가 없이 먼저 진행하는 경우 감점
- 불필요한 이름이나 특정한 소리를 내는 경우 감점
- 유도적인 훈련사의 태도(견에게 도움을 주는 행위) 경우 감점
- 리드줄로 동작을 유도할 경우 감점
- 해당 과목 수행 후 기본자세로의 전환이 원활하게 이루어지지 않을 경우 감점
- 시험 도중 견을 손으로 잡을 경우 감점
- 지시는 1회 음성신호를 기본으로 이며, 추가 명령어 시 감점
- 시험 진행 중 집중력이 떨어지는 경우 감점
- 땅바닥에 냄새를 맡으면서 진행하는 경우 감점

◉ 실기시험 실격사항

- 간식이나 장난감으로 유도 발각 시 실격
- 시험 진행 중 시험 장소를 이탈하는 견 실격
- 시험 도중 사람을 물거나 먼저 싸움을 시작한 견 실격
- 시험 도중 견의 통제 불능 실격
- 부정행위 시험응시 발각 시 실격
- 시험 진행 중 대·소변을 볼 경우 실격
- 시험 도중 핸들러가 폭력적인 행동 실격
- 기타 심사위원이 부정행위라고 생각이 될 때 실격

반려동물행동지도사 2급 자격 도표

실기시험 10가지 PRACTICAL TEST

⊙ 실기시험 10가지 평가 항목을 올바르게 수행하는 방법

① 견줄하고 동행하기
② 동행 중 앉기
③ 동행 중 엎드리기
④ 동행 중 서기
⑤ 부르기
⑥ 가져오기
⑦ 악수하기
⑧ 짖기
⑨ 지정장소로 보내기
⑩ 기다리기

❶ 견줄하고 동행하기

▸ 응시자는 심사위원의 지시에 따라 응시견과 함께 시작점에서 출발합니다.
▸ 응시자는 응시견과 함께 이동경로를 따라 상보구간은 보통 걸음으로 걷습니다.
▸ 정해진 위치에서 턴을 한 후 속보구간으로 진입하면 빠른 걸음으로 걷습니다.
▸ 속보구간이 지나면 다시 보통 걸음으로 걷습니다.
▸ 다음 완보구간으로 진입하여 느린 걸음으로 걷고, 완보구간이 끝나면 다시 보통 걸음으로 시작점까지 이동합니다.
▸ 출발지점에 도착하면 응시견은 명령 없이 앉아야 합니다.

감점요소

- 출발 전 심사위원 지시 없이 출발할 경우 감점
- 시작과 마무리 자세가 바르지 않은 경우 감점
- 줄을 짧게 잡고 리드하는 경우 감점
- 시험 중, 견이 두리번거리면서 따라 걷는 경우 감점
- 응시자와 거리가 떨어지는 경우 감점
- 땅바닥에 냄새를 맡으면서 걷는 경우 감점
- 걸어가는 속도가 핸들러보다 빠른 경우 감점
- 걸어가는 속도가 핸들러보다 느린 경우 감점
- 시험 도중 산만하게 행동하는 경우 감점
- 상보, 속보, 완보 시 정확하게 걷지 못하는 경우 감점
- 기타

❷ 동행 중 앉기

▸ 응시자는 심사위원의 지시에 따라 응시견과 함께 보통 걸음으로 2번 지점으로 이동합니다.
▸ 2번 지점에 도착하면 응시자는 '앉아' 명령을 내리고, 응시견은 명령에 따라 즉시 앉아야 합니다.

감점요소

- 시작과 마무리 자세가 바르지 않은 경우 감점
- 명령어는 3회 이상인 경우 감점
- 줄을 짧게 잡고 리드하는 경우 감점
- 시험 중, 견이 두리번거리면서 따라 걷는 경우 감점
- 응시자와 거리가 떨어지는 경우 감점
- 앉아 동작을 하지 않는 경우 감점
- 엉거주춤 앉는 경우 감점
- 자세가 바르지 않은 경우 감점
- 앉아 동작이 늦은 경우 감점
- 중복된 명령을 내리는 경우 감점
- 줄을 당겨 앉게 하는 경우 감점
- 앉고 난 후 바로 일어나는 경우 감점
- 기타

❸ 동행 중 엎드리기
▶ 응시자는 심사위원의 지시에 따라 응시견과 함께 보통걸음으로 3번 지점으로 이동합니다.
▶ 3번 지점에 도착하면 응시자는 '엎드려' 명령을 내리고, 응시견은 명령에 따라 즉시 엎드려야 합니다.

감점요소

- 시작과 마무리 자세가 바르지 않은 경우 감점
- 명령어는 3회 이상인 경우 감점
- 줄을 짧게 잡고 리드하는 경우 감점
- 응시자와 거리가 떨어지는 경우 감점
- 엎드려 동작을 하지 않는 경우 감점
- 엎드려 자세가 바르지 않은 경우 감점
- 엎드려 동작이 늦은 경우 감점
- 중복된 명령을 내리는 경우 감점
- 줄을 당겨 엎드리게 하는 경우 감점
- 엎드리고 난 후 바로 일어나는 경우 감점
- 기타

❹ 동행 중 서기
▶ 응시자는 심사위원의 지시에 따라 응시견과 함께 보통 걸음으로 4번 지점으로 이동합니다.
▶ 4번 지점에 도착하면 응시자는 '서' 명령을 내리고, 응시견은 즉시 서야 합니다.
▶ 응시견은 심사위원 지시가 있을 때까지 약 3초에서 5초간 서 있는 상태를 유지합니다.

감점요소

- 동행 중 서 자세가 바르지 않은 경우 감점
- 동행 중 서 명령어에 엎드리는 경우 감점
- 동행 중 서 명령어에 앉는 경우 감점
- 줄을 짧게 잡고 리드하는 경우 감점
- 명령어는 3회 이상인 경우 감점
- 시험 중, 견이 두리번거리면서 움직이면 감점
- 응시자와 거리가 떨어지는 경우 감점
- 서 자세가 바르지 않은 경우 감점
- 서 자세로 움직이는 경우 감점
- 중복된 명령을 내리는 경우 감점
- 기타

❺ 부르기
▶ 응시자는 심사위원의 지시에 따라 응시견과 함께 보통 걸음으로 5번 지점으로 이동합니다.
▶ 응시자는 다음 심사위원의 지시에 따라 응시견을 '앉아', '기다려' 명령으로 앉혀 놓고 견줄을 해제합니다.
▶ 그다음 응시자는 13미터 떨어진 정해진 지점으로 이동하여 응시견과 마주 섭니다.
▶ 응시자는 심사위원 지시에 따라 '이리와' 명령으로 응시견을 부릅니다.
▶ 응시견이 응시자 앞에 서면 응시자는 '앉아' 명령을 내려 응시견을 앉힙니다.
▶ 다음, 심사위원의 지시에 따라 응시자는 '돌아', '옆에 앉아' 명령을 통해 응시견을 옆에 앉힌 후 견줄을 채웁니다.

감점요소

- 시작과 마무리 자세가 바르지 않은 경우 감점
- 명령어는 3회 이상인 경우 감점
- 앉아 기다리는 도중 부르기 이전에 움직이는 경우 감점
- 이리와 부르면 다른 곳으로 가는 경우 감점
- 이리와 부르면 핸들러 앞에 비스듬히 않는 경우 감점
- 부르기 도중 다가오다가 다른 곳으로 이탈하는 경우 감점
- 다가오다가 도중 엎드리는 경우 감점
- 다가오다가 도중 멈추는 경우 감점
- 핸들러에게 다가왔다가 도주하는 경우 감점
- 핸들러에게 다가와 핸들러 뒤로돌아 옆에 오는 경우 감점
- 이리와 도중 느린 걸음걸이로 다가오는 경우 감점
- 이리와 부르면 핸들러 앞에 정확하게 앉지 않는 경우 감점
- 손동작으로 명령을 내려주는 경우 감점
- 기타

실기시험 10가지 PRACTICAL TEST

❻ 가져오기

- 응시자는 심사위원의 지시에 따라 응시견과 함께 보통 걸음으로 6번 지점으로 이동합니다.
- 응시자는 응시견의 견줄을 해제한 후 심사위원의 지시에 따라 개인이 지참한 덤벨, 장난감, 공, 인형 등의 물건을 5미터 이상 던집니다. 단, 지참 가능 물건 안에 먹이, 간식 등을 넣어 평가의 공정성을 해하는 경우 부정행위로 간주됩니다.
- 응시자는 '가져와' 명령을 내리고 응시견은 물건을 가져와 응시자 앞에 앉습니다.
- 응시자는 '놓아' 명령으로 응시견이 물고 있는 물건을 놓게 하여 회수합니다.
- 그 다음 응시자는 '옆에 앉아' 명령을 통해 응시견을 옆에 앉힌 후 견줄을 채웁니다.
- 응시자는 다음 항목 수행을 위해 7번 지점으로 이동합니다.

감점요소

- 시작과 마무리 자세가 바르지 않은 경우 감점
- 명령어는 3회 이상인 경우 감점
- 덤벨이나 장난감을 던지고 명령어 없이 바로 달려가는 경우 감점
- 덤벨이나 장난감을 던지고 명령어에 가지러 가지 않는 경우 감점
- 덤벨이나 장난감을 던지고 가져와 명령에 장난감을 물었다가 놓는 경우 감점
- 덤벨이나 장난감을 던지고 가져와 명령에 장난감을 물었다가 놨다 반복하는 경우 감점
- 덤벨이나 장난감을 가져오다가 다른 방향으로 도주하는 경우 감점
- 덤벨이나 장난감을 가져와 핸들러 앞에 비스듬히 앉는 경우 감점
- 덤벨이나 장난감을 놓지 않는 경우 감점
- 덤벨이나 장난감을 명령어 없이 바로 놓는 경우 감점
- 기타

❼ 악수하기

- 응시자는 견줄을 바닥에 놓은 채 응시견에게 '앉아' 명령을 내린 후 응시견 앞에 섭니다.
- 심사위원 지시에 따라 '손' 명령을 내려 응시견이 손을 내밀도록 합니다.
- '손'은 오른손, 왼손 각각 한 번씩 진행합니다.
- 응시자는 다음 항목 수행을 위해 8번 지점으로 이동합니다.

감점요소

- 시작과 마무리 자세가 바르지 않은 경우 감점
- 명령어는 3회 이상인 경우 감점
- 악수 명령어에 반응 없는 경우 감점
- 악수 동작에 한 발만 하는 경우 감점
- 악수 동작에 정확하게 표현 못 하는 경우 감점
- 기타

❽ 짖기
- 응시자는 견줄을 바닥에 놓은 채 응시견에게 '앉아' 명령을 내린 후 응시견 앞에 섭니다.
- 심사위원 지시에 따라 '짖어' 명령을 내리고 응시견이 즉시 짖도록 합니다. 명령은 세 번 반복합니다.
- 응시자는 다음 항목 수행을 위해 9번 지점으로 이동합니다.

❾ 지정장소로 보내기
- 심사위원의 지시에 따라 응시자는 견줄을 해제하고 응시견에게 지정장소로 가라는 명령을 내립니다.
- 응시견은 5미터 떨어진 지정장소에 있는 하우스 안으로 즉시 들어가야 합니다.
- 응시자는 '엎드려' 명령을 응시견에 내리고 응시견은 엎드린 자세로 약 3초에서 5초간 대기합니다. 다음, 심사위원 지시에 따라 응시자가 '이리와' 명령을 내리면 응시견은 응시자 앞으로 와서 앉아야 합니다.
- 응시자는 '옆에 앉아' 명령을 통해 응시견을 옆에 앉힌 후 견줄을 채웁니다.

감점요소
- 시작과 마무리 자세가 바르지 않은 경우 감점
- 명령어는 3회 이상인 경우 감점
- 하우스로 가지 않는 경우 감점
- 하우스로 들어가는 과정에 느리게 행동하는 경우 감점
- 하우스로 가다가 멈추는 경우 감점
- 하우스로 들어가지 않는 경우 감점
- 하우스로 들어가서 바로 나오는 경우 감점
- 하우스로 들어가서 엎드리지 않는 경우 감점
- 하우스 안에서 이리와 명령 시 느린동작으로 나오는 경우 감점
- 하우스 안에서 이리와 도중 다른 곳으로 도주하는 경우 감점
- 하우스 안에서 이리와 도중 다른 곳으로 나와 앉거나 엎드리는 경우 감점
- 기타

❿ 기다리기(3분대기)
- 심사위원의 지시에 따라 응시자는 견줄을 해제하고 응시견에게 '엎드려'와 '기다려' 명령을 내린 후, 응시자만 10번 장소로 이동합니다.
- 응시견은 대기 장소에서 엎드린 자세로 3분 동안 기다립니다.
- 3분이 지난 후, 심사위원이 지시하면 응시자는 응시견에게 다가가 '기다리기' 명령을 해제한 후 견줄을 채웁니다.
- 응시자는 응시견과 함께 10번 장소로 이동하여 실기시험 수행을 마무리합니다.

감점요소
- 시작과 마무리 자세가 바르지 않은 경우 감점
- 명령어는 3회 이상인 경우 감점
- 대기 장소에서 바로 도주하는 경우 감점
- 대기 장소에서 바로 일어나는 경우 감점
- 대기 장소에서 3분이 전 일어나는 경우 감점
- 대기 장소에서 핸들러가 이동하는 중 일어나는 경우 감점
- 기타

이 책의 구성과 특징 STRUCTURES

출제기준 맞춤 핵심이론

출제기준에 딱 맞춤으로 핵심이론을 구성하였습니다. 명확한 내용기준을 바탕으로 효율적으로 자격시험을 대비할 수 있습니다.

학습의 이해를 돕는 다양한 학습장치

암기가 필요한 이론들은 그림이나 도표 등을 통해 한눈에 파악하기 쉽도록 깔끔하게 정리하였습니다. 더불어 추가적인 해석이 필요한 내용에는 더알아보기 박스, 용어설명 박스 등의 학습장치를 통해 학습의 이해를 돕습니다.

학습내용을 확실히 점검하는 실전예상문제와 모의고사

이론학습을 마무리하면서 학습의 정도를 점검해 볼 수 있도록 챕터별 실전예상문제와 모의고사를 수록하였습니다.

명쾌하고 상세한 해설수록

문제와 함께 구성된 해설을 통해 바로바로 채점하면서 주요 내용을 한 번 더 복습할 수 있습니다.

이 책의 차례 CONTENTS

PART 1 | 반려동물 행동학

- 01 반려동물 행동의 개념 ... 3
  - 실전예상문제 ... 8
- 02 반려동물의 행동발달 ... 11
  - 실전예상문제 ... 21
- 03 반려동물의 정상행동 ... 30
  - 실전예상문제 ... 37
- 04 반려동물의 의사소통 ... 45
  - 실전예상문제 ... 58
- 05 반려동물의 문제행동 ... 68
  - 실전예상문제 ... 91

PART 2 | 반려동물 관리학

- 01 반려동물의 복지 ... 103
  - 실전예상문제 ... 116
- 02 영양관리 ... 122
  - 실전예상문제 ... 132
- 03 건강관리 ... 137
  - 실전예상문제 ... 166
- 04 환경관리 ... 173
  - 실전예상문제 ... 185
- 05 운동 및 행동관리 ... 190
  - 실전예상문제 ... 201
- 06 반려견개론 및 견종 표준 ... 208
  - 실전예상문제 ... 219

PART 3 | 반려동물 훈련학

- 01 반려견 훈련개념 ... 227
  - 실전예상문제 ... 232
- 02 반려견 훈련장비와 도구 ... 237
  - 실전예상문제 ... 243
- 03 반려견 학습이론 ... 251
  - 실전예상문제 ... 259
- 04 반려견 기초훈련 원리 및 평가 ... 264
  - 실전예상문제 ... 275
- 05 반려견 교정훈련 원리 및 평가 ... 279
  - 실전예상문제 ... 293
- 06 특수 분야 보조견 훈련 ... 298
  - 실전예상문제 ... 303
- 07 반려견 스포츠 ... 308
  - 실전예상문제 ... 320
- 08 반려견 훈련대회 ... 325
  - 실전예상문제 ... 374

PART 4 | 직업윤리 및 법률

- 01 동물보호법 ... 385
  - 실전예상문제 ... 440
- 02 소비자기본법 ... 450
  - 실전예상문제 ... 498
- 03 기타 생활법률 ... 504
  - 실전예상문제 ... 509
- 04 반려동물행동지도사의 직업윤리 ... 511
  - 실전예상문제 ... 516

PART 5 | 보호자 교육 및 상담

- 01 반려동물 보호자의 개념과 역할 ... 519
  - 실전예상문제 ... 523
- 02 반려동물 보호자 교육 계획 수립 ... 530
  - 실전예상문제 ... 540
- 03 반려동물 보호자 교육방법 ... 548
  - 실전예상문제 ... 556
- 04 고객상담 및 의사소통 ... 564
  - 실전예상문제 ... 584
- 05 반려견 위탁서비스 ... 591
  - 실전예상문제 ... 601
- 06 사후관리 및 보호자 민원 대응 ... 608
  - 실전예상문제 ... 617

부록

- 모의고사 ... 627

PART 1

반려동물 행동학

01 반려동물 행동의 개념 | 이론 + 실전예상문제
02 반려동물의 행동발달 | 이론 + 실전예상문제
03 반려동물의 정상행동 | 이론 + 실전예상문제
04 반려동물의 의사소통 | 이론 + 실전예상문제
05 반려동물의 문제행동 | 이론 + 실전예상문제

끝까지 책임진다! 시대에듀!

QR코드를 통해 도서 출간 이후 발견된 오류나 개정법령, 변경된 시험 정보, 최신기출문제, 도서 업데이트 자료 등이 있는지 확인해 보세요! **시대에듀 합격 스마트 앱**을 통해서도 알려 드리고 있으니 구글 플레이나 앱 스토어에서 다운받아 사용하세요. 또한, 파본 도서인 경우에는 구입하신 곳에서 교환해 드립니다.

CHAPTER 01 반려동물 행동의 개념

1 동물행동학 일반

(1) 동물행동학의 개요

① **행동의 정의** : 인간을 포함한 모든 동물의 반응으로, 종이 다른 구성원이나 다른 종의 유기체 및 환경과 상호작용하는 모든 방식

② **동물행동학의 정의** : 동물의 행동, 습성, 진화, 유전, 학습, 환경적응 등을 관찰하여 동물의 행동이 갖는 생물학적 의미를 연구하는 학문

> **더알아보기** 생득적 행동과 획득적 행동
>
> **1. 생득적 행동**
> 인간이나 동물이 태어나면서부터 하는 행동으로, 학습이나 훈련 없이 타 개체를 모방하지 않고 환경의 영향도 받지 않고 발달하는 행동을 말한다. 예를 들어 수캐가 전신주에 한쪽 다리를 들고 배뇨하는 행동은 생득적 행동이다.
>
> **2. 획득적 행동**
> 인간이나 동물이 학습에 의해 후천적으로 획득한 행동으로, 살아가면서 다양한 상황에 알맞게 판단하고 경험하며 시행착오로 얻어진 행동을 말한다. 예를 들어 개가 주인의 명령에 따라 '앉아'를 하는 것은 학습에 의해 획득된 행동이다.

③ **동물행동의 과학적 연구**
  ㉠ 1895년 영국의 생물학자 찰스 다윈의 '종의 기원'이 출판되면서 동물행동에 관한 과학적 연구가 주목받기 시작했다.
  ㉡ 러시아의 생리학자 이반 파블로프가 조건반사 연구로 학습행동에 관한 연구의 기초를 확립했다.
  ㉢ 미국의 심리학자인 스키너가 현대적 행동주의 학습의 '강화' 개념을 강조하여 조작적 조건화 이론을 선보였다.

> **더알아보기** 고전적 조건화와 조작적 조건화

1. **고전적 조건화**
   자극과 자극의 연합으로 행동이 조건화되는 것으로, 아무런 반응을 일으키지 않는 조건적 자극과 무조건적 반응을 일으키는 무조건적 자극을 결합하여 반응이 일어나도록 한다.

2. **조작적 조건화**
   행동과 결과의 연합으로 행동이 조건화되는 것으로, 어떤 반응에 대해 체계적이고 선택적으로 강화를 줌으로써 그 반응이 다시 일어날 확률을 증가시키는 절차이다.

  ㉣ 오스트리아의 생물학자 로렌츠와 프리슈, 네덜란드의 생물학자 틴베르헌이 동물의 행동 패턴 연구로 노벨 생리의학상(1973년)을 수상하면서 '동물행동학(ethology)'이라는 분야가 탄생했다.

(2) 동물행동학의 4분야

구분	연구 분야	행동학적 관점	수캐의 배뇨 행동 사례 이해
지근 요인	행동의 매커니즘을 연구	행동의 차이	일반배뇨와 다른 점은?
궁극 요인	행동의 생물학적 의미를 연구	행동의 의미	의미는 무엇인가?
발달	행동의 개체발생(발달)을 연구	행동의 성장	언제부터 하는가?
진화	행동의 계통발생(진화)을 연구	행동의 진화	조상인 늑대도 하는 것인가?

> **더알아보기** 동물행동에 영향을 미치는 요인

진화와 유전	• 동종의 생물이라도 개체차가 존재한다. • 어떤 종의 변이는 유전된다. • 생존과 번식에는 다양한 경쟁이 존재한다. • 우수한 능력을 갖춘 개체는 자손 번식의 기회가 많다. • 유리한 형질의 자손이 대를 거듭하고 집단을 형성한다.
적응도	• 동물의 행동은 적응도를 가장 높일 수 있는 형태로 진화해 왔다.
동기부여	• 동기부여가 없으면 행동이 일어나지 않는다. • 호메오스타시스성 동기부여 : 생존을 위한 식욕, 수면욕, 배설욕, 체온·호흡의 유지욕 • 번식성 동기부여 : 종의 존속을 위한 성욕과 육아욕 • 내발적 동기부여 : 호기심이나 조작욕, 접촉욕 • 정동적 동기부여 : 정서적 반응으로 감정을 일으키는 자극 요인 • 사회적 동기부여 : 타 개체와의 상호작용이나 자신을 보호하기 위한 행동
학습	같은 종이라도 개체마다 환경의 특성에 따라 다른 행동을 보일 수 있으며 동물의 학습은 연상, 시행착오, 모방, 관찰 등 다양한 유형으로 구분된다.
동물의 감각	동물 종에 따라 감각세계가 다르다는 것을 이해해야 한다. 인간은 잘 느끼지 못하는 가청범위 외의 초음파는 개나 고양이에게는 견디기 힘든 소음이 될 수도 있다.
커뮤니케이션 신호	각 동물 종은 울음소리, 자세와 동작, 냄새로 성, 연령, 집단, 혈연, 적의 존재를 알 수 있고, 생존과 적응을 위한 커뮤니케이션 신호의 발달은 행동에 영향을 준다.

2 반려동물 행동의 개념

(1) 반려동물 행동의 개요(미무라 고, 2003)
① 행동은 생명체가 신체의 내·외부 자극에 의하여 표현하는 행동 단위의 움직임으로, 행동 단위로 구성되지 않은 자극에 대한 반사는 행동에 포함되지 않는다.
② 행동은 선동작, 목표동작, 후동작이 체계적으로 결합되어 하나의 행동 단위를 이루는데, 목표동작을 중심으로 선동작과 후동작이 유기적으로 구성된다.
③ 반려견의 행동을 파악하고 분석할 때는 행동 단위로 관찰하고 판단해야 한다.

(2) 반려동물 행동의 특성
① 동일자극이 주어지더라도 표현이 다양할 수 있으며, 다른 자극에 대하여 동일한 행동이 표현되기도 한다.
② 반려견의 행동은 혼자 완성하는 개체행동과 상대와의 사회적 관계에서 발생하는 사회행동으로 구분된다.
③ 행동은 목표 동작의 완성만으로 조절되지 않으며 행동의 실현 자체도 중요하다.
④ 행동 단위가 결핍된 경우 전가행동과 같은 문제가 발생한다.
⑤ 행동의 발현기전

자극과 반응기전	감각수용기에 전달된 자극은 공통기능을 가진 신경세포 집단인 중추신경에 전달된다. 행동은 중추신경에 전달된 자극에 반응하여 표현되는 현상이다.
생득적 해발기전	• 동물체의 선천적인 행동양식으로 연속적인 억제와 해발의 연결로 발생한다. • 일정한 생리 상태에 이르면 최상위 중추가 활성화되고 이어서 억제가 해제되어 행동이 발생하는 현상이다.

(3) 반려동물 행동의 분류
① **정상행동** : 반려견의 생존과 후대의 번성에 유리하도록 환경변화에 적절하게 적응된 보편적인 행동이다.
② **실의행동**
  ㉠ 기능이나 목표를 파악하기 어려운 행동이다.
  ㉡ 반려견이 스스로 상황을 개선하기 어려운 상태에서 발생한다.
  ㉢ 갈등행동과 이상행동으로 구분할 수 있다.
    • 갈등행동 : 목표 동작이 어떤 방해를 받아 이루어지지 않을 때 다양하게 시도해 보는 경우 또는 상호 모순된 둘 이상의 동기가 존재할 때 나타나고, 저수준에서는 휴식과 같은 행동이, 고수준에서는 짖음, 공격과 같은 행동이 표현되며, 다음과 같이 구분할 수 있다.

전위행동	• 불만족 또는 불안한 상태에서 발생하는 행동이다. • 생식행동 또는 적대 상황에서 많이 발생한다. • 문지르기, 물기, 핥기, 몸 흔들기, 하품 등이다. • 카밍시그널(calming signal, 신체 반응으로 표현하는 반려견의 의사소통 신호)이 전형적인 전위행동이다.
전가행동	• 만족하지 못한 욕구가 다른 대상에 나타내는 행동이다. • 음식물을 전적으로 제공받는 반려견의 경우 섭식의 선(先) 동작인 탐색 동작이 결여되어 엉뚱한 행동을 나타낸다.

진공행동	• 욕구 충족이 불만족스러울 때 그 대상이 없는 상태에서 해소하기 위해 하는 행동이다. • 자위는 대상이 없는 상태에서 표현되는 생식형 진공행동이다.
양가행동	• 상반된 욕구 또는 정서가 공존하는 상태에서 표현되는 행동이다. • 공복 상황에서 음식물이 제공되면 엉덩이를 빼고 머리만 식기를 향한 채 섭식하는 경우이다.

- 이상행동 : 행동 양식, 빈도, 강도에서 정상적인 범위를 벗어난 행동이 장기간에 걸쳐 나타나는 것을 말하고, 욕구 불만, 장기간의 갈등, 질병, 이상행동 발달 등이 원인이며, 다음과 같이 구분할 수 있다.

상동행동	• 특정한 행동을 지속하여 반복하는 것이다. • 반려견의 생활공간이 부적합하면 → (날뛰기, 짖음, 회피) → (부동, 엎드려 있기) → (씹기) → 상동행동으로 발전한다.
변칙행동	환경의 부적합으로 인해 정상적인 행동 양식이 변한 행동이다.
이상반응	• 단순한 환경이 지속하면 정상적인 반응도가 무너져 무관심이나 과잉반응을 유발한다. • 미세자극에 대하여 도주하는 과잉반응, 긴장성 부동화, 식분증 등이 있다.

③ 문제행동
  ㉠ 반려견이 정상행동과 실의행동을 예측 불가능하게 장기간 표현하는 현상이다.
  ㉡ 이는 보호자의 불만족이 아닌 반려견의 행동학적 측면에서 바라본 설명방식이다.

더 알아보기 반려견의 행동분류

(4) 반려동물의 행동 관찰

관찰은 인간과 의사소통이 불가능한 반려견의 행동의 의미를 파악할 때 유용한 방법으로 관찰 대상의 행동을 연속적이고 전체적으로 파악할 수 있다. 관찰은 객관성, 타당성, 신뢰도를 가져야 관찰자에 따른 차이를 피할 수 있다. 관찰자는 자신이 관찰과정에 영향을 미치지 않도록 주의해야 한다.

① 관찰의 종류

비통제관찰	• 일상에서 행동을 관찰하는 방법으로, 반려견의 전체 모습을 파악할 수 있지만 특정 행동의 관찰이 쉽지 않다. • 관찰자는 관찰하기 전에 관찰할 행동과 발생 조건을 명확히 결정해야 한다. • 관찰 시 선동작-목표동작-후동작을 시스템으로 파악하여 단위 행동 전체를 파악한다.
통제관찰	• 관찰 환경을 계획적으로 설정한 상태에서 특정 행동을 관찰하는 방법이다. • 관찰조건을 자유롭게 조절할 수 있어서 반려견의 특정 문제행동을 파악하는 데 적당하다. • 의도적으로 설정된 상황이므로 실제 환경에서의 행동과 차이가 있을 수 있다.

② 관찰기록

일화기록	• 반려견의 특정 행동을 중심으로 관찰자가 의미있다고 생각되는 모든 것을 상세히 적거나 연관된 사실을 기록하는 방법이다. • 특정 행동이 언제 어떤 조건에서 발생하는지 사실 그대로 기록한다. 관찰자의 분석은 관찰내용과 구분하여 별도로 기록한다.
목록점검	• 목록표의 항목에 체크하는 방법으로, 점검이 쉽지만 문제행동의 수준을 파악하기 어렵다. • 점검항목은 관찰목적에 부합하는 내용을 구체적으로 기술하고, 한 항목에 하나의 행동만 제시한다.
척도평정	관찰 대상 행동 항목별로 제시된 표현 정도에 체크하는 방법으로, 문제행동의 발생 빈도와 질을 통해 수준을 파악할 수 있는 장점이 있지만 관찰자의 주관적 판단에 영향받기 쉽다.

CHAPTER 01 | 실전예상문제

PART 1 반려동물 행동학

[01~03] 다음 빈칸에 들어갈 말로 옳은 것을 고르시오.

01

( )은 동물의 행동, 습성, 진화, 유전, 학습, 환경적응 등을 관찰하여 동물의 행동이 갖는 생물학적 의미를 연구하는 학문이다.

① 유전학 ② 동물보건학 ③ 동물심리학 ④ 동물행동학

해설 동물행동학은 동물의 행동을 연구해서 각각의 행동이 갖는 생물학적 의미를 탐구하는 학문으로 동물의 행동과 습성뿐 아니라 진화, 유전, 학습, 환경적응 등을 관찰하여 연구한다.

02

( )은 인간이나 동물이 태어나면서부터 하는 행동으로, 학습이나 훈련 없이 타 개체를 모방하지 않고 환경의 영향도 받지 않고 발달하는 행동을 말한다.

① 마킹행동 ② 섭식행동 ③ 생득적 행동 ④ 습득적 행동

해설 생득적 행동은 인간이나 동물이 태어나면서부터 하는 행동으로, 학습이나 훈련 없이 타 개체를 모방하지 않고 환경의 영향도 받지 않고 발달하는 행동을 말한다. 예를 들어 수캐가 전신주에 한쪽 다리를 들고 배뇨하는 행동은 생득적 행동이다.

03

- 행동은 선동작, 목표동작, 후동작이 체계적으로 결합되어 하나의 ( )을/를 이룬다.
- 목표동작을 중심으로 선동작과 후동작이 유기적으로 구성된다.

① 행동 기전 ② 행동 단위 ③ 정상 행동 ④ 실의 행동

해설 행동은 선동작, 목표동작, 후동작이 체계적으로 결합되어 하나의 행동 단위를 이룬다. 목표 동작을 중심으로 선동작과 후동작이 유기적으로 구성된다. 반려견의 행동을 파악하고 분석할 때는 행동 단위로 관찰하고 판단해야 한다.

정답 01 ④ 02 ③ 03 ②

04 동물행동학 분야의 선구자가 아닌 사람은?

① 로렌츠 ② 에릭슨
③ 프리슈 ④ 틴베르헌

해설 유럽에서 동물행동학(Ethology)이라는 새로운 학문 분야가 탄생하여 로렌츠, 틴베르헌, 프리슈 3인의 선구자들이 함께 노벨상(1973년도 의학생리학상)을 수여한 것이 하나의 계기가 되어 동물행동학은 20세기 후반에 대단한 발전을 이루었다.

05 동물행동학 연구의 4분야로 옳지 않은 것은?

① 행동의 발달 ② 행동의 전달
③ 행동의 궁극요인 ④ 행동의 지근요인

해설 동물행동학 연구의 4분야는 행동의 지근요인, 행동의 궁극요인, 행동의 발달, 행동의 진화의 각 관점이다.

06 다음 중 행동의 동기부여에 해당하지 않는 것은?

① 번식성 동기부여
② 사회적 동기부여
③ 폭력적 동기부여
④ 호메오스타시스성 동기부여

해설 행동의 동기부여는 번식성 동기부여, 내발적 동기부여, 사회적 동기부여, 정동적 동기부여, 호메오스타시스성 동기부여가 있다.

07 행동의 특성에 대한 설명으로 옳지 않은 것은?

① 동일자극이 주어지더라도 표현이 다양할 수 있다.
② 다른 자극에 대하여 동일한 행동이 표현되기도 한다.
③ 반려견의 행동은 개체행동과 사회행동으로 구분한다.
④ 행동은 목표 동작의 완성만으로 조절된다.

해설 행동은 목표 동작의 완성만으로 조절되지 않으며 행동의 실현 자체도 중요하다.

정답 04 ② 05 ② 06 ③ 07 ④

[08~09] 다음 보기에서 설명하는 것으로 옳은 것을 고르시오.

08

> • 동종의 생물이라도 개체차가 존재한다.
> • 종의 변이는 유전된다.
> • 생존과 번식에는 다양한 경쟁이 존재한다.

① 학 습
② 적응도
③ 동기부여
④ 진화와 유전

해설 생물학자 찰스 다윈의 행동의 진화와 유전
• 동종의 생물이라도 개체차가 존재한다.
• 어떤 종의 변이는 유전된다.
• 생존과 번식에는 다양한 경쟁이 존재한다.
• 우수한 능력을 갖춘 개체는 자손 번식의 기회가 많다.
• 유리한 형질의 자손이 대를 거듭하고 집단을 형성한다.

09

> • 인간이나 동물이 학습에 의해 후천적으로 획득한 행동이다.
> • 다양한 상황에 따른 판단과 경험에 의한 시행착오의 결과이다.
> • 예를 들어 개가 주인의 명령에 따라 '앉아'를 하는 것이다.

① 모성 행동
② 그루밍 행동
③ 생득적 행동
④ 획득적 행동

해설 획득적 행동은 인간이나 동물이 학습에 의해 후천적으로 획득한 행동으로, 살아가면서 다양한 상황에 따라 판단 · 경험하여 시행착오로 얻어진 행동이다. 예를 들어 개가 주인의 명령에 따라 '앉아'를 하는 것은 학습에 의해 획득된 행동이다.

10 반려견의 행동 분류 중 갈등행동에 포함되지 않는 행동은?

① 전위행동
② 상동행동
③ 전가행동
④ 양가행동

해설 반려견의 행동은 크게 정상행동, 실의행동, 문제행동으로 분류되는데, 실의행동은 다시 갈등행동(전위행동, 전가행동, 진공행동, 양가행동)과 이상행동(상동행동, 변칙행동, 이상반응)으로 나누어진다.

CHAPTER 02 반려동물의 행동발달

1 반려견의 성장과 행동발달

(1) 인간과 개의 성장

① 인간의 성장단계
  ㉠ 에릭슨(E. H. Erikson)은 인간의 발달단계를 8단계로 구분했는데, 각 단계마다 해결해야 할 중요한 발달과업과 위기가 있으며, 이 과업과 위기를 성공적으로 달성할 때 개인이 건강하게 발달할 수 있다고 주장하였다.
  ㉡ 에릭슨의 심리사회적 인간발달 8단계

1단계	유아기 : 출생~18개월
2단계	초기아동기 : 18개월~3세
3단계	학령전기 : 약 3~5세
4단계	학령기 : 5~12세
5단계	청소년기 : 12~20세
6단계	성인 초기 : 20~24세
7단계	성인기 : 24~65세
8단계	노년기 : 65세 이후

② 강아지의 성장단계
  ㉠ 미국의 바 하버(Bar Harbor)연구소에서 실시한 개의 행동발달에 관한 연구에서 강아지의 성장 과정이 신생아기, 이행기, 사회화기, 약령기의 4단계로 나누어진다고 했다.
  ㉡ 강아지의 행동발달 4단계

1단계	신생아기 : 생후 2주
2단계	이행기 : 2~3주
3단계	사회화기 : 3주~12주
4단계	약령기[청소년기] : 12주~1년

③ 인간과 개의 성장 비교
  ㉠ 보통 개의 나이는 '인간의 나이 × 7'이라고 간주하기도 하지만, 반려견마다 성장 시기에 따른 성장률이 다르고 종에 따라 수명이 다르다.
  ㉡ 일반적으로 대형견보다 수명이 더 긴 소형견의 수명을 약 15년으로 봤을 때, 반려견이 1살이 되면 사람의 고등학생 나이에 해당하고 2살이면 20대 성인이라고 볼 수 있다.

ⓒ 반려견은 2~3년차에 성견이 되면서 성 성숙이나 발육이 이루어지고 3년 후부터 매년 인간의 나이로 5년씩 늘어난다는 연구가 가장 적절하다고 여겨진다.
ⓔ 인간과 개의 나이 비교

개의 나이	인간의 나이
생후 1년	청소년기(중·고등학생)
2년	20대 성인(24세)
3년	약 30대의 시작(29세, 대형견 40대)
5년	약 40대의 시작(39세)
7년	약 50대의 시작(49세)
10년	약 60대(대형견 70대)
13년	약 80세
15년	89세

(2) 반려견의 행동발달 단계

① 개 요
ⓐ 최근 반려견의 수명이 늘어나면서 반려견의 행동발달 단계를 중요한 성장 시기인 신생아기~청소년기를 중심으로 노년기까지 6단계로 구분하기도 한다.
ⓑ 반려견의 행동발달 6단계

신생아기 (생후 2주간)	이행기 (2~3주)	사회화기(3~12주) 최대 6개월	청소년기[약령기] (~1년)	성년기[성숙기] (1년 이상)	노년기[고령기] (7~10년 이상)

② 신생아기(생후 약 2주간)의 특징
ⓐ 신생아기는 출생 후 눈을 뜨기까지 약 2주간으로, 스스로 배설하지 못하고 모든 것을 어미에게 의존한다.
ⓑ 약간의 촉각과 체온 감각, 미각과 후각 정도가 있을 뿐 시각과 청각이 발달하지 않은 시기로, 어미의 보살핌이 절대적으로 필요하다.
ⓒ 눈도 뜨지 못한 작은 강아지들이 체온 유지를 위해 몰려다니고, 빨거나 기어다니고 파고드는 행동을 보이는데, 배고픔, 불안, 추위에서 벗어나려는 본능에 의한 것이다.
ⓓ 수면욕을 보이는 이 시기에는 충분한 수면으로 영양공급과 체온 유지, 뇌와 신경계 발달이 이루어진다.
ⓔ 스스로 배변하지 못하므로, 약 3주간은 어미가 핥아 배변을 유도하고 닦아낸다.
ⓕ 자극에 반응하는 것이 가능하며 신생아기의 핸들링에 의해 성장 후의 스트레스 저항성이나 정동적 안정성, 학습 능력 등이 크게 개선된다.

더알아보기	반려견의 신생아기 감각 발달

후각	• 개의 후각은 태어나자마자, 즉 생후 1일차에 가장 먼저 발달한다. • 개의 후각 세포는 인간보다 40배가 크며, 후각 능력은 100만 배 이상 뛰어나다. • 후각은 세상과 개를 연결해주는 중요한 감각기관 중 하나로, 개는 처음 보는 물건을 코로 확인한다. • 강아지의 후각은 강아지가 눈을 뜨는 시기에 한층 더 발달하여, 이때부터는 사람 냄새, 어미 개 냄새, 신문 냄새 등 무리의 주변과 환경을 구분하고 호기심을 보인다.
청각	• 개의 청력은 생후 3주경에 열리며, 인간보다 4배 정도 뛰어나다. • 이 시기에 소리에 대한 공포와 스트레스를 최소화하는 게 좋다. 강아지 앞에서 지나치게 큰 소리를 내지 않도록 주의하여 세상의 소리에 긍정적으로 반응을 하고 적응할 수 있도록 한다.
시각	• 보통 생후 2주면 강아지가 눈을 뜨고, 생후 4주면 눈으로 물체의 형태를 구분한다. • 개의 시력은 사람보다 4~8배 정도 나쁘고, 색을 구분하는 능력도 떨어지지만 어두운 곳에 있는 물건이나 움직이는 물체를 구분하는 능력은 인간보다 매우 뛰어나다. • 이 시기에 보고 듣고 하는 것은 물론, 배변하기, 씹기, 정밀한 후각을 모두 갖게 된다. • 이때, 강아지에게 두려움을 느끼게 하는 행동을 하면 강아지가 놀라게 되므로 조심한다.
촉각	• 개의 촉각은 감각기관으로 뛰어난 능력을 가진 것은 아니다. • 어미견이 온몸을 핥아 주거나 보호자가 부드럽게 쓰다듬을 때 같은 애정을 느낀다고 한다.
미각	개의 미각은 감각기관 중 마지막으로 발달한다. 사람처럼 맛을 구분하는 것이 아니라 독성이 있는지, 소화할 수 있는 음식인지를 구분할 뿐이다.

③ 이행기(생후 약 2~3주)의 특징
  ㉠ 이행기는 생후 2~3주의 짧은 기간으로 눈을 뜨고(생후 13일 전후) 귀가 열려 소리에 반응(생후 18~20일)하게 되어 행동적으로도 변화가 보인다.
  ㉡ 늑대의 경우 새끼가 굴속에서 외부세계로 나오는 시기에 해당하며 반려견의 경우 움직임을 행하는 시기이다.
  ㉢ 보기, 듣기, 걷기, 배변, 씹기, 후각 발달 등 기본적인 감각을 갖추게 되면서 사회적 존재로 이행하는 과도기이다.
  ㉣ 후각적으로 호기심이 많아지고 어미 개, 동료, 사물, 사람 등을 파악하기 시작한다.
  ㉤ 으르렁거리거나 꼬리를 흔들거나 하는 사회적 행동의 신호를 표현하기 시작한다.

④ 사회화기(3~12주)의 특징
  ㉠ 사회화기는 반려견이 모견과 동료, 사람들과의 사회적 관계를 학습하는 시기로, 이행기 이후 3주경에 시작된다.
  ㉡ 반려견의 성격이 형성되는 결정적 시기로, 감각기능과 운동기능의 발달이 현저하다.
  ㉢ 이가 나고 섭식행동과 배설행동이 성년형을 보이며, 앞발을 들어 장난을 걸거나 놀이 중에 짖거나 물기 시작한다.
  ㉣ 늑대는 이 시기에 무리의 동료와 애착관계를 형성하는데, 반려견은 동료와 사람, 다른 동물, 공간 등에 사회적 애착관계를 형성할 수 있다.
  ㉤ 또한 애착 대상이 생물뿐만 아니라, 비생물적 요인에도 미치기 때문에 '장소에의 애착(site attachment)'이 생길 수 있다.

ⓑ 반려견의 행동발달에서 가장 중요한 시기로 사회화기 1단계(3~6주경)와 사회화기 2단계(6~12주경)로 세분화된다.

사회화기 1단계 (3~6주경)	• 젖을 떼고 동료와의 사회화를 시작하는 단계로, 아직 사람이나 새로운 환경에 공포심이나 경계심을 보이지 않는다. • 모견 · 동료와 함께 상호작용하며 동료를 인식하고 사회적 놀이를 통해 의사소통하는 법을 배운다.
사회화기 2단계 (6~12주경)	• 사람과 환경에 대한 사회적 관계가 형성되는 단계로, 16주까지 지속되기도 한다. • 신체 발달과 성 행동, 우위성과 순종행동을 터득하게 되며 지각 능력이 풍부화된다. • 처음 보는 사람과 장소에 대해 점차 강한 불안과 공포를 보이게 되며 12주가 지나면 이런 반응이 명확해진다.

용어설명 공포 시기

• 보통 생후 60일 이전에는 강아지가 호기심으로 사람을 잘 따르지만 생후 8~10주 전후에 갑자기 사람을 경계하고 두려워하는 모습을 보이는데, 동물 심리학자들은 이 시기를 공포 시기라고 한다.
  - 1차 공포시기 : 2차 사회화(8~10주 사이)에 오며, 이때 경험이 기억에 오래 남을 수 있다.
  - 2차 공포시기 : 청소년기(6개월~14개월 사이)에 1~3주 동안 지속되며, 익숙했던 자극도 두려워할 수 있다.
• 공포학습을 다른 행동상의 학습보다 빨리 습득하게 하면 오랜 시간 동안 정서적 문제에 영향을 줄 수 있으므로 어설픈 행동으로 강아지에게 스트레스를 주지 않는다.
• 새로운 환경과 경험은 강아지가 감당할 수 있는 작은 스트레스나 소리에만 노출이 돼야 한다. 이 시기에는 특히 강아지 입장에서 생각하고 배려하는 마음이 중요하다.

⑤ 청소년기(12주 이상~1년)의 특징
ㄱ 청소년기는 강아지가 12주경부터 성 성숙에 이르기까지의 기간으로 '약령기'라고도 한다.
ㄴ 반려견의 행동발달이 완성되는 시기로, 사회화기 후에 적절한 사회적 강화가 없으면 대상에 대한 공포심을 갖는 '퇴행 현상'이 생길 수 있다.
ㄷ 늑대의 경우 굴밖에서 모험과 사냥을 배우며 사회적 행동 성숙과 서열 감각이 발달하는 시기이다.
ㄹ 놀이는 사회화기부터 청소년기를 통해 정상적인 행동 발달에 중요한 역할을 한다.
ㅁ 놀이를 통해 복잡한 운동패턴을 학습하며 신체 능력이 향상되며 바디 랭귀지를 이해한다.
ㅂ 놀이 상대방을 통해 무는 강도를 억제하는 것을 배우고 사회적인 상호관계에서 규칙(rule)을 배운다.
ㅅ 강아지들 간 사회적 서열도 놀이나 사회적 행동을 통해서 형성되는데, 강아지들의 놀이에서 서열의 역전이 허용되기도 한다.

⑥ 성년기(1~6년)의 특징
ㄱ 성년기는 반려견의 2~5세에 해당하며, 가장 활동 능력이 좋고 신체와 정신이 최고인 시기로 사람의 20~30대에 해당한다.
ㄴ 일반적으로 3년까지 개체의 성향이 자리잡고 6년부터는 노화가 시작된다고 할 수 있다.
ㄷ 활동성이 많은 시기이므로 충분한 영양과 운동 관리가 반드시 필요하다.
ㄹ 성견이 되고 고집이 생기며 문제행동을 보일 수도 있으므로 사회화기와 청소년기의 기본예절 교육이 중요하다.

ⓑ 반려견의 평균수명이 길어져서 소형견의 평균 수명인 15년을 기준으로 성년기와 노년기 사이의 6~8년 정도를 사람의 중·장년 나이인 40~50대에 해당한다고 할 수 있다.
⑦ 노년기(7~10년 이상)의 특징
  ㉠ 소형견의 약 9~10년 이상, 대형견의 경우 약 7~8년 이상의 시기이다.
  ㉡ 보통 6년경부터 노화가 시작되어 피부와 모색 변화를 보이고 질병 신호가 나타난다.
  ㉢ 반려견의 건강과 관련된 행동 관찰이 가장 중요한 시기로 세심한 관리가 필요하다.
  ㉣ 노령견은 시력 감퇴, 청력 감퇴, 관절, 피부, 비만으로 인한 질병이 있으므로 빠른 진료와 처방이 필요하다.

2 발달단계별 사회화 과정

(1) 시기에 맞는 핸들링
  ① 신생아 시기(생후 2주간)
    ㉠ 신생아기 때는 작은 터치만으로도 성장했을 때 사회성에 많은 도움이 되므로 시기에 맞는 적절한 핸들링이 중요하다.
    ㉡ 터치 스트레스는 강아지를 한 마리씩 하루에 1~2회 정도 쓰다듬어 주는 것을 말하고, 체온저하 스트레스는 강아지를 한 마리씩 작은 상자에 2~3분씩 넣어두고 강아지의 체온을 떨어뜨려 스트레스를 주는 것을 말한다.
    ㉢ 위 두 가지(터치 스트레스, 체온저하 스트레스) 정도의 가벼운 스트레스를 주면 어린 강아지의 심폐기능이 증진되고 뇌하수체의 호르몬 분비를 촉진시켜 질병에 노출이 되었을 때 견딜 수 있는 힘이 생긴다.
  ② 이행기(생후 2~3주간)
    ㉠ 이 시기는 눈을 뜨고 귀가 열려 소리에 반응하게 되어 행동 변화가 보이는 시기이다.
    ㉡ 이 시기에는 후각 능력을 이용해 강아지가 성장해서 사람에게 공포심을 갖지 않도록 사람이 쓰던 옷감 등을 견사에 넣어 두어 사람의 냄새에 익숙해지도록 도와준다.
    ㉢ 가벼운 스트레스를 주는 방식으로 강아지가 스트레스를 긍정적으로 받아들이게 하여 성장하면서 경험하게 될 고통과 공포를 조금씩 훈련하는 것이 좋다.

강아지를 높이 들어올린다.	그러면 강아지는 공중에서 낑낑거리며 저항한다. 이때 바닥에 내려서 부드럽게 쓰다듬어 준다.
지배성 스트레스를 준다.	강아지를 잡고 뒤집어서 약 10~20초 정도 잡는다. 강아지가 낑낑 소리를 내고 일어나려고 하면 바로 세워서 칭찬한다. 시간이 지나면서 저항하는 것이 줄어든다.
가벼운 그루밍을 한다.	주 1회 귀를 소제하고, 발톱을 다듬고, 가벼운 빗질 등으로 사람의 핸들링이 무엇인지 가르치면 강아지가 사람의 손길에 익숙해지는 데 도움이 된다.

(2) 사회화 과정(생후 20일~4개월)

① 반려견의 사회화 시기

사회적 경험 획득	• 생후 20일~12주 사이에 강아지가 겪는 사회적 경험은 오랫동안 지속된다. • 주변 환경과의 심리적 단절에서 벗어나 무리의 일원으로 환경에 적응하고 서열과 살아가는 방법을 배운다.
감각의 발달	• 이전 시기와 다르게 시각, 청각, 후각 등 모든 감각이 하루가 다르게 발전한다. • 지각능력과 운동능력이 짧은 시간에 발달하고, 전에는 어설프게 기어 다니다가 이 시기에는 견사 안에서 경계를 넘어서 밖으로 나오려고 한다.

② 사회화 과정의 주의사항

　㉠ 강아지가 새로운 변화에 적응하는 데 있어 지나친 스트레스, 소음, 정서적인 불안감에 노출되지 않도록 주의하면서 주변 세계를 탐구하고 학습하도록 해주어야 한다.
　㉡ 만약 학습 도중에 강한 공포를 주면 이후 일상생활에 적응하며 살아가는 데 많은 문제점을 나타낸다.

③ 무리 내 사회성(생후 3주~10주)

환경의 변화	• 강아지가 모견의 보호에서 벗어나 새로운 환경에 노출되는 시기로, 무리 내에서 넓은 세계로 옮겨지면서 경험하지 못했던 새로운 환경을 맞이한다. • 이 시기에는 주변을 구석구석 탐험하고 자신에게 관심을 보이는 물건이나 사람에게 호기심이 많아진다.
신체의 변화	• 생후 2주경에 유치가 나기 시작하고, 소리에 반응한다. • 유치가 나오면 서서히 젖을 떼기 시작해서 보통 6주가 되면 어미 개가 가져다 준 음식을 먹는데, 이때 어미는 자신이 먹은 음식을 토해서 새끼에게 먹인다. • 처음 이유식은 강아지가 먹기 좋고 소화시키기 좋은 부드러운 음식으로 바꾸어서 먹이고 시간이 지나 강아지가 스스로 딱딱한 음식을 먹게 한다. • 이 시기부터는 어미 개의 보호에서 벗어나 자립심을 기른다.
정신의 변화	• 이 시기에는 무리에서 살아가는 데 중요한 행동의 기초를 배운다. • 무리 내 형제들과 뛰고, 장난감을 물고, 당기고, 뺏고 빼앗기는 행동을 하며 서로 뒤엉켜서 귀나 목, 다리 등을 무는 놀이를 한다. • 이 모든 행동을 통해 근육 발달과 지배와 복종을 배우며 정신적으로 성장하게 된다.

(3) 자견과 인간생활 사회화(생후 3주~4개월) 행동의 기초

① 학습

　㉠ 개의 훈련과정에서 본능과 더불어 중요하게 생각해야 하는 것이 바로 반복학습이다.
　㉡ 예를 들어 어느 한 공간에서 한쪽 구석에 맛있는 먹이를 놓고, 반대쪽에서 쥐를 출발시켰을 때 처음 1회 시도에는 많은 시행착오를 거치면서 맛있는 먹이로 찾아가지만 2회 도전에는 오류 횟수가 줄어들고 먹이를 찾는 시간도 단축되었다. 3회 도전 시에는 2회 도전 때보다 많이 좋아졌다는 사실을 알 수 있었다.
　㉢ 시행이 거듭되면서 오류 횟수가 줄어드는데, 오류 횟수가 줄었다는 것은 학습이 이루어졌다는 증거다.

> **더알아보기** 학습의 4단계
>
> 1. 습득 : 학습의 첫 단계로 새로운 행동을 얻는다.
> 2. 유창 : 새로운 행동이 숙달되는 과정으로 유창단계에 도달하면 행동을 자연스럽게 수행한다.
> 3. 일반화
>   ① 새로 습득한 행동을 다양한 환경과 상황에서 동일하게 수행한다.
>   ② 행동을 유창하게 익혔다면 낯선 장소나 환경에서도 재현할 수 있다.
> 4. 유지 : 습득한 행동을 기억하고 저장한다.

② 반 사
  ㉠ 특정 사건이나 행동에 대한 즉각적인 단순반응을 반사라 한다. 반사는 태어나면서 이미 존재하는 것도 있고 성장하면서 일정 시기에 나타나는 것도 있다. 반사는 경험에 의해서 수정되기도 한다.
  ㉡ 예를 들어 자고 있는 개에게 조용히 다가가서 큰 소리를 내면 처음에는 개가 놀라서 벌떡 일어나지만 규칙적으로 자극을 주면 큰 소리에도 상관하지 않고 잠을 잔다. 하지만 자극에 더욱 민감해질 수도 있는데, 큰 소리 때문에 작은 소리에도 놀라서 벌떡 일어나는 개가 있을 수도 있다.
  ㉢ 개의 반사적 행동을 이용해서 사회성 훈련을 시킬 때 자극을 개 자신이 긍정적으로 받아들이게 한다.

> **용어설명** 구토 반사
>
> 개는 해로운 음식을 먹었을 때나 기생충이 있을 때 억센 풀을 뜯어 먹어서 구토 반사를 나타낸다. 이러한 반사는 태어나면서부터 존재한다.

③ 본 능
  ㉠ 본능은 일련의 상호 연관된 활동인데, 어떤 면에서는 반사와 유사하다.
  ㉡ 개가 산책할 때 위험 요소가 있거나 다른 개를 만나면 목 부분부터 미근부(꼬리부분)까지 털을 세운 모습을 쉽게 볼 수 있는데, 이는 자신을 실제보다 크고 대단한 것처럼 보여서 위협적으로 보이게 해서 상대가 공격하지 못하도록 하는 행동이다.
  ㉢ 본능은 특정한 종류의 자극이나 사건에 의해서 유발되는데, 자기방어, 공격, 도망, 운동 등이 모두 본능이다.

④ 유전적 행동
  ㉠ 유전적 행동은 본능보다 비특정적이고 관찰하기 어려운 행동으로, 성적 행동, 식량 축적 등과 같은 행동이다. 또한 유전에 의해 이루어지기 때문에 눈으로 확인하기가 어렵다.
  ㉡ 개는 우기에 대비해서 땅속에 먹이를 묻은 후에 후각으로 먹이를 찾아 먹는데, 이러한 행동은 누가 알려준 것이 아니고 유전에 의해 이루어진 것이다.

> **더알아보기** 유전적 특성을 지닌 강아지를 얻는 법
>
> 예를 들어 도그쇼(미견선발대회) 혈통이 있는 개와 훈련견(작업능력견) 혈통이 있는 개로 나누어 각각 그런 개들끼리 교미시켜 새끼를 낳게 하고 이 절차를 반복하여 선택적 번식을 하면 유전적으로 도그쇼에 맞는 개와 훈련견으로 적절한 개를 얻을 수 있다. 이와 같은 방식으로 공포감이 많은 개, 소심한 개, 공격성이 뛰어난 개, 인간 친화력이 좋은 개 등 성격이 다양한 개를 얻을 수 있다.

3 사회화 교육

(1) 사회화 과정의 중요성

① **사회화의 정의** : 사회화란 다른 환경이나 개, 사람 또는 소리 등을 접하는 데 있어 이 모든 환경을 두려워하지 않고 좋은 기억으로 받아들이게 만드는 과정이다. 만약 작은 소리에도 민감한 반응을 보이게 되면 심하게 짖는 버릇이 나타나므로 학습을 통해 문제점을 개선시켜야 한다.

② **성격 완성의 시기** : 사회화 시기는 강아지의 성격이 가장 왕성하게 형성되고, 성견이 되어서 사회성이 잘 발달된 성격으로 완성하기 위해 매우 중요한 단계이다. 실제로 서로 뒤엉켜서 노는 행동 등 하루가 다르게 변하는 강아지를 볼 수 있다. 이 모든 것이 환경에 맞추어서 어울리고 적응을 해간다는 증거이다.

③ 사회화 과정을 제대로 거치지 못한 경우

문제점	• 사회화 시기에 맞는 사회적 경험을 제한할 경우 짖거나 타인을 물고 다른 개에게 공격적인 자세를 취하는 등 사회적 부적응아가 된다. • 사회환경을 받아들이지 못하고 정서적으로 불안한 개가 된다.
해결방안	• 사회화 시기에는 반려견(특히 가정견)을 많은 사람과 접촉하게 하고 모든 종류의 일상과 일과에 노출시킬 필요가 있다. • 강아지들은 새로운 사람과 새로운 경험을 통해서 사회환경을 긍정적으로 받아들이는 자세를 형성하고, 인간의 세계가 자신의 무리 일부라고 생각하게 된다.

> **용어설명** 퍼피워커 프로그램
>
> 사회성이 매우 중요한 맹인안내견은 전문 핸들러에게 훈련받기 전에 퍼피워커 프로그램을 통해서 사회성을 배우게 된다. 퍼피워커는 정상적인 가정에 강아지를 보내 가족 구성원으로 인간과 함께 살면서 사회의 모든 환경을 긍정적으로 받아들이게 하는 데 목적이 있다. 그래야 진정한 맹인안내견으로서 역할을 수행하는 기초가 다져지는 것이다.

(2) 공존의 시기

① 강아지를 입양하면 사회성을 가르치는 것은 인간의 몫이다.
② 생후 5~16주에 배우는 사회성은 '무리 내의 사회성'과 '인간과 함께 살면서 배우는 사회성'이 공존하는 시기이다.
③ 이때 '공존의 시기'라는 말의 의미를 생각하여 어느 한쪽에 치우치지 않도록 주의한다.
④ 사람의 핸들링이 없고 무리 내 사회성만 키우면 강아지끼리 지배와 복종을 배우지 못해 큰 혼란을 부르게 된다.

(3) 사회화의 효과
① 사회화는 강아지들을 사회적으로 많은 소리, 다양한 환경에 노출시켜서 긍정적으로 받아들이게 한다.
② 자동차가 지나가는 소리나, 장난감 소리, 방울 소리 등 모든 소리에 조금씩 적응할 수 있도록 하고, 숲, 아스팔트 바닥, 계단, 잔디로 덮인 바닥 등 모든 환경에 적응하도록 해준다.
③ 다양한 환경에 적응시켜 주고 소리에 민감하지 않게 하여 남녀 구별 없이 많은 사람이 강아지에게 핸들링해 주면 된다.

4 반려견의 학습 원리

(1) 학습의 개요
① 동물의 행동은 선천적 행동과 후천적으로 획득하는 학습적 행동으로 나눌 수 있다.
② 학습은 경험과 훈련에 의해서 점진적으로 형성된다.
③ 배움과 경험을 바탕으로 한 동물의 학습된 행동 변화는 꽤 오랫동안 유지된다.

(2) 반려견의 학습원리
① 습관화[순화]
  ㉠ 반려견은 새로운 자극에 노출되면 놀라거나 불안해지는데, 이 자극이 고통이나 상해를 입히는 것이 아닌 경우 반복해서 노출되면 점차 익숙해진다.
  ㉡ 이 과정을 '순화'라고 하는데, 순화는 '적응하다'의 의미로 습관화되는 것을 말한다.
  ㉢ 일반적으로 청소년기[약령기]의 반려견이 나이를 먹은 반려견보다 순화하기 쉽다.
  ㉣ 습관화와 관련된 학습법은 홍수법과 탈감각화가 있다.

홍수법	• 반려견에게 한 번에 최대 강도의 자극을 접하게 하는 것으로, 반려견은 큰 강도의 자극과 낯선 환경에 적응하면서 그 자극을 무시하게 된다. • 어린 반려견이나 공포의 정도가 약한 경우에 유용하다.
탈감각화	• 반려견 행동 교육의 가장 기본적인 학습법으로 낮은 수준의 자극부터 단계적으로 자극의 정도를 높여서 최대 강도의 자극에 적응할 때까지 서서히 길들여가는 행동 교정법이다. • 특히 성숙한 반려견에게 효과적이다.

② 연상
  ㉠ 특정 사실 또는 형상에 대한 이해를 바탕으로 미래를 예측·준비하는 학습법이다.
  ㉡ 다양한 외부 자극과 경험이 있는 동물이 그 결과를 바탕으로 미래에 일어날 일을 예측하고 연관된 행동을 하는 경우이다.
  ㉢ 예를 들면 반려견이 보호자가 외투를 입으면 산책을 떠올리고 좋아하는 것이다.
③ 시행착오
  ㉠ 동물은 다양한 경험을 통해서 실패 또는 성공을 경험하는데, 다양한 시도를 해보고 가장 이익이 되는 행동만을 계속하는 것을 말한다.
  ㉡ 새로운 상황에 처했을 때 여러 행동을 시도해보고 효과가 없는 행동은 배제하고 효과가 있는 행동을 계속하는 것이다.

④ 개별화
  ㉠ 개체의 능력을 최대한 발휘시켜서 목적에 부응하도록 생존능력 가치를 높이는 것으로, 개체의 가치와 특성을 존중하는 학습법이다.
  ㉡ 개체의 차이를 이해하고 신체적 특성을 파악하여 목표를 설정해야 능력을 충분히 발휘할 수 있다.
⑤ 자발성
  ㉠ 자발성은 학습 과정에서 동기를 갖고 능동적으로 행동하도록 하는 근원적인 힘으로, 학습은 개체로부터의 동기에 의해 형성되고 정립된다.
  ㉡ 자발성에 기초한 동물의 행동 변화는 내적 변화를 동반해서 행동 능력이 발전한다.
⑥ 흥미
  ㉠ 흥미는 동기와 연관되어 있으며 자발성으로 연결된다.
  ㉡ 흥미가 있으면 자발적으로 집중하게 되고 집중력은 성공률로 이어져 보상받는 선순환 과정이 학습과 교육에 긍정적인 요인으로 작용한다.
  ㉢ 개체의 능력에 흥미가 더해지면 자발성 학습으로 이어져 학습 성공률이 높아진다.
⑦ 모방
  ㉠ 다른 동물의 행동을 관찰한 후 동일하게 또는 비슷하게 따라 하는 것을 모방이라 한다.
  ㉡ 동물의 가장 보편적인 학습법으로, 어릴 때는 어미의 행동을 흉내 내면서 성장하고 다른 동물의 행동을 따라 하면서 자신에게 맞는 행동으로 발달시킨다.
⑧ 관찰 : 다른 개체의 행동을 관찰함으로써 발생하는 학습법으로, 모델 개체가 필요하다.
⑨ 사회화 : 사회의 구성원으로 생활할 수 있도록 동화되는 것으로, 특히 무리생활을 하는 동물에게는 협동 및 서열 정리를 위해 사회화 학습이 필요하다.
⑩ 직접 경험 : 동물은 직접 경험한 행동을 통하여 필요한 능력을 형성한다.

CHAPTER

02 | 실전예상문제

PART 1 반려동물 행동학

01 신생아기에 대한 설명 중 가장 옳은 것은?

① 신생 강아지는 무리 내 사회성을 배우기 위해 어미 견이 하는 대로 따라 한다.
② 강아지에게 잠에 대한 욕구는 매우 중요하므로 하루에 7~8시간 잔다.
③ 먹는 것만 제외하고 스스로 행동을 할 수 있는 일이 거의 없다. 어미 개는 수시로 깨워 자극을 주면서 사회성을 교육시킨다.
④ 어미 개가 강아지의 항문이나 생식기 주변을 핥아서 대소변을 닦아주는 반사적 통제에 의존한다.

해설 ④ 신생 강아지는 배설능력이 없어서 어미 개가 항문 주변을 핥아서 자극을 주어 배설을 유도한다.
① 어미 견의 보호에서 벗어나 형제들과 어울리며 복종, 지배 등을 배우는데, 이는 생후 3주에서 10주에 일어난다.
② · ③ 이 시기에는 하루 3~4시간만 깨어 있고 나머지 시간은 모두 잠을 잔다.

02 반려견의 신생아기 감각발달 중 후각의 발달 시기는?

① 생후 1일
② 생후 15일
③ 21일(3주)
④ 28일(4주)

해설 후각은 생후 1일 태어나면서부터 발달한다.

03 반려견의 신생아기 감각발달 중 청각의 발달 시기는?

① 생후 1일
② 생후 13일
③ 21일(3주)
④ 60일

해설 귀로 들을 수 있는 시기는 생후 21일부터이다.

정답 01 ④ 02 ① 03 ③

04 반려견의 신생아기 감각발달 중 시각의 발달로 물체의 형태를 구분할 수 있는 시기는?

① 생후 15일　　　　　　　　　　② 생후 28일
③ 40일　　　　　　　　　　　　 ④ 60일

해설　눈을 뜨는 시기는 생후 15일(2주)이지만 눈으로 볼 수 있는 시기는 생후 28일(4주)이다.

05 반려견의 신생아기 감각발달 중 신체의 변화에서 눈을 뜨는 시기는?

① 생후 13~15일　　　　　　　　② 생후 20일
③ 30일　　　　　　　　　　　　 ④ 45일

해설　눈을 뜨는 시기는 개에 따라 조금씩 다르지만, 평균 생후 13~15일경에 눈을 뜬다.

06 반려견의 후각 발달에 대한 설명으로 옳지 않은 것은?

① 감각기관 중에서 가장 빠른 반응을 보이는 것이 후각이다.
② 개의 후각은 눈을 뜨는 시기에서 한층 더 성숙하게 발달한다.
③ 개의 후각 세포는 인간의 40배가 크며, 후각 능력은 100만 배 이상 뛰어나다.
④ 후각은 생후 일주일부터 생긴다.

해설　후각은 생후 1일부터 발달한다.

07 반려견의 시각 발달에 대한 설명으로 옳지 않은 것은?

① 보통 4주면 눈으로 물체의 형태를 구분한다.
② 개는 시각이 발달하면서 무리 내 사회성을 배워간다.
③ 개의 시력은 사람보다 4~8배 정도 나쁘고, 색을 구분하는 능력도 떨어진다.
④ 어두운 곳에 있는 물건이나 움직이는 물체를 구분하는 능력이 인간보다 뛰어나다.

해설　무리 내 사회성은 물고 당기는 놀이를 통해 학습된다.

08 개의 청각에 대한 설명 중 옳지 않은 것은?

① 개의 감각기관 중 첫 번째로 발달하는 것이 청각이다.
② 세상의 소리에 강아지가 긍정적으로 반응하고 적응할 수 있도록 한다.
③ 개의 청각능력은 사람의 4배 정도 뛰어나 인간이 듣지 못하는 소리를 들을 수 있다.
④ 소리에 대한 공포와 스트레스를 최소화하기 위해 강아지에게 큰 소리를 내지 않도록 주의한다.

해설 청각은 두 번째로 발달하는 기관이다.

09 개의 촉각에 대한 설명으로 옳지 않은 것은?

① 교육 중에 보상으로 쓰다듬기 애정표현을 한다.
② 개의 촉각은 감각기관으로서 매우 뛰어난 능력을 가지고 있다.
③ 서로 간의 존경심과 애정을 표현하면 스트레스 완화에도 도움이 된다.
④ 어미 견이 온몸을 핥아 주거나 보호자가 부드럽게 쓰다듬을 때 애정을 느낀다.

해설 개의 감각기관으로 뛰어난 능력을 가지고 있는 것은 후각이다.

10 개의 5가지 감각의 발달 순서로 옳은 것은?

① 후각, 청각, 미각, 시각, 촉각
② 촉각, 후각, 청각, 시각, 미각
③ 후각, 청각, 시각, 촉각, 미각
④ 청각, 후각, 시각, 촉각, 미각

해설 후각, 청각, 시각, 촉각, 미각 순서이다. 눈을 뜨는 것은 생후 2주부터이나 보기 시작하는 것은 생후 4주부터이므로, 생후 3주부터 듣기 시작하는 청각의 감각이 더 앞선다.

11 신생아 시기에 적절한 핸들링에 대한 설명으로 옳은 것은?

① 신생 강아지에게는 관리자가 한 명만 필요하다.
② 어미 개와 신생아는 잠자리 공간을 따로 두어 분리불안을 예방한다.
③ 기본적으로 모견을 돌보는 것보다 더 중요한 것은 가족이 돌아가면서 하는 핸들링이다.
④ 체온저하 스트레스는 강아지를 한 마리씩 하루에 1~2회 정도 쓰다듬어 주어 체온을 떨어뜨리는 것이다.

해설 쓰다듬기는 강아지의 면역 기능을 강화하고 사람의 손길에 익숙해지도록 만드는 역할을 한다.

[12~13] 다음 보기에서 설명하는 것을 고르시오.

12

> 강아지를 한 마리씩 작은 상자에 2~3분 정도 넣어둔다. 그러면 강아지가 낑낑거리고 체온이 떨어지면서 스트레스를 받는다.

① 터치 스트레스
② 체온저하 스트레스
③ 폐기능 증진
④ 뇌하수체의 호르몬 분비 촉진

해설 체온저하 스트레스를 주면 심폐기능이 증진되고 뇌하수체의 호르몬 분비를 촉진시켜 후에 강아지들이 질병에 노출되었을 때 견딜 수 있는 힘이 생긴다.

13

> • 강아지가 물건 형태를 구별할 수 있고, 냄새로 어미 개, 동료, 사물, 사람 등을 파악하기 시작한다.
> • 보기, 듣기, 걷기, 배변, 씹기, 후각 등 기본적인 감각을 갖추게 되면서 사회적 존재로 가는 과도기이다.

① 신생아기
② 이행기
③ 청각의 발달시기
④ 인간과 사회화 시기

해설 이행기는 눈을 뜨는 시기로 적당한 스트레스를 이용해 고통과 공포를 경험하는 훈련을 하는 시기이다.

14 신생아기 터치 스트레스란 무엇인가?

① 강아지 혼자두기
② 손으로 쓰다듬기
③ 어미로부터 떼어놓기
④ 들어올리기

해설 터치 스트레스는 하루에 1~2회 정도 쓰다듬어 주는 것으로, 체온저하 스트레스와 터치 스트레스 등 가벼운 스트레스를 주면 주면 질병에 대응하는 힘이 생기게 된다.

15 강아지가 스트레스에 대해 긍정적으로 받아들이게 되는 훈련으로 옳지 않은 설명은?

① 강아지를 높이 들어올린다. 강아지가 깽깽거리며 저항하면 바닥에 내려서 부드럽게 쓰다듬어 준다.
② 지배성 스트레스를 준다. 강아지를 잡고 뒤집어서 약 10~20초 정도 잡고 있다가, 강아지가 깽깽 소리를 내고 일어나려고 하면 바로 세워서 칭찬한다.
③ 가볍게 그루밍한다. 주 1회 정도 귀를 소제하고, 발톱을 다듬고, 가벼운 빗질 등을 하면 사람의 손길을 익숙하게 하는 데 도움이 된다.
④ 스트레스를 차단한다. 강아지 시기에 스트레스는 매우 위험하므로 작은 스트레스도 주지 않도록 주의한다.

해설 어린 강아지 시기에 터치 스트레스, 체온 저하 스트레스 등 작은 스트레스를 주면 면역 기능을 높이는 효과가 있다.

[16~19] 다음 빈칸에 들어갈 말로 옳은 것을 고르시오.

16
사회화 시기에는 강아지의 성격이 가장 왕성하게 형성된다. 또한 성견이 되어서도 (　　　)이 잘 발달된 성격을 지닐 수 있도록 만드는 단계로 매우 중요하다.

① 기억력　　　　　　　② 사회성
③ 성 격　　　　　　　　④ 공격성

해설 사회화 교육은 어린 강아지가 사회성이 발달된 성격을 지닐 수 있도록 한다.

17
(　　　)(이)란 강아지가 다른 환경이나 개, 사람 또는 소리 등을 접하는 데 있어 이 모든 환경을 두려워하지 않고 좋은 기억으로 받아들이게 만드는 과정이다.

① 호기심　　　　　　　② 경계심
③ 친화력　　　　　　　④ 사회화

해설 사회화는 어린 강아지가 다양한 환경을 경험함으로써 새로운 것에 대한 공포를 없애고 좋은 기억으로 받아들이는 과정이다.

18

사회화 시기에는 무리의 일원으로 환경에 적응하고, 형제들 간에 물고 당기는 놀이로 무리 내 (　　　) 과 살아가는 법을 배운다.

① 서 열　　　　　　　　　② 공격성
③ 호기심　　　　　　　　　④ 경계심

해설　강아지들은 물고 당기는 놀이를 통해 무리 내에서 힘과 서열을 배움으로써 사회화된다.

19

사회성이 매우 중요한 맹인안내견이 전문 핸들러에게 훈련받기 전에 받는 (　　　)은(는) 정상적인 가정에 강아지를 보내 가족 구성원으로 인간과 함께 살면서 사회의 모든 환경을 긍정적으로 받아들이게 하는 데 목적이 있다.

① 스트레스 훈련　　　　　　② 교육기관
③ 퍼피워커　　　　　　　　　④ 자원봉사자

해설　퍼피워커 프로그램에 대한 설명이다.

20 무리 내 사회성(생후 3주~10주)에 대한 설명으로 옳지 않은 것은?

① 이 시기에는 무리에서 살아가는 데 중요한 행동의 기초를 배운다.
② 주변을 탐험하고 자신이 관심 있는 물건이나 사람에 대한 집착이 시작된다.
③ 강아지가 신체적 · 환경적 변화를 경험하는 시기로, 환경적 변화가 더 큰 영향을 미친다.
④ 강아지가 모견의 보호에서 벗어나 새로운 환경에 노출되는 시기로 경험하지 못했던 환경을 맞이한다.

해설　이 시기에는 물건이나 사람에 대한 집착이 아니라 호기심이 많아진다.

21 무리 내 사회성 변화와 자견의 사회성에 대한 설명으로 옳지 않은 것은?

① 어미견이 먹은 음식을 토해서 새끼에게 먹이려 하면, 보호자는 토사물을 바로 치워주고 청결을 유지하도록 한다.
② 유치가 나오기 시작하면 서서히 젖을 뗄 시기가 됐다는 것으로, 보통 생후 6주가 되면 젖을 떼고 어미가 가져다 준 음식을 먹는다.
③ 무리 생활에서의 모든 행동을 통해 근육 발달과 지배와 복종을 배우게 되며, 정신적으로 성장한다.
④ 생후 2주 정도가 되면 유치가 자라나기 시작하고, 소리에 대해서도 반응하는 등 신체적 변화를 보인다.

해설 어미견은 본능적으로 소화 흡수에 도움을 주기 위해 자신이 먹은 음식을 토해서 새끼에게 먹여주기도 한다.

22 반사 행동에 대한 설명으로 옳지 않은 것은?

① 반사는 경험에 의해서 수정되기도 한다.
② 반사는 선천적인 것이 아니라 성장하면서 일정 시기에 나타난다.
③ 어떤 반사든지 자극을 반복하면 감각이 줄어들지만 반대로 경험에 의해 더욱 민감해질 수도 있다.
④ 개가 잘 때 큰 소리를 들려주면 처음에는 놀라서 일어나지만, 규칙적으로 소리 자극을 주면 큰 소리에도 잠을 잔다.

해설 반사는 선천적으로 타고난 것도 있고, 성장하면서 일정 시기에 나타나는 것도 있는데, 해로운 음식을 먹었을 때 구토 반사를 하는 것은 선천적으로 타고난 반사이다.

23 특정한 종류의 자극이나 사건에 의해서 유발되는 것으로 자기 방어, 공격, 도망, 운동 등을 무엇이라고 하는가?

① 반 사
② 본 능
③ 학 습
④ 유전적 행동

해설 본능은 특정한 종류의 자극이나 사건에 의해서 유발되는 일련의 상호 연관된 활동으로, 어떤 면에서는 반사와 유사하다. 본능은 교육하지 않더라도 반려견이 가지고 있는 행동이다.

24
개가 산책할 때 위험 요소가 있거나 다른 개를 만나면 목 부분부터 미근부(꼬리부분)까지 털을 세우는데, 무엇을 기반으로 한 행동인가?

① 반사
② 서열
③ 학습
④ 본능

해설 자신을 실제보다 크고 대단한 것처럼 보여서 위협적으로 보이게 해서 상대가 공격하지 못하도록 하기 위한 행동으로 본능을 기반으로 한다. 개들은 본능을 통해 서열을 알게 되기도 한다.

25
강아지의 공포 시기에 대한 설명으로 옳은 것은?

① 보통 생후 60일 이후에는 강아지가 호기심으로 사람을 잘 따른다.
② 2차 공포 시기는 1~3주 동안 지속되며, 익숙했던 자극에 반응한다.
③ 다른 행동 학습보다 공포학습을 빨리 습득하게 하면 정서적 문제에 영향을 줄 수 있다.
④ 공포 시기에 적응력을 키우려면 스트레스나 소리에 노출시키지 말아야 한다.

해설
③ 공포학습을 다른 행동상의 학습보다 빨리 습득하게 하면 오랜 시간 동안 정서적 문제에 영향을 줄 수 있으므로 어설픈 행동으로 강아지에게 스트레스를 주지 않는다.
① 보통 생후 60일 이전에는 강아지가 호기심으로 사람을 잘 따르지만, 생후 8~10주 전후에 갑자기 사람을 경계하고 두려워하는 모습을 보이는데, 동물 심리학자들은 이 시기를 공포 시기라고 한다.
② 2차 공포 시기는 1~3주 동안 지속되며, 익숙했던 자극도 두려워할 수 있다.
④ 새로운 환경과 경험은 강아지가 감당할 수 있는 작은 스트레스나 소리에만 노출이 돼야 한다. 이 시기에는 특히 강아지 입장에서 생각하고 배려하는 마음이 중요하다.

[26~28] 다음 빈칸에 들어갈 말로 옳은 것을 고르시오.

26
( )은 본능보다 비특정적이고 관찰하기 어려워서 눈으로 확인하기가 어렵다. 성적 행동, 식량축적 등과 같은 특성 또는 행동이 해당된다.

① 본능
② 반사
③ 학습
④ 유전적 행동

해설 유전적 행동에 대한 설명이다. 예를 들어 개는 우기철에 대비해서 땅속에 먹이를 묻은 후에 후각으로 먹이를 찾아 먹는데, 이러한 행동은 누가 알려준 것이 아니고 유전에 의해 이루어진 것이다.

27 ( )은(는) 반려견 행동 교육의 가장 기본적인 학습법으로, 낮은 수준의 자극을 충분히 경험하고 점차적으로 자극의 강도를 증가시켜서 불안한 자극을 긍정적으로 습관화시키는 방법이다.

① 개별화 ② 사회화
③ 탈감각화 ④ 직접 경험

해설 탈감각화는 낮은 수준의 자극부터 단계적으로 자극의 정도를 높여서 최대 강도의 자극에 적응할 때까지 서서히 길들여가는 행동 교정법으로, 특히 성숙한 반려견에게 효과적이다.

28 반려견은 자극에 노출되면 놀라거나 불안해지는데 이 자극이 고통이나 상해를 입히는 경우가 아니면 반복해서 노출됨으로써 점차 익숙해진다. 이러한 학습 원리를 ( )라고 한다.

① 순 화 ② 연 상
③ 개별화 ④ 시행착오

해설 순화의 구체적인 예로는 큰소리에의 순화, 낯선 인간에의 순화, 자동차 타는 것에의 순화 등이 있다. 일반적으로 약령기의 반려견이 성견보다 순화하기 쉽다고 알려졌으며, 순화와 관련된 학습법은 홍수법과 탈감각화가 있다.

정답 27 ③ 28 ①

CHAPTER 03 반려동물의 정상행동

PART 1 반려동물 행동학

반려견의 정상행동은 반려견의 생존과 후대의 번성에 유리하도록 환경변화에 적절하게 적응된 보편적인 행동으로, 개체행동과 사회행동이 있다.

1 반려동물의 정상행동

(1) 개체행동

① 개체행동의 개요
  ㉠ 개체행동은 반려견이 혼자 시작해서 스스로 마무리 짓는 행동이다.
  ㉡ 섭식행동, 배설행동, 운동행동, 몸치장행동, 호신행동, 휴식행동, 탐색행동, 놀이행동으로 구분한다.

② 섭식행동
  ㉠ 섭식은 반려견이 영양분과 수분을 섭취하기 위한 행동으로, 가장 기본적이고 중요한 개체유지행동이다.
  ㉡ 반려견의 섭식행동은 늑대의 수렵행동과 연관이 있어서 먹이를 빨리 먹는 특징이 있다.
  ㉢ 반려견은 위 용적량이 인간보다 훨씬 크므로 한 번에 많은 양을 섭취할 수 있다.
  ㉣ 고온 환경에서는 발열량 감소로 섭취량이 줄고 저온 환경에서는 증가한다.

③ 배설행동
  ㉠ 배설은 신체 내부의 불소화물을 소변이나 대변으로 배출하는 행동이다.
  ㉡ 출산한 어미 개는 새끼의 항문이나 음부를 핥아 배설을 촉진시키는데, 갓 태어난 새끼강아지는 어미의 자극이 없으면 배설하지 못하기 때문이다. 이때 어미 개가 배설물을 섭취하므로 이러한 배설행동 시스템은 보금자리를 청결하게 유지하는 데도 효과적이다
  ㉢ 강아지가 스스로 배설을 시작하는 시기는 이행기부터이며, 이 시기에는 근육이나 신경 발달이 완전하지 않기 때문에 성견에 비해 배뇨 횟수가 많다.
  ㉣ 반려견은 보금자리에서 먼 곳에 배설한다.
  ㉤ 수캐는 사회적 정보교환을 위해 마킹하고 발정기의 암캐는 여러 곳에 자주 배뇨한다.
  ㉥ 대부분의 반려견은 두려움을 느끼면 배뇨 또는 배변한다.

> **용어설명** 마킹(marking)행동
> - 마킹행동은 동물이 오줌, 분변, 피지선의 분비물 냄새로 다른 개체와 소통하는 행동으로, 세력권, 경고, 무리 보호 등을 목적으로 한다.
> - 산책 시 개가 여러 장소에서 배뇨하는 것은 자신의 영역에 냄새를 묻혀서 표식하는 행동으로 주로 수컷에게 나타난다.

④ 운동행동
　㉠ 생후 발달하기 시작하며, 신경과 근육의 발달에 비례하여 기능이 다양해진다.
　㉡ 낮은 수준의 걷기에서 달리기, 수영, 추격, 땅파기, 산책 등 다양한 형태로 발생한다.
　㉢ 성견은 1일 수십 km를 이동할 수 있으므로 그에 합당한 시간과 신체적 기능을 모두 사용할 수 있는 다양한 동작으로 운동행동이 구성되어야 한다.

⑤ 몸치장행동(그루밍, grooming)
　㉠ 그루밍은 동물이 자신이나 다른 반려견의 털과 피부 등을 다듬는 몸단장행동으로, 피부에 붙은 먼지나 기생충을 제거하고 타액에 포함된 성분으로 상처를 치료하는 기능도 있다.
　㉡ 신체의 편안함을 위한 행동으로, 신체 일부를 이용하는 몸치장행동은 전신을 이용한 호신행동과 차이가 있다.
　㉢ 이빨로 몸을 다듬고 발로 긁는 행동, 오물을 제거하기 위해 몸을 터는 행동, 몸을 핥는 것, 몸을 벽에 문지르기가 있다.
　㉣ 그루밍에는 입으로 하는 오럴그루밍과 뒷발로 하는 스크래치그루밍, 앞발을 핥아서 얼굴이나 머리를 닦는 행동이 있다.
　㉤ 직접 닿지 않는 체표 부위를 서로 손질해주는 상호 간 그루밍은 가족 또는 동료 간 연대를 강화하는 친화적 행동으로서 사회적 의미가 크다.
　㉥ 개·고양이의 행동발달 과정 중 가장 중요한 사회화기에 어미나 형제 또는 사람과의 그루밍과 핸들링은 뇌의 정상적인 발달에 긍정적 영향을 미치는 중요한 활동이다.

⑥ 호신행동
　㉠ 생존과 항상성을 유지하기 위하여 외부자극에 대응하는 행동이다.
　㉡ 정상적인 체온을 유지하기 위하여 추위에는 양지바르고 바람이 적은 장소를 찾거나 몸을 웅크리는 것, 더위에는 그늘을 찾아 땅을 파고 몸을 펴는 것이다.
　㉢ 눈비를 피하는 행동, 체온을 내리기 위해 물속에 들어가는 행동 등이 있다.

⑦ 휴식행동
　㉠ 에너지 소비를 줄이거나 체력 회복을 위하여 활동을 멈추는 행동으로 수면이 대표적이다.
　㉡ 반려견은 수면 장소를 굴을 파지 않고 이미 파여진 적당한 공간을 찾아 이용한다.
　㉢ 반려견은 서열이 높은 개체가 안락한 위치를 차지하지만, 공간이 넓어지면 이런 행동이 줄어든다.

⑧ 탐색행동
　㉠ 새로운 장소, 물건 등을 만났을 때 조사하는 행동이다.
　㉡ 불확실성에 대하여 모든 감각을 이용하여 보고, 듣고, 냄새를 맡고 코나 앞발로 접촉하는 행동을 한다.
　㉢ 이 행동은 긴장된 상태로 이루어지며 어린 시절에 많고 성장에 따라 줄어든다.

⑨ 놀이행동
　㉠ 특정한 목적을 가지지 않고 긴장감 없이 즐거워하는 행동이다.
　㉡ 성견에 비하여 어린 시기에 많이 나타난다.
　㉢ 육체적 유연성과 기능 발달, 무료함 해소 등의 효과가 있다.
　㉣ 사냥 과정을 모식하거나 승가, 씹기 행동을 나타내기도 한다.

(2) 사회행동

① 사회행동의 개요
   ㉠ 반려견은 리더에 의해 사회가 유지되는 서열제이자 가족 단위로 이루어진 가족제이다.
   ㉡ 사회행동은 무리 내 개체 간 상호관계에서 영향을 주고받는 행동이다.
   ㉢ 사회적 동물의 영역에는 경계가 있는데, 개체 안전 공간은 보금자리로 안전을 확보하는 최소 공간이다.
   ㉣ 안전 공간 밖에 집단의 의사소통이 가능한 사회적 거리가 있으며, 이 경계에서 공격과 도피행동이 나타난다.
   ㉤ 사회행동에는 생식행동, 모자행동, 의사소통행동, 적대행동, 친화행동이 있다.

② 생식행동
   ㉠ 탐색, 구애, 교미로 이어지는 일련의 행동 단위이다.
   ㉡ 탐색은 이성을 찾는 과정이고, 구애는 탐색에 이어 교미를 위한 행동이다.
   ㉢ 반려견의 성행동

구분	내용
수캐의 성행동	• 수캐는 6개월이 지나면 성 성숙 과정으로 교미가 가능하다. • 발정기의 암캐가 분비하는 발정 페로몬에 강하게 반응한다. • 교미 전 수캐는 암캐의 귀와 입을 핥고 음부 냄새를 맡으며 앞다리를 암컷의 등에 올리는 친화행동을 한다. • 교미 결합은 약 10~40분 정도이며, 사정 후에 음경의 밑부분이 질 안에서 비대화되어 결합이 유지된다.
암캐의 성행동	• 암캐의 발정기는 5~24개월에 나타나며, 발정전기-발정기-발정휴지기-무발정기로 나뉜다. • 발정기에는 수캐에게 바싹 다가가거나 주인에게 불복종하는 등 행동변화가 일어난다. • 발정기에는 수캐에게 승가행동을 허용하며, 수용자세로 꼬리를 쳐들고 옆으로 움직이는 플래깅을 한다. • 플래깅은 암캐가 교배할 준비가 되었다는 뜻으로 수캐의 승가를 위해 기꺼이 꼬리를 옆으로 빼주어 외음부를 노출하는 자세를 말한다.

③ 모자행동
   ㉠ 동물이 새끼를 낳은 후 어미와 새끼 사이에 특별한 관계가 형성되는데, 모자행동은 어미가 새끼에게 필요한 것을 해결하며 돌보는 행동이다.
   ㉡ 대표적인 모자행동은 모견이 출산 전 보금자리를 다듬는 것과 강아지에 대한 수유이다.
   ㉢ 초산의 암컷은 아무에게도 배우지 않고 어미의 역할을 하고 새끼가 혼자 설 수 있을 때까지 돌보는 육아행동을 완벽하게 해낸다.
   ㉣ 신생자견의 체온유지를 위한 행동, 배설을 촉진하는 핥기, 자견이 모견의 입 주위를 핥는 것 등이 있다.
   ㉤ 모자행동에 영향을 주는 요인에는 내부요인과 외부요인이 있다.

구 분	영향 요인
내부요인	출산 경험, 호르몬 분비, 유전적 특징
외부요인	새끼의 냄새, 외모, 울음소리

   ㉤ 현대의 가축화된 동물들은 인간과 유대관계가 형성되어 야생과는 다른 모자행동의 변화가 나타난다.

④ 의사소통행동
　㉠ 집단 상호 간에 의사를 전달하는 방법은 음성, 표정, 자세, 동작, 냄새가 있으며, 단독으로 혹은 동시에 표현된다.
　㉡ 사회적 놀이는 상호운동, 친화행동, 생식행동, 적대행동을 발달시키고 사회적 관계에 대한 인식을 강화시킨다.
　㉢ 의사소통행동의 표현
　　• 음성 표현은 다음과 같다.
　　　- 짖음은 소리의 높낮이, 연속성, 횟수, 속도 등에 따라 표현하고자 하는 것이 다르다.
　　　- 으르렁거림은 소리의 안정성, 높낮이, 연속성, 깊이 등에 따라 내용이 다르다.
　　　- 칭얼거림은 높낮이의 전후, 끊김, 하품 등에 따라 의미가 다르다.
　　• 얼굴의 표정을 통한 표현은 다음과 같다.
　　　- 시선은 똑바로 맞춤, 피함, 눈을 깜박임, 꼬리를 높이 들고 눈을 깜박이는 것 등이 있다.
　　　- 이빨은 드러내고 코에 주름, 이빨을 안 보이고 주름이 없으며 몸을 낮춤, 입이 가볍게 열림, 입술을 올리고 이빨이 거의 다 보임, 입을 반쯤 벌림 등이 있다.
　　　- 귀는 앞으로 기울임, 완전히 뒤로 넘어감 등이 있다.
　　• 자세와 꼬리의 표현은 다음과 같다.
　　　- 자세는 위축된 듯 몸을 낮추고 상대를 올려보기, 사지를 긴장시켜 똑바로 서 있거나 앞으로 천천히 이동하기, 긴장 상태로 똑바로 내미는 것이 있다.
　　　- 꼬리는 등 쪽으로 약간 구부러져 올라감, 뒷다리까지 내려감, 뒷다리 사이에 말려들어감, 꼬리 끝의 털만 섬 등이 있다.
　　• 동작은 다음과 같다.
　　　- 코로 쿡쿡 찌름, 땅 냄새를 맡거나 파기, 먼 곳을 바라봄, 자신의 몸을 긁음, 앉아서 상대에게 자신의 냄새를 맡게 함, 옆이나 위를 향해 눕고 상대의 시선을 회피함, 상대 어깨에 머리나 앞발을 얹음, 어깨를 부딪침, 상대와 옆으로 서기, 앞발을 뻗어 몸을 낮추고 허리와 꼬리 올리기 등이 있다.

④ 적대행동
　㉠ 적대행동은 반려견의 본성으로 복잡하고 유전력이 비교적 높다.
　㉡ 동종 간의 적대행동은 무리를 유지하기 위한 행동으로 포식행동과는 다르다.
　㉢ 개는 야생 늑대처럼 무리 형성으로 서열을 정리하는 습성이 있어서 우위와 서열을 위한 싸움을 하거나 경계가 형성되면서 공격행동 또는 친화행동을 하게 된다.
　㉣ 반려견들도 무리 내 서열을 정하기 위해 으르렁거리며 공격 태세를 취하고 영역표시를 하면서 경계행동을 하기도 한다.
　㉤ 동물이 생존하기 위해서는 적절한 공간 확보가 필수적이며, 이때 행동권과 세력권이 형성된다.

| 용어설명 | 행동권과 세력권 |

행동권	• 동물이 생활하는 데 필요한 먹이, 물, 이성 등의 자원을 획득하는 모든 장소를 포함하는 공간으로, 행동권은 종별로 크기와 모양, 선호되는 지역이 다르다. • 다른 개체 혹은 다른 종과 중첩되거나 공동으로 사용되기도 하며, 무리를 형성하는 경우 다른 개체와 행동권이 100% 일치하기도 한다.
세력권	• 배우자나 새끼를 제외한 다른 개체와는 공동으로 점유하지 않고 자신 혹은 가족끼리 배타적으로 사용하는 공간으로, 특히 번식기 동물은 세력권을 더욱 형성한다. • 포유류의 경우 자기 배설물이나 털을 세력권 내에 남기는 행동으로 다른 개체가 자신의 세력권으로 침입하지 못하도록 세력권을 방어한다.

ⓐ 반려견의 공격행동
- 다른 동물에게 직접 물리적인 압박이나 정서적인 위협을 가하는 행동으로, 먹이 사냥과 세력권 방어, 먹이·짝·물·공간 확보 등 다양한 사회적 행동 과정에서 다른 개체 또는 다른 종에 대한 공격행동을 한다.
- 공격행동의 유형

포식성 공격	• 섭식활동을 위한 사냥 행동으로 포식자가 사냥감에 보이는 공격행동은 동료와의 행동에서 보이는 것과 차이가 있다. • 무리 내 경합이나 동료에 대한 공격행동에는 경고의 신호로 털을 세우거나 소리를 내서 감정의 고조가 동반되지만, 사냥 시에는 감정 변화를 보이지 않고 먹잇감 사냥에 집중한다.
수컷 간의 공격	• 번식기에 테스토스테론 호르몬의 대량 분비로 수컷 간 공격행동이 뚜렷하다. • 계절번식 동물은 특정 시기에 호르몬이 상승하는 내분비 변화와 동시에 공격행동이 일어난다.
경합적 공격	• 먹이, 보금자리와 같은 한정된 자원 또는 무리 내 순위를 둘러싸고 경합하며 공격행동으로 발전한다. • 개와 늑대같이 사회성이 높은 동물은 서열과 관련된 위협행동에 따라 물리적 충돌 전에 관계가 결론지어진다.
공포성 공격	• 동물이 불안이나 공포 상황에서 벗어나는 것이 불가능할 때 하는 공격행동으로, 공격 전에 위협을 보이고 방어적 공격으로 이어진다. • 개가 사람을 공격하는 경우는 대부분 공포성 방어적 공격인 경우가 많다.
아픔에 의한 공격	• 아픔에 의한 방어적인 공격행동으로, 개나 고양이를 치료할 때 주의해야 한다. • 개들 간 싸움을 멈추기 위해 개를 때리거나 고통을 가하면 아픔에 의한 공격행동이 나타날 수 있다.
영역성 공격	• 낯선 대상이 자신의 영역에 침입하거나 무리에 접근하면 경계를 높이고 공격한다. • 특히 반려견은 보호자의 가족을 무리의 동료로 인식하기 때문에 낯선 사람에 대해 위협이나 공격행동을 보여 쫓아내려고 한다.
모성행동에 의한 공격	• 어미가 새끼를 지키기 위한 공격으로 위협도 없이 전력으로 상대방을 공격한다. • 가축, 소, 반려견 등은 야생일 때와는 전혀 다른 모성행동으로 출산 후 곧바로 새끼를 데려가도 관심을 보이지 않고 저항하지 않는 개체를 볼 수 있다.
학습에 의한 공격	• 군견이나 경찰견의 공격성은 교육에 의한 것으로, 인간과 사회적으로 공존하는 반려견은 다양한 분야에서 목적에 따른 학습으로 후천적 공격행동을 나타낼 수 있다.
병적인 공격	• 전조가 없이 예측할 수 없는 병적인 공격이 반복되는 경우 매우 심각한 원인에 의한 것일 수 있다. • 정신적 문제가 원인일 수 있으므로 치료를 위한 의료적 확인이 필요하다.

◎ 반려견의 친화행동
- 친화행동은 다른 개체와 긍정적으로 정서적 관계를 맺고 관계를 유지하려는 욕구나 동기에 의한 행동이다.
- 개들은 여러 감각을 이용하여 동료를 식별하며 후각으로 상대의 냄새를 기억하고 몸을 서로 기대거나 상호 그루밍하는 것이 대표적인 친화행동이다.
- 개와 늑대는 모두 생후 4주가 지나면 주변 탐색을 시작하는데 보호자는 반려견의 사회화를 위해 다양한 교감을 시도하는 것이 친화적 행동 발달에 좋다.
- 후각을 많이 사용하는 개는 생식기 탐색으로 개체를 식별하여 생리적 정보를 얻고 마음이 맞는 개체끼리는 몸을 기대고 그루밍하거나 즐겁게 놀이하는 행동을 보인다.

더알아보기 　반려견의 정상행동

개체행동	섭식행동, 배설행동, 운동행동, 몸치장행동, 호신행동, 휴식행동, 탐색행동, 놀이행동
사회행동	생식행동, 모자행동, 의사소통행동, 적대행동, 친화행동

더알아보기   반려견의 행동표현

구 분		행동 표현
배설행동		• 뒷다리를 들고 배뇨 • 암컷 쪼그려서 배뇨 • 어슬렁거리며 땅의 냄새를 맡은 후에 배변 • 배 변 • 배변 후 네발로 땅을 긁음(암컷의 경우 드묾) • 이전의 배변, 배뇨 장소에 다시 배설 • 핥아먹음, 꼬리를 아래로 내림
탐색행동		• 지면에 코를 대고 킁킁거리며 걷거나 달림 • 고개를 들고 킁킁거리며 이쪽저쪽을 뛰어다님 • 항문이나 생식기 부위의 냄새를 맡음 • 코 또는 얼굴의 냄새를 맡음 • 고개를 올리고 귀를 세움 • 소변이나 대변 냄새를 맡음 • 앞으로 기어가며 고개를 양옆으로 움직이며 냄새를 맡음
몸치장행동		• 자신의 몸을 긁음 • 몸을 물체에 문지름 • 몸을 땅에 문지르거나 굴러다님 • 자신의 털을 묾 • 몸을 흔들어 텖 • 자신의 생식기나 항문 부위를 핥음 • 새끼의 생식기나 항문 부위를 핥고 배설물을 먹음
적대행동	포 식	• 추 격 • 물 기 • 이로 덥석 묾 • 때때로 두 발로 선 상태에서 앞발질 • 이를 드러내고 으르렁거림 • 으르렁거림 • 짖 음 • 꼬리 끝부분을 흔듦 • 장난치며 싸움 • 무리 짓기
	방 어	• 앉 음 • 웅크림 • 도 주 • 이를 보이며 캥캥거림 • 다리 사이에 꼬리를 넣음
	우 위	• 등을 구부리고 앞발질을 하며 방어 자세로 다리를 쭉 뻗음 • 앞발을 등에 올림, 으르렁거림, 꼬리를 세움 • 다른 반려견을 딛고 섬, 으르렁거림 • 다리를 꼿꼿하게 하고 꼬리를 올리고 서 있거나 걸어 다님
	복 종	• 꼬리를 내림, 기어다님, 귀를 내림 • 꼬리를 다리 사이에 넣음 • 등을 구부리고 다리를 쭉 뻗음 • 같이 걷거나 달림

출처 : Jonn Paul Scott and John L. Fuller(1974). 『Genetics and the Social Behavior of the Dog』. The University of Chicago Press. p.63.

CHAPTER 03 실전예상문제

PART 1 반려동물 행동학

01 반려견의 섭식행동에 대한 설명으로 옳지 않은 것은?

① 가축화가 된 동물은 스스로 먹이를 선택할 수 없다.
② 반려견은 위 용적량이 인간보다 크므로 한 번에 많은 양을 섭취할 수 있다.
③ 섭식행동은 동물의 개체유지 행동에서 가장 기본적이고 중요한 행동이다.
④ 반려견의 섭식행동은 늑대의 수렵행동과 연관이 있어 먹이를 천천히 먹는다.

해설 반려견의 섭식행동은 먹이를 빠르게 먹는 행동적 특징을 보이는데, 이는 무리동물인 늑대가 사냥감을 두고 무리 내 동료들 간의 경쟁에서 비롯된 행동과 연관 있다.

[02~03] 다음 빈칸에 들어갈 말로 옳은 것을 고르시오.

02

( )은 동물이 오줌, 분변, 피지선의 분비물 냄새로 다른 개체와 소통하는 행동으로, 세력권, 무리 보호 등을 목적으로 한다.

① 마킹행동
② 섭식행동
③ 배설행동
④ 그루밍행동

해설 마킹(marking)행동은 일종의 표식 행동으로 노폐물을 몸 밖으로 배출하는 배설행동과는 의미가 다르다. 개는 산책 시 여러 장소에서 배뇨하려고 하는데 자신의 영역에 냄새를 묻혀서 표식하는 행동으로 주로 수컷에게 나타난다.

정답 01 ④ 02 ①

03

( )은 낯선 대상이 자신의 영역에 침입하거나 접근하면 경계를 높이고 공격하는 것을 말한다.

① 포식성 공격
② 경합적 공격
③ 공포성 공격
④ 영역성 공격

해설 영역성 공격은 낯선 대상이 자신의 영역에 침입하거나 무리에 접근하면 경계를 높이고 공격하는 것을 말한다. 개와 고양이도 자신의 세력권에 침입한 동종의 낯선 개체에게 공격적으로 행동하는 경우가 많다.

[04~07] 다음 보기에서 설명하는 것으로 옳은 것을 고르시오.

04

- 배우자나 새끼를 제외한 다른 개체와는 공동으로 점유하지 않는다.
- 자신 혹은 가족끼리 배타적으로 사용하는 공간이다.
- 포유류의 경우 자기 배설물이나 털을 남기는 행동으로 방어한다.

① 행동권
② 세력권
③ 공격권
④ 방어권

해설 반려견의 사회행동 중 공간 이용에 관한 세력권을 설명하는 내용이다. 세력권은 행동권과 달리 다른 개체와 중첩되지 않으며, 가족끼리 배타적으로 사용하는 공간으로 특히 번식기의 동물이 세력권을 더욱 형성한다.

05

- 동물이 자신이나 다른 동물의 털과 피부 등을 다듬는 몸치장행동이다.
- 피부에 붙은 먼지나 기생충을 제거하고 타액에 포함된 성분으로 상처를 치료하는 기능도 있다.
- 개·고양이의 신생아기에 어미로부터 충분한 보살핌을 받는 데 있어 중요한 행동이다.

① 마킹행동
② 섭식행동
③ 공격행동
④ 그루밍행동

해설 동물의 몸치장행동인 그루밍(grooming)행동은 동물이 자신이나 다른 동물의 털과 피부 등을 다듬는 동작으로 피부에 붙은 먼지나 기생충을 제거하고 타액에 포함된 성분으로 상처를 치료하는 기능도 있다.

06

- 새로운 장소, 물건 등을 만났을 때 조사하는 행동이다.
- 불확실성에 대하여 모든 감각을 이용하여 보고, 듣고, 냄새를 맡고 코나 앞발로 접촉하는 행동이다.

① 놀이행동
② 탐색행동
③ 호신행동
④ 휴식행동

해설 탐색행동에 대한 설명이다. 이 행동은 긴장된 상태로 이루어지며 어린 시절에 많고 성장에 따라 줄어든다.

07

- 특정한 목적을 가지지 않고 긴장감 없이 즐거워하는 행동이다.
- 성견에 비하여 어린 시기에 많이 나타난다.

① 놀이행동
② 몸치장행동
③ 운동행동
④ 호신행동

해설 놀이행동에 대한 설명이다. 이 행동은 육체적 유연성과 기능 발달, 무료함 해소 등의 효과가 있다. 사냥 과정을 모식하거나 승가, 씹기 행동을 나타내기도 한다.

08 운동행동에 대한 설명으로 옳지 않은 것은?

① 운동능력은 생후 발달하기 시작한다.
② 신경과 근육의 발달에 비례하여 기능이 다양해진다.
③ 신체 일부를 이용하는 운동행동은 전신을 이용한 호신행동과 차이가 있다.
④ 낮은 수준의 걷기에서 달리기, 수영, 추격, 땅파기, 산책 등 다양한 형태로 발생한다.

해설 ③은 몸치장행동에 대한 설명이다. 몸치장행동은 신체의 편안함을 위한 행동이다. 신체 일부를 이용하는 몸치장행동은 전신을 이용한 후신행동과 차이가 있다.

정답 06 ② 07 ① 08 ③

09 개의 발정주기를 바르게 나열한 것은?

① 발정 전기, 무발정기, 발정 사이기, 발정 후기
② 발정 전기, 발정기, 발정 사이기, 발정 후기
③ 발정기, 발정 전기, 무발정기, 발정 사이기
④ 발정 전기, 발정기, 발정 휴지기, 무발정기

해설 발정 전기, 발정기, 발정 휴지기, 무발정기 순이다.

[10~13] 다음 빈칸에 들어갈 말로 옳은 것을 고르시오.

10

( )은 생존과 항상성을 유지하기 위하여 외부자극에 대응하는 행동이다. 정상적인 체온을 유지하기 위하여 추위에는 양지바르고 바람이 적은 장소를 찾거나 몸을 웅크리는 것, 더위에는 그늘을 찾아 땅을 파고 몸을 펴는 것이다.

① 운동행동
② 탐색행동
③ 호신행동
④ 휴식행동

해설 호신행동은 생존과 항상성을 유지하기 위하여 외부자극에 대응하는 행동으로, 눈비를 피하는 행동, 체온을 내리기 위해 물속에 들어가는 행동 등이 있다.

11

수캐는 ( )이 지나면 성 성숙 과정으로 교미가 가능하며, 발정기의 암캐가 분비하는 발정 페로몬에 강하게 반응한다.

① 4개월
② 5개월
③ 6개월
④ 12개월

해설 수캐는 6개월이 지나면 성 성숙 과정으로 교미가 가능하다.

12 ( )은 탐색, 구애, 교미로 이어지는 일련의 행동 단위이다.

① 섭식행동
② 생식행동
③ 배설행동
④ 모자행동

해설 생식행동은 탐색, 구애, 교미로 이어지는 일련의 행동 단위이다. 탐색은 이성을 찾는 과정이고, 구애는 탐색에 이어 교미를 위한 행동이다.

13 ( )은 동물이 생활하는 데 필요한 먹이, 물, 이성 등의 자원을 획득하는 모든 장소를 포함하는 공간으로, 종별로 크기와 모양, 선호되는 지역이 다르다.

① 경계권
② 공격권
③ 세력권
④ 행동권

해설 행동권에 대한 설명이다. 행동권은 다른 개체 혹은 다른 종과 중첩되거나 공동으로 사용되기도 하며, 무리를 형성하는 경우 다른 개체와 행동권이 100% 일치하기도 한다.

14 반려견의 사회행동에 대한 설명으로 옳지 않은 것은?

① 사회행동은 무리 내 개체 간 상호관계에서 영향을 주고받는 행동이다.
② 사회행동에는 놀이행동, 의사소통행동, 적대행동, 친화행동이 있다.
③ 반려견은 리더에 의해 사회가 유지되는 서열제로, 가족단위로 생활한다.
④ 안전 확보의 최소 공간인 안전 공간을 벗어난 경계 지점에서 공격과 도피행동이 나타난다.

해설 ② 사회행동에는 생식행동, 모자행동, 의사소통행동, 적대행동이 있다.

정답 12 ② 13 ④ 14 ②

15 다음 보기에서 설명하는 것으로 옳은 것을 고르시오.

> • 모견이 출산 전 보금자리를 다듬는 것과 강아지에 대한 수유가 대표적인 행동이다.
> • 신생자견의 체온유지를 위한 행동, 배설을 촉진하는 핥기, 자견이 모견의 입 주위를 핥는 것 등이 있다.

① 모자행동
② 탐색행동
③ 호신행동
④ 휴식행동

해설 모자행동에 대한 설명이다.

16 반려견의 적대행동에 대한 설명으로 옳지 않은 것은?

① 적대행동은 반려견의 본성으로 복잡하고 유전력이 비교적 높다.
② 동종 간의 적대행동은 무리를 유지하기 위한 행동으로 포식행동과 유사하다.
③ 생존을 위한 공간 확보가 필수적이며, 이때 행동권과 세력권이 형성된다.
④ 개는 서열을 정리하는 습성이 있어서 경계가 형성되면 공격행동 또는 친화행동을 한다.

해설 동종 간의 적대행동은 무리를 유지하기 위한 행동으로 포식행동과는 다르다.

17 반려견의 친화행동에 대한 설명으로 옳지 않은 것은?

① 어미가 새끼를 지키기 위한 행동으로 위협도 없이 전력으로 상대방을 공격한다.
② 다른 개체와 정서적 관계를 맺고 관계를 유지하려는 욕구나 동기에 의한 행동이다.
③ 개들의 대표적인 친화행동은 후각으로 상대의 냄새를 기억하고 상호 그루밍하는 것이다.
④ 보호자는 반려견의 사회화를 위해 다양한 교감을 시도하는 것이 친화적 행동 발달에 좋다.

해설 ①은 모성에 의한 공격행동에 대한 설명이다.

[18~20] 보기에서 설명하는 반려견의 행동 표현으로 옳은 것을 고르시오.

18

- 지면에 코를 대고 킁킁거리며 걷거나 달림
- 고개를 들고 킁킁거리며 이쪽저쪽을 뛰어다님
- 항문이나 생식기 부위의 냄새를 맡음

① 배설행동
② 적대행동
③ 탐색행동
④ 몸치장행동

해설 반려견의 행동 표현 중 탐색행동에 해당한다.

탐색행동
- 지면에 코를 대고 킁킁거리며 걷거나 달림
- 고개를 들고 킁킁거리며 이쪽저쪽을 뛰어다님
- 항문이나 생식기 부위의 냄새를 맡음
- 코 또는 얼굴의 냄새를 맡음
- 고개를 올리고 귀를 세움
- 소변이나 대변 냄새를 맡음
- 앞으로 기어가며 고개를 양옆으로 움직이며 냄새를 맡음

19

- 자신의 몸을 긁음
- 몸을 땅에 문지르거나 굴러다님
- 자신의 생식기나 항문 부위를 핥음

① 배설행동
② 방어행동
③ 포식행동
④ 몸치장행동

해설 반려견의 행동 표현 중 몸치장행동에 해당한다.

몸치장행동
- 자신의 몸을 긁음
- 몸을 물체에 문지름
- 몸을 땅에 문지르거나 굴러다님
- 자신의 털을 묾
- 몸을 흔들어 털
- 자신의 생식기나 항문 부위를 핥음
- 새끼의 생식기나 항문 부위를 핥고 배설물을 먹음

정답 18 ③ 19 ④

20

- 앞발을 등에 올림, 으르렁거림, 꼬리를 세움
- 등을 구부리고 앞발질을 하며 방어 자세로 다리를 쭉 뻗음
- 다리를 꼿꼿하게 하고 꼬리를 올리고 서 있거나 걸어 다님

① 복종행동
② 방어행동
③ 포식행동
④ 우위행동

해설 반려견의 적대행동 중 우위의 행동 표현이다.

적대행동

포식	• 추 격 • 물 기 • 이로 덥석 묾 • 때때로 두 발로 선 상태에서 앞발질 • 이를 드러내고 으르렁거림 • 으르렁거림 • 짖 음 • 꼬리 끝부분을 흔듦 • 장난치며 싸움 • 무리 짓기
방어	• 앉 음 • 웅크림 • 도 주 • 이를 보이며 캥캥거림 • 다리 사이에 꼬리를 넣음
우위	• 등을 구부리고 앞발질을 하며 방어 자세로 다리를 쭉 뻗음 • 앞발을 등에 올림, 으르렁거림, 꼬리를 세움 • 다른 반려견을 딛고 섬, 으르렁거림 • 다리를 꼿꼿하게 하고 꼬리를 올리고 서 있거나 걸어 다님
복종	• 꼬리를 내림, 기어 다님, 귀를 내림 • 꼬리를 다리 사이에 넣음 • 등을 구부리고 다리를 쭉 뻗음 • 같이 걷거나 달림

CHAPTER 04 반려동물의 의사소통

1 반려견의 감각기관별 신호

(1) 시각을 통한 의사소통

① 개 요
  ㉠ 반려견의 언어를 이해하기 위해서는 반려견의 행동 언어를 구성하는 표정, 귀 형태, 꼬리 위치 및 전반적인 태도 등 다양한 구성요소에 대해서 먼저 학습해야 한다(김원, 2019).
  ㉡ 시각신호는 근거리 또는 중거리 의사소통에서 효과적이며 상대의 대응을 보면서 즉시 신호를 바꿀 수 있다. 반려견과 사람의 의사소통에서도 중요한 전달 양식이다.
  ㉢ 반려견의 귀나 꼬리의 위치, 신체의 자세, 얼굴표정으로 이루어진 의사소통 신호가 연속적 형태를 만들어 공격성과 공포의 정도가 다양한 비율로 섞인 그때의 기분을 나타낸다.

② 시각을 통한 의사소통의 특징
  ㉠ 근거리 또는 중거리 의사소통에 효과적이지만, 장거리 의사소통에는 적절하지 않다.
  ㉡ 자세나 표정의 시각적인 표현으로 동료 사이에 소통한다.
  ㉢ 반려견들끼리뿐 아니라 반려견과 사람 간 의사소통에도 중요한 전달 방식이 될 수 있다.

③ 반려견의 시각 의사소통

반려견 신체	공격의 의미	복종의 의미
머 리	높다.	낮고 목이 늘어난다.
귀	경계 상태와 같다.	뒤로 쏠려 내려간다.
눈	상대를 직시한다.	시선을 피한다. 공포를 느꼈을 때는 크게 열린다.
꼬 리	높이 올라간다.	낮게 내리거나 배 밑으로 말린다.

  ㉠ 꼬리를 흔드는 것이 반드시 우호적인 기분을 의미하는 것은 아니다.
  ㉡ 높은 위치에서 꼬리를 흔드는 행동은 우위 개체의 위협인 경우도 있다.
  ㉢ 꼬리를 크게 흔들면 상대에 대한 호의적인 표시 또는 복종을 나타낸다.
  ㉣ 복종적인 개가 상대를 진정시키려고 할 때는 꼬리를 낮은 위치에서 어색하게 흔든다.
  ㉤ 항문을 거리낌 없이 내놓는 행위는 반려견들 사이에선 자신감의 표현이다(김원, 2019).
  ㉥ 꼬리의 위치는 공격적일 때는 높이 올라가고 복종 시에는 낮게 내리거나 배 밑으로 말린다.
  ㉦ 눈은 위협 시에는 상대를 직시하고, 복종 시에는 피하고, 공포를 느꼈을 때는 크게 열린다.
  ㉧ 귀의 위치는 공격 시에는 경계 태세와 같고 복종 시에는 뒤로 쏠려 내려간다.
  ㉨ 머리의 위치는 공격 시에는 높고 복종 시에는 낮고 목이 늘어난다.

④ 반려견의 표정 변화와 귀의 움직임

⑤ 반려견의 꼬리와 다리의 움직임

(2) 후각을 통한 의사소통

① 개 요
- ㉠ 반려견은 후각이 매우 뛰어나서 신생아기에도 후각을 이용해서 어미 개의 젖꼭지를 찾고 며칠 후면 냄새로 어미 개를 식별할 수 있다.
- ㉡ 반려견은 인사를 나눌 때 시각과 청각을 이용한 의사소통을 하지만, 서로를 정확하게 알기 위해서는 후각을 이용해 항문선을 파악한다.
- ㉢ 후각 신호는 각 개체의 독특한 체취를 파악할 수 있는 중요한 방법으로, 개는 인간보다 40배 이상 큰 후각 세포를 가지고 있다.
- ㉣ 뛰어난 후각을 이용해 지뢰탐지용 군견, 수색 구조견, 마약 탐지견으로 활동한다.

② 후각을 통한 의사소통의 특징
- ㉠ 개체 식별의 최종적 확인 역할을 한다.
- ㉡ 매우 민감하여 검출 감도는 사람의 100만 배 이상이다.
- ㉢ 발정과 같은 번식 단계에 관한 정보를 파악한다.
- ㉣ 세력권자가 마지막으로 언제 지나갔는지 파악할 수 있다.
- ㉤ 다른 반려견과 인사할 때는 귀, 입, 서혜부, 항문, 음부 등의 냄새를 맡는다.
  - 아는 반려견끼리 오랜만에 만났을 때는 항문 주위의 냄새를 서로 오랫동안 냄새 맡는다.
  - 수컷끼리 만났을 때 우위 개체가 꼬리를 올려 열위 개체에게 자신의 항문 주위 냄새를 맡게 한다.

> **더알아보기** 후각이 뛰어난 견종(후각세포 수) 순서
>
> - 블러드하운드(3억 개) > 바셋하운드 > 비글 > 저먼 셰퍼드 > 래브라도 리트리버
> - 고양이(5천만 개)
> - 인간(5백만 개)

③ 배변과 마킹
- ㉠ 개는 자신 또는 다른 개체의 배설물 냄새를 맡고 나서 자신의 배설물로 덮는다.
- ㉡ 배설물에는 그것을 남긴 개체의 정체성과 생물학적 정보가 담긴 냄새 신호가 있다.
- ㉢ 반려견은 자신의 영역에서 다른 개체의 흔적을 발견하면 그 위에 배변하고 냄새를 남김으로써 자신의 영역과 존재를 알리는 마킹(marking)을 한다.
- ㉣ 배변 후에 땅바닥을 긁는 행동을 하기도 하는데, 이때 발 안쪽 취선에서 분비물이 나와 후각 신호가 남겨진다.

(3) 청각을 통한 의사소통
　① 개 요
　　㉠ 짖기나 포효 등 반려견의 음성을 이용한 의사소통은 장거리 정보전달에 효과적이다.
　　㉡ 소리를 통해 사회적 거리감을 줄이기도 하고, 겁을 주어 사회적 거리감을 넓히기도 한다.
　　㉢ 소리로 단결을 유도해 침입자로부터 무리를 방어할 수 있게 돕기도 하고 모성애나 성적인 관심을 이끌어 내기도 한다(김원, 2019).
　② 청각을 통한 의사소통의 특징
　　㉠ 장거리 의사소통에 효과적이다.
　　㉡ 소리를 내는 방법에 따라 근거리, 중거리 소통이 가능하다.
　　㉢ 전달하고자 하는 내용에 따라 시각 의사소통 신호가 더해지기도 한다.
　　㉣ 상황에 따라 짖는 방법과 강도가 달라질 수 있다.
　③ 소리를 통한 청각 의사소통
　　반려견의 짖음, 으르렁거림, 울부짖음 등 소리를 통한 청각 의사소통은 소리의 높낮이, 길이, 빈도에 따라 의미가 다르다.
　　㉠ 소리의 높낮이
　　　• 낮은 으르렁거림이나 짖음은 위협이나 분노, 공격 태세를 나타내는 경고 표현으로, 마음에 들지 않거나 불쾌할 때 내는 소리이다.
　　　• 음정이 높은 소리는 순응과 긍정의 표현으로, 반려견이 보호자에게 무언가를 요구하는 메시지를 보낼 때 낑낑거리는 콧소리를 낸다.
　　　• 또한 아파서 칭얼댈 때, 공포를 느낄 때, 비명을 지를 때도 음정이 높아진다.
　　㉡ 소리의 빈도
　　　• 빠르게 여러 번 되풀이되는 소리는 흥분상태나 긴급 사태를 의미한다.
　　　• 낮은 톤의 짖음이 반복되면 위협이나 경계의 흥분도가 올라간다는 뜻이다.
　　　• 높은 톤으로 반복되는 짖음은 즐거운 흥분도 또는 아픔과 고통의 흥분도 상승을 나타낸다.
　　㉢ 다양한 소리 표현의 이해

낑 낑	반려견이 낑낑거리는 소리는 '반가움', '요구', '순응', '갈등', '아픔' 등 여러 가지 의미를 나타낸다.
깨 갱	반려견이 고통이나 불안에 휩싸여 목숨의 위협을 느낄 때 비명처럼 내지르는 소리이다.
으르렁	• 저음의 굵은 으르렁거림은 위협하는 공격적인 자세를 수반하며, 음정이 높아졌다 낮아졌다 하는 으르렁거림은 자신감 없는 개가 강한 척할 때 내는 소리이다. • 반려견이 놀이할 때 즐거운 표정으로 으르렁거리는 소리는 놀이성 신호이다.
멍멍(짖음)	• 반려견의 짖는 소리는 반가움부터 공격의 신호까지 다양한 메시지를 갖고 있으므로 상황과 시각적 행동과 함께 분석해야 한다. • 반려견이 마르고 쉰 듯한 소리로 반복해서 짖는 경우 아픔이나 스트레스를 의미한다.
하울링	• 늑대의 하울링은 사냥 전 무리를 모으는 신호 또는 영역을 알리는 의사소통의 신호이다. • 반려견이 내는 '우~~ 우~~'하는 하울링은 동료를 찾는 외로움의 표현 또는 분리불안으로 인한 울부짖음의 표현이다.

2 반려견의 상황별 의사표현

(1) 반려견의 언어전달 의미와 표현 방식

① 언어전달의 의미
  ㉠ 인간이 반려견과 대화한다는 것은 말로써 알아듣고 이해하는 것이 아니라 반려견의 움직임 또는 행동과 동작, 표정, 짖는 행위 등을 이해하면서 반려견이 무엇을 표현하는지 알아가는 것이다.
  ㉡ 표현하고자 하는 의사에 따라 반려견의 언어(행동)가 달라진다.
  ㉢ 반려견이 무엇을 요구하거나 보호자가 그것을 들어줄 때도 반려견의 동작 표현에 따라서 언어전달을 하게 된다.
  ㉣ 반려견의 의사 표현을 바로 알지 못하면 반려견과 사람과의 관계에서 손해 보는 일이 많고 훈련의 발전도 없게 되므로, 이와 같은 피해를 최소화하려면 사람의 관점이 아닌 반려견의 눈높이에서 봐야 한다.

② 표현 방식
  ㉠ 몸동작의 표현
    • 기쁠 때 몸동작 표현 : 껑충 껑충거리며 네 발로 한 동작으로 뛰어다니거나 얼굴과 몸을 움직여서 온몸을 흔들어 댄다.
    • 복종과 순응의 몸동작 표현 : 앞발은 땅바닥에 대고 엉덩이를 높게 들며 꼬리를 살살 흔들거나 온몸을 가볍게 흔들면서 눈은 주인을 주시한다.
    • 경계심의 몸동작 표현 : 몸을 크게 보이기 위해 까치발을 하거나 몸의 털을 부풀려 세운다.
    • 공포, 불안감의 몸동작 표현 : 꼬리를 감추거나 입술을 실룩거리며 경계의 눈초리를 보인다.
  ㉡ 소리의 표현
    • 기쁠 때 소리 표현 : 경쾌한 목소리의 톤으로 '멍멍', '앙앙' 짧게 짖거나 또는 리듬을 탄다.
    • 경계, 공포, 불안감의 소리 표현 : '그르렁 그르렁'거리는 목소리 톤에 힘이 들어가고, 강하게 '왕왕' 짖으며 경계의 톤을 높인다.
    • 외로움, 먼 곳의 동족을 부를 때 표현 : '우~우' 우는 소리를 내며, 하울링을 한다.
    • 고통, 스트레스 표현 : '낑낑'거리거나 몸을 움츠리거나 떨어댄다.
    • 반려견의 짖는 방법은 상황에 따라 다르다.

영역 의식에 관련된 짖음	반려견의 흥분 레벨이나 침입자의 접근 정도에 따라 짖는 법이 달라진다.
공격적인 짖음	낮은 으르렁거리는 소리를 낸다.
동료에게 경계를 촉진하는 소리	큰소리로 짖는다.
울타리에 대한 불만 표출의 방법으로 짖음	주파수가 좀 더 높고 폭이 넓다.
홀로 남겨진 분리불안과 불안 상태의 짖음	높낮이가 있으며 폭이 넓다.
놀이하면서 짖음	높은 소리로 짖는다.
인사, 불만, 아픈 것의 경험, 복종적인 행동을 보일 때도 우는 소리를 낸다.	

- 사람에게는 들리지 않는 반려견 전용 호출기에 반응하는 것과 같이 초음파 영역의 소리에도 감수성이 있다.
      ㉢ 꼬리의 표현
- 중요성 : 개의 꼬리는 입보다 많은 말을 하는데, 개는 지상에서 생활하는 포유류지만 달릴 때 방향 전환을 하거나 동료 간의 커뮤니케이션에 꼬리를 이용하는 등 생활 속에서 응용한다(기쁠 때는 꼬리를 흔들고 겁을 먹었을 때는 꼬리를 뒷다리에 끼운다).
- 주요 표현 : 꼬리에 의한 감정표현은 매우 시각적이나 꼬리의 본래 목적은 자신의 냄새를 확산시키는 데 있었던 것으로 보이는데, 사람과 함께 생활함에 따라 후각보다 시각이 발달한 사람에 맞추어 2차원적인 역할인 시각적 감정표현이 발달하고 분비선은 퇴화됐을 것이다.

(2) 반려견의 주요 의사 표현

① 평온하거나 기분이 좋을 때
  ㉠ 귀는 약간 세우거나 아래로 편안하게 처져 있고 꼬리는 편안히 세운 채 살랑살랑 흔든다.
  ㉡ 눈을 맞추고 흰자위가 보이지 않는다.
  ㉢ 몸은 편안히 누워있고 다리는 쭉 뻗어있다.
  ㉣ 보호자를 보고 '왕~왕~' 높지 않은 목소리로 짖으며 빙글빙글 돌기도 한다.

② 두려움을 느낄 때
  ㉠ 귀는 선 채로 뒤로 누워있고 꼬리는 수평으로 빨리 흔들거나 뒷다리 사이로 감추며 평상시 눈빛과 달리 흰자가 많이 보이며 눈치를 보고 힐끔힐끔 쳐다본다.
  ㉡ 제자리에서 짖거나 뒷걸음치며 '앙앙앙(강하고 높은 소리로 짖음)' 짖는다.
  ㉢ 어깨 주위부터 꼬리 부분까지 털을 빳빳이 세우고 흰자를 많이 보이며 이빨을 드러내면서 낮은 소리로 으르렁거린다.

③ 화가 났을 때
  ㉠ 도발적인 눈빛을 보이고 꼬리는 강하게 세우며 목 주위의 털을 세운다.
  ㉡ 입을 벌려서 이빨을 보이고 '왕왕왕(연속적인 높은 소리)' 짖는다.
  ㉢ 몸은 전체적으로 앞으로 달려 나가려고 하면서 자신감이 나타난다.

④ 호기심이 생기거나 무엇인가에 주목할 때
  ㉠ 경계할 때와 비슷한 식으로 꼬리를 세우고 귀도 쫑긋하게 세우지만 입은 꼭 다물고 있으며 눈은 평온한 상태이다.
  ㉡ 냄새를 맡거나 한 곳을 오랜 시간 쳐다본다.

⑤ 놀고 싶거나 놀고 있을 때
  ㉠ 집안에서 키우는 소형견은 앞발을 허공에 대고 휘두르거나 앞다리로 툭툭 친다.
  ㉡ 앞발을 구부리고 엉덩이를 세우며 귀는 살짝 뒤로 넘어가고 꼬리는 살살 흔들다가 사방팔방 뛰어다니면서 사람의 주의를 끈다.
  ㉢ 개들끼리 '아~앙 아~앙' 소리를 내며 서로 목과 귀를 무는 흉내를 내는 것은 개들이 서로 싸우는 것이 아니라 놀이로써 지배욕과 복종을 배우는 것이다.

(3) 반려견의 기타 의사 표현

행동	의미
낑낑거린다.	고통, 스트레스
킁킁거리며 바닥이나 문을 긁는다.	분리불안, 대소변
땅을 파거나 물건을 잡아당긴다.	지루함, 심심함
꼬리치며 빙글빙글 돈다.	기쁨, 보호자 마음 끌기
짖으며 앞으로 나가다 곧 안전지대로 후퇴한다.	소심, 겁이 많음
떨면서 침을 흘린다.	
꼬리를 다리 사이로 감추고 눈치를 본다.	두려움, 공포
꼬리는 다리 사이에 감추고 귀는 뒤로 넘어가며 이빨을 보인다.	공격성(소심성에서 나오는 표현), 겁이 많은 개
몸은 땅에 누우며 뒷다리는 접고 생식기와 배를 보이고 꼬리를 빨리 흔든다.	수동적인 복종(두려운 마음이 있음)
목 주위 털을 빳빳이 세운다.	화가 났음, 경계심
보호자가 나간 후 짖는다.	혼자 있기 두려움
낮은 소리로 으르렁거린다.	경고(계속 도전하면 공격함)
꼬리와 귀는 세우며 이빨을 살짝 보인다.	공격성(자신감에서 나오는 표현)
몸은 땅에 누워있고 다리를 쭉 뻗으며 꼬리를 살살 흔든다.	능동적인 순종(두려운 마음이 없음)
꼬리를 세우고 다른 개의 항문이나 생식기 냄새를 맡거나 맡게 한다.	자신감과 용기(강자·약자구별), 성별 확인
귀는 세우고 머리를 좌우로 돌린다.	호기심, 주시
꼬리는 높게 세우고 귀는 쫑긋 세우며 한 곳을 쳐다본다.	
'우~우~' 우는 소리를 낸다(허스키, 말라뮤트 등).	외로움
입을 크게 벌린다.	무료함
눈을 맞추며 꼬리는 세우고 빨리 흔든다.	충성심과 믿음을 전달
높은 소리로 '멍멍' 짖고 꼬리를 빨리 흔든다.	반가움
귀는 약간 젖히고 꼬리는 살살 흔든다.	평온함
입은 살짝 벌리고 혀를 내밀고 있다.	
앞발은 땅바닥에 대고 엉덩이는 높이 들며 꼬리는 살살 흔들다가 갑자기 뛰어간다.	놀고 싶을 때, 즐거움, 행복
온몸을 흔들어댄다.	아주 즐거움
물건을 물어뜯는다.	심심, 혼자 있어 두려움
마운팅 행위를 한다.	지배욕, 놀이
얼굴을 핥는다.	놀고 싶을 때나 존경의 표시
앞발을 들어 올린다.	싫음(표정이 어두울 때), 놀고 싶음(표정이 밝을 때)
다리를 들고 마킹을 한다.	영역 표시
마킹하고 난 후 뒷발질을 한다.	영역 표시(냄새를 넓게 퍼지게 함)
입술이 팽창하고 혀가 나오며 헐떡거린다.	체온 조절, 운동 후 피곤함

사람이나 개에게 몸을 문지르거나 기대는 행동을 보인다.	동료애의 표시
엉덩이를 바닥에 끈다.	항문낭이 가득 참, 항문 주위가 청결하지 못함

(4) 반려견의 감정표현

희(喜) 기쁘다, 황홀하다, 더 좋을 것이 없다.	• 보호자와 함께 있어 행복하다. • 행복의 표현은 주인에게 무엇인가를 요구하지 않는다. • 무엇을 바라지도 않는다. • 보호자를 위해서라면 나는 기꺼이 보호자의 눈과 발이 되고 보호자를 위해서라면 언제든지 기쁨이 되리라. • 복종을 통해서 보호자의 사랑을 듬뿍 받고 있다.
노(怒) 화가 났다, 분노ㆍ경계, 공격적이다.	• 보호자로 인해서 화가 난다. • 너무 잘해 주니 화가 난다. • 보호자를 위해서 희생하는 것이 아니라 보호자를 무시하기 때문이다. • 보호자 옆에 누군가가 오는 것도 싫다. • 주인 옆엔 오르지 내가 있을 뿐 다른 사람이 오지 않았으면 한다.
애(哀) 슬프다, 외롭다, 상처받았다.	• 외로워서 보호자를 불러본다. • '오~우~우 오~우 우' 주인이 새로운 가족을 맞이하였다. • 나는 마음에 상처를 입었다. • 주인의 사랑을 받고 싶다. • 오늘도 난 마음이 아프다. • 그냥 편히 쉬고 싶을 뿐 움직이는 것조차도 싫다.
락(樂) 좋다, 행복하다, 기분이 좋다.	• 보호자에게 복종하는 것이 이렇게 좋은지 몰랐다. • 내가 살아가는 방법이 주인에게 충성이라는 것을 이제 알게 되었다. • 내가 강하면 세상이 내 것인 양 행복했지만 불안한 마음도 가득했다. • 하지만 복종을 통해서 더욱 행복한 것을 알게 되었다.

> **더알아보기** 산책 시 반려견 행동의 의미
>
> 1. 반려견이 보호자 옆에 붙어 있을 때(순응과 복종)
>   ① 보호자 옆에 붙어 따라다니는 것은 심리적으로 안정적임을 의미한다.
>   ② 이때 반려견은 보호자의 눈을 바라보고 교감하며 걸어간다.
>   ③ 보호자, 반려견 모두가 심리적으로 안정적인 모습을 보인다.
> 2. 반려견이 보호자 앞으로 나갈 때(서열의 우월성)
>   ① 반려견이 앞서 나가는 것은 냄새, 짖음, 공격성, 달려나가기, 호기심 등의 이유 때문이다.
>   ② 이런 경우는 특히 순간적으로 일어날 수 있는 상황에서 통제가 어렵다.
>   ③ 앞서는 행동은 자기가 원하는 욕구를 표현하는 것이다.
> 3. 반려견이 보호자 뒤에서 따라올 때(공포의 경계성)
>   ① 반려견이 보호자보다 뒤에 따라오는 것은 소심한 성품이거나 과잉보호를 통해 안고 가기를 원하는 행동이다.
>   ② 자신감을 심어 주기 위해서는 스스로 적응하도록 만들어 줘야 한다.

3 카밍 시그널(Calming Signals)

(1) 카밍 시그널의 개요

① 카밍 시그널은 반려견이 스트레스를 유발하는 환경에서 자신과 상대방을 진정시키기 위해 사용하는 행동 언어이다.
② 노르웨이의 반려견 훈련사 투리드 루가스(Turid Rugaas)가 반려견을 교육하면서 얻은 경험을 바탕으로 만들었다.
③ 카밍 시그널의 필요성
  ㉠ 반려견의 현재 상태 확인 및 파악
  ㉡ 반려견과의 비언어적인 의사소통 가능
  ㉢ 진정 기능 회복
④ 카밍 시그널의 기능

긴장완화 기능	반려견 자신의 긴장을 완화한다.
진정신호 기능	반려견이 적의가 없음을 알리고 상대를 진정시킨다.
공격차단 기능	반려견이 불안이나 불쾌한 감정을 느꼈을 때 자신의 심리상태를 알린다.
갈등중재 기능	반려견이 다른 개체들의 싸움을 멈추려 할 때 사용한다.
분쟁회피 기능	반려견이 공격, 위협, 침략의 의사가 없음을 알린다.
평화유지 기능	반려견이 구성원과의 물리적 마찰을 막고 평화를 유지하려 할 때 사용한다.
의사전달 기능	반려견이 다양한 개체들과 서로 의사를 파악할 수 있다.

(2) 반려견의 카밍 시그널 행동

① 얼굴 시그널

머리 돌리기	반려견이 고개를 옆이나 뒤로 돌리고 잠시 가만히 있는 행동은 상대를 진정시키거나 상황이 불편할 때 보이는 시그널이다.
부드럽게 쳐다보기	반려견이 부드러운 눈길을 보내는 것은 동료나 사람들에게 악의가 없다는 친근함의 시그널이다.
시선 피하기	반려견이 시선을 피하는 것은 상황을 완화하려는 신호이지만, 유대감이 높은 보호자와의 눈맞춤은 다른 의미이다.
핥기	• 코 핥기 : 반려견은 불편한 상황에서 자신의 코를 핥기도 한다. • 핥기 – 늑대 새끼가 어미의 얼굴을 핥아 음식을 토해내게 하는 행동에서 비롯되었으며, 주로 상대의 기분을 진정시키는 작용을 한다. – 반려견이 보호자의 얼굴을 핥을 경우는 적의가 없음과 기쁨과 애정을 표현하는 시그널이다.
귀접기	반려견이 귀를 뒤로 접는 행동은 긴장감과 무서움을 표시하는 시그널이며, 낯선 공간에서 두려움을 느끼는 경우 이런 행동을 보일 수 있다.
하품하기	하품은 반려견이 혼이 나거나 스트레스를 받을 때, 상대를 진정시킬 때 등 여러 경우에 하는 시그널이다.

> **더 알아보기** 반려견 하품의 의미

1. 피곤의 표시 : '피곤함'의 표시로, 낮잠이 필요하거나 잘 준비가 되었다는 신호이다.
2. 불안의 표시 : 피곤할 때 하는 하품과 다른 점은 신체언어를 동반한다는 점이다. 하품하면서 입술을 핥거나 귀를 납작하게 누이는 등의 행동은 긴장감을 나타내는 부정적인 신호이다.
3. 복종의 표시 : 반려견이 다른 개체 앞에서 하품하는 경우 갈등을 피하고 싶다는 신호이다.
4. 흥분의 표시 : 보호자가 목줄을 잡는 순간, 산책 나가는 것을 알아채고 기쁨과 설렘의 표시로 하품한다.
5. 공감의 표시 : 반려견의 전염성 하품은 스트레스 상황에서 서로의 불편함을 공감하려는 노력의 신호이다.

② 자세와 동작 시그널

앞발 들기	• 반려견이 불안감을 느낄 때 하는 동작으로, 스트레스와 공포심의 시그널이다. • 고강도 훈련을 받는 반려견들에게 볼 수 있으며 혼이 날 때 앞발을 들고 헐떡거리기도 한다.
동작 멈추기	반려견이 원하지 않는 상대가 가까이 오거나 자신의 냄새를 맡으려고 하면 동작을 멈추고 가만히 있는 경우가 있다.
앞가슴 내리기	상체를 낮추고 엉덩이를 드는 행동은 기지개 펼 때의 동작이지만, 놀이의 시작을 알리는 시그널로 놀아 달라는 뜻일 수도 있으니 같이 놀아주도록 한다.
끼어들기	다른 반려견이나 사람들 사이에 끼어드는 행동으로, 상황을 중재하기 위해 상대를 진정시키거나 자신이 불편함을 느낄 때 하는 시그널이다.
코로 가볍게 찌르기	• 반려견들끼리 서로 코로 가볍게 쿡쿡 찌르는 행동은 진정과 화해의 시그널이다. • 자신보다 우위의 개에게 하는 이 행동은 어미 개와의 관계에서 진화한 행동이다.
꼬리 흔들기	• 반려견은 꼬리의 움직임으로 다양한 의사소통을 한다. • 반려견이 낑낑거리는 콧소리를 내면서 꼬리를 살랑살랑 흔드는 경우는 항복 의사를 보임으로써 보호자나 동료를 진정시키고 안심시키는 시그널이다.
털기	반려견의 몸 털기는 긴장을 완화하는 시그널이며, 보호자가 쓰다듬었을 때 몸을 털면 쓰다듬는 방법이 마음에 들지 않았을 경우이다.
긁기	반려견이 갑자기 얼굴 주변을 긁는 행동은 스트레스의 시그널 행동일 수 있다.
웅크리기	반려견이 자세를 낮추고 웅크리는 행동은 덜 위협적으로 보이려는 신호로, 등을 구부리거나 머리를 낮출 수도 있다.
킁킁거리기	반려견이 코를 킁킁거리는 행동은 마음을 진정시키고 자신이 위협적이지 않다는 것을 알리는 시그널이다.
헐떡이기	일반적으로 열을 식히기 위해 헐떡일 때는 혀가 느슨하게 옆으로 나와 있으며, 스트레스로 인해 헐떡일 때는 뻣뻣한 혀가 뒤쪽에 위치한다.

> **더 알아보기** 반려견의 꼬리 표현

1. 경계의 표현 : 꼬리를 높게 쳐들고 긴장하며 털을 세운다.
2. 행복의 표현 : 꼬리를 좌우로 빠르게 흔들어 댄다.
3. 호기심의 표현 : 꼬리를 수평 위치에서 똑바로 유지한다.
4. 복종의 표현 : 꼬리를 좌우로 서서히 흔들며 주인에게 시선을 집중한다.
5. 공포, 불안감의 표현 : 꼬리를 다리 사이에 감추고 눈치를 본다.

4 보호자와 반려견의 상호작용(소통)

(1) 보호자와 반려견의 상호작용(소통)의 중요성

① 보호자와 반려견의 관계
  ㉠ 양방향적·연속적 관계가 되어야 한다.
  ㉡ 서로 상호의존적이며 유익한 관계가 되어야 한다.
  ㉢ 반려견과 공식적인 계약 관계를 맺은 것은 아니지만, 서로 돌보아야 하는 관계이다.
  ㉣ 보호자는 반려견을 학대하거나 생활에 불편함을 주는 행위를 하면 안 된다.

② 보호자와 반려견의 바람직한 관계를 통한 바람직한 결과 도출
  ㉠ 보호자는 교감신경이 안정되어 스트레스가 감소된다.
  ㉡ 보호자는 부교감신경이 활성화되어 정신적으로 안정된다.
  ㉢ 보호자는 스트레스 감소와 정신적 안정으로 신체적·심리적으로 건강한 생활을 할 수 있다.
  ㉣ 반려견은 보호자와 함께 생활함으로써 모성애, 활기, 즐거움, 행복 등을 느끼게 하는 신경호르몬은 높아지고 스트레스 호르몬(Cortisol)은 낮아진다.

③ 보호자와 반려견 사이의 신뢰와 결속 강화 방법
  ㉠ 반려견의 사회화 교육이 적절히 이루어져야 한다.
  ㉡ 균형 잡힌 식단을 짜서 반려견에게 영양가 있는 먹이를 제공하여야 한다.
  ㉢ 보호자는 반려견에게 놀이하는 시간을 제공하고 함께 놀이에 참여하여야 한다.
  ㉣ 보호자는 반려견이 충분히 느낄 수 있도록 사랑해 주어야 한다.
  ㉤ 보호자는 반려견과 함께 규칙적으로 산책을 하는 등 운동하는 시간을 마련해 주어야 한다.
  ㉥ 반려견을 주기적으로 동물병원에 데리고 가서 건강 상태를 확인해야 한다.

(2) 반려견이 새로운 사람·환경을 만났을 때의 교감 활동

보호자와 반려견의 일상적인 환경에서 반려견의 생활방식을 포함하여 교육에 영향을 주는 신체적, 심리적, 환경적 요인들에 대해 우선 파악하고 체크한 다음 접근하도록 한다.

① 기다려 본다(훈련사는 간식을 준비한 주머니와 장난감 공을 준비한다).

반려견이 새로운 사람과 만났을 때	반려견이 새로운 환경을 만났을 때
• 소심한 기질의 반려견은 새롭고 낯선 사람에게 쉽게 곁을 주지 않는다. • 반려견 스스로 다가올 수 있도록 기다려주는 배려로 불안한 마음이 진정된다. • 조심스럽게 다가오는 반려견에게 간식 하나를 준다. • 다가온 반려견이 사람의 냄새를 맡으면 조용히 간식을 준다. • 여러 번 반복을 통해 그 사람에 대한 경계가 풀리고 안정감을 느끼게 된다. • 안정감을 찾은 반려견과 기초교육 놀이를 한다. • 강압적인 교육이 아닌 놀이를 통한 교육을 통해 신뢰를 쌓아갈 수 있도록 한다. • 기다림을 통해 신뢰감이 생기면 소심한 반려견과의 교감 활동이 이루어진다.	• 사람은 반려견에게 적응하는 것을 급하게 강요하지 않는다. • 특히 위탁 교육을 하기 위해 찾아온 반려견에게 충분하게 환경적응을 할 수 있는 시간을 주도록 한다. • 반려견의 나이가 어릴수록 더 인내하고 기다려준다. • 새로운 환경들에 대한 경험이 적은 반려견일수록 더 깊은 배려를 하도록 한다. • 소심한 반려견일수록 환경 적응에 힘들어할 수 있다. • 공격성, 과잉행동을 하는 반려견은 침착하게 대처해야 한다.

② 간식 또는 공을 활용한다.

반려견이 새로운 사람과 만났을 때	반려견이 새로운 환경을 만났을 때
• 훈련사는 간식을 준비한 주머니와 공을 준비한다. • 반려견이 사람에게 관심을 보이는 행동을 할 때 간식을 주어 좋은 이미지를 심어준다. • 반려견의 생활 속에서 간식을 주어야 할 시기를 찾아서 간식을 준다. • 반려견이 다가오면 공놀이를 통한 시간을 함께한다.	• 훈련사는 간식을 준비한 주머니와 공을 준비한다. • 반려견이 새로운 환경 속에서 배설행동을 하면 보상을 한다. • 반려견이 새로운 환경에서 편안한 모습을 보일 때 간식을 주어 좋은 이미지를 심어준다. • 반려견에게 평소 좋아하는 물건을 함께할 수 있도록 한다.

(3) 문제 행동 교정 의뢰 반려견과의 교감 활동

① 문제 행동의 종류와 반려견의 성향에 따라 문제 행동이 있는 반려견과의 첫 만남은 매우 신중하게 생각하고 침착하게 대해야 하는데, 그 이유는 반려견과의 친밀도가 교육의 성패와 큰 관련이 있기 때문이다.

② 문제 행동 유형이 같아도, 견종, 개체에 따라 첫 만남의 방법과 교감 활동을 하는 방법이 다르다는 점을 알고, 반려견의 생활환경을 고려하며 다음과 같이 조심스럽게 시작한다.

　㉠ 보호자의 집으로 들어가면서 보상물(간식, 공)을 주머니에 준비하고 반려견에게 눈길을 주지 않고 들어가도록 한다.
　㉡ 집이 아닌 훈련시설에서도 같은 방법으로 첫 만남을 갖도록 한다.
　㉢ 기다린 후 관심을 보이면 보상을 한다. 보상에 관심이 없어도 괜찮다. 여러 번 반복을 통해 경계심을 풀어줄 수 있도록 한다.
　㉣ 반려견이 다가와 냄새를 맡으면 보상(앞에 던져주어도 된다)을 한다.
　㉤ 냄새를 맡으면 움직여 보면서, 따라와 냄새를 맡으면 보상을 한다.
　㉥ 몇 회 반복하고 자리를 떠난 후 다시 시도한다.
　㉦ 처음에 다가오지 않으면 반려견이 관심을 가지고 올 때까지 기다려 준다.
　㉧ 한 번에 다가오는 경우도 있지만 몇 번을 다시 가야 다가오는 경우가 있다.
　㉨ 문제 행동을 보이는 반려견마다 다가오는 정도의 차이가 크다.
　㉩ 반려견과 반복해서 실행하면 조금씩 교감을 나눌 수 있다.

③ 놀이를 통한 교감 활동을 시도해 본다.

　㉠ 보호자가 한쪽에서 이름을 불러본다. 반려견이 바로 오면 칭찬하고 보상한다.
　㉡ 집안에서 숨바꼭질 놀이를 해보는데, 보이는 곳에서 불러서 잘 오면 안 보이는 곳으로 숨어서 이름을 불러보고, 와서 보호자를 찾으면 칭찬을 하고 보상을 한다.
　㉢ ㉠, ㉡을 반복해서 놀아주어 반려견과 보호자와의 유대감을 높일 수 있다.
　㉣ 반려견이 좋아하는 공을 두 개 준비한다.
　㉤ 공을 가까운 곳에 던져주고 가져오도록 하며, 가져온 공을 빼앗는 행동을 하지 않는다.
　㉥ 준비한 또 다른 공을 보여주도록 하고 공을 뺏는 사람이 아닌 함께 놀아주는 사람이 되어야 한다.
　㉦ 보여준 공을 보고 물고 온 공을 놓을 때까지 기다리고, 스스로 놓을 때까지 기다려준다.
　㉧ 내려놓은 공을 집어서 다시 가져오도록 던져주는데, 이때 공을 잡는 것을 반려견이 저지하면 바로 손을 빼고 다른 공을 보여주도록 한다.

ⓩ 반려견이 바닥의 공을 집을 수 있도록 양보를 하면 집어서 칭찬을 하면서 던져 준다.
ⓒ 이러한 공놀이를 통해 반려견과 보호자의 놀이에 대한 주도권이 보호자에게 있음을 알려주면서 교감 활동을 더욱 잘할 수 있다.

(4) 보호자의 반려견에 대한 윤리적 책임

① 윤리의 개념
  ㉠ 윤리는 인간의 행동 규범 및 관계 형성에 있어 옳고 그름을 판단하는 사회적 합의이다.
  ㉡ 사람 간의 윤리는 동물을 대할 때에도 적용될 수 있다.

② 동물 윤리의 분류
  ㉠ 동물중심주의 : 동물의 권리 증진을 주장한다.
  ㉡ 인간중심주의 : 인간만이 윤리적 존재이며, 그 외 생명체는 수단이라고 주장한다.
  ㉢ 생명중심주의 : 동물을 포함한 모든 생명체가 인간과 마찬가지로 윤리적 대상이라고 주장한다.
  ㉣ 생태중심주의 : 인간과 동물 등 생명체만이 아니라 생태계 전체(무생물 포함)가 윤리적 대상이라고 주장한다.

③ 반려동물에 대한 사회적 윤리
  ㉠ 동물 권리 논쟁 : 동물이 도덕적 고려 대상인가?
    • 동물은 도덕적 고려를 받을 권리가 없는 움직이는 기계일 뿐이다(데카르트).
    • 동물은 도덕적 고려를 받을 권리가 없는 대상이지만, 함부로 해서는 안 된다(아퀴나스와 칸트).
    • 동물은 도덕적 고려를 받을 권리가 있다(벤담).
    • 동물도 평등하게 그의 이익이 고려되어야 한다(동물 실험 반대, 싱어).
  ㉡ 인간과 동물이 더불어 살아가기 위한 사회적인 노력
    • 전시동물 관련 정책 등 대폭 수정 및 시행
    • 동물원·수족관의 설립이 기존의 등록제가 아닌 허가제로 변경
    • 동물체험 프로그램과 수족관에서 새로운 고래류를 들여오는 일 전면 금지
    • 동물의 법적 지위 개선 움직임 가속화

CHAPTER 04 실전예상문제

PART 1 반려동물 행동학

01 반려견의 시각 의사소통에 대한 설명으로 옳지 않은 것은?

① 근거리 또는 중거리 의사소통에 효과적이다.
② 장거리 의사소통에는 적절하지 않다.
③ 자세나 표정으로 동료 간 소통에 사용된다.
④ 반려견과 사람 간 의사소통에는 적절하지 않다.

해설 시각을 이용한 의사소통은 반려견들뿐 아니라 반려견과 사람 간 의사소통에도 중요한 전달 방식이 될 수 있다.

02 시각 의사소통에서 반려견의 몸 움직임과 자세에 대한 설명으로 옳지 않은 것은?

① 꼬리를 흔드는 것은 항상 우호적인 기분을 의미한다.
② 눈은 복종 시에는 시선을 피하고, 공포를 느꼈을 때는 크게 열린다.
③ 항문을 거리낌 없이 내놓는 행위는 반려견들 사이에서는 자신감의 표현이다.
④ 개가 상대를 진정시키려고 할 때는 꼬리를 낮은 위치에서 흔든다.

해설 꼬리를 흔드는 것이 반드시 우호적인 기분을 의미하는 것은 아니다. 높은 위치에서 꼬리를 흔드는 행동은 우위 개체의 위협인 경우도 있다.

03 반려견의 자세 변화에 따른 의미에 대한 설명으로 옳지 않은 것은?

① 경계심을 나타낼 때는 꼬리를 높게 쳐들고 털을 세운다.
② 공격적일 때는 머리를 높게 하고, 복종을 의미할 때는 낮게 하고 목이 늘어난다.
③ 귀의 위치는 공격 시에는 뒤로 쏠려 내려가고, 복종 시에는 경계 태세와 동일하다.
④ 공격적일 때는 꼬리가 높이 올라가고 복종 시에는 낮게 내리거나 배 밑으로 말린다.

해설 귀의 위치는 공격 시에는 경계 태세와 동일하고 복종 시에는 뒤로 쏠려 내려간다.

01 ④ 02 ① 03 ③ 정답

04 반려견의 후각을 통한 의사소통에 관한 설명으로 옳지 않은 것은?

① 개는 인간의 2배 이상의 후각세포를 가지고 있다.
② 신생아기에 후각으로 어미 개의 젖꼭지를 찾을 수 있다.
③ 반려견은 서로를 정확하게 알기 위해 후각을 이용해 항문선을 파악한다.
④ 뛰어난 후각을 이용해 지뢰탐지용 군견, 수색구조견, 마약 탐지견 등으로 활동한다.

해설 개는 인간보다 40배 이상의 후각세포를 가지고 있다.

05 후각을 이용한 의사소통의 특징이 아닌 것은?

① 개체 식별의 최종적 확인을 한다.
② 발정과 같은 번식 단계에는 후각이 무뎌진다.
③ 냄새로 세력권자가 언제 지나갔는지 알 수 있다.
④ 개의 후각은 매우 민감해서 검출 감도는 인간의 100만배 이상이다.

해설 개는 후각으로 발정과 같은 번식 단계의 정보를 파악한다.

06 다음 빈칸에 들어갈 알맞은 단어는?

> 반려견은 자신의 영역에서 누군가의 흔적을 발견하면 그 위에 배변으로 냄새를 남김으로써 자신의 영역과 존재를 알리는 (　　　　)을 한다.

① 마킹 행동
② 친교 행동
③ 공격 행동
④ 서열 확인

해설 개는 자신이나 다른 개체가 남긴 배설물에 흥미를 갖고 냄새를 맡고 나서 자신의 배설물로 덮는다. 반려견은 자신의 영역이라고 생각하는 곳에서 누군가의 흔적을 발견하면 그 위에 배변 활동으로 냄새를 남김으로써 자신의 영역과 존재를 알리는 마킹 행동을 한다.

정답 04 ① 05 ② 06 ①

[7~8] 다음 행동으로 알 수 있는 개의 상태를 고르시오.

07

> 중간보다 높은 톤의 소리를 내며 꼬리를 흔들거나 점프하는 등 관심을 받으려는 행동을 동반한다.

① 흥 분
② 복종과 순응
③ 경계심
④ 외로움

해설 반려견이 흥분이나 즐거운 감정을 표현할 때는 중간보다 높은 톤의 소리를 내며 꼬리를 흔들거나 점프하는 등 관심을 받으려는 행동을 동반한다.

08

> 저음으로 '그르렁 그르렁'거리며 짧게 반복해서 짖거나, 강하게 '왕왕' 짖는다.

① 외로움
② 복 종
③ 경계심
④ 불안감

해설 반려견이 경계심을 표현할 때는 으르렁거리는 소리와 함께 저음으로 짧게 반복해서 짖으며, 대상이 사라지면 멈춘다.

09 반려견의 청각을 통한 의사소통에 관한 설명으로 옳지 않은 것은?

① 모성애나 성적인 관심을 이끌어 내기도 한다
② 짖기나 포효 등은 단거리 정보전달에 효과적이다.
③ 소리로 단결을 유도해 침입자로부터 무리를 방어할 수 있게 돕는다.
④ 사회적 거리감을 줄이기도 하고, 겁을 주어 사회적 거리감을 넓히기도 한다.

해설 짖기나 포효 등 반려견의 음성을 이용한 의사소통은 장거리 정보전달에 효과적이다.

10 보기의 설명에 알맞은 반려견의 소리 표현은?

> • 늑대가 사냥 전 무리를 모으는 신호 또는 영역을 알리는 의사소통의 신호이다.
> • 반려견의 경우 동료를 찾는 외로움의 표현 또는 분리불안으로 인한 울부짖음의 표현이다.

① 낑 낑
② 깨 깽
③ 으르렁
④ 하울링

해설 '우~우' 우는 소리를 내는 하울링은 반려견이 외로움을 느낄 때, 먼 곳의 동족을 부를 때 표현이다.

11 다음 중 반려견이 평온하고 기분이 좋을 때 나오는 행동이 아닌 것은?

① 꼬리를 편안히 세운 채 살랑살랑 흔든다.
② 눈을 맞추고 흰자위가 보이지 않는다.
③ 몸은 편안히 누워있고 다리는 쭉 뻗어있다.
④ 냄새를 맡거나 한 곳을 오랜 시간 쳐다본다.

해설 ④ 반려견이 호기심이 생기거나 무엇인가에 주목할 때 나오는 행동이다.
반려견이 평온하고 기분이 좋을 때 나오는 행동
• 귀는 약간 세우거나 아래로 편안하게 쳐져 있고 꼬리는 편안히 세운 채 살랑살랑 흔든다.
• 눈을 맞추고 흰자위가 보이지 않는다.
• 몸은 편안히 누워있고 다리는 쭉 뻗어있다.
• 보호자를 보고 '왕~왕~' 높지 않은 목소리로 짖으며 빙글빙글 돌기도 한다.

12 다음의 몸동작 및 소리로 알 수 있는 반려견의 상태는?

> • 몸을 크게 보이기 위해 까치발을 띠거나 몸의 털을 부풀려 세운다.
> • 그르렁 그르렁거리는 목소리 톤에 힘이 들어간다.

① 기 쁨
② 경 계
③ 복종과 순응
④ 고통과 스트레스

해설 ① 기쁨 : 껑충 껑충거리며 네 발로 한 동작으로 뛰어다니거나 얼굴과 몸을 움직여서 온몸을 흔들어 댄다.
③ 복종과 순응 : 앞발은 땅바닥에 대고 엉덩이를 높게 들며 꼬리를 살살 흔들거나 온몸을 가볍게 흔들면서 눈은 주인을 주시한다.
④ 고통과 스트레스 : '낑낑'거리거나 몸을 움츠리거나 떨어댄다.

정답 10 ④ 11 ④ 12 ②

13 반려견이 앞발을 구부리고 엉덩이를 세우며 귀는 살짝 뒤로 넘어가고 꼬리는 살살 흔들다가 사방팔방 뛰어다니는 이유는?

① 두려워서
② 화가 나서
③ 놀고 싶어서
④ 호기심이 생겨서

> 해설 반려견이 놀고 싶거나 놀고 있을 때 나오는 행동
> - 집안에서 키우는 소형견은 앞발을 허공에 대고 휘두르거나 앞다리로 툭툭 친다.
> - 앞발을 구부리고 엉덩이를 세우며 귀는 살짝 뒤로 넘어가고 꼬리는 살살 흔들다가 사방팔방 뛰어다니면서 사람의 주의를 끈다.
> - 개들끼리 '아~앙 아~앙' 소리를 내며 서로 목과 귀를 무는 흉내를 내는 것은 개들이 서로 싸우는 것이 아니라 놀이로써 지배욕과 복종을 배우는 것이다.

14 반려견이 화가 났을 때의 행동 표현으로 옳지 않은 것은?

① 제자리에서 짖거나 뒷걸음치며 '앙앙앙(강하고 높은 소리로 짖음)' 짖는다.
② 몸은 전체적으로 앞으로 달려나가려고 하면서 자신감이 나타난다.
③ 입을 벌려서 이빨을 보이고 '왕왕왕(연속적인 높은 소리)' 짖는다.
④ 도발적인 눈빛을 보이고 꼬리는 강하게 세우며 목 주위의 털을 세운다.

> 해설 ① 반려견이 두려움을 느낄 때 나오는 행동 표현이다.

15 반려견의 짖는 방법에 대한 설명으로 옳지 않은 것은?

① 공격적인 짖음 : 낮은 으르렁거리는 소리를 낸다.
② 동료에게 경계를 촉진하는 소리 : 큰소리로 짖는다.
③ 놀이하면서 짖음 : 높은 소리로 짖는다.
④ 홀로 남겨진 분리불안과 불안 상태의 짖음 : 높낮이가 없고 폭이 좁다.

> 해설 ④ 홀로 남겨진 분리불안과 불안 상태의 짖음 : 높낮이가 있으며 폭이 넓다.

16 반려견이 다음과 같은 행동을 하였다면 이는 반려견의 어떤 의사 표현인가?

> 꼬리를 세우고 다른 개의 항문이나 생식기 냄새를 맡거나 맡게 한다.

① 외로움
② 동료애의 표시
③ 항문 주위가 청결하지 못함
④ 자신감과 용기(강자·약자구별), 성별 확인

해설 ① 외로움 : '우~우~' 우는 소리를 낸다(허스키, 말라뮤트 등).
② 동료애의 표시 : 사람이나 개에게 몸을 문지르거나 기대는 행동을 보인다.
③ 항문 주위가 청결하지 못함 : 엉덩이를 바닥에 끈다.

17 반려견이 킁킁거리며 바닥이나 문을 긁는다면, 이는 어떤 의사 표현인가?

① 공격성(자신감에서 나오는 표현)
② 경고(계속 도전하면 공격함)
③ 분리불안, 대소변
④ 혼자 있기 두려움

해설 ① 공격성(자신감에서 나오는 표현) : 꼬리와 귀는 세우며 이빨을 살짝 보인다.
② 경고(계속 도전하면 공격함) : 낮은 소리로 으르렁거린다.
④ 혼자 있기 두려움 : 보호자가 나간 후 짖는다.

18 반려견의 두려운 마음이 없는 능동적인 순종과 두려운 마음이 있는 수동적인 복종에 대한 설명으로 옳은 것은?

① 능동적인 순종 시 반려견은 뒷다리를 접고 생식기와 배를 보인다.
② 능동적인 순종 시 반려견은 다리를 쭉 뻗고 꼬리를 살살 흔든다.
③ 수동적인 복종 시 반려견은 꼬리를 흔들지 않는다.
④ 수동적인 복종 시 반려견은 땅에 눕지 않는다.

해설 • 능동적인 순종(두려운 마음이 없음) : 반려견이 몸은 땅에 누워있고 다리를 쭉 뻗으며 꼬리를 살살 흔든다.
• 수동적인 복종(두려운 마음이 있음) : 몸은 땅에 누우며 뒷다리는 접고 생식기와 배를 보이고 꼬리를 빨리 흔든다.

19 반려견의 소심성에서 나오는 공격성과 자신감에서 나오는 공격성에 대한 설명으로 옳은 것은?

① 소심성에서 나오는 공격성 시 이빨을 보이지 않는다.
② 소심성에서 나오는 공격성 시 꼬리를 다리 사이에 감춘다.
③ 자신감에서 나오는 공격성 시 꼬리와 귀를 세우지 않는다.
④ 자신감에서 나오는 공격성 시 이빨을 보이지 않는다.

> **해설**
> • 공격성(소심성에서 나오는 표현, 겁이 많은 개) : 꼬리는 다리 사이에 감추고 귀는 뒤로 넘어가며 이빨을 보인다.
> • 공격성(자신감에서 나오는 표현) : 꼬리와 귀는 세우며 이빨을 살짝 보인다.

20 다음 중 반려견의 의사 표현으로 옳지 않은 것은?

① 낑낑거린다. : 고통, 스트레스
② 지루함, 심심함 : 땅을 파거나 물건을 잡아당긴다.
③ 소심, 겁이 많음 : 떨면서 침을 흘린다.
④ 싫음의 표시 : 얼굴을 핥는다.

> **해설** ④ 존경의 표시 : 얼굴을 핥는다.

[21~22] 다음 빈칸에 들어갈 알맞은 단어를 고르시오.

21

| ( )은 반려견이 스트레스를 유발하는 환경에서 자신과 상대방을 진정시키기 위해 사용하는 행동 언어로, 노르웨이의 반려견 훈련사 투리드 루가스(Turid Rugaas)가 반려견을 교육하면서 얻은 경험을 바탕으로 만들었다.

① 행동 표현
② 보디 시그널
③ 카밍 시그널
④ 반려견 언어

> **해설** 카밍 시그널(Calming signals)에 대한 설명이다.

22 카밍 시그널은 반려견의 현재 상태를 확인·파악해서 반려견과의 (　　　　) 의사소통을 가능하게 하여 진정 기능을 회복하게 한다.

① 언어적
② 행동적
③ 시·청각적
④ 비언어적

해설　카밍 시그널은 반려견의 현재 상태를 확인·파악하는 비언어적인 의사소통을 가능하게 하여 진정 기능을 회복하게 한다.

23 카밍 시그널의 기능에 대한 설명이 바르게 연결된 것은?

① 긴장 완화 – 반려견의 긴장을 완화하여 상대를 진정시킨다.
② 공격 차단 – 반려견이 적의가 없음을 알리고 불안한 심리상태를 알린다.
③ 진정 신호 – 반려견이 적의가 없음을 알리고 상대를 진정시킨다.
④ 갈등 중재 – 반려견이 공격, 위협, 침략의 의사가 없음을 알린다.

해설　**카밍시그널의 기능**

긴장완화 기능	반려견 자신의 긴장을 완화한다.
진정신호 기능	반려견이 적의가 없음을 알리고 상대를 진정시킨다.
공격차단 기능	반려견이 불안이나 불쾌한 감정을 느꼈을 때 자신의 심리상태를 알린다.
갈등중재 기능	반려견이 다른 개체들의 싸움을 멈추려 할 때 사용한다.
분쟁회피 기능	반려견이 공격, 위협, 침략의 의사가 없음을 알린다.
평화유지 기능	반려견이 구성원과의 물리적 마찰을 막고 평화를 유지하려 할 때 사용한다.
의사전달 기능	반려견이 다양한 개체들과도 서로 의사를 파악할 수 있다.

24 다음 동작 시그널로 알 수 있는 반려견의 상태로 옳은 것은?

앞발을 들어 올린다(표정이 어두울 때).

① 즐거움
② 존경심
③ 지배욕
④ 스트레스

해설　앞발 들기는 반려견이 불안감을 느낄 때 하는 동작으로, 스트레스와 공포의 시그널이다. 고강도 훈련을 받는 반려견들에게 볼 수 있으며 혼이 날 때 앞발을 들고 헐떡거리기도 한다.

정답　22 ④　23 ③　24 ④

[25~26] 보기의 설명에 알맞은 반려견의 카밍 시그널을 고르시오.

25

> - '피곤함'의 표시로 낮잠이 필요하거나 잘 준비가 되었다는 신호이다.
> - 반려견이 불안할 때 입술을 핥거나 귀를 납작하게 누이면서 하기도 한다.

① 핥기　　　　　　　　　② 귀접기
③ 하품하기　　　　　　　④ 시선 피하기

해설　반려견의 하품은 피곤의 표시, 불안의 표시, 복종의 표시, 흥분의 표시, 공감의 표시 등 여러 가지 의미가 있다.

26

> - 늑대 새끼가 어미에게 하는 행동에서 비롯되었으며, 주로 상대의 기분을 진정시키는 작용을 한다.
> - 반려견이 사람에게 하면 적의가 없으며 기쁨과 안정의 애정 표현의 의미이다.

① 긁기　　　　　　　　　② 핥기
③ 끼어들기　　　　　　　④ 쿵쿵거리기

해설　반려견이 보호자의 얼굴을 핥는 행동은 적의가 없음과 기쁨과 애정을 표현하는 시그널이다.

27　반려견이 꼬리를 좌우로 빠르게 흔들어 대는 경우에 해당하는 것은?

① 경계의 표현　　　　　② 행복의 표현
③ 복종의 표현　　　　　④ 호기심의 표현

해설　반려견의 꼬리 표현
- 경계의 표현 : 꼬리를 높게 쳐들고 긴장하며 털을 세운다.
- 행복의 표현 : 꼬리를 좌우로 빠르게 흔들어 댄다.
- 호기심의 표현 : 꼬리를 수평 위치에서 똑바로 유지한다.
- 복종의 표현 : 꼬리를 좌우로 서서히 흔들며 주인에게 시선을 집중한다.
- 공포, 불안감의 표현 : 꼬리를 다리 사이에 감추고 눈치를 본다.

28 보호자와 반려견의 바람직한 관계 형성에 대한 설명으로 옳지 않은 것은?

① 양방향적 · 연속적 관계가 되어야 한다.
② 서로 상호의존적이며 유익한 관계가 되어야 한다.
③ 보호자가 보호하고 반려견은 일방적으로 보호받는 관계이다.
④ 보호자는 반려견을 학대하거나 생활에 불편함을 주는 행위를 하면 안 된다.

해설 ③ 반려견과 공식적인 계약 관계를 맺은 것은 아니지만, 서로 돌보아야 하는 관계이다.

29 보호자와 반려견 사이의 신뢰와 결속 강화 방법으로 옳지 않은 것은?

① 적절한 사회화 교육
② 주기적인 동물병원 방문
③ 규칙적인 산책
④ 반려견의 식성에 따른 식단

해설 ④ 균형잡힌 식단을 짜서 반려견에게 영양가 있는 먹이를 제공하여야 한다.

30 반려견이 새로운 사람과 만났을 때의 교감 활동이 잘못된 것은?

① 반려견은 기다리는 것을 견디지 못하므로 훈련사가 먼저 다가가야 한다.
② 반려견이 사람의 냄새를 맡으면 조용히 간식을 준다.
③ 안정감을 찾은 반려견과 기초교육 놀이를 한다.
④ 강압적인 교육이 아닌 놀이를 통한 교육을 통해 신뢰를 쌓아갈 수 있도록 한다.

해설 ① 반려견 스스로 다가올 수 있도록 기다려주는 배려로 불안한 마음이 진정된다.

반려견이 새로운 사람과 만났을 때의 교감활동
- 소심한 기질의 반려견은 새롭고 낯선 사람에게 쉽게 곁을 주지 않는다.
- 반려견 스스로 다가올 수 있도록 기다려주는 배려로 불안한 마음이 진정된다.
- 조심스럽게 다가오는 반려견에게 간식 하나를 준다.
- 다가온 반려견이 사람의 냄새를 맡으면 조용히 간식을 준다.
- 여러 번 반복을 통해 그 사람에 대한 경계가 풀리고 안정감을 느끼게 된다.
- 안정감을 찾은 반려견과 기초교육 놀이를 한다.
- 강압적인 교육이 아닌 놀이를 통한 교육을 통해 신뢰를 쌓아갈 수 있도록 한다.
- 기다림을 통해 신뢰감이 생기면 소심한 반려견과의 교감 활동이 이루어진다.

CHAPTER 05 반려동물의 문제행동

1 반려견 문제행동의 개요

(1) 문제행동의 개념

① 문제행동이 있는 동물은 안락사하거나 유기되는 경우가 많은데, 이러한 동물은 행동 훈련을 받지 않았거나 다른 정상적인 동물의 행동이 무엇인지 보고 자라지 못하여 과도한 짖음, 물어뜯기, 분리불안, 흥분 등의 문제행동을 나타낸다.
② 문제행동은 보호자와 동물이 같이 살아갈 때 서로에게 심각한 문제이다.
③ 현시점에서는 반려견의 문제행동에 대한 통일된 정의가 존재하지 않는데, 아마도 반려견의 행동이 나타내는 동기에 대해서 아직 충분히 이해되어 있지 않고 개체에 따라 행동이 나타내는 동기부여의 정도가 다르다는 것에 기인하는 것 같다.
④ 대개 다음과 같은 반려견의 행동을 문제행동으로 본다.
  ㉠ 주인에 의해 문제라고 인식되는 반려견의 행동
    - 사회나 주인에게 불편을 주는 행동
    - 주인의 자산이나 반려견 자신을 손상하는 행동
    - 주인의 생활에 지장을 미치는 행동
  ㉡ 넓은 의미로 보았을 때 이상행동도 문제행동에 포함된다.
⑤ 보호자 대부분은 문제행동을 참고 견디기 때문에 이러한 과정에서 문제행동을 더 심각하게 조장하는 결과를 낳기도 한다.

(2) 문제행동의 분류(3가지)

① 동물이 본래 가지고 있는 행동 양식(repertory)을 일탈하는 경우 : 대부분은 이상행동의 범주에 들어간다. 예 궤양이 생길 때까지 발끝을 핥는 행동
② 동물이 본래 가지고 있는 행동 양식의 범주에 있으면서 그 많고 적음이 정상을 일탈하는 경우 예 성행동, 섭식행동
③ 동물이 본래 가지고 있는 행동 양식의 많고 적음이 정상을 일탈하지 않더라도 인간사회와 협조되지 않는 경우 예 경계 포효, 쓸데없는 짖음

(3) 반려견의 문제 행동 파악하기

① 반려견의 일반적인 관찰
반려견의 문제행동을 좀 더 정확하게 알아내기 위해서는 그러한 행동의 동기를 정밀하게 파악해야 하며, 그렇게 하기 위해서는 문제행동 전후의 반려견의 모습을 세밀하게 관찰해야 한다.

㉠ 반려견이 신경질적이거나 생기를 잃어 잠만 자려 하고, 피곤한 기색을 보인다거나 평상시에 활동성 있게 동작하던 아이가 소극적이거나 무언가 시름에 잠기고 동작이 둔해지는 것은 이상 신호이다.

㉡ 몸의 동작은 연령이나 개성에 의해서도 좌우되기 때문에 평소의 상태와 비교해 보아야 하는데, 평소에는 부르면 즉시 꼬리를 저으면서 달려오던 개가 마지못해 일어나거나 관심이 없다면 컨디션 이상 신호를 의심한다.

㉢ 식욕부진, 구갈증, 호흡 이상, 구토, 설사, 구토물이나 분변에 피가 섞이는 경우도 수의사에게 조치 받아야 하며, 배변 시 통증이나 곤란이 있는지 살피고 배뇨 시에 피가 섞여 있으면 피가 오줌의 초기 또는 말기에만 나오는지 혹은 지속해서 나오는지를 관찰해야 한다.

㉣ 평상시 마른 기침을 하거나 고개 흔들기, 한 쪽 방향으로 돌기 등 이상행동을 하면 심장사상충을 의심해보아야 한다.

㉤ 반려견은 사람과 마찬가지로 하품, 기침, 재채기, 딸꾹질, 트림 등을 하며 코를 골기도 하는데, 반려견은 하품을 잘하는 동물로서 피로할 때나 따분할 때, 기분이 나쁘거나 흥분을 해도 하품을 하지만 너무 자주 하품을 하면 일단 조심하도록 한다.

② 반려견의 행동 파악 순서

> 유의사항 확인 → 반려견의 스트레스 및 생활환경 분석 → 반려견 개체 특성에 따른 문제행동의 증상에 따라 종류 및 원인 분석 → 확보된 관련 자료 취합 → 반려견의 문제행동 분석을 근거로 수준 파악 → 행동분석서 작성

㉠ 유의사항을 확인한다.

자격을 구비한 사람이 반려견의 견종, 성별, 나이, 부모견의 유전적 정보, 행동 발달 등을 통해 기본 정보를 파악한다.

정상적인 행동 발달에 따른 행동 표현	비정상적인 행동 발달에 따른 행동 표현
• 미지인에게 다가간다. • 우호적 미지견의 접근 수용, 놀이를 한다. • 소음을 두려워하지 않고 빠르게 회복된다. • 미지 환경에서 탐색하고 간식을 먹는다.	• 미지인에게 접근하지 않는다. • 미지견과 사교하지 않는다. • 소음을 두려워하고 회복되지 않는다. • 미지 환경에서 숨거나 부동화된다.

[반려견의 행동 발달에 따른 행동 표현]

㉡ 반려견의 스트레스 및 생활환경(반려견 보호자의 특성 포함)을 분석한다.

㉢ 반려견 개체 특성에 따른 문제행동의 증상에 따라 종류 및 원인을 분석한다.
- 감각 및 신경계 문제행동 표현
- 정서 문제행동 표현
- 배설 문제행동 표현
- 의사소통 문제행동 표현
- 사회적 관계 문제행동 표현

㉣ 확보된 관련 자료를 취합한다.

㉤ 반려견의 문제행동 분석을 근거로 수준을 파악한다.
- 반려견 문제행동의 절대적 또는 상대적 양을 파악하여 수준을 결정한다.
- 문제행동을 유발하는 자극을 제시한 상태에서 측량기기를 활용하여 시간, 질, 크기를 평가한다.

ⓑ 행동분석서를 작성한다.
- 반려견 보호자와 반려견의 개별 정보를 기술한다.
- 반려견의 생애 이력을 기술한다.
- 분석에 이용된 방법과 내용을 기술한다.
- 문제행동의 종류 및 원인을 기술한다.
  - 문제행동을 개체 행동, 사회 행동, 연계 행동으로 분류한다.
  - 문제행동 원인을 개체 특성, 생활환경, 보호자 특성 영역으로 분류한다.
- 작성 방법
  - 해당 문제행동을 분석하는 목적을 기술한다.
  - 분석서에 사용하는 용어와 문장은 맥락을 드러내어 이해하기 쉽게 작성한다.
  - 분석 내용은 보호자가 명확히 파악할 수 있도록 작성한다.
  - 분석 내용은 일관성과 객관성을 유지한다.
  - 문제행동에 대한 설명은 세부적으로 작성한다.
  - 분석서의 전체 내용을 요약하여 개괄적으로 기술한다.
- 행동 분석 내용

  반려견의 행동은 여러 요인이 복합적으로 기능하므로 문제행동의 종류에 따른 원인을 명확히 기술하는 것이 쉽지 않다. 따라서 다음의 특성 등을 구분하여 분석한다.

질병적 원인	• 건강 상태에 원인이 있는 반려견의 문제행동을 교정하는 방법으로 문제를 해결하려 한다면 불가능하다. • 고관절 이형성과 관절염, 그리고 나이와 관계된 다른 질병을 가진 반려견에게 앉거나 뛰는 행동을 요구하면 저항하거나 마지못해 할 것이다. • 이처럼 신체적인 건강 이상과 질병은 반려견을 무기력하게 하는 원인이 된다.
환경적 원인	• 반려견은 자연의 일부분이므로 자연환경의 영향으로부터 벗어날 수 없다. • 현재의 반려견에게 자연환경이란 인간과 인간이 제공하는 환경일 수 있다. • 따라서 반려견에게 가장 크게 영향을 미치는 것은 주위에서 항상 관계를 맺고 있는 사람과 생활하거나 훈련을 하는 환경이다.
견종 특성	• 반려견이 공통으로 표현하는 행동 외에 견종에 따른 특이한 행동이 있다. • 이는 견종의 특성에 따른 유전의 영향으로 나타난 것이다. 견종에 의한 성격과 특징은 오랫동안 선택 번식되어 발전한 진화의 결과이다.
개체 특성	• 개체의 특성에 대해서 평가할 때는 모든 부분을 일반화하지 말고 상대적 입장을 취한다. • 반려견은 일반적으로 개체별 성향과 생장 환경의 영향에 따라 차이가 많기 때문이다. • 또한 개체의 생리적인 특성이 행동에 영향을 미치는 경우도 있다.
보호자 특성	보호자는 반려견의 행동에 직접적으로 영향을 미치는 요인이다. 사고방식, 생활습관, 반려견과의 상호관계, 태도 등 전반적인 상태를 최대한 기록한다.

2 반려견의 문제행동 유형별 파악

(1) 문제행동 '짖음'에 대해 파악한다.

① 반려견의 생활환경을 확인한다.
  ㉠ 혼자 있는 시간이 얼마나 되는지 확인한다.
  ㉡ 보호자로부터 과도한 사랑을 받는지 확인한다.
  ㉢ 갇혀 지내거나 목끈에 매어 지내는지 확인한다.
  ㉣ 산책은 어느 정도 하는지 등의 생활 패턴을 확인한다.

② 보호자의 생활 패턴을 확인한다.
  ㉠ 1회 외출시간은 어느 정도인지 확인한다.
  ㉡ 귀가 시간은 어떻게 되는지 확인한다.
  ㉢ 반려견과 함께하는 시간은 어느 정도인지 확인한다.
  ㉣ 가족 구성원은 어떻게 되는지 등을 파악한다.

③ 짖게 된 시기가 언제부터인지 확인한다.
  ㉠ 반려견의 과거력을 확인한다.
  ㉡ 최초 짖는 문제가 발생한 시기를 알아본다.

④ 언제 짖는지, 짖었다면 짖음으로부터 어떤 보상이 이루어졌는가 확인한다.
  ㉠ 손님, 배달원, 초인종 소리, 현관 전자 키소리, 지나가는 사람, 자동차 소리, 오토바이 소리, 지나가는 행인 등의 상황을 파악한다.
  ㉡ 기타 수없이 많은 다양한 상황을 파악한다.

⑤ 얼마나 오랜 시간 짖는지 확인한다.
  ㉠ 1회에 어느 정도 짖는지 확인한다.
  ㉡ 중간에 짖기를 멈추는지 확인한다.
  ㉢ 짖지 않는 시간과 짖는 시간은 어느 정도인지 확인한다.

⑥ 짖는 소리를 어떻게 내는지 확인한다.
  ㉠ 끙끙대는지, 우렁차게 짖는지, 날카롭게 짖는지, 하울링을 하는지를 파악한다.
  ㉡ 공격하려고 달려들면서 짖는지 등을 파악한다.

⑦ 짖는 대상이 무엇인지 그리고 실내, 실외 어디에서 짖음이 심한지 확인한다.
  ㉠ 자전거, 오토바이를 타고 있는 사람인지 파악한다.
  ㉡ 반려견과 함께 있는 사람인지 파악한다.
  ㉢ 어린아이, 청소년, 성인, 노인, 남자, 여자, 우체부, 택배 기사 등 다양한 대상에 대해 확인한다.

(2) 문제행동 '공격성'에 대해 파악한다.

① 포식성 공격(냉정한 사냥본능에 의한 공격)인지를 파악한다.
② 수컷 간의 공격인가 파악한다(성 성숙 시기에 테스토스테론의 대량 분비가 일어나면서 공격성이 높아진다).

③ 경합적 공격인가 파악한다.
　㉠ 먹이나 잠자리와 같은 한정된 자원을 둘러싸고 또는 무리 내의 순위를 둘러싸고 경합하며 이것이 공격행동으로 발전한다.
　㉡ 여러 마리의 반려견이 함께 생활했거나, 생활하고 있는지 확인한다.
④ 공포에 의한 공격인가 파악한다.
　반려견이 불안이나 공포를 느끼는 상황에서 벗어나려고 하거나 그것이 불가능한 경우 공격이 일어나는 경우가 있다.
⑤ 아픔에 의한 공격인가 파악한다.
　㉠ 아픔은 방어적인 공격행동을 일으킨다.
　㉡ 수컷이나 암컷 모두에게도 아픔을 동반하는 자극을 받으면 공격행동을 일으키는 반응이 생득적으로 포함되어 있다.
⑥ 영역적 공격 또는 사회적 공격인가 파악한다.
　낯선 개체가 자신의 영역에 침입하거나 무리에 접근하면 우선 경계를 높이고 그 위협이 사라지지 않으면 공격적인 행동이 일어난다(견종차나 개체차가 크다).
⑦ 모성행동에 관련된 공격(어미가 새끼를 지키기 위해 보이는 공격 행동)인가 파악한다.
⑧ 학습에 의한 공격인가 파악한다.
　㉠ 군견이나 경찰견과 같이 공격성을 훈련받은 경우인지 확인한다.
　㉡ 생활 속 반복되는 패턴에 의해 공격성을 학습한 경우인지 확인한다.
　　예 누군가 지나가면서 위협행동을 하면 반려견은 짖고 위협행동을 한 사람은 반려견이 짖자 도망가기를 계속 반복하면 짖음과 함께 공격성을 학습하게 된다.
⑨ 병적인 공격인가 파악한다.
　원인이나 이유가 없이 어떠한 상황도 없이 갑자기 공격행동을 보이는 경우인지 파악한다.

(3) 문제행동 '배뇨 및 배변'에 대해 파악한다.
① 불안 및 두려움 요소를 파악한다.
② 사회적 스트레스인지를 파악한다.
③ 관심을 받고 싶어서인가를 파악한다.
④ 패드 근처 또는 가구에 실수하는가 파악한다.
⑤ 단순한 마킹 행동인가 파악한다.
⑥ 기타 다른 곳 또는 다른 상황에서 실수하는가 파악한다.

(4) 문제행동 '식분증'에 대해 파악한다.
① 최초 언제부터 먹거나 입을 접촉하였는가 파악한다.
② 반려견의 어린 시절 발달환경은 어떠한가 파악한다.
③ 구충은 정기적으로 하는가 파악한다.
④ 화장실의 청소 상태는 청결한가 확인한다.
⑤ 불안해하지는 않는가 파악한다.

⑥ 폭력에 노출되지는 않았는가 파악한다.
⑦ 영양 있는 사료인지와 급식량이 충분한가 파악한다.

(5) 문제행동 '파괴행동'에 대해 파악한다.
① 반려견의 사회적, 생리적 스트레스 정도는 어떠한가 파악한다.
② 언제 어떤 상황, 어떤 환경을 가장 불안해 하는가 파악한다.
③ 주인과의 분리불안 행동을 보이는가 파악한다.
④ 강아지의 기질은 소심한거나 강하거나 어떠한가 파악한다.
⑤ 언제 어떤 상황에서 무엇을 파괴하는가 파악한다.

(6) 문제행동 '과잉행동'에 대해 파악한다.
① 언제 과잉행동을 하는가 파악한다.
② 어떤 형태의 과잉행동을 하는가 파악한다.
③ 어떤 사물에 대한 것인가 파악한다.
④ 사람에게는 어떤 식으로 하는가 파악한다.
⑤ 어린이, 성인, 노인 등 누구에게 하는가 파악한다.

(7) 문제행동 '산책'에 대해 파악한다.
① 앞에서 어느 정도 심하게 끌고가는가 파악한다.
② 다른 사람이나 사물을 보고 어떤 모습으로 공격성을 띠는가 파악한다.
③ 다른 움직이는 사물을 보고 어떤 모습을 보이는가 파악한다.
④ 마주 오는 사람과 반려견에게 어떻게 반응하는가 파악한다.
⑤ 산책 중 냄새를 맡는 행동을 심하게 하는가 파악한다.
⑥ 입마개에 대한 불편함을 호소하는가 파악한다.
⑦ 잘 따라오지 않고 보호자 뒤에 자주 멈추는가 파악한다.

(8) 문제행동 '불안장애'에 대해 파악한다.
① 어려서 어느 시기 때부터 불안한 모습을 보였는가 파악한다.
② 주인과 분리되어 불안해 하는가 파악한다.
③ 무서워서 불안해 하는가 파악한다.
④ 폭행의 기억이 있는가 파악한다.
⑤ 어떤 사람, 어떤 물건을 보고 불안해 하는가 파악한다.
⑥ 어떤 환경적인 특정한 곳이 있는가 파악한다.
⑦ 불안해서 나타내는 행동은 어떤 것인가 파악한다.

3 반려견의 원인별 문제행동 표현

(1) 감각 및 신경계 문제행동 표현

행동 원인	표 현	
인식장애	• 활동력이 줄어든다. • 공간에 대한 감각이 혼란을 느낀다.	• 수면주기가 변한다. • 배뇨, 배변 행동에 이상이 생긴다.
고 열	• 우울해진다. • 수면시간이 증가한다. • 음수량이 감소한다.	• 식욕이 저하된다. • 몸치장행동이 줄어든다.
강박증	• 발가락을 지속적으로 핥는다. • 빙글빙글 돈다. • 움직이지 않는다. • 계속 걷는다. • 제자리에서 높이뛰기를 반복한다. • 우는 소리를 낸다. • 자신의 몸을 해친다.	• 옆구리를 지속적으로 핥는다. • 자신의 꼬리를 계속 쫓는다. • 바닥을 긁는다. • 혼자 으르렁거린다. • 헛것을 쫓는다. • 몸치장행동을 과도하게 한다.
공 포	• 심박수가 증가한다. • 호기심이 떨어진다.	• 두려움을 느낀다.
스트레스	• 식욕이 떨어진다. • 변비 또는 설사를 한다. • 구토한다. • 다리를 절뚝거린다.	• 탈모 현상이 나타난다. • 물을 과도하게 먹는다. • 발작을 일으킨다.

(2) 정서 문제행동 표현

행동 원인	표 현
외로움	• 침을 지나치게 많이 흘린다. • 침착하지 못하다. • 낑낑거린다. • 짖는다. • 하울링(howling)을 한다. • 식욕이 부진하다. • 문·바닥·창문·커튼 등을 씹거나 긁는다.
애 착	• 특정 가족에 대하여 강한 애정을 표현한다. • 집에서 보호자를 따라다닌다. • 보호자와 가까이 있거나 근처에 앉는다. • 보호자가 다른 사람에게 애정을 나타내면 흥분한다. • 보호자가 다른 반려견에게 애정을 나타내면 흥분한다.

(3) 배설 문제행동 표현

행동 원인	표 현
처벌 결과	• 보호자 없는 곳에 배설한다. • 사용하지 않는 더러운 곳에 숨어서 배설한다. • 야간에 배설한다. • 보호자가 없을 때 부적당한 장소와 불규칙적인 시간에 배설한다. • 아무 곳이나 몇몇 장소로 위치를 쉽게 변경한다.
복종성	• 1년 미만 자견이 위협감을 느낄 때 배설한다. • 가족 또는 내방객 접근 시 배설한다. • 질책받을 때 배설한다. • 구르기, 귀 젖힘, 꼬리 말림 같은 자세에서 배설한다. • 우호적인 상태에서 즐거울 때 배설한다.
배설 환경	• 실외 공간 또는 배설 장소 바닥 재질이 부적합하다. • 배변 공간의 위치가 부적합하다(출입로가 좁고 경사짐, 자갈·날카로운 잡초). • 기상 조건이 악조건일 때 배설한다(추위·더위·눈·습기). • 실외에서 복귀 후 실내에 배설한다. • 실외 장소가 좋지 않은 환경 또는 재질로 이루어져 있다. • 어린 시절 초기의 교육 영향이다.
분리불안	• 보호자 외출 직후 또는 30분 이내에 배뇨한다. • 보호자 부재 시 지속해서 발생하고 보호자 재택 시 발생하지 않는다. • 보호자 존재 여부와 무관하게 발생하면 분리불안을 포함한 복합적 원인이다. • 분리불안증 상태에서 격리되었다(공간 제한, 공간 탈출 중 부상, 공간에 배변). • 보호자를 계속 따라다닌다. • 보호자를 매우 흥분한 상태에서 맞는다. • 보호자가 시야에서 벗어나면 동요한다. • 보호자 외출 신호에 불안감을 드러내거나 의기소침한다. • 보호자에게 강한 애착을 보이거나 관심을 요구, 관심에 즉각 반응한다. • 보호자와 상호작용이 없으면 신경질적 행동 또는 욕구 불만을 표한다. • 개량된 순수혈통에게 빈발하다. • 문제행동 전에 혼자 있지 않으려 한다. • 보호자의 일상이 변화되었다(다른 반려견 죽음, 새로운 환경 이동, 입원 등). • 보호자가 없을 때 부적당한 장소와 불규칙적인 시간에 배설한다.
범불안 (공포)	• 소음(천둥, 사이렌, 자동차, 큰 기계음)에 배설한다. • 특정인의 출현에 배설(공포 유발 소음과 조건화)한다. • 외출을 거부한다. • 보호자 보호하에도 밖에 나가거나 머물기를 꺼린다.

(4) 사회적 관계 문제행동 표현

행동 원인	표 현
우 위	• 보호자 또는 가족이 질책할 때 반응한다. • 보호자가 장난감을 회수하면 반응한다. • 보호자가 그루밍해 줄 때 반응한다. • 가족의 응시에 반응한다. • 미지인이 접촉 시 반응한다. • 미지 여성에 반응한다. • 외출 시 미지인에 반응한다. • 외출 중 어린아이에게 반응한다. • 외출 시 다가오는 수캐에 반응한다. • 미지견이 적대행동을 할 때 반응한다.
섭 식	• 반려견이 음식을 먹을 때 보호자가 다가가면 반응한다. • 반려견의 음식을 보호자가 가져가면 반응한다. • 음식을 먹을 때 익숙한 반려견이 다가오면 반응한다. • 반려견이 장난감을 가지고 놀 때 익숙한 반려견이 접근하면 반응한다. • 조깅, 자전거에 반응한다. • 가족이 개의 물건을 가져가면 반응한다.
영 역	• 익숙한 다른 반려견에게 반응한다. • 익숙한 다른 반려견이 자신의 잠자리에 다가가면 반응한다. • 미지인의 접근에 적대행동을 나타낸다. • 미지인이 보호자에게 접근할 때 반응한다. • 미지인이 내방 시 반응한다. • 미지견의 방문에 반응한다. • 고양이나 다른 동물에 반응한다.

(5) 의사소통 문제행동 표현

표 현			행동 원인
음 성	신 음		민감한 고통
	으르렁거림		공격, 방어, 인사, 놀이
	끙끙거림		인사, 보살핌 및 접촉 요구
	하울링		집단 구성원 친밀감, 미지인에게 경고, 집합
	비 명		고통, 복종
	이빨 부딪침		놀이 간청, 방어, 위협
	낑낑거림		방어, 고통, 인사, 복종, 놀이 간청
	캥캥		놀이 간청, 불편한 상황에서 복종, 접촉 간청
몸 짓	간격 축소	수동적 복종	머리·귀·목을 낮추며 혀 왕복 또는 핥기 꼬리 흔듦, 앞발 들기, 복부 노출 이를 드러내며 입술 수평, 귀는 아래로, 눈은 절반 감김
		능동적 복종	머리와 꼬리 높이 들기, 머리 낮추며 쳐다봄
		놀 이	앞 낮추고 뒤 올림, 앞발 들기, 귀는 서고 앞을 향함

간격 확장	우위적 신호	눈을 크게 하고 대립하면서 쳐다봄 입술 뒤로, 으르렁거림 머리 · 목 · 귀를 세운 상태에서 점차 낮아짐 발끝을 곧게 세우거나 털 세움 꼬리 세우고 천천히 흔들기
	접근 금지	배뇨 위해 물체로 가 바닥 긁음
	복합 신호	머리는 들지만 몸이 낮으며 꼬리는 다리 사이 접촉 전 하품이나 스트레칭
	적극적 방어	잇몸 보이며 동공 확장 털 세움, 핥기, 혀 내밀기, 머리 돌림

4 반려견의 주요 문제행동

(1) 적대행동

① 적대행동은 다양한 원인에 의하여 발생하므로 근본적인 원인을 파악하는 것이 중요하다.
② 공격성을 지닌 반려견은 다른 반려견 또는 사람에게 큰 해를 끼칠 수 있다.
③ 적대적인 반려견을 대할 때는 안전조치를 취해야 한다.
④ 심각한 공격성은 완치가 어렵지만 효과적인 교정 방법을 적용하면 완화시킬 수 있다.

(2) 공격행동 : 가장 보편적이면서 가장 심각한 문제행동으로, 그 유형은 다음과 같다.

① 우위성 공격행동(dominance-related aggression) : 반려견이 자신의 사회적 순위를 위협받았다고 느낄 때, 또는 그 순위를 과시하기 위해 보이는 공격행동

② 영역성 공격행동(territorial aggression)
  ㉠ 실내, 차, 정원 등 반려견이 자신의 세력권이라 인식하는 장소에 접근하는 개체에 대해 보이는 공격행동
  ㉡ 반려견 자신이 방어해야 한다고 인식하고 있는 대상에 접근하는 개체에 대해 보이는 방호성 공격행동(protective aggression)을 이 범주에 포함시키는 경우도 있다.

③ 공포성 공격행동(fear-based aggression) : 공포나 불안의 행동학적, 생리학적 징후를 동반하는 공격행동

④ 포식성 공격행동(predatory aggression)
  ㉠ 주시, 침 흘림, 몰래 접근하기, 낮은 자세 등의 포식 행동에 잇따라 일어나는 공격행동
  ㉡ 정동 반응을 동반하지 않는 것이 특징이다.

⑤ 아픔에 의한 공격행동(pain-induced aggression) : 아픔을 느낄 때 일어나는 공격행동

⑥ 동종 간 공격행동(interdog aggression)
  ㉠ 가정 내에서 서로의 우열관계에 대한 인식의 결여 또는 부족에 의해 일어나는 반려견들 간의 공격행동
  ㉡ 가정 밖에서 위협이나 위해를 줄 의지가 없다고 생각되는 반려견에 대해 보이는 공격행동

⑦ 특발성 공격행동(idiopathic aggression)
  ㉠ 예측 불가능한 공격행동
  ㉡ 원인을 알 수 없는 공격행동

(3) 배설행동

① 시간과 장소를 구분하지 못하고, 부적절한 장소에서 부적절한 배설[배뇨, 배변(inappropriate elimination)]을 하는 행동을 말한다.
② 훈련 부족, 질병, 협소 공간 수용, 흥분, 두려움, 영역표시, 과도한 복종성 등이 원인이다.
③ 반려견이 배설 장소에 대한 인식이 부족한 경우는 훈련을 보강한다.
④ 배변 장소와 보금자리의 구분, 두려움 원인 제거 등의 해결책을 적용한다.

(4) 공포/불안 관련 문제행동

① 분리불안(separation anxiety)
  ㉠ 반려견이 보호자와 떨어져 있을 때 발생한다.
  ㉡ 주인이 없을 때만 보이는 행동이나 증상을 말한다.
  ㉢ 일반적으로 심박수·호흡 증가, 부적절한 배뇨/배설, 우울 등의 증상을 나타낸다.
  ㉣ 짖음(불필요한 짖기 또는 멀리서 짖기), 파괴적 행동/활동과 같은 행동학적 불안 징후를 나타낸다.
  ㉤ 구토, 설사, 떨림, 지성 피부염과 같은 생리학적 증상을 나타낸다.
  ㉥ 환경 풍부화, 행동 교정, 분리 최소화 방법을 적용한다.
  ㉦ 분리불안 수준을 정확히 알기 어려운 경우 외출 시 영상을 녹화하여 파악한다.
② 불안기질(fearfulness) : 겁이 많아 사회생활에 문제가 생기는 기질을 말한다.
③ 공포증(phobia, 소음 공포)
  ㉠ 천둥이나 큰 소리와 같은 특정 대상에 대해 일어나는 행동학적 및 생리학적 공포 반응을 말한다.
  ㉡ 큰 소리나 이상한 소리에 숨기, 떨거나 침 흘리기, 호흡 가쁨 등의 증상을 보인다.
  ㉢ 이러한 행동들은 특정한 소리와 관련된 상황에 반응하여 발생한다.
  ㉣ 소음 공포증은 불안과 공존하는 경우가 많다.

(5) 기타 문제행동

① 쓸데없이 짖기, 과잉포효(excessive barking) : 불필요하게 반복되는 짖음
② 파괴 행동(destructive behavior) : 이갈이, 놀이, 이기(異嗜, pica), 분리불안 등과는 무관하게 보이는 파괴 행동
③ 관심을 구하는 행동(attention-seeking behavior) : 주인의 관심을 끌려는 행동, 실제로 상동적인 행동, 환각적인 행동, 의학적 질환의 징후 등이 보인다.
④ 상동장애(stereotypy)
  ㉠ 꼬리 쫓기, 꼬리물기, 그림자 쫓기, 빛 쫓기, 존재하지 않는 파리 쫓기, 허공 물기, 과도한 핥기 행동 등 이상 빈도
  ㉡ 지속해서 반복되는 협박적 또는 환각적 행동
  ㉢ 발끝이나 옆구리를 계속 핥으면 지성 피부염이 생기는 경우도 있다.
⑤ 고령성 인지장애(geriatric cognitive dysfunction)
  ㉠ 한밤중에 일어난다, 허공을 바라본다, 집안에서 길을 잃는다, 용변을 가리지 못한다 등 가령에 따라 일어나는 인지장애

ⓒ 관절염, 시각장애, 청각장애, 체력 저하, 반응지연 등과 같은 생리학적 변화를 동반하는 경우도 있다.
⑥ 이기(異嗜, pica) : 배변이나 작은 돌 등 일반적으로 먹이라고 볼 수 없는 물체를 즐겨 섭식하는 행동을 말한다.
⑦ 성행동 과잉(excessive sexual behavior) : 과잉된 성행동을 말하며, 수컷에서의 과잉된 마운팅이 문제가 되는 경우가 많다.

5 반려견의 문제행동 진단 및 분석

(1) 반려견의 문제행동 진단

① 문제행동 진단의 의의
  ㉠ 반려견 문제행동 진단은 반려견 보호자가 반려견과 함께 살아가면서 느끼게 되는 불편함을 유발하는 행동에 대한 원인을 파악하는 것을 의미한다.
  ㉡ 문제행동 교정을 위한 교정목표 설정과 교정 방법을 선정하기 위한 가장 중요한 기준이 된다.
  ㉢ 특히 보호자의 생활환경과 삶의 기준에 따라 일부 반려견의 정상행동이 문제행동으로 인식된다는 점에 주의하여 신중하게 판단해야 한다.

> **더알아보기** 반려견의 문제행동 상담 시 유의해야 할 사항
>
> 1. 보호자로부터 반려견의 행동에 대한 설명을 들을 때 "아무에게나 적대행동을 한다.", "집안 아무 곳에나 배뇨한다."와 같은 정보만으로는 원인을 파악하기 어렵다.
> 2. 상담자는 반려견의 문제행동을 행동 시스템에 기반을 두고 선(先)동작-목표동작-후(後)동작으로 구체화하여 질문한다.
> 3. 문제행동의 원인에 대한 신뢰도를 높이기 위하여 '문제행동 문진표'를 근거로 개체의 특성, 생활환경 등을 세부적으로 파악한다.
> 4. 문제행동의 직접적인 촉발요인과 심각 정도에 유의한다.
> 5. 보호자의 성향 및 생활방식, 생활환경이 문제행동에 미치는 연관성을 파악한다.

② 문제행동 진단의 순서

순서	과제	내용
1	문제행동의 명료화	반려견이 지닌 문제행동을 구체적으로 파악하여 단순화한다.
2	초기 교정목표 설정	문제의 원인을 파악하여 초기 목표와 다음 단계의 방향을 제시한다.
3	표적행동 설정	반려견이 문제행동을 표현하기 쉽게 설정한다.
4	표적행동 유지조건 확인	문제행동을 유지하는 선행자극과 행동 결과를 파악한다.
5	문제행동 교정계획 실시	문제행동을 해결하기 위하여 수립한 계획을 수행한다.
6	교정 결과 평가	교정계획을 실행한 결과를 평가한다
7	추후 평가	일정 기간이 경과된 후 평가한다.

(2) 문제행동 분석 방법

① 분석주의적 방법

ⓐ 행동을 내면의 동기나 과거 경험을 근간으로 접근하는 방법이다.

ⓑ 근원적 원인을 충동, 불안, 적대행동, 생식욕과 같은 1차적 동기로 본다.

② 행동주의적 방법

ⓐ 반려견의 행동을 결과 위주로 바라본다.

ⓑ 객관적으로 관찰할 수 있는 행동을 중시한다.

ⓒ 유전, 내분비, 동기, 학습 과정과 같은 내적인 요인보다 표현된 행동에 주안점을 둔다.

ⓓ 행동주의적 접근은 반복성, 가시성, 재현성 등의 장점이 있다.

[조작적 조건화 실행 절차]

③ 인지주의적 방법

ⓐ 반려견의 행동을 지각, 정보처리, 기억으로 이루어진 사고 과정에 중점을 두고 파악한다.

ⓑ 반려견을 외부환경에 대한 수동적 수용체로 보지 않고, 정보를 능동적으로 처리하는 유기체로 여긴다.

ⓒ 환경에서 주어지는 자극보다 기억에 의한 동기의 발생이나 내부의 정서가 행동에 크게 영향을 주는 것으로 해석한다.

[반려견의 문제행동에 대한 인지주의적 접근]

④ 생물학적 방법
　㉠ 반려견의 행동에 대해 신경계나 호르몬의 기능을 배제하고 생각하는 것이 불가능하므로 유전, 신경계, 내분비 등 신체 내부적 배경을 중점적으로 파악한다.
　㉡ 신경과 호르몬은 전신적으로 넓게 행동에 영향을 미친다.
　㉢ 반려견의 문제행동의 많은 부분을 차지하는 불안, 적대행동을 신경이나 호르몬의 부조화에서 비롯된 것으로 인식한다.

[반려견의 생리적 동기에 의한 행동조절]

(3) 반려견의 스트레스 분석
① 반려견은 생리적 기능을 가지고 환경에 적응하므로 스트레스로 인하여 안전에 위협받는다.
② 과다한 스트레스는 경계 단계에서 심박수·혈압·체온을 상승시키고, 저항단계에 이르면 무력해지거나 이상행동을 표현한다.
③ 부적절한 환경 자극을 회복시키려는 노력의 반복에도 개선되지 않으면 활동을 중단하는 무기력에 빠진다.
④ 반려견의 스트레스 증상

구 분	행동 표현
생리 현상	• 체온이 상승한다. • 심박수가 증가한다. • 혈압이 상승한다. • 식욕이 변한다(급성은 감소/만성은 증가).
배설 행동	• 배변한다.　　　　　　　　　• 설사한다. • 눈물을 흘린다.　　　　　　• 발바닥에 땀이 난다. • 침을 흘린다.
행동 변화	• 근육경련을 일으킨다.　　　• 근육이 경직된다. • 움직이지 않는다.　　　　　• 회피행동을 표현한다. • 자극에 민감하게 반응한다.　• 적대행동을 한다. • 몸을 긁는다.　　　　　　　• 물을 털어내듯 몸을 흔든다. • 안절부절못한다.　　　　　　• 과잉행동을 한다. • 혀로 핥는다.　　　　　　　• 천천히 걷는다. • 과도하게 짖는다.　　　　　• 귀가 아래로 처진다. • 사람의 시선을 피한다.　　　• 신경질적으로 행동한다. • 흥분한다.　　　　　　　　• 얼굴을 찡그린다. • 머리를 흔든다.　　　　　　• 하품을 한다. • 과소행동을 한다.

(4) 반려견의 생활환경 분석

① 반려견의 생활공간, 기온, 소음, 복잡성과 같은 환경요인들은 정서와 행동에 악영향을 주어 배뇨, 활동성 증가, 긴장, 체온상승, 적대행동 상승 등을 가져온다.
② 분석자는 반려견에 대한 생활 자극의 최적화 여부에 중점을 두고 파악한다.
③ 반려견의 생활환경

㉠ 공 간
- 견사는 반려견의 생활 공간이므로 행동학적 이해가 필요하다.
- 잠자리는 은신처로써의 안정성, 견종 및 나이에 따른 원활한 활동이 보장되는 적정수준의 넓이, 바닥 재질의 적절성, 운동 공간의 구비, 신선한 물과 음식물 섭취 편이도 등을 점검한다.

㉡ 기 온
- 기온은 반려견의 호신행동에 영향을 준다.
- 쾌적한 온도를 벗어난 저온 및 고온은 활동을 위축시키고 섭식 및 음수행동에 나쁜 영향을 준다.
- 더위는 반려견의 적대행동을 증가시킨다.

㉢ 소 음
- 청각을 자극하는 소음이 지속되면 휴식 및 수면의 부족으로 스트레스가 높아진다.
- 지속되면 불안, 긴장, 적대 행동을 표현한다.

㉣ 사회적 접촉
- 반려견은 사회적 관계가 중요하다. 사람 및 동종과 적정수준의 사회적 관계가 제공되어야 한다.
- 독립된 장소에서 장기간 거주할 경우 시 · 청 · 후각 자극의 저하로 사회 행동에 악영향을 미친다.

㉤ 반려견 보호자의 특성
- 반려견은 보호자의 행동에 지대한 영향을 받는다.
- 보호자의 반려견에 대한 애정수준과 방법은 문제행동에 매우 중요하다.
- 보호자의 가치관, 생활방식, 올바른 지식 정도를 점검한다.

> **더알아보기** 문제 행동 사례 : 장기간 스트레스 누적에 의한 이상행동

A씨는 6개월 전에 유기견 보호소에서 2살쯤으로 추정되는 '게리'라는 수컷 미니어처 슈나우저(Miniature Schnauzer)를 입양했다. 주 양육자인 A씨는 60대 어머니와 함께 아파트에서 살고 있는 30대 여성 직장인이다. 그녀의 어머니는 1주일에 2회 정도 자원봉사 활동을 위하여 외출한다.

- **현재 문제** : A씨는 옆집 주민으로부터 '게리'가 낮에 가끔 심하게 짖는다는 말을 듣고 걱정이 크다. '게리'는 최근에 배변판이 아닌 다른 곳에 배뇨를 하고, 집안에서 움직임이 줄어들고, 보금자리에서 머무는 시간이 길어지고, 식욕이 전에 비하여 줄어들었다.

반려견 행동문진표와 양육자와의 상담을 근거로 '게리'의 행동을 파악한 결과는 다음과 같다.

개체 특성	건강상태	동물병원 진료 결과 건강 상태 양호
	행동 및 기질	보호소에서 중성화, 안정적인 행동 양상을 보임
	정서상태	무서움, 슬픔, 외로움
	미지인 관계	우호적 관계 및 접촉 수용
	미지견 관계	우호적이지 않지만 수용적 태도
생활 환경	공간면적	주 활동공간이 소형 아파트 베란다로 협소
	구조	간결하고 단순함
	냉/난방	연교차 및 일교차 큼
	채광	북향 베란다로 일광 불충분
	소음	특이 청각 자극 없고 매우 조용하고 엄숙함
	급식	1일 2회 충분한 양 급이, 천천히 전량 섭식
양육자 특성	가족구성	활동력이 약한 여성 2인 가족
	생활습관	A씨는 직장인으로 평일에는 7시 30분에 규칙적으로 출근하지만 퇴근은 불규칙적임. 휴일 오전은 주로 휴식을 취하고 오후에 1회 정도 아파트 공원에 '게리' 1시간 정도 산책. 그녀의 어머니는 자원봉사 활동과 매일 오후 마트에 가는 패턴이다.
	가치관	A씨는 수평적 사고방식인 반면 그녀의 어머니는 수직적 경향
	관리지식	A씨는 보통 수준의 정보를 가지고 있지만 그녀의 어머니는 전통적 인식으로 인해 미흡한 수준
상담자 의견		'게리'의 행동은 피상적으로는 분리불안처럼 보이지만 스트레스 누적에 의한 이상행동일 가능성이 높다. 문제 행동의 수준은 다행히 심각하지 않은 중등도이다. '게리'의 정서 상태는 양호하고, 배변 행동도 횟수와 배뇨량으로 보아 문제가 되지 않는다. '게리'는 A씨와 정서적으로 연결이 미흡하여 주 양육자와 타인 중 선호도가 불분명한 불안전 회피 형태를 보인다.

- **문제행동 요인** : 장기간 생활환경의 저자극 및 행동 단위의 불충분에 의한 스트레스 과중

- **스트레스에 의한 문제행동** : 스트레스는 동물체가 신체 내외부적으로 수용하기 어려운 상황에서 느끼는 정서적 반응이다. 적정 수준의 스트레스는 동물체의 생존에 유리한 요소로 작용하지만 과도하면 다양한 문제행동을 발생시킨다. 체온·혈압·심박수 상승, 침·땀·눈물·배변 배설과 같은 생리적 현상과 근육경련, 과잉·과소행동, 흥분 등의 증상을 나타낸다.

- **행동주의적 분석** : 스트레스를 피하려고 취한 행동이 해소되는 결과로 이어지고 증강된 결과이다.

- **인지주의적 분석** : '게리'의 문제행동은 스트레스에 의한 고통을 스스로 치료하는 과정이다. 정상적인 행동 패턴에서 벗어났지만 그와 같은 행동들이 억제되면 오히려 심각한 상태에 이른다.
- **동물행동학적 분석** : 개체유지 행동의 전후(後)동작이 장기간 제공되지 않고 목표 동작이 쉽게 주어진 결과이다. 또한 과도하게 단순한 생활환경 및 사회적 자극 부족에 원인이 있다.

6 반려견의 문제행동 원인 및 요인

(1) 반려견의 문제행동 원인

반려견의 문제행동은 신체 및 유전적 요인에 의한 태생적 특성, 행동 발달 및 훈련의 부적절한 제공, 보호자 및 생활환경 등에 의한 요인들이 복합적으로 작용한 결과인 경우가 대부분이다.

[반려견의 문제행동 발생 요인]

① 생활상의 원인

㉠ 반려견의 보호자와 보호자 가족의 일상생활 변화

가족 내에서 평소와 다른 어떠한 변화가 있을 때 반려견의 문제행동이 나타날 수 있다.

예 이사・집수리, 새로운 아이가 태어난 경우, 자녀가 방학하여 집에 계속 있는 경우 등

㉡ 반려견이 살면서 다음과 같이 필요한 일상적인 행동을 표현・해소하지 못한 경우
- 안전하고 안락한 장소에서 휴식과 수면을 할 수 있어야 한다.
- 불안, 협박, 공포, 통증에서 벗어나야 한다.
- 정상적인 행동을 할 수 있도록 해주어야 한다.
- 주기적인 운동과 함께 놀이를 충분히 같이 한다.
- 다른 동물 또는 사람을 만날 기회를 가진다(사회화기에 필요).

㉢ 보호자의 행동에 따른 반려견의 문제행동

보호자의 다음과 같은 행동 등이 반려견에게 잘못된 행동 습성으로 연결될 수 있다.

안아주기	• 일상에서 안고 생활하는 시간이 많으면 안아주기를 통하여 짖는 것으로 발전하는 경우가 많다. • 어려서부터 안아주는 것은 사람과 떨어지는 것을 싫어하게 만들고 떨어지는 두려움은 분리불안의 가장 큰 원인이 된다.
사람의 공간인 침대에서의 잠자리	• 잠자리 영역은 자기 공간이다. • 자기 공간은 자신이 강해지는 공간으로, 좋아하는 사람과 함께 있다면 다른 가족이 다가오는 것을 싫어한다. • 싫은 감정은 자신이 강하다는 것으로 입을 실룩대거나 으르렁거리는 행동으로 발전한다.

과잉보호	• 과잉보호는 어릴 때부터 개가 좋아하는 먹이나 간식, 장난감 등으로 보상함으로써 개가 어떠한 표현을 할 때 보호자가 "오냐, 오냐" 모두 들어주는 것을 말한다. • 과잉보호의 대표적인 문제는 잘못된 식생활습관이 만들어지고, 자기 소유욕이 강해져 짖는 것과 무는 행동으로 발전한다는 것이다.

  ⓔ 제2의 자극(아팠던 기억)
   • 제2의 자극은 어떠한 행동 중에 개가 아팠던 기억이 강할 때 나타난다.
   • 개는 반사적으로 안 좋은 기억일수록 강하게 반사행동을 하게 된다.
    예 미용, 이사, 주사, 훈련, 타인, 안 좋은 기억

② 심리·사회적 원인
 ㉠ 유전으로 인한 문제행동
  견종마다 각각의 개량 목적이 있기 때문에 특정 견종에게만 나타나는 유전적인 행동 특성이 현대의 생활환경과 부합되지 않을 경우 문제행동이 나타난다.
 ㉡ 목적을 달성하기 위한 문제행동
  반려견이 추구하는 목적을 달성하기 위한 행동이 보호자에게 불편함을 주는 경우로 관심 유발, 자기 만족감, 물품 소유욕 등으로 표현되며 생물학적 요구에 의한 문제행동은 다른 문제행동에 비해 행동 교정에 오랜 시간과 더 많은 보호자의 노력이 필요한 편이다.
 ㉢ 후천적 학습으로 인한 문제행동
  • 과거의 학대 등 혐오자극이 원인으로, 사람이나 동물 또는 사물에 대해 거부감을 표현하거나 심한 경우 공포감을 갖는 행동이나 공격성과 같은 극단적 형태로 나타난다.
  • 따라서 해당 문제행동의 발생 원인에 대한 정확한 분석이 중요하다.
 ㉣ 기본적 욕구에 대한 만족감 부족으로 나타나는 문제행동
  • 반려견은 연령별로 요구되는 기본적인 무리 동물적 본능을 가지고 있다.
  • 반려견은 생식행동이 가능한 성징 발현 시기 이전에는 안정이 보장된 보금자리와 성장을 위한 먹이에, 성징 발현 시기 이후에는 생식행동을 위한 다양한 행동 및 영역을 포함한 소유 욕구에 관심을 두는데, 이러한 무리 동물적 본능이 무시되면 부족한 본능적 욕구 회복에 집중하기 때문에 문제행동이 나타난다.
 ㉤ 감정적 의존과 거부의 두려움
  • 무리 동물인 반려견은 본능적으로 보호자에게 감정적으로 의존하는데, 이러한 의존행동이 무시될 경우 문제행동이 일어날 수 있으며, 이 경우 주로 소심한 성향이나 회피 성향 또는 사회화 부족과 같은 증상과 유사함을 보인다.
  • 어떠한 계기로 반려견의 보호자가 반려견의 의존행위를 무시하는 행동을 보인다면 반려견은 보호자의 행동을 자신과의 관계를 더는 유지하지 않고 무리에서 박탈시키는 것으로 이해하고 거부의 두려움으로 인해 보호자에게 회피동작 또는 무조건적인 복종행동을 보이게 된다.
  • 이런 경우 보호자와 반려견은 서로에 대한 신뢰관계 형성에 큰 어려움을 겪게 되고, 문제행동 교정 가능성도 적어진다.

③ 수의학적 원인

　㉠ 건강 이상으로 인해 문제행동이 나타날 수 있다.

　㉡ 특정 부위에 고통이 있거나 유전적인 질병이나 건강의 이상 등으로 인해 보호자의 행동에 거부감이나 공격성을 표현하는 것으로 문제행동이 발생하기 이전에 반려견의 건강관리 측면에서 예방할 수 있다.

　㉢ 발생한 문제행동에 대한 해결을 위해서는 수의사의 의학적 조언이나 치료가 도움이 된다.

(2) 반려견의 문제행동 요인

① 반려견은 생물체로서 다양한 영향 요인에 따라 행동을 표현한다.

② 그중 주요한 요인은 개체적 특성, 보호자의 행동, 생활환경이다.

개체적 특성				보호자의 행동		생활환경		
체 력		순응성	추종행동	이해 수준		구조 및 시설		
미성숙			친화력	문제 해결력		영 양		
신경증		탐색 활동	호기심	만족도		운 동		
억제력			후각 탐색	생활습관		일 과		
불 안	적대행동	활동 수준	활력도	건강 의식		사회적 관계	사 람	
	의존성		민첩성	성 품	정 서		다른 개	
	두려움		적극성		활동성	안정성	기 온	
과잉 활동	건강 상태	반 응	시 각		충동성		시각자극	
	활동 수준		청 각	태 도	권위적		청각자극	
	사회성		후 각		일관성		후각자극	
	충동성	집중력	동적사물		상호관계			
	적대성		정적사물		분위기			
애 착	의존성	적응력	미지인	과잉 보호	음 조			
	유기불안		미지사물		표 정			
	애정독점		미지환경		행 동			
	불안-회피		접근성	학 대	신체적			
	불안-모순	대담성	수줍음		언어적			
	불안-조정		독립성		정서적			

7 반려견의 문제행동 교정의 기초

(1) 반려견의 문제행동 교정 과정

① 반려견의 문제행동을 교정할 때 보호자의 설명을 참고한다.
② 보호자의 설명이 구체적이지 못한 경우가 많으므로 세부적으로 파악하여 문제행동을 선정한다.
③ 문제행동을 파악했다면 초기 목표를 설정하고 세분화된 계획을 수립한다.
④ 이때 문제행동의 지속 조건을 파악해서 변화시켜야 한다.

[문제행동 교정 과정]

(2) 반려견의 문제행동 교정 방법

① 조건화
  ㉠ 조건화란 반려견에게 특정 행동을 학습시키는 절차이다.
  ㉡ 반려견의 행동 문제가 교육이 부족한 것에서 비롯되었다고 판단되면 적절한 조건화를 실시한다.
  ㉢ 파블로프의 '고전적 조건화' : 조건자극의 무조건 자극화로, 생리적 현상과 관계된 문제행동에 주로 활용한다.

[파블로프의 고전적 조건화]

  ㉣ 스키너의 '조작적 조건화'
    • '동물체의 행동은 그 결과에 의하여 증감된다'는 이론이다.
    • 반려견이 수행한 행동의 결과가 좋으면 계속 강화물을 제공하고, 좋지 않으면 강화물을 감소시키거나 사라지게 하는 방법이다.
    • 대부분의 문제행동 교정에 이용할 수 있다.

② 역조건화
  ㉠ 역조건화는 조건화의 일종으로 조건화된 행동을 역으로 변환시키는 절차이다.
  ㉡ 두려움과 같은 바람직하지 않은 현상을 소거하는 데 효과적이다.
  ㉢ 타인에 대한 회피, 경계심, 특정한 장소에 대한 위축 등 정서적인 문제를 완화하거나 제거하는 데 활용할 수 있다.

③ 둔감화
  ㉠ 둔감화는 특정 자극에 대하여 반응도를 낮추는 과정이다.
  ㉡ 자극의 제시 방법에 따라 자극을 약한 정도에서 강하게 점진적으로 제시하는 '체계적 둔감화'와 처음부터 강하게 제시하는 '노출'이 있다.
  ㉢ '체계적 둔감화'와 '노출'은 문제 자극을 중성 자극으로 변화시킨다는 점에서 동일하지만 자극의 제시 강도에 차이가 있다.

(3) 반려견의 문제행동 교정의 예

원인	행동 표현	교정
관심 요구	• 빙빙 돈다. • 등을 대고 눕는다. • 보호자를 향해 짖는다.	• 관심 유발요인을 제거한다. • 다른 관심거리를 제공한다.
강화물 집착	• 과도하게 활동적이다. • 음식ㆍ장난감을 얻으려고 점프한다. • 강화물을 가지려고 연속 시도한다.	• 대체 행동을 강화한다. • 바람직한 행동에 강화물을 제공한다. • 새로운 강화물을 추가한다.
요구 거부	• 눈을 피하고 다른 곳을 쳐다본다. • 주의를 집중하지 않는다. • 보호자의 요구에 반응하지 않는다.	• 잘못된 행동을 약화시킨다. • 난이도를 점진적으로 증가시킨다. • 강화물의 효력을 점검한다.
감각 자극	• 다른 개들의 냄새를 맡는다. • 사람이 걸어간 곳의 냄새를 맡는다. • 움직이는 물체를 주시한다.	• 자극을 제거한다. • 보호자에게 집중하도록 강화한다. • 자극에 대해 점진적으로 적응시킨다.

8 수의학적 치료의 중요성 이해

(1) 반려견의 행동 발달과 문제행동

발달 단계에 적합한 성장이 이루어지지 않으면 문제행동이 발생한다.

주 차	감각 및 행동 발달	미발달 시 문제행동
~2주	촉각 및 열 자극	촉각에 수반되는 신경 문제
~3주	시각 및 청각 발달	시각 및 청각 과민
~8주	고체음식 섭식 가능 동배자견 놀이	사람 및 다른 반려견에 과민 반응 흥분 억제력 부족
5~12주	사람과 상호작용 강화 원거리 배변	사람과 다른 반려견에 대한 두려움 배변 억제력 부족
10~20주	새로운 환경 탐색 및 학습 놀이 및 학습 능력 향상	새로운 것에 대한 두려움 부적절한 놀이 능력

[반려견의 행동 발달과 문제행동]

(2) 반려견의 신체적 불편과 문제행동

① 반려견의 문제행동이 꼭 훈련을 잘못하여 나타나는 것만은 아니다.
② 반려견에게 뇌종양이 있거나 갑상샘 수치가 낮으면 공격성을 띨 수 있다.
③ 반려견에게 관절염이 있다면 통증 때문에 공격적일 수밖에 없다.
④ 문제행동이 나타난다면 반드시 병원에서 신체검사를 병행해야 한다.
⑤ 문제행동을 교정할 때 수의사는 반드시 신체검사, 혈액 검사, 요 검사, 변 검사 등을 먼저 진행해야 한다.
⑥ 행동 교정을 위한 약을 처방한다면 혈액 검사를 통해 신장과 간 기능을 반드시 확인해야 한다.
⑦ 반려견을 다른 훈련사나 전문가에게 의뢰해야 할 경우도 마찬가지로, 신체적인 이상이 없는 것을 확인하고 의뢰해야 한다.
⑧ 문제행동 교정 전에 보호자에게 질병에 대한 검사를 비롯하여 기본 검사를 시행하도록 설명하고 최근에 검사한 항목이 있는지 확인해야 한다.

(3) 수의학적 조사

① 건강진단

  ㉠ 이유 없이 짖거나 공격행동 등은 몸이 아파서 나오는 행동일 수 있으므로 아래 표와 같은 기본 검사 등의 건강진단을 통하여 통증이 있는지 파악하여야 한다.

검사 항목	종류 및 중요성
신체 검사	문진, 생체징후 체크, 병력 조사 등
혈액 검사	특히 행동 교정 약물 처방을 받을 때 신장과 간 기능 평가 필요함
요 및 분변 검사	혈액 검사의 중요성과 같음

그 외
  □ 최근 검사 항목의 날짜와 검사 결과, 진단명 기록

[기본 검사]

  ㉡ 털의 상태가 어떠한지를 파악하여 내분비질환이 있는지 추정해 볼 수도 있다.

② (신경학적) 중추 검사 : 파행(절뚝거리며 걷기) 또는 선회운동 등의 증상을 보일 때는 일반신경학적 검사, X선 촬영, CT 검사, MRI 검사 등을 실시하여 질환이 있는지 확인해 보아야 한다.

③ (내분비검사 포함) 혈액 성상 검사 : 혈액 검사를 통해 문제행동이 내과 질환에 의한 것인지 아닌지를 알 수도 있다(호르몬 농도 측정이 필요한 때도 있음).

  ㉠ 억울 상태 관련 질환 : 부신기능항진증이나 당뇨병 등(억울 상태란 우울감, 불쾌감 등을 느끼며 의욕과 흥미를 잃은 상태를 말한다).
  ㉡ 공격성 관련 질환 : 갑상선기능항진증·저하증, 부신기능항진증 등

④ 피부검사 : 육아종(육아 조직을 형성하는 염증성 종양)이나 지성 피부염 등이 눈에 띄는 경우 먼저 피부병 관련 검사를 실시한다.

⑤ 소변검사

  ㉠ 주요 증상이 부적절한 배뇨의 경우에는 필수적으로 해야 하는 검사이다.
  ㉡ 일반적인 소변검사 외에 요로계 질환 검사도 함께 실시하여야 한다.

⑥ 배변검사
  ㉠ 심한 이기(異嗜, pica) 증상을 보이는 때에는 먼저 기생충검사를 할 필요가 있다.
  ㉡ 배변은 부적절한 장소에서 하지만 배뇨는 그렇지 않은 경우에는 소화기계 질환 검사도 함께 하여야 한다.

> **더 알아보기** 행동 치료를 위한 수의학적 요법
>
> 1. 수의학적 요법의 중심은 수컷의 거세(중성화 수술)이다.
> 2. 피임, 송곳니절단술, 성대제거술, 앞발톱제거술, 앞발힘줄절단술 등도 있다.
> 3. 약물요법을 고려하는 경우
>   ① 주인이 안락사를 생각하고 있다.
>   ② 상동장애 등으로 동물의 자상 정도가 심하다.
>   ③ 천둥 등 동물에게 반응을 일으키는 자극의 발현 시기의 예측과 컨트롤이 불가능하다.
>   ④ 자극에 대한 동물의 반응이 너무 심하여 탈감작 등의 치료를 시작할 수 있다.
>   ⑤ 행동수정법에 실패했거나 개선의 가능성이 없을 경우에 약물요법을 고려할 수 있다.

CHAPTER 05 실전예상문제

01 다음 중 반려견의 문제행동에 대한 설명으로 옳지 <u>않은</u> 것은?

① 주인에 의해 문제라고 인식되는 경우이다.
② 동물이 본래 가지고 있는 행동 양식을 일탈하는 경우이다.
③ 넓은 의미로 보았을 때 이상행동은 문제행동에 포함되지 않는다.
④ 동물이 본래 가지고 있는 행동 양식의 범주에 있으면서 그 많고 적음이 정상을 일탈하는 경우이다.

해설 ③ 넓은 의미로 보았을 때 이상행동도 문제행동에 포함된다.

02 반려견의 행동 발달에 따른 행동 표현이 나머지와 다른 것은?

① 미지인에게 다가간다.
② 우호적 미지견의 접근을 수용한다.
③ 소음을 두려워하고 회복되지 않는다.
④ 미지 환경에서 탐색하고 간식을 먹는다.

해설 ③은 비정상적인 행동 발달에 따른 행동 표현이다.

반려견의 행동 발달에 따른 행동 표현

정상적인 행동 발달에 따른 행동 표현	비정상적인 행동 발달에 따른 행동 표현
• 미지인에게 다가간다. • 우호적 미지견의 접근 수용, 놀이를 한다. • 소음을 두려워하지 않고 빠르게 회복된다. • 미지 환경에서 탐색하고 간식을 먹는다	• 미지인에게 접근하지 않는다. • 미지견과 사교하지 않는다. • 소음을 두려워하고 회복되지 않는다. • 미지 환경에서 숨거나 부동화된다.

정답 01 ③ 02 ③

03 문제행동 중 '공격성'에 대해 파악하기 위해 확인해야 하는 내용으로 옳은 것은?

① 폭행의 기억이 있는가 파악한다.
② 학습에 의한 공격인가 파악한다.
③ 얼마나 오랜 시간 짖는지 확인한다.
④ 주인과의 분리불안 행동을 보이는가 파악한다.

해설 ① '불안장애'에 대해 파악하기 위해 확인해야 하는 내용이다.
③ '짖음'에 대해 파악하기 위해 확인해야 하는 내용이다.
④ '파괴행동'에 대해 파악하기 위해 확인해야 하는 내용이다.

'공격성'에 대해 파악하기 위해 확인해야 하는 내용
- 포식성 공격(냉정한 사냥본능에 의한 공격)인지를 파악한다.
- 수컷 간의 공격인가 파악한다(성 성숙의 시기에 테스토스테론의 대량 분비가 일어나면서 공격성이 높아진다).
- 경합적 공격인가 파악한다.
- 공포에 의한 공격인가 파악한다.
- 아픔에 의한 공격인가 파악한다.
- 영역적 공격 또는 사회적 공격인가 파악한다.
- 모성 행동에 관련된 공격(어미가 새끼를 지키기 위해 보이는 공격 행동)인가 파악한다.
- 학습에 의한 공격인가 파악한다.
- 병적인 공격인가 파악한다.

04 문제행동 중 '배뇨 및 배변'에 대해 파악하기 위해 확인해야 하는 내용이 아닌 것은?

① 불안 및 두려움 요소를 파악한다.
② 사회적 스트레스인지를 파악한다.
③ 화장실의 청소 상태는 청결한가 확인한다.
④ 패드 근처 또는 가구에 실수하는가 파악한다.

해설 ③ 문제행동 '식분증'에 대해 파악하기 위해 확인해야 하는 내용이다.

'배뇨 및 배변'에 대해 파악하기 위해 확인해야 하는 내용
- 불안 및 두려움 요소를 파악한다.
- 사회적 스트레스인지를 파악한다.
- 관심을 받고 싶어서인가를 파악한다.
- 패드 근처 또는 가구에 실수하는가 파악한다.
- 단순한 마킹 행동인가 파악한다.
- 기타 다른 곳 또는 다른 상황에서 실수하는가 파악한다.

05 반려견이 다음과 같은 문제행동을 보인다면, 그 행동 원인으로 옳은 것은?

> • 발가락을 지속적으로 핥는다.
> • 옆구리를 지속적으로 핥는다.
> • 빙글빙글 돈다.
> • 자신의 꼬리를 계속 쫓는다.

① 공 포
② 인식장애
③ 강박증
④ 스트레스

해설 감각 및 신경계 문제행동 표현

행동 원인	표 현	
인식장애	• 활동력이 줄어든다. • 공간에 대한 감각이 혼란을 느낀다.	• 수면주기가 변한다. • 배뇨, 배변 행동에 이상이 생긴다.
고 열	• 우울해진다. • 수면시간이 증가한다. • 음수량이 감소한다.	• 식욕이 저하된다. • 몸치장행동이 줄어든다.
강박증	• 발가락을 지속적으로 핥는다. • 빙글빙글 돈다. • 움직이지 않는다. • 계속 걷는다. • 제자리에서 높이뛰기를 반복한다. • 우는 소리를 낸다. • 자신의 몸을 해친다.	• 옆구리를 지속적으로 핥는다. • 자신의 꼬리를 계속 쫓는다. • 바닥을 긁는다. • 혼자 으르렁거린다. • 헛것을 쫓는다. • 몸치장 행동을 과도하게 한다.
공 포	• 심박수가 증가한다. • 호기심이 떨어진다.	• 두려움을 느낀다.
스트레스	• 식욕이 떨어진다. • 변비 또는 설사를 한다. • 구토한다. • 다리를 절뚝거린다.	• 탈모 현상이 나타난다. • 물을 과도하게 먹는다. • 발작을 일으킨다.

정답 05 ③

06 반려견의 문제행동 중 '상동장애(stereotypy)' 증상이 아닌 것은?

① 존재하지 않는 파리 쫓기
② 과도한 핥기
③ 지속해서 반복되는 협박적 또는 환각적 행동
④ 구토, 설사, 떨림, 지성 피부염과 같은 생리학적 증상

해설 ④ 분리불안(separation anxiety)의 증상이다.

상동장애(stereotypy)
- 꼬리 쫓기, 꼬리물기, 그림자 쫓기, 빛 쫓기, 존재하지 않는 파리 쫓기, 허공 물기, 과도한 핥기 행동 등 이상 빈도
- 지속해서 반복되는 협박적 또는 환각적 행동
- 발끝이나 옆구리를 계속 핥으면 지성 피부염이 생기는 경우도 있다.

07 반려견의 문제행동 중 훈련 부족, 질병, 협소 공간 수용, 흥분, 두려움, 영역표식, 과도한 복종성 등이 원인인 것은?

① 배설 행동
② 적대 행동
③ 소음 공포
④ 과잉 포효

해설 **배설 행동**
- 시간과 장소를 구분하지 못하고, 부적절한 장소에서 부적절한 배설[배뇨, 배변(inappropriate elimination)]을 하는 행동을 말한다.
- 훈련 부족, 질병, 협소 공간 수용, 흥분, 두려움, 영역표식, 과도한 복종성 등이 원인이다.
- 반려견이 배설 장소에 대한 인식이 부족한 경우는 훈련을 보강한다.
- 배변 장소와 보금자리의 구분, 두려움 원인 제거 등의 해결책을 적용한다.

08 다음 설명에 해당하는 반려견의 문제행동 분석 방법은?

- 행동을 내면의 동기나 과거 경험을 근간으로 접근하는 방법이다.
- 근원적 원인을 충동, 불안, 적대행동, 생식욕과 같은 1차적 동기로 본다.

① 생물학적 방법
② 분석주의적 방법
③ 인지주의적 방법
④ 행동주의적 방법

해설 ① 생물학적 방법 : 반려견의 행동에 대해 신경계나 호르몬의 기능을 배제하고 생각하는 것이 불가능하므로 유전, 신경계, 내분비 등 신체 내부적 배경을 중점적으로 파악하는 분석 방법이다.
③ 인지주의적 방법 : 반려견의 행동을 지각, 정보처리, 기억으로 이루어진 사고 과정에 중점을 두고 파악하는 분석 방법이다.
④ 행동주의적 방법 : 반려견의 행동을 결과 위주로 바라보고, 객관적으로 관찰할 수 있는 행동을 중시하며, 유전, 내분비, 동기, 학습 과정과 같은 내적인 요인보다 표현된 행동에 주안점을 두는 분석 방법이다.

09 반려견의 문제행동 분석과 관련하여 괄호 안에 들어갈 알맞은 말은?

- 반려견은 생리적 기능을 가지고 환경에 적응하므로 (　　　　)로/으로 인하여 안전에 위협받는다.
- 과다한 (　　　　)은는 경계 단계에서 심박수·혈압·체온을 상승시키고, 저항단계에 이르면 무력해지거나 이상행동을 표현한다.

① 불 안
② 적대행동
③ 스트레스
④ 과격한 운동

해설 반려견의 스트레스 분석
- 반려견은 생리적 기능을 가지고 환경에 적응하므로 스트레스로 인하여 안전에 위협받는다.
- 과다한 스트레스는 경계 단계에서 심박수·혈압·체온을 상승시키고, 저항단계에 이르면 무력해지거나 이상행동을 표현한다.
- 부적절한 환경 자극을 회복시키려는 노력의 반복에도 개선되지 않으면 활동을 중단하는 무기력에 빠진다.

10 반려견이 과도한 스트레스로 인해 보이는 행동 변화로 옳지 않은 것은?

① 재빠르게 걷는다.
② 과도하게 짖는다.
③ 근육경련을 일으킨다.
④ 회피 행동을 표현한다.

> **해설** 스트레스로 인한 반려견의 행동 변화
> - 근육경련을 일으킨다.
> - 움직이지 않는다.
> - 자극에 민감하게 반응한다.
> - 몸을 긁는다.
> - 안절부절못한다.
> - 혀로 핥는다.
> - 과도하게 짖는다.
> - 사람의 시선을 피한다.
> - 흥분한다.
> - 머리를 흔든다.
> - 과소행동을 한다.
> - 근육이 경직된다.
> - 회피 행동을 표현한다.
> - 적대행동을 한다.
> - 물을 털어내듯 몸을 흔든다.
> - 과잉행동을 한다.
> - 천천히 걷는다.
> - 귀가 아래로 처진다.
> - 신경질적으로 행동한다.
> - 얼굴을 찡그린다.
> - 하품을 한다.

11 반려견의 생활환경 분석에 대한 설명으로 옳지 않은 것은?

① 반려견은 사회적 관계가 중요하다.
② 반려견은 기온 변화에 민감하지 않다.
③ 반려견은 보호자의 행동에 지대한 영향을 받는다.
④ 반려견은 소음이 지속되면 불안, 긴장, 적대 행동을 표현한다.

> **해설** 반려견의 생활환경 중 '기온'
> - 기온은 반려견의 호신행동에 영향을 준다.
> - 쾌적한 온도를 벗어난 저온 및 고온은 활동을 위축시키고 섭식 및 음수행동에 나쁜 영향을 준다.
> - 더위는 반려견의 적대행동을 증가시킨다.

12 반려견의 문제행동 발생의 1차 요인에 해당하는 것은?

| ㄱ. 보호자 | ㄴ. 생활환경 | ㄷ. 유전적 기질 |
| ㄹ. 신체적 특성 | ㅁ. 부적절한 경험 | ㅂ. 학습기회 부족 |

① ㄱ, ㄷ
② ㄴ, ㄹ
③ ㄷ, ㄹ
④ ㅁ, ㅂ

해설 반려견의 문제행동 발생 요인
- 1차 요인 : 유전적 기질, 신체적 특성
- 2차 요인 : 학습기회 부족, 부적절한 경험
- 3차 요인 : 생활환경, 보호자

13 보호자의 행동과 그에 따른 반려견의 문제행동이 바르게 연결된 것은?

① 안아주기 – 실룩대기
② 안아주기 – 으르렁거리기
③ 과잉보호 – 분리불안
④ 과잉보호 – 물기

해설 보호자의 행동과 반려견의 문제행동
- 안아주기 : 짖는 것, 분리불안
- 사람의 공간인 침대에서의 잠자리 : 실룩대거나 으르렁거리는 행동
- 과잉보호 : 잘못된 식생활습관, 자기 소유욕 과대, 짖는 것과 무는 행동

14 반려견의 문제행동의 원인에 대한 설명으로 옳지 않은 것은?

① 유전은 문제행동의 원인이 아니다.
② 건강 이상으로 인해 문제행동이 나타날 수 있다.
③ 의존 행동이 무시될 때 문제행동이 일어날 수 있다.
④ 반려견이 목적 달성을 위해 문제행동을 일으킬 수 있다.

해설 유전으로 인한 문제행동
견종마다 각각의 개량 목적이 있기 때문에 특정 견종에게만 나타나는 유전적인 행동 특성이 현대의 생활환경과 부합되지 않을 경우 문제행동이 나타난다.

정답 12 ③ 13 ④ 14 ①

15 반려견의 문제행동의 원인에 대한 설명 중 원인이 나머지와 다른 것은?

① 소심한 성향이나 회피 성향 또는 사회화 부족과 같은 증상과 유사함을 보인다.
② 반려견이 보호자에게 감정적으로 의존하는 의존행동이 무시될 경우 문제행동이 일어날 수 있다.
③ 보호자가 반려견의 의존행위를 무시하는 행동을 보인다면 반려견은 회피동작 또는 무조건적인 복종행동을 보인다.
④ 반려견의 무리 동물적 본능이 무시되면 부족한 본능적 욕구 회복에 집중하기 때문에 문제행동이 나타난다.

해설 ④ 기본적 욕구에 대한 만족감 부족으로 나타나는 문제행동이다.
①, ②, ③은 감정적 의존과 거부의 두려움으로 인한 문제행동이다.

16 다음 중 반려견의 문제행동의 주요 요인 중 개체적 특성에 속하는 것은?

① 영 양
② 애 착
③ 성 품
④ 운 동

해설 반려견의 문제행동 요인
- 개체적 특성 : 체력, 미성숙, 신경증, 억제력, 불안(적대행동, 의존성, 두려움), 과잉행동(건강 상태, 활동 수준, 사회성, 충동성, 적대성), 애착(의존성, 유기불안, 애정독점, 불안-회피, 불안-모순, 불안-조정), 순응성(추종행동, 친화력), 탐색 행동(호기심, 후각 탐색), 활동 수준(활력도, 민첩성, 적극성), 반응(시각, 청각, 후각), 집중력(동적 사물, 정적 사물), 적응력(미지인, 미지사물, 미지 환경, 접근성), 대담성(수줍음, 독립성)
- 보호자 : 이해 수준, 문제 해결력, 만족도, 생활습관, 건강 의식, 성품(정서, 활동성, 충동성), 태도(권위적, 일관성, 상호관계), 과잉보호(분위기, 음조, 표정, 행동), 학대(신체적, 언어적, 정서적)
- 생활환경 : 구조 및 시설, 영양, 운동, 일과, 사회적 관계(사람, 다른 개), 안정성(기온, 시각 자극, 청각 자극, 후각 자극)

17 다음 설명에 해당하는 반려견의 문제행동 교정 방법은?

> 반려견이 수행한 행동의 결과가 좋으면 계속 강화물을 제공하고, 좋지 않으면 강화물을 감소시키거나 사라지게 하는 방법이다.

① 고전적 조건화
② 조작적 조건화
③ 역조건화
④ 둔감화

해설 ① 고전적 조건화 : 조건자극의 무조건 자극화로, 생리적 현상과 관계된 문제행동에 주로 활용한다.
③ 역조건화 : 조건화된 행동을 역으로 변환시키는 절차이다.
④ 둔감화 : 특정 자극에 대하여 반응도를 낮추는 과정이다.

18 반려견이 빙빙 돌거나, 등을 대고 눕거나, 보호자를 향해 짖을 때의 교정 방법은?

① 대체 행동을 강화한다.
② 관심 유발요인을 제거한다.
③ 난이도를 점진적으로 증가시킨다.
④ 보호자에게 집중하도록 강화한다.

해설 반려견의 문제행동 교정의 예

원인	행동 표현	교정
관심 요구	• 빙빙 돈다. • 등을 대고 눕는다. • 보호자를 향해 짖는다.	• 관심 유발요인을 제거한다. • 다른 관심거리를 제공한다.
강화물 집착	• 과도하게 활동적이다. • 음식·장난감을 얻으려고 점프한다. • 강화물을 가지려고 연속 시도한다.	• 대체 행동을 강화한다. • 바람직한 행동에 강화물을 제공한다. • 새로운 강화물을 추가한다.
요구 거부	• 눈을 피하고 다른 곳을 쳐다 본다. • 주의를 집중하지 않는다. • 보호자의 요구에 반응하지 않는다.	• 잘못된 행동을 약화시킨다. • 난이도를 점진적으로 증가시킨다. • 강화물의 효력을 점검한다.
감각 자극	• 다른 개들의 냄새를 맡는다. • 사람이 걸어간 곳의 냄새를 맡는다. • 움직이는 물체를 주시한다.	• 자극을 제거한다. • 보호자에게 집중하도록 강화한다. • 자극에 대해 점진적으로 적응시킨다.

19 반려견의 행동발달과 문제행동에 대한 설명으로 옳지 않은 것은?

① 촉각 및 열 자극이 미발달 시 시각 및 청각이 과민해진다.
② 동배자견 놀이 기능이 미발달 시 흥분 억제력 부족이 생긴다.
③ 새로운 환경 탐색 및 학습능력이 미발달 시 새로운 것에 대한 두려움이 생긴다.
④ 사람과 상호작용 강화 기능이 미발달 시 사람과 다른 반려견에 대한 두려움이 생긴다.

해설 반려견의 행동 발달과 문제행동

주 차	감각 및 행동 발달	미발달 시 문제행동
~2주	촉각 및 열 자극	촉각에 수반되는 신경 문제
~3주	시각 및 청각 발달	시각 및 청각 과민
~8주	고체음식 섭식 가능 동배자견 놀이	사람 및 다른 반려견에 과민 반응 흥분 억제력 부족
5~12주	사람과 상호작용 강화 원거리 배변	사람과 다른 반려견에 대한 두려움 배변 억제력 부족
10~20주	새로운 환경 탐색 및 학습 놀이 및 학습 능력 향상	새로운 것에 대한 두려움 부적절한 놀이 능력

정답 18 ② 19 ①

20 반려견의 신체적 불편과 문제행동에 대한 설명으로 옳지 않은 것은?

① 반려견의 문제 행동이 꼭 훈련을 잘못하여 나타나는 것만은 아니다.
② 반려견에게 뇌종양이 있거나 갑상샘 수치가 낮으면 공격성을 띨 수 있다.
③ 반려견이 관절염이 있다면 통증 때문에 공격적일 수밖에 없다.
④ 문제 행동이 나타난다고 하여 병원에서 신체검사를 할 필요는 없다.

해설 ④ 문제행동이 나타난다면 반드시 병원에서 신체검사를 병행해야 한다.

반려동물 관리학

- **01** 반려동물의 복지 | 이론 + 실전예상문제
- **02** 영양관리 | 이론 + 실전예상문제
- **03** 건강관리 | 이론 + 실전예상문제
- **04** 환경관리 | 이론 + 실전예상문제
- **05** 운동 및 행동관리 | 이론 + 실전예상문제
- **06** 반려견개론 및 견종 표준 | 이론 + 실전예상문제

끝까지 책임진다! 시대에듀!
QR코드를 통해 도서 출간 이후 발견된 오류나 개정법령, 변경된 시험 정보, 최신기출문제, 도서 업데이트 자료 등이 있는지 확인해 보세요! **시대에듀 합격 스마트 앱**을 통해서도 알려 드리고 있으니 구글 플레이나 앱 스토어에서 다운받아 사용하세요. 또한, 파본 도서인 경우에는 구입하신 곳에서 교환해 드립니다.

CHAPTER 01 반려동물의 복지

1 동물 윤리학

(1) 동물 윤리의 개요
① 우리 법체계상 동물은 물건에 해당하였으나, 최근에 반려동물을 키우는 세대가 늘어남에 따라 동물의 법적 지위를 개선하려는 노력들이 이어지고 있다.
② 동물의 물건성 부정을 통해 동물의 생명체로서의 권리 및 종(種)의 속성에 맞는 동물 윤리에 대해 사회적·제도적인 논의를 발전시켜 나가려는 움직임들이 지속되고 있다.

(2) 동물 윤리학
① 동물 윤리학은 인간과 동물의 관계에서 동물에 대한 인간의 도덕적 기준을 고려하여 동물을 다루는 방법에 대해 연구하는 학문이다.
② 동물 윤리학은 동물의 권리와 복지, 동물관련법, 종의 차별, 동물의 인지, 야생동물의 보호, 동물의 도덕적인 지위 등을 다룬다.
③ 현재 동물의 윤리, 도덕 등을 조사하기 위한 다양한 이론적 접근이 제시되었으나, 이해의 차이로 인해 완전히 받아들여지는 이론은 없는 실정이다. 그러나 동물권 등에 대해서는 사회적으로 더 넓은 관점에서 받아들여지고 있다.

(3) 동물실험의 기원
① 고대 그리스 시대부터 생물 의학 연구를 위한 동물실험이 존재하였다.
② 아리스토텔레스, 에라시스트라토스 등의 의사 및 과학자들과 로마에 거주하는 그리스인 갈레노스도 해부학, 생리학, 병리학, 약리학 등의 학술적 지식의 목적으로 살아있는 동물에 대한 실험을 자행하였다.
③ 오늘날까지도 동물실험은 여전히 진행되고 있으며, 전 세계적으로 수백만 마리의 동물이 실험의 목적으로 사라지고 있다.
④ 일부 대중과 동물 활동가 단체들은 동물실험이 인류에게 제공하는 이점이 동물의 고통을 정당화할 수는 없다고 주장하지만, 아직도 동물실험은 생물 의학 지식의 발전을 위해 필수적이라고 주장하는 의견이 지배적이다.

(4) 동물실험의 원칙(동물보호법 제47조)
① 동물실험은 인류의 복지 증진과 동물 생명의 존엄성을 고려하여 실시되어야 한다.
② 동물실험을 하려는 경우에는 이를 대체할 수 있는 방법을 우선적으로 고려하여야 한다.
③ 동물실험은 실험동물의 윤리적 취급과 과학적 사용에 관한 지식과 경험을 보유한 자가 시행하여야 하며 필요한 최소한의 동물을 사용하여야 한다.

④ 실험동물의 고통이 수반되는 실험을 하려는 경우에는 감각능력이 낮은 동물을 사용하고 진통제·진정제·마취제의 사용 등 수의학적 방법에 따라 고통을 덜어주기 위한 적절한 조치를 하여야 한다.
⑤ 동물실험을 한 자는 그 실험이 끝난 후 지체 없이 해당 동물을 검사하여야 하며, 검사 결과 정상적으로 회복한 동물은 기증하거나 분양할 수 있다.
⑥ 검사 결과 해당 동물이 회복할 수 없거나 지속적으로 고통을 받으며 살아야 할 것으로 인정되는 경우에는 신속하게 고통을 주지 아니하는 방법으로 처리하여야 한다.
⑦ 규정한 사항 외에 동물실험의 원칙과 이에 따른 기준 및 방법에 관한 사항은 농림축산식품부장관이 정하여 고시한다.

(5) 동물실험윤리위원회(동물보호법 제51조, 제53조, 제54조)

① **동물실험윤리위원회의 설치·운영**
  ㉠ 동물실험시행기관의 장은 실험동물의 보호와 윤리적인 취급을 위하여 제53조에 따라 동물실험윤리위원회를 설치·운영하여야 한다.
  ㉡ 다음에 해당하는 경우에는 윤리위원회를 설치한 것으로 본다.
    - 농림축산식품부령으로 정하는 일정 기준 이하의 동물실험시행기관이 윤리위원회의 기능을 공용동물실험윤리위원회에 위탁하는 협약을 맺은 경우
    - 동물실험시행기관에 실험동물에 관한 법률에 따른 실험동물운영위원회가 설치되어 있고, 그 위원회의 구성이 규정된 요건을 충족할 경우
  ㉢ 동물실험시행기관의 장은 동물실험을 하려면 윤리위원회의 심의를 거쳐야 한다.
  ㉣ 동물실험시행기관의 장은 심의를 거친 내용 중 농림축산식품부령으로 정하는 중요사항에 변경이 있는 경우에는 해당 변경사유의 발생 즉시 윤리위원회에 변경심의를 요청하여야 한다. 다만, 농림축산식품부령으로 정하는 경미한 변경이 있는 경우에는 지정된 전문위원의 검토를 거친 후 위원장의 승인을 받아야 한다.
  ㉤ 농림축산식품부장관은 윤리위원회의 운영에 관한 표준지침을 위원회(IACUC) 표준운영 가이드라인으로 고시하여야 한다.

② **동물실험윤리위원회의 구성**
  ㉠ 윤리위원회는 위원장 1명을 포함하여 3명 이상의 위원으로 구성한다.
  ㉡ 위원은 다음에 해당하는 사람 중에서 동물실험시행기관의 장이 위촉하며, 위원장은 위원 중에서 호선한다.
    - 수의사로서 농림축산식품부령으로 정하는 자격기준에 맞는 사람
    - 민간단체가 추천하는 동물보호에 관한 학식과 경험이 풍부한 사람으로서 농림축산식품부령으로 정하는 자격기준에 맞는 사람
    - 그 밖에 실험동물의 보호와 윤리적인 취급을 도모하기 위하여 필요한 사람으로서 농림축산식품부령으로 정하는 사람
  ㉢ 윤리위원회에는 ㉠ 및 ㉡에 해당하는 위원을 각각 1명 이상 포함하여야 한다.

② 윤리위원회를 구성하는 위원의 3분의 1 이상은 해당 동물실험시행기관과 이해관계가 없는 사람이어야 한다.
  ⑩ 위원의 임기는 2년으로 한다.
  ⑭ 동물실험시행기관의 장은 제2항에 따른 위원의 추천 및 선정 과정을 투명하고 공정하게 관리하여야 한다.
  ⊘ 그 밖에 윤리위원회의 구성 및 이해관계의 범위 등에 관한 사항은 농림축산식품부령으로 정한다.
③ 동물실험윤리위원회의 기능
  ㉠ 윤리위원회는 다음의 기능을 수행한다.
    • 동물실험에 대한 심의(변경심의를 포함)
    • 심의한 실험의 진행·종료에 대한 확인 및 평가
    • 동물실험이 원칙에 맞게 시행되도록 지도·감독
    • 동물실험시행기관의 장에게 실험동물의 보호와 윤리적인 취급을 위하여 필요한 조치 요구
  ㉡ 윤리위원회의 심의대상인 동물실험에 관여하고 있는 위원은 해당 동물실험에 관한 심의에 참여하여서는 아니 된다.
  ㉢ 윤리위원회의 위원 또는 그 직에 있었던 자는 그 직무를 수행하면서 알게 된 비밀을 누설하거나 도용하여서는 아니 된다.
  ㉣ 심의·확인·평가 및 지도·감독의 방법과 그 밖에 윤리위원회의 운영 등에 관한 사항은 대통령령으로 정한다.

(6) 동물 권리와 동물 복지

구 분	동물 권리	동물 복지
공통점	• 동물 권리와 복지는 모두 인간적인 관점의 가치이다. • 포유류에 한정되어 적용되며, 타 종에 대한 배려는 거의 없다. • 인간이 동물을 사용(이용)하는 것이 가능하다는 입장이다.	
차이점	• 인간과 동물을 수평적인 측면에서 동등하게 보는 관점이다. • 동물도 인간처럼 생명을 지닌 존재이므로 마땅히 누려할 권리를 가진다. • 인간이 동물을 돈, 음식, 옷의 재료, 실험 도구, 오락의 수단 등으로 사용해서는 안 된다. • 동물도 인간처럼 행복할 수 있어야 한다.	• 인간과 동물을 수직적인 측면에서 보는 관점이다. • 동물도 건강하고 행복하며 안전하게 정상적인 생활을 할 수 있도록 동물에게 불필요한 고통과 학대를 줄여야 한다. • 사람이 동물을 이용하더라도 고통을 최소화하여 인도적 관점에서 관리해야 한다.

(7) 동물의 5가지 자유(Five Freedoms)와 실천방안

5가지 자유(Five Freedoms)	실천방안
불편함으로부터의 자유 (Freedom from discomfort)	동물의 특성에 맞는 편안하고 안전한 서식처를 제공한다.
갈증 및 굶주림으로부터의 자유 (Freedom from hunger and thirst)	신선하게 마실 물과 체력을 유지할 수 있는 건강한 사료를 제공한다.

정상적인 행동을 표현할 수 있는 자유 (Freedom to express normal behavior)	동물이 머물 수 있는 충분한 사육공간, 시설 등을 동물 특성에 맞게 제공한다.
고통·부상·질병 등으로부터의 자유 (Freedom from pain, injury or disease)	동물이 질병에 대한 예방조치를 취하고 빠른 진단과 치료법을 제공한다.
두려움과 스트레스로부터의 자유 (Freedom from fear and distress)	심적인 고통을 피할 수 있는 상태와 환경을 조성한다.

2 국내 반려동물의 복지 현황

(1) 반려동물의 양육

① 2022년 동물보호에 대한 국민의식조사 결과 반려동물을 거주지에서 직접 양육하는 비율은 25.4%로 나타났다. 반려동물 양육가구의 75.6%가 '개'를 기르고 있었고, '고양이' 27.7%, '물고기' 7.3% 순으로 나타났다.

② 2022년 동물보호에 대한 국민의식조사 결과 반려동물 1마리당 월평균 양육 비용(병원비 포함)은 약 15만 원으로 나타났다. 최근 1년 이내 반려동물 관련 서비스 이용경험에 대해 물어본 결과, 동물병원, 미용업체, 동물놀이터 순으로 나타났다.

(2) 입양·파양

① 입양 및 분양

㉠ 2022년 동물보호에 대한 국민의식조사 결과 반려동물 입양 경로는 지인에게 무료 분양이 40.3%로 가장 많고, 그 다음으로는 펫숍 구입(21.9%), 지인에게 유료 분양(11.6%)의 순이었다.

㉡ 입양을 결정할 때 첫눈에 마음에 들어 '당일에 바로' 입양을 결정하는 경우가 가장 많았으며, 1주일 또는 2~3주일 정도 걸리는 경우도 있었다.

㉢ 반려동물 입양을 결정하기 전 1개월 이상의 기간이 소요되는 경우, 이유는 다음과 같았다(2023년 한국 반려동물보고서).
- 책임지고 잘 키울 수 있는 것을 고민
- 양육에 필요한 정보를 검색
- 원하는 품종의 입양처 등을 탐색
- 반려동물 종류(품종) 고민
- 반려동물이 출생할 때까지 기다림
- 입양 전 양육 경험하기 위해 봉사 등
- 가족 설득

㉣ 반려동물 입양 의향은 남성이 여성보다 조금 높았고, 연령별로는 20대의 입양 의향이 조금 높게 나타났다.

㉤ 거주지역별로는 도시지역이 농어촌지역보다 반려동물 입양 의향이 상대적으로 높게 나타났다.

② 입양(분양) 기관
　㉠ 유기동물 보호기관
　　• 시·군·구청을 통해 구조된 유기동물은 일반적으로 자치구별 유기동물 보호기관으로 옮겨져 보호와 치료를 받는다.
　　• 유기동물 보호기관은 보호자 등이 보호조치 사실을 알 수 있도록 7일 이상 그 사실을 공고하며, 공고한 날부터 10일이 지나도 동물의 보호자 등을 알 수 없는 경우 해당 시·도 및 시·군·구가 그 동물의 소유권을 취득한다.
　　• 시·도지사와 시장·군수·구청장은 소유권을 취득한 동물이 적정하게 사육·관리될 수 있도록 시·도의 조례로 정하는 바에 따라 동물원, 동물을 애호하는 자나 민간단체 등에 기증하거나 분양할 수 있다.
　　• 농림축산검역본부에서 운영하는 '동물보호관리시스템' 홈페이지(www.animal.go.kr)를 통해 주변의 유기동물 보호기관에서 보호 중인 동물의 사진과 정보를 확인할 수 있다.
　㉡ 동물보호단체
　　• 국내에는 여러 동물보호단체가 활동하며, 이 단체들은 자체적으로 운영하는 보호소나 지역 내 동물보호소와 연계하여 유기동물을 입양할 수 있도록 절차를 마련해 운영하고 있다.
　　• 동물보호단체 홈페이지에서 유기동물 입양 정보와 해당 단체에서 보호하는 동물 현황이나 사진을 확인할 수 있다.
　　• 국내 입양 동물보호단체

단체명	홈페이지 주소	연락처
동물보호시민단체 카라	https://www.ekara.org	02-3482-0999
동물권단체 케어	https://animalrights.or.kr	02-313-8886
동물자유연대	https://www.animals.or.kr	02-2292-6337
동물학대방지연합	www.foranimal.or.kr	02-488-5788

　㉢ 입양절차
　　• 입양 신청자 본인이 직접 방문한 것인지를 확인해야 한다. 신청자가 미성년자이면 보호자와 함께 방문하고 증빙자료를 요청해서 확인해야 한다.
　　• 유기동물 입양에 대해 모든 가족과 합의가 된 상태인지 확인한다.
　　• 입양 후 동물을 끝까지 책임지고 보살피는 것이 가능한지를 확인하며, 입양자의 주소나 연락처가 변경되면 반드시 분양 기관에 통보하도록 해야 한다.
　　• 입양한 동물은 양도·판매·학대·유기할 수 없으므로, 입양신청자가 동물을 신체적·정신적으로 건강하게 돌볼 수 있는 경제적 능력을 갖추었는지 확인한다.
　　• 입양 후 동물이 새로운 환경에 적응할 수 있게 애정과 인내심을 가지고 돌볼 수 있는지와 신청자 또는 가족 구성원이 입양한 동물과 매일 함께 보낼 수 있는 시간이 얼마나 되는지도 확인해야 한다.
　　• 마지막으로 입양 신청자로부터 확인한 내용을 문서로 작성하여 기록을 남긴 후, 최종 입양 허가를 낸다.

③ 파양 및 양육 포기
　㉠ 2022년 동물보호에 대한 국민의식조사 결과 반려동물 양육자의 22.1%가 양육을 포기하거나 파양을 고려한 경험이 있는 것으로 나타났다.
　㉡ 양육 포기 또는 파양 고려 이유로는 '물건훼손·짖음 등 동물의 행동문제'가 가장 많았고, 그 다음으로는 '예상보다 많은 지출', '이사·취업 등 여건의 변화' 순으로 나타났다.

(3) 반려동물의 학대 현황(2022 동물보호에 대한 국민의식조사)
① 동물학대 목격 시 '국가기관(경찰, 지자체 등)에 신고한다'가 54.3%로 가장 많았고, 그 다음으로는 '동물보호단체 등에 도움을 요청한다'(45.6%), '학대자에게 학대를 중단하도록 직접 요청한다'(24.5%)의 순으로 나타났다.
② 2021년 대비 동물학대 목격 시 행동으로 '국가기관(경찰, 지자체 등)에 신고한다'는 0.2%p 감소한 것으로 나타났으며, '동물보호단체 등에 도움을 요청한다'는 0.1%p 증가한 것으로 나타났다.
③ '별도의 조치를 취하지 않는다'는 응답은 반려동물 양육자가 6.5%, 미양육자가 15.3%로, 반려동물 미양육자가 더 높게 나타났다.
④ 동물학대 목격 시 별도의 조치를 취하지 않는 이유로 '시비에 휘말리기 싫어서'가 가장 많았고, 그 다음으로는 '개인 사정으로 다른 사람이 개입하는 것은 부적절한 것 같아서', '신고 및 신고 이후 절차가 번거로울 것 같아서'의 순으로 나타났다.
⑤ 동물학대 행위
　㉠ 목을 매다는 등의 잔인한 방법으로 죽음에 이르게 하는 행위
　㉡ 노상 등 공개된 장소에서 죽이거나 같은 종류의 다른 동물이 보는 앞에서 죽음에 이르게 하는 행위
　㉢ 고의로 사료 또는 물을 주지 아니하는 행위로 인하여 동물을 죽음에 이르게 하는 행위
　㉣ 그 밖에 수의학적 처치의 필요, 동물로 인한 사람의 생명·신체·재산의 피해 등 농림축산식품부령으로 정하는 정당한 사유 없이 죽이는 행위
　㉤ 도구·약물 등 물리적·화학적 방법을 사용하여 상해를 입히는 행위
　㉥ 살아있는 상태에서 동물의 신체를 손상하거나 체액을 채취하거나 체액을 채취하기 위한 장치를 설치하는 행위
　㉦ 도박·광고·오락·유흥 등의 목적으로 동물에게 상해를 입히는 행위
　㉧ 그 밖에 수의학적 처치의 필요, 동물로 인한 사람의 생명·신체·재산의 피해 등 농림축산식품부령으로 정하는 정당한 사유 없이 상해를 입히는 행위
　㉨ 유실·유기동물 등 보호조치 대상동물을 포획하여 판매하거나 죽이는 행위, 판매하거나 죽일 목적으로 포획하는 행위, 유실·유기동물임을 알면서도 알선·구매하는 행위

(4) 동물등록제
① 2014년 1월 1일부터 2개월령 이상의 개를 주택·준주택에서 기르거나 반려 목적으로 기르는 사람은 전국 시·군·구청에 반드시 동물등록을 해야 하며, 이를 위반할 시에는 1차 20만 원, 2차 40만 원, 3차 60만 원의 과태료가 부과된다.
② 동물등록방법은 내장형 무선식별장치(마이크로칩) 개체삽입과 외장형 무선식별장치 부착이 있다.

> **용어설명** 마이크로칩
>
> 동물등록에 사용되는 마이크로칩(RFID, 무선전자개체식별장치)은 체내 이물 반응이 없는 재질로 코딩된 쌀알만한 크기의 동물용의료기기로, 동물용의료기기 기준규격과 국제규격에 적합한 제품만 사용되고 있다.

③ 동물등록절차
  ㉠ 최초 등록 시에는 무선식별장치를 장착하기 위해 반드시 등록대상동물과 동반하여 방문 신청을 해야 한다.
  ㉡ 지자체 조례에 따라 대행업체를 통해서만 등록이 가능한 지역이 있어 시·군·구청 등록을 원할 때에는 가능 여부를 사전에 확인해야 한다.
  ㉢ 등록신청인이 직접 방문하지 않고 대리인이 신청할 때는 위임장, 신분증 사본 등이 필요하며, 등록기관에 사전 연락하여 필요 서류를 확인한다.

> **더알아보기** 등록절차
>
> - 등록대행업체(지정 동물병원, 동물보호센터) 방법 등록
>
>   - 무선식별장치가 장착되어 있는 경우 : 무선식별장치장착확인 → 동물등록신청서 등 작성 및 제출/수수료 납부(내장 만 원, 외장 3천 원) → 검토 및 등록사항 기록 등 → 시·군·구청 등록 승인 후 등록증 수령
>   - 무선식별장치가 없는 경우 : 무선식별장치장착[식별장치 비용 및 시술비(내장형) 발생] → 동물등록신청서 등 작성 및 제출/수수료 납부(내장 만 원, 외장 3천 원) → 검토 및 등록사항 기록 등 → 시·군·구청 등록 승인 후 등록증 수령
>
> - 시·군·구청 방문 등록 시(무선식별장치가 장착된 경우만 가능)
>
>   무선식별장치장착확인 → 동물등록신청서 등 작성 및 제출/수수료 납부(내장 만 원, 외장 3천 원) → 검토 및 등록사항 기록 등 → 등록증 수령

④ 동물등록의 이유는 반려동물 유실 및 유기 시 국가동물보호정보시스템(www.animal.go.kr)상 동물등록 정보를 통해 소유자를 쉽게 찾을 수 있기 때문이다.
⑤ 개와 함께 외출할 때에는 개의 이름, 소유자의 연락처, 동물등록번호가 표시된 인식표를 착용시킨다.
⑥ 동물등록번호 체계 관리 및 운영규정(농림축산검역본부 고시 제2021-5호)
  ㉠ 목적 : 동물등록번호 체계 관리 및 운영 등에 필요한 사항을 규정하기 위함이다.
  ㉡ 용어 정리
    • 동물등록번호 : 등록대상동물의 소유자가 등록을 신청하는 경우 개체식별을 위해 동물등록번호 체계에 따라 부여되는 고유번호이다.
    • 무선전자개체식별장치(Radio-frequency Identification) : 동물의 개체식별을 목적으로 동물 체내에 주입(내장형)하거나 동물의 인식표 등에 부착(외장형)하는 무선전자표식장치이다.
    • 동물등록번호 체계 : 동물등록에 사용되는 무선식별장치(내장형 및 외장형)에 부여된 동물등록 번호의 구조이다.

- 동물보호관리시스템 : 등록동물 등에 필요한 관련정보를 통합·관리하는 전산시스템이며, 이의 인터넷주소는 www.animal.go.kr이다.
  ⓒ 동물등록번호 관리 등
  - 무선식별장치 공급업체는 무선식별장치 등록번호에 중복 등 오류가 발생하지 않도록 관리해야 한다.
  - 시장·군수·구청장은 동물등록 대행기관에게 동물등록 업무를 위임하기 전에 동물등록방법, 무선식별장치의 번호관리방법, 동물등록 시 발생하는 개인정보의 이용제한, 그 밖에 이 고시의 규정사항을 숙지하도록 연 1회 이상 교육을 실시해야 한다.

3 유실·유기동물

(1) 유기동물의 개념 및 관리 체계
① 유기동물의 개념 : 도로·공원 등의 공공장소에서 소유자 등이 없이 배회하거나 내버려진 동물
② 유실·유기동물 보호·관리 체계도

(2) 유실·유기동물 발생원인 및 대책

① 발생원인
- ㉠ 개의 유실·유기의 주원인은 개의 연령이 높아져 반환하는 경우와 실수나 관리소홀로 인한 이탈 등이 있으며, 고양이의 경우 야생화된 길고양이의 자체 번식이 높게 나타났다.
- ㉡ 그 외에는 번식에 따른 개체 수 증가, 반려인의 책임부재, 양육 역량 및 인식 부족, 갑작스러운 경제·생활 여건의 변화 등이 원인으로 나타났다.

② 예방대책
- ㉠ 품종견 : 분양 전에 사전교육 의무화나 인센티브제 등을 도입하고 양육 중 발생할 수 있는 어려움 및 비용 등에 대해 충분히 숙지시켜, 이에 대응할 수 있는 역량을 갖추도록 유도할 필요가 있다.
- ㉡ 비품종견 : 마당 등에 풀어놓고 키우다 유실되거나 유실된 개체가 야생화되는 양상을 보이므로 농촌지역에서는 마당개 중성화 지원 및 캠페인 등을 통한 유실 방지대책을 고려해야 한다.
- ㉢ 고양이 : 길고양이의 비중이 점차 높아지므로 적극적인 중성화 수술을 통한 개체 수의 조절이 필요하다.

(3) 유실·유기동물의 보호

① 입소한 동물이 질병이나 상해의 방치로 고통 속에서 죽어가지 않도록 최소한의 응급조치와 고통경감조치의 의무화가 필요하다.
② 동물보호소 입소절차와 감염병에 대한 위생관리의 정비도 요구된다.
③ 유실·유기동물이 지속적인 증가추세를 보이며 수용 한계를 초과함에 따라 입소기준을 정비해야 한다.
④ 길고양이의 새끼들은 입소보다 임시보호 등을 활성화하는 것이 보호소 여건을 개선하거나 동물 복지적 측면에서도 유리하다.
⑤ 도농 간 유실·유기동물 발생에 차이가 있으므로 농촌의 열악한 재정여건에 대한 정부차원에서의 지원이 요구된다.

(4) 국가동물보호정보시스템

① 국가동물보호정보시스템은 유실동물을 가정의 품으로 돌아가게 하고, 유기동물이 새로운 가족을 만날 수 있도록 이어주는 통로이다.
② 국가동물보호정보시스템은 유실·유기를 막기 위한 정책수립에 있어 기본적인 데이터를 제공하는 역할을 수행한다.
③ 국가동물보호정보시스템은 동물의 안전과 보호를 위해 다양한 정보와 서비스를 제공하는 것에 목적이 있다.
④ 농림축산검역본부 차원에서 국가동물보호정보시스템 운영에 대한 지침을 내리고, 입력페이지도 담당자가 주어진 항목을 선택하는 방식으로의 변경이 필요하다.
⑤ 입소동물의 처리결과와 입양일, 폐사일 등을 기록하게 한다면 보호 현황에 대한 세밀한 분석 및 대안 마련에도 도움이 될 것이다.

4 동물의 구조

(1) 구조 장비

① 동물구조의 원칙
  ㉠ 구조자는 충분한 보호 장비를 갖추고 구조 활동을 시행해야 한다.
  ㉡ 구조 동물을 안전하게 포획할 방법과 도구를 사용한다.
  ㉢ 위험한 상황이나 동물은 반드시 2인 이상이 협력해서 구조한다.
  ㉣ 물리적 포획이 불가능하여 마취해야 할 경우 전문 수의사의 지시를 따라야 한다.

② 구조 장비의 종류
  ㉠ 기록 도구 및 구급상자 : 기록지, 펜, 카메라, 구급상자
  ㉡ 보호 장비 : 보호 장갑 및 보호 마스크, 방역복 등
  ㉢ 포획 장비 : 수건 또는 담요, 그물채, 포획용 올가미, 집게, 포획 트랩, 마취총 등
  ㉣ 이송 장비 : 종이 상자, 플라스틱 동물 이동장

③ 장비별 포획 순서
  ㉠ 포획용 집게
    - 양쪽 손에 보호 장갑을 먼저 착용한다.
    - 한 손에는 집게 손잡이를 잡고 포획 대상 동물(포유류)에게 조심스럽게 다가간다.
    - 집게 양쪽이 동물 목을 잡을 수 있도록 동물 쪽으로 향하게 한다. 동물이 집게를 물려고 하거나 심하게 반항하면, 다른 손으로 수건을 이용해서 수건을 물도록 한다.
    - 동물의 목을 빠르게 집게 사이에 넣은 뒤 집게 손잡이를 꽉 움켜쥔다.
    - 포획용 집게로 목을 완전히 제압하면, 한 손으로 목 뒷덜미를 잡은 뒤 포획용 집게를 잡고 있던 손으로 동물의 아랫목을 잡아 양손으로 목을 잡아 쥔다.
    - 준비한 이동장에 빠르게 옮겨 넣는다.
  ㉡ 포획용 올가미
    - 풀림 손잡이를 잡아당겨 올가미를 가장 크게 만든 상태에서 포획 대상 동물에게 접근한다.
    - 올가미를 움직여가며 동물의 목과 한쪽 앞발이 동시에 잡힐 수 있도록 조절한다.
    - 발과 목이 함께 올가미 안으로 들어왔을 때 조임 손잡이를 빠르게 잡아당겨 올가미를 조여 포획한다.
    - 동물을 포획한 상태로 준비한 이동장에 신속히 옮기고 상자에서 탈출하지 못하도록 한다.
    - 이동장에서 풀림 손잡이를 잡아당겨 올가미를 빼낸다.
  ㉢ 그물채
    - 양손으로 그물채를 잡고 포획 대상 동물에게 접근한다.
    - 동물의 머리 쪽으로 그물 입구를 향하게 한 뒤 빠르게 그물로 덮는다.
    - 동물이 완전히 그물 안에 들어간 것을 확인하고 안전하게 손으로 빼내어 이송상자로 옮긴다.
    - 필요한 경우, 보호 장갑을 착용한 상태에서 수건을 이용해 동물의 눈을 가려준 뒤 그물에서 빼내도록 한다.

(2) 유기동물 구조 요령

① 신고 접수
  ㉠ 유기동물 구조 신고를 접수하면 신고자로부터 동물 종(種)이나 건강 상태, 위치 등을 확인한다.
  ㉡ 신고를 받은 동물의 자세한 정황과 정보를 토대로 구조 여부를 판단한다.
  ㉢ 맨눈으로 보아 건강상태가 양호한 잡종견, 떠돌이 생활에 적응된 상태의 반려동물, 새끼 고양이 등은 꼭 도움이 필요한 상태인지 구분할 수 있어야 한다.

② 구조 순서
  ㉠ 구조할 유기동물 종과 주변 여건에 맞는 생포용 트랩을 준비한다.
  ㉡ 설치한 트랩에 사람들이 접근하거나 트랩을 건드리지 않도록 안내판을 만들어 트랩 바깥에 부착한다.
  ㉢ 유기동물을 트랩으로 유인할 먹이를 준비한다.
  ㉣ 생포용 트랩을 설치한다.
  ㉤ 트랩 안에 유인용 먹이를 놓는다.
  ㉥ 트랩에 동물이 포획되었는지 수시로 확인한다.
  ㉦ 유기동물이 트랩에 포획되면 안전하게 이송한다.

③ 포 획
  ㉠ 친화적이거나 쇠약한 유기동물 : 사람에 대한 친화력이 있거나 쇠약한 상태의 유기동물은 안전하게 이송할 수 있는 동물 이동장을 사용한다.
  ㉡ 공격적인 유기동물
    • 포획하려고 접근 시 공격적인 반응을 보이거나 도망치는 유기동물은 보호 장갑과 포획용 올가미나 그물, 트랩(Live Trap) 등이 필요하다.
    • 그물 총이나 마취 총 사용이 필요할 수도 있으나, 포획 과정에서 동물이 다칠 수 있으므로 다른 포획 방법으로는 구조가 어려울 때에만 사용해야 한다.
    • 포획 과정에서 마취제를 사용할 경우 반드시 수의사의 지시를 따른다.
  ㉢ 질병 감염 가능성 있는 유기동물
    • 질병 감염 가능성이 있는 유기동물 구조 시에는 개인위생과 방역을 신중히 해야 하고, 구조 활동에 사용된 물품이나 장비는 반드시 세척한 후 소독을 시행해야 한다.
    • 질병 감염이 의심되면 현장에서 질병 진단 키트를 사용하여 검사를 진행하고, 검사 결과 양성으로 확인될 경우 이송할 보호기관에 미리 알려 보호 중인 다른 동물에게 옮길 수 있는 질병전파 가능성을 차단해야 한다.
    • 유기동물 구조 신고를 받은 뒤 현장에 나가기 전에 필요한 구조 장비를 미리 챙겨갈 수 있도록 한다.
    • 현장에서 구조 활동을 진행할 때는 동물의 상태를 먼저 확인한 뒤 어떤 포획 장비와 도구를 사용할지 결정하고 구조자 자신의 안전과 동물의 안전을 모두 고려하여 신속하게 구조한다.

④ 이 송
  ㉠ 안전하게 동물을 구조한 뒤 동물의 건강 상태와 내장형 마이크로칩을 확인할 수 있는 동물병원이나 전문보호기관으로 이송한다.

   ⓒ 유기동물의 종과 상태를 고려하여 구조자가 이송과정에서 주의해야 할 점
    • 동물이 탈출하거나 다치지 않도록 알맞은 이동장을 사용한다.
    • 가까운 유기동물 보호기관으로 이송하여 안정을 취할 수 있도록 한다.
    • 신속한 이송이 불가능한 경우를 제외하고 가급적이면 구조 동물에게 먹이나 물을 주지 않도록 한다.
    • 이동장을 실은 차량은 실내가 너무 춥거나 덥지 않도록 적정 온도를 유지해야 한다.

(3) 구조 동물 사육환경
 ① 사육장의 기본 요건
  ㉠ 사육장은 동물의 생태적 특성을 고려해서 조성하며 안락함, 위생 요건 등을 갖춘다.
  ㉡ 수의사 등은 구조된 동물에게 알맞은 형태로 된 사육시설을 제공해야 한다.
  ㉢ 사육장은 내·외부의 강한 충격에 견딜 수 있도록 견고해야 하며, 사육될 동물이 구조물에 의해 상처를 입어 고통받지 않도록 적절한 재질로 만들어야 한다.
  ㉣ 소독과 청소, 유지 보수가 쉬워야 하며 다른 동물이 들어올 수 없게 해야 한다.
  ㉤ 추위와 더위, 많은 비와 눈을 피할 수 있는 보금자리가 제공되어야 한다.
  ㉥ 구조된 동물이 편안하게 쉬고 자유롭게 움직일 수 있도록 해 준다.
 ② 사육장 안전 사항
  ㉠ 동물이 갇히거나 뒤얽힐 수 있는 부분이 없어야 한다.
  ㉡ 날카로운 모서리나 돌출부가 없어야 한다.
  ㉢ 은신처를 잘 갖추고 사람과 동물 모두 뛸 수 있을 정도의 공간을 확보해야 한다.
  ㉣ 배수가 잘되는 바닥재를 사용하여 기반을 잘 다져야 한다.
  ㉤ 선반처럼 튀어나온 부분이 의도하지 않은 횃대로 이용되지 않도록 한다.
  ㉥ 모든 사육장은 적절한 잠금장치가 있어야 한다.
  ㉦ 가능하다면 스트레스를 최소화하기 위한 먹이 전용문을 만들어 놓는다.

(4) 질병 관리
 ① 수의사 등은 국내에서 발생하는 유기동물의 감염성 질병에 대한 정보를 사전에 충분히 알고 있어야 한다.
 ② 감염성 질병에 걸린 동물은 다양한 전파 경로를 통해 사육 중인 다른 동물이나 사람에게까지 질병을 옮길 수 있으므로 철저한 관리가 필요하다.
 ③ 광견병, 개홍역, 조류 인플루엔자 등 주요 감염성 질병을 신속하게 검사할 수 있는 간이 검사 키트를 평상시 갖추어 둔다면 구조 현장에서 바로 확인할 수 있다.
 ④ 많은 질병이 동물과 사람 간 서로 전파되므로 시설의 청결은 질병 전파 및 오염 예방 차원에서 매우 중요하다.
 ⑤ 청소 절차는 관리, 시설, 사육장, 종과 동물의 상태에 따라 다르므로 효율적인 청소 계획을 수립 후 적절한 소독제를 사용하면 시설 내 질병 전파 가능성을 줄일 수 있다.
 ⑥ 시중에서 판매하는 소독제 종류와 사용법을 충분히 숙지하여 구조 동물과 사육장에 가장 적합한 제품을 선택하고, 주기적으로 소독해야 한다.

(5) 상처 관리

① 사육 상태의 동물은 지속적인 탈출 시도 과정에서 이빨과 발톱 등이 다칠 수 있다.

② 동물이 안정을 찾을 수 있도록 환경을 개선하는 것이 가장 좋은 예방법이며, 상처가 생겼다면 일반적인 동물의 치료 방법을 따른다.

CHAPTER 01 | 실전예상문제

PART 2 반려동물 관리학

01 동물 윤리에 대한 설명으로 옳은 것은?

① 동물 윤리학은 인간에 대한 동물의 도덕적 기준을 고려하는 학문이다.
② 로마 제정시대 이후부터 생물 의학 연구를 위한 동물실험이 존재하였다.
③ 동물 윤리학은 동물의 권리와 복지, 동물관련법, 종의 차별, 동물의 인지, 야생동물의 보호 등에 대한 내용을 다룬다.
④ 동물 윤리학은 동물의 윤리, 도덕 등을 위한 다양한 이론적 접근이 제시되었으며, 완벽한 이론으로 정립되었다.

> 해설 ① 동물 윤리학은 동물에 대한 인간의 도덕적 기준을 고려하여 동물을 다루는 방법에 대해 연구하는 학문이다.
> ② 고대 그리스 시대부터 생물 의학 연구를 위한 동물실험이 존재하였다.
> ④ 동물 윤리학은 동물의 윤리, 도덕 등을 조사하기 위한 다양한 이론적 접근이 제시되었으나, 이해의 차이로 인해 완전히 받아들여지는 이론은 없는 실정이다.

02 동물 권리와 동물 복지에 대한 개념으로 옳지 않은 것은?

① 동물 권리는 인간과 동물을 수직적인 측면에서 보는 관점이다.
② 동물 권리의 관점에서는 동물도 인간처럼 생명을 지닌 존재이므로 마땅히 누려할 권리를 가진다.
③ 동물도 인간처럼 행복할 수 있어야 한다고 보는 것은 동물 권리에 대한 입장이다.
④ 동물을 이용하더라도 고통을 최소화하여 인도적 관점에서 관리해야 한다는 것은 동물 복지에 대한 입장이다.

> 해설 동물 권리는 인간과 동물을 수평적인 측면에서 동등하게 보는 관점이며, 동물 복지는 인간과 동물을 수직적인 측면에서 보는 관점이다.

03 동물의 5가지 자유 중 다음의 실천방안에 부합하는 것은?

> 심적인 고통을 피할 수 있는 상태와 환경을 조성한다.

① 불편함으로부터의 자유
② 갈증 및 굶주림으로부터의 자유
③ 고통 · 부상 · 질병 등으로부터의 자유
④ 두려움과 스트레스로부터의 자유

해설 동물의 5가지 자유(Five Freedoms)와 실천방안

5가지 자유(Five Freedoms)	실천방안
불편함으로부터의 자유 (Freedom from discomfort)	동물의 특성에 맞는 편안하고 안전한 서식처를 제공한다.
갈증 및 굶주림으로부터의 자유 (Freedom from hunger and thirst)	신선하게 마실 물과 체력을 유지할 수 있는 건강한 사료를 제공한다.
정상적인 행동을 표현할 수 있는 자유 (Freedom to express normal behavior)	동물이 머물 수 있는 충분한 사육공간, 시설 등을 동물 특성에 맞게 제공한다.
고통 · 부상 · 질병 등으로부터의 자유 (Freedom from pain, injury or disease)	동물이 질병에 대한 예방조치를 취하고 빠른 진단과 치료법을 제공한다.
두려움과 스트레스로부터의 자유 (Freedom from fear and distress)	심적인 고통을 피할 수 있는 상태와 환경을 조성한다.

04 동물실험의 원칙에 대한 설명으로 옳지 않은 것은?

① 동물실험은 인류의 복지 증진과 동물 생명의 존엄성을 고려하여 실시되어야 한다.
② 동물실험을 하려는 경우에는 이를 대체할 수 있는 방법을 우선적으로 고려하여야 한다.
③ 실험이 끝나 정상적으로 회복한 동물이라도 기증하거나 분양할 수는 없다.
④ 실험동물의 고통이 수반되는 실험을 하려는 경우에는 감각능력이 낮은 동물을 사용한다.

해설 동물실험을 한 자는 그 실험이 끝난 후 지체 없이 해당 동물을 검사하여야 하며, 검사 결과 정상적으로 회복한 동물은 기증하거나 분양할 수 있다(동물보호법 제47조 제5항).

05 동물실험윤리위원회에 대한 설명으로 옳지 않은 것은?

① 위원장 1명을 포함하여 3명 이상의 위원으로 구성한다.
② 위원은 동물실험시행기관의 장이 위촉하며, 위원장은 위원 중에서 호선한다.
③ 윤리위원회를 구성하는 위원의 3분의 1 이상은 해당 동물실험시행기관과 이해관계가 있는 사람이어야 한다.
④ 윤리위원회의 심의대상인 동물실험에 관여하고 있는 위원은 해당 동물실험에 관한 심의에 참여하여서는 아니 된다.

해설 윤리위원회를 구성하는 위원의 3분의 1 이상은 해당 동물실험시행기관과 이해관계가 없는 사람이어야 한다(동물보호법 제53조 제4항).

06 입양 기관과 절차에 대한 내용으로 옳은 것은?

① 국내 입양 동물보호단체로는 동물보호시민단체 카라, 동물권단체 케어, 동물자유연대, 동물학대방지연합 등이 있다.
② 시·군·구청을 통해 구조된 유기동물은 동물을 애호하는 민간단체로 옮겨 보호와 치료를 받는다.
③ 유기동물 보호기관은 보호자 등이 보호조치 사실을 알도록 10일 이상 그 사실을 공고해야 한다.
④ 공고한 날부터 10일이 지나도 보호자 등을 알 수 없을 경우에는 동물자유연대에서 그 동물의 소유권을 취득한다.

해설 ② 시·군·구청을 통해 구조된 유기동물은 일반적으로 자치구별 유기동물 보호기관으로 옮겨져 보호와 치료를 받는다.
③ 유기동물 보호기관은 보호자 등이 보호조치 사실을 알 수 있도록 7일 이상 그 사실을 공고해야 한다.
④ 공고한 날부터 10일이 지나도 동물의 보호자 등을 알 수 없는 경우 해당 시·도 및 시·군·구가 그 동물의 소유권을 취득한다.

07 유기동물 보호기관을 통한 입양절차에 대한 설명으로 옳은 것은?

① 신청자가 미성년자일 경우, 입양절차를 진행할 수 없다.
② 유기동물 입양에 대해 신청자 외 가족 1인 이상의 합의가 된 상태인지 확인한다.
③ 입양신청자가 동물을 건강하게 돌볼 수 있는 신체적 능력을 갖추었는지 확인한다.
④ 신청자 또는 가족 구성원이 입양한 동물과 매일 함께 보낼 수 있는 시간이 얼마나 되는지 확인한다.

해설 ① 신청자가 미성년자이면 보호자와 함께 방문하고 증빙자료를 요청해서 확인해야 한다.
② 유기동물 입양에 대해 모든 가족과 합의가 된 상태인지 확인한다.
③ 입양한 동물은 양도·판매·학대·유기할 수 없으므로, 입양신청자가 동물을 신체적·정신적으로 건강하게 돌볼 수 있는 경제적 능력을 갖추었는지 확인한다.

08 반려동물의 양육포기 사유에 해당하지 않는 것은?

① 물건의 훼손
② 동물 가격의 하락
③ 동물의 질병
④ 과도한 짖음

해설 반려동물의 양육포기 또는 파양 고려 이유로는 물건의 훼손, 과도한 짖음 등 동물의 행동문제, 예상보다 많은 지출, 동물의 질병, 이사·취업 등 여건의 변화 등이 있다.

09 다음 중 동물학대 행위로 볼 수 없는 것은?

① 목을 매다는 등의 잔인한 방법으로 죽음에 이르게 하는 행위
② 사료 및 물을 제공하고, 수의학적 처치를 제공했음에도 불구하고 죽음에 이르게 된 행위
③ 도구·약물 등 물리적·화학적 방법을 사용하여 상해를 입히는 행위
④ 살아있는 상태에서 체액을 채취하기 위한 장치를 설치하는 행위

해설 정상적인 사료 및 물의 제공, 수의학적 처치의 제공에도 불구하고 반려동물이 죽음에 이르게 된 경우는 동물학대로 볼 수 없다.

10 다음에서 설명하는 용어로 옳은 것은?

> 동물의 개체식별을 목적으로 동물 체내에 주입(내장형)하거나 동물의 인식표 등에 부착(외장형)하는 무선전자표식장치이다.

① 동물등록번호
② 무선전자개별식별장치
③ 등물보호관리시스템
④ 동물등록번호 체계

해설 ① 동물등록번호 : 등록대상동물의 소유자가 등록을 신청하는 경우 개체식별을 위해 동물등록번호 체계에 따라 부여되는 고유번호이다.
③ 동물보호관리시스템 : 등록동물 등에 필요한 관련정보를 통합·관리하는 전산시스템이며, 이의 인터넷주소는 www.animal.go.kr이다.
④ 동물등록번호 체계 : 동물등록에 사용되는 무선식별장치(내장형 및 외장형)에 부여된 동물등록 번호의 구조이다.

11 다음 중 개의 유실·유기 발생 원인이 아닌 것은?

① 실수 혹은 관리소홀로 인한 이탈
② 번식에 따른 개체 수 감소
③ 경제·생활 여건 변화로 인한 유기
④ 양육 역량 및 인식 부족

> **해설** 개의 유실·유기 발생 원인으로는 연령이 높아짐에 따른 반환율 증가, 실수나 관리소홀로 인한 이탈, 번식에 따른 개체 수 증가, 반려인의 책임 부재, 양육 역량 및 인식 부족, 갑작스런 경제·생활 여건의 변화 등이 있다.

12 국가동물보호정보시스템에 대한 내용으로 옳지 않은 것은?

① 동물의 유실·유기를 막기 위한 기본적인 데이터를 제공한다.
② 농림축산검역본부 차원에서 운영에 대한 지침을 내린다.
③ 입소동물의 보호 현황에 대한 분석과 대안을 마련한다.
④ 동물 학대를 방지하고, 입양을 권장하는 데 목적이 있다.

> **해설** 국가동물보호정보시스템은 동물의 안전과 보호를 위해 다양한 정보와 서비스를 제공하는 것이 목적이다.

13 동물구조의 원칙으로 볼 수 없는 것은?

① 구조자는 충분한 보호 장비를 갖추고 구조 활동을 시행해야 한다.
② 구조 동물을 안전하게 포획할 방법과 도구를 사용한다.
③ 위험한 상황이나 동물은 반드시 2인 이상이 협력해서 구조한다.
④ 물리적 포획이 불가능할 경우 구조자는 마취총을 사용하여 마취 후 구조한다.

> **해설** 물리적 포획이 불가능하여 마취해야 할 경우 전문 수의사의 지시를 따라야 한다.

14 다음의 장비들이 속하는 구조 장비에 해당하는 것은?

> 수건 또는 담요, 그물채, 포획용 올가미, 집게, 포획 트랩, 마취총 등

① 포획 장비
② 보호 장비
③ 이송 장비
④ 기록 도구 및 구급상자

해설 **동물 구조 장비의 종류**
- 기록 도구 및 구급상자 : 기록지, 펜, 카메라, 구급상자
- 보호 장비 : 보호 장갑 및 보호 마스크, 방역복 등
- 포획 장비 : 수건 또는 담요, 그물채, 포획용 올가미, 집게, 포획 트랩, 마취총 등
- 이송 장비 : 종이 상자, 플라스틱 동물 이동장

15 구조 동물 사육장의 기본 요건 및 안전 사항으로 옳지 않은 것은?

① 사육장은 내·외부의 강한 충격에 견딜 수 있도록 견고해야 한다.
② 추위와 더위, 많은 비와 눈을 피할 수 있는 보금자리가 제공되어야 한다.
③ 다른 동물과도 쉽게 왕래하고, 자유롭게 움직일 수 있도록 해야 한다.
④ 배수가 잘되는 바닥재를 사용하여 기반을 잘 다져야 한다.

해설 사육장은 구조된 동물이 편안하게 쉬고 자유롭게 움직일 수 있도록 해야 하지만, 다른 동물이 들어올 수 있게 해서는 안 된다.

CHAPTER 02 영양관리

1 영양소

(1) 영양소의 이해

① 탄수화물

㉠ 특징과 기능
- 1g당 4kcal의 에너지를 공급한다.
- 포도당(Glucose)은 뇌의 주요 에너지 급원이다.
- 혈당을 유지시키며, 세포막 등의 구성 성분이다.
- 개에게 탄수화물은 에너지 공급과 장건강 및 번식기능에 중요한 역할을 한다.
- 임신견의 경우에는 건강한 강아지 출산을 위해 일정량의 탄수화물 섭취가 권장된다.

㉡ 종 류
- 단당류 : 포도당, 과당, 갈락토스 등
- 이당류 : 젖당, 엿당 등
- 올리고당류 : 말토덱스트린, 프락토올리고당 등
- 다당류 : 녹말, 셀룰로스, 글리코젠 등

② 단백질

㉠ 특징과 기능
- 20여 종의 아미노산으로 구성된 고분자 물질이다.
- 아미노산은 단백질의 구성단위이며, 체내에서의 합성 가능 여부에 따라 필수 아미노산과 비필수 아미노산으로 구분한다.

필수 아미노산	• 체내에서 합성이 불가능하므로 사료에 반드시 포함되어 있어야 한다. • 아르기닌, 메티오닌, 히스티딘, 페닐알라닌, 류신, 이소류신, 트레오닌, 트립토판, 라이신, 발린
비필수 아미노산	체내에서 합성 가능하므로 사료에 반드시 포함될 필요는 없다.

- 신체조직과 근육섬유 구성에 필수적이다.
- 반려견에게 있어 가장 중요한 영양소 중 하나이다.
- 부족 시에는 성장 불량, 체중 감소, 거친 피모, 근육량 손실, 질병에 대한 면역력 저하, 부종, 사망 등의 결핍 증상이 발생할 수 있다.

ⓒ 종 류
- 단순단백질 : 아미노산만으로 이루어진 단백질로, 알부민, 글로불린 등이 있다.
- 복합 단백질 : 아미노산 외에 다른 화학성분을 포함하고 있는 단백질로, 당 단백질, 지방 단백질, 색소단백질 등이 있다.
  - 당 단백질 : 뮤신(Mucin), 오보뮤코이드(Ovomucoid)
  - 지방 단백질 : 혈장 지방단백질, 밀크 지방단백질, 난황 지방단백질
  - 색소 단백질 : 헤모글로빈(Hemoglobin), 미오글로빈(Myoglobin)
- 유도단백질 : 단순단백질 또는 복합단백질의 분해 산물로 구성된 단백질이다.
  - 제1차 유도단백질 : 젤라틴(Gelatin), 카제인(Casein), 응고단백질(Coagulated protein)
  - 제2차 유도단백질 : 프로테오스(Proteose), 펩톤(Peptone), 펩타이드(Peptide)

③ 지 질
ⓐ 특징과 기능
- 지방산과 글리세롤이 결합한 유기 화합물이다.
- 1g당 9kcal의 에너지를 공급하므로, 소량의 섭취로도 많은 에너지를 얻을 수 있는 영양성분이다.
- 세포구조 유지에 필수적이며, 호르몬의 원료로도 이용된다.
- 지용성 비타민(비타민 A, D, E, K)의 흡수를 돕고, 필수지방산의 공급원이 된다.
- 지방의 섭취 부족은 동물에게 필요 에너지를 탄수화물에만 의존하게 만들어 소화관에 부담을 주게 되며, 이로 인해 당뇨가 발생할 가능성이 있다.
- 과다 섭취 시에는 높은 에너지로 인한 과체중(비만), 습진, 탈모 등이 생길 가능성이 있다.

ⓒ 종 류
- 단순지질 : 중성지질이라고도 하며, 지방산, 트리글리세라이드, 납(Wax) 등이 있다.
- 복합지질 : 크게 인산을 함유하는 인지질과 당을 함유하는 당지질로 구분된다.

④ 비타민
ⓐ 특성 및 기능
- 에너지원으로 사용되지 않는다.
- 소량으로 동물 체내에서 대사작용을 조절하는 기능을 갖는다.
- 물이나 지방에 용해되는 상태에 따라 지용성 비타민과 수용성 비타민으로 구분할 수 있다.

지용성 비타민	비타민 A, D, E, K
수용성 비타민	비타민 B 복합체, C

- 비타민이 부족한 경우 결핍증이 발생하지만, 오히려 너무 많이 급여할 경우 과잉증을 유발할 수 있다.

비타민 A가 과잉될 경우	• 뼈와 관절에 통증 유발 • 각질화, 피부 건성, 탈모 유발
비타민 D가 과잉될 경우	고칼슘혈증, 연조직의 석회화 유발

ⓒ 종 류

비타민 A	눈의 시력과 털, 피부, 점막, 치아 건강에 영향을 미친다.
비타민 B 복합체	• 티아민, 리보플라빈, 나이아신, 판토텐산, 비오틴, 엽산, 피리독신, 코발라민 등이 있다. • 시중에서 판매되는 동물 사료에는 비타민 B가 풍부하게 들어 있어 문제가 없다.
비타민 C	• 건강한 개와 고양이는 체내에서 충분히 비타민 C의 합성이 이루어지므로, 일반적인 경우에는 따로 급여할 필요가 없다. • 세포 성장, 세포 사멸, 면역, 심혈관계 질환 등의 예방 및 치료에 관여한다.
비타민 D	• 칼슘 흡수에 도움을 준다. • 자외선을 충분히 받지 못해 신체에서 필요한 비타민 D를 합성할 수 없는 경우에는 사료로부터 직접 섭취해야 한다.
비타민 E	• 세포막 손상을 막는 항산화제이다. • 개에게 비타민 E가 결핍될 경우 근육퇴화(근이영양증), 번식장애 등이 나타날 수 있다.
비타민 K	• 동물의 장내세균이 합성하는 양으로 충족이 가능하기 때문에 결핍은 드물게 나타난다. • 결핍 시 혈액응고장애 등의 증상을 일으킬 수 있다.

⑤ 무기질
  ㉠ 특성 및 기능
   • 개에게 필요한 무기질은 20여 종에 이르며, 동물 체내에서 필요로 하는 양은 극히 미량으로 일반적으로 섭취하는 사료에서 필요량을 충분히 얻을 수 있다.
   • 칼슘(Ca)과 인(P)은 뼈와 치아를 구성하는 주요 무기질로, 절대량과 함께 칼슘과 인의 비율(1:1과 2:1 사이 유지)이 중요하다.
   • 나트륨(Na)과 염소(Cl)는 체내 산-염기 균형과 농도 조절에 중요한 무기질이다.
   • 칼륨(K)은 동물 체내에서 산-염기 균형과 삼투압 균형, 신경 자극 전도, 근육수축 조절 작용을 하는 중요한 무기질이다.
  ㉡ 종류 : 칼슘(Ca), 인(P), 마그네슘(Mg), 철(Fe), 칼륨(K), 나트륨(Na), 황(S), 염소(Cl), 요오드(I) 등

⑥ 물의 기능
  ㉠ 신체 대사 : 동물 체중의 약 60~70%를 차지한다. 에너지원은 아니지만, 신체 대사를 위해 꼭 필요한 성분으로 체내 수분에서 15% 이상 없어지는 경우 사망한다.
  ㉡ 혈액과 림프의 주성분이다.
  ㉢ 체내 영양소의 공급과 노폐물의 방출에 이용된다.
  ㉣ 체온 조절, 신진대사 증진, 갈증 해소 등의 기능을 한다.
  ㉤ 전해질 평형 및 윤활작용(관절액, 타액) 등의 기능을 한다.

> **더알아보기** 어미개 젖의 영양소 성분
>
> - 탄수화물 : 어미개의 젖에는 주요 탄수화물인 젖당이 들어 있지만, 소젖에 비해서 대략 30% 낮게 함유되어 있다.
> - 단백질 : 어미개의 젖에는 소젖의 두 배 정도의 높은 단백질이 함유되어 있다.
> - 지방 : 어미개가 섭취하는 음식의 지방 함량에 따라 좌우된다.
> - 무기질
>   - 칼슘 : 초유에는 매우 높게 함유되어 있지만, 이후의 젖에는 칼슘 함유량이 감소한다.
>   - 철 : 젖에는 매우 낮게 함유되어 있는데, 강아지의 철 필요량은 아주 높다. 강아지가 벼룩이나 기생충에 감염 시 철의 결핍이 생길 수 있다. 약 3주령에는 음식을 섭취하여 철을 보충하도록 한다.

(2) 반려견의 성장 단계별 영양소 요구량

① 이유 후 성장하는 강아지

㉠ 강아지는 어릴수록 에너지 필요량이 높으며, 성견에 비해 성장·발육에 많은 에너지를 사용한다.

㉡ 탄수화물
- 최소 4개월까지는 탄수화물이 약 20%인 건조물을 섭취해야 한다.
- 탄수화물이 부족할 시에 설사, 식욕부진, 기면 증상이 발생할 수 있다.

㉢ 단백질
- 어릴수록 단백질의 필요량이 가장 높고 나이가 들면서 점차 감소한다.
- 강아지는 필수 아미노산으로 아르기닌이 필요하지만, 그 필요량은 나이가 들면서 감소한다.
- 성견 체중으로 24.9kg 미만의 개의 식이에서 요구되는 단백질 함유량은 22~32%의 건조물이고, 24.9kg 이상인 개의 식이에 요구되는 단백질 함유량은 18~25%의 건조물이다.
- 칼슘과 인의 함유량이 적절하다면 고단백질의 식이도 가능하다.

㉣ 지방
- 성장 중인 강아지는 리놀렌산이 약 1kg당 250mg 정도 요구된다.
- 성견 체중으로 24.9kg 미만의 개의 식이에서 요구되는 지방 함유량은 10~25%의 건조물이고, 24.9kg 이상인 개의 식이에서 요구되는 지방 함유량은 8~12%의 건조물이다.

㉤ 무기질
- 성장 중인 강아지에게 칼슘과 인은 아주 중요하다.
- 2~6개월의 강아지는 장의 칼슘 흡수율이 높은 편으로 칼슘항상성의 조절이 잘 되지 않는다.
- 약 10개월 이후 강아지는 칼슘항상성의 조절력이 예전보다 더 향상된다.

② 노령기의 개

㉠ 만 7~8살부터 노화가 시작되면서 신체 대사율이 감소하고 칼로리 소모도 성견 때보다 30~40% 정도 줄기 때문에 체중이 늘지 않도록 식이조절이 필요하다.

㉡ 탄수화물
- 나이가 들면서 대사율이 떨어지고, 하루에 필요한 에너지량이 감소하여 체중 증가를 초래할 수 있지만, 오히려 음식 섭취량이 줄어 저체중이 될 수도 있다.

- 여분의 에너지원을 위해 탄수화물을 충분히 공급하되, 체중 조절을 위해 소화가 잘 되고 영양성분이 적절하게 함유되어 있는 식이가 필요하다.

ⓒ 단백질
- 노령견에게 필요한 단백질은 고품질의 15~23%의 건조물이다.
- 노령견은 마를수록 단백질 합성이 감소하므로 성견보다 단백질 요구량이 더 많아야 되는 경우가 있지만, 신장병 예방을 위해 식이성 단백질의 농도를 줄일 것을 권장하고 있다.
- 건강한 상태에서는 높은 함량의 단백질이 신장병의 유발하지 않는 것으로 밝혀졌으나, 단백질이 대부분 동물성이므로 인의 함량이 높아 신장에 무리가 될 수 있다는 의견도 있으므로 신장병이 있다면 단백질의 섭취량을 줄이는 것이 좋다.

ⓔ 지 방
- 노령견은 과체중이 되기 쉬우므로 적절한 지방 섭취량이 요구된다.
- 노령견에게 필요한 지방 요구량은 7~15%로, 상태에 따라 달라진다.

ⓜ 무기질
- 칼슘과 인의 함량은 반드시 적합한 비율로 유지해야 한다.
- 필요한 칼슘의 요구량은 0.5~0.8%의 건조물이다.
- 과도한 인의 섭취는 신장병의 예방을 위해 좋지 않으며, 노령견에게 필요한 인의 요구량은 0.25~0.75%이다.

2 연령별 영양 관리

(1) 어린 강아지(자견)의 영양 관리

① 특 징
  ㉠ 강아지는 3~4주령에 이유를 시킨다.
  ㉡ 이유 초기에는 건식 사료의 알갱이를 물에 불려서 강아지가 먹기 편하도록 해주어야 한다.
  ㉢ 시간이 조금 지나면 어린 강아지용 사료를 그대로 공급해 준다.

② 열 량
  ㉠ 어린 강아지는 다 자란 성견과 비교하여 체중(kg)당 2배의 열량이 필요하다.
  ㉡ 성견에 가까워질수록 필요한 체중(kg)당 열량은 줄어들게 되므로, 크기와 나이를 고려해 급여량을 조절해야 한다.
  ㉢ 필요한 열량보다 부족하게 급여하는 경우 강아지의 성장이 불량하게 된다.

③ 단백질
  ㉠ 강아지의 성장에 반드시 필요한 영양성분이다.
  ㉡ 사료 중 최소 22% 이상 포함되어 있어야 한다.
  ㉢ 단백질이 부족할 때에는 강아지의 성장에 문제가 될 수 있다.
  ㉣ 필요량은 강아지가 성장함에 따라 그 양이 줄어들 수 있다.

④ 칼슘
  ㉠ 칼슘과 인의 비율(Ca : P)과 칼슘의 절대량은 강아지의 뼈 성장에 큰 영향을 미친다.
  ㉡ 칼슘이나 인의 섭취량이 많을 경우 골격계 질환 발생률이 증가한다.
  ㉢ 자견의 적정한 칼슘량은 사료 중 약 1.1%(DMB)이다.
  ㉣ 위험한 환경에 있는 강아지에게는 칼슘이 함유된 보조제를 주지 말아야 한다.

(2) 노령견의 영양 관리

① 일반적으로 소형견은 7세 이상, 대형견은 5세 이상을 노령견으로 분류하게 된다.
② 노령견들은 성견과 비교하여 운동량과 대사율, 장운동, 질병에 대한 저항성 등이 떨어지지만, 사료 섭취량은 줄지 않는 경향을 보인다.
③ 성견 시기와 같은 사료를 계속 급여할 경우, 비만 및 기타 노인성 질병이 발생할 확률이 증가한다.
④ 노령견에 맞게 열량은 낮으면서 영양성분이 적절하게 함유되어 있는 사료를 선택해야 한다.
⑤ 건강한 노령견을 위한 중요 영양소 권장량

영양성분	권장량[%(DMB)]
단백질	18~20
지방	10~15
섬유소	3~7
칼슘	0.6
인	0.5
염분	0.2~0.35

(3) 임신기 및 수유기의 영양 관리

① 특징
  ㉠ 개의 임신 초기에는 추가적인 영양공급의 필요성은 낮다.
  ㉡ 개의 임신 후기에는 자궁 내 강아지의 급격한 성장에 따라 추가적인 영양공급이 필요하다.
  ㉢ 태어난 강아지에게 젖을 먹이게 되는 수유기에는 생산하는 젖의 양에 따라 더 많은 영양 섭취가 필요하다.

② 임신 초기 및 중기
  ㉠ 개는 수정란의 자궁내막으로의 착상이 매우 늦은 동물이다.
  ㉡ 임신 2~3주 후에 착상되어 그때부터 태반을 통한 추가적인 영양 공급을 시작하게 된다.
  ㉢ 임신 3~4주차 정도까지는 태아의 성장 속도가 느려 태아에게 공급되어야 할 영양분은 그리 크지 않다.
  ㉣ 임신 초기에는 어미개에게 주는 사료는 일반 성견에게 주는 사료 급여와 비슷하게 실시하면 된다.

③ 임신 후기
  ㉠ 임신한 어미개의 자궁 내 강아지는 임신 5~6주 이후부터 급속하게 성장을 하게 된다.
  ㉡ 자궁 내에서 강아지의 성장에는 성장기 강아지와 같이 고열량, 고단백의 영양 공급이 필요하다.

ⓒ 영양 공급의 경우, 임신 7주차에는 임신 전 평소 기간보다 15% 정도를 증량, 8주차에는 30%, 임신 말기에는 약 40%를 증량 급여한다.
ⓔ 자궁 내 강아지로 인해 어미개의 하복부가 압박을 받기 때문에 소화기관이 눌려 한 번에 많은 양의 사료를 섭취하기가 곤란하다.
ⓜ 임신 후기의 어미개에게는 사료를 평소보다 소량씩 자주 급여하는 것이 중요하다.
④ 수유기
　ⓐ 수유기의 어미개에게는 어린 강아지에게 공급해야 하는 젖의 생산으로 인해 많은 영양 공급이 필요하다.
　ⓑ 수유기 강아지가 필요로 하는 영양성분은 모두 어미개의 젖으로 공급받게 된다.

3 사료의 급식

(1) 사료의 일일 급여량

① 반려견의 기초대사량 RER(Resting Energy Requirements)

$$\text{기초대사량 RER} = \text{체중(kg)} \times 30 + 70\text{kcal}$$

② 반려견의 하루 에너지 필요량 DER(Daily Energy Requirements)

4개월 미만	RER × 3	중성화 성견	RER × 1.6
5개월~성견	RER × 2	과체중 성견	RER × 1.4
비중성화 성견	RER × 1.8	비만 성견	RER × 1

③ 일일 먹이 급여량 계산법

	생후 6~10주	체중의 6~7% 급여
소형견	생후 10~18주	체중의 4~5% 급여
	생후 18~26주	체중의 3~4% 급여
	생후 26주 이상	체중의 2~3% 급여
중대형견	소형견 급여량의 85% 정도로 급여하며, 성견은 체중의 1.2%~1.7% 정도 급여한다.	

④ 적정 사료 급여 횟수

생후 7주 이전	생후 7~16주	생후 17~28주	생후 29주 이후
5/day	4/day	3/day	2/day

(2) 사료의 종류

사료의 종류는 가공 과정에 따라 건식, 반습식, 습식, 생식으로 분류된다.
① 건식 : 전 세계적으로 주로 사용되는 사료의 유형으로, 수분 함유량이 10% 내외인 사료를 말한다.
② 반습식 : 수분 함유량이 15~35%로, 건식과 습식 사료의 중간 정도 되는 사료를 말한다.
③ 습식 : 캔이나 팩 등에 포장되는 스튜 형태의 사료로, 수분 함유량이 약 75%인 사료를 말한다.

④ 생식 : 반려동물의 소화기 증상이 개선된다고 알려져 최근 선호되고 있는 사료로, 별도의 열처리를 하지 않고 동결 건조시킨 사료를 말한다.

(3) 사료의 종류별 장단점

종류	장점	단점
건식	• 급여와 보관이 편리하다. • 치아 위생에 도움이 된다.	• 반려동물의 기호성이 보통이다. • 요로질환이 있는 반려동물의 경우, 질병이 재발할 가능성이 있다.
반습식	• 기호성이 높다. • 내용물이 부드러워 섭취하기 쉬우므로 노령견이나 치아 상태가 좋지 못한 개, 병후 회복기에 있는 개에게 제공하기 좋다.	• 곰팡이가 발생하기 쉽다. • 당뇨 질환이 있는 경우, 위험 가능성이 있다. • 변질의 우려가 있어 보관 시 유의해야 한다. • 치과 질환 발생 가능성이 있다.
습식	• 기호성이 매우 높다. • 수분 섭취량을 늘리는 데 도움을 주어 요로질환이 있는 경우 권장된다. • 탄수화물 함유량이 적어서 당뇨 질환이 있는 경우 권장된다.	• 변질의 우려가 있어 개봉 후 반드시 냉장 보관해야 한다. • 영양소의 불균형 가능성이 있다. • 치과 질환 발생 가능성이 있다.
생식	체내 흡수율이 뛰어나다.	• 영양소의 불균형 가능성이 있다. • 미생물 및 기생충 증식의 위험이 있다.

(4) 반려견의 금기 식품

① 초콜릿
  ㉠ 초콜릿에 들어있는 독소인 테오브로민은 구토와 설사, 갈증과 심장에 부정맥을 일으킬 수 있다.
  ㉡ 심한 경우 근육경련, 발작, 심장부정맥 등으로 강아지가 생명을 잃을 수 있으므로 주의해야 한다.

② 양파
  ㉠ 양파는 강아지의 적혈구를 파괴하는 독성작용을 일으키므로 주의해야 한다.
  ㉡ 적혈구 파괴로 인해 빈혈 증상이 생긴다.
  ㉢ 익힌 양파도 같은 증세를 일으킬 수 있다.
  ㉣ 구토, 설사, 식욕저하, 기력저하, 호흡곤란 등의 증상이 나타날 수 있다.

③ 포도, 건포도
  ㉠ 포도에는 신독성이 있어 강아지에게 신부전을 일으킨다.
  ㉡ 포도 단 몇 알로 3~4시간 안에 강아지가 목숨을 잃을 수도 있다.
  ㉢ 구토와 설사의 증상이 나타나고, 무기력과 식욕감퇴의 증상이 나타난다.

④ 땅콩
  ㉠ 땅콩이 들어있는 음식이나 땅콩 자체를 먹는 것은 치명적이므로 주의해야 한다.
  ㉡ 근육경련, 뒷다리 근육약화, 보행이상 등이 나타날 수 있다.

⑤ 카페인
  ㉠ 카페인은 중추신경을 자극하여 많은 양의 카페인을 섭취할 시 강아지가 목숨을 잃을 수도 있어 주의해야 한다.

     ⓒ 설사, 구토, 근육경련, 출혈 등의 증상이 나타난다.
     ⓓ 커피, 홍차, 코코아, 초콜릿, 콜라 등에도 카페인 성분이 함유되어 있으므로 주의해야 한다.
   ⑥ 닭 뼈
     ㉠ 뼈는 소화기계에 걸릴 수 있고, 소화과정 중에 장기를 긁어 염증을 일으키기 쉽다.
     ㉡ 구멍이 뚫리는 천공까지 나타날 수 있어 강아지에게 뼈를 주는 것은 주의해야 한다.

(5) 영양 불균형으로 인한 질병

① 비만
   ㉠ 특 성
     - 무거워진 체중 때문에 관절에 무리가 갈 수 있다.
     - 심혈관계질환의 발생률이 증가할 수 있다.
     - 열의 발산이 어려워 체온 조절이 힘들어진다.
     - 고양이에게는 비만이 당뇨병의 주요 위험 요인이 된다.
   ㉡ 처방식
     - 비만 동물의 사료는 체중 감량을 목적으로 낮은 열량과 적당한 단백질, 비타민, 무기질을 유지해야 한다.
     - 시중 사료 중 고섬유 · 저지방의 균형식 사료를 추천한다.
     - 식이섬유는 큰 부피감과 포만감을 주지만, 섭취하는 열량은 매우 낮아 비만 동물에게 적극 추천된다.
     - 처방식 급여와 하루 20분 정도의 운동을 실시한다.

② 식이 알레르기 피부 질환
   ㉠ 특 성
     - 동물의 식이 알레르기는 주로 단백질이 원인이 된다.
     - 전신 또는 발, 회음, 얼굴 부위를 포함한 국소 부위의 소양감을 주 증상으로 한다.
     - 개에서는 소고기, 유제품, 밀 글루텐이 원인인 경우가 많다.
     - 고양이에서는 소고기, 유제품, 생선이 원인인 경우가 많다.
   ㉡ 처방식
     - 단백질 가수분해 기술로 알레르기 원성을 낮춘 식이 알레르기 전용 사료를 급여한다.
     - 소화가 잘되는 단백질이나 한두 종류의 단백질만 포함한 제한된 식이를 한다.

③ 당뇨병
   ㉠ 특 성
     - 췌장의 내분비 세포가 정상적인 기능을 하지 못해 발생한다.
     - 인슐린이 충분하지 않을 때, 지방과 단백질을 분해해 에너지로 활용하기 때문에 체중 감소가 나타난다.
     - 당뇨병에 걸린 동물들은 섭취하는 사료에 따라 혈당 수치가 크게 변하게 되므로 사료의 선택이 중요하다.

ⓒ 처방식
　　　• 적절한 단백질 함량, 낮은 지방, 불용성 탄수화물(식이섬유)이 많이 함유된 사료가 좋다.
　　　• 지방의 함량을 낮추면 전체적인 에너지 섭취량을 줄일 수 있고, 고지방에 따른 비정상적인 지방 대사를 예방할 수 있다.
④ 만성신부전
　　㉠ 특 성
　　　• 장기간 지속된 신장질환으로 인한 것으로, 일반적으로 동물이 나이가 들어감에 따라 발생할 확률이 올라가는 질병이다.
　　　• 나이 든 개와 고양이는 어느 정도의 신장질환을 가지고 있다.
　　ⓒ 처방식
　　　• 신장 기능 손상을 줄일 수 있는 사료의 급여가 필요하다.
　　　• 영양학적으로는 근육량 손실을 예방할 수 있을 정도의 적절한 양질의 단백질을 제공한다.
　　　• 인(P) 성분은 최소화하여 급여한다.

CHAPTER PART 2 반려동물 관리학

02 실전예상문제

01 다음 설명 중 단백질의 기능으로 옳은 것은?

① 혈당을 유지시킨다.
② 뇌의 주요 에너지 급원이다.
③ 신체조직과 근육섬유의 구성성분이다.
④ 지용성 비타민의 흡수를 돕고, 필수지방산의 공급원이 된다.

해설 ③ 단백질은 생명 유지 및 대사 작용에 필수적인 영양소로, 신체조직과 근육섬유의 구성성분이다.
①, ②는 탄수화물, ④는 지방에 대한 설명이다.

02 다음 중 비타민에 대한 설명으로 옳은 것은?

① 에너지를 발생시킨다.
② 세포의 중추적인 역할을 한다.
③ 영양소의 대사작용에 관여하지 않는다.
④ 정상적인 발육과 생리 작용 유지에 필요하다.

해설 비타민은 에너지원으로 사용되지 않지만, 소량으로 체내에서 대사작용을 조절하는 기능을 한다. 또한 동물의 정상적인 발육과 생리 작용을 유지에 필요하며, 부족 시 결핍증, 과잉 시 과잉증이 나타나기도 한다.

03 칼슘과 함께 뼈 성장에 큰 영향을 미치는 무기질로, 섭취량이 많을 경우 골격계 질환 발생률을 증가시키는 것은?

① 인(P)
② 철(Fe)
③ 칼륨(K)
④ 마그네슘(Mg)

해설 인(P)의 기능
뼈와 치아 형성, 산·염기 평형, 효소와 조효소의 구성성분, 세포막 구성성분, 포도당의 흡수·대사에 관여

01 ③ 02 ④ 03 ① 정답

04 다음 중 체내 물에 대한 설명으로 옳지 않은 것은?

① 혈액과 림프의 성분이다.
② 체온 조절, 신진대사를 증진시킨다.
③ 관절의 윤활과 완충 역할을 한다.
④ 주요 에너지원으로, 동물 체중의 약 70%를 차지한다.

해설 물은 에너지원은 아니지만, 신진대사를 위해 꼭 필요한 요소로 동물 체중의 약 70%를 차지한다.

05 다음 중 처방식에 대한 설명으로 옳지 않은 것은?

① 질병이 있는 동물을 위한 사료로, 증상의 완화와 개선을 목적으로 한다.
② 비만 상태인 개의 경우에는 칼로리를 적게 공급할 것을 권한다.
③ 성장기 개에게 탄수화물은 최소 22% 이상 필요하다.
④ 신장질환이 있다면 인이 많이 포함된 음식은 피해야 한다.

해설 성장기 개에게 단백질은 최소 22% 이상 필요하다.

06 동물의 건강 상태에 따라 권장되는 사료에 대한 설명으로 옳지 않은 것은?

① 치아가 튼튼한 건강한 동물에게는 건조 사료가 알맞다.
② 당뇨질환이 있는 동물의 경우 반습식 사료가 알맞다.
③ 식욕이 없고 반습식 사료조차 먹지 않는 동물에게는 생식 사료가 알맞다.
④ 반습식 사료는 냉장 보관하더라도 곰팡이가 생길 수 있어서 개봉 후 1개월 이내 소비하는 것이 좋다.

해설 당뇨질환이 있는 동물의 경우, 반습식 사료는 위험 가능성이 있다.

정답 04 ④ 05 ③ 06 ②

07 4개월 미만 반려견의 하루 에너지 필요량(DER)으로 옳은 것은?

① RER × 3
② RER × 2
③ RER × 1.4
④ RER × 1

해설 반려견의 하루 에너지 필요량 DER(Daily Energy Requirements)

4개월 미만	RER × 3	중성화 성견	RER × 1.6
5개월~성견	RER × 2	과체중 성견	RER × 1.4
비중성화 성견	RER × 1.8	비만 성견	RER × 1

* 반려견의 기초대사량 RER(Resting Energy Requirements)

$$기초대사량(RER) = 체중(kg) \times 30 + 70\,kcal$$

08 건식 사료의 특징으로 옳은 것은?

① 기호성이 매우 높다.
② 치아 위생에 도움이 된다.
③ 체내 흡수율이 뛰어나다.
④ 수분 섭취량을 늘리는 데 도움을 준다.

해설 건식 사료는 급여와 보관이 편리하며, 치아 위생에 도움이 된다. 반면 반려동물의 기호성은 보통이다.

09 반려견에서 급여해서는 안 되는 금기 과일에 해당하는 것은?

① 배
② 딸기
③ 포도
④ 바나나

해설 포도에는 신독성이 있어 강아지에게 신부전을 일으킨다. 또한 구토와 설사, 무기력과 식욕감퇴 등의 증상이 나타날 수 있다.

10 개의 임신기 및 수유기의 영양 관리로 옳은 것은?

① 개는 임신 초기부터 추가적인 영양공급이 필요하다.
② 임신 초기 어미개에게는 평소 2배의 사료를 공급한다.
③ 자궁 내에서 강아지의 성장에는 고열량, 고지방의 영양 공급이 필요하다.
④ 임신 후기의 어미개에게는 사료를 평소보다 소량씩 자주 급여하는 것이 중요하다.

해설 ① 개의 임신 초기에 추가적인 영양공급의 필요성은 낮다.
② 임신 초기 어미개에게 주는 사료는 일반 성견에게 주는 사료 급여와 비슷하게 실시하면 된다.
③ 자궁 내에서 강아지의 성장에는 성장기 강아지와 같이 고열량, 고단백의 영양 공급이 필요하다.

11 다음에서 설명하는 사료의 종류는?

> 캔이나 팩 등에 포장되는 스튜 형태의 사료로, 수분 함유량이 약 75%인 사료를 말한다.

① 건식 사료
② 반습식 사료
③ 습식 사료
④ 생식 사료

해설 • 건식 : 전 세계적으로 주로 사용되는 사료의 유형으로, 수분 함유량이 10% 내외인 사료를 말한다.
• 반습식 : 수분 함유량이 15~35%로, 건식과 습식 사료의 중간 정도 되는 사료를 말한다.
• 습식 : 캔이나 팩 등에 포장되는 스튜 형태의 사료로, 수분 함유량이 약 75%인 사료를 말한다.
• 생식 : 반려동물의 소화기 증상이 개선된다고 알려져 최근 선호되고 있는 사료로, 별도의 열처리를 하지 않고 동결 건조시킨 사료를 말한다.

12 노령견의 영양관리로 옳은 것은?

① 비만 및 기타 노인성 질병이 발생할 확률이 감소한다.
② 신장병이 있다면 단백질의 섭취량을 늘이는 것이 좋다.
③ 열량은 낮으면서 영양성분이 적절하게 함유되어 있는 사료를 선택한다.
④ 칼로리 소모가 보통 성견 때보다 증가하므로 체중이 감소하지 않도록 식이조절이 필요하다.

해설 ① 비만 및 기타 노인성 질병이 발생할 확률이 증가한다.
② 신장병이 있다면 단백질의 섭취량을 줄이는 것이 좋다.
④ 칼로리 소모가 보통 성견 때보다 감소하기 때문에 체중이 늘지 않도록 식이조절이 필요하다.

13 어린 강아지(자견)의 영양 관리로 옳은 것은?

① 강아지는 5~6주령에 이유를 시킨다.
② 강아지의 성장에 반드시 필요한 영양성분은 탄수화물이다.
③ 강아지의 안전하고 적정한 칼슘량은 사료 중 약 2.2%(DMB)이다.
④ 어린 강아지는 다 자란 성견과 비교하여 체중(kg)당 2배의 열량이 필요하다.

해설 ① 강아지는 3~4주령에 이유를 시킨다.
② 강아지의 성장에 반드시 필요한 영양성분은 단백질이다.
③ 자견의 안전하고 적정한 칼슘량은 사료 중 약 1.1%(DMB)이다.

14 반려견의 비만으로 인한 신체의 변화로 옳지 않은 것은?

① 무거워진 체중 때문에 관절에 무리가 갈 수 있다.
② 심혈관계질환의 발생률이 증가할 수 있다.
③ 열의 발산이 어려워 체온 조절이 힘들어진다.
④ 전신 또는 발, 회음, 얼굴 부위를 포함한 국소 부위의 소양감이 나타난다.

해설 비만보다는 식이 알레르기 피부 질환과 관련이 깊다.

15 영양 불균형으로 인한 질병 중 다음 설명에 해당하는 것은?

- 췌장의 내분비 세포가 정상적인 기능을 하지 못해 발생한다.
- 사료에 따라 혈당 수치가 크게 변하게 되므로 사료의 선택이 중요하다.

① 비 만
② 당뇨병
③ 만성신부전
④ 식이 알레르기 피부 질환

해설 당뇨병에 대한 설명이다. 당뇨병에 걸린 동물들은 섭취하는 사료에 따라 혈당 수치가 크게 변하게 되므로 사료의 선택이 중요하다.

CHAPTER 03 건강관리

1 반려견 성장 및 건강 상태 확인

(1) 견종에 따른 성장 및 영양 상태 분석

① 반려견의 품종 확인 : 반려견 품종은 견종 표준에 따라 구분하여 표시하며 두 개의 품종이 섞여 있는 경우에는 가장 근접한 품종으로 기재하고, 전혀 품종에 해당하지 않는 경우에는 혼합 종(Mix)으로 표시한다.

② 크기와 체중에 따른 분류

㉠ 반려견은 체중과 크기에 따라 초소형견, 소형견, 중형견, 대형견, 초대형견의 5등급으로 분류하며, 최근에는 6단계로 새롭게 제시되고 있다.

㉡ 5등급 크기 분류

초소형견	25cm 미만, 5kg 미만	치와와, 요크셔테리어 등
소형견	25~40cm, 5~10kg	시츄, 퍼그, 닥스훈트 등
중형견	40~55cm, 10~25kg	코카 스파니엘, 비글 등
대형견	55~70cm, 25~40kg	리트리버, 허스키, 하운드, 잉글리시 불도그 등
초대형견	70cm 이상, 40kg 이상	마스티프, 세인트버나드, 그레이트 피레니즈 등

㉢ 신(新) 6단계 크기 분류

I	6.5kg 미만	치와와, 요크셔테리어, 말티즈, 토이 푸들, 포메라니언, 미니어처 핀셔
II	6.5~9kg 미만	시츄, 페키니즈, 닥스훈트, 비숑프리제, 랫테리어, 잭러셀테리어
III	9~15kg 미만	폭스테리어, 퍼그, 보스턴테리어, 아메리칸 코커스패니엘
IV	15~30kg 미만	오스트리안 셰퍼드, 차우차우, 바셋 하운드, 시베리안 허스키
V	30~40kg 미만	저먼 셰퍼드 독, 골든 리트리버, 래브라도 리트리버, 아메리칸 불도그
VI	40kg 이상	로트바일러, 그레이트 덴, 마스티프

㉣ 체중 측정 : 반려견 체중 측정은 전자저울을 사용하여 kg으로 표시한다. 대형견의 경우 전자저울에 직접 올려놓고 측정할 수 없기 때문에 사람이 대형견을 안고 무게를 측정한 후에 사람의 체중을 빼서 대형견의 체중을 계산하는 방법을 사용한다.

> 사람과 반려견의 체중(kg) − 사람의 체중(kg) = 반려견의 체중(kg)

③ 반려견 성장 상태 분석
  ㉠ 반려견의 성장 곡선
    • 반려견은 견종에 따라 성장의 속도와 기간이 다르다.
    • 일반적으로 소형견은 생후 8~10개월, 중형견은 10~14개월, 대형견은 18~24개월이 되어야 성장이 완료된다.
    • 반려견의 성장 곡선을 보면 생후 6개월 동안은 모든 반려견이 급격한 직선 형태를 보이지만 이후에는 견종에 따라 고유한 곡선을 그리며 성견으로 성장한다.

[반려견의 성장곡선]

  ㉡ 반려견의 성장단계 확인
    • 보호자에게 반려견의 나이를 물어보도록 하며, 자견의 경우에는 현재 생후 몇 개월인지를 정확하게 확인한다.
    • 자견, 성견, 노령견의 일반적 구분

자견	성견	노령견
1년 미만	1~6년	7년 이상

    • 치아 및 골격 상태를 보고 나이를 파악한다.
    • 반려견의 치아 발육

2개월령	유치가 전부 돌출된다.
4개월령	위턱과 아래턱의 앞니 2개가 영구치로 교체된다.
7개월령	모든 유치가 영구치로 교체된다.
1~2년령	아래턱의 앞니 2개가 마모된다.
2~3년령	아래턱의 앞니 4개가 마모된다.
3~4년령	아래턱의 앞니 4개와 위턱의 앞니 2개가 마모된다. 약간의 치석이 생긴다.
4~5년령	아래턱의 앞니 4개와 위턱의 앞니 4개가 마모된다. 치석의 양이 증가한다.
5년령 이상	• 아래턱의 앞니 6개가 마모되고 위턱의 앞니 6개가 마모된다. • 많은 양의 치석이 존재한다.

④ 신체 충실지수(Body Condition Scoring ; BCS)의 평가
  ㉠ 반려견 신체 충실지수(BCS)는 비만 또는 저체중을 평가하는 지표이다.
  ㉡ 신체 충실지수(BCS) 평가 방법
    • 눈으로 갈비뼈와 뼈의 융기부를 확인한다.
    • 갈비뼈는 양쪽으로 각 13개로 구성되어 있으며, 갈비뼈 사이가 촉진되는지를 확인한다.
    • 손으로 피부를 들어 올려 피하지방의 두께를 확인한다.
  ㉢ 신체 충실지수(BCS) 5등급 평가

등급	체형	상태	평가 기준
BCS 1		야윔	• 약간 떨어진 곳에서도 갈비뼈를 쉽게 눈으로 관찰 가능함 • 뼈의 융기부를 쉽게 관찰할 수 있으며, 피하지방이 없음
BCS 2		저체중	약간의 지방이 갈비뼈를 덮고 있으며 갈비뼈를 쉽게 눈으로 관찰 가능함
BCS 3		정상	• 갈비뼈를 쉽게 촉진할 수 있음 • 뼈의 융기부를 약간의 지방층이 덮고 있음
BCS 4		과체중	지방층으로 인해 갈비뼈를 쉽게 촉진하기 어려움
BCS 5		비만	갈비뼈를 만질 수 없고 두꺼운 지방층으로 덮여 있음

⑤ 현재 급여 중인 사료 및 간식의 종류와 급여량 확인
  ㉠ 사료의 종류 확인
    • 상업용 사료는 대부분 건식사료 형태로 성장 단계별로 제품이 출시되어 있다.
    • 성장단계에 따라 요구되는 영양소를 기준으로 자견, 성견, 노령견 사료로 구분된다.
    • 반려견 크기에 따라서 소형견용, 대형견용 사료로도 출시된다.
    • 특정 질병을 가지고 있는 경우에는 처방식 사료를 급여하는 경우도 있다.
    • 반려견 위탁관리 시에도 가정에서 급여하던 사료를 제공하는 것이 좋다. 필요한 경우 보호자에게 가정에서 급여하던 사료를 가져오도록 안내한다.
  ㉡ 간식의 종류 확인
    • 간식은 보조식품으로 씹는 껌, 육포, 비스킷, 치즈 등 다양한 형태가 있다.
    • 사료를 섭취하는 경우 영양학적 균형이 잘 조성되어 있기 때문에 간식이 필요하지 않으며 훈련 및 교육 시에 보상용으로 제공할 때는 하루에 섭취할 총칼로리의 10% 이내로 제한적으로 제공한다.
  ㉢ 일일 급여량 확인
    • 반려견의 기초대사량 RER과 하루 에너지 필요량 DER를 확인하여 부족 또는 과잉 급여되는지 확인한다.
    • 반려견의 연령에 따라 사료 급여 횟수가 적절한지 확인한다.
  ㉣ 식습관 파악
    • 가정에서 자유급식 혹은 제한급식이 이루어지는지를 파악한다.
    • 제한급식의 경우 일일 몇 번 제공하는지 확인한다. 또한 건식사료 위주의 섭취인지, 간식 위주의 섭취인지 확인한다.

⑥ 반려견의 성장 상태에 관한 분석 결과 도출
  ㉠ 성장 단계에 적합한 사료가 제공되는지 여부를 판단한다.

이유 전	어미 개의 젖을 먹을 수 있는 환경이 아니면 단백질과 지방이 많으나 유당이 포함되지 않은 애견용 분유를 먹여야 한다.
생후 3주~3개월	• 이유와 함께 자견용 사료를 급여하며 처음 며칠은 너무 차지 않은 물에 불려준다. • 적정량을 섭취한 애견의 대변은 어느 정도 수분이 있고 형태가 분명하고 적당히 단단하여 휴지로 줍기 쉽다.
생후 3~6개월	이 시기는 사회화 과정이 진행되는 때여서 먹이를 이용한 훈련을 하기 좋은 때이다.
생후 6개월~1년	식사량과 횟수를 서서히 줄여서 하루 2번만 급여를 한다.
1~6년	성견용 사료만 주고, 충분한 운동으로 비만을 예방한다.
6년 이상	노령견용 사료를 급여하고, 질병이나 허약할 때는 처방식을 먹인다.
임신견과 수유견	임신 4~5주부터는 평상시보다 양을 늘리며, 수유기에는 세 배 이상 늘려야 한다.

  ㉡ 정상적인 성장 상태, 저체중, 비만 여부를 판단한다.

(2) 반려견의 신체 활력징후 측정

① 체온 측정
- ㉠ 일반적으로 직장 온도를 측정하며, 전자체온계를 항문에 삽입한 후 1~2분 정도 후 측정한다.
- ㉡ 항문에 심한 통증이 있는 경우 귀를 이용해 고막 체온계로 측정한다.
- ㉢ 개의 정상 체온 범위는 37.7~39.0℃이다.

> **더알아보기 열이 있는지 확인하는 다양한 방법**
> - 평상시에 귀를 만져본다. 귀를 만졌을 때 평상시에는 차게 느껴지지만 열이 있을 때는 따뜻하게 느껴진다.
> - 표피층이 얇은 다리 사이를 만져본다. 열이 있는 경우에는 몸이 뜨겁다는 것을 알 수 있다.
> - 코가 마르고 윤기가 없는지 살펴본다. 열이 높은 경우 코가 말라있는 것을 볼 수 있다.
> - 입이나 코의 호흡을 느껴본다. 평상시보다 뜨겁다고 느낄 때 열이 있을 수 있다.

② 맥박수 측정
- ㉠ 맥박수는 반려견의 뒷다리 안쪽에 있는 넙다리동맥에서 측정한다.
- ㉡ 검지 또는 중지 손가락을 이용하여 넙다리동맥을 촉진하고 가장 파동이 잘 느껴지는 부위를 찾는다.
- ㉢ 넙다리동맥에서 1분 동안 파동수를 측정한다. 정상 맥박수는 반려견의 크기에 따라 다르지만 60~160회/분이다.
- ㉣ 반려견 크기에 따른 정상 맥박수 범위

소형견	중형견	대형견
90~160회/분	70~110회/분	60~90회/분

③ 호흡수 측정
- ㉠ 호흡수는 반려견이 최대한 편안한 상태에서 가슴과 배부위의 움직임을 관찰하며 1분 동안 측정한다.
- ㉡ 정상 호흡수는 16~32회/분이다.

④ 혈압 측정
- ㉠ 혈압은 혈관 속을 흐르는 혈액이 혈관에 미치는 압력으로, 심장에서 밀어낸 혈액이 혈관에 와서 부딪히는 압력이다. 이때 혈압은 심박수와 전신 혈관 저항 및 1회 박출량에 의해 결정되며 순환 혈액량 감소, 심부전, 혈관 긴장도 변화에 의해 변동될 수 있다.
- ㉡ 개의 정상 혈압(mmHg)

이완기 혈압	수축기 혈압	평균 혈압
60~110	100~160	90~120

(3) 반려견의 신체 검사

① 머리 부위

눈	• 맑고 투명한 상태로 눈 주위가 깨끗해야 정상이다. • 비루관 폐쇄로 인한 유루증, 결막 부위 충혈, 눈곱, 각막혼탁, 백내장 등의 존재 여부를 관찰한다.
귀	• 귓속이 깨끗하고 분비물이 없는 상태가 정상이다. • 귓바퀴가 부어있거나 발적, 노란색 또는 갈색의 귀 분비물이 있는 경우에는 비정상이다.
코	• 촉촉하고 콧물 등이 없는 상태가 정상이다. • 코가 건조하거나 콧물, 콧구멍 협착 등이 있는 경우에는 비정상이다.
구강	• 입 내부와 치아 상태를 관찰한다. • 구강 점막의 색은 분홍색이 정상이며, 치아는 치석이 없으며 깨끗한 상태가 정상이다. • 유치 잔존, 치석, 입 냄새, 잇몸이 붓거나 손실된 경우는 비정상이다.

② 몸통 부위

  ㉠ 피부의 상태를 관찰한다.
  ㉡ 탈모, 비듬, 구진, 결절, 종괴, 상처 등이 있는 경우에는 비정상이다.
  ㉢ 털의 상태를 관찰하고 윤기가 없이 건조한 경우는 비정상이다.
  ㉣ BCS를 측정하여 영양 상태를 평가한다.

③ 생식기 부위

  ㉠ 중성화 수술 여부를 보호자에게 질문을 통해 확인한다.
  ㉡ 암컷의 경우, 5쌍(10개)의 유선 부위를 촉진하고 종괴가 만져지는지 확인하며, 외음부의 종창 및 분비물 발생 여부를 확인한다.
  ㉢ 수컷의 경우, 고환과 음낭을 촉진하여 잠복고환 여부를 확인하며, 항문낭을 관찰하고 항문 주위의 청결 상태를 확인한다.

④ 다리 부위

  ㉠ 반려견이 편안한 상태에서 앉거나 서 있는 자세를 평가한다.
  ㉡ 보행 시에 절룩거림, 다리 뒤틀림, 통증 등이 있는지 확인한다.

(4) 반려견의 평상시 건강 상태 확인

① 간단한 건강관리 체크

  ㉠ 건강상태를 체크하는 요령은 동물병원에서 주기적으로 하는 것이 중요하나 간단하게 집에서 컨디션을 체크할 수도 있다.

• 식욕이 떨어진다. • 간식을 피한다. • 코가 말라 있다. • 사람 옆에 오거나 노는 것을 귀찮아한다. • 몸을 자주 긁는다.	• 일정한 곳을 자주 핥는다. • 변이 좋지 않다(설사, 혈변, 냄새가 심하다). • 귀에 열이 높다. • 구토를 한다. • 기침을 자주 한다.

     ⓒ 건강한 반려견을 위한다면 평상시에 관찰하는 습관을 들여야 한다.
     ⓒ 반려견에게서 평소와는 다른 이상 증세가 발견된 경우, 동물병원을 방문하여 진료 및 치료를 받도록 한다.
② 정상 상태의 신체 특징

항 목	상 태
눈	분비물이 없고 깨끗하고 맑아야 한다.
코	분비물이 없고 깨끗한 모습이어야 한다.
귀	깨끗하고 불쾌한 냄새가 나지 않아야 한다.
입	깨끗해야 한다.
체 형	품종에 맞는 체중과 체형을 보여야 하고 적정한 체중을 유지해야 한다.
걸음걸이	정상적인 걸음걸이를 보여야 하고, 절거나 통증을 느끼지 않아야 한다.
구강/점막	잇몸 점막은 밝은 분홍색을 띠어야 하고, 모세혈관 재충만 시간은 2초 이내로 유지해야 한다.
소 변	맑고 연한 노란색을 띠어야 하고, 배뇨 시 힘들어하지 않아야 한다.
대 변	견고하고 갈색을 나타내야 하고, 배변 시 변비나 통증이 없어야 한다.
식 이	먹이에 관심을 보이며 물을 편안하게 잘 먹어야 한다.
외음부	비정상 삼출물이 없어야 한다.
생체지수	체온, 맥박수, 호흡수는 정상범위에 들어가야 한다.

③ 비정상 상태의 신체 특징

항 목	상 태
눈	유루증, 눈곱, 결막 충혈, 결막염, 각막염, 수정체 혼탁
코	건조, 콧구멍의 협착, 콧물, 비강 분비물의 농
귀	귓바퀴 종창, 발적
입	구토, 기침
체 형	비만, 저체중
걸음걸이	절거나 통증 소견 보임
구강/점막	구개열, 젖니 잔존, 치석, 비정상 색깔의 구강점막
소 변	다음, 다뇨, 배뇨곤란, 혈뇨, 소변감소증
대 변	변비, 설사
식 이	식욕감퇴, 폭식, 이식증
외음부	자궁내막염, 자궁축농증, 유산
생체지수	체온, 맥박수, 호흡수의 비정상범위

(5) 건강검진과 질병의 조기 발견
  ① 건강검진
    ㉠ 건강검진을 할 때는 지정된 동물병원을 이용한다.
    ㉡ 검진은 질병의 징후 및 해부학적 대칭성의 차이 등을 검사한다.
    ㉢ 건강검진으로 개들에게 일어날 수 있는 질병을 미리 발견하여 조기 치료를 할 수 있으며, 건강상에 문제를 발견하게 되면 치료 방향을 미리 준비하여 건강한 삶을 유지하게 할 수 있다.
    ㉣ 요즘은 의료기술이 발전하여 동물병원 의료 진단기로도 다양한 질병을 미리 찾아낼 수 있다.
    ㉤ 건강검진은 어린 강아지나 노령견 등의 건강을 체크하는 데 큰 도움이 된다.
  ② 질병의 조기 발견
    ㉠ 건강검진이나 호흡, 맥박, 체온 등을 측정하는 방법을 통해 건강 상태를 체크하면 개의 질병을 초기에 발견하고 치료하여 건강 회복에 도움을 줄 수 있다.
    ㉡ 반려견은 아파도 사람처럼 표현을 제대로 하지 못하기 때문에 소화기 계통 질환이 확인되고 신음을 하거나 증상이 나타날 정도가 되면 이미 건강상의 문제가 한참 진행되었다고 볼 수 있다. 그러므로 평상시에 반려견의 상태와 건강을 체크하는 것을 잊어서는 안 된다.

2 반려견의 전염성 질환, 기생충 질환 및 예방접종

(1) 바이러스성 전염 질환
  ① 디스템퍼(개 홍역, Distemper)
    ㉠ 병원체 : 디스템퍼 바이러스
    ㉡ 급성 전염성 열성 질환으로, 전염성이 강하고 폐사율이 높은 전신 감염증이다.
    ㉢ 증상 : 눈곱, 결막염, 소화기 증상(식욕부진, 구토, 설사), 호흡기 증상(노란 콧물, 기침), 피부 증상(피부각질), 신경 증상(후구마비, 전신성 경련) 등이 나타난다.
    ㉣ 침이나 눈물, 콧물을 통해 주로 전파되며, 개과의 개, 여우, 이리, 너구리 및 족제비과의 족제비, 밍크, 스컹크, 페럿 등에 공통적으로 감염된다.
    ㉤ 치료 : 수액처치, 면역촉진제, 수혈 및 면역혈청 등의 치료가 필요하다.
  ② 전염성 간염
    ㉠ 병원체 : 아데노 바이러스 Ⅰ형
    ㉡ 병에 걸린 개의 분변, 침, 오염된 식기 등을 통해 감염되며, 1세 미만의 강아지가 걸리면 높은 사망률을 보인다.
    ㉢ 증상 : 구토, 설사, 복통이 일어나고 편도가 붓거나 입안의 점막이 충혈되고 점상으로 출혈이 일어나기도한다. 회복 후 각막의 혼탁이 오기도 한다.
    ㉣ 치료 : 수액, 수혈, 비타민제 및 항생물질 투여 등이 필요하다.
  ③ 파보 바이러스 감염증(장염)
    ㉠ 병원체 : 파보 바이러스
    ㉡ 전염력과 폐사율이 매우 높은 질병이다.

ⓒ 어린 연령일수록, 백신 미접종일수록 증상이 심하게 나타나며 심한 구토와 설사가 나타난다.
ⓔ 증상

심장형	3~8주령의 어린 강아지에서 많이 나타나며, 심근 괴사 및 심장마비로 급사한다.
장염형	8~12주령의 강아지에서 다발하고, 구토를 일으키고 악취나는 회색 설사나 혈액성 설사를 하며 급속히 쇠약해지고 식욕이 없어진다.

ⓜ 치료 : 수액처치, 면역촉진제, 수혈 및 면역혈청 등의 치료가 필요하다.

④ 파라 인플루엔자 기관지염
  ⓐ 병원체 : 파라 인플루엔자 바이러스
  ⓑ 전염성이 매우 빠르며, 감염 후 8~10일이면 호흡기를 통해 바이러스가 배출되어 공기 중에 전파된다.
  ⓒ 증상 : 눈 주위가 마르고, 심한 기침, 점액성 콧물이 난다. 또한 발열 증상 및 식욕 감퇴 등의 증상을 보이며, 7일 이상 지속 시 폐렴 증세를 보이기도 한다.
  ⓓ 종합 백신의 접종과 철저한 소독이 필요하다.

⑤ 코로나 바이러스 장염
  ⓐ 병원체 : 코로나 바이러스
  ⓑ 개과에 속하는 모든 동물에 감수성이 높고, 병든 개의 분변 내에 있는 병원체는 6개월 이상 감염력을 가진다.
  ⓒ 증상 : 구토와 설사가 주요 증상이며, 파보 바이러스 감염증의 증상과 유사하나 열이나 혈변 발생 등은 약하다.
  ⓓ 예방접종과 철저한 소독이 필요하다.

⑥ 광견병
  ⓐ 병원체 : 광견병 바이러스
  ⓑ 광견병 바이러스를 가진 동물에게서 전염된다. 광견병은 개뿐만 아니라 야생 여우, 너구리, 박쥐, 코요테 및 사람도 감염될 수 있다.
  ⓒ 광견병 바이러스는 침을 통해 체내 조직에 침입한 뒤 척추 내 중추신경계를 통해 뇌까지 이동하여 증상을 일으킨다.
  ⓓ 증상
    • 발열, 두통, 식욕저하, 구토 등이 나타난다.
    • 침을 흘리면서 배회하거나 흥분, 경련, 혼수상태 등 비정상적인 신경 증상이 나타난다.
  ⓔ 백신접종이 최우선 예방법이다.

(2) 세균성 전염 질환

① 전염성 기관기관지염(켄넬코프)
  ㉠ 병원체 : 바이러스 및 여러 종류의 세균이 복합적 원인체로 작용한다.
  ㉡ 호흡기 질병으로, 어린 강아지와 면역력이 약한 노령견에서 흔히 나타난다.
  ㉢ 개 여러 마리가 한 공간의 견사를 공유하는 환경에서 발생하기 쉽기 때문에 견사(Kennel)와 기침(Cough)이 합쳐진 켄넬코프라는 병명이 붙었다.
  ㉣ 증상 : 기침, 기관지염, 심한 경우 폐렴이 진행된다.
  ㉤ 치료 : 수액, 기침억제제, 항생제 등의 투여가 필요하다.

② 렙토스피라증
  ㉠ 원인 세균 : Leptospira속 감염균
  ㉡ 개뿐만 아니라 고양이, 기타 야생 동물들의 오줌을 통해 배설되어 흙, 지하수 등을 오염시키며 혈액 내로 침투한다.
  ㉢ 주로 여름철이나 9~10월 추수기에 많이 발병한다.
  ㉣ 증상 : 초기에는 근육통, 고열이 있다가 더 진행되면 급성 및 만성 신염과 간염을 일으키며, 황달, 폐출혈, 전신 출혈 등이 나타나기도 한다.
  ㉤ 치료 : 종합백신접종으로 예방한다.

(3) 기생충 질환

① 심장사상충증
  ㉠ 혈액 내 기생충성 질환으로, 심장사상충이 심장이나 폐동맥에 기생하여 발생한다.
  ㉡ 주로 모기가 전파하며, 감염 시 심장과 폐, 피부에 심장사상충 질병을 유발한다.
  ㉢ 감염 경로

  > 감염견 몸 속에서 유충 생성 → 감염견의 피를 모기가 흡입할 때 유충도 함께 흡입 → 모기 체내 유충은 감염력을 가진 감염 유충으로 성장 → 모기가 다른 건강한 개의 혈액을 흡입할 때 감염 유충이 피부 속으로 유입 → 개의 혈액을 타고 심장 및 폐에 도달 → 성충으로 자라 질병을 일으키며 많은 유충 배출

  ㉣ 감염 증상 : 만성 기침, 피로 등을 일으키며, 폐동맥을 막아 호흡곤란·발작성 실신·운동기피 등의 증상을 나타낸다. 말기에는 복수·하복부의 피하부종·흉수 등이 발현되기도 한다.
  ㉤ 키트, 초음파, X-ray 등으로 감염 여부를 진단할 수 있다.
  ㉥ 모기가 활동하는 늦은 봄부터 초가을 사이에 감염될 가능성이 높다.
  ㉦ 예방 : 심장사상충 예방용 구충제를 투약한다.

② 바베시아증
  ㉠ 혈액 속에 기생하는 바베시아라는 원충에 감염되어 나타나는 질병으로, 참진드기가 매개한다.
  ㉡ 감염 증상 : 적혈구가 파괴되어 빈혈이 생기고, 입술 점막이 파래지거나 소변이 갈색을 띠는 증상이 나타난다.
  ㉢ 예방 및 치료 : 참진드기가 기생하지 않도록 정기적으로 살충제를 주변에 살포하는 것이 좋다.

③ 소화기 내부 기생충 질환

회충증	• 회충은 가장 흔한 내장 기생충이다. • 임신한 모견의 태반을 통해 태아로 이동할 수 있으며, 강아지 입양 시 감염되어 있을 수 있기 때문에 입양 즉시 구충을 실시한다. • 구충은 3주령에 1차로 실시하며, 3개월 간격으로 추가로 실시한다. • 회충 감염 증상 : 성장지연, 구토, 탈수, 폐렴 등
십이지장충증(구충증)	• 십이지장충은 소장 부위에 주로 기생한다. • 십이지장충 감염 증상 : 피로, 식욕부진, 검은 점액성 대변, 소장벽 출혈에 의한 빈혈 등
편충증	• 편충은 맹장이나 결장에 주로 기생한다. • 편충 감염 증상 : 만성적인 염증, 혈액성 및 점액성 설사 등
조충증	• 조충은 항문 주위에 기생하며, 벼룩이 매개가 되어 감염된다. • 조충증 증상 : 설사, 식욕부진, 엉덩이를 땅에 문지르는 행동 등

(4) 반려견 예방접종

① 개 종합백신(DHPPL)
  ㉠ 5종류의 전염성이 강한 질병을 예방해준다.
  ㉡ 예방 가능 질병 종류

> • 디스템퍼
> • 전염성 간염
> • 파보 바이러스성 장염
> • 파라 인플루엔자성 기관지염
> • 렙토스피라증

  ㉢ 접종 시기와 간격
    • 생후 6주령에 1차 접종을 하며, 2주 간격으로 5차 접종을 한다.
    • 성견인 경우, 매년 1회 이상 추가 접종한다.
    • 번식 가능 암컷인 경우, 교배 전 접종하며 구충제도 함께 투여하면 좋다.

② 코로나 장염 백신 : 생후 6주령에 1차 접종하며, 2주 간격으로 2회 접종한다. 매년 추가 접종한다.

③ 기관기관지염(켄넬코프) 백신 : 생후 8~10주령에 1차 접종하며, 2주 간격으로 2회 접종한다. 매년 추가 접종한다.

④ 광견병 백신 : 생후 14주령에 1차 접종하며, 매년 추가 접종한다.

〈반려견 예방접종 일정표〉

구 분	종 합 (DHPPL)	코로나 장염	기관기 관지염 (켄넬코프)	개 인플루엔자 (신종플루)	비오칸M	광견병	구충제	심장 사상충
6주령	1차	1차						
8주령	2차	2차						
10주령	3차		1차					
12주령	4차		2차				3개월 간격	매 달
14주령	5차				기초접종			
16주령				1차	1차			
18주령				2차	2차			
추가 접종	매년	매년	매년	매년	매년	매년		

더알아보기 예방접종 시 주의사항

- 접종 후 당일 목욕은 스트레스를 줄 수 있으므로 피하는 것이 좋다.
- 접종 후 특이사항이 일어나는 경우를 대비하여 병원 영업시간 내에 방문하여 접종하는 것이 좋다.
- 접종과 치료를 동시에 진행할 경우 부작용 발생 시 원인 파악이 어려우므로 피하는 것이 좋다.
- 접종 당일과 다음 날에는 산책이나 운동을 피하는 것이 좋다.

3 반려견의 그 밖의 주요 질환

(1) 심장 관련 질환

① 승모판 폐쇄 부전증

㉠ 좌심방과 좌심실 사이에 있는 승모판이 잘 닫히지 않게 되면서 혈액이 역류하게 되는 질환으로, 심해지면 생명에도 지장을 줄 수 있다.

㉡ 말티즈나 포메라니언 등 소형 노령견에서 주로 나타난다.

㉢ 증상 : 운동 및 흥분 후 목이 막힌 듯한 건조한 기침이 나오고, 한밤중에도 기침이 계속된다. 질병이 진행되면 심장이 비대해지고, 폐에도 영향을 미쳐 호흡곤란이나 폐기종을 유발하기도 한다.

㉣ 치료 : 혈관확장제, 이뇨제, 강심제 등을 사용해 몸의 부담을 덜어주어야 한다.

정상적인 승모판막   승모판막 폐쇄 부전증(역류중)

[정상적인 승모판막과 승모판막 폐쇄 부전증]

② 심근증
  ㉠ 노령견 및 대형견에서 주로 나타나는 질병으로, 심장 근육이 비대해지거나 탄력이 없어지며 확장되어 나타난다.
  ㉡ 증상 : 심기능이 약해지면서 배에 복수가 차거나 사지의 부종 등이 나타나며, 부정맥, 뇌혈류 저하 등의 증상으로 돌연사하기도 한다.
  ㉢ 치료 : 혈관확장제나 이뇨제 등으로 질병을 완화시킨다.
③ 동맥관 개존증
  ㉠ 선천성 심장병 중 하나로, 출생 후에 닫혀야 할 동맥관이 정상적으로 닫히지 않고 열려 있는 상태가 지속되는 질병이다.
  ㉡ 증상 : 지속되면 금방 피곤해하고, 기침이나 구토, 호흡곤란 등의 증상이 나타난다.
  ㉢ 치료 : 증상 완화 치료 후, 6개월 내에 수술이 필요하다.
④ 폐동맥 협착증
  ㉠ 폐동맥의 입구가 좁아져 발생하는 질병으로, 우심실이 비대해져 순환 부전이 일어난다.
  ㉡ 증상 : 일반적인 허약 증세가 나타나며, 중증인 경우에는 호흡곤란이나 청색증, 심한 기침, 부종 등이 생기고 심부전으로 사망하기도 한다.
  ㉢ 치료 : 중증인 경우 수술이 필요하다.
⑤ 심실, 심방 중격 결손증
  ㉠ 심장 좌우의 심실 또는 심방 사이가 선천적으로 구멍이 생겨 그 사이로 혈액이 역류하면서 생기는 질병이다.
  ㉡ 증상 : 구멍이 작으면 증상이 나타나지 않는 경우도 있지만, 대부분 기침이나 운동 시 호흡곤란, 구토 등의 증상이 나타나며 몸의 성장이 중지되기도 한다.
  ㉢ 치료 : 중증인 경우 수술이 필요할 수 있다.

(2) 주요 호흡기계 질환
  ① 비 염
    ㉠ 바이러스나 세균, 곰팡이균에 감염되어 나타나는 질병으로, 공기가 건조한 겨울에 많이 발생한다.
    ㉡ 증상 : 점성이 강한 콧물이 나오며, 재채기를 한다. 코를 발로 문지르거나 바닥에 문지르기도 하며, 코 위가 부풀어 오르거나 결막염이 생기기도 한다.
    ㉢ 치료 : 건조 방지를 위해 증기를 쏘이도록 하며, 항생물질이나 소염제의 투여가 필요하다.
  ② 기관지염
    ㉠ 기관지의 점막에 염증이 생긴 질환이다.
    ㉡ 마른 기침을 하며, 호흡이 어려워 토할 듯한 모습을 보인다.
    ㉢ 콧물이나 열이 나는 경우가 있고, 식욕 부진이 나타난다. 기침이 심해지면 거품 상태의 점액을 구토하기도 한다.
    ㉣ 치료 : 항생물질 및 진해제, 거담제 등의 투여가 필요하다.

③ 폐 렴
  ㉠ 폐 조직에 염증이 생겨 나타나는 질병으로, 기관지염이나 인두염의 확장으로 생기는 경우가 많다.
  ㉡ 증상 : 세균성 폐렴의 경우 심한 발열(41℃ 이상)이나 호흡곤란으로 쓰러지기도 한다.
  ㉢ 치료 : 항생물질 외에 진해제, 거담제, 소염제 등의 투여 및 영양관리가 필요하다.

④ 연구개 과장증(단두종 증후군)
  ㉠ 시츄, 불독, 페키니즈 등 단두종에게 많이 발생하는 질병으로, 연구개 노장(연구개가 두꺼워지거나 늘어지는 것)에 의해 나타나는 질병이다.
  ㉡ 증상 : 보통 숨을 들이쉴 때 코골이가 심하며 입을 벌리고 숨을 쉬는 경우가 많다. 특히 한낮(고온)일 때나 흥분했을 때는 호흡이 빨라지고 괴로운 듯이 보인다. 간혹 연구개가 목을 완전히 막아서 무호흡 증상이 나타나기도 한다.
  ㉢ 치료 : 늘어진 연구개를 절제하는 수술이 필요하다.

> **용어설명** 연구개(The Soft Palate)
> 연구개는 목의 앞쪽에 있는 상악의 부드러운 부분으로 코로 음식물이 들어가는 것을 막는 역할을 한다.

⑤ 기관 허탈
  ㉠ 단두종이나 소형 노령견에서 많이 발생하는 질병으로, 동그란 관 형태의 기관이 납작하고 협소해져 나타나는 질병이다.
  ㉡ 노화에 따른 기관연골의 퇴화 및 만성기관지염, 비만 등을 원인으로 추정한다.
  ㉢ 증상 : 운동 및 흥분 시 거위 울음소리 같은 건조한 기침을 하는 것이 특징이다. 또한 호흡곤란이 나타나며, 심해지면 청색증이 나타나기도 한다.
  ㉣ 치료 : 기침 억제제, 기관지 확장제 등의 약물 치료가 필요하며, 비만이 원인인 경우 체중 감량이 필요하다.

⑥ 폐수종
  ㉠ 폐 조직에 물이 쌓여 호흡곤란을 일으키는 상태를 말한다.
  ㉡ 심장질환에 의한 심인성 폐수종과 폐렴, 급성 호흡곤란증후군, 발작, 신부전 등에 의한 비심인성 폐수종으로 구분할 수 있다.
  ㉢ 증상 : 폐에서의 가스교환이 잘 이루어지지 않아 저산소증을 일으키며, 기침, 호흡곤란, 식욕저하 등이 나타난다. 선 채로 있고 눕기를 싫어한다면 심각한 상황이다.
  ㉣ 치료 : 폐에 찬 물을 빼주기 위한 이뇨제 처치 및 호흡을 도와주는 산소 처치가 필요하다. 또한 원인 등에 따라 강심제, 혈압강하제 등의 처치도 필요하다.

⑦ 기 흉
  ㉠ 흉강 벽에 구멍이 뚫리거나 폐의 파열로 흉강에 공기가 차는 질환이다. 이로 인해 폐가 위축되면서 폐활량이 저하된다. 기흉은 보통 편측성으로 일어난다.
  ㉡ 일반적으로 교통사고나 다른 큰 개에 물려 폐가 손상되어 나타나는 경우가 많고, 폐의 실질성 기질의 약화에 의한 폐의 파열도 원인 중 하나이다.

ⓒ 증상 : 호흡곤란이 오며, 움직이는 것을 싫어한다. 또한 혀나 입술이 파래지는 청색증이나 무기력증 등이 나타난다.

ⓔ 치료 : 흉강에 쌓인 공기를 빼거나 산소를 흡입시켜야 한다. 중증인 경우 수술이 필요하다.

(3) 주요 소화기계 질환

① 거대 식도증
ⓐ 식도 근육층이 약해져 식도가 넓어진 상태로, 정상적인 연동운동이 어려워 음식물이 정체해 위로 넘어가지 못하고 토해내는 질병이다.
ⓑ 유전적인 경우가 많지만, 식도의 근육을 움직이는 신경이 다쳐서 발생하기도 한다. 또한 식도협착, 중증 근무력증 등 다른 질병에 의해 나타나는 경우도 있다.
ⓒ 증상 : 일반적인 구토와 다르게 토할 때 반사적으로 음식물이 튀어나가는 구토 증상이 나타나며, 음식물의 일부가 폐로 들어가 폐렴을 일으키기도 한다.
ⓓ 치료 : 개보다 높은 위치에서 유동식을 주도록 하고, 식후에도 가능한 서있는 상태를 유지시켜 음식물이 중력에 의해 식도를 이동하게 하는 방법 등을 사용한다.

② 식도이물
ⓐ 식도가 음식물이나 이물질에 의해 막힌 상태이다. 개는 음식물을 통째로 삼키거나 다른 이물질도 입에 넣으려 하기 때문에 식도가 이물질로 막히는 경우가 흔히 발생한다.
ⓑ 증상
 • 식도가 막히면서 침이 흐른다.
 • 막히는 정도가 심하지 않은 경우에는 발견이 늦기도 하며, 식욕부진, 발열 등의 증상이 나타나기도 한다.
ⓒ 치료 : 내시경 등을 통해 이물질을 제거해야 하며, 이물질을 위 속까지 밀어 넣어 위를 절개하는 수술을 하기도 한다.

> **더알아보기** 하임리히법
> • 반려견의 기도에 이물질이 걸렸을 때 실시한다.
> • 육안으로 이물질이 발견되지 않을 때 실시한다.
> • 어린 강아지의 경우 뒷다리를 잡아 거꾸로 들어올려 털어준다.
> • 성견인 경우 개의 뒷다리를 세운 후 하복부 부분을 감싸안고 주먹을 쥔 손으로 강하게 밀어 올린다.
> • 압박 추천 횟수는 5회이며, 이물질이 제거되지 않았을 시 다시 압박 과정을 반복하며 빠르게 동물병원으로 이송해야 한다.
> • 이물질이 제거된 이후에도 하임리히법으로 인해 장기가 손상되었을 가능성이 있으므로 동물병원에 방문하여 진료를 받아야 한다.

③ 위 염
ⓐ 위 점막에 염증이 생긴 질병이다. 급성 위염이 잘 낫지 않아 만성화되는 경우도 있다.
ⓑ 원인은 다양하지만 위가 반복적인 자극을 받아서 일어난다.

ⓒ 증상 : 구토하거나 식욕부진으로 마르는 것이 일반적이며, 구토 시 피가 섞여 있거나 변이 검은 경우도 있다.
ⓔ 치료 : 증상 완화를 위해 점막을 보호하는 약이나 구토를 멈추게 하는 약, 항생물질 등을 처방받아 투여하고 식사요법을 병행한다.

④ 위확장·위염전
 ㉠ 위확장은 위에 이상이 생겨 가스가 차고 팽창한 상태이며, 위염전은 위가 꼬여 위의 배출로가 막히게 된 상태이다.
 ㉡ 응급질환으로 신속하게 대응하지 않으면 사망하는 경우가 많다.
 ㉢ 대형견 중 흉강이 좁고 깊은 그레이트 덴, 셰퍼드 등에서 많이 볼 수 있다.
 ㉣ 과식 후 심한 운동을 하거나 스트레스 상황에서 먹이 급여 시 발생한다.
 ㉤ 증상 : 토하려고 해도 토하지 못하고 침만 흘리면서 괴로워한다. 복부가 부풀어 올라 가라앉지 않고 심한 통증 때문에 쇼크 상태에 빠지기도 한다.
 ㉥ 치료 : 위확장만 있는 경우에는 위 속의 가스를 제거하고 위를 세척하는 치료가 필요하지만, 위염전도 있을 경우 수술을 해야 한다. 식사는 소량으로 여러 차례에 나눠서 먹이고 식후에 물을 많이 먹지 못하게 한다. 또한 식후에는 바로 운동을 시키지 않도록 한다.

⑤ 장 염
 ㉠ 소장이나 대장의 점막에 염증이 생기는 질병이다.
 ㉡ 바이러스나 세균, 기생충 감염, 식사, 약물, 스트레스 등 원인이 다양하며, 급성 또는 만성적으로 일어난다.
 ㉢ 증상 : 탈수 증상이 나타나며, 선혈이나 점액이 섞인 설사를 한다.
 ㉣ 치료 : 절식이 필요하며, 수액, 지사제 등을 투여가 필요하다.

⑥ 장폐색
 ㉠ 장의 협착, 농양, 꼬임 등으로 인해 장이 막히는 질병으로, 증상이 심하면 내용물이 전혀 움직이지 않기 때문에 사망에 이르기도 한다.
 ㉡ 장염이나 종양, 선천성 기형 등이 장폐색의 원인일 수 있으며, 작은 돌멩이나 비닐, 실뭉치 등이 조금씩 쌓여서 막히는 경우도 있고, 이물질을 삼켜서 장이 막히는 경우도 있다.
 ㉢ 증상 : 발열, 구토 등이 나타나며, 장의 확장으로 통증이 심하다. 장이 완전히 막혀버리면 복통이 더 심해지고, 탈수, 쇼크 증상 등 더 심각한 증상이 나타난다.
 ㉣ 복부 촉진과 복부 초음파 검사 등을 통해 진단한다.
 ㉤ 치료 : 구토로 인한 탈수와 쇼크 증상을 가라앉히고 상태 안정 후 개복수술을 실시한다. 수술 후에는 일정 기간 절식시킨 후 수액처치 및 유동식 급여가 필요하다.

⑦ 췌장염
 ㉠ 췌장에 염증이 생긴 질병으로, 췌장에서 생성된 소화효소가 복강 내로 흘러나와 다른 인접 장기들을 손상시키며, 심화되면 췌장의 괴사 및 전신적인 합병증을 유발한다.
 ㉡ 미니어처 닥스훈트, 요크셔테리어, 미니어처 슈나우저 등 소형견에게 주로 나타나는 질병이다.
 ㉢ 무분별한 식이(고지방식) 및 복부 외상, 내분비 질환 및 비만 등 원인은 다양하다.

② 증상 : 식욕부진으로 구토 및 설사가 나타나며, 심한 복부 통증으로 쇼크 증상이 오기도 한다.
◎ 치료 : 소화효소를 저해하는 약이나 진통제를 투여하며, 회복한 후에는 지방분이 많은 식사는 피해야 한다.

⑧ 간염
㉠ 간에 염증이 생기는 질병으로, 간염 초기에는 증상이 잘 나타나지 않지만 염증이 지속되면 간경화, 간부전 등으로 이어진다.
㉡ 바이러스나 진균에 의한 감염 및 기생충 감염이 원인이 되기도 하며, 구리, 비소, 수은 등의 중독이나 진통제, 마취제 등의 약물 중독이 원인이 되기도 한다.
㉢ 증상 : 초기에는 증상이 없으나 간염이 지속되면 구토나 설사를 일으키고 식욕이나 기운이 없어진다. 중증으로 진행된 경우 황달이나 경련 등이 나타나며, 의식이 흐려지는 증상이 나타나기도 한다. 보통 배에 복수가 차거나 마르는 등의 증상을 보여 알게 되는 경우가 많다.
㉣ 치료 : 수액 및 해독제 처치 후 충분한 휴식과 영양(저지방, 고단백 식이)을 공급하여 간 기능의 회복을 돕는다. 또한 간 보호제, 항산화제 등의 급여도 필요하다.

⑨ 항문낭염
㉠ 항문낭은 항문의 양쪽 괄약근 사이에 위치한 2개의 작은 주머니로, 독특한 냄새를 가진 갈색 액체를 생산한다.
㉡ 항문낭염은 이 주머니가 세균에 감염되어 분비액이 잘 배출되지 않고 쌓여서 곪는 질병이다.
㉢ 지루성 피부 질환 및 세균 감염, 무른 변 등이 원인이다.
㉣ 증상 : 염증이 심해지면 항문낭이 부어오르며, 배변 시 통증을 보인다. 항문 부위를 바닥에 대고 긁는 행동(스쿠팅)을 하거나 항문 주위를 핥으려는 행동을 한다.
㉤ 치료 : 항문낭의 분비물 배출 및 세척이 필요하며, 많이 곪은 경우에는 항생제를 공급한다.

⑩ 소화기 종양
㉠ 노령견의 경우 내부 장기에 다양한 종양이 생길 수 있는데, 소화기계로는 위암, 직장암 등이 있다.
㉡ 유전 및 노화로 인해 주로 발병한다.
㉢ 증상 : 질병이 상당히 진행될 때까지 증상이 나타나지 않는 경우가 많은데, 일반적으로는 체중감소, 식욕부진, 구토 및 설사가 나타나고 배가 부풀어 오르는 등의 증상이 나타난다.
㉣ 치료 : 방사선 요법, 항암제 요법 등을 활용하며, 평소 정기적인 CT나 MRI 검사 등을 통한 조기 발견이 중요하다.

(4) 외부 기생충에 의한 피부 질환
① 모낭충증
㉠ 모낭충에 감염되어 생기는 질병으로, 모낭을 파괴하고 이차 감염을 일으킨다.
㉡ 주로 성장기 강아지에게 발병하며, 털이 짧은 견종에서 쉽게 나타난다.
㉢ 안면, 복부, 발 부위에 병소가 있으며, 비듬이나 농포가 관찰되고 가려움은 심하지 않으나 개선충과 함께 혼합 감염되면 가려움이 심해진다.

② 개선충증
  ㉠ 개선충(옴벌레)이 피부에 구멍을 뚫고 기생하면서 나타나는 질병이다.
  ㉡ 피부의 점액 등에 의해 털에 엉키고 심한 가려움으로 긁거나 비비게 된다.
  ㉢ 주로 안면, 귀끝, 상완골(팔꿈치) 부위에 병소가 있고 털이 빠지며, 심하면 온몸에 피부염이 번진다.
  ㉣ 진드기 구제약으로 치료하며, 전신의 털을 깎아주는 것도 도움이 된다.
③ 벼룩 알레르기성 피부염
  ㉠ 개벼룩이 피를 빨 때 분비된 타액에 의해 알레르기 반응을 일으키는 질병이다.
  ㉡ 심한 가려움이 발생하며, 피부가 빨개지고 털이 빠지기도 한다.
  ㉢ 벼룩은 기생충을 옮기기도 하므로 꼭 구제가 필요하다.
  ㉣ 알레르기가 심할 경우, 부신피질 호르몬 투여 등으로 치료한다.
④ 피부사상균증
  ㉠ 곰팡이의 일종인 피부사상균에 감염되어 발병한다.
  ㉡ 가려움은 거의 없으나 원형 탈모가 생기는 것이 특징이며, 심해지면 탈모 부분이 커지고 비듬이나 부스럼이 생기기도 한다.
  ㉢ 연고를 바르거나 내복약을 투여하고, 약용삼푸 등으로 세정한다.
⑤ 마라세티아 감염증
  ㉠ 효모균에 속하는 진균 마라세티아에 의해 발병한다.
  ㉡ 피부나 귀 속에 증식하여 피부염을 악화시키거나 심한 가려움을 동반한다.
  ㉢ 외이염 증상과 함께 귀지가 대량으로 나오거나 신 냄새 같은 것이 난다.
  ㉣ 항진균약을 투여하고, 약용삼푸 등으로 세정한다.

(5) 그 밖의 피부 관련 질환
  ① 아토피성 피부염
    ㉠ 꽃가루, 먼지, 진드기 등 알레르기의 원인이 되는 물질에 대해 과민 반응이 나타나는 질환이다.
    ㉡ 가려움증으로 자주 긁고 핥기 때문에 피부가 상처를 입어 2차 세균감염이 쉽게 일어나며, 결막염, 비염 등을 동반하는 경우가 많다.
    ㉢ 1~3세 사이에 주로 발병하며, 골든 리트리버나 시바견 등의 견종이 선천적으로 이 질병에 걸리기 쉽다.
    ㉣ 치료 : 가려움 방지를 위한 약물 투여가 필요하며, 수의사의 지시에 따라 부신피질 호르몬 약을 처방받을 수도 있다. 평소에 진드기나 먼지를 줄이는 방법으로 청소 관리를 해야 하며, 샴푸 등도 세심히 선택해야 한다.
  ② 지루증
    ㉠ 호르몬 이상이나 영양 불균형, 기생충이나 세균 감염, 유전 등 다양한 원인으로 피부가 기름지게 되거나 반대로 건조해져 비듬이 생기는 질환이다.
    ㉡ 피지 분비가 많은 습성지루는 코커스파니엘, 시츄 등의 견종에서 많이 나타나며, 건조하여 비듬이 생기는 건성지루는 저먼 셰퍼드, 아이리시 세터 등의 견종에서 많이 나타난다.

ⓒ 습성지루의 경우 특유의 냄새가 나고 끈끈한 점액이 묻어있는 경우가 많으며, 건성지루의 경우 피부가 버석버석거리고 가려워하는 경우가 많다.
ⓔ 치료 : 평소 영양 관리에 신경쓰며, 처방에 따른 약용샴푸 사용을 병행한다.

(6) 내분비계 질환

① 부신피질 기능항진증(쿠싱증후군)
ⓐ 부신피질에서 분비되는 호르몬이 과다하게 분비되어 생기는 질병으로, 쿠싱증후군이라고도 한다.
ⓑ 주로 7세 이상의 고령견에서 많이 나타나는데, 뇌하수체 종양, 부신의 종양, 스테로이드 호르몬의 다량 투여 등이 원인이다.
ⓒ 증상 : 갈증으로 물을 많이 마시며, 그로 인해 소변 횟수 및 양이 증가한다. 식욕이 늘어나며, 피부가 얇아지고 털이 푸석푸석하며 탈모가 생긴다. 또한 복부가 늘어지고 근육이 약해지거나 위축되며, 당뇨병 등 합병증이 유발되기도 한다.
ⓔ 치료 : 사용 중인 스테로이드제가 있다면 서서히 줄여야 하며, 부신피질 호르몬 생성 억제 관련 내복약을 투약해야 한다.

② 부신피질 기능저하증(에디슨병)
ⓐ 쿠싱증후군과 반대로 부신피질 호르몬이 과소 분비되어 나타나는 질병으로, 에디슨병이라고도 한다.
ⓑ 증상이 갑자기 나타나는 경우가 많으며, 주로 암컷의 푸들, 콜리 등에서 많이 발병한다.
ⓒ 부신피질 기능이 저하되거나 스테로이드제를 장기간 복용하다 투여 중지한 경우에도 나타날 수 있다.
ⓔ 증상 : 저혈압, 저혈당증과 함께 식욕부진, 근력저하, 설사나 구토 등의 소화기 증상이 나타나며, 다음 및 다뇨 등도 나타난다.
ⓜ 치료 : 급성인 경우 신속한 치료가 필요하며, 수액 처치를 통해 저혈압, 저혈당증 등을 교정해야 한다. 만성인 경우 부신피질 호르몬 유사제를 지속적으로 복용해야 한다.

③ 당뇨병
ⓐ 췌장에서 분비되는 인슐린이 부족하거나 인슐린 저항성이 생겨 나타나는 질병이다.
ⓑ 인슐린은 혈중 당을 세포로 흡수시켜 에너지 생산을 촉진하며, 단백질과 지방의 합성을 증가시키는 역할을 하는데, 인슐린이 부족한 경우 혈중 당 농도가 높아 일부 당이 오줌으로 배출된다.
ⓒ 원인에는 유전적 요소 및 비만, 내분비 질환, 스트레스 등이 있다.
ⓔ 증상 : 다음 및 다뇨 증상이 나타나며, 많이 먹지만 지방과 단백질이 축적되지 않아 체중 감소가 일어난다. 또한 증상 악화 시 당뇨병성 케톤산증으로 무기력, 구토, 탈수 등의 증상이 나타나기도 한다.
ⓜ 치료 : 식이조절 및 체중 유지에 힘써야 하며, 증상이 심한 경우 인슐린 투여가 필요하다.

④ 갑상샘 기능저하증
ⓐ 갑상샘 호르몬의 분비가 감소하여 나타나는 질병이다.
ⓑ 고령의 대형견에게 많이 나타나며, 갑상샘 조직의 염증 및 위축, 변성 등이 원인이다.
ⓒ 증상 : 산책하기 싫어하거나 추위를 많이 타는 등의 모습을 보이며, 피부가 거칠어지고 탈모가 증가한다.
ⓔ 치료 : 갑상샘 호르몬제의 투여가 필요하다.

(7) 근골격계 질환

① 추간판질환(IVDD)

  ㉠ 추간판이 변성되거나 돌출 및 압출되어 척수와 척수신경을 압박하는 척추질환이다.

추간판 탈출 (Extrusion)	섬유륜이 파열되어 수핵이 척수 쪽으로 압출된 것이다. 심한 염증을 동반하며, 주로 급성으로 발현한다.
추간판 돌출 (Protrusion)	섬유륜의 부분 파열로 인해 추간판이 튀어나와 척수를 자극하는 것이다. 진행성 및 만성의 경향을 보인다.

  ㉡ 원인은 다양하나 노령으로 인한 탄력성 감소, 비만, 무리한 운동, 사고로 인한 외상 등이 주요 원인이다.

  ㉢ 경추에 발생한 추간판 질환은 목디스크, 요추에 발생한 추간판 질환은 허리디스크라고 부른다.

  ㉣ 증상 : 통증으로 인해 걷거나 점프하는 등의 움직임을 힘들어하며, 하반신 마비증상 등이 나타나기도 한다.

  ㉤ 치료 : 진통제 등을 처방하며, 운동 제한이 필요하다. 통증과 함께 마비 증상 등이 심하면 척추관 내의 압력을 낮춰주는 수술이 필요하다. 이후 재활치료, 물리치료 등을 꾸준히 진행해야 한다.

> **용어설명**　추간판(Intervertebral Disc)
>
> 추간판은 척추뼈와 척추뼈 사이를 이어주는 섬유연골관절로, 탄력성이 있으며 등뼈를 유연하게 하고 충격을 흡수하는 역할을 한다.

② 환축추불안정(AAI)

  ㉠ 경추뼈 중 환추(1번 경추)와 축추(2번 경추) 사이의 결합에 이상이 생겨 고개를 제대로 움직이지 못하는 질환으로, 환축추아탈구라고도 한다.

  ㉡ 소형견에서 선천적 이상 또는 외상으로 인한 뼈와 인대의 손상으로 나타나는 경우가 많다.

  ㉢ 증상 : 머리가 흔들거리고 제대로 사람을 쳐다보지 못하며, 고개를 좌우로 잘 돌리지 못한다. 심한 경우 호흡곤란, 사지마비 등의 증상도 나타난다.

  ㉣ 치료 : 경추 보조기 장착 및 진통제 투여가 필요하다. 또한 케이지를 통한 운동 제한이 필요하다.

③ 골 절

  ㉠ 뼈가 약해지거나 외부 충격 등으로 인해 부러지는 경우이다.

  ㉡ 대부분 교통사고 등의 충격으로 발생하는데, 영양 이상, 호르몬 이상, 종양 등으로 인해 뼈가 약해져 골절되기도 한다.

  ㉢ 골절의 분류

　　• 조직의 손상 정도 : 개방골절(뼈가 피부를 뚫고 나옴), 폐쇄골절(피부는 다치지 않음)

　　• 골절면의 방향 : 횡골절, 종골절, 사골절, 나선골절

　　• 전위(위치 이동)의 유무 : 전위골절, 비전위골절

　　• 골절선의 정도 : 불완전골절, 완전골절, 분쇄골절

② 골절이 일어난 경우 발생 부위가 부어오르고 열이 동반되며, 개방 골절의 경우 세균에 감염되기 쉽다. 부러진 뼈가 큰 혈관을 손상시켰을 경우 큰 출혈이 나타나며, 척추 등이 손상되었을 시 신경 마비 등의 증상이 나타난다.
⑩ 치료 : 골절상을 입었을 때는 움직임을 최소화해주는 것이 좋다. 따라서 개가 움직이지 않도록 부목을 대어 고정을 하여 부상 악화를 줄여준다. 만약 뼈가 보이거나 외부로 돌출되어 출혈이 있는 경우는 멸균된 거즈로 누르거나 감아 지혈시킨다.

④ 탈구
㉠ 관절부에 의해 연결되어 있는 뼈가 정상적인 위치에서 벗어난 경우이다.
㉡ 골절과 마찬가지로 사고 등의 외상에 의해 일어나는 경우가 많지만, 고관절이나 슬관절에서는 유전적으로 관절 형성이 불완전하기 때문에 발생한다. 또한, 류마티스성 관절염 등의 전신성 질병이 원인이 되어 발생하는 경우도 있다.
㉢ 개에서는 고관절과 슬관절의 탈구가 가장 흔하며, 그 밖에 족근관절, 수근관절, 선장관절, 견관절, 악관절 등에서 탈구가 일어난다.

고관절 탈구	• 낙하, 사고 등의 외상에 의해 대퇴골의 머리가 골반뼈의 절구에서 벗어나 생긴다. • 외상 후 체중을 싣지 않는 파행을 보인다.
슬관절 탈구	• 외상 및 활차구 이상으로 슬개골이 대퇴골의 활차구에서 이탈하여 생긴다. • 슬개골이 빠진 방향에 따라 내측탈구, 외측탈구로 구분하며, 주로 소형견에서 발생한다. • 높은 곳에서 뛰어 내리면서 갑자기 소리를 지르거나 뒷다리를 절거나 들고 다닐 때 의심할 수 있다.

㉣ 치료 : X선 검사 실시 후, 가능한 빨리 관절을 정상 위치로 되돌려야 한다. 보통 마취 후 피부 위에서 힘을 가해 수복하는데, 외과수술이 필요한 경우도 있다. 수복 후에는 붕대 등으로 환부를 고정해서 안정을 유지하고 염증 완화를 위해 약을 처방받아야 한다. 탈구는 습관성이 되는 경우가 많으므로 그 후의 생활 관리에도 신경써야 한다.

⑤ 고관절 이형성증
㉠ 허리와 대퇴골을 연결하는 고관절이 비정상적으로 발달하여 고관절 내 대퇴골 머리가 부분적으로 빠져 있는 질병이다.
㉡ 대형견에서 유전적인 요인으로 주로 나타나며, 성장 중 과도한 영양 섭취로 인한 급격한 체중 증가도 주요 원인이다.
㉢ 증상 : 토끼처럼 양쪽 다리를 모아서 달린다거나 앉는 자세를 취하지 못하는 등의 증상이 나타나며, 근육 위축 등으로 계단을 오르내리지 못한다거나 운동을 싫어하는 모습을 보인다.
㉣ 치료 : 체중 관리 및 운동 제한이 필요하며, 수술 치료 및 재활 치료가 필요한 경우도 있다.

⑥ 십자인대단열
㉠ 대퇴골과 정강이뼈를 연결하는 앞십자인대가 뒤틀리거나 끊어진 상태이다.
㉡ 원래 대형견에게 흔히 발생하는 질병이지만, 최근에는 비만인 소형견에서도 발생한다.
㉢ 사고로 외부 충격을 받았거나 인대의 노화, 비만에 의한 슬관절의 과부하 등이 원인이다.
㉣ 뒷다리의 파행이 나타나며, 방치하면 관절염이 나타나기도 한다.
㉤ 앞쪽 미끄러짐 검사, 정강뼈 압박 검사 등으로 진단하며, 수술적 치료 및 재활 치료가 필요하다.
㉥ 체중 관리, 운동 관리에도 신경써야 한다.

⑦ 관절염
  ㉠ 2개의 뼈를 연결하는 관절연골이 손상되어 염증이 생긴 질병이다.
  ㉡ 비만이나 과도한 운동, 노화 등의 이유로 발생하며, 고관절이나 슬관절에 많이 발병하는 경향이 있다.
  ㉢ 증상 : 운동을 꺼려하며, 환부가 크게 붓거나 통증이 심해진다.
  ㉣ 치료 : 통증과 염증 완화를 위한 내복약을 장기적으로 투여해야 하며, 체중 관리 및 저강도 운동을 실시한다.

[고관절 이형성증]   [십자인대파열]

(8) 비뇨기계 질환
  ① 급성 신부전
    ㉠ 신장의 기능이 갑자기 저하되어 체내 노폐물 배설에 문제가 생긴 상태를 말한다(신장 기능 75% 이상 상실).
    ㉡ 급성 신부전증으로 체내의 독소를 배설하지 못하게 되면 요독증이 나타나는데, 이는 다른 기관에도 영향을 미쳐 사망에 이르게도 한다.
    ㉢ 증상 : 발병 시 무기력해지며, 소변양이 감소하거나 소변이 나오지 않는다. 또한 요독증으로 인해 식욕 저하, 입냄새, 경련 등이 유발된다.
    ㉣ 치료 : 발병 시 급히 병원으로 이동해야 한다. 탈수에는 수액을 처치하며, 결석이 원인인 경우 수술로 제거한다. 독극물이 원인인 경우 토하게 하거나 중독에 대응하는 치료를 하며, 감염증일 때에는 항생물질 등의 약물 투여를 실시해야 한다.
  ② 만성 신부전
    ㉠ 급성인 경우와 마찬가지로 신장 기능을 75% 이상 상실한 상태로, 노령 동물에서 신장 기능이 서서히 저하되어 나타나는 질병이다.
    ㉡ 급성 신부전, 사구체신염 등 신장 기능 이상과 고혈압, 요로기계 감염 등이 원인이 된다.
    ㉢ 증상
      • 다음 및 다뇨가 나타나며, 차츰 식욕이 저하되고 털이 푸석푸석하며 기력이 감소한다.
      • 신장의 적혈구 생성 기능 저하로 빈혈이 나타나기도 하며, 말기에는 의식 저하 등이 나타난다.

② 치료 : 최대한 증상을 완화시키는 것을 목적으로 해야 하며, 식사요법이나 약물 투여, 수액 처치 등을 증상에 맞게 실시한다.

③ 방광염
㉠ 방광이 세균에 감염되어 나타나며, 비뇨기계 중에서도 잘 걸리는 질병이다.
㉡ 수컷보다 요도가 짧은 암컷에서 잘 발생한다.
㉢ 세균이 요도를 타고 침입해 방광에 염증을 유발하며, 신우신염을 일으키기도 한다.
㉣ 증상 : 발열, 기력저하, 다음 및 다뇨 증상을 보인다. 또한, 소변이 나오지 않는 경우도 있으며, 소변 색이 탁하거나 색이 진하고 냄새가 강하게 나기도 한다.
㉤ 치료 : 항생물질이나 항균제 투여가 필요하다. 만성화되거나 재발하기 쉬운 질병이므로 한 번이라도 방광염에 걸렸던 적이 있다면 평소에 주의를 기울이도록 해야 한다.

④ 요로결석
㉠ 신장, 요관, 방광, 요도 중 한 곳에 무기질이 뭉쳐진 결석이 생기는 질병이다.
㉡ 결석이 생기는 부위에 따라 신결석, 요관결석, 방광결석, 요도결석으로 구분한다.
㉢ 수산염, 마그네슘, 인 등이 포함된 음식을 많이 먹거나 물 섭취량 감소 및 비뇨기계 감염 등이 요로결석의 원인이 된다.
㉣ 증상
  • 혈뇨 : 소변에 혈액이 섞여 나온다.
  • 빈뇨 : 적은 양의 소변을 자주 눈다.
  • 배뇨곤란 : 배뇨를 힘들어하거나 배뇨 시 통증을 보인다.
  • 요도가 긴 수컷에게서 많이 나타나며, 결석으로 인해 요도가 막히면 기력저하 및 전신증상이 나타난다.
㉤ 치료 : 외과적 수술로 결석을 제거하며, 재발 방지를 위해 식이요법을 시행해야 한다.

(9) 암컷의 생식기계 질환
① 유선염
㉠ 유두를 통해 유선으로 세균이 침입해 염증이 생긴 질환으로, 출산 후나 발정 후에 많이 볼 수 있다.
㉡ 위생이 불량한 상태에서 젖을 물리거나 새끼 등에 의해 외상이 생겼을 때 세균에 감염되어 주로 나타난다.
㉢ 증상 : 유방이 단단해지고 열이 나며, 멍울이 만져지기도 한다. 또한 유즙에 화농성 변화가 나타나며, 유선을 만지면 통증을 보인다.
㉣ 치료 : 항생제, 유즙 분비 억제제 등 약물 투여가 필요하며, 염증이 심할 때에는 배농 및 수술적 절제가 필요하다.

② 자궁축농증
㉠ 자궁이 세균에 감염되어 염증을 일으키고 고름이 쌓이는 질환이다.
㉡ 고름이 밖으로 나오는 개방형과 고름이 자궁 안에 쌓여서 배출되지 않는 폐쇄형이 있다.

ⓒ 증상
　　　　• 물을 많이 마시며 소변양이 증가한다(다음 및 다뇨).
　　　　• 복부 및 회음부가 부어오르고 통증을 보이며, 식욕저하, 기력저하, 구토, 발열 등의 증상을 보인다.
　　　　• 개방형의 경우, 질 분비물에서 고름이나 혈농이 보이며 불쾌한 냄새가 난다.
　　　ⓓ 자궁축농증은 주로 새끼를 낳은 적이 없거나 한 번만 낳은 암컷이 걸리기 쉽다. 또한 발정기에 열려 있는 자궁목을 통해 세균이 침입하기 쉽기 때문에 발정기 이후에 많이 나타난다.
　　　ⓔ 치료 : 항생제 등의 약물치료가 필요하며, 교배 계획이 없는 경우 수술을 통한 자궁 적출을 고려할 수 있다.

　③ 질 탈
　　　ⓐ 질탈출증으로 질이 정상적인 위치에서 벗어나 외부로 나오는 질환이다.
　　　ⓑ 난산이나 분만 시의 과도한 진통, 변비로 인한 복압 등이 원인이다.
　　　ⓒ 증상 : 배뇨곤란 및 빈뇨, 진통 등을 보인다.
　　　ⓓ 치료 : 돌출된 질 부위를 소독 및 세정한 후 윤활제를 도포하여 몸속으로 밀어넣는 치료를 한다. 재발 방지를 위해 수술 및 중성화수술 등을 시행하기도 한다.

　④ 유선 종양
　　　ⓐ 암컷에서 발생하는 종양 중 가장 많이 생기는 질병으로, 노령일수록 위험률이 증가한다.
　　　ⓑ 난소의 기능이 발병에 관여하고 있는 것으로 보이며, 유전이 주요 원인이라고 할 수 있다.
　　　ⓒ 증상 : 복부나 유두 주변에 멍울이 만져진다.
　　　ⓓ 절반 이상이 악성 유방암으로 전이될 가능성이 높다.
　　　ⓔ 치료 : 종양 제거 수술을 하거나 질병의 진행 상태에 따라 난소나 자궁 적출 수술을 고려하기도 한다.

　⑤ 난소 종양
　　　ⓐ 난소에 종양이 생긴 질환으로, 고령의 출산 경험이 적은 암컷에게서 주로 발병한다.
　　　ⓑ 양성의 과립막세포종이 가장 많이 발생하며, 선종, 선암, 난포막세포종 등에 의해 발병한다.
　　　ⓒ 증상 : 멍울이 복부 촉진으로 발견할 수 있는 정도로 커지며, 복수가 차 배가 팽창하기도 한다.
　　　ⓓ 예방 : 미리 중성화 수술을 시키는 것도 하나의 방법이다.
　　　ⓔ 치료 : 난소 및 자궁의 적출 수술을 고려한다.

(10) 수컷의 생식기계 질환
　① 잠복고환
　　　ⓐ 수컷의 정소(고환)는 출생 시 음낭으로 하강하게 되는데, 이때 정상적으로 내려오지 않고 한쪽 또는 양쪽 고환이 복강 내에 머물러 있는 경우이다.
　　　ⓑ 잠복고환은 고환 종양, 고환 염전, 전립선 비대증, 전립선염, 불임 등으로 발전할 가능성이 높다.
　　　ⓒ 유전적 요인이 크므로, 이 질병의 개체는 교배를 권하지 않는다.
　　　ⓓ 치료 : 종양 및 전립선 질환으로 발전할 가능성이 높기 때문에 적출 및 중성화 수술이 필요하다.

　② 전립선 비대증
　　　ⓐ 전립선이 정상적인 크기에서 벗어나 점점 커지는 질환으로, 중성화 수술을 하지 않은 노령 수컷에서 주로 발병한다.

ⓒ 정소에서 분비되는 호르몬의 불균형 등으로 인해 발병한다.
　　ⓒ 대부분 무증상이나 전립선이 비대해지면서 주변에 있는 장이나 방광, 요도를 압박하기 때문에 증상이 나타나는 경우가 있다. 혈뇨 및 배뇨곤란, 변비가 나타나기도 하며, 전립선염을 동반하는 경우 통증이 나타나기도 한다.
　　ⓔ 치료 : 무증상인 경우 특별히 치료를 권하지 않으나 증상을 보이는 경우 중성화 수술을 실시한다.
　③ 전립선염
　　⊙ 전립선이 세균에 감염되어 염증이 생긴 질환으로, 전립선 비대증과 같이 전립선이 커지는 증상이 나타난다.
　　ⓒ 중성화 수술을 하지 않은 수컷이나 노령견에서 주로 발병한다.
　　ⓒ 증상
　　　• 급성인 경우 빈뇨, 혈뇨 및 식욕부진 증상이 나타나고 염증이 심할 경우 통증이 심해진다.
　　　• 만성인 경우 증상이 비교적 가볍고 비대 증상도 뚜렷하지 않지만, 세균 감염으로 인한 방광염의 원인이 되기도 한다.
　　ⓔ 치료 : 항생물질을 투여하며, 재발 방지를 위해 중성화 수술이 필요하다.
　④ 정소 종양
　　⊙ 정소(고환)에 종양이 생긴 질환으로, 양성인 경우가 많지만 드물게 악성으로 다른 부위로 전이되기도 한다.
　　ⓒ 노령견에서 많이 발생하며, 잠복고환일 경우 발병 가능성이 더 높다.
　　ⓒ 증상 : 정소가 부어오르거나 잠복고환인 경우 복부에 멍울이 만져진다.
　　ⓔ 치료 : 수술로 정소를 적출해야 한다. 잠복고환일 경우 미리 적출하거나 중성화 수술을 하는 것이 예방법이다.

(11) 구강 질환
　① 에나멜질 형성부전
　　⊙ 이빨 표면을 덮고 있는 에나멜질이 충분히 발달되지 않아 이빨이 쉽게 부러지는 질환이다.
　　ⓒ 에나멜질이 형성되는 생후 1~4개월 무렵에 홍역을 앓거나 영양장애, 약물섭취 등으로 에나멜질이 충분하게 발달하지 못한 것이 주요 원인이다.
　　ⓒ 증상 : 에나멜질이 없으면 이빨이 갈색이 되고 치석이 끼게 되며, 이빨의 강도가 약해져 이빨이 쉽게 부러진다.
　　ⓔ 치료 : 이빨 표면을 수복재로 수복하고, 흠이 난 부분은 보전제로 덮어 지각 과민을 해소하는 치료가 필요하다.
　② 충 치
　　⊙ 충치균에 의해 이빨에 구멍이 생기거나 이빨이 갈색이나 검은색으로 변하는 질환이다.
　　ⓒ 개는 사람과 달리 입안이 알칼리성이라서 충치균에 강한 편이지만, 나이든 개나 당분 함유 음식을 다량 섭취하는 경우 충치가 발병하기 쉽다.
　　ⓒ 이빨 표면에 남아있던 음식 찌꺼기 등이 부패하면서 유기산 등이 만들어지고, 이 부산물들이 이빨의 에나멜질이나 치수를 침범하여 충치를 만든다.

② 증상 : 통증으로 음식을 잘 먹지 못하며, 구취가 심하다.
⑩ 치료 : 충치를 제거하고 충전해서 수복하며, 충치가 심한 경우에는 발치한다. 평소에 양치질을 통한 꾸준한 관리가 필요하다.

③ 치주 질환
㉠ 치아 주변 조직에 염증이 생기는 질환으로, 치은염과 치주염으로 구분할 수 있다.

치은염	잇몸에 염증이 생긴 것으로, 잇몸이 붓고 피가 난다.
치주염	잇몸과 잇몸뼈 주변의 치주인대까지 염증이 진행된 것이다. 이 경우 고름이 고이거나 이빨이 흔들리게 되어 이빨이 빠지게 된다.

㉡ 입안 위생 관리 부족 및 치석 방치, 부정 교합 등이 원인이다.
㉢ 증상 : 잇몸이 붓고, 궤양과 출혈이 나타난다. 심한 경우 사료를 잘 씹지 못한다.
㉣ 치 료
 • 입안을 청결히 하고 스케일링을 통한 치석 제거를 실시한다.
 • 증상이 심할 경우, 환부 소독 및 항생물질 투여를 실시한다.
 • 이빨이 흔들리는 경우 발치가 필요하며, 추후 위생 관리 및 정기적 검진이 필요하다.

④ 치근첨주위농양
㉠ 이빨 뿌리 쪽에 심한 염증이 생긴 질환이다. 외부에서는 잘 보이지 않으므로 증상이 많이 진행되어서 발견되는 경우가 많다.
㉡ 치주 질환이 심해지거나 치수와 치근 주위가 세균에 감염되면서 발생한다.
㉢ 증상 : 사료를 잘 씹지 못하거나 염증으로 인해 얼굴이 부어오르기도 한다. 또한 이빨이 흔들리거나 빠지기도 하며, 치근부의 궤양으로 코에서 출혈 및 고름이 발생하기도 한다.
㉣ 치료 : 발치 및 항생물질을 투여해야 한다. 미리 치주 질환이 발생하지 않도록 위생 관리에 신경써야 하며, 딱딱한 것을 씹고 노는 습관을 교정해 주도록 한다.

⑤ 구내염
㉠ 구강 점막에 염증이 생긴 질환이다.
㉡ 주로 뺨 안쪽이나 혀 안쪽, 잇몸 등에 염증이 발생한다.
㉢ 입안 상처, 세균이나 바이러스에 의한 감염, 치주질환 및 당뇨병, 신장병 등의 전신질환에 의해 발병한다.
㉣ 증상 : 음식 섭취 시 통증으로 힘들어하며, 구취가 난다. 또한 침을 흘리거나 피가 나기도 한다.
㉤ 치료 : 염증 부위를 소독하고 염증 완화 약물을 발라준다. 비타민제 투여도 치료 방법 중 하나이며, 위생적인 구강 관리가 필요하다.

(12) 눈의 질환
① 안검내반 · 외반증
㉠ 개에게 흔하게 발생하는 눈 질환으로, 안검내반은 안검 피부가 안구 쪽으로 말려들어가 있는 상태를 말하며, 안검외반은 안검 피부가 바깥쪽으로 밀려나와 있는 상태를 말한다.
㉡ 이는 선천적인 경우와 각막궤양이나 이물 또는 포도막염, 심한 안통에 의해서도 발생한다.

ⓒ 증상
- 안검내반은 속눈썹이 눈 표면을 찌르므로 눈물 분비가 증가하고 눈을 자주 깜박거리거나 자극으로 인해 안검경련이 일어나며 만성 각막염이나 결막이 충혈된다.
- 안검외반은 결막염이나 유루증의 원인이 되는 경우가 많고, 눈곱이 많이 나온다.

ⓓ 치료 : 선천적인 경우 외과적 수술로 원인을 제거하도록 하며, 각막과 결막의 병변부를 치료한다.

② 첩모난생증
ⓐ 눈썹이 나는 부위는 정상이나 배열과 발생 방향이 불규칙한 것을 말한다.
ⓑ 후천적으로는 결막염, 화상, 안검염에 의해서도 발생한다.
ⓒ 증상 : 각막 및 결막을 자극하므로 눈물 분비가 증가하고 결막충혈로 눈을 잘 뜨지 못하게 된다.
ⓓ 치료 : 비정상적으로 난 눈썹을 제거하거나 외과적인 수술을 실시하고, 각막 및 결막염 치료를 한다.

③ 제3안검 탈출증(체리아이)

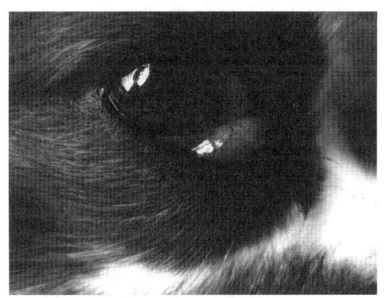

[제3안검 탈출증]

ⓐ 내안각에 위치한 제3안검이 변위되어 돌출된 질환이다.
ⓑ 이는 매끄럽고 둥근 붉은색의 부위가 노출된 상태로, 체리아이(Cherry Eye)라고도 한다.
ⓒ 보통 제3안검에 염증이 생기거나 제3안검 조직이 느슨해져 나타나며, 한쪽 또는 양쪽에 발생한다.
ⓓ 주로 눈이 돌출되어 있는 견종인 잉글리쉬 불독, 불테리어, 복서, 스파니엘, 페키니즈 및 비글 등에서 많이 발생한다.
ⓔ 이 질환은 각막염, 결막염, 안구건조증 등 다른 안과 질환을 유발할 수 있다.
ⓕ 치료 : 돌출된 조직을 외과적 수술로 제자리로 위치시키는 방법을 시행한다.

④ 유루증
ⓐ 누관을 통해 코로 흘러내려야 하는 눈물이 배출되지 못하고 눈 밖으로 끊임없이 넘쳐 흐르는 질환이다.
ⓑ 선천적으로 누관에 이상이 있는 경우나 각막염이나 결막염의 영향, 안륜근의 기능 저하 등이 원인이다.
ⓒ 증상 : 눈물이 눈 밖으로 계속 흐르기 때문에 눈에서 코를 따라 털이 변색되거나 눈꺼풀에 염증이 생기는 경우에 발생한다.
ⓓ 치료 : 염증이 있는 경우 항생물질을 투여하며, 누점이나 누관을 세정한다.

⑤ 결막염
　㉠ 결막은 눈꺼풀 안쪽에 해당하며, 눈꺼풀을 뒤집었을 때 점막이 충혈되고 부어있는 질환이다.
　㉡ 세균이나 바이러스에 의한 감염이 일반적이며, 먼지나 알레르기 반응도 원인이 된다.
　㉢ 증상 : 눈물 분비가 증가되고 결막이 충혈되며, 이물감으로 눈을 자주 비비거나 통증으로 인해 만지지 못하게 하며, 결막의 부종과 비후 등 여러 가지 증상을 보인다.
　㉣ 치료 : 원인이 매우 다양하므로 원인에 따른 치료를 실시해야 한다. 보통 멸균된 세정제로 깨끗이 씻어내고 안연고제 등을 발라준다.

⑥ 각막염
　㉠ 각막의 염증을 말하며 각막 혼탁, 각막 주위 충혈 및 혈관신생 등의 증상이 나타난다.
　㉡ 원인은 바람, 먼지, 외상, 화학적 자극, 눈썹 이상, 눈물분비 후유증, 녹내장, 세균 등 여러 가지가 있다.
　㉢ 치료 : 멸균 세정액으로 깨끗이 씻어낸다. 안연고 또는 점안액 그리고 필요에 따라 전신적 항생제 등을 투여한다.

⑦ 백내장

[백내장]

　㉠ 수정체가 하얗게 혼탁된 것을 말하며, 수정체의 투명도가 소실되어 빛이 안구로 들어오는 것을 막아 시력 장애를 일으킨다.
　㉡ 원인은 선천성, 후천성, 노년성, 당뇨병성, 외상성 등 다양한데, 대개는 노화에 의한 것으로 평균 6세를 넘긴 시점부터 서서히 진행된다.
　㉢ 치료 : 안약이나 물약을 질병의 진행을 억제하는 목적으로 사용한다. 인공 수정체 삽입 등 수술하는 경우도 있지만 일반적이지는 않다.

⑧ 녹내장
　㉠ 안압의 상승으로 인해 나타나는 질병으로, 빛을 쪼이면 눈 속이 녹색으로 보여 녹내장이라고 한다.
　㉡ 원인에 따라 원발성, 속발성, 선천성 녹내장으로 나눈다.
　㉢ 증상 : 안압의 상승으로 눈의 통증을 호소하며, 각막이 혼탁해지고 안구가 커지는 등의 증상이 나타난다.
　㉣ 치료 : 안압을 떨어뜨리기 위해 국소 및 전신적인 약물 투여가 필요하며, 실명 등 합병증이 발생할 시에는 안구적출 등 외과적 수술이 필요하다.

(13) 귀 관련 질환

① 귀 개선충증
- ㉠ 개선충(옴벌레)이 외이도에 기생하여 어두운색(적갈색)의 귀지를 형성하고 염증을 일으키는 질환으로, 어린 강아지에게 잘 발생한다.
- ㉡ 증상 : 심한 소양증(가려움)으로 머리를 흔들거나 뒷다리로 귀를 자주 긁게 되고 악취가 난다.
- ㉢ 치료 : 외이도를 세정하고, 소염제나 항생물질을 투여한다.

② 외이염
- ㉠ 귀의 외이도에 염증이 생기는 질환이다.
- ㉡ 귀가 늘어져 있거나 털이 많은 경우 발병하기 쉬우며, 체질적으로 귀지가 많이 쌓이는 경우도 발병이 쉽다.
- ㉢ 외이도의 귀지에 세균이나 곰팡이가 번식하여 염증을 일으키며, 진드기나 곤충의 침입도 원인이 될 수 있다.
- ㉣ 증상 : 가려움으로 인해 뒷발로 귀를 긁거나 귀를 땅에 비벼댄다. 가려움이 심하거나 통증이 심해지면 머리를 자주 흔든다.
- ㉤ 치료 : 외이도를 세정하고, 소염제나 항생물질을 투여한다.

③ 중이염
- ㉠ 보통 외이염이 계속 진행되어 중이까지 염증이 퍼져 발생한다.
- ㉡ 증상 : 외이염과 증상이 비슷하나 중이의 고실까지 고름이 쌓이기도 하며, 안면마비나 청각장애 등이 일어나기도 한다.
- ㉢ 치료 : 항생물질이나 소독제를 투여한다.

④ 내이염
- ㉠ 귀의 가장 안쪽 깊은 곳에 있는 내이에서 염증이 발생한 것으로, 대부분 외이염이나 중이염이 확장되어 나타난다.
- ㉡ 증상 : 중이염의 증상과 비슷하지만, 내이에 있는 전정신경에 염증이 생기면 평형감각을 잃고 쓰러지거나 같은 장소를 선회하는 경우가 생긴다.
- ㉢ 치료 : 항생물질 투여 및 외이염, 중이염 치료를 동반 진행해야 한다.

CHAPTER 03 | 실전예상문제

PART 2 반려동물 관리학

01 다음 설명에 해당하는 신체 충실지수(BCS) 단계는?

- 갈비뼈를 쉽게 촉진할 수 있음
- 뼈의 융기부를 약간의 지방층이 덮고 있음

① BCS 1
② BCS 2
③ BCS 3
④ BCS 4

해설 갈비뼈를 쉽게 만질 수 있으며, 뼈의 융기부를 약간의 지방층이 덮고 있는 상태는 BCS 3(정상) 단계이다.

02 반려견의 활력징후에 대한 설명으로 옳지 않은 것은?

① 정상 체온 범위 : 37.7~39.0℃
② 정상 맥박 수 : 소형견의 경우, 90~160회/분
③ 정상 호흡 수 : 16~32회/분
④ 정상 평균 혈압 : 60~110mmHg

해설 개의 정상 혈압(mmHg)

이완기 혈압	수축기 혈압	평균 혈압
60~110	100~160	90~120

정답 01 ③ 02 ④

03 다음의 치아 발육 상태를 통해 알 수 있는 반려견의 연령은?

> 아래턱의 앞니 2개가 마모된 상태이다.

① 1~2년령
② 2~3년령
③ 3~4년령
④ 4~5년령

해설 반려견 치아 발육 상태

2개월령	유치가 전부 돌출된다.
4개월령	위턱과 아래턱의 앞니 2개가 영구치로 교체된다.
7개월령	모든 유치가 영구치로 교체된다.
1~2년령	아래턱의 앞니 2개가 마모된다.
2~3년령	아래턱의 앞니 4개가 마모된다.
3~4년령	아래턱의 앞니 4개와 위턱의 앞니 2개가 마모되며 약간의 치석이 생긴다.
4~5년령	아래턱의 앞니 4개와 위턱의 앞니 4개가 마모되며 치석의 양이 증가한다.
5년령 이상	아래턱의 앞니 6개가 마모되고 위턱의 앞니 6개가 마모되며 많은 양의 치석이 존재한다.

04 반려견의 활력징후를 체크하여 알 수 있는 것은?

① 급여 시기
② 건강 상태
③ 예방접종 시기
④ 수술 날짜

해설 평상시에 반려견의 호흡, 맥박, 심장박동 수를 체크하면 반려견의 건강 상태를 알 수 있다.

05 건강관리를 할 때 유의하여 살펴야 할 증상이 아닌 것은?

① 간식을 피한다.
② 코가 말라 있다.
③ 식욕이 왕성하다.
④ 사람 옆에 오거나 노는 것을 귀찮아 한다.

해설 식욕이 왕성한 것은 개가 건강하다는 증거이다.

정답 03 ① 04 ② 05 ③

06 반려견의 일반적인 관찰에 대한 설명 중 옳지 않은 것은?

① 건강한 반려견을 위한다면 평상시 관찰하는 습관이 있어야 한다.
② 개가 신경질적이거나 잠만 자려하고 피곤한 기색을 보인다면 이상이 있는 것이다.
③ 식욕이 없던 강아지가 식욕이 갑자기 좋아지면 다시 건강한 강아지가 된 것이다.
④ 평상시에 활동적인 반려견이 소극적이거나 무언가 시름에 잠기고 동작이 둔한 것은 이상 신호이다.

해설 식욕이 없던 강아지가 갑자기 식욕이 좋아졌다고 해서 건강한 강아지가 된 것은 아니다. 다른 특이사항이 없는지 세심히 관찰한다.

07 반려견의 건강검진에 관한 내용으로 옳지 않은 것은?

① 검진은 질병의 징후 및 해부학적 대칭성의 차이 등을 검사한다.
② 건강검진으로 개들에게 일어날 수 있는 질병을 미리 발견하고 조기 치료를 할 수 있다.
③ 건강검진은 어린 강아지나 노령견 등의 건강을 체크하는 데 큰 도움이 되지만 건강한 반려견이 별도로 할 필요는 없다.
④ 건강상에 문제를 발견하게 되면 치료 방향을 미리 준비하여 건강한 삶을 살 수 있다.

해설 건강한 반려견이라도 예방을 위해 주기적으로 건강검진을 하는 것이 좋다.

08 질병의 발견에 대한 설명으로 옳지 않은 것은?

① 건강검진이나 호흡, 맥박, 체온 등을 측정하는 방법을 통해 건강상태를 체크하여 개의 질병을 초기에 발견하면 치료하여 건강회복에 도움이 된다.
② 반려견은 사람처럼 아프면 증상을 나타내므로 아프다고 생각이 되면 종합검사를 받아본다.
③ 소화기계통의 질환이 직접 확인되고 신음을 할 정도가 되면 건강상의 문제가 한참 진행이 되었다고 볼 수 있다.
④ 평상시에 반려견의 상태와 건강을 체크하는 것을 잊어서는 안 된다.

해설 반려견은 아파도 증상을 표현하거나 소통하기가 힘드므로 평소에 주기적인 종합검사가 필요하다.

09 다음 중 바이러스에 의한 전염성 질병이 아닌 것은?

① 광견병
② 디스템퍼
③ 심장사상충증
④ 전염성 간염

해설 심장사상충증은 혈액 내 기생충성 질환으로, 심장사상충이 심장이나 폐동맥에 기생하여 발생한다.

10 다음에서 설명하는 전염성 질병으로 옳은 것은?

- 대표적인 급성 열성 바이러스 질병으로, 전염력이 강하다.
- 소화기 증상(식욕부진, 구토), 호흡기 증상(콧물, 기침), 신경 증상(전신성 경련) 등 다양한 증상이 전신에 나타난다.

① 디스템퍼
② 전염성 간염
③ 파보 바이러스 감염증
④ 코로나 바이러스 장염

해설 급성 열성 바이러스 질병으로, 전염성이 강하고 폐사율이 높은 전신 감염증은 디스템퍼(개 홍역, Distemper)이다.

11 다음 중 광견병에 대한 설명으로 옳지 않은 것은?

① 광견병 바이러스를 가진 동물에게서 전염된다.
② 기침, 기관지염, 폐렴 등이 주요 증상이다.
③ 개뿐만 아니라 고양이, 여우, 너구리 등도 감염될 수 있다.
④ 광견병은 치사율이 매우 높으므로, 백신접종이 최우선이다.

해설 광견병에 감염되면 발열, 두통, 식욕저하 및 침 흘림, 경련, 혼수상태 등이 주요 증상으로 나타난다.

정답 09 ③ 10 ① 11 ②

12 개 종합백신(DHPPL)으로 예방하는 질병에 해당하지 않는 것은?

① 디스템퍼
② 코로나 장염
③ 전염성 간염
④ 파라 인플루엔자성 기관지염

> **해설** 개 종합백신(DHPPL)으로 예방하는 5가지 질병은 디스템퍼(개 홍역), 전염성 간염, 파보 바이러스성 장염, 파라 인플루엔자성 기관지염, 렙토스피라증이다. 코로나 장염 백신은 별도로 접종해야 한다.

13 반려견 예방접종에 대한 설명으로 옳지 않은 것은?

① 광견병 백신은 생후 14주령에 1차 접종으로 종료된다.
② 개 종합백신(DHPPL)은 생후 6주령에 1차 접종을 하며, 2주 간격으로 5차 접종을 한다.
③ 성견인 경우, 개 종합백신(DHPPL), 코로나 장염 백신 등을 매년 추가 접종한다.
④ 번식 가능 암컷인 경우, 교배 전 접종하며 구충제도 함께 투여하면 좋다.

> **해설** 광견병 백신은 생후 14주령에 1차 접종하며, 매년 추가 접종한다.

14 소화기 내부 기생충 중 가장 흔한 기생충이며, 감염 시 성장지연, 구토, 탈수 등을 일으키는 것은?

① 회충
② 조충
③ 편충
④ 십이지장충

> **해설** 회충은 가장 흔한 내장 기생충으로, 강아지 입양 시 감염되어 있을 수 있기 때문에 입양 즉시 구충을 실시한다. 구충은 3주령에 1차로 실시하며, 3개월 간격으로 추가로 실시한다.

15 다음과 같은 증상이 나타나는 질환으로 옳은 것은?

> • 보통 숨을 들이쉴 때 코골이가 심하며 입을 벌리고 숨을 쉬는 경우가 많다.
> • 연구개가 목을 완전히 막아서 무호흡 증상이 나타나기도 한다.

① 비 염
② 폐 렴
③ 거대 식도증
④ 연구개 과장증

해설 연구개 과장증(단두종 증후군)에 대한 증상이며, 보통 코가 눌린 듯한 모습을 하고 있는 단두종 견종에서 주로 나타나는 질환이다. 단두종에는 시츄, 불독, 페키니즈, 보스턴테리어, 퍼그 등이 있다.

16 항문낭염 질환에 대한 설명으로 옳지 않은 것은?

① 세균에 감염되어 분비액이 잘 배출되지 않고 쌓여서 곪는 질병이다.
② 시츄, 퍼그, 슈나우저 등에서 자주 발생한다.
③ 목욕하기 전에 항문낭을 짜주면 예방할 수 있다.
④ 제때 치료를 받지 않아도 저절로 낫는 경우가 많다.

해설 제때 치료를 받지 않을 시, 항문 주위 괄약근 손상으로 배변 실금과 같은 증상이 나타날 수 있다.

17 지루성 피부 질환에 대한 설명으로 옳지 않은 것은?

① 다양한 원인으로 피부가 기름지게 되거나 반대로 건조해져 비듬이 생기는 질환이다.
② 피지 분비가 많은 습성지루는 저먼 셰퍼드, 아이리시 세터 등의 견종에서 많이 나타난다.
③ 습성지루의 경우 특유의 냄새가 나고 끈끈한 점액이 묻어있는 경우가 많다.
④ 평소 영양 관리에 신경쓰며, 처방에 따른 약용샴푸를 사용하도록 한다.

해설 피지 분비가 많은 습성지루는 코커스파니엘, 시츄 등의 견종에서 많이 나타나며, 건조하여 비듬이 생기는 건성지루는 저먼 셰퍼드, 아이리시 세터 등의 견종에서 많이 나타난다.

정답 15 ④ 16 ④ 17 ②

18 소형견에서 주로 나타나며, 고개를 잘 들지 못하고 머리가 흔들거리는 증상을 보이는 경우는?

① 뇌전증
② 뇌수두증
③ 추간판탈출증
④ 환축추불안정

해설 환축추불안정(AAI)은 경추뼈 중 환추(1번 경추)와 축추(2번 경추) 사이의 결합에 이상이 생겨 고개를 제대로 움직이지 못하는 질환으로, 환축추아탈구라고도 한다.

19 누관을 통해 흘러내려야 하는 눈물이 배출되지 못하고 눈 밖으로 끊임없이 넘쳐 흐르는 질병은?

① 유루증
② 결막염
③ 첩모난생증
④ 안검내반증

해설 유루증에 대한 설명으로, 눈물이 눈 밖으로 계속 흐르기 때문에 눈에서 코를 따라 털이 변색되거나 눈꺼풀에 염증이 생기는 경우가 흔히 발생한다.

20 귀 개선충증에 감염되었을 때에 대한 설명으로 옳지 않은 것은?

① 어두운색 귀지가 과다하게 분비되는 경우가 많다.
② 감염되면 귀를 심하게 흔들며 악취가 난다.
③ 외부기생충 예방약으로 예방할 수 있다.
④ 주로 성견의 외이도 내에 잘 번식하며, 심한 소양증을 일으킨다.

해설 귀 개선충은 주로 어린 강아지의 외이도 내에 잘 번식하며, 심한 소양증을 일으킨다.

CHAPTER PART 2 반려동물 관리학

04 환경관리

1 반려견 위생관리

(1) 목욕 관리

① 반려견 목욕은 피부와 털의 건강을 위해서 필요하다.
② 목욕은 생후 7주령부터 시작하고 7~10일에 한 번씩 실시하는 것이 좋다.
③ 목욕 주기는 털의 길이 및 상태, 털의 양, 계절, 품종에 따라 차이가 있다.
④ 목욕 과정
  ㉠ 목욕은 브러싱, 샴핑, 린싱, 드라잉 순서로 진행한다.
  ㉡ 브러싱(brushing)
    - 브러싱은 피모에 붙어있는 털갈이 털과 이물질을 제거하고 털이 엉켜있는 경우 풀어주는 과정이다.
    - 반려동물과의 친숙함이 형성되며 피부에 적당한 자극을 주어 신진대사와 혈액순환을 촉진해 건강한 털을 유지할 수 있다.
    - 털이 엉켜있는 경우, 목욕 후 드라잉이 어렵고 피부염이 발생할 가능성이 존재한다.
    - 장모종은 구역을 나누어 실시하고, 아래쪽을 먼저 빗고 위쪽으로 올라가며 빗겨준다.
    - 브러시의 종류

핀브러시	• 핀이 듬성듬성 박혀있는 빗으로 털이 길고 약한 품종에서 사용한다. • 브러시 손잡이를 가볍게 움켜쥐고 엄지손가락으로 브러시의 뒷부분을 지지한다. • 손목의 탄력을 이용하여 원을 그리듯 회전시키면서 빗질한다.
슬리커 브러시	• 구부러진 얇은 핀이 촘촘하게 박혀있는 빗으로 털이 짧은 단모종에서 죽은 털을 제거하고 털의 성장을 촉진하기 위해 사용한다. • 슬리커 브러시는 브러시의 각도가 피부에서 경사가 많이 지게 되면 브러시가 꺾여서 반려견의 피부를 손상하기 쉬우므로 가볍게 쥐고 무리하지 않게 빗질해야 한다. • 엄지와 검지로 슬리커 브러시를 잡고 나머지 손가락으로 지탱해 주며 손목 스냅을 이용하여 브러시를 들어 올려주며 빗겨준다.
일자 빗	• 스테인리스 재질의 일자형으로 일정한 간격의 빗살로 되어 있고 털을 정리하거나 엉킨 털을 풀 때 사용한다. • 엄지손가락과 집게손가락으로 빗의 1/3지점을 감싸 쥐고 손목의 움직임만으로 털의 결과 수직이 되도록 빗질한다. • 간격이 넓은 부분으로 빗고 간격이 좁은 부분으로 마무리한다.

  ㉢ 샴핑(shampooing)
    - 반려견의 피부와 털에 묻어 있는 오염물을 제거하는 과정이다.
    - 반려견 피부에 존재하는 피지샘에서 분비된 피지는 외부에서 부착되는 여러 물질들과 함께 혼합되어 오염물을 만든다. 이러한 오염물이 존재하는 경우 피부와 털의 건강이 좋지 않고 냄새를 유발한다.

- 샴푸는 종류와 기능에 따라 다양하다. 형태에 따라 액체 크림형, 스프레이형, 분말형으로 구분하며, 액체 크림형 샴푸를 일반적으로 사용한다.
- 기능에 따라 건성용, 지성용, 영양용, 비듬용, 약용용 등이 있고, 털의 상태에 따라 선택해서 사용한다.
- 사람용 샴푸는 개의 피부에 자극적이어서 사용해서는 안 된다. 개의 피부 산도(pH 7~7.4)는 사람의 피부 산도(pH 4.5~5.5)와 다르게 중성에 가까우며, 피부도 얇으므로 털의 상태에 따라 애견 전용 샴푸를 선택해서 사용한다.
- 샴핑 순서
  - 귀에 물이 들어가지 않도록 솜을 이용하여 귀마개를 한다.
  - 샴핑을 실시하기 전에 엄지와 집게손가락을 사용하여 항문낭을 짜준다.
  - 35~40℃ 온수를 준비하고, 반려견이 놀라지 않도록 발부터 천천히 욕조에 담근다.
  - 몸에 물이 충분히 젖으면 전용 샴푸를 물에 풀어 거품을 내어 안마하듯 골고루 문질러 준다.
  - 심장에서 먼 뒷다리 부분부터 목의 순서로 하는 것이 좋고 머리에 물이 묻으면 몸을 심하게 흔들므로 머리 부분은 마지막에 씻겨주며, 샴푸가 눈과 귓속에 들어가지 않도록 주의한다.

ㄹ 린싱(rinsing)
- 린싱은 샴핑으로 인해 알칼리화된 피모를 중화시키고 털을 부드럽게 하기 위해 실시한다. 또한 피모에 영양을 주고 건조를 방지한다.
- 린스에 포함된 오일, 보습, 수분 등의 성분은 털에 윤기와 광택을 주고 정전기 방지 효과가 있다.
- 반려견 린스는 약산성(pH 4.5~6.0)을 띈다.
- 린싱 순서 : 적당한 용기에 린스와 물을 희석하여 샴핑과 같은 방법으로 전신에 도포한 후 린스 액을 씻어낸다.

ㅁ 드라잉(drying)
- 드라잉은 샴핑과 린싱 후에 털을 말리는 것이다.
- 전용 타월을 사용하여 피모에 있는 많은 양의 물기를 제거하고 이후 드라이기로 털을 건조한다.
- 드라이기는 핸드 드라이기, 스탠드 드라이기, 드라이 룸이 있다.
  - 핸드 드라이어 : 소형 단모종의 경우에 사용한다.
  - 스탠드 드라이어 : 대형견 또는 장모종의 경우에 적합하다.
  - 드라이 룸 : 목욕과 타월링을 마친 반려견을 일정한 크기를 갖춘 실내 공간 안에 넣어서 털을 건조하는 방법으로, 여러 방향에서 입체적으로 바람이 나와서 털을 건조한다.
- 털의 방향에 따라 말리는 방법이 다르다.
  - 말티즈, 시츄, 요크셔 테리어 등의 품종은 털의 결을 따라 말린다.
  - 푸들, 비숑 프리제, 베들링턴 테리어 등은 털의 결에 역행하여 말린다.
- 귓속의 솜을 빼고 면봉을 이용하여 남은 물기를 제거해 주며, 애견용 귀 청결제를 이용한다.
  - 귓속의 털이 과도한 경우 이어 파우더를 뿌리고 조금씩 털을 뽑아낸다. 귓속의 털을 한 번에 많은 양을 붙잡아 뽑으면 귀 내부의 점막이 손상되어 염증이 발생할 수 있으므로 주의한다.

- 면봉에 귀 세정제를 묻힌 후 귀 안쪽까지 부드럽게 닦아낸다. 면봉 대신에 겸자에 탈지면을 말아서 사용하면 귀 세정이 더 수월하다.
- 귓속이 헐어있거나 분비물이 과도한 경우, 보호자에게 상태를 알리고 검진을 받게 한다.
• 반려견의 발톱은 1~2개월 주기로 한 번씩 손질해 준다.
- 발톱깎이는 소형견용(길로틴형)과 중·대형견용(니퍼형)으로 구분하여 사용하는 것이 좋다.
- 발톱 절단 부위는 혈관이 분포되지 않은 곳의 말단까지 잘라준다. 이때 혈관이 분포된 곳을 자르게 되면 출혈이 발생하므로 주의한다.
- 발톱이 검은색으로 혈관이 잘 보이지 않는 경우에는 조금씩 자르며 혈관을 확인한다.
- 발톱갈이를 사용하여 절단면을 부드럽게 갈아준다.

(2) 공중위생 및 방역

① 소독 : 전염병을 예방하기 위하여 반려견 위탁시설은 정기적으로 소독 관리를 실시한다.

② 세척, 소독, 멸균의 개념

세척 (cleaning)	• 물과 세정제를 사용하여 식기, 장난감 등의 물품과 사육장 바닥과 시설에 붙어있는 오염물을 씻어내는 것을 말한다. • 세척 과정을 통해 많은 양의 미생물을 제거할 수 있다.
소독 (disinfection)	• 소독은 사육환경에 존재하는 병원성 미생물을 제거하는 것을 말한다. • 아포를 가지고 있는 세균은 소독방법으로는 사멸시킬 수 없다. • 사육장 바닥과 시설은 액체용 소독제를 사용하고 식기, 장난감 등은 자외선 살균기를 사용하여 소독한다.
멸균 (sterilization)	• 멸균은 세균의 아포를 포함하여 모든 미생물을 제거하는 것을 말한다. • 멸균은 주로 수술기구 등에 사용되며 일반적으로 반려견 위탁시설에서는 필요하지 않다.

③ 소독제의 사용

㉠ 사육장 및 시설을 소독할 때 가장 효과적인 방법은 소독제를 사용하는 것이다.

㉡ 모든 병원성 미생물을 죽일 수 있는 소독제는 없기 때문에 병원체에 대한 소독제의 적합성에 따라 선택해서 사용한다.

㉢ 소독제의 종류

차아염소산나트륨	• 가정에서 흔히 사용하고 있는 '락스'의 주성분으로 염소계 소독제이다. • 가격이 저렴하고 소독효과가 높아서 사육장 및 바닥 소독에 가장 일반적으로 사용하는 소독제이다. • 반려견에서 가장 문제가 되는 파보 바이러스까지 사멸시킬 수 있다. • 시판되는 락스는 4% 농도로 물에 희석해서 사용한다. • 바이러스가 의심되는 경우는 30~50배, 일반적인 환경소독은 100~200배 희석한다.
1% 크레졸비누액	• 페놀에 비해 살균력이 4배나 강한 소독효과를 가지고 있으며, 피부독성과 부식성은 훨씬 약한 장점이 있다. 그러나 냄새가 강하고 오래가는 단점이 있다. • 시판되는 크레졸비누액은 50%의 고농도로, 일반적인 환경소독은 1~2%로 물에 희석해서 사용한다.
4급 암모늄	• 주로 세척제로 사용되며 낮은 수준의 소독제로 사용된다. • 피부자극과 독성이 낮다는 장점이 있다.

글루타알데하이드	• 아포 세균, 진균, 바이러스 등에 대해 높은 수준의 소독제와 멸균제로 사용된다. • 살균력이 강하고 오염물이 있는 상태에서도 살균력이 저하되지 않는다. • 낮은 온도에서도 빠른 소독 효과가 있다. • 환경소독은 2% 농도를 사용한다. • 인체 및 동물에 대한 유해성과 독성이 높기 때문에 사용 시 주의해야 한다.

④ 반려견 위탁시설의 청소와 방역 실시

㉠ 매일 사육장 청소와 소독을 실시한다.

사육장 전체 청소는 매일 아침과 저녁에 실시한다. 반려견의 식사가 끝나고 배변 후에 정해진 시간에 실시하는 것이 좋다.

- 청소도구와 소독제를 준비한다.
- 반려견을 사육장 외부 또는 청소가 완료된 깨끗한 장소로 옮긴다.
- 사육장 내부에 있는 식기, 장난감, 패드 등의 용품을 세척실로 옮긴 후 씻어낸다.
- 사육장 내부에 있는 쓰레기 및 오염물을 먼저 치우고 빗자루를 이용하여 깨끗하게 청소한다.
- 대형 진공청소기를 이용하여 바닥에 존재하는 털과 먼지 등을 흡입하여 제거한다.
- 사육장을 세정제로 세척한다.
- 마른걸레를 사용하여 사육장 바닥, 출입문, 벽면 등에 물기를 제거하고 건조한다.
- 바닥을 소독제로 소독한다.

㉡ 수시로 사육장을 청소한다.

수시 청소는 반려견의 퇴실 시에, 또는 배변 활동으로 오염된 경우 즉시 청소한다.

- 사육장 내의 패드를 교체하고 관리한다.
- 반려견의 배설물을 처리한다.
- 사육장 내부를 소독한다.

㉢ 반려견이 사용하는 식기, 장난감 등의 용품을 소독한다.

- 사용한 식기와 장난감 등은 세정제로 깨끗하게 씻어낸다.
- 마른걸레나 햇빛을 이용하여 건조시킨다.
- 자외선 살균기에 넣고 소독한다.

㉣ 반려견이 섭취하는 음식과 물을 청결하게 관리한다.

- 반려견의 음식은 정해진 시간에 제공한다.
- 건사료는 사료통에 넣어서 시원하고 그늘진 곳에 실온에서 보관한다.
- 습식사료인 캔은 개봉하면 바로 소진하는 것이 좋고, 만약 남는 경우에는 뚜껑을 덮어 냉장고에 보관하면 다음날까지 사용이 가능하다.
- 물은 반려견이 수시로 먹을 수 있도록 제공한다. 물그릇을 사용하는 경우에는 반려견이 물을 엎질러 어지럽힐 수 있기 때문에 물통을 사용하는 것이 좋다.
- 깨끗한 물로 매일 교체해 준다.

(3) 개인위생 관리

① 개인위생 관리는 반려견과 종사자의 안전과 질병 전파의 잠재성을 차단하는데 중요하다. 또한 위탁 시설을 이용하는 고객에 대한 이미지에 영향을 미치므로 개인위생 관리를 생활화한다.

② 개인위생 관리 항목

  ㉠ 복 장
- 항상 반려견과 가까이서 생활하므로 옷과 신발은 털, 침, 배설물 등의 오염물이 잘 부착되지 않는 재질이 좋다. 또한 움직임이 많기 때문에 활동하기 편하고 세탁이 쉬운 복장을 선택한다.
- 옷은 매일 세탁하여 갈아입는다.
- 신발은 반려견과 함께 뛰고 장시간 걸을 수 있는 운동화가 좋다.
- 반려견 훈련 시에 훈련도구와 간식을 지참할 수 있는 조끼를 착용한다.

  ㉡ 손과 손톱
- 반려견과 자주 직접 접촉하므로 손세정은 매우 중요하다.
- 손톱은 이물질이 끼여 세균이 번식할 수도 있고 반려견이 상처를 입을 수 있으므로 짧게 자르는 것이 좋다.

  ㉢ 머리와 얼굴
- 머리는 청결하고 훈련하기에 간편한 스타일이 좋다.
- 긴 머리의 경우 단정하게 뒤로 묶어준다. 남성의 경우 수염은 깎거나 짧게 정돈한다.

  ㉣ 장신구
- 귀걸이, 팔찌, 반지, 피어싱 등의 장신구는 착용하지 않는 것이 좋다.
- 시간을 측정할 수 있는 시계 정도만 착용한다.

③ 인수공통전염병

  ㉠ 인수공통전염병은 동물로부터 사람에게 전파되는 질병을 말한다.

  ㉡ 반려견 종사자는 동물과의 빈번한 접촉으로 인해 인수공통전염병에 노출될 위험성이 높다.

  ㉢ 반려견에서 사람으로 전파될 수 있는 질병은 다음과 같다.

기생충	개회충은 사람에게 내장 유충 이행증을 일으키고 개촌충은 사람에게 포충증을 일으킨다.
진드기	개선충은 옴진드기라 불리며, 사람에게 감염되면 감염부위에 심한 소양감을 일으킨다.
진균(곰팡이균)	피부사상균은 링웜이라 불리며, 사람에 감염되면 백선증을 일으킨다. 백선증은 피부질환으로 원형의 탈모가 특징적이다.
세균 및 원충	캄필로박터(Campylobacter), 크립토스포리디움(Cryptosporidium), 살모넬라(Salmonella), 렙토스피라(Leptospira) 등은 사람에 감염되어 발열, 설사, 복통, 신장염 등의 다양한 증상을 일으킨다.
광견병	사람에게 감염되어 증상이 나타난 경우 치사율이 100%로 매우 무서운 질병이다. 그러나 광견병 예방접종으로 인해 수도권에서는 거의 발생되지 않는다.

2 반려견 안전관리

(1) 반려견 안전사고

① 반려견 안전사고는 다양한 원인에 의해서 발생한다.
② 반려견은 스스로 움직일 수 있는 동물이기 때문에 항상 예측할 수 없는 사고가 발생할 위험성이 높다.
③ 자주 발생하는 안전사고에 대비하고 사전에 예방할 수 있는 능력이 필요하다.
④ 반려견 안전사고 발생 위험 요소

구 분	항 목	안전사고 발생 위험 요소
시설물	건축물	구조물의 변형 및 균형, 급수배수, 냉난방, 환기
	사육장	잠금장치
	훈련장, 운동장	바닥 재질
	소독 및 위생	입출입 소독발판, 손세정제
	관리인력	부상 및 상해
	소방/화재	화 재
반려견	부상/상해	교상, 피부상처, 골절, 뇌진탕, 화상, 열사병
	질병	전염병, 구토 및 설사, 이물 섭취, 눈병, 쇼크
	사망	자연사, 질병 또는 상해 사망
	탈출/분실	관리소홀로 인한 분실, 도난

(2) 반려견 안전사고 예방과 조치

① 안전관리 매뉴얼 제작 계획을 수립한다. 안전관리 매뉴얼 제작 계획 수립절차는 사전 기획, 위험환경 분석, 설계 및 개발, 시행 및 관리의 4단계로 구성된다.

사전 기획	매뉴얼 작성자, 내용구성 및 작성 방법, 관련 법규 및 규정 검토, 일정 및 예산 등을 수립하는 것을 포함한다.
위험환경 분석	• 위험환경은 시설물 안전과 반려견 안전으로 내용을 구분한다. • 시설물 안전에는 건축물, 소방시설, 위생관리, 관리인력 등이 포함된다. • 반려견 안전에는 부상 및 상해, 질병, 사망, 탈출 및 분실 등이 포함된다.
설계 및 개발	• 안전관리 매뉴얼 제작에 대한 세부 추진과제를 설정한다. • 일반사항, 안전사고에 대한 관리 및 대응 방법, 안전사고별 대응절차서 등이 포함된다.
시행 및 관리	안전관리자 지정, 안전사고 점검 및 개선 방법 등에 대한 계획을 세운다.

② 안전관리 매뉴얼을 제작한다.
  ㉠ 일반사항 작성 후, 안전관리 매뉴얼에 포함될 안전사고의 종류를 구성하며, 안전사고별 대응 방법을 작성한다.
  ㉡ 반려견과 관련해 발생빈도가 높은 안전사고 : 반려견의 부상, 질병, 사망, 탈출, 분실, 사람의 개물림 등

③ 안전사고별 상황에 대처한다.
    ㉠ 반려견의 부상

물린 상처(교상) 찔린 상처(자상)	• 출혈 부위를 지혈하고 오염물을 닦아낸다. • 가위로 상처 부위의 털을 짧게 자르고 물 또는 식염수를 이용하여 깨끗하게 세척한다. • 소독약을 소독솜에 묻혀 상처 부위를 소독한다. • 거즈로 상처 부위를 덮고 붕대로 고정한다. • 상처 부위를 핥지 못하도록 엘리자베스 칼라를 목에 착용한다.
골 절	• 뼈가 피부 밖으로 노출된 개방성 골절은 상처 부위가 오염되지 않도록 주의해야 한다. • 젖은 거즈나 수건으로 상처 부위를 덮고 즉시 동물병원으로 이송한다. • 폐쇄성 골절은 골절 부위가 고정되도록 나무판자, 플라스틱 등의 부목을 대고 테이프로 고정한 후 동물병원으로 이송한다.
낙상 및 교통사고	• 낙상 및 교통사고를 당한 반려견은 겉으로 보아서는 이상이 없어 보이지만 내부에서는 심한 출혈 및 손상이 발생했을 가능성이 있다. • 사고 발생 12시간까지는 반려견을 면밀히 관찰해야 한다. • 이상 증상이 발생한 경우에는 즉시 동물병원으로 이송한다.
화 상	• 뜨거운 물, 전기장판, 전기난로, 화학약품 등에 의해 화상이 발생할 수 있다. • 최대한 빨리 차가운 물로 화상 부위를 식혀주는 것이 좋다. • 화상 부위를 차가운 수건, 아이스팩 등으로 덮어준다.
쇼 크	• 쇼크의 원인은 다양하며 쇼크 증상이 나타나면 힘없이 옆으로 쓰러지며 구강점막이 창백하다. • 즉시 반려견을 편안한 상태로 유지시키고 체온, 맥박, 호흡수, 점막 상태를 확인한다. • 의식이 없고 맥박수, 호흡수가 없는 경우 즉시 심폐소생술(CPR)을 실시한다.

㉡ 반려견의 질병

열사병	• 무더운 여름 날씨에 장시간의 운동 및 훈련을 수행하거나, 밀폐된 공간에 갇혀있는 경우에 발생한다. • 체온이 40℃ 이상으로 상승하고 침을 흘리며 호흡을 헐떡거리는 증상이 발생하고 신속히 대처하지 않으면 사망하게 된다. • 즉시 시원한 곳으로 이동시키고 전신에 차가운 물을 뿌리거나 냉탕에 넣는다. • 얼음팩을 수건에 감싸서 몸에 붙여준다.
구토 및 설사	• 설사는 횟수, 모양, 냄새 등을 유심히 관찰하고, 하루 2~3회 연변으로 활력이 있다면 상태를 지켜본다. • 하루 1~2회의 구토 증상과 함께 활력이 있다면 상태를 지켜본다. • 구토와 설사 증상이 있는 경우에는 위장을 휴식시키기 위해 12시간 정도 물과 음식을 제공하지 않는 것이 좋다. • 구토와 설사 횟수가 많고 활력이 저하된 경우에는 동물병원에서의 진료가 필요하다.
이물 및 독성물질 섭취	• 반려견은 잘게 씹지 않고 삼키는 특성으로 인해 식도 또는 위장 내에 이물이 정체되는 경우가 발생한다. • 닭뼈, 생선뼈, 장난감, 과일 씨앗 등이 주로 정체된다. • 입을 벌리고 입안에 이물이 존재하는 경우에는 손가락으로 이물을 꺼낸다. • 이물이 기도나 식도에 정체되어 있는 경우에는 반려견의 뒷다리를 잡고 거꾸로 매달아 이물을 토해내게 유도한다. • 대형견의 경우 두 팔로 갈비뼈 하단의 복부를 감싸 안아서 복부를 위쪽으로 강하게 압박하는 하임리히법을 시도한다.
안질환	• 눈에 이상이 발생한 경우 안구가 건조되지 않도록 안약을 넣어준다. • 눈을 긁지 않도록 엘리자베스 칼라를 착용시킨다. • 시츄, 페키니즈, 치와와 등은 안구돌출이 발생하기 쉬운 견종으로, 안구돌출이 발생한 경우 억지로 안구를 집어넣지 않도록 하고 물에 적신 거즈나 천으로 안구를 감싼 후 동물병원으로 이송한다.

ⓒ 사람에 대한 개물림 사고
- 위탁관리 시설 외부로 산책 시에는 목줄을 착용한다.
- 맹견은 산책 시에 목줄과 입마개를 착용한다.
- 사나운 반려견은 견사에 넣을 때 목줄을 착용한다.

④ 응급상황에 대비해서 즉시 사용이 가능한 응급약품, 위생 재료 및 기구 등이 포함된 구급상자를 비치한다.

ⓐ 외용제
- 상처 소독을 위해 소독용 알코올, 포비돈 등의 소독약을 준비한다.
- 피부보호와 감염을 차단하기 위한 피부연고, 안구를 보호하기 위한 안약 또는 안연고가 필요하다.

ⓑ 위생 재료 및 기구
- 위생 재료는 상처 주위 오염물을 정리하고 출혈을 방지하며 상처를 보호하기 위해 사용된다.
- 거즈, 탈지면, 붕대, 반창고, 접착테이프, 면봉, 가위, 핀셋 등이 필요하다.

ⓒ 기타 : 체온계, 부목, 엘리자베스 칼라, 애견 클리퍼, 수건, 주사기, 고무줄, 담요 등을 준비한다.

⑤ 반려견의 안전과 보안을 위해 CCTV를 설치한다.

ⓐ 유선 CCTV 설치

> 유선 CCTV의 기본 구성품을 확인 → 카메라를 원하는 장소에 위치시킴 → 녹화기와 모니터를 원하는 곳에 위치시킴 → 케이블을 이용하여 카메라와 녹화기를 연결 → 전원을 켜고 녹화기를 설정

ⓑ IP CCTV 설치

> IP CCTV의 기본 구성품 확인 → IP카메라를 원하는 장소에 설치 → IP카메라와 NVR를 UTP 케이블로 연결 → NVR 저장장치의 전원을 켜고 녹화기능을 설정

ⓒ CCTV 설치 안내판 설치
- 「개인정보보호법」 제25조 제4항에 따라 누구나 쉽게 알아볼 수 있는 곳에 CCTV 설치 안내판을 설치하여야 한다.
- 이를 위반한 경우 1,000만 원 이하의 과태료 처분을 받게 된다.
- 안내판에는 CCTV 설치 목적 및 장소, 촬영 범위 및 시간, 관리책임자 성명 및 연락처 등이 포함되어야 한다.

⑥ 전염성 질병이 의심되는 경우 격리조치 후 보호자 및 관련기관에 보고한다.

ⓐ 주요 전염성 질병에 대한 증상, 예후, 조치 등과 관련된 자료를 비치한다.

ⓑ 격리시설을 준비한다.
- 전염병 격리시설은 사육장에서 멀리 떨어진 별도의 공간에 위치해야 한다.
- 격리실에는 마스크, 장갑, 일회용 위생복 등을 비치한다.
- 격리실 청소 및 소독을 위해 격리실 전용으로 사용하는 소독제, 청소도구와 물품이 필요하다.

ⓒ 전염성 질병 발생 시 차단방역을 실시한다.
- 전염병이 발생하였거나 의심되는 반려견은 즉시 격리시설로 옮긴다.
- 반려견과 함께 동거하거나 밀접하게 접촉한 반려견은 건강한 반려견과 접촉하지 않도록 별도의 공간으로 옮긴다.
- 전염병이 발생한 반려견의 견사와 주위 환경은 즉시 청소와 소독을 실시한다.
  - 반려견의 분뇨는 즉시 쓰레기봉투에 수거한 후 밀봉하여 위탁시설 밖으로 배출한다.
  - 식기 및 장난감은 소독제로 뿌린 후 비닐 봉투에 담은 다음 밀봉한다. 이후 세척실로 옮겨 세척 후 소독 및 자외선 살균을 실시한다.
  - 바닥 및 주위환경은 소독제를 사용하여 소독을 실시한다.
- 전염병이 발생한 견사는 일정기간 동안 사용을 제한한다.
  - 분변을 통해 배출된 파보 바이러스의 경우 외부환경에서 6개월 동안 생존이 가능하다.
  - 전염병이 발생한 견사는 매일 2회 소독을 실시하고, 3일 이후에 사용하도록 한다.

ⓔ 보호자 및 방역 관련 기관에 보고한다.
- 전염병이 발생하거나 의심되는 경우 즉시 격리조치 후에 보호자에게 연락한다.
- 전염병 진단 및 치료를 위해 동물병원 방문 필요성에 대해 설명한다.
- 보호자가 즉시 데려갈 수 없는 경우에는 상주직원이 가까운 동물병원으로 이송하는 것에 대한 동의 여부를 문의한다.
- 광견병 발생이 의심되는 경우에는 격리조치 후에 즉시 농림축산검역본부(☎ 054-912-1000)에 알린다.
  - 반려견이 갑자기 과도한 침을 흘리며 광폭해지고 눈이 충혈되는 등의 광견병 증상으로 의심되는 경우에는 즉시 위탁시설 밖으로 탈출하지 못하도록 차단한다.
  - 반려견을 직접 붙잡아서는 안 된다. 광견병에 걸린 반려견에게 물린 경우에는 사람에게 전파되어 치명적인 결과를 초래할 수 있다.
  - 가축방역담당기관 또는 농림축산검역본부에 연락하여 안전하게 포획할 수 있도록 한다.

3 반려견 시설관리

(1) 위탁시설 안전관리

① 동물위탁관리업 시설 및 인력 기준 법적 규정 : 「동물보호법」 시행규칙 [별표 11] 참고
  ㉠ 위탁관리실과 고객 응대실의 분리
  - 고객 응대실은 방문 고객에 대한 상담을 진행할 수 있도록 조용한 곳에 설치한다.
  - 고객이 편안한 상태에서 상담을 진행할 수 있도록 깨끗한 환경을 조성하고 기본적인 음료 및 다과 등을 비치한다.

ⓛ 동물 개별 휴식실 설치

실외 견사	• 주로 대형견의 견사로 철골 및 철망, 목재, 플라스틱 재질로 만든다. • 견사의 크기는 대형견이 충분히 활동할 수 있도록 폭 2m, 길이 7m 이상이 좋다. • 바닥은 지면보다 높이 설치하고 분뇨처리 및 청소가 쉬운 콘크리트, 에폭시, 우레탄 고무, 코르크 등의 재질을 사용한다.
실내 견사	• 벽돌, 목재, 철망, 스테인리스 등의 재질을 사용한다. • 소형견용 견사는 직접 설치보다는 상품화된 반려견 호텔장을 구매하여 설치하는 것을 고려한다. • 실내 견사의 바닥에는 겨울철 보온을 위해 바닥에 난방을 시공한다. • 여름철 냉방을 위한 에어컨을 설치한다.

ⓒ 출입구 이중문과 잠금장치 설치
- 반려견이 출입문을 통해 탈출하는 것을 방지하기 위해 설치한다.
- 안전문은 반려견이 뛰어넘을 수 없도록 충분히 높아야 하고 반려견이 밀어서 열리지 않도록 잠금장치를 설치해야 하며, 사람의 출입은 용이해야 한다.

ⓔ 폐쇄회로 녹화 장치(CCTV) 설치

ⓜ 반려견 20마리당 1명 이상의 관리 인력 확보
- 반려견 관리 또는 훈련사는 기본적인 동물관리 능력을 갖추고 있어야 한다.
- 관련 자격 취득자 또는 전공학과 졸업자 등을 활용한다.

② 반려견 위탁관리 시설의 종류 및 시설 구비

㉠ 반려견을 대상으로 하는 훈련소, 호텔, 유치원, 카페, 반려견 동반 숙박시설로 구분된다.

㉡ 시설물 관리 점검표를 만들어 매일 또는 정기적으로 점검하고, 개선이 필요한 경우 관련분야 전문가에 자문하여 보완한다.

㉢ 각 위탁관리 시설은 법적 기준 외에도 시설 특성에 따라 반려견이 편안하고 안전하게 생활할 수 있는 시설의 구비가 필요하다.

야외 울타리 설치	• 반려견 훈련소 야외 공간 주변으로는 철망으로 된 울타리를 설치한다. • 반려견이 점프를 통해 뛰어넘지 못하도록 충분한 높이로 설치한다.
운동장 설치	• 반려견의 기본적인 훈련 및 운동에 필요한 운동장은 넓을수록 좋다. • 실외 운동장의 바닥은 천연 또는 인조 잔디로 시공한다. • 실내 운동장의 바닥은 미끄럽지 않고 소변 등의 처리가 용이한 재질로 시공한다.
훈련 장비 준비	• 기본적인 훈련을 위해서는 다양한 형태의 목줄, 장난감, 개껌, 덤벨 등이 필요하다. • 반려견 스포츠를 위해서는 시소, 굴, 멀리뛰기, 허들 등의 장애물 훈련 기구, Frisbee, Fry ball, Agility 등의 훈련 장비가 필요하다.
이동장 준비	• 반려견을 훈련, 미용, 치료 목적으로 야외로 이동할 때 반려견을 안전하게 운송할 수 있는 이동장을 준비한다. • 이동장은 반려견의 크기에 따라 소형, 중형, 대형으로 구분되고 일반적으로 플라스틱 재질의 이동장이 주로 사용된다.
물림방지 안전장비 준비	사나운 반려견에 의한 물림 방지를 위해 입마개, 목줄, 엘리자베스 칼라 등을 준비한다.
사료 및 간식 준비	• 사료는 성장 단계별로 소형견, 중형견, 대형견으로 구분하여 상품화된 사료로 준비한다. • 15~30℃ 온도, 50~70% 습도에서 보관한다. • 건식사료는 개봉 후에는 되도록 밀봉해서 보관하고 한 달 이내에 소진하는 것이 좋다. • 밀봉을 위해 별도의 플라스틱 또는 고무로 된 사료통에 보관하면 관리가 수월하다.

③ 소방시설 안전 점검
  ㉠ 반려견 위탁관리 시설은 대부분 「소방시설 설치 및 관리에 관한 법률」에 규정된 소방시설을 설치하여야 하는 특정소방대상물에 속한다.
  ㉡ 건물 소유자는 소방안전관리자를 선임하여 소방안전관리에 필요한 업무를 위임한다.
  ㉢ 일정 평수, 크기 이상의 건물들은 매년 소방시설 작동기능점검을 실시한 뒤 관할 소방서에 의무적으로 보고해야 한다.
  ㉣ 반려견 위탁관리 시설의 개별적인 소방시설 안전점검은 화재에 대비한 소화기 비치, 비상구 확보, 화재 시 대피방법, 화재 안전교육 등에 대한 사항을 포함한다.
  ㉤ 안전관리자는 '소방시설 안전점검표' 또는 일지를 만들어 소방 안전 상태에 대한 점검을 정기적으로 실시한다.
  ㉥ 안전 상태에 대한 점검 사항

소화기	• 소화기는 바닥면적 100m³(30평)에 1개 이상 설치하고 내부가 구획된 실마다 1개씩 설치한다. • 화재 발생의 위험이 높고 사람의 눈에 잘 띄고 접근이 쉬운 곳에 비치한다. • 분말 소화기에 포함된 내용 약제의 유효기간은 10년으로, 소화기에 표시된 유효기간을 확인하여 소화기를 교체하거나 내용 약제를 교환한다. • 소화기를 사용할 때는 손잡이 부분의 안전핀을 제거하고 호스를 불 쪽으로 가까이 대고 손잡이를 힘껏 움켜쥔 다음 불을 향해 쓸어내듯 뿌려준다.
전기와 콘센트	• 한 개의 콘센트에 전기 플러그를 여러 개 꽂아서 사용하지 않는다. • 사용하지 않는 전기제품은 플러그를 빼둔다.
냉·난방 상태	• 실내 냉·난방기는 꼭 끄고 퇴근한다. • 난로 1~2m 이내에 인화성 물건을 두지 않는다.
안전교육	• 비상대피로의 상태를 점검한다. - 비상대피로를 평소에 확인하고 비상구에는 물건을 쌓아두지 않는다. - 시설 종사자에게 비상구 등 화재 시 대피로를 안내해 주고 화재에 대비하여 정기적으로 안전교육을 실시한다. - 비상 탈출 경로 안내 표시물 부착여부 등을 확인한다. • 화재 발생 시 대피요령을 순서에 따라 실시하고 안내문 게시여부 등을 확인한다. • 화재 시 반려견 대피 방법 상태를 점검한다. - 화재 발생 시 반려견 대피 장소를 미리 정해둔다. - 화재 발생 시 반려견에 목줄을 착용하여 신속히 밖으로 대피시킨다. - 화재가 커져 반려견을 개별적으로 대피시키기 어려운 경우에는 사육장의 잠금 장치를 해제하고 문을 활짝 개방하여 반려견 스스로 밖으로 나갈 수 있도록 조치한다.

(2) 출입 및 보안관리
① 입출입 개인위생 관리
  ㉠ 사육장에 출입 시에는 개인위생 관리 절차를 거친 후 들어갈 수 있다.
  ㉡ 개인위생 관리는 출입자에게서 오염가능성이 있는 물질들을 제거하는 것으로 이물질 제거, 손 소독, 발판 소독 등이 있다.

손 소독	• 손 씻기는 물로 씻어서 세균을 제거하는 방법이고 손소독제는 손에 존재하는 세균을 직접 죽이는 방법이다. • 손소독제는 출입문 입구에 비치하여 출입 전에 출입자가 손 소독을 할 수 있도록 한다. • 손소독제는 펌프형 또는 스프레이형이 주로 사용되고 대표적인 성분은 에탄올, 과산화수소, 염화벤잘코늄 등이다.
발판 소독	• 출입자가 착용한 신발의 밑창을 소독하여 오염물이 사육장 내부로 유입되는 것을 방지하기 위해 사용하며, 스테인리스 재질의 테두리에, 내부는 소독제가 흡수된 인조 잔디 또는 흡습 매트가 놓여있는 발판 소독조를 사용한다. • 발판 소독조는 유기물의 영향을 많이 받으므로 상품화된 발판 전용 소독액을 사용하거나 물에 200배 희석한 락스를 사용한다. • 발판소독조는 위탁시설의 출입구와 사육장 출입문 입구에 설치한다. • 발판소독조 옆에 신발 밑창의 오염물을 털어 낼 수 있는 세척솔을 비치한다. • 발판소독조에는 신발 밑창이 충분히 잠길 수 있도록 소독제를 채운다. • 발판소독조 운영 지침을 정하여 주기적으로 청소와 소독제를 교체한다.

ⓒ 마스크를 비치하고 착용할 수 있도록 안내한다.
  • 마스크는 호흡기를 통한 감염을 차단하는 데 효과적이다.
  • 방문자가 사육장을 출입하는 경우에는 반드시 마스크를 착용할 수 있도록 안내한다.

② 출입 관리
  ㉠ 사육장 출입구에 출입 안내문 비치 : 사육장 출입은 반려견의 안전, 휴식, 감염관리를 위해 관리자의 허가 또는 동반 없이는 출입할 수 없다는 안내문을 비치하여 방문 고객이 자유롭게 출입할 수 없도록 제한한다.
  ㉡ 상주직원 : 비밀번호, 카드키, 지문인식, 모바일카드, 얼굴인식 리더기 등 자동문 출입 통제 시스템을 설치하여 출퇴근 문단속과 근태 현황을 효율적으로 관리할 수 있다.
  ㉢ 방문 고객
    • 반려견 위탁과 상담을 위한 보호자와 우편, 택배 등의 업무를 위해 방문하는 인원 등이 해당하며 출입자 명부에 날짜, 출입 시간, 용무, 출입자의 성명, 연락처, 주소 등을 작성하게 한다.
    • 우편, 택배 등의 업무적 방문의 경우 우편함과 택배함을 설치하여 운영하면 시설의 출입을 최소화할 수 있다.

③ 시설 보안관리
  ㉠ 시설 보안관리를 위해 방범시스템을 구축한다. 방범 전문 업체는 출동경비, CCTV 영상 보안, 출입문 출입 시스템 등의 다양한 서비스를 제공하고 야간에 위탁시설에 상주직원이 없더라도 외부의 침입을 감지하여 24시간 언제나 긴급출동 서비스를 제공하므로 방범 전문 업체에 방범시스템을 위탁한다.
  ㉡ 방범시스템은 외부 침입을 감지하기 위한 장치로 각종 침입감지 센서와 영상감시 장비로 구성된다. 침입감지 센서는 사람의 침입 시에 자성, 진동, 체온 등을 감지하여 경보를 발생하거나 시설외부에 설치된 관제실로 송신한다.

CHAPTER 04 실전예상문제

PART 2 반려동물 관리학

01 반려견의 목욕에 대한 설명으로 옳지 않은 것은?

① 개도 사람만큼 땀을 많이 배출하여 냄새가 나므로 목욕이 필요하다.
② 목욕을 너무 자주 하게 되면 피부병이 생길 수 있다.
③ 외출 후에는 다리를 깨끗이 씻어주고, 브러시로 털을 손질해 준다.
④ 목욕은 생후 7주령부터 시작하고 7~10일에 한 번씩 실시하는 것이 좋다.

해설 개의 땀샘은 발바닥과 코 등 극소수 부위에만 존재하여 사람만큼 땀을 배출하지 않는다. 냄새가 나는 이유는 주로 귓속, 치석, 항문, 이물질이 묻어 부패한 곳 때문이다.

02 브러싱의 효과에 대한 설명 중 옳지 않은 것은?

① 털갈이 시기 관리의 기본이다.
② 반려견과 작업자 사이에 친숙함이 형성된다.
③ 오염물이나 생식기 주변의 분비물 등을 제거한다.
④ 피부에 적당한 자극으로 인한 혈액순환 촉진으로 건강한 털을 유지할 수 있다.

해설 오염물이나 분비물을 제거하는 과정은 샴핑이다.

브러싱의 효과
- 털갈이 시기 관리의 기본이다.
- 반려동물과 작업자 사이에 친숙함이 형성된다.
- 피부에 적당한 자극을 주어 신진대사와 혈액순환을 촉진해 건강한 털을 유지할 수 있다.

03 반려견의 샴핑(shampooing)에 대한 설명으로 옳은 것은?

① 피부와 털에 묻어 있는 오염물을 제거하는 과정이다.
② 개의 피부는 pH4.5~5.5로 산성에 가깝다.
③ 피부가 사람보다 두꺼워 샴푸의 영향을 덜 받는다.
④ 사람용 샴푸를 혼용하여도 무방하다.

해설 ② 개의 피부 산도는 pH 7~7.4 정도로, 사람의 피부 산도(pH 4.5~5.5)와 다르게 중성에 가깝다.
③·④ 피부가 얇으므로 애견 전용 샴푸를 선택해서 사용한다.

정답 01 ① 02 ③ 03 ①

04 반려견의 귀와 발톱 손질 방법으로 옳지 않은 것은?

① 귓속의 털이 과도한 경우 이어 파우더를 뿌리고 조금씩 털을 뽑아낸다.
② 귓속이 헐어있거나 분비물이 과도한 경우 면봉에 귀 세정제를 묻힌 후 닦아낸다.
③ 반려견의 발톱은 1~2개월 주기로 한 번씩 손질해 준다.
④ 발톱 절단 부위는 혈관이 분포되지 않은 곳의 말단까지 잘라준다.

> 해설 귀 손질 시, 면봉에 귀 세정제를 묻힌 후 귀 안쪽까지 부드럽게 닦아내는 것은 옳은 방법이지만, 귓속이 헐어있거나 분비물이 과도한 경우 보호자에게 상태를 알리고 병원 진료를 받아보도록 해야 한다.

05 반려견의 목욕 과정 순서로 옳은 것은?

① 샴핑 - 린싱 - 브러싱 - 드라잉
② 샴핑 - 린싱 - 드라잉 - 브러싱
③ 브러싱 - 드라잉 - 샴핑 - 린싱
④ 브러싱 - 샴핑 - 린싱 - 드라잉

> 해설 목욕은 브러싱, 샴핑, 린싱, 드라잉 순서로 진행한다.

06 다음에서 설명하는 소독제에 해당하는 것은?

- 가정에서 흔히 사용하고 있는 '락스'의 주성분으로 염소계 소독제이다.
- 가격이 저렴하고 소독효과가 높아서 사육장 및 바닥 소독에 가장 일반적으로 사용하는 소독제이다.

① 차아염소산나트륨
② 1% 크레졸비누액
③ 4급 암모늄
④ 글루타알데하이드

> 해설 소독제 중 차아염소산나트륨에 대한 설명이다.

07 반려견이 사용하는 식기나 장난감 등의 관리 방법으로 옳지 않은 것은?

① 사용한 식기와 장난감 등은 세정제로 깨끗하게 씻어낸다.
② 마른걸레나 햇빛을 이용하여 건조시킨다.
③ 자외선 살균기에 넣고 소독한다.
④ 수시로 사용할 수 있도록 식기나 장난감을 그대로 둔다.

> 해설 반려견이 사용하는 식기, 장난감 등의 용품은 수시로 세척·소독해야 한다.

08 반려견이 섭취하는 음식과 물을 관리 방법으로 옳은 것은?

① 건사료는 사료통에 넣어서 따뜻한 햇빛 아래 보관한다.
② 습식사료가 남은 경우 캔 뚜껑을 덮어 냉장고에 보관하면 일주일까지 섭취가 가능하다.
③ 물은 반려견이 수시로 먹을 수 있도록 제공한다.
④ 물통보다는 물그릇을 사용하도록 하며, 물은 매일 교체해 준다.

해설 ① 건사료는 사료통에 넣어서 시원하고 그늘진 곳에 보관한다.
② 습식사료인 캔은 개봉하면 바로 소진하는 것이 좋고, 만약 남는 경우 뚜껑을 덮어 냉장고에 보관하면 다음날까지 사용이 가능하다.
④ 물그릇을 사용할 경우, 반려견이 물을 엎질러 어지럽힐 수 있기 때문에 물통을 사용하는 것이 좋다.

09 반려견 안전사고 발생 위험 요소 중 구조물의 변형 및 균열, 냉난방, 환기 등에 대한 항목으로 옳은 것은?

① 건축물
② 훈련장 · 운동장
③ 소독 및 위생
④ 관리인력

해설 반려견 안전사고 발생 위험 요소

구 분	항 목	안전사고 발생 위험 요소
시설물	건축물	구조물의 변형 및 균열, 급수배수, 냉난방, 환기
	사육장	잠금장치
	훈련장, 운동장	바닥 재질
	소독 및 위생	입출입 소독발판, 손세정제
	관리인력	부상 및 상해
	소방/화재	화 재
반려견	부상/상해	교상, 피부상처, 골절, 뇌진탕, 화상, 열사병
	질 병	전염병, 구토 및 설사, 이물 섭취, 눈병, 쇼크
	사 망	자연사, 질병 또는 상해 사망
	탈출/분실	관리소홀로 인한 분실, 도난

10 반려견의 골절 사고 시 대처 요령으로 옳지 않은 것은?

① 뼈가 보이거나 외부로 출혈이 있는 경우는 얼음찜질을 해준다.
② 젖은 거즈나 수건으로 상처 부위를 덮고 즉시 동물병원으로 이송한다.
③ 뼈가 피부 밖으로 노출된 개방성 골절은 상처 부위가 오염되지 않도록 주의한다.
④ 폐쇄성 골절은 골절 부위가 고정되도록 부목을 대고 고정한 후 동물병원으로 이송한다.

해설 골절상을 입었을 경우 움직임을 최소화하고 가까운 동물병원으로 운송해야 하며, 얼음찜질은 자칫 상처 부위의 감염을 유발할 수 있다.

11 개물림 사고를 방지하기 위한 방법으로 옳지 않은 것은?

① 위탁관리 시설 외부로 산책 시에는 목줄을 착용한다.
② 맹견은 산책 시에 목줄과 입마개를 착용한다.
③ 사나운 반려견은 견사에 넣을 때 목줄을 착용한다.
④ 견간 물림사고를 대비하여 모든 개에게 입마개를 착용한다.

해설 모든 개에게 입마개를 착용시키는 것은 적절하지 않다.

12 반려견 시설 종사자의 개인위생 관리 내용으로 옳지 않은 것은?

① 손톱은 반려견이 상처를 입을 수 있으므로 짧게 자르는 것이 좋다.
② 신발은 반려견과 함께 뛰고 장시간 걸을 수 있는 운동화가 좋다.
③ 반려견 훈련 시에 훈련도구와 간식을 지참할 수 있는 조끼를 착용한다.
④ 반려견의 흥미 유도를 위해 팔찌, 반지 등의 장신구를 착용하는 것이 좋다.

해설 귀걸이, 팔찌, 반지, 피어싱 등의 장신구는 착용하지 않는 것이 좋다. 시간을 측정할 수 있는 시계 정도만 착용한다.

13 발판소독조의 사용 방법으로 옳지 않은 것은?

① 발판소독조에는 신발 밑창이 충분히 잠길 수 있도록 소독제를 채운다.
② 발판 전용 소독액을 사용하거나 물에 10배 희석한 락스를 사용한다.
③ 발판소독조는 위탁시설의 출입구와 사육장 출입문 입구에 설치한다.
④ 발판소독조 옆에 신발 밑창의 오염물을 털어 낼 수 있는 세척솔을 비치한다.

> **해설** 발판 소독조는 유기물의 영향을 많이 받으므로 상품화된 발판 전용 소독액을 사용하거나 물에 200배 희석한 락스를 사용한다.

14 「동물보호법」 시행규칙에 따른 동물위탁관리업 시설 및 인력 기준으로 옳지 않은 것은?

① 위탁관리실과 고객 응대실의 분리
② 동물 개별 휴식실 설치
③ 출입구 이중문과 잠금장치 설치
④ 반려견 30마리당 1명 이상의 관리 인력 확보

> **해설** 반려견 20마리당 1명 이상의 관리 인력을 확보해야 한다.

15 반려견이 편안하고 안전하게 생활하기 위한 시설 구비로 옳지 않은 것은?

① 반려견의 탈출을 방지하기 위하여 야외 울타리를 설치한다.
② 반려견 훈련 및 운동을 위한 넓은 운동장을 설치한다.
③ 훈련 장비로 다양한 형태 입마개, 엘리자베스 칼라 등을 준비한다.
④ 야외 이동 시, 반려견을 안전하게 운송할 수 있는 이동장을 준비한다.

> **해설** 기본적인 훈련을 위해서는 다양한 형태의 목줄, 장난감, 개껌, 덤벨 등이 필요하며, 반려견 스포츠를 위해서는 시소, 굴, 멀리뛰기, 허들 등의 장애물 훈련기구, 프리스비(frisbee), 플라이 볼(fry ball), 어질리티(agility) 등의 훈련 장비가 필요하다.

정답 13 ② 14 ④ 15 ③

CHAPTER 05 | 운동 및 행동관리

PART 2 반려동물 관리학

1 반려견의 운동 관리

(1) 운동의 필요성
① 반려견을 규칙적으로 꾸준하게 운동 및 산책시킬 때, 반려견이 육체적, 정신적으로 건강하게 성장할 수 있다.
　㉠ 하루에 30분~1시간의 운동은 비만을 예방하고 심혈관 건강을 증진시키며, 소화 기능을 원활하게 한다.
　㉡ 정기적인 운동을 하는 반려견의 경우, 비만 확률이 30% 이상 낮다.
② 산책하지 않고 집안에서만 성장한 반려견의 경우, 사회성이 떨어져서 낯선 환경을 접하면 심하게 경계하거나 두려워할 수 있다. 따라서 다른 반려견 및 사람들과의 만남을 통해 반려견의 사회성을 키워줄 필요가 있다.
③ 실내에서 생활하는 중대형의 견종은 반드시 운동을 충분히 시켜야 뼈대가 바르게 성장하고 근육도 발달하게 된다.
④ 실내의 미끄러운 바닥에서 성장하는 반려견의 경우 미끄러지지 않으려고 비정상적인 보행을 하게 되며, 장시간 이러한 환경에서 성장하게 되면 뒷다리를 꼿꼿이 세워서 걷게 되므로 주의해야 한다.

(2) 목줄을 이용한 산책
① 산책 중 반려견 및 행인들이 안전하게 다닐 수 있도록 주의해야 한다.
② 항상 목줄을 사용하고, 길을 건널 때는 보호자의 지시를 따르도록 훈련해야 한다.
　㉠ 반려견으로 하여금 목줄에 대한 거부감을 느끼지 않도록 처음에는 목줄만 채우고 적응시킨다.
　㉡ 1~2일 후 목줄에 리드줄을 채워서 자유롭게 끌고 다니도록 한다.
　㉢ 반려견이 줄에 대한 불쾌한 반응을 보이면 줄을 놓아주고 일정 시간이 지난 후에 다시 반복하여 줄에 대해 적응을 시켜나간다.

(3) 다양한 운동 방법

자연운동	• 넓은 공간에 자유롭게 풀어 놓아서 운동시키는 방법이다. • 한 마리의 반려견만 있는 경우는 운동 효과가 떨어지는데, 대부분 조금 놀다가 한쪽 구석에서 쉬는 경우가 많기 때문이다. • 상호 경쟁할 수 있는 두 마리 이상의 반려견을 풀어 놓으면 함께 어울리며 뛰어다니기 때문에 보다 효과적이다.
사람과 반려견 함께 뛰는 Canicross 방법	반려견이 반려인과 한팀이 되어 뛰는 것으로, 반려인과 보조를 맞추며 뛰게 되면 반려견에게 크게 무리가 가지 않으며, 규칙적으로 운동량을 늘릴 수 있어 효과적이다.

자전거운동	• 자전거의 좌측에 반려견을 세워서 자전거와 보조를 맞추어 뛰게 하는 방법으로, 많은 양의 운동이 필요할 때 사용하는 운동 방법이다. • 처음부터 장거리를 달리게 되면 발바닥이 닳고 뒷다리 인대가 늘어나거나 골절되는 경우가 있으며, 호흡곤란의 위험성도 있으므로 운동량은 반드시 차츰 늘려가야 한다.
러닝머신	• 최근에는 러닝머신을 이용하여 운동시키는 경우가 있다. • 러닝머신 운동도 낮은 속도에서 차츰 높여가야 하며, 거리도 차츰 늘려가야 한다. • 러닝머신에서 운동시킬 때는 반드시 옆에서 지켜보며 반려견의 상태를 점검해야 한다.
수 영	• 연못이나 풀장에서 수영을 하면 관절에 무리가 가지 않으며 효과적으로 운동시킬 수 있다. • 반려견들은 본능적으로 수영을 잘 하지만 가끔 수영을 잘 못하는 경우가 있는데, 이때에는 반려견을 보조하여 배를 받쳐주면 도움이 된다.

(4) 운동 후 손질

① 산책이나 운동을 한 후에는 먼지 같은 이물질이 반려견 몸에 묻게 되며 심한 운동을 한 후에는 침을 많이 흘리게 된다.

② 운동 후에는 먼저 젖은 수건을 이용하여 침과 먼지 등을 깨끗하게 닦은 후, 브러시를 이용하여 브러싱을 해준다.

2 반려견의 풍부화 관리

(1) 반려견의 행동학적 풍부화(Enrichment)

제한된 생활환경이나 부족한 자극으로 인해 발생하는 반려견의 무기력 증상 및 비정상적인 문제 행동을 감소시키고, 반려견이 건강하고 정상적인 행동을 할 수 있도록 유도하는 것이다.

(2) 반려견 풍부화의 5요소

① 환경적인 요소 : 활동 장소의 크기, 영구적인 구조물(예 나무, 정원, 펜스, 테라스, 잔디밭 등), 가구(예 침대, 이동장), 땅파기 구덩이, 물놀이터 등이 있다.

② 사회적인 요소 : 반려의 적절한 사회적 그룹화를 위한 보호자와의 상호관계의 질과 시간을 말한다.

③ 감각적인 요소 : 다양한 방법의 스킨십, 다양한 질감의 물건들, 여러 가지 맛, 시각적 감각, 청각적 감각 등을 의미한다.

④ 먹이 요소 : 영양학적으로 훌륭한 사료의 개발이 반려견의 수명 연장과 건강에 큰 도움을 준다.

⑤ 인지적인 요소 : 반려견은 비교적 높은 인지능력이 있으며, 이런 견종들의 인지능력은 필요한 풍부화의 종류와 양을 결정하는 데 큰 영향을 줄 수 있다.

(3) 반려견의 복지평가

① 영국 산업동물복지위원회에서는 다양한 상태의 동물복지(예 반려동물, 포획 상태의 동물, 산업동물 등)를 위해 1933년 수정된 내용을 복지평가에 반영하고 있다.

② 복지 측면에서의 반려견 행동학적 풍부화 5가지

㉠ 반려견은 신선한 물과 건강한 에너지를 위한 먹이를 자유롭게 섭취함을 통해서 목마름, 배고픔, 영양실조로부터 자유로워야 한다.

ⓒ 반려견은 집과 편하게 쉴 수 있는 장소 제공을 통해 신체적, 온도적 불편함으로부터 자유로워야 한다.
　　ⓒ 반려견은 예방과 빠른 진단과 치료를 통해서 부상, 통증과 질병으로부터 자유로워야 한다.
　　ⓔ 반려견은 충분한 공간, 적절한 시설 그리고 동종의 친구를 제공받음으로써 정상적인 행동을 보일 수 있게 되어야 한다.
　　ⓜ 반려견은 정신적인 고통을 피할 수 있는 적절한 환경과 치료를 통해서 두려움과 고통으로부터 자유로워야 한다.

3 행동 풍부화

(1) 환경적인 풍부화 요소

① 보금자리의 크기

주 택	아파트
• 정원의 크기가 중요한 것은 아니다. • 작은 공간도 함께 할 수 있는 정도의 크기면 괜찮다. • 쉬는 동안 보호자를 볼 수 있는 앞마당을 준비해 준다.	• 반려견이 편하게 쉴 수 있는 장소에 반려견 이동장과 방석을 놓는다. • 보호자와의 동선이 겹치지 않는 곳을 활용한다. • 보호자의 움직임을 볼 수 있는 곳으로 한다.

② 울타리
　　㉠ 울타리는 보호자가 보기에는 큰 즐거움일 수 있으나, 어떤 반려견들에게는 매우 큰 자극이나 스트레스일 수도 있다.
　　㉡ 반려견이 울타리 안팎을 모두 좋은 곳으로 인식할 수 있도록 조심스럽게 알아갈 수 있는 기회를 준다.
　　㉢ 견주는 반려견이 울타리 주변의 냄새를 맡을 수 있는 시간을 주며 놀아준다.
　　㉣ 울타리 안팎에서 식사를 하면서 안전한 곳임을 인식할 수 있게 한다.

③ 정원과 나무, 관목(shrubs)
　　㉠ 정원이나 화분 등은 반려견에게 탐험과 놀이를 할 수 있게 해주는 공간이다.
　　㉡ 자연의 여러 가지 다양한 냄새를 탐색할 수 있는 공간에 가서 반려견에게 충분한 시간과 기회를 주며 하나씩 알아가는 기회를 제공한다.

주 택	아파트
• 작은 정원이어도 많은 것을 제공한다. • 작은 키의 나무, 꽃, 여러 가지 화단 장식용의 크고 작은 돌, 곤충 등을 탐색할 수 있는 기회를 제공한다. • 정원이 크다면 더욱 많은 것을 탐색할 수 있는 기회를 줄 수 있다. • 탐색의 기회는 보호자와 함께할 수 있도록 한다.	• 제한적인 공간이지만 가능하다. • 보호자와 반려견을 위해 다양한 크기의 화분들을 이용하여 작은 정원을 꾸며줄 수 있다. • 반려견이 주택의 정원처럼 탐색활동을 할 수는 없지만, 반려견에게 나무와 흙, 돌에 대한 탐색의 기회를 제공한다. • 보호자가 함께하면서 탐색의 기회를 주고 돌발 행동에 대해 대처할 준비를 한다.

④ 다양한 물질의 감촉
  ㉠ 평소 생활하던 곳과 다른 감촉의 새로운 물질들은 반려견에게 활동적인 행동을 하게 해준다.
  ㉡ 반려견들은 특히 잔디밭이나 모래밭의 감촉을 좋아한다.
  ㉢ 산책을 통해 인도, 주차장, 잔디밭, 모래밭, 흙바닥 등을 경험할 수 있도록 한다.
  ㉣ 미끄러운 바닥과 거친 바닥을 구분할 수 있도록 기회를 마련해 준다.
⑤ 잔디밭
  ㉠ 잔디밭은 반려견의 놀이와 일광욕을 위한 열린 장소를 제공한다.
  ㉡ 보호자가 아무것도 강요하지 않고 함께 있어 주는 것도 한 가지 방법이다.
  ㉢ 여러 가지 놀이를 통해서 반려견이 잔디밭에서 좋은 경험을 할 수 있도록 한다.
  ㉣ 넓은 잔디밭에서는 반려견과 보호자가 다양한 놀이를 통해 반려견에게 여러 가지 풍부화 경험을 제공해 줄 수 있다.
  ㉤ 주변에 잔디밭이 없다면 차를 이용하여 찾아가도록 한다. 이때에는 외부 기생충에 대한 예방을 하고 잔디밭에 출입한다.
  ㉥ 잔디밭은 같은 견종을 만나거나 다른 견종과 인사를 할 수 있는 기회를 제공하기도 한다.
⑥ 테라스, 베란다
  ㉠ 주택의 경우에는 반려견이 보호자의 집과 가까이 머물 수 있게 해준다.
  ㉡ 반려견이 현관이나 거실창 앞에서 편하게 쉴 수 있는 기회를 주도록 한다.
  ㉢ 거실창 앞의 테라스에 반려견을 위한 휴식 공간을 준비해준다.
⑦ 반려견 집
  ㉠ 주택이라면 현관 가까이 설치하고, 보이지 않는 곳에 두지 않도록 한다.
  ㉡ 반려견이 자기 집에서 언제나 보호자를 볼 수 있도록 아늑하면서 가까운 곳을 장소로 결정한다.
  ㉢ 보호자의 움직임이 너무 많은 곳은 가급적 피하도록 한다.
⑧ 가 구
  ㉠ 주도권이 보호자에게 있다면 반려견이 의자나 침대에 올라가도 괜찮다.
  ㉡ 침대 위에서 공격적인 표현을 할 때에는 반려견과 함께 자면 안 된다.
⑨ 기 타
  ㉠ 같이 땅을 파고 놀 수 있는 놀이를 할 수 있도록 기회를 준다.
  ㉡ 주택이라면 정원 한쪽에 모래더미를 설치하여 놀 수 있게 한다.

(2) 사회적인 풍부화 요소
  ① 가족, 지인
    ㉠ 보호자와 지인들이 함께 있는 것만으로도 반려견의 삶을 풍부화시키는 것이다.
    ㉡ 사람들 앞에서 얌전히 기다리는 훈련을 하는 것이 중요하므로 '기다려' 훈련을 시켜본다.
    ㉢ 어떤 무언가를 반려견에게 요구하지 않아도 된다.
    ㉣ 보호자 외의 가족이나 지인들과 함께 할 수 있도록 한다.
    ㉤ 한 사람씩 인사를 시켜가며 함께하는 사람의 수를 점차 늘려간다.

ⓑ 첫날은 한 명의 지인, 두 번째 날은 두 명의 지인, 그다음 날은 세 명, 네 명 등으로 수를 늘려가면서 편안하게 있으면 간식을 보상해 준다.

> **수행 tip**
> - 너무 많은 사람이 갑자기 접근하면 반려견에게는 스트레스가 될 수도 있다.
> - '기다려' 훈련은 식사 시간을 활용하면 효과적이다.
> - 낯선 지인들이 함부로 반려견을 만지지 못하게 해야 하며, 만질 때에는 조심스럽게 접근하도록 한다.

② 보호자와 함께하는 게임
  ㉠ 반려견이 이빨을 사용하지 않도록 하면서 놀아준다.
  ㉡ 언제나 주도권이 보호자에게 있도록 하며 놀아준다.
  ㉢ 보편적으로 반려견이 가장 좋아하는 공을 활용하여 주도권을 양보하는 놀이를 한다.
  ㉣ '놔'라는 명령을 잘 수행하면 좋은 놀이이므로, '가져', '놔'라는 명령어를 자연스럽게 가르치면서 놀아준다.
  ㉤ 여러 가지 장난감을 이용하여 장난감의 용도에 맞게 놀아준다.

> **수행 tip**
> - 다양한 더미와 공을 이용한 게임을 진행한다.
> - '놔' 명령을 수행할 때, 강압적으로 '놔'라고 하지 않고, 조금 기다려준 다음 자연스럽게 놓을 때 보상과 칭찬을 아끼지 않는다.

③ 산 책
  ㉠ 산책 중 다른 반려견과 함께 있는 보호자들과 만나는 활동
    - 다른 반려견과 가벼운 인사를 할 수 있는 기회를 제공한다.
    - 다른 보호자와 인사를 하는 동안 얌전하게 있을 수 있도록 '앉아', '기다려'를 가르쳐 준다.
  ㉡ 차에 타고 이동하여 하차 후 산책과 놀이활동
    - 차를 타는 훈련을 한다. 먼저 차 주변을 탐색할 수 있도록 하고 편안해 보이면 차에 태운다.
    - 차를 타고 편안한 모습을 보이면 칭찬과 보상을 한다.
    - 이동장에 들어갈 수 있도록 집에서 이동장에 들어가는 훈련을 한다.
    - 이동 중 조용히 있으면 가끔 이름을 부르고 보상을 해주도록 한다.
    - 차에서 내리면 좋은 일이 생긴다는 것을 알려주기 위해 간식을 제공한다.
    - 차로 이동한 곳이 어느 곳이든(예 잔디밭, 학교 운동장, 근처 공원) 반려견과 함께 즐거운 산책을 하도록 한다.
    - 산책 활동 시에는 여러 가지 냄새를 맡을 수 있고 다양한 물건들을 만날 수 있는 기회를 제공한다.

> **수행 tip**
> - 너무 많은 소리나 특정 소리가 어떤 반려견에게는 스트레스가 될 수도 있기 때문에 조용한 곳에서 시작한다.
> - 차량을 이용할 때 이동장을 활용한다.

④ 함께 사는 반려견 제공
　㉠ 여러 반려견 중 특종 견종은 덜 사회적일 수 있으므로 주의하고 고민해야 한다.
　㉡ 나이가 같은 두 마리 강아지들의 1차적인 사회적 관계는 서로 상대방이다.
　㉢ 같은 성별의 두 마리 반려견은 좀 더 잘 싸우는 경향이 있다.
　㉣ 오랜 시간 동안 혼자 있는 반려견을 위해 다른 반려견을 입양하는 것이 반드시 사회적인 스트레스를 줄이는 것은 아니다.
　㉤ 불안감을 느끼는 반려견이 있을 때, 다른 반려견을 분양받거나 입양하는 것은 좋은 방법이 아니다.

⑤ 사교전략(social strategies)
　㉠ 믿을 수 있는 이웃 · 친구의 방문과 반려견 산책
　　• 낯선 사람이 방문을 하면 반려견과 어울릴 수 있는 기회를 준다.
　　• 반려견의 이름을 부르고 오면 간식을 주는 것을 여러 번 수행한다.
　　• 몇 번의 방문을 통해 친해지면 함께 산책을 나갈 수 있도록 한다.
　　• 여러 명의 이웃과 친구들의 도움을 받을수록 반려견의 사교력은 좋아질 수 있다.
　㉡ 친한 다른 반려견 친구와의 놀이
　　• 주변에 다른 반려견이 있다면 함께 놀 수 있도록 기회를 준다.
　　• 다른 반려견의 보호자와 상의를 통해 서로의 반려견이 어울릴 수 있는지 확인하고 만나게 해준다.
　　• 고양이나 다른 반려동물을 만날 수도 있다.
　　• 가까운 공원이나 안전한 장소에서 놀 수 있도록 기회를 준다.
　㉢ 반려견 놀이방(유치원, 카페, 놀이터)
　　• 놀이방에 상주하는 반려견이 어떤 성향의 반려견인지 확인한다.
　　• 너무 활발하기보다는 침착한 반려견들이 있는 곳을 선택하도록 한다.
　　• 처음부터 오랜 시간 머무르기보다는 30분, 한 시간씩 점차적으로 늘려가도록 한다.
　　• 방문하였을 때 의자 아래로 숨거나 보호자 뒤로 숨는 경우는 스트레스를 많이 받은 상태이므로 오래 머무르지 말고 바로 나오도록 한다.
　㉣ 여러 가지 사회적 상호작용
　　• 이름을 불렀을 때 오면 바로 칭찬과 보상을 한다.
　　• 매일 10회 이상 이름을 부르고 반려견이 오면 칭찬과 보상을 한다.
　　• 믿을 수 있는 지인이 이름을 부르고 오면 보상을 하도록 한다.
　　• 장난감 공을 굴려주고 가져오면 칭찬과 보상을 한다.
　　• 놀이용 더미를 이용하여 놀아주도록 한다.
　㉤ 소심한 강아지의 사교적인 전략
　　• 다른 반려견과의 만남을 조심스럽게 준비한다.
　　• 나이가 있으면서 얌전하고 매너 있는 반려견과 만날 수 있도록 한다.
　　• 조금씩 활발하게 움직인다면 조금 더 활발한 반려견과의 만남을 준비한다.
　　• 하루 이틀 만에 이루어지지 않으므로 지속적인 보호자의 노력이 필요하다.

ⓑ 활발한 강아지의 사교적인 전략
- 반려견 기초 예절교육을 가르쳐 준다.
- 다른 반려견을 마주할 때 보호자의 지도 아래 만나도록 한다.
- 다른 보호자와의 대화 후에 반려견이 사교적으로 행동할 수 있는 기회를 제공한다.

> **수행 tip**
> - 어떤 사교적인 전략 상황에서도 급하게 서두르지 않고 조금씩 다가가도록 기다려준다.
> - 보호자는 처음에 너무 많은 걱정을 하지 않는다.

(3) 감각적인 풍부화 요소

① 만짐(touch)
  ㉠ 반려견들은 만지거나, 마사지하는 것을 토닥거리는 것보다 더 좋아한다. 반려견의 몸 구석구석 가볍게 만져줌으로써 보호자와의 유대감이 높아지고, 목욕·미용·다른 접촉에 민감한 반응을 하지 않고 안정감을 유지하므로 도움을 줄 수 있다.
  ㉡ 빗질과 함께 외부기생충 검사도 풍부화가 될 수 있으므로 제공한다.
   - 실내에서 가능하다면 매일 빗질을 해준다.
   - 산책을 하거나 외출을 하고 돌아오면 빗질을 해주도록 한다.
   - 빗질은 조금씩 반려견이 불편해하지 않을 정도로 하며, 아주 어렸을 때부터 빗에 대한 거부감이 없도록 한다.
   - 빗질을 통해 외부기생충 검사도 확인할 수 있다.
  ㉢ 반려견 마사지 방법(텔링턴 티터치)을 보호자가 습득하여 제공하면 매우 만족해한다.
   - 보호자는 편안한 마음가짐으로 반려견과 함께한다.
   - 반려견을 옆으로 눕히거나 바르게 세워 둔다.
   - 머리 뒤쪽에서 좌골 끝까지 손등을 이용하여 천천히 쓰다듬어 준다.
   - 머리 뒤에서 옆으로 천천히 쓰다듬어 준다.
   - 손가락을 이용하여 6시에서 9시 방향으로 1¼바퀴 가볍게 누르면서 돌려준다.
   - 귀는 안쪽 끝에서 바깥쪽 끝까지 가볍게 쓸어준다.

용어설명 텔링턴 티터치(T TOUCH)

30개 이상의 특정 손 마사지법으로, 반려견의 행동, 건강, 수행 능력 등 전반적인 건강과 복지에 좋은 효과를 줄 수 있다.

> **수행 tip**
> - 마사지나 터치 시에 반려견을 강제로 제압하지 않는다.
> - 충분한 교감과 믿음이 있어야 감각적 풍부화가 조금 더 효과적일 수 있다.

② 신기한 놀이나 물건
   ⊙ 반려견이 직접 조작하거나 탐구할 수 있는 물건을 제공한다.
   ⓒ 먹이를 주는 도구나 장난감도 포함하여 제공한다.
   ⓒ 반려견 장난감 박스 안에 장난감을 보관한다면 이 박스는 신기한 물건이 된다.
   ⓔ 반려견에게 매일 몇 개의 장난감을 제공하도록 한다.
   ⓜ 놀이터의 새로운 구조물도 신기한 물건으로 제공할 수 있다. 냄새를 맡고 탐색할 수 있는 충분한 시간을 준다.

③ 다양한 질감의 장난감
   ⊙ 다양한 종류의 질감(예 딱딱한 것, 부드러운 것, 촉촉한 것, 매끄러운 것, 거친 것)의 장난감을 준비하여 준다.
   ⓒ 많은 반려견들이 장난감을 물어뜯어 찢는 것을 좋아하므로 물어뜯으며 찢고 놀 수 있는 기회를 제공한다.
   ⓒ 일부 다른 반려견들은 껴안고 있는 것을 좋아한다. 인형, 쿠션 등을 제공해준다.

④ 다양한 냄새
   ⊙ 자연적인 향과 인공적인 향을 맡을 수 있도록 기회를 제공한다.
   ⓒ 향수 냄새, 허브 냄새, 향신료 냄새 그리고 일반적이지 않은 모든 것의 냄새를 맡을 수 있는 기회를 제공한다.
   ⓒ 반려견에게 여러 가지 냄새를 맡을 수 있도록 추적(tracking)을 시킨다.

⑤ 다양한 맛
   ⊙ 꼭 규칙적으로 먹는 식사일 필요는 없다.
   ⓒ 반려견이 좋아하는 뼈나 껌을 제공한다.
   ⓒ 더운 여름날 체온조절을 위한 얼음 덩어리를 제공한다.
   ⓔ 좋아하는 여러 가지 간식을 주되, 불규칙적으로 제공해야 한다.

⑥ 다양한 소리
   ⊙ 자연적인 소리와 인공적인 소리를 모두 들려준다.
   ⓒ 소리의 결핍은 문제행동의 원인이 될 수 있다.
   ⓒ 반응에 민감한 반려견들에게 지속적인 배경 소리 등을 들려주면, 다른 자극적인 소리(예 다른 반려견의 짖는 소리, 고양이 울음소리, 사람들의 생활소음 등)에 대한 민감함을 감출 수 있다.
   ⓔ 일상 속에서 음의 높낮이가 있는 음악을 들려주어 자극적인 소리에 안정감을 줄 수 있도록 한다.
   ⓜ 식사 시간을 활용하여 자극적인 소리에 점진적 둔감화를 한다.

> **수행 tip**
> • 너무 많은 소리나 특정 소리가 어떤 반려견에게는 스트레스가 될 수도 있다.
> • 식사 시간 5~10분 전에 음악을 틀어 음악소리 후 식사를 할 수 있도록 하면 소리에 대한 풍부화의 효과를 높일 수 있다.

⑦ 시각적 관점
  ㉠ 반려견의 관점에서 세상을 바라보게 하는 것도 반려견을 위한 좋은 풍부화이다.
  ㉡ 주택의 거실에서 창밖을 볼 수 있는 기회를 제공한다.
  ㉢ 주택의 거실창 앞에 앉거나 엎드려서 밖을 볼 수 있도록 '앉아', '기다려' 명령을 가르쳐 줌으로써 함께 할 수 있는 기회를 쉽게 만들 수 있다.
  ㉣ 아파트 베란다에서 밖을 볼 수 있는 기회를 제공한다.
  ㉤ 보호자와 함께하면 더욱 효과가 좋다.

(4) 먹이 풍부화 요소
① 먹이를 주는 장소를 다양하게 하여 많은 장소를 안전한 곳으로 생각하고 받아들일 수 있도록 하여 문제행동 예방에 도움을 줄 수 있다.
② 흩뿌려서 주는 먹이 급여법
  ㉠ 언제나 사용하는 식기 외에 바닥에 조금씩 뿌려준다.
  ㉡ 장소를 다양하게 바꾸면서 수행한다.
  ㉢ 예절교육 과정이나 보상의 시간에 보상의 방법으로 활용할 수 있다.
  ㉣ '앉아' 명령에 잘 따르면 칭찬을 하며, 보상물 하나를 주던 것을 여러 개 바닥에 떨어트려 준다.
  ㉤ 여러 번 반복을 할 수 있도록 한다. 바뀌는 장소에 대한 두려움이 줄어들고 자신감이 생기며 다른 낯선 곳에서도 쉽게 적응하는 적응력을 높일 수 있다.
③ 보물찾기 급여법
  ㉠ 반려견이 가장 잘 활용할 수 있는 코의 능력을 믿고 보물찾기를 한다.
  ㉡ 보물찾기용 패드를 준비하여 간식과 사료를 조금씩 숨겨두어 찾아 먹을 수 있도록 한다. 이때 훈련이 아닌 놀이처럼 수행한다.
  ㉢ 반려견이 코를 활용하여 일을 하는 것을 통해 호기심을 해소하고 탐구능력, 인지능력 등을 향상시킬 수 있다.
  ㉣ 보호자도 함께 참여하는 방법으로, 양손 중 한쪽에 먹이를 들고 찾기 놀이를 하여 찾으면 바로 손에 있는 간식으로 보상한다.
  ㉤ 잘하면 다른 사람으로 바꾸어서 시도해 준다.
  ㉥ 종이컵 3개를 준비하여 한곳에 간식을 넣어두고 위치를 바꾸어가며 찾으면 칭찬과 보상을 해준다.
④ 장난감 공을 활용한 간식 급여법
  ㉠ 간식을 숨길 수 있는 속이 비어있는 장난감 공을 활용하여 장난감을 가지고 놀거나 건드리면 간식이 나와 먹을 수 있도록 한다.
  ㉡ 여러 가지 형태의 장난감 공이 있으므로 3~4가지 형태의 공을 준비하여 제공한다.
  ㉢ 스스로 생각을 하고 장난감을 가지고 놀 수 있는 기회를 제공한다.
⑤ 제한급식
  ㉠ 풍부화 전략을 활용하기 위해 자유 급식은 가급적 추천하지 않는다.
  ㉡ 아침 식사의 양은 조금 주고, 나머지는 풍부화 전략을 활용하여 먹이를 제공한다.

ⓒ 하루 중 부족한 급여량은 저녁 식사에서 보충해주도록 한다.
ⓓ 급식을 풍부화 전략으로 접근하면 보호자와 반려견의 상호작용 활동이 증가할 수 있어 교감형성에 도움을 준다.
ⓔ 급식 시간에 '앉아', '기다려' 정도의 예절교육을 병행할 수 있는 기회가 있으므로 가르쳐볼 수 있다.

(5) 인지적인 풍부화 요소

① 반려견 기초예절교육 훈련프로그램의 진행
  ㉠ 반려견으로 하여금 필요한 것을 이해하도록 하는데 도움을 줄 수 있다.
  ㉡ 반려견이 조금 더 얌전하게 행동할 수 있도록 인지적인 풍부화가 증진된다.
  ㉢ 여러 가지 반려견 개인기와 반려견 스포츠에 도전해 보도록 한다.
  ㉣ 보호자와 높은 사회적 상호작용을 할 수 있다. 예를 들면 공을 던져 주고 회수하는 놀이를 통해 보호자와 상호작용을 할 수 있는 것이다.
  ㉤ 반려견이 훈련을 수행하면 스스로 생각하게 되며 매우 피곤해지므로 문제행동을 일으킬 기회가 줄어든다.
  ㉥ 강압적인 방법이 아닌 학습이론을 바탕으로 한 긍정적인 훈련을 수행하도록 한다. 이때 여러 가지 방법 중에 '클리커'를 활용하는 방법을 추천한다.

② 반려견 스포츠
  ㉠ 어질리티, 프리스비, 플라이볼 등 보호자와 함께 할 수 있는 스포츠를 가르치고 교육한다.

어질리티(Agility)	'민첩함'의 의미로 반려견이 보호자와 함께 뛰면서 각종 장애물을 빠르게 뛰어넘고 통과하는 놀이로, 미국이나 유럽의 가장 대중적인 반려견 스포츠이다.
프리스비(Frisbee)	플라스틱 원반 장난감을 서로 멀리 던져서 받는 놀이와 경기이다.
플라이볼(Fly ball)	반려견 스포츠의 일종으로, 개가 릴레이를 하며 목적지에 있는 공을 물고 오는 경기이다.

  ㉡ 반려견에게 육체적·정신적 건강을 위해 수영할 수 있는 기회를 제공해 줄 수 있다.

③ 퍼즐 장난감 제공
  ㉠ 다양한 퍼즐 장난감의 사용법을 익힐 수 있는 기회를 제공한다.
  ㉡ 퍼즐 장난감을 활용할 때는 반려견이 쉽게 성공할 수 있도록 한다.

(6) 반려견의 행동학적 풍부화 파악 질문지

① 반려견의 생활환경을 알아보기 위한 질문지를 활용하며, 반려견 풍부화 질문지는 보호자가 직접 작성할 수 있도록 한다.
② 질문지는 풍부화의 5가지 요소들에 대한 내용으로 구성되어 있다.
③ 보호자는 반려견의 현재 생활환경과 경험, 능력들에 대한 내용을 가감 없이 자세하게 적어주어야 한다.
④ 상담자는 질문지 작성을 도와주도록 한다.

| 반려견 풍부화 파악 질문지(보호자 작성용) | | 0000년 00월 00일 |

반려견 이름 :　　　나이 :　　　성별 :　　　품종 :　　　보호자 :

풍부화 요소	풍부화 내용	현재 환경, 경험유무, 능력
환경적인 요소	반려견의 생활공간 크기	
	구조물(울타리, 나무, 정원, 테라스, 잔디밭 등)	
	가구(침대, 이동장, 의자 등)	
	다른 특징(땅파기 장소, 물놀이터)	
사회적인 요소	품종, 성별, 동거 반려견	
	활동 수준	
	보호자와 상호작용의 시간과 질	
감각적인 요소	만 짐	
	질 감	
	맛	
	시각적, 청각적	
먹이 요소	먹이주기(방법, 종류)	
인지적인 요소	인지능력의 정도(퍼즐장난감 활용)	
	훈련 내용	

[반려견 풍부화 파악 질문지]

CHAPTER 05 실전예상문제

01 다음 설명에 해당하는 반려견의 운동 방법은?

- 넓은 공간에 자유롭게 풀어 놓아서 운동시키는 방법이다.
- 상호경쟁 할 수 있는 두 마리 이상의 반려견을 풀어 놓으면 함께 어울리며 뛰어다니기 때문에 보다 효과적이다.

① 자연운동
② Canicross 운동
③ 자전거 운동
④ 수 영

해설 자연운동에 대한 설명으로, 넓은 공간에 한 마리 반려견만 있는 경우보다 두 마리 이상의 반려견이 있을 때 함께 어울리며 뛰어다니기 때문에 운동이 보다 효과적이다.

02 다음 빈칸에 들어갈 내용으로 옳은 것은?

( )은/는 제한된 생활환경 등으로 인해 발생하는 반려견의 무기력 증상 및 비정상적인 문제행동을 감소시켜 건강하고 정상적인 행동을 할 수 있도록 유도하는 것이다.

① 복지평가
② 동물복지
③ 행동학적 풍부화
④ 환경적인 운동루틴

해설 반려견의 행동학적 풍부화
반려견이 제한된 생활환경이나 부족한 자극으로 인해 발생하는 반려견의 무기력 증상 및 비정상적인 문제 행동을 감소시키고 행동 기회가 늘어나 건강하고 정상적인 행동을 할 수 있도록 유도하는 것이다.

정답 01 ① 02 ③

03 반려견의 행동학적 풍부화 5요소가 아닌 것은?

① 환경적인 요소
② 행동적인 요소
③ 감각적인 요소
④ 인지적인 요소

> **해설** 반려견의 행동학적 풍부화 5요소는 환경적인 요소, 사회적인 요소, 감각적인 요소, 먹이 요소, 인지적인 요소가 있다.

04 행동학적 풍부화 요소 중 품종, 성별, 보호자와 상호작용의 질과 시간 등과 관련 있는 것은?

① 감각적인 요소
② 인지적인 요소
③ 사회적인 요소
④ 환경적인 요소

> **해설** 반려견의 풍부화 5요소
> - 환경적인 요소 : 활동 장소의 크기, 영구적인 구조물(예 나무, 정원, 펜스, 테라스, 잔디밭 등), 가구(예 침대, 이동장), 땅파기 구덩이, 물놀이터 등이 있다.
> - 사회적인 요소 : 반려견의 적절한 사회적 그룹화를 위한 보호자와 상호관계의 질과 시간 등이 있다.
> - 감각적인 요소 : 다양한 방법의 스킨십, 다양한 질감의 물건들, 여러 가지 맛, 시각적 감각, 청각적 감각 등이다.
> - 먹이 요소 : 영양학적으로 훌륭한 사료의 개발이 반려견의 수명 연장과 건강에 큰 도움을 준다.
> - 인지적인 요소 : 반려견은 비교적 높은 인지능력이 있으며, 이런 견종들의 인지능력은 필요한 풍부화의 종류와 양을 결정하는 데 큰 영향을 줄 수 있다.

05 반려견 복지 측면에서의 행동학적 풍부화 5가지가 아닌 것은?

① 목마름, 배고픔, 영양실조로부터 자유로워야 한다.
② 신체적 · 온도적 불편함으로부터 자유로워야 한다.
③ 부상, 통증과 질병으로부터 자유로워야 한다.
④ 다른 종의 친구를 제공받음으로써 정상적인 행동을 보일 수 있게 되어야 한다.

> **해설** 복지 측면에서의 반려견 행동학적 풍부화 5가지
> - 반려견은 신선한 물과 건강한 에너지를 위한 먹이를 자유롭게 섭취함을 통해서 목마름, 배고픔, 영양실조로부터 자유로워야 한다.
> - 반려견은 집과 편하게 쉴 수 있는 장소 제공을 통해 신체적 · 온도적 불편함으로부터 자유로워야 한다.
> - 반려견은 예방과 빠른 진단과 치료를 통해서 부상, 통증과 질병으로부터 자유로워야 한다.
> - 반려견은 충분한 공간, 적절한 시설 그리고 동종의 친구를 제공받음으로써 정상적인 행동을 보일 수 있게 되어야 한다.
> - 반려견은 정신적인 고통을 피할 수 있는 적절한 환경과 치료를 통해서 두려움과 고통으로부터 자유로워야 한다.

06 반려견의 행동학적 풍부화 요소 중 보금자리에 대한 내용으로 옳지 않은 것은?

① 주택에서는 정원의 크기가 중요한 것은 아니다.
② 아파트에서는 보호자와 동선이 겹치는 곳을 활용한다.
③ 주택에서는 쉬는 동안 보호자를 볼 수 있는 앞마당을 준비해 준다.
④ 아파트에서는 보호자의 움직임을 볼 수 있는 곳으로 한다.

해설 반려견의 보금자리

주 택	아파트
• 정원의 크기가 중요한 것은 아니다. • 작은 공간도 함께 할 수 있는 정도의 크기면 괜찮다. • 쉬는 동안 보호자를 볼 수 있는 앞마당을 준비해 준다.	• 반려견이 편하게 쉴 수 있는 장소에 반려견 이동장과 방석을 놓는다. • 보호자와의 동선이 겹치지 않는 곳을 활용한다. • 보호자의 움직임을 볼 수 있는 곳으로 한다.

07 환경적인 풍부화 요소 중 울타리에 대한 내용으로 옳지 않은 것은?

① 모든 반려견들이 울타리에 스트레스를 느낀다.
② 울타리 안팎을 모두 좋은 곳으로 인식할 수 있는 기회를 준다.
③ 울타리 주변의 냄새를 맡을 수 있는 시간을 주며 놀아준다.
④ 울타리 안팎에서 식사를 하면서 안전한 곳임을 인식할 수 있게 한다.

해설 울타리는 어떤 반려견들에게는 매우 큰 자극이나 스트레스일 수 있다. 그러므로 반려견이 울타리 안팎을 모두 좋은 곳으로 인식할 수 있도록 기회를 준다.

08 행동학적 풍부화 중 환경적인 요소에 속하지 않는 것은?

① 가 구
② 모래더미
③ 정원과 관목
④ 가족과 지인

해설 가족과 지인은 사회적인 풍부화 요소이다.

09 다양한 물질의 감촉을 제공하는 것은 어떤 풍부화 요소에 속하는가?

① 먹이 요소
② 환경적인 요소
③ 사회적인 요소
④ 인지적인 요소

해설 반려견이 다양한 물질의 감촉을 느낄 수 있게 제공하는 것은 환경적인 요소에 해당한다. 환경적인 요소에는 보금자리의 크기, 울타리, 정원과 나무, 다양한 물질의 감촉, 잔디밭, 테라스와 베란다, 반려견의 집, 가구 등이 있다.

10 반려견의 행동학적 풍부화 중 다음 사례가 속하는 요소는?

- 보호자 외의 가족이나 지인들과 함께 할 수 있도록 한다.
- 너무 많은 사람이 갑자기 접근하면 반려견에게는 스트레스가 될 수도 있다.
- 낯선 지인들이 함부로 반려견을 만지지 못하게 해야 하며, 만질 때에는 조심스럽게 접근하도록 한다.

① 인지적인 요소
② 감각적인 요소
③ 환경적인 요소
④ 사회적인 요소

해설 사회적인 요소에 해당한다.

11 행동학적 풍부화의 사회적인 요소 중 반려견 승하차 활동으로 옳지 않은 것은?

① 차에 타기 전에 주변을 탐색할 수 없게 빨리 태운다.
② 차를 탈 때는 이동장에 들어가는 훈련을 먼저 하는 것이 좋다.
③ 차 이동 중 조용히 있으면 가끔 이름을 불러주고 보상을 해주도록 한다.
④ 차에서 내리면 좋은 일이 생긴다는 것을 알려주기 위해 간식을 제공한다.

해설 차를 타는 훈련을 할 때에는 먼저 차 주변을 탐색하게 하고 편안해 보이면 차에 태운다.

12 풍부화의 사회적인 요소 중 다른 반려견의 입양과 관련된 내용으로 옳은 것은?

① 입양할 모든 견종의 사회성은 같으므로 특별히 고려하지 않는다.
② 다른 성별의 두 마리 반려견은 같은 성별보다 좀 더 잘 싸우는 경향이 있다.
③ 불안감을 가지는 반려견이 있을 때, 다른 반려견을 입양하는 것이 좋은 방법은 아니다.
④ 오래 혼자 있는 반려견의 사회적인 스트레스를 줄여주기 위해서는 다른 반려견을 반드시 입양해야 한다.

해설 ① 여러 반려견 중 특종 견종은 덜 사회적일 수 있으므로 주의하고 고민해서 입양한다.
② 같은 성별의 두 마리 반려견은 좀 더 잘 싸우는 경향이 있다.
④ 오랜 시간 동안 혼자 있는 반려견을 위해 다른 반려견을 입양하는 것이 반드시 사회적인 스트레스를 줄이는 것은 아니다.

13 행동 풍부화의 사회적인 요소 중 활발한 강아지의 사교전략은?

① 반려견에게 기초 예절교육을 가르쳐 준다.
② 다른 반려견과의 만남을 조심스럽게 준비한다.
③ 나이가 있으면서 얌전한 반려견과 만날 수 있도록 한다.
④ 조금씩 활발하게 움직인다면 조금 더 활발한 반려견과의 만남을 준비한다.

해설 ② · ③ · ④는 소심한 강아지의 사교전략이다.

활발한 강아지의 사교전략
• 반려견에게 기초 예절교육을 가르쳐 준다.
• 다른 반려견을 마주할 때 보호자의 지도 아래 만나도록 한다.
• 다른 보호자와의 대화 후에 반려견이 사교적으로 행동할 수 있는 기회를 제공한다.

14 행동 풍부화의 감각적인 요소 중 마사지의 방법으로 옳지 않은 것은?

① 머리 뒤쪽에서 좌골 끝까지 손등을 이용하여 천천히 쓰다듬어 준다.
② 머리 뒤에서 옆으로 천천히 쓰다듬어 준다.
③ 귀는 바깥쪽 끝에서 안쪽 끝까지 가볍게 쓸어준다.
④ 손가락을 이용하여 6시에서 9시 방향으로 1¼바퀴 가볍게 누르면서 돌려준다.

해설 반려견의 귀는 안쪽 끝에서 바깥쪽 끝까지 가볍게 쓸어준다.

15 행동 풍부화의 먹이 요소 중 보물찾기 급여의 내용으로 옳은 것은?

① 놀이가 아닌 훈련처럼 수행해야 한다.
② 보물찾기는 보호자가 함께 수행할 수 없다.
③ 반려견의 호기심을 해소하고 탐구능력, 인지능력 등을 향상시킬 수 있다.
④ 반려견이 가장 잘 볼 수 있는 시력에 의존하여 보물찾기를 한다.

해설 ① 훈련이 아닌 놀이처럼 수행해야 한다.
② 보호자도 함께 참여하는 방법으로 양손 중 한쪽에 간식을 들고 찾기놀이를 하여 찾으면 바로 손에 있는 간식으로 보상한다.
④ 반려견이 가장 잘 활용할 수 있는 코의 능력을 믿고 보물찾기를 한다.

16 다음 반려견의 인지적인 풍부화 내용이 아닌 것은?

① 보호자와의 높은 사회적 상호작용을 할 수 있다.
② 여러 가지 개인기와 반려견 스포츠에 도전할 수 있다.
③ 학습이론을 바탕으로 한 긍정적인 훈련을 수행할 수 있다.
④ 훈련을 수행하면 피곤해져서 문제행동을 일으킬 기회가 늘어난다.

해설 반려견이 훈련을 수행하면 스스로 생각하게 되며, 훈련 수행 후 피곤해지므로 문제행동을 일으킬 기회가 줄어든다.

17 풍부화 파악 질문지에서 퍼즐장난감을 활용한 능력 정도와 관련 있는 요소는?

① 먹이 요소
② 사회적인 요소
③ 인지적인 요소
④ 환경적인 요소

해설 인지적인 요소에는 퍼즐장난감을 활용한 인지능력의 정도와 훈련 내용 등이 있다.

18 행동 풍부화의 먹이 요소 중 제한급식에 대한 설명으로 옳은 것은?

① 하루 중 저녁 식사의 급여량을 가장 적게 줘야 한다.
② 풍부화 전략을 활용하기 위해 자유 급식을 추천한다.
③ 급식 풍부화 전략으로 보호자와 반려견의 상호작용 활동이 감소된다.
④ 급식시간에 '기다려' 정도의 예절교육을 병행할 수 있다.

> 해설 ① 아침 식사의 양을 가장 적게 주며, 나머지는 풍부화 전략을 활용하여 먹이를 제공한다. 하루 중 부족한 급여량은 저녁 식사에서 보충해주도록 한다.
> ② 풍부화 전략을 활용하기 위한 자유 급식은 가급적 추천하지 않는다.
> ③ 급식을 풍부화 전략으로 접근하면 보호자와 반려견의 상호작용 활동이 증가할 수 있어 교감형성에 도움을 준다.

19 다음 중 감각적인 행동 풍부화에 해당하는 사례가 아닌 것은?

① 주택의 거실에서 창밖을 볼 수 있는 기회를 제공한다.
② 소리의 결핍은 문제행동의 원인이 될 수 있다.
③ 다른 반려견이 있다면 함께 놀 수 있도록 기회를 준다.
④ 여러 가지 냄새를 맡을 수 있도록 추적(tracking)을 시킨다.

> 해설 ③은 사회적인 요소에 해당하는 행동 풍부화이다.
> ① 시각적인 관점, ② 다양한 소리(청각적인 관점), ④ 다양한 냄새(후각적인 관점)는 감각적인 관점의 행동 풍부화에 해당한다.

20 다음 실무교육에서 설명하는 행동 풍부화의 요소는?

> • 다양한 더미와 공을 이용한 게임을 진행한다.
> • '놔' 명령을 수행할 때, 강압적으로 '놔'라고 하지 않고 조금 기다려준 다음 자연스럽게 놓을 때 보상과 칭찬을 아끼지 않는다.

① 먹이 요소
② 감각적인 요소
③ 사회적인 요소
④ 인지적인 요소

> 해설 행동 풍부화 중 '보호자와의 게임'을 통한 사회적인 요소이다.

CHAPTER 06 반려견개론 및 견종 표준

1 반려견의 기원

반려견은 '인간의 가장 오래된 친구이자, 최고로 가까운 친구'로, 인간과의 교감과 소통, 친밀성을 바탕으로 사람에게 많은 도움을 준다. 개는 그들의 행동 습성과 본능 등을 이용한 기능과 교육을 통해서 정신적, 육체적, 정서적으로 사람에게 많은 영향을 주는 특별한 존재이다.

(1) 개의 기원

① 개의 직계 조상
  ㉠ 개의 품종은 세계 각국의 지리적 형태에 따라 다양하게 변화되고 혈통이 다른 품종과 수년 동안 교잡되어 와서, 어떤 품종의 직계 조상을 추적하기란 사실상 어렵다.
  ㉡ 다수의 동물학자들은 광범위하게 분포되었던 늑대로부터 유래되었다는 설에 신빙성을 가지고 있다.

② 개의 가축화

기원전 14,000년	스페인 동부 아르페라 부근에서 발견된 구석기 시대의 최후기에 속하는 동굴벽화에는 수렵 대상 동물 외에 이리와 비슷한 동물이 사냥하는 사람과 함께 그려져 있다.
기원전 7,000년	• 덴마크에서 발견된 B.C. 7,000년 무렵의 개의 유골이 패총(조개무덤)에서 발견되어서 '조개를 먹는 사람의 개(Hund der Muschesser)'로 불린다. • 개가 사람에 의해서 길들여진 시기에 대해 짐작할 수 있는 최초의 것이다.
기원전 2,500~4,000년	이집트 제4왕조기에 속하는 B.C. 2,500~4,000년의 아무템 무덤에는 그레이하운드와 비슷한 개의 모습이 조각되어 있는데, 두 마리는 사슴을, 다른 한 마리는 들소를 공격하는 모습이다.

③ 최초의 사육법 기술
  ㉠ 이집트인들은 B.C. 2,000년경부터 프레스코 벽화와 청동제품, 조각물과 문서, 서류 등에 개 사육법의 기본원리를 표현했다.
  ㉡ 유럽에서는 로마인이 개의 품종을 많이 개발하여 오늘날 우리가 알고 있는 품종들이 대부분 존재했다고 한다. 로마인들은 개의 지역별 유형은 물론이고, 가정견, 스포츠견, 군견, 경비견 등 개의 유형을 개별적으로 기술했다.

(2) 대륙별로 분포된 개의 특징

① 서남아시아, 남유럽 지역

메소포타미아 문명	날씬하고 긴 다리를 갖고 있는 사이트하운드는 메소포타미아 사막에서 사냥할 수 있는 능력을 가지고 있었으며 수세기에 걸쳐 그 외형이 조금씩 바뀌어, 분명한 그레이하운드의 형태는 B.C. 2,900년경으로 거슬러 올라간 시대의 이집트 묘지에서 보이고 있다.
고대 그리스 시대	• 그리스 시대 이후 사냥견을 이용한 대중적인 오락이 발전되면서 사냥견의 후각 능력을 배양하기 위하여 선택적으로 사육해 왔고, 고대의 사이트하운드와 같이 여러 종의 특수한 유형을 지닌 사냥견이 점차 개량되었다고 여겨진다. • 늑대나 사슴을 사냥하기 위한 목적이었던 대형견 계통인 아이리시 울프 하운드는 A.D. 391년 이전에 존재했던 것으로 믿어진다.
로마 시대	• 경비견이나 투견의 목적을 가진 대형견인 마스티프 유형의 개는 B.C. 3,000년경 이집트 회화에서 발견할 수 있으며, 로마가 영국 침입 당시 도입한 것으로 알려져 있다. • 줄리어스 시저가 개의 용감성에 대해 기술했고 다른 여러 동물들과의 싸움을 위한 투견으로 사용했다.

② 북아프리카, 동북아시아 지역

이집트 문명	• 페르시아 그레이하운드라고 불리는 살루키는 세계에서 가장 오래된 품종으로 알려져 있다. 살루키를 닮은 개들이 나일강 근처의 파라오 분묘에 미라로 발견되었고, 이 품종은 B.C. 329년보다 더 오래 전에 길들여진 것으로 추정된다. • B.C. 2,000년경 고대 이집트인들은 소형견을 만들어 냈는데, 이는 분명히 일반적인 강아지와는 현저히 다른 특색을 가진 것으로 그들의 예술 세계에 묘사되어 있다. 또한 B.C. 수백 년 전부터 그리스와 로마에서도 소형 애완동물에 대한 특수 사육이 있었던 것으로 나타난다. 이들 초기 애완견(Toy) 품종은 말티즈 유형인 것으로 생각된다.
황하 문명	중국에서는 B.C. 6세기경에 작고 짧은 얼굴을 가진 개에 대한 기록이 있는데, 후에 퍼그(Pug)나 페키니즈 같은 아주 특이한 동양의 애완견 품종으로 나타나며, 완전히 별개의 그들 자신만의 소형견 품종을 개발하고 발전시켰다.

(3) 반려견의 변천

① 최초의 반려견
  ㉠ 개의 선조인 늑대의 몸 구조를 보면 새끼는 늘어진 귀를 가지고 있으나 성장하면서 귀가 직립한다. 광야에서는 직립한 귀가 소리를 가장 잘 들을 수 있는 장점이 있기 때문이다.
  ㉡ 늘어진 모양의 귀는 하운드와 스파니엘같이 후각이 발달한 품종과 특별히 관련되어 있는데, 개들의 변천은 능력 그대로를 보존하기도 하지만 단순히 늘어진 귀의 형태가 매력적인 경우 청각 능력보다 미관이 우선되어 유지되기도 한다.

② 여러 목적으로 개량된 반려견
  ㉠ 불독 같은 품종의 짧은 얼굴은 섬뜩하게 무서운 인상을 주기 위해 한 혈통으로 길러졌다.
  ㉡ 페키니즈 같은 품종에서 평면형의 얼굴은 순전히 인간에게 시각적인 매력을 보여주기 위해서만 개량되었다.
  ㉢ 짧은 턱과 큰 눈의 시추종은 유아적인 천진한 외형을 나타냄으로써 사랑받고 있다.
  ㉣ 오소리 사냥으로 유명한 닥스훈트 품종은 짧은 다리를 이용하여 굴속에서도 오소리를 몰아내는 능력을 발휘할 수 있도록 개량되었다.

ⓜ 그레이트덴은 경비견과 사냥견으로서 큰 크기를 가지도록 대형견으로 개량되었다.
ⓑ 하얗고 매력이 넘치는 말티즈와 비단결 같은 털로 아름다운 매력을 가진 요크셔 테리어는 가장 많이 사랑받는 가정견이 되었다.

③ 오늘날의 반려견
㉠ 능력과 취향에 따라 발전하고, 순수혈통에서 개량번식을 통해 유전적으로 문제가 있는 기능을 보완하여 다양한 품종이 되었다.
㉡ 우리나라에서는 진돗개가 국제 공인견으로 등록되어 있고, 한국견으로 풍산개, 삽살개, 오수개, 경주개 동경이, 제주개, 불개 등의 보존 및 혈통 고정에 노력하고 있다.

2 반려견의 품종 분류

(1) 특성에 따른 분류

세계애견연맹(Federation Cynologique Internationale ; FCI), 미국애견협회(American Kennel Club ; AKC), 영국애견협회(Kennel Club ; KC)는 전 세계적으로 인정받는 3대 애견 단체이다. 각 단체의 목적과 성격에 따라 인정받는 품종과 분류체계에는 차이가 있다.

① 세계애견연맹(FCI)
㉠ 전 세계적으로 353종의 견종을 인정하고 있으며, 각 견종은 목적, 지역, 역할, 행동, 특성 등에 따라 10개 그룹으로 분류한다.
㉡ 세계애견연맹의 견종 분류

그룹	품종
1그룹	• 쉽(sheep, 양)독과 캐틀(cattle, 소)독 견종(스위스 캐틀 독 제외) • 매우 활동적인 성향으로 충분한 운동과 훈련이 필요 • 대표 견종 : 오스트레일리언 캐틀 독, 보더 콜리, 올드 잉글리쉬 쉽독, 저먼 셰퍼드 독, 웰시 코기 펨브로크, 벨지안 셰퍼드 독, 풀리, 셰틀랜드 쉽독
2그룹	• 핀셔, 슈나우저-몰로세르 타입과 스위스 마운틴 독, 캐틀 독 견종 • 튼튼한 골격으로 경호견, 경비견, 구조견 등에 적합 • 대표 견종 : 아펜핀셔, 도베르만, 버니즈 마운틴 독, 그레이트 덴, 로트바일러, 복서, 불독
3그룹	• 테리어 견종 • 수렵견종으로 에너지가 넘침 • 대표 견종 : 에어데일 테리어, 스코티쉬 테리어, 잭 러셀 테리어, 요크셔 테리어, 와이어 폭스 테리어, 아메리칸 스태포드셔 테리어, 베들링턴 테리어
4그룹	• 닥스훈트 견종(모질에 따라 3가지 품종으로 나뉘어 총 9가지 품종이 있다.) • 허리가 길고 다리가 짧은 체형이 특징 • 대표 견종 : 스무스 헤어드, 롱 헤어드, 와이어 헤어드 닥스훈트, 스무스 헤어드 카니헨, 롱 헤어드 카니헨, 와이어 헤어드 카니헨 닥스훈트, 스무스 헤어드 미니어쳐, 롱 헤어드 미니어쳐, 와이어 헤어드 미니어쳐 닥스훈트
5그룹	• 스피츠와 프리미티브 타입 견종 • 썰매견, 조력견, 감시견 등에 적합 • 대표 견종 : 코리아 진도견, 알라스칸 말라뮤트, 시베리안 허스키, 사모예드, 포메라니언, 차우차우, 타이완독, 바센지, 시바, 아키타

6그룹	• 세인트 하운드와 관련 견종 • 수렵 견종이며, 후각이 크게 발달하여 먹이나 사냥감을 추적 • 대표 견종 : 바셋 하운드, 비글, 달마시안, 로디지안 리지백, 블랙 앤 탄 쿤 하운드
7그룹	• 포인팅 견종 • 포인터(pointer)나 세터(setter) 역할로, 사냥과 야외 활동에 뛰어남 • 대표 견종 : 브리타니 스파니엘, 잉글리쉬 포인터, 잉글리쉬 세터, 저먼 쇼트 헤어드 포인팅 독, 바이마라너, 아이리쉬 레드세터
8그룹	• 리트리버, 플러싱 독, 워터 독 견종 • 밝고 쾌활하며 순종적인 성격 • 대표 견종 : 아메리칸 코커 스파니엘, 잉글리쉬 코커 스파니엘, 골든 리트리버, 래브라도 리트리버, 포르투기즈 워터 독
9그룹	• 컴퍼니언 토이독 견종 • 가정견이나 애완견으로 적합 • 대표 견종 : 비숑 프리제, 시츄, 말티즈, 페키니즈, 푸들, 퍼그, 티베탄 테리어, 치와와, 캐벌리어 킹 찰스 스파니엘, 프렌치 불독
10그룹	• 사이트 하운드 견종 • 시력이 뛰어나 멀리서도 사냥감을 발견, 빠른 속도로 사냥감을 쫓음 • 대표 견종 : 아프간하운드, 보르조이, 그레이하운드, 휘핏, 이탈리안 그레이하운드, 디어하운드, 아이리쉬 울프하운드, 살루키

② 미국애견협회(AKC)

㉠ 전 세계적으로 340종 이상의 견종이 있으며, 이중 193종을 인정하고 있다.

㉡ 미국애견협회는 역할에 따라 8개의 그룹으로 분류하고 있으며, 스포팅(Sporting), 하운드(Hound), 워킹(Working), 테리어(Terrier), 토이(Toy), 넌스포팅(Non-sporting), 허딩(Herding), 기타(Miscellaneous class)이다.

③ 영국애견협회(KC)

㉠ 역사가 가장 오래된 애견 단체로, 견종의 특징과 목적에 따라 7개 그룹으로 분류한다.

㉡ 건독(Gundog), 하운드(Hound), 패스트롤(Pastoral), 워킹(Working), 테리어(Terrier), 유틸리티(Utility), 토이(Toy)이다.

④ 국내에는 대표적으로 한국애견연맹(https://www.thekkf.or.kr)과 한국애견협회(http://kkc.or.kr)가 활동하고 있다. 각 협회의 홈페이지에는 반려견의 성격 및 특성에 대한 정보가 제공되고 있다.

(2) 성격과 기능에 따른 품종 분류

① 성격에 따른 소형견 품종 분류

성격 특성	견 종
활발함	말티즈, 푸들, 요크셔 테리어, 파피용, 치와와 등
활발하며 잘 짖음	미니어쳐 핀셔, 닥스훈트, 퍼그 등
조용함	비숑 프리제, 페키니즈, 시츄, 친, 라사 압소, 포메라니언 등
스포츠독	웰시 코기 펨브로크, 셰틀랜드 쉽독, 슈나우져, 코커 스파니엘, 잭 러셀 테리어 등

② 기능에 따른 중·대형견 품종 분류

기능별 분류	견 종
만능견	저먼 셰퍼드, 벨지안 마리노이즈, 벨지안 셰퍼드 독, 보더 콜리, 오스트리아 셰퍼드, 골든 리트리버, 래브라도 리트리버, 코리아 진도견 등
가정견	사모예드, 버니즈 마운틴 독, 불독, 올드 잉글리쉬 쉽독, 아메리칸 아키타, 콜리, 재패니즈 스피츠, 그레이트 피레니즈, 달마시안 등
경비견	저먼 셰퍼드, 벨지안 마리노이즈, 코리아 진도견, 로트바일러, 복서, 도베르만, 마스티프, 그레이트 덴, 샤페이, 티베탄 마스티프 등
실내견	반드시 훈련 교육이 필요한 실내견은 코커 스파니엘, 비글, 슈나우져, 잭 러셀 테리어, 보스턴 테리어 등이 있다.
수렵견	바셋 하운드, 비글, 블랙 앤 탄 쿤 하운드, 보르조이, 블러드 하운드 등
시각형 수렵견	아프간 하운드, 살루키, 슬루기, 스패니쉬 그레이하운드 등
경주견	그레이하운드, 이탈리안 그레이하운드, 휘핏 등
조렵견	잉글리쉬 포인터, 저먼 포인터, 저먼 쇼트 헤어드 포인터, 잉글리쉬 세터, 아이리쉬 세터, 브리타니 스파니엘 등
썰매견	알라스칸 말라뮤트, 시베리안 허스키, 뉴펀들랜드, 세인트 버나드 등
동물매개치료견	개를 매개로 하여 취약계층의 사람이나 우울증 등 심리적 안정을 필요한 사람들과 소통을 통해 감정교류 역할을 한다.
맹인안내견	• 사람의 눈 역할을 하므로 매우 난도 있는 교육이 필요하다. • 인내심이 많고 차분해야 하며, 특히 사회성 교육이 가장 중요하다. • 유혹에 쉽게 넘어가야 하지 말아야 하며 안내견에게 사고가 난다는 것은 사람의 생명에 큰 위협이 될 수 있다는 것을 알아야 한다. • 적합한 품종은 셰퍼드, 래브라도 리트리버, 골든 리트리버가 있다.
보청견	• 소리에 민감하게 반응하며 호기심이 많은 견들이 적합하다. • 특히 보청견은 사람의 귀 역할을 하여 초인종 소리, 물 끓는 소리, 전화벨 소리 등 소리에 대한 반응을 알려주어야 하므로 테리어 견종, 소리에 반응하는 모든 품종이 적합하다.
장애인 보조견	장애인의 보조 역할을 하는 견으로 심부름이나 문 열고 닫기, 옷 벗겨주기, 불 켜주고 꺼주기, 말 벗이 되거나 장애인의 부족한 부분을 채워주는 역할을 한다.
특수목적견	위험물이나 특정 물건의 탐지 및 수색 등 특수한 목적에 활용되며, 목적에 활용되는 견종 특징에서 우수한 성품을 지니고 있는 견을 우선 선택한다.

(3) 주요 반려견의 특징

① 말티즈

성 격	• 지적이고 우아, 활발하고 밝고 쾌활한 애완견으로, 소형견임에도 용감하다. • 사람의 마음을 민감하게 감지하고 애교가 능숙한 면도 있다.
활 동	AKC 토이그룹, FCI-9그룹, 반려견
유 래	• 기원전 1500년경 이탈리아 남부 몰타의 반려견으로 몰티즈라는 명칭을 갖게 되었다는 설이 있으나 정확하지 않다. • 쥐나 작은 동물을 사냥하고 사람들과 친화력이 좋아서 유럽 귀부인들이 선호하는 인기 견종으로 자리잡았다.

외모	• 작업견이나 사냥개로 이용되던 역사가 없는 타고난 애완견으로, 순백의 실크 같은 광택의 모를 가졌으며 밑털이 없다. • 눈이 새까맣고 동그랗다.
행동 특징	• 사람들과의 친화력이 좋고 생기발랄하며, 보호자만을 좋아하는 성향이 강하다. • 경계성 짖음이 잦고 행동이 민첩하며, 눈치가 빠르고 영리한 편이다.

② 포메라니언

성격	• 활발하고 장난기가 많으나, 경계심이 강해서 공격성을 보일 때도 있으니 사회화 훈련을 잘 시키고 주의해야 할 필요가 있다. • 독립적이고 앙칼지며, 고집이 세고 원하는 게 있거나 불만이 있으면 많이 짖는다. • 관심받는 것을 좋아하며, 재빠르고 민첩하다.
활동	AKC 토이그룹, FCI-5그룹 스피츠&프리미티브 타입, 반려견
유래	독일 북동부 포메라니아 지역의 독일 스피츠 계열에서 유래된 것으로 추정되며, 크기가 작은 난쟁이 스피츠로 불렸다.
외모	이중모로 굵은 속털과 빛나는 겉털이 자라므로, 털을 제대로 유지하려면 매일 브러싱을 해주는 것이 중요하다.
행동 특징	• 체구는 작지만 대담한 성격으로 가족 구성원 내에서 서열을 확인하려고 한다. • 반려견으로 사람들과의 친화성이 좋고, 두뇌 회전과 눈치가 빠르다.

③ 요크셔 테리어

성격	• 귀여운 소형견으로, 활동적이고, 혈기 왕성하며 권위적인 성격이다. • 잘 짖는 습성이 있지만, 훈련으로 과도하게 짖는 습성을 고쳐줄 수 있다. 일부는 집안 훈련에 대해 완고할 수도 있다.
활동	AKC 토이그룹, FCI-3그룹 테리어, 반려견
유래	빅토리아 시대에 영국 요크셔에서 갱도를 감염시키는 쥐를 잡기 위해 개량되었고, 양모 공장에서 일하는 스코틀랜드 사람이 교배했다는 설도 있다.
외모	• 길고 곧게 솟은 강청색 털이 몸과 꼬리에 나 있고, 나머지 부분은 갈색으로 덮여 있다. • 뭉툭한 꼬리는 일반적인 꼬리의 반 정도 크기이다. • 태어날 때는 까맣고 눈썹과 턱, 귀끝, 가슴, 발끝 등에 황갈색 반점이 있다.
행동 특징	• 소형견이지만, 질투가 많고 다소 신경질적인 성격이다. • 예민한 편으로 짖기 시작하면 작은 소리나 상황에도 경계심을 보인다.

④ 치와와

성격	• 겁이 없고 용감한 편으로, 작은 체구임에도 강인한 성격을 보인다. • 활동적이고 독립적인 성격으로 원하는 것을 적극적으로 쟁취한다.
활동	AKC 토이그룹, FCI-9그룹, 반려견
유래	멕시코 북부 치와와 주에서 유래된 견종으로, 멸종된 테치치라는 견종을 조상으로 하여 다양한 종들과의 교배로 생겼다는 설이 있다.
외모	• 세계 최소형 견종으로, 평균 키(체고)가 13~20cm, 체중은 1~2kg 정도로 매우 작다. • 모색은 붉은색, 갈색, 검은색, 담황색, 얼룩, 노란색 등으로 다양하며 장모종, 단모종이 모두 있다. • 동그란 두상에 살짝 돌출된 큰 눈, 길지 않은 코를 갖고 있는 균형 있는 얼굴이 특징이다.
행동 특징	• 보호자와 같이 있을 때 더 자신감을 보여 큰 덩치의 개에게 짖고 달려들기도 한다. • 호기심이 많고 경계심이 강해서 낯선 사람 주변을 맴돌며 발뒤꿈치를 물기도 한다.

⑤ 푸 들

성 격	• 활발하고 활동량이 많으며 장난을 즐기고 웃기는 면이 있는 반려견이다. • 관심받는 것을 좋아해서 혼자 두거나 무시하면 짖는 행위 같은 안 좋은 습관이 생긴다.
활 동	AKC 논스포팅그룹, FCI-9그룹, 반려견
유 래	'첨벙첨벙 소리를 내다'라는 뜻의 독일어 'pudel(푸델)'에서 유래했으며, 원래 물에 빠진 오리 등을 건져내는 조렵견이었다.
외 모	• 푸들의 크기는 토이 푸들(2~3kg), 미니어처(5~9kg), 스탠더드(20~32kg)의 3가지 타입으로, 모색은 화이트, 크림, 브라운, 실버, 블랙으로 다양하다. • 늘어진 귀와 긴 얼굴을 갖고 있으며, 곱슬곱슬한 털을 정기적으로 미용해 주어야 한다.
행동 특징	• 개체마다 개성이 강해서 한 마디로 규정짓기 힘들다. • 기본적으로 지능이 높고 사람들과의 사회성이 좋은 다재다능한 견종이다. • 신체 균형이 좋고 민첩하여 훈련을 쉽게 받는 것으로 유명하다.

⑥ 비 글

성 격	• 관대하고 침착하며 친화력이 매우 좋으나, 활동적이고 호기심 많다. • 사냥견이기 때문에 돌아다니고 싶어 하는 습성이 있다.
활 동	AKC 하운드, FCI-6그룹 세인트하운드, 사냥, 반려견
유 래	• 영국, 웨일즈, 프랑스의 사냥견에서 유래되었으며, 토끼 전문 사냥견으로 개발되었다. • '요란하게 짖는다'라는 뜻의 프랑스어에서 명칭이 유래되었다는 설이 있다.
외 모	• 탄탄한 체형과 돔 모양의 머리, 각진 주둥이, 넓은 코, 축 쳐진 긴 귀가 특징이다. • 단모종으로 날리는 털은 없지만 박히는 털이기 때문에 털 관리와 피부병에 유의해야 한다.
행동 특징	• 같이 있는 것을 좋아하고 혼자 남겨졌을 시 늑대처럼 울부짖고 파괴적일 수 있다. • 대체로 사람을 좋아하고 밝고 에너지가 넘치는 성격으로 사랑스러운 반려견이다.

⑦ 잭 러셀 테리어

성 격	• 행복하고 활발한 성격으로, 사람과 함께 있을 때와 할 일이 있을 때 가장 행복하다. • 사냥본능이 있어서 집고양이나 햄스터를 사냥감으로 간주한다. • 탐험과 사냥 욕구로 돌아다니기 때문에 넓은 야외에 울타리가 쳐져 있는 것이 좋다.
활 동	AKC 테리어, FCI-3그룹 테리어, 소동물 굴속 사냥, 반려견
유 래	여우 사냥을 즐기던 영국의 존 러셀 목사가 쥐나 땅속 동물 사냥이 가능하도록 개량했다.
외 모	• 짧고 단단한 이중털을 가졌으며, 하얀색, 하얀색 바탕에 검정 혹은 황갈색의 줄이 있다. • 체중은 5~10kg의 소형견으로 눈은 둥글거나 타원형이고, 대부분 짙은 갈색이다. • 다리가 곧고 몸 전체의 균형이 잡혀 있어서 전체적으로 탄탄하고 다부진 느낌을 준다.
행동 특징	활동량이 매우 많고 질주 본능이 강해서 많은 양의 운동이 요구된다.

⑧ 사모예드

성 격	• 친근하고 개성 있는 견종으로, 매우 영리하고, 독립적인 성향이다. • 위협을 느끼면 짖으며, 오랜 기간 혼자 남겨질 경우 성가시게 많이 짖을 수도 있다.
활 동	AFC 워킹, FCI-5그룹 스피츠&프리미티브 타입, 썰매, 반려견
유 래	• 시베리아의 유목민이 썰매를 끌기 위해 선택한 고대 견종으로, 1800년도 후기 영국에 왔으며, 러시아의 황제로부터 선물 받았다고 한다. • 많은 극지탐사에 참여하였고, 아문센의 첫 번째 남극 탐험에 참여하였다.

외모	• 푹신한 털이 풍성하고 말려져 있는 꼬리를 가지고 있다. • 머리는 넓고 날렵한 귀를 가지고 있으며 입 주변이 살짝 올라가 있다. • 추위를 견딜 수 있도록 굵고 유연한 털이 촘촘하며, 모색은 보통 흰색이지만, 간혹 비스킷이나 크림색인 경우도 있다.
행동 특징	• 활동량이 좋아 운동을 자주 시켜주어야 하며, 오랜 기간 혼자 남겨지는 것을 싫어한다. • 사람과의 교감을 좋아하기 때문에 복종이나, 민첩성, 목축, 썰매나 무거운 물건을 끄는 훈련을 좋아한다.

3 반려견체의 구조 및 특징

(1) 동물 신체 구조의 특징

① 동물의 일반적 신체 구조의 특징
  ㉠ 좌우대칭 : 생체 단면이나 체축을 중심으로 좌·우측이 동일한 형태의 두 부분으로 나누어진다. 척추동물의 몸은 기본적으로 좌우대칭이지만, 몸을 구성하고 있는 장기가 반드시 좌우대칭인 것은 아니다.
  ㉡ 국소적 분화 : 척추동물의 몸은 머리(두부), 몸통(체간부), 꼬리(미부) 및 사지(부속지)로 구분된다.

② 동물 신체의 구성 단계
  ㉠ '세포 – 조직 – 기관 – 기관계(계통) – 개체'로 구성된다.
  ㉡ 몸체를 이루는 기본 단위는 세포이며, 비슷한 형태나 기능을 가진 세포들이 모여 조직을 이룬다.
  ㉢ 비슷한 기능의 조직이 모여 기관을 형성하며, 여러 기관이 모여 기관계를 형성하고, 여러 기관계들의 유기적 결합에 의해 하나의 개체를 구성하게 된다.

(2) 반려견체의 명칭과 구조

① 견체명칭도

> **더알아보기**　개의 동물분류학상 분류
>
> - 개는 동물분류학상 척추동물문 - 포유동물강 - 식육목 - 개과 - 개속 - 개아속 - 개로 갈라진다.
> - 개아속에 포함되는 것은 사육개, 자칼, 늑대로서 이들의 기원은 3천만 년 전으로 추정된다.
> - 현재 애완견으로 사육 중인 개들은 회색늑대에서 이어져 내려온 것으로 추정된다.

② 부위명칭도

> **더알아보기**　개의 신체 부위의 주요 특징
>
> - 품종에 따라 크기가 매우 다양하며, 대략 어깨높이는 8~90cm, 몸무게는 0.4~120kg 정도이다.
> - 털은 긴 것과 짧은 것이 있고, 빛깔이나 무늬도 다양하다.
> - 일반적으로 꼬리는 비교적 짧고, 몸통 길이의 반 이하이다.
> - 귓바퀴는 크고 거의 삼각형으로 늘어진 것, 선 것 등이 있으며 앞으로 늘어뜨리면 눈까지 내려온다. 눈동자는 대부분 원형이다.

(3) 반려견의 생리학적 특성

① 개 골격의 특징
  ㉠ 인간의 흉부와 팔은 쇄골로 연결되어 있는데 반해, 개는 쇄골이 퇴화하였으며 견갑골이 목줄기의 양쪽에 상하 수직으로 붙어있다.
  ㉡ 개는 발가락과 발볼록살 부분만 지면에 대고 걷거나 달리므로 인간의 발뒤꿈치에 해당하는 뒷발목뼈 부분은 훨씬 위쪽에 붙어있다.
  ㉢ 앞발가락은 5개이지만 엄지에 해당하는 부분은 훨씬 위쪽으로 올라가서 지면에 닿지 않으며, 뒷발가락은 엄지에 해당하는 부분이 퇴화하여 4개이다.

② 개 뇌의 특징
  ㉠ 개의 뇌 무게는 70~150g 정도이며, 체중에 대한 비율은 1:100~400으로 사람(1200~1500g, 1:48)보다는 비율이 낮다.
  ㉡ 개 뇌의 무게가 차이가 많이 나는 것은 개의 품종이 소형에서부터 대형까지 다양하기 때문이다.

③ 개 후각의 특징
  ㉠ 땀과 기름 냄새에 대해 개의 후각은 인간의 1억 배나 예민하며, 일반 냄새에 대해서도 100만 배 이상 예민하다는 것이 정설이다.
  ㉡ 인간의 후각상피는 우표 1장 정도의 면적으로 그곳에 분포되어 있는 후각세포는 약 500만 개인데 반해, 복잡하게 구부러져 있는 개의 후각상피는 $200cm^2$나 되며, 그곳에 약 2억 2000만 개의 후각세포가 분포되어 있다.
  ㉢ 습한 비경(코)은 냄새의 성분과 냄새가 흘러간 방향을 아는 데 유용하게 쓰인다.

④ 개 시각의 특징
  ㉠ 개의 눈의 구조는 인간과 크게 다르지 않으나, 망막과 나란히 있는 광수용기세포의 비율에 차이가 있다.
  ㉡ 명암을 느끼기 위한 간상체와 색을 느끼기 위한 추상체 중 개에게는 간상체가 많고 추상체가 조금밖에 없어 밝기는 민감하게 느끼면서도 색은 잘 구별하지 못한다.
  ㉢ 간상체와 망막 뒤쪽의 타페탐(맥락벽판) 덕분에 개는 어두운 곳에서도 물체를 잘 볼 수 있으나, 개가 볼 수 있는 세계는 흑백(Monochrome)에 약간 색이 들어있는 정도라 할 수 있다.
  ㉣ 개의 눈은 수정체가 두터워 멀리 있는 것에 초점이 잘 맞지 않는 근시인 경우가 많다.

⑤ 개 청각의 특징
  ㉠ 인간의 귀는 16~20Hz(저음)부터 2만~2만 5000Hz(고음)의 소리를 들을 수 있는데, 개는 3만 8000Hz의 고음도 알아들을 수 있다.
  ㉡ 인간은 16방향까지 밖에 구별할 수 없는 소리의 방향을 개는 32방향까지 식별할 수 있다고 알려져 있다.

⑥ 개 피부의 특징
  ㉠ 개의 피부는 대부분 피모(털)로 덮여 있으며 종류에 따라 짧거나 길다. 이 피모는 낮은 기온, 태양의 직사열, 상처 등으로부터 몸을 보호해준다.

ⓒ 개는 보통 하모와 상모, 두 가지의 피모를 가지고 있는데, 하모는 미세하고 부드러우며 빽빽하게 자란다. 상모는 하모 사이에 굵고 뻣뻣한 상태로 자라나는데, 그 모근부에는 피지선이 있다. 피지선에서 분비되는 피지가 털에 윤기를 주는 동시에 물을 튕겨 내는 기능을 하고 있다.

ⓒ 피모의 신진대사는 매일 소량씩 반복되고 있는데, 여름에 시원하게 해주고 겨울에 따뜻하게 지낼 수 있도록 봄과 가을에는 털갈이를 하여 그 양을 조절한다. 겨울털에서 여름털로 바뀌는 봄의 털갈이가 가을 털갈이보다 훨씬 많은 털이 빠진다.

ⓔ 개의 땀샘은 주로 발바닥과 코에 분포한다.

ⓜ 발바닥의 땀샘은 땀을 통해 지나간 자리에 본인의 냄새를 남겨두기 위함이다. 또한 발바닥의 습기를 통해 주행 시 미끄러짐을 방지할 수 있다.

CHAPTER 06 실전예상문제

PART 2 반려동물 관리학

01 반려견에 대한 설명으로 옳지 않은 것은?

① 반려견은 크기에 따라 대형견, 중형견, 소형견 등으로 분류할 수 있다.
② 인간은 개의 선천적 능력과 관계없이 교육을 통해 필요한 역할을 개발시켜왔다.
③ 특수목적견에는 맹인안내견, 장애인도우미견, 동물매개치료견, 구조견, 수색견 등이 있다.
④ 반려견은 능력에 따라 경비견, 목양견, 사냥견, 가정견, 탐지견 등 다양한 역할을 해왔다.

해설 인간은 개의 후각, 청각, 경계, 보호본능 등 선천적으로 발달한 능력에 따라 반려동물로서의 역할을 개발시켜왔다.

02 개의 기원에 대한 설명 중 옳지 않은 것은?

① B.C. 7,000년 무렵의 개 유골은 개가 사람에 의해서 길들여진 시기에 대해 짐작할 수 있는 최초의 것이다.
② 최초의 개 유골은 조개무덤에서 발견되었으며, '조개를 먹는 사람의 개(Hund der Muschesser)'로 불린다.
③ 덴마크 동부 아르페라 부근의 동굴벽화에는 구석기 시대 최후기에 만들어진 개와 관련된 유물이 발견되었다.
④ 이집트 제4왕조기에 속하는 B.C. 2,500~4,000년의 아무템 무덤에서는 개들과 함께 생활하는 조각이 표현되어 있다.

해설 덴마크가 아닌 스페인의 동부 아르페라 부근의 동굴벽화이다.

03 개들의 변천에 대한 설명 중 옳지 않은 것은?

① 요크셔 테리어는 쥐 잡는 사냥개로 유명하지만, 비단결 같은 털로 아름다운 매력을 가지고 있어 많은 사랑을 받는 가정견이 되었다.
② 불독 같은 품종의 짧은 얼굴은 섬뜩하게 무서운 인상을 주기 위해 한 혈통으로 길러졌다.
③ 그레이트덴은 경비견과 사냥견으로서 큰 크기를 가지도록 대형견으로 개량되었다.
④ 페키니즈 같은 품종에서 평면형의 얼굴은 인간에게 시각적으로 강인함을 보여주기 위해 개발되었다.

해설 개들의 변천에서 외형은 여러 이유에 따라 다양하게 변화하였는데, 페키니즈의 경우 인간에게 귀여운 모습의 시각적 매력을 위해 평면형 얼굴로 발달하였다.

정답 01 ② 02 ③ 03 ④

04 1그룹 쉽독과 캐틀 독의 대표적인 견종에 해당하는 것은?

① 요크셔 테리어 ② 바셋 하운드
③ 닥스훈트 ④ 보더 콜리

해설 1그룹 쉽독과 캐틀독 대표 견종(스위스 캐틀 독 제외)
오스트레일리언 캐틀 독, 보더 콜리, 올드 잉글리쉬 쉽독, 저먼 셰퍼드 독, 웰시 코기 펨브로크, 벨지안 셰퍼드 독, 풀리, 셰틀랜드 쉽독

05 2그룹에 속하며, 튼튼한 골격으로 경호견, 경비견, 구조견 등에 적합한 견종이 아닌 것은?

① 도베르만 ② 시베리안 허스키
③ 그레이트 덴 ④ 복서

해설 시베리안 허스키는 5그룹의 스피츠와 프리미티브 타입의 견종에 속한다.

06 5그룹의 스피츠와 프리미티브 타입 견종이 아닌 것은?

① 코리아 진도견 ② 알라스칸 말라뮤트
③ 달마시안 ④ 포메라니언

해설 달마시안은 6그룹의 세인트 하운드와 관련 견종에 속한다.

07 다음 중 경비견에 적합한 견종은?

① 저먼 셰퍼드 ② 바셋 하운드
③ 골든 리트리버 ④ 세인트 버나드

해설 ② 바셋 하운드 : 수렵견
③ 골든 리트리버 : 맹인안내견
④ 세인트 버나드 : 썰매견

08 다음 ( ) 안에 들어갈 말로 옳은 것은?

( )은 개를 매개로 하여 취약계층의 사람이나 우울증, 심리적 안정이 필요한 사람들과 소통을 통해 감정교류 역할을 한다.

① 탐지견
② 장애인보조견
③ 맹인안내견
④ 동물매개치료견

해설 동물매개치료견은 개를 매개로 하여 몸과 마음에 상처가 있는 사람들이 동물과 상호작용을 하며 정신적 · 신체적 · 사회적 기능을 회복하고 심신의 재활 등을 할 수 있도록 하는 것이다.

09 다음 ( ) 안에 들어갈 말로 옳은 것은?

( )은 사람의 눈 역할을 하며 사람의 생명에 큰 위협이 될 수 있으므로 인내심이 많고 차분해야 하며, 특히 사회성 교육이 가장 중요하다.

① 탐지견
② 썰매견
③ 맹인안내견
④ 동물매개치료견

해설 맹인안내견에 대한 설명으로, 적합한 품종은 셰퍼드, 래브라도 리트리버, 골든 리트리버가 있다.

10 다음 ( ) 안에 들어갈 말로 옳은 것은?

( )은 개의 발달된 후각을 이용하여 땅속에 묻힌 시신을 찾거나 산악 중 실종사고가 일어났을 때 지형지물을 냄새로 찾아낸다.

① 보청견
② 탐지견
③ 수색견
④ 맹인안내견

해설 수색견은 수색이나 인명구조를 하며, 여러 사고현장에서 실종자를 찾는 역할을 한다.

정답 08 ④ 09 ③ 10 ③

11 다음과 같은 성격을 가진 반려견은?

- 겁이 없고 용감한 편으로, 작은 체구임에도 강인한 성격을 보인다.
- 활동적이고 독립적인 성격으로 원하는 것을 적극적으로 쟁취한다.

① 푸들
② 치와와
③ 비글
④ 잭 러셀 테리어

해설 치와와에 대한 설명이다. 치와와는 작은 체구임에도 강인한 성격을 보이며, 보호자와 같이 있을 때 더 자신감을 보여 큰 덩치의 개에게 짖고 달려들기도 한다.

[12~15] 다음 그림을 보고 알맞은 답을 고르시오.

12 (5)의 명칭을 옳게 나타낸 것은?

① 머리부위
② 액단
③ 주둥이
④ 하악

해설 (5)는 액단(스톱)에 해당한다. 머리부위 – (1), 주둥이 – (6), 하악 – (10)

13 (14)의 명칭을 옳게 나타낸 것은?

① 상 완
② 전 완
③ 겨드랑이
④ 앞발목

해설 (14)는 상완에 해당한다. 전완 – (15), 겨드랑이 – (19), 앞발목 – (18)

14 (26)의 명칭을 옳게 나타낸 것은?

① 무 릎
② 비 절
③ 뒷발허리
④ 볼록살

해설 (26)은 뒷발허리에 해당한다. 무릎 – (22), 비절 – (27), 볼록살 – (23)

15 (29)의 명칭을 옳게 나타낸 것은?

① 옆구리
② 넓적다리
③ 좌골단
④ 엉덩이

해설 (29)는 넓적다리에 해당한다. 옆구리 – (30), 좌골단 – (31), 엉덩이 – (32)

16 개의 골격구조에 대한 설명으로 옳지 않은 것은?

① 개의 쇄골은 견갑골과 연결되어 있다.
② 늑골은 심장과 폐 등의 내장을 보호한다.
③ 뒷발목뼈 부분은 발볼록살보다 훨씬 윗쪽에 붙어 있다.
④ 발가락의 개수는 기본적으로 앞발 5개, 뒷발 4개이다.

해설 개의 쇄골은 퇴화되어 없다. 따라서 견갑골이 옆으로 퍼지지 않고 몸의 측면에 상하 수직방향으로 붙어 있다.

정답 13 ① 14 ③ 15 ② 16 ①

17 개의 코에 대한 설명으로 옳지 않은 것은?

① 개의 후각은 인간의 100만 배 이상 예민하다고 할 수 있다.
② 개의 후각상피에는 약 2억 2000만 개의 후각세포가 분포되어 있다.
③ 비강의 후각점막에 후각세포가 있어 냄새 자극을 감지한다.
④ 개의 후각은 예민하기 때문에 비경(코)을 건조하게 유지시켜야 한다.

해설 개의 비경(코)을 습하게 해주는 것이 좋다. 습한 비경은 냄새의 성분이나 냄새의 방향을 파악하는 데 유용하게 쓰인다.

18 개의 눈의 역할에 대한 설명으로 옳지 않은 것은?

① 개의 눈에는 색을 느끼기 위한 추상체가 많이 분포한다.
② 개가 보는 세계는 흑백에 약간 색이 들어있는 정도라고 할 수 있다.
③ 간상체와 망막 뒤쪽의 타페탐(맥락벽판) 덕분에 개는 어두운 곳에서도 잘 볼 수 있다.
④ 개의 눈은 수정체가 두터워 멀리 있는 것에 초점이 잘 맞지 않는 근시인 경우가 많다.

해설 개의 눈에는 명암을 느끼기 위한 간상체가 많고, 색을 느끼기 위한 추상체가 조금밖에 없으므로 밝기는 민감하게 느끼면서도 색은 잘 구별하지 못한다.

19 개의 귀에 대한 설명으로 옳지 않은 것은?

① 이개근육이 분포하며, 모두 수의근으로 귀 운동을 담당한다.
② 외이도가 인간의 귀와 비슷하게 수평으로 이어지는 형태로 되어 있다.
③ 이개연골에 의해 귀의 형태가 결정되며, 연골이 연약하여 늘어지기도 한다.
④ 바깥으로 나와 있는 이개는 쫑긋 세운 귀, 축 늘어뜨린 귀, 반직립 귀 등 여러 가지 형태를 하고 있다.

해설 개의 경우 외이도가 'ㄴ'자로 생겨 수직이도와 수평이도로 구분된다.

20 개의 피부와 피모에 대한 설명으로 옳지 않은 것은?

① 전신의 피부에 땀샘이 분포해 있다.
② 대부분이 털로 덮여 있으며 품종에 따라 짧거나 길다.
③ 피지선에서 분비되는 피지가 털에 윤기를 주는 동시에 물을 튕겨 내는 기능을 한다.
④ 피모의 신진대사는 매일 소량씩 반복되고 있는데, 봄과 가을에 주로 털갈이가 일어난다.

해설 개의 땀샘은 대부분 발바닥과 코에 있다.

반려동물 훈련학

- **01** 반려견 훈련개념 | 이론 + 실전예상문제
- **02** 반려견 훈련장비와 도구 | 이론 + 실전예상문제
- **03** 반려견 학습이론 | 이론 + 실전예상문제
- **04** 반려견 기초훈련 원리 및 평가 | 이론 + 실전예상문제
- **05** 반려견 교정훈련 원리 및 평가 | 이론 + 실전예상문제
- **06** 특수 분야 보조견 훈련 | 이론 + 실전예상문제
- **07** 반려견 스포츠 | 이론 + 실전예상문제
- **08** 반려견 훈련대회 | 이론 + 실전예상문제

끝까지 책임진다! 시대에듀!

QR코드를 통해 도서 출간 이후 발견된 오류나 개정법령, 변경된 시험 정보, 최신기출문제, 도서 업데이트 자료 등이 있는지 확인해 보세요! **시대에듀 합격 스마트 앱**을 통해서도 알려 드리고 있으니 구글 플레이나 앱 스토어에서 다운받아 사용하세요. 또한, 파본 도서인 경우에는 구입하신 곳에서 교환해 드립니다.

CHAPTER 01 | 반려견 훈련개념

1 반려견 훈련의 의미

(1) 훈육(생후 20일~3개월령)

다양한 경험과 훈육을 통해 가장 이상적으로 성장할 수 있는 훈련을 고려해야 한다. 사람의 손길을 느낄 수 있도록 하고 사람의 체온과 감각, 목소리 등에 자연스럽게 적응하도록 하면 훈련 교육에 들어가기 전 생후 3개월령부터 단어를 서서히 인식하게 된다. 이 시기는 이름 부르기, 장난감 놀이, 목줄 등 간단한 단어를 알려주는 훈육 및 사회화 과정 시기이다.

① 훈육과정의 놀이
　㉠ 놀이의 의미는 중요하다. 놀아주는 것은 반려견에게 주는 보상 중 으뜸이다. 특히 물고 당기는 행동은 스트레스를 풀어주는 데 도움이 된다. 물고 당기는 훈련은 집중력과 강한 자신감, 그리고 의욕을 길러주는 역할을 한다. 예를 들어 공놀이는 우리가 쉽게 접할 수 있는 놀이로 추적 본능을 키우고, 이 놀이를 통하여 어린 자견 시기에 물품의욕을 높여줄 수 있다.
　㉡ 소리 나는 장난감은 그렇지 않은 장난감보다 호기심을 유발하는 데 도움이 된다. 또한 이런 소리 나는 장난감을 가지고 놀면 성장하면서 소리에 대한 민감성이 줄어든다. 이처럼 놀이에서 물고, 당기고, 뛰고, 잡고 하는 것은 반려견에게 자신감과 학습능력을 높여준다. 놀이를 이용한 유년기 훈육과정은 앞으로 훈련을 하는 데 많은 도움이 된다.

② 놀이 시 주의 사항
　㉠ 공을 던졌을 때 반려견이 쫓아가서 물고 놀기보다는 공을 회수하는 것이 좋다. 이때 물고 온 공을 강제적으로 빼앗으면 다시 오지 않고 오히려 공을 물고 도망가려는 나쁜 습관이 생길 수 있다. 그래서 공을 회수할 때는 더욱 좋은 긍정적 보상을 통해서 공을 빼앗긴다는 생각이 아닌 공을 물고 오면 맛있는 먹이를 먹을 수 있다는 생각을 심어줘야 한다.
　㉡ 놀고 난 후에 장난감이나 장비는 바로 치운다. 물고 놀 수 있는 장난감을 항시 곁에 두면 흥미가 떨어져 훈련을 저해시키는 무관심을 만들기 때문이다.
　㉢ 너무 오랜 시간 놀아서 반려견이 의욕을 잃게 하기보다는 짧은 시간 놀아 주는 것을 여러 번 반복하는 것이 좋다.
　㉣ 놀이교육은 항상 즐겁게 마무리한다.

(2) 훈련(생후 6개월~1년 미만)

① 훈련 시기
  ㉠ 훈련 시기는 보통 생후 6개월~1년 미만이 좋다. 생후 6개월경에는 호기심이 많아지고 학습능력이 뛰어나기 때문이다. 다만, 훈련소 특성상 예방 접종이 모두 끝나지 않은 상태에서 훈련을 하면 주변 환경요인(스트레스, 다른 견으로부터 옮는 질병)으로 건강하게 훈련을 받을 수 없기 때문에 유의해야 한다.
  ㉡ 훈련은 반려견의 본질을 유지시키면서 잠재력을 살려 보호자와 같이 살아가는 데 필요한 예의를 배우는 교육이다.
  ㉢ 반려견의 성향에 따라 훈련을 시작하는 시기가 다르다. 예를 들어 사회성이 특히 부족하거나 독립심이 강한 견종은 생후 4~5개월 정도부터 일찍 시작하는 것도 좋다.

② 훈련자의 마음가짐
  훈련의 요령은 친화에 있다. 우선 훈련자는 개를 진심으로 좋아하고, 성급하지 않아야 한다. 훈련자는 항상 개의 심리상태를 파악하고, 이해하려는 마음을 가져야 한다. 그리고 부단히 노력하고 연구하며 경험이 좋은 자산이 된다는 것을 명심해야 한다.

③ 훈련 전 체크 리스트
  다음 질문으로 반려견을 훈련할 준비가 됐는지 생각한다.
  ㉠ 반려견이 먹을 것을 좋아하는가?
  ㉡ 훈련하는 데 음식은 적절한가?
  ㉢ 훈련하는 데 시간적 여유는 있는가?
  ㉣ 훈련에 들어가기 전 충분한 지식을 가지고 있는가?
  ㉤ 훈련자의 복장이 훈련하는 데 적절한가? 필요한 훈련 용품을 갖추고 있는가?
  ㉥ 훈련하는 데 적절한 환경인가?
  ㉦ 훈련자로서 올바른 마음가짐을 가지고 있는가?

2 학습의 기본 개념

(1) 긍정적인 보상과 칭찬

① 긍정적 보상과 칭찬은 훈련에 있어서 매우 중요한 역할을 한다. 보상과 칭찬은 반려견이 학습하는 데 가장 기본이며, 학습한 것을 지속시킬 수 있는 수단이다.
② 먹이나 좋아하는 장난감 등으로 행동의 즐거움을 주는 보상과 반려견을 쓰다듬거나 부드러운 목소리로 '잘했어', '옳지' 등의 칭찬을 하는 것은 훈련의 지속성을 높인다.
③ 칭찬은 보상보다 직접적인 효과가 떨어진다. 예를 들어 불러들이기 훈련에서 한 사람은 먹이나 좋아하는 장난감을 이용하여 보상 훈련을 하고, 다른 사람은 쓰다듬거나 '잘했어', '옳지' 등을 이용한 칭찬 훈련을 실시했을 때 어느 사람이 빨리 가르칠 수 있을까? 아마 보상 훈련 방법을 선택한 사람의 훈련 효과가 좋을 것이다.

④ 긍정적인 보상과 칭찬 두 가지를 활용하면 더욱 효과적이다. 행위와 명령어를 습득하는 데 먹이 보상을 이용하고 칭찬으로 행동을 지속시키는 것이 좋다.

(2) 부정적인 보상과 체벌
① 부정적인 보상이란 반려견이 명령어를 이행했을 때 부정적인 요인을 없애 주는 것이다. 고통을 줄여주는 것도 일종의 보상이 된다. 보상은 주었지만 반려견이 자율적으로 행동한 것이 아니므로 보호자와 관계도 멀어지고 훈련의 효과가 덜할 수 있다.
② 부정적인 보상이나 처벌을 통해 훈련할 경우 훈련이 거듭되면서 보다 강한 처벌이 요구되고 훈련에 흥미를 잃어서 훈련을 지속시키기 어렵다. 훈련 시에는 강한 어조로 '안 돼'라고 명령하는 것이 낫다. 반려견에게 벌을 줄 때는 직접적인 고통을 가하는 것보다 말로써 벌을 주는 것이 좋다.

(3) 먹이
먹이는 훈련에서 가장 효과적인 보상 방법이다. 보상용 먹이로 반려견이 좋아하는 음식인 햄, 소시지, 육포 등을 이용하는 것이 좋다. 먹이를 좋아하고 먹고자 하는 의욕이 강할수록 자율성 있는 훈련이 되어 좋은 결과를 가져온다.

3 훈련의 개요

(1) 교육 전에 필요한 훈련용어
① 구령(성부) : 목소리에 의한 명령어
② 손짓(시부) : 손짓에 의한 명령어
③ 수화 : 손짓의 동작
④ 초호 : 불러들이기
⑤ 입지 : 서서 기다리기
⑥ 각측 보행 : 옆에 따라다니기
⑦ 지래 : 물품 가져오기
⑧ 트렉킹 : 범인이 지나간 자리에 족적 남긴 것을 후각을 이용해서 찾아내는 것
⑨ 헬퍼 : 공격교육(무는 것)을 시키거나 범인 역할을 하면서 개가 올바르게 물거나 포기하는 교육을 시키는 역할
⑩ 블라인드 : 지형 수색용 삼각텐트
⑪ 아티클 : 수색용 유류물품
⑫ 방어소매 : 팔에 착용하는 공격방어용 안전보호 도구
⑬ 방어복 : 안전보호복(IGP, 경비견 교육) 착용
⑭ 덤벨 : 개가 가져오는 교육의 기초물품(아령)
⑮ 프리스비 : 원반 형태의 물품을 던져 개가 물어오는 다양한 방식의 경기(롱디스턴스, 프리스타일)
⑯ 어질리티 : 민첩성 경기로 정해진 시간과 코스 등을 뛰고 넘는 경기
⑰ 도그댄스 : 개와 사람이 음악에 맞추어 춤을 추며 교육의 난이도, 예술적 표현을 평가하는 경기

⑱ 플라이볼 : 스피드 경기의 형태로 장애물을 뛰어넘어 규정을 지키며 공을 배턴 터치하는 팀 경기
⑲ 베이팅 : 개의 집중력을 기르기 위해 도구로 사용하는 용품(간식, 장난감)
⑳ 교육용 다양한 장애물 : 허들, 테이블, 도그워크, 웨이브폴, 시소, 기타 등등

(2) 훈련 기본도구(가정견, 사역견, 구조견, 경비견용 훈련도구)

리드줄, 목줄, 퍼피턱, 바이트 패드, 훈련공, 줄 훈련공, 덤벨, 스틱ㆍ줄 스틱, 방어소매, 보호복ㆍ에프론, 아티클, A판벽, 허들, 덤벨, 테이블, 블라인드, 입마개, 전신 방어복(특수 방어복), 켄넬(크레이트), 보상용 주머니, 보상용 간식, 방석, 클리커 등

(3) 클리커 훈련

① **훈련의 효과**

클리커 훈련은 명령어를 사용하는 훈련보다 쉽고 빠른 효과를 볼 수 있다. 특히 행동 교정 이전 강아지 시절에 예절 교육을 시킬 때 효과적이다.

② **사용방법과 요령**

㉠ 클리커 똑딱이 소리를 들려주며 적응시킨다.
㉡ 똑딱 소리에 반응하거나 집중하면 좋아하는 간식을 주며 놀아준다.
㉢ "똑딱" 소리가 나도록 클리커의 버튼을 누르고 난 후 반려견이 바라보면 간식을 준다.
㉣ 흐트러진 시선을 집중하는 데 아주 효과적인 방법으로 시선 집중 시에 간식을 준다.
㉤ 보상용 간식을 선택할 때는 반려견이 아주 좋아하는 것으로 시작한다.
㉥ 클리커 훈련 초기에는 사료양을 줄이고, 간식으로 클리커 교육을 한다.
㉦ 간식의 크기는 한 번에 받아먹을 수 있는 작은 크기로 시작한다.
㉧ 반려견이 원하는 행동을 끝내고 난 후가 아니라 수행할 때 클릭한다.
㉨ 클릭하는 타이밍이 매우 중요하다. 클릭 소리가 날 때 행동하던 반려견이 멈추는 것에 놀라지 말아야 한다. 클릭하면 개가 행동을 멈출 때, 먹이를 주고 보상한다.
㉩ 반려견이 보호자가 좋아하는 행동을 하면 클릭해야 한다. 스스로 하기 쉬운 행동부터 시작한다(예 앉기, 엎드리기, 기다리기, 불러들이기, 기타 복종 교육 시).
㉪ 칭찬의 효과와 더불어 빠른 학습을 기대할 수 있다.

③ **클리커 핵심 포인트**

㉠ 칭찬하는 타이밍이 중요하다.
㉡ 반복되는 학습이 중요하다.
㉢ 훈련 시 빠른 관찰력이 필요하다.
㉣ 개는 본능적으로 한 번 체험한 것을 학습하며 발전한다.

(4) 관계 형성을 위한 교감 활동

반려견 교육은 친해지는 정도에 따라 그 시기나 방법이 다를 수 있다. 훈련 전 훈련자가 반려견과 친해져야 하는 이유이다.

① 반려견과 친해지기

㉠ 강화물을 휴대한 훈련자는 반려견과 등진 상태로 바닥에 앉아서 대기한다.

㉡ 반려견이 훈련자를 쳐다보거나, 다가오는 등의 관심을 나타내면 음식이나 장난감 등의 강화물을 준다. 음식의 경우 몇 개를 반려견 근처로 던져서 먹게 한다.

㉢ 훈련자는 과격한 행동을 하지 말고 차분하게 동작을 취한다.

㉣ 경계심을 푼 반려견이 훈련자에게 쳐다보기, 꼬리 흔들기 등의 관심을 나타내는 행동을 하면 천천히 일어서서 장소이동을 한다. 주어진 공간 안에서 이동하면서 반려견이 따라오게 하고, 반려견이 따라오면 간헐적으로 강화물을 던져 주거나, 직접 손으로 준다.

㉤ 반려견의 성격을 어느 정도 확인하면 신체 접촉도 시도한다. 공간의 제약이 없으면 야외에서도 같은 방법으로 진행한다.

㉥ 위 과정을 1회에 약 5분 정도 진행한 후, 종료한다. 보호자 또는 훈련자는 반려견의 목줄을 잡고 반려견과 퇴장한다.

㉦ 반려견과 친해지는 데 걸리는 시간은 개체마다 다를 수 있으므로 필요하면 더 많이 반복적으로 교육한다.

② 반려견과 먹이 찾기 게임하기

낯선 사람과 사람의 손에 우호적인 감정을 갖게 할 때 도움이 되는 게임이다.

㉠ 훈련자는 반려견이 강화물을 볼 수 있도록 앉은 자세로 자신의 양손에 강화물을 올려 보여주고 반려견이 먹게 한다. 이때 손은 반려견의 코 높이 정도로 들고, 정지 상태를 유지한다. 이 과정을 반복한다.

㉡ 반려견의 호기심이 유지되는 상태라면 이번에는 양손에 강화물을 꼭 쥐어 숨기고, 그 손을 반려견을 향해 내밀며 "찾아"라고 말한다. 반려견이 내민 손에 냄새 맡기, 접근 등의 관심을 보이면 "옳지, 빙고"라고 말하며 해당하는 손을 펴서 그 안에 든 강화물을 먹게 한다. 이 과정을 반복한다.

㉢ 위 단계가 익숙해지면 이번에는 양손 중 한쪽 손에만 강화물을 쥐고, 다른 손에는 강화물을 쥐지 않은 상태로 두 손을 반려견을 향해 내민다. 반려견이 강화물이 든 손에 코를 대면 "옳지, 빙고"라고 말하며 해당하는 손을 펴서 그 안에 든 강화물을 먹게 한다. 강화물을 쥐는 손을 번갈아 가며 시도한다. 이 과정을 반복한다.

CHAPTER 01 | 실전예상문제

PART 3 반려동물 훈련학

01 생후 3개월 된 반려견의 훈육에 대한 설명으로 옳지 않은 것은?

① 여러 훈련 방법을 통하여 문제행동을 교정하는 시기이다.
② 강아지 시기에는 사람의 손길을 느낄 수 있도록 하며 사람과 강아지의 관계를 정확하게 정해 준다.
③ 이 시기부터 단어를 서서히 인식할 수 있다.
④ 사회성이 형성될 수 있도록 기본적인 예절교육을 시키는 단계이다.

해설 기본적인 예절교육을 시키고 사회성을 기르는 시기이다.

02 훈육과정 중 놀이에 대한 설명으로 옳은 것은?

① 물고 당기는 놀이는 공격성을 길러준다.
② 물고 당기는 행동은 스트레스를 풀어주는 데 도움이 되므로 으르렁 소리를 내어 더욱 강하게 물도록 한다.
③ 물고 당기는 행동은 훈련의 집중력과 강한 자신감, 그리고 의욕을 길러주는 역할을 한다.
④ 놀이는 반려견에 있어서 흥분을 시키는 데 효과적인 방법이다.

해설 ① 물고 당기는 놀이는 스트레스를 해소해주며, 집중력과 자신감, 의욕을 길러준다.
② 물고 당기는 행동만으로 스트레스를 풀어줄 수 있기 때문에 굳이 으르렁 소리를 내게 할 필요는 없다.
④ 놀이는 자신감, 학습능력을 고취하는 것이지 흥분시키는 것이 목적은 아니다.

03 반려견과의 놀이 시 주의 사항으로 옳은 것은?

① 놀이 교육은 항상 야단을 치며 마무리한다.
② 공놀이 시 물고 온 공을 강제로 빼앗아 공격성을 키운다.
③ 놀고 난 후에는 장난감을 반려견 곁에 두지 말고 바로 치운다.
④ 짧은 시간 동안 놀기보다 한 번에 길게 신나게 놀아준다.

해설 장난감은 교육 후 바로 치워야 한다. 항상 주변에 장난감이 있으면 놀이에 흥미를 잃게 된다.

04 생후 5개월이 된 반려견의 훈련에 대한 내용으로 옳지 않은 것은?

① 훈련이란 무엇인가를 논하기 전에 개의 본능을 숙지해야 한다.
② 훈련에 앞서 개는 인간에 의해서 가축화된 동물이기 때문에 사고력이 없다는 것을 알아야 한다.
③ 인간 세계의 환경과 인간이 추구하는 목적에 적응시키기 위해 개를 길들이는 것이 훈련임을 알아야 한다.
④ 생후 5개월이면 이갈이 시기이므로 훈련을 중단하고 이갈이가 끝나면 본격적인 훈련을 한다.

해설 이갈이 시기라고 해서 훈련을 중단할 필요는 없다. 부드러운 천이나 말랑말랑한 장난감을 이용하여 훈련하면 된다.

05 다음 빈칸에 들어갈 말로 옳은 것은?

> 훈련의 시기는 보통 생후 6개월~1년 미만이 좋다고 한다. 생후 6개월경이 개가 호기심이 많은 시기이므로 (   )이 뛰어나기 때문이다.

① 사교성
② 기억력
③ 지뢰의욕
④ 학습능력

해설 이 시기의 반려견은 사물에 대한 호기심이 많아지고 이해력이 빠르다.

06 반려견 훈련 시작 시기는 생후 몇 개월이 좋은가?

① 3~5개월
② 5~10개월
③ 1~2년
④ 2년 이상

해설 생후 5~10개월부터 호기심이 늘고 이해력이 빨라지기 때문에 이 시기부터 반려견을 훈련하는 것이 좋다.

정답 04 ④ 05 ④ 06 ②

07 다음 빈칸에 들어갈 말로 옳은 것은?

> 훈련은 개의 (   )을 유지시키면서 개가 가지고 있는 잠재력을 살려 생활에 활용하고 인간과 같이 살아가는 데 필요한 예의를 배우는 교육이다.

① 유 전
② 본 질
③ 버 릇
④ 행 동

해설 개들은 본질을 가지고 태어난다. 훈련자는 개의 본질은 유지시키면서 다양한 교육을 통하여 실생활에 필요한 능력을 개발시켜야 한다.

08 다음 빈칸에 들어갈 말로 옳은 것은?

> 반려견의 성향에 따라 사람에 대한 사회성이 결여되거나 (   )이 강하면 생후 4~5개월 정도부터 일찍 교육에 들어간다.

① 성 품
② 사회성
③ 독립심
④ 복종성

해설 순종적이고 사회성이 좋은 개는 훈련 시기가 늦어도 학습효과가 좋다. 독립심이 강한 품종은 교육 시기를 앞당긴다.

09 교육 전에 필요한 훈련용어로 옳지 않은 것은?

① 구령 – 목소리에 의한 명령어
② 손짓 – 손으로 지시하는 명령어
③ 수화 – 손짓의 동작
④ 초호 – 호에서 기다리는 것

해설 초호는 반려견을 불러들이는 것으로 "이리와"가 명령어이다.

10 훈련용어 중 구령에 대한 설명으로 옳지 않은 것은?

① 육성의 명령어이다.
② 손짓으로 하는 명령어이다.
③ 성부 명령어에 해당한다.
④ 말로써 내리는 명령어를 말한다.

해설 구령은 말로써 명령을 내리는 것을 말한다.

11 훈련용어 중 손짓에 대한 설명으로 옳은 것은?

① 성부 명령어이다.
② 손의 동작을 통해 내리는 명령어이다.
③ 작전 시 말로 수행하는 명령어이다.
④ 말과 손짓으로 내리는 명령어이다.

해설 명령어는 손짓(수화)과 구령(육성)으로 구분한다.

12 훈련용어 중 각측 보행에 대한 설명으로 옳은 것은?

① 왼쪽으로 걷기
② 오른쪽으로 걷기
③ 옆에 따라다니기
④ 함께 뛰어다니기

해설 반려인의 옆을 따라다니면서 함께 걷는 것을 말한다.

13 훈련용어 중 헬퍼에 대한 설명으로 옳은 것은?

① 범인 역할과 훈련자 역할을 둘 다 하는 사람
② 범인 역할을 하면서 개가 올바르게 물거나 포기하도록 교육하는 사람
③ 말을 올바르게 끌도록 리드하는 사람
④ 경비견이나 경찰견 교육 시 개가 놀라지 않게 총을 쏘는 사람

해설 헬퍼는 베테랑 훈련자로 공격 진행 중 올바르게 물거나 포기하도록 돕는 역할을 하는 전문가이다.

정답 10 ② 11 ② 12 ③ 13 ②

14 클리커 훈련 응용 방법에 대한 설명 중 잘못된 것은?

① 좋은 행동에 클릭하여 나쁜 행동을 고치게 한다. 클리커 트레이닝은 명령어를 기반으로 하는 훈련이다.
② 훈련은 짧게 한다. 한 시간 동안 지루한 것을 계속하는 것보다 5분씩 3번 할 때 더 많은 것을 배운다.
③ 클리커 클릭에 반응하지 않으면 명령을 듣지 않은 것으로 생각한다. 이때는 육성으로 "안돼"라고 명령한다.
④ 훈련자가 원하는 행동이 자발적이거나 우연히라도 일어나면 클릭한다.

해설 클릭은 반려견이 스스로 터득하는 교육의 기초 단계이다. 반려견이 클릭에 반응하지 않는 것은 명령에 불복종하는 것이 아니고 그 큐를 배우지 못한 것일 뿐이다. 명령어를 기반으로 하는 훈련이 아니므로 원하는 행동을 명령할 수 있는 다른 방법을 더 찾아보고 원하는 행동에 클릭해야 한다.

15 다음 빈칸에 들어갈 말로 옳은 것은?

훈련의 가장 근본적인 요령은 (　　　)이다. 훈련자는 반려견을 훈련하기 전에 먼저 그 반려견과 (　　　)을/를 형성해야 한다. 그 정도에 따라 교육의 시작 시기나 방법이 달라진다.

① 친 화
② 기 질
③ 보 상
④ 반복 학습

해설 훈련자는 반려견을 교육하기 전에 일단 그 반려견과 친해져야 한다. 반려견과의 친화 정도에 따라 교육 시작 시기나 방법이 다를 수 있다.

CHAPTER 02 반려견 훈련장비와 도구

PART 3 반려동물 훈련학

1 훈련장비

(1) 훈련 기본도구

① 리드줄 : 개와 사람 사이에 의사소통을 하는 데 매우 중요한 역할을 하고, 길이에 따라 쓰이는데 조금씩 차이가 있다.

리드줄	용도
30cm	• 보통 줄을 잡고 훈련하는 과정에서 줄 없이 훈련하기 전(前) 과정에서 쓰인다. • 처음에는 120cm 리드줄로 훈련을 마치고 보다 짧은 30cm 리드줄로 바꾼 다음 서서히 줄을 없애 준다.
120cm	• 개를 훈련하거나 산책할 때 가장 많이 쓰인다. • 줄이 길거나 짧지도 않으며 적당한 길이로 일반인도 쉽게 개를 컨트롤 할 수 있다.
2m	• 불러들이기 훈련의 기초과정에서 많이 활용된다. • 리드줄이 너무 길면 개를 불러들이고 줄을 정리하는 데 불편하고, 짧은 줄은 훈련하는 데 불편하다. • 대형견 훈련 기초 과정에서 많이 활용된다.
5m	• 멀리 떨어진 곳에서 불러들이기 훈련할 때 사용되고 훈련 도중 도망가는 것을 교정할 때 쓰인다. • 경비훈련의 기초과정인 금족포효 훈련에 많이 쓰인다.
10m	• 원거리 대기 훈련을 할 때 필요하고 트렉킹(족적 추적) 훈련을 할 때 쓰인다. • 훈련경기 대회의 규정 줄이다.

용어설명 금족포효

개가 사람한테 짖을 때, 덤벼들거나 움직이지 못하게 하는 것을 말한다.

② 목줄 : 개의 목에 걸어주는 줄로서 리드줄과 개를 연결하는 데 매우 중요한 역할을 하며 개를 쉽게 제압하는 데 필요한 도구이다.

　㉠ 가죽용 목줄(광폭칼라)
　　• 강아지가 처음으로 목줄 매는 습관을 길들일 때 쓰이고 어린 강아지 훈육 과정부터 끝날 때까지 활용된다.
　　• 짖는 훈련이나 공격 등에서 개의 목에 낮은 자극을 줄 때 쓰인다.
　　• 산책 시 보호자보다 먼저 뛰어나가려고 하고 통제가 잘 안 되면 광폭 목줄을 착용한다.

종 류	장 · 단점
가죽 목줄	보호자의 손을 보호해 줄 수 있다.
천 목줄	다양한 무늬가 있어 보호자들이 선호하나, 교육이 안 된 힘이 센 대형견과 산책하기에는 적절하지 않다.

자동 목줄	• 목줄의 길이가 반려견의 움직임에 따라 조절되어 반려견의 발에 걸리지 않고 목줄 정리에 불편함이 없다. • 자동 목줄의 버튼을 열어놓으면 반려견의 목에 계속 이물감의 자극을 주기 때문에 반려견의 편안한 산책에는 적절하지 못하다.
긴 목줄(5m 이상)	추적하는 데 사용되는 전문가용 목줄이다.

ⓒ 초크체인(스텐 목줄)
- 복종 훈련용으로 많이 사용되며, 개와 사람의 통역기 역할을 한다. 적은 힘으로 개를 통제하는 데 중요한 역할을 한다.
- 쇠로 만들었거나 지나치게 굵거나 무거운 목줄은 권장하지 않는다.
- 모서리가 날카로운 목줄은 훈련자의 손에 상처를 입힐 수도 있어 권장하지 않는다.
- 개를 제압하기 쉬워 누구나 활용할 수 있지만 개를 리드할 때 강한 자극으로 고통을 줄 수 있다.
- 중·대형견의 교육과정에서 가장 많이 쓰이며, 개를 컨트롤하기 쉽다.

③ 핀치칼라
ⓐ 폭력성향이 강한 개에게 쓰면 효과가 있지만 성격이 여리거나 겁이 많은 개에게 사용하면 안 된다.
ⓑ 개를 잘 아는 전문가가 사용할 경우에는 개에게 빠른 학습능력을 기대할 수 있다.
ⓒ 부적절하게 사용하면 반려견의 피부를 조이거나 찔러서 고통과 상처를 줄 수 있으며, 심각한 부상을 가할 수도 있으므로 사용하지 않도록 한다.

④ 하네스
ⓐ 후각 훈련이나 무는 훈련을 할 때 많이 쓰인다.
ⓑ 강아지 산책용으로도 자주 쓰이나, 산책 시 개를 컨트롤하기 어려워 예절교육이 되지 않으면 사용하지 않는 것이 좋다. 대형견은 가급적 하네스를 권장하지 않는다.
ⓒ 불러들이기나 보호자와 소통이 잘되고 교육을 잘 받은 견은 하네스를 착용한다.

더알아보기 적당한 길이의 리드줄

- 소형견, 중형견 : 1m 20cm 길이가 좋다.
- 대형견 : 2m 길이를 착용하는 것이 좋다.
- 롱 리드줄 : 3 ~ 5m의 길이의 리드줄은 개 불러들이기, 수색, 공격교육 목적 외에 산책이나 교육 시 매우 불편하므로 착용하지 않는다. 단, 교육이 잘되거나 개와 사람이 자연스러운 공간에서 활동할 때는 착용해도 좋다.

⑤ 퍼피턱
복종 훈련에 사용되고 어린 강아지와 놀이를 통해서 집중력과 물력을 키우는 데 좋다.

⑥ 바이트 패드
ⓐ 개의 무는 훈련 중 기초과정에 쓰이는 도구이다.
ⓑ 개의 물력을 키우며, 깊고 정확하게 물게 할 때 많이 쓰인다.
ⓒ 방어소매와 같은 용도이며 경비견 훈련·IGP 교육 시에 무는 도구로 쓰인다.

⑦ 훈련공
ⓐ 공을 멀리 던지는 방식으로 강아지와의 놀이나 어린 강아지를 운동 시킬 때에 많이 사용된다.

ⓒ 지면을 따라 굴러가는 공은 강아지의 흥미를 유발할 수 있어 매우 좋은 놀이기구이다.

⑧ 줄 훈련공

ⓐ 공에 손잡이가 달린 줄이 묶여 있어서 물고 당기는 놀이나 가까운 거리에 던지고 회수하기 쉽게 되어 있다.

ⓑ 개와 가깝게 놀 수 있기 때문에 서로 스킨십의 기회가 많으므로 개와 핸들러 사이의 친화훈련에도 도움이 된다.

⑨ 덤 벨

ⓐ 개의 운반 훈련에 많이 쓰이고, 훈련 경기대회에서 덤벨 운반은 기본 종목이다.

ⓑ 덤벨(650g) 운반은 평지에서 가져오기, 허들 넘어 가져오기, A자 판벽 넘어 가져오기 등으로 나눈다.

ⓒ 덤벨은 대·중·소로 구분하며 지레 운반용 교육의 기초용품이다.

⑩ 스틱, 줄 스틱

ⓐ 경비호신훈련에 많이 사용된다.

ⓑ 스틱으로 개를 직접 자극하는 것이 아니고, 매달린 줄이 공기 중에서 나는 소리(예 딱, 쉭쉭)를 이용해서 개의 관심을 집중시키는 데 도움이 된다.

⑪ 방어소매

ⓐ 공격훈련을 할 때 사용되며 개가 무는 부분이 짧은 것과 긴 것으로 나뉜다.

ⓑ 긴 것(나탄방어소매)은 개의 스톱이 긴 저먼 셰퍼드, 벨지안 마리노이즈 등에 사용된다.

ⓒ 짧은 것(일반방어소매)은 개의 스톱이 짧은 로트와일러, 아메리칸 불독 등에 사용하는 것이 좋다.

ⓓ 자견은 전체가 부드럽게 만들어진 자견용 방어소매로 한다.

⑫ 보호복, 에프론

ⓐ 보호복과 에프론은 개의 직접적인 공격을 받으면 위험하기 때문에 방어소매와 같이 사용한다.

ⓑ 보호복과 에프론은 개의 공격훈련 시, 앞발 등에 의한 상처를 방어하여 사람의 몸을 보호하는 역할을 한다.

⑬ 아티클

추적 유류품으로 범인이 도주하고 지나간 자리에 남는 것이다.

⑭ A판벽

지상에서부터 약 2m 높이의 A자형 판벽이다.

⑮ 허 들

H형 허들로 장애물 교육 중 낮은 곳에서부터 높은 곳으로 올리면서 대담성을 길러준다.

⑯ 테이블

개가 올라가거나 편안하게 기다리는 교육에 응용할 때 쓰인다.

⑰ 블라인드

삼각형의 천막 지형·지물 수색용품이다.

⑱ 입마개

개의 공격성이나 짖음이 있을 때 입에 착용하는 도구이다.

⑲ 헤드홀더

목끈을 당기면 반려견의 후두와 머즐에 압력이 가해지는 구조로 되어있는 줄이다.

> **용어설명**
> 머즐 : 강아지의 이마와 코 사이의 부분으로, 일반적으로 주둥이라고 한다.

⑳ 전신 방어복(특수 방어복)

전신 공격훈련 시에 쓰이며 경찰견이나 링 스포츠에 많이 활용된다. 전신 방어복은 개가 직접 공격을 해도 안전하다.

㉑ 켄넬(크레이트)

개가 자기만의 공간으로 여겨 편안한 휴식을 가질 수 있다. 대소변 훈련이나 이빨을 가는 시기에 넣기 좋고, 차량으로 개를 이동할 때에도 매우 편리하다.

㉒ 보상용 주머니

교육을 하면서 보상을 원활하게 하기 위한 도구로 허리에 차고 간식을 넣어 두고 반려견이 올바른 행동을 할 때마다 주머니에서 간식을 꺼내 주는 용도로 쓰인다.

㉓ 보상용 간식

교육용으로 부드러운 간식을 한 번에 씹어 먹을 수 있는 크기로 준비한다.

㉔ 클리커

㉠ 버튼이나 금속 부분을 살짝 누르면 '딸깍' 소리가 나는 플라스틱 장치로 소리에 집중하는 타이밍에 쓰이며, 클리커 후 바른 행동에 대한 간식을 보상한다.

㉡ 소리를 통해 반려견을 교육하는 데 있어서 집중력을 기르거나 예절교육에서 효과적인 도구이다.

㉢ 클리커와 보상을 상호 연관시키는 것이 훈련에서 중요하므로, 소리가 나면 간식을 받을 것이라는 것을 알게 한다.

㉣ 주의할 점은 교육에 사용 중 클리커를 연속해서 두 번을 누르지 않아야 한다.

(2) 훈련 보조도구

① 방석(포인트) : 특정 공간을 알려주는 역할을 하며 개를 기다리게 하거나 정해진 목표지점 설정을 위해 다용도로 쓰인다. 또한 포인트 트레이닝 교육을 시킬 때 효과적으로 쓰는 도구이다.

> **용어설명** 포인트 트레이닝
> 개의 행동교정에서 문제가 되는 부분을 집중 포인트를 잡아 교육시켜 주는 훈련이다.

② 크레이트(개집) : 개를 가두는 공간이 아니라 개가 가장 편안하게 쉴 수 있는 공간으로 개들에게 있어서 가장 아늑한 공간으로 활용한다.

③ 이동용 개집 : 먼 거리 여행이나 새로운 환경에 적응하기 위해 활용하기도 한다. 반려견이 낯선 환경에서 분리불안을 느끼는 것을 차단할 수도 있다.

④ 사각철장 : 잠금장치가 필요하며, 개집과 놀이공간의 영역으로 받아들인다.

⑤ 육각 케이지 : 운동장의 역할을 하며 케이지가 설치된 곳이 자기만의 공간이라는 것을 알려주기 위한 수단으로 활용한다.
⑥ 좋아하는 간식과 장난감
  ㉠ 간식이나 좋아하는 장난감을 포상용으로 활용한다.
  ㉡ 올바른 행동을 하였을 때 보상을 통해서 긍정적인 사고방식을 갖게 한다.
⑦ 사료 및 음료 : 개들이 먹거나 물을 마실 수 있도록 항시 기본적으로 챙겨 둔다.

(3) 반려용품의 이해

① 배변봉투
  산책이나 야외 외출 시 반드시 가지고 다니며, 반려견이 배변 활동을 하면 바로 치워준다.
② 화장지
  배설물을 치우거나 소변을 보고 나면 반려견이 배설한 곳을 깨끗이 닦아준다.
③ 강아지 옷
  ㉠ 계절별로 단두종, 단모종 옷을 입히면 감기 예방이나 털갈이 시기에 도움이 된다.
  ㉡ 옷을 입히는 것은 반려인이나 비반려인에게 귀엽고 사랑스런 모습을 제공하여 반려견에 대한 좋은 이미지를 심어 준다.
④ 동물등록인식표
  ㉠ 유기견 예방차원으로 반려견 정보를 등록한다.
  ㉡ 내장형 마이크로 칩이나 외장형 인식표를 외출 시 반드시 확인한다.

2 훈련 도구

(1) 훈련 도구의 사용

전문가부터 비전문가까지 사용할 수 있는 훈련 도구들이 다양하기 때문에 사용 용도와 견종에 맞춰 사용해야한다.

(2) 훈련 도구의 종류

① 훈련 복장
  훈련에 필요한 간식이나 더미, 공 등을 넣을 수 있는 옷으로 그 용도에 따라 선택해야 한다.
  ㉠ 훈련 조끼 : 주머니가 많아야 사료, 장난감 등이 보호자 몸 안에 어디서 나올지 모른다는 인식을 시켜 주어 개에게 기대감을 증폭시킬 수 있다.
  ㉡ 훈련 재킷 : 훈련 조끼와 같은 용도이며 겨울철에 입기 좋다.
  ㉢ 퀼트 : 허리에 착용하는 형태이며 치마 모양이다. 퀼트에는 3개의 주머니가 있다.
  ㉣ 먹이주머니 : 허리에 착용할 수 있으며 간단하게 먹이를 넣어 사용하기 편리하다.

② 놀이용 훈련 도구

좋아하는 장난감을 사용하면 훈련의 속도나 재미를 붙일 수 있다.

㉠ 공

가죽공	가죽으로 만들어져 무는 힘이 약한 반려견을 훈련 시킬 때 사용한다.
자석공	옷에 붙여 사용할 수 있고, 옆으로 나란히 걷기를 할 때 반려견의 위치와 시선을 고정시키기 위해 사용한다.
찰고무공	표면에 돌기가 있어 던졌을 때 어디로 튈지 몰라 기대감을 증가시키며, 공에 줄이 달려있어 공을 사용해 더미 놀이를 할 수 있고 공을 컨트롤하기 쉽다.
라텍스공	라텍스로 만들어진 말랑한 재질이며, 반려견이 물면 소리가 난다.
실 공	실을 꼬아서 만든 장난감 공이다.

㉡ 더 미

면혼방 더미	대형견이 물어도 잘 망가지지 않아 오래동안 사용할 수 있다.
순면 더미	어린 반려견들의 놀이를 위해 만들어진 더미이다.
황마 더미	황마 재질로 되어 있어 무는 힘이 강한 반려견에게 사용하면 일회용이 될 수 있고, 무는 힘이 약한 반려견에게는 무는 힘을 키울 수 있으나 잘못 사용하면 이빨 사이가 벌어질 수 있다.
회수용 더미	더미 안에 간식을 넣을 수 있는 주머니가 있다.
실 더미	실을 꼬아서 길게 만든 더미이다.
털 더미	동물 털을 사용해 만든 더미이다.
가죽 더미	가죽으로 만든 더미이다.

㉢ 원 반

고무 원반	말랑한 고무로 만들어진 원반이다.
천 원반	천으로 만들어진 놀이용 원반이다.
플라스틱 원반	원반대회에 참여할 수 있는 플라스틱 재질로 만들어진 원반이다.

③ 훈련기기

㉠ 클리커

버튼형 클리커	손목이나 바지에 걸어두고 칭찬할 때 손으로 눌러 사용할 수 있다.
박스형 클리커	발을 사용해 누를 수 있도록 제작되었다.
스틱형 클리커	스틱 끝에 있는 표시를 이용해 사람이 움직이지 않고도 사용할 수 있다.
반지형 클리커	손가락에 끼워서 사용하기 때문에 손이 자유롭다.

㉡ 보상용 간식 장치 : 리모컨을 누르면 보상이 나오는 장치로, 반려견과 거리를 두고 하는 훈련에 유용하다.

02 실전예상문제

01 교육 도구 중 아티클에 대한 설명으로 옳은 것은?

① 수색용 유류물품
② 탐지용 박스
③ 방어복
④ 안전보호 도구

해설 범인이 족적을 남기며 지나간 자리에 떨어뜨린 물품대용으로 쓰이는 것이다.

02 교육 도구 중 방어소매에 대한 설명으로 옳은 것은?

① 수색훈련도구
② 팔에 착용하는 공격 방어품
③ 전신 방어복
④ 안전보호 도구 앞치마

해설 방어소매는 개가 경비훈련 중 팔을 물 수 있도록 팔에 착용하는 보호장비이다.

03 교육 도구 중 덤벨에 대한 설명으로 가장 옳은 것은?

① 지구력을 길러 주는 운동기구이다.
② 덤벨은 물품 운반 교육의 필수 도구이다.
③ 벨소리 교육의 기초물품이다.
④ 수색견 교육의 유류품을 말한다.

해설 아령같이 생긴 물품 운반 교육 도구이다.

정답 01 ① 02 ② 03 ②

04 다음 빈칸에 들어갈 말로 가장 옳은 것은?

> (,   )은/는 개와 사람 사이에 의사소통을 하는 데 매우 중요한 역할을 한다.

① 리드줄, 목줄
② 가슴줄, 간식
③ 입마개, 간식
④ 롱줄, 입마개

해설 목줄과 리드줄은 통역기의 역할을 하며, 반려견과 소통할 수 있도록 돕는다.

05 다음 빈칸에 들어갈 말로 옳은 것은?

> (   ) 리드줄은 보통 줄을 잡고 훈련하는 과정에서 줄 없이 훈련하기 전(前) 과정에서 쓰인다. 처음에는 120cm 리드줄로 훈련을 마치고 보다 짧은 (   ) 리드줄로 바꾼 다음 서서히 줄을 없앤다.

① 30cm
② 2m
③ 3m
④ 5m

해설 30cm 리드줄은 짧은 줄을 이용하여 줄이 없는 것처럼 응용하는 과정에 사용하는 줄을 말한다.

06 다음 빈칸에 들어갈 말로 옳은 것은?

> (   ) 리드줄은 개를 훈련하는 데 가장 많이 쓰이는 줄이다. 줄이 길거나 짧지도 않으며 적당한 길이로 일반인도 쉽게 개를 컨트롤할 수 있다. 특히 개와 산책을 할 때 편리하다.

① 120cm
② 2m
③ 3m
④ 5m

해설 줄을 이용하는 이유는 교육 때문인데, 120cm 줄을 이용하면 자유자재로 통제하고 리드할 수 있다.

07 다음 빈칸에 들어갈 말로 옳은 것은?

( ) 리드줄은 대형견 훈련 기초 과정에서 많이 활용된다.

① 120cm
② 2m
③ 3m
④ 5m

해설 소형견은 짧은 줄을 활용하지만, 대형견은 2m 길이의 리드줄이 적당하다.

08 다음 빈칸에 들어갈 말로 옳은 것은?

( ) 리드줄은 트레킹(족적 추적) 훈련을 할 때 쓰이며, 훈련 경기 대회의 규정 줄이다.

① 10m
② 5m
③ 3m
④ 2m

해설 10m 리드줄은 트레킹 시합용으로 국제 규정된 줄의 길이이다.

09 다음 빈칸에 들어갈 말로 옳은 것은?

가죽용 ( )은/는 강아지가 처음으로 목줄 매는 습관을 길들일 때 쓰이고 어린 강아지 훈육과정부터 끝날 때까지 활용된다.

① 광폭칼라
② 하네스
③ 핀치칼라
④ 초크체인

해설 넓은 목줄이 줄 매기 교육 시에 안전하며, 훈육 시에는 기본으로 사용한다.

정답 07 ② 08 ① 09 ①

10 다음 빈칸에 들어갈 말로 옳은 것은?

( )은/는 복종훈련에서 많이 사용된다. 개를 제압하기 쉽기 때문에 누구나 활용할 수 있는 목줄이나 개를 리드할 때 일부 자극을 주는 단점이 있다.

① 광폭칼라
② 하네스
③ 핀치칼라
④ 스텐목줄

해설 스텐목줄(초코체인)은 중·대형견의 교육과정에서 가장 많이 쓰이며, 개를 컨트롤하기 가장 쉽다.

11 다음 빈칸에 들어갈 말로 옳은 것은?

( )은/는 전체적으로 개에게 자극을 줄 수가 있다. 성격이 강한 개에게 쓰면 좋은 효과를 볼 수 있지만, 성격이 여리거나 겁이 많은 개에게 사용하면 안 된다. 개를 잘 알고 있는 전문가가 사용할 경우에는 개에게 빠른 학습능력을 기대할 수 있다.

① 광폭칼라
② 하네스
③ 핀치칼라
④ 스텐목줄

해설 핀치칼라(스파이크체인)는 맹견 또는 광폭하거나 통제가 어려운 개에게 착용한다.

12 다음 빈칸에 들어갈 말로 가장 옳은 것은?

( )은/는 일반적으로 후각훈련과 개의 무는 훈련 등에 많이 쓰이며, 일반 애견인들의 경우에는 강아지 산책용으로도 쓰고 있다. 다만 산책할 때는 개를 컨트롤하기에 어려움이 있어 예절교육이 되지 않으면 사용하지 않는 것이 좋다.

① 광폭칼라
② 하네스
③ 핀치칼라
④ 스텐목줄

해설 하네스는 목에 자율성을 주기 때문에 후각훈련이나 공격교육훈련에 대표적으로 쓰인다.

13 다음 빈칸에 들어갈 말로 옳은 것은?

( )은/는 복종훈련에 사용되고 어린 강아지와 놀이를 통해서 집중력과 물력을 키우는 데 좋다.

① 바이트 패드
② 퍼피턱
③ 덤 벨
④ 번지줄

해설 퍼피턱은 강아지 시기에 물고 가져오기용으로 쓰는 자견용 훈련도구이다.

14 다음 빈칸에 들어갈 말로 옳은 것은?

( )은/는 개가 무는 훈련 중 기초과정에 쓰이는 도구이다. 개의 물력을 키우고 깊고 정확하게 물게 할 때 많이 쓰인다.

① 바이트 패드
② 훈련공
③ 덤 벨
④ 번지줄

해설 바이트 패드는 방어소매의 일종으로 경비견 훈련이나 IGP 교육 시 무는 도구로 쓰인다.

15 다음 빈칸에 들어갈 말로 옳은 것은?

( )은 줄, 공, 손잡이 등이 있어서 물고 당기는 놀이나 가까운 거리에 던지고 회수하기 쉬운 도구이다. 이처럼 개와 가깝게 놀 수 있기 때문에 서로 스킨십의 기회가 많아서 친화 훈련에 도움이 된다.

① 줄 스틱
② 훈련공
③ 줄 훈련공
④ 번지줄

해설 줄 훈련공은 밀고 당기는 놀이를 통해 흥미를 유발하고 집중력을 향상시킨다.

정답 13 ② 14 ① 15 ③

16 다음 빈칸에 들어갈 말로 옳은 것은?

( )은/는 개의 스톱이 긴 저먼 셰퍼드, 벨지안 마리노이즈 등에 사용하는 도구이다.

① 일반 방어소매　　　　　　② 바이트 패드
③ 나탄 방어소매　　　　　　④ 퍼피턱

해설　스톱(주둥이)이 긴 저먼 셰퍼드, 벨지안 마리노이즈 등에는 나탄 방어소매를 사용한다. 방어소매에는 나탄 방어소매와 스톱이 짧은 로트와일러, 아메리칸 불독 등에 사용하는 일반 방어소매가 있다.

17 다음 빈칸에 들어갈 말로 가장 옳은 것은?

( )은/는 개의 직접적인 공격을 받으면 위험하기 때문에 방어소매와 같이 사용한다. 공격 훈련을 할 때 앞발 등에 의한 상처를 방어하여 사람의 몸을 보호하는 역할을 한다.

① 일반 방어소매　　　　　　② 전신 방어복
③ 롱 리드줄　　　　　　　　④ 에프론

해설　에프론은 안전보호 장비이다.

18 다음 빈칸에 들어갈 말로 옳은 것은?

( )은/는 추적 유류품으로 범인이 도주하고 지나간 자리에 남는 것이다.

① 하네스　　　　　　　　　② 간식주머니
③ 롱 리드줄　　　　　　　　④ 아티클

해설　유류물품으로 나무토막 또는 가죽재질로 이루어져 있으며, 일반적으로는 폭 4cm, 길이 10cm 크기이다. 개가 아티클을 찾아내면 엎드려 자세를 취한다.

19 다음의 설명과 어울리는 것은?

> 개가 자신만의 공간으로 여겨 편안한 휴식을 가질 수 있다. 대소변 훈련이나 이빨을 가는 시기에 개를 넣기 좋고, 차량으로 개를 이동할 때 매우 편리하다.

① 하네스
② 삼각형 텐트
③ 배변판
④ 크레이트

해설 개집(컨넬, 크레이트)은 개에게는 최고의 안락한 보금자리이다.

20 다음 빈칸에 들어갈 말로 옳은 것은?

> 한 번에 씹어 먹을 수 있는 크기의 부드러운 (　　　)을/를 준비하면 교육 시 집중력을 향상시킬 수 있다.

① 개 껌
② 보상용 간식
③ 고무공
④ 코 담요

해설 보상용 간식은 집중력 향상을 위해 한 번에 씹고 먹을 수 있도록 한다. 개껌은 한참을 씹어야 하므로 보상용 간식으로 알맞지 않다.

21 다음 빈칸에 들어갈 말로 옳은 것은?

> (　　　)은/는 소리를 통해 반려견을 교육하는 데 있어서 집중력을 기르거나, 예절교육에서 효과적인 도구이다. '딸깍' 소리를 들려주고 집중하는 타이밍과 동시에 간식으로 보상한다.

① 간 식
② 보상용 주머니
③ 클리커
④ 호 각

해설 클리커는 소리를 통해 반려견을 교육시키는 도구로 '딸깍' 소리와 동시에 간식으로 개의 올바른 행동에 대한 보상을 한다.

정답 19 ④ 20 ② 21 ③

22 클리커 사용 방법과 요령으로 옳은 것은?

① 클리커 '딸깍'이 소리를 들려주며 집중하지 않으면 야단친다.
② '딸깍' 소리에 반응하거나 집중하게 되면 간식을 주며 놀아준다.
③ '딸깍' 소리가 나도록 클리커의 버튼을 누르고, 바라보면 '옳지'하고 명령을 내려준다.
④ '딸깍' 소리에 예민하게 반응을 하면 클리커 교육은 실패한 것이다.

해설 소리에 집중도를 높이려면 적절한 간식을 통한 보상으로 효과를 볼 수 있다.

CHAPTER 03 | 반려견 학습이론

1 반려견 학습원리

(1) 다양한 교육 방법

① 순화(길들임)
  ㉠ 반려견이 상해나 고통을 받지 않으면서 새로운 자극에 반복적으로 노출되면 점차 익숙해지는 과정을 순화(예 큰 소리에의 순화, 낯선 인간에의 순화, 자동차에 타는 것에의 순화 등)라고 한다.
  ㉡ 일반적으로 약령기의 반려견이 나이를 먹은 반려견보다 순화하기 쉽다.
  ㉢ 순화를 응용한 행동 교정법

홍수법 (flooding)	• 반려견이 반응을 일으키기에 충분한 강도의 자극을 그 반응을 일으키지 않을 때까지 반복하여 준다. • 어린 반려견이나 공포 정도가 약한 경우에 유용하다. • 해당 반응이 줄어들기 전에 자극 노출을 중지하거나 회피행동으로 자극에서 벗어나는 것을 학습하면 효과가 없을 뿐 아니라 문제 행동을 악화시킬 수 있다.
계통적 탈감작법 (systemematic desensitization)	• 처음에는 반려견이 반응을 일으키지 않을 정도의 약한 자극을 반복하고 반응하지 않으면 단계적으로 자극의 정도를 높여가는 방법이다. • 반려견에게 자극을 서서히 높여서 반응이 일어나지 않도록 길들이는 방법이며, 특히 성숙한 반려견에게 효과적이다.

② 고전적 조건화
  ㉠ 무조건 자극(UCS ; Unconditioned Stimulus) : 이전의 학습이 없어도 무조건적인 반응을 나타나게 하는 자극, 반려견에게 주는 먹이를 말한다.
  ㉡ 무조건 반응(UCR ; Unconditioned Response) : 무조건 자극에 나타내는 반응으로, 먹이로 인해 반려견에게서 나오는 침을 말한다.
  ㉢ 중성(중립) 자극(NS ; Neutral Stimulus) : 반려견에게 먹이를 주기 전에 들려주는 종소리, 즉 조건화되기 이전의 종소리(아무런 반응도 유발하지 않는 자극)를 말한다.
  ㉣ 조건 자극(CS ; Conditioned Stimulus) : 조건이 형성된 후에 반려견에게 조건 반응을 유발하는 자극, 즉 조건화된 이후의 종소리를 말한다.
  ㉤ 조건 반응(CR ; Conditioned Response) : 조건이 형성된 후에 조건 자극에 나타내는 반응, 즉 반려견에게 종소리만 들려줘도 종소리로 인해 나오는 침을 말한다.
  ㉥ 조건 자극이 무조건 자극과 함께 주어지지 않으면 조건 반응은 소실되며, 이 과정을 소거(Extinction)라고 한다.
  ㉦ 부수의적, 반사적인 반응을 기초로 하기 때문에 의도적으로 행동을 변화시키는 행동교정법에 응용하는 것이 어렵다.

◎ 자극 일반화(Stimulus Generalization) : 조건 자극과 유사한 다른 자극에 동일한 조건 반응이 나타나는 것이며, 새로운 자극이 원래의 자극과 유사할수록 일반화의 가능성도 높아진다.

③ 조작적 조건화

㉠ 강화(Reinforcement) : 반려견이 어떤 행동을 한 뒤에 반려견이 원하는 것을 제공하는 것을 말한다.

강화 인자	먹이, 칭찬, 쓰다듬기 등이 있다.
강화의 타이밍	빠르고 확실한 조건화를 성립하려면 반응과 동시에 강화가 주어져야 한다.
강화의 정도	먹이와 같이 매력적인 보상이 사용된다.
강화 스케줄	• 반응을 가르칠 때는 모든 반응에 대해 강화함으로써 빠르게 학습이 성립한다. • 조건화가 한 번 성립되면 강화의 빈도를 서서히 줄여서 부정기적인 강화로 변경해야 강화 인자의 요구도(매력)가 유지된다.
플러스 강화	강화 인자의 제시에 따라 반응이 일어날 가능성이 증가하는 조건화이다.
마이너스 강화	반응 후 혐오적인 강화 인자가 제거됨에 따라 반응이 일어날 가능성이 증가하는 조건화이다.
2차적 강화 인자	• 본래의 보상이 아니지만 본래의 보상과 함께 주어짐으로써 강화 인자로 작용하는 2차적 보상이다. • 간식을 이용한 훈련 시 동시에 칭찬하면 곧 칭찬만으로도 보상이 된다. • 클리커 트레이닝에서 이용되는 클리커의 소리도 2차적 강화 인자이다.

- 정적 강화 : 개선 행동의 발생 빈도와 정확도를 증가시키는 대표적인 강화 방법으로, 반려견이 교정 행동을 하는 경우 좋아하는 강화 도구를 제공하는 것이다. 효과적인 정적 강화를 위해서는 즉각적인 보상과 적합한 물품 선택이 중요하며, 개선 행동을 정확히 규정하여 다른 부적절한 행동과의 연관성을 없애야 한다.
- 부적 강화 : 반려견의 행동을 제한하는 행동약화 유인 강화물을 제거하여 원하는 행동을 증가시키는 교정 방법이다. 목표 행동을 증가시키는 강화 방법으로, 정적 강화가 강화물 제공이라면 부적 강화는 약화 물품 제거라는 차이점이 있다.
- 프리맥(Premack)의 원리 : 반려견이 선호하는 행동을 통해 덜 선호하는 행동의 발생 빈도를 증가시키는 원리로, 목표로 하는 행동을 강화하기 위하여 대상에게 상대적으로 더 중요하고 가치 있는 보상을 주는 기법이다.
- 용암법 : 반려견의 개선 행동을 이끌어 내기 위해 교정 초기에는 촉진 자극을 충분히 제공하여 개선 행동을 유도하고, 촉진 자극을 감소 또는 제거하여 자극 없이도 행동을 할 수 있도록 하는 방법이다. 촉진 자극을 단계적으로 감소시키되, 개선 행동의 증가에 비례하여야 한다.

㉡ 소거(Extinction)
- 반려견이 조건화된 특정 행동 반응을 하지 않는 것을 말한다.
- 조작적 조건화에서 학습한 반응에 강화를 전혀 하지 않으면 그 반응은 최종 소멸된다.
- 소거버스트 : 지금까지의 강화 반응이 갑자기 강화되지 않게 되었을 때, 한동안 그 반응이 더 빈번하게 보이는(burst) 것이다.

㉢ 반응 형성, 점진적 조건부여(Shaping, Successive Approximation)
- 원하는 반응 패턴에 제대로 다가갈 수 있도록 적절한 타이밍에서 강화를 주어 반려견에게 복잡한 반응을 서서히 훈련시키는 경우에 이용하는 방법이다.
- 시소와 같은 장애물을 통과하도록 가르칠 때 단계를 밟아 훈련해가는 경우에 해당한다.

② 자극 일반화(Stimulus Generalization)
- 특정 자극에 대해 어떤 반응이 조건화된 뒤에 유사한 자극에 대해서도 같은 반응이 일어나게 되는 것을 말한다.
- 반려견이 현관문 벨 소리에 짖는 것을 학습한 경우 서서히 전화벨이나 알람에도 짖는 경우가 있다.

⑩ 길항 조건부여(Counter Conditioning)
- 자극에 대해 일어나는 바람직하지 않은 반응과는 양립하지 않는 반응을 하도록 조건화하는 법이다.
- 특정 대상에 두려움을 보이는 반려견의 행동 교정에 이용하는 경우가 많다.

④ 처벌(Punishment)

특정 반응이 재발할 가능성을 줄이기 위해 그 반응이 가장 클 때나 직후에 혐오 자극을 주거나 보상이 되는 자극(강화 자극)을 배제하는 것을 말한다. 처벌을 유용하게 이용하기 위해서는 적절한 타이밍, 적절한 강도 및 일관성이 필요하다.

㉠ 직접 처벌 : '혼내기, 때리기, 목덜미를 잡기' 등 반려견에게 직접 가하는 처벌을 말한다.
㉡ 원격 처벌 : 짖음 방지 목걸이, 물대포, 전기사이렌, 뛰어오름 방지장치 등을 이용하여 반려견이 처벌을 주는 사람을 인식하지 못하도록 원격 조작 처벌하는 것을 말한다.
㉢ 사회 처벌 : 무시나 타임아웃 등 사람과의 상호관계를 단절하는 처벌을 말한다.

⑤ 환경 풍부화
㉠ 필요한 환경 자극을 추가하여 정상행동은 증가시키고 비정상적이거나 원하지 않는 행동을 줄이는 방법이다.
㉡ 정상행동에 필요한 다양한 자극을 제공함으로써 행동 기능을 충족시켜 문제를 해결할 수 있다.

⑥ 약 화
㉠ 반려견의 문제 행동을 감소시키거나 소멸시키는 과정이다.
㉡ 정적약화 : 문제 행동의 결과에 자극을 부가하는 것이다.
㉢ 부적약화 : 자극을 제거하는 절차이다. 용어의 어감과 달리 반려견이 선호하는 경우가 많다.
㉣ 문제 행동의 유형에 따라 적절한 약화 방법을 선정한다.

⑦ 질 책
㉠ 반려견의 문제 행동에 보호자들이 가장 많이 사용하는 방법이지만 반려견은 인간과 의사소통 방법이 다르므로 인간의 언어를 이해할 수 없다.
㉡ 질책이 효과를 가지려면 사전에 명령어를 조건화해야 한다.
㉢ 조건화된 언어는 음량이 크지 않아도 효과를 가지므로 소리를 지르지 않아도 된다.

[조작적 조건화를 이용한 문제 행동 교정]

⑧ 임시 격리
  ㉠ 반려견의 현재 행동을 멈추게 하고 얼마 동안 격리시키는 것이다.
  ㉡ 강제성을 가지지만 혐오성을 띠지 않아 부작용이 거의 없다.
  ㉢ 반려견이 격리되는 이유에 대하여 스스로 인식하기 어렵다는 약점이 있다.

⑨ 차별강화
  ㉠ 강화와 약화를 조합하여 좋은 행동은 증강하고 문제 행동은 억제하는 방법이다.
  ㉡ 목적 행동에 대해서는 강화계획을 실행하고 문제 행동에 대해서는 약화계획을 실행한다.

⑩ 대안 행동
  ㉠ 반려견에게 문제 행동과 양립할 수 없는 다른 행동을 요구하는 방법이다.
  ㉡ 사람에게 습관적으로 뛰어오르는 반려견에게 '앉아' 자세를 요구하여 문제를 해결하는 것과 같다. 반려견은 뛰어오르면서 앉을 수 없기 때문이다.

⑪ 역조건화
  ㉠ 특정한 자극에 이상 반응하는 반려견에게 그 자극을 우호적으로 수용하도록 하는 과정이다.
  ㉡ 문제 자극을 반려견이 좋아하는 것과 결합시킨다.
  ㉢ 이전에 반응했던 자극에 반응하지 않으면 보상한다.

⑫ 체계적 둔감화
  ㉠ 자극을 약한 수준에서 조금씩 늘려 강한 정도까지 점진적으로 적응시키는 절차이다.
  ㉡ 문제를 발생시키는 특정한 자극 외에 다른 자극이 없는 상태에서 실시해야 효과적이다.
  ㉢ 자극의 증가 정도는 반려견이 수용할 수 있는 범위 내에서 실시해야 부작용을 최소화하면서 문제 행동을 개선할 수 있다.

⑬ 노 출
  ㉠ 특정한 문제 자극에 대하여 초기 단계에 높은 상태로 노출시켜 문제 자극에 반응하지 않도록 하는 방법이다.
  ㉡ 반려견의 품성이 약하고 예민한 경우에는 문제 행동을 심각하게 악화시킬 수 있다.
  ㉢ 문제 자극에 심각하게 악화된 모습을 경험한 보호자는 문제 행동을 개선하려는 계획을 중단하거나 포기할 수도 있다.

> **더알아보기** 물리적 자극의 특징
>
> - 물리적인 방법은 반려견이 감정적으로 반발하거나 공격적인 행태를 나타낼 수 있다.
> - 물리적인 자극의 사용은 반려견 교육에 대한 부정적인 영향을 줄 수 있다.
> - 물리적인 자극은 올바른 행동을 가르치기보다 행동을 일시적으로 억제하는 성향이 강하다.
> - 물리적인 자극은 반려견에게 훈련자에 대한 혐오감을 가지게 할 수 있다.
> - 물리적인 약화 방법은 훈련자의 정서에도 악영향을 미쳐 교육 전반에 부정적으로 작용한다.
> - 물리적인 방법을 사용하기 시작하면 의존도가 점차로 커진다.

(2) 반려견의 학습 이해

① **반려견 학습의 필요성 이해** : 반려견 행동학의 이론적인 측면과 훈련을 이해하는 것은 보호자가 적절한 훈련법으로 접근하여 반려견의 문제 행동 교정방법을 선택하고 적절할 시기에 전문가를 찾아가게 하는 데 도움을 줄 수 있다.

② **반려견 행동에 영향을 주는 요소** : 유전적 성향, 학습된 과거의 경험, 현재의 환경 등이 영향을 미친다.

유전 (genetics)	• 유전된 행동은 수정될 수는 있지만 완전히 버릴 수는 없다. • 유전자에 내재되어 있으며 아주 사회적인 반려견도 유전적으로 행동 성향을 물려받는다. • 생존에 필수적인 특성이다. • 어떤 종에서는 유전적 요소가 그들 행동의 모든 것을 결정한다. • 가끔은 그들의 반려견이 '왜 이러한 행동을 할까'라고 단순하게 생각하면 더 쉽게 해결할 수 있다. • 반려견 견종 표준서를 참고하여 반려견의 선조와 성격유형, 행동 등을 알아보고 실현 가능한 목표를 세우는 데 전문가의 도움이 필요하다.
경험 (experience)	• 반려견들은 특정 신호에 대한 반응을 학습한다. 이때 우리가 만족한다면 훌륭한 일이고 우리가 만족하지 못하면 훌륭하지 못한 것이 된다. • 반려견들은 과거에 이루어졌던 일들을 다시 반복한다. 더 오랫동안 지속된 행동일수록 더 고쳐지지 않는다. • 무리 생활을 하는 반려견들도 어미와 새끼를 알아볼 수 있다. • 성적 각인에 대한 이해: 어린 반려견이 원하는 짝짓기 상대의 특징을 배우는 과정이다.
현재 환경	• 반려견의 행동은 누가 함께 있었는지와 어떤 일이 일어났는지의 영향을 받는다. • 장소, 날씨, 소리, 사람들의 영향을 받는다. • 현재 보호자의 반려견은 어떤 환경에서 생활하고 있는지 파악하도록 한다.

③ **훈련(training)**

㉠ 반려견들은 언제나 학습되며, 특정 훈련 교실에서만 배우는 것이 아니다.

㉡ 훈련이란 약속된 특정신호에 따른 행동이며, 보호자 및 사람들과의 모든 상호작용이 훈련 수업의 연장이다.

㉢ 반려견의 환경을 통제하고 생각할 시간과 기회를 주는 것으로 훈련을 진행한다.

④ **긍정적 처벌** : 효과적인 결과를 얻기 위해서는 즉시, 적절하게, 일관되게 한다.

㉠ 즉시(immediate)
- 반려견이 연관을 지을 수 있도록 한다.
- 0.5초 이내에 처벌할 수 있는가?
- 잘못된 연관을 짓게 되면 어떻게 할까를 생각한다.

㉡ 적절하게(appropriate)
- 처음에 행동 수정해야 한다.
- 얼마나 강하게 할 것인지 생각을 한다.

㉢ 일관되게(inevitable)
- 행동이 일어날 때마다
- 항상 보호자가 감시하고 관리할 수 있는가?
- 함께 할 수 없을 때에도 편안하게 둘 수 있는가?

긍정적 처벌 (Positive Punishment) - 뭔가를 더한다 - 행동을 덜 하게 한다.	긍정적 강화 (Positive Reinforcement) - 뭔가를 더한다 - 행동을 더 하게 한다.
부정적 처벌 (Negative Punishment) - 뭔가를 없앤다 - 행동을 덜 하게 한다.	부정적 강화 (Negative Reinforcement) - 뭔가를 없앤다 - 행동을 더 하게 한다.

[조작적 조건화의 조건 형성]

⑤ 부정적 처벌(negative punishment)
  ㉠ 반려견이 원하지 않는 행동을 했을 때 반려견이 좋아하는 것이 사라진다.
  ㉡ 반려견에게 가치 있는 것을 제거한다.
  ㉢ 긍정 강화법과 함께 사용할 때는 반려견에게 무엇을 하라고 말하지 않는다.

⑥ 긍정적 강화(positive reinforcement)
  ㉠ 보호자와 반려견 모두 즐겁고 유익한 시간을 보낼 수 있어 유대관계 형성에 도움을 준다.
  ㉡ 혹시 보호자가 잘못된 신호를 주어도 반려견에게는 어떠한 피해도 없다.
  ㉢ 반려견이 새로운 것을 할 수 있도록 격려할 수 있다.
  ㉣ 진정한 의미의 긍정적 강화 훈련은 목끈을 하지 않거나 느슨한 목끈을 한 상태에서 상호작용을 하는 것이다.
  ㉤ 일차적인 강화물은 생존을 위한 것들로 먹이, 물, 쉴 곳, 성, 친구 관계 등이 있다.

더알아보기 반려견의 행동변화

- 문제 행동은 질책이 아니라 칭찬으로 변화시킨다.
- 보상을 적절히 활용하여 올바른 행동을 정확하게 인지시킨다.
- 반려견은 습성행동이 습관화되면 버릇처럼 발전한다.
- 반려견은 기본적으로 보호자에게 보상과 칭찬을 받으려 올바른 행동을 한다.
- 반려견이 인지할 수 있는 기억은 길지 않다. 체험한 행동은 반복을 통하여 습관화되고 학습된다.

2 반려견 행동 교정 도구

(1) 행동 교정 강화도구
① 반려견 행동 교정 강화도구는 행동증가를 기반으로 한다.
② 반려견의 행동을 제약하지 않고 반려견에게 관심과 흥미를 이끌 수 있는 구조를 갖추어야 한다.
③ 반려견의 미각과 후각에 반응할 수 있는 조건을 갖추어야 한다.

(2) 행동 교정 약화도구
① 반려견 행동 교정 약화도구는 반려견들의 행동을 제약하기에 적합하다.
② 행동 교정사의 주도성과 더불어 해당 반려견의 문제 행동 발현 비율을 낮추는 데 용이하다.
③ 반려견의 스트레스를 낮추기 위해 싫어하는 냄새 스프레이와 같은 다양한 형태의 행동 교정 약화도구가 개발되고 있다.

(3) 음 식
① 음식(반려견용 간식)은 반려견에게 적용이 폭넓다. 성장기 강아지의 근육, 골격 성장에 도움이 되며, 장난감과 비교했을 때 교육 효율이 높은 경우도 있다.
② 음식 보상의 장점
　㉠ 학습 의욕과 집중력을 높일 수 있고 장난감에 비해 학습의 양과 질이 좋다.
　㉡ 교육에 대한 즐거움이 증가하고, 동기부여 수단으로 활용할 수 있다.
③ 보상 음식의 종류
　㉠ 건식 : 닭가슴살, 육포, 각종 저키 종류, 스틱 종류 등의 말린 음식
　㉡ 습식 : 습기성 제품으로 주로 통조림 형태로 시판됨
④ 음식 보상물의 크기
　㉠ 소형견 : 가로, 세로 0.5cm씩
　㉡ 중형견 : 가로, 세로 0.7cm씩
　㉢ 대형견 : 가로, 세로 1cm씩
　㉣ 초대형견 : 가로, 세로 1.5cm씩
⑤ 음식 보상물을 준비할 때 검토할 사항
　㉠ 딱딱한 제품은 먹는 데 시간이 걸리기 때문에 부적합하므로 부드럽고 빨리 먹을 수 있는 재질의 제품을 선택한다.
　㉡ 가루처럼 으스러지는 제품은 반려견의 집중을 분산시킬 수 있으므로 형태가 유지되는 제품을 선택한다.
　㉢ 기호도가 다른 두 가지 음식 강화물을 준비하고, 빠르거나 정확한 동작을 하면 상대적으로 더 좋아하는 음식 강화물을 제공한다.
⑥ 음식 보상을 적용할 경우 주의할 사항
　㉠ 과식하면 비만의 원인이 될 수도 있기 때문에 음식 보상은 1일 섭취 열량 이내에서 한다.
　㉡ 음식에 대해 과도하게 집착이 있는 경우 다른 음식으로 교체해 본다.

(4) 장난감
① 장난감은 반려견의 성장 단계나 기호도, 교육 시기, 내용, 상황에 맞게 선택하여 사용한다.
② 장난감 종류
　㉠ 공(ball) : 크기, 재질, 형태, 경도가 다양하고 소리 나는 제품도 있으므로 반려견의 크기, 기호, 목적에 맞게 활용한다.
　㉡ 터그(tug) : 공 장난감과 같이 여러 가지 제품이 있으므로 반려견의 크기, 기호, 목적에 맞게 활용하되 무는 힘이 약한 반려견에게는 작고 부드러운 제품을 제공한다. 터그 장난감은 놀이가 끝나면 치운다.
　㉢ 인형 : 여러 가지 제품이 있으므로 상황에 맞는 것을 적절하게 활용한다.
③ 장난감 기호도
　㉠ 장난감에 대한 반려견의 기호도를 파악하고 순위를 결정한다.
　㉡ 파악한 장난감의 기호도를 반영하여 훈련 상황에서 적절하게 제공한다.
　㉢ 난도가 높거나 빠르고 정확한 동작을 수행하면 기호도가 높은 장난감을 제공하고, 난도가 낮은 동작을 수행하면 기호도가 낮은 장난감을 제공한다.

03 실전예상문제

01 반려견 교육 방법에 대한 설명으로 옳지 않은 것은?

① 반려견에 대한 처벌은 보상보다 훈련 효과가 좋다.
② 음식 보상은 반려견의 집중력을 높이는 데 효과적이다.
③ 반려견을 쓰다듬어 주거나 부드러운 목소리로 칭찬하며 훈련의 지속성을 키운다.
④ 반려견에게 보상할 때에는 먹이나 좋아하는 장난감 등으로 행동의 즐거움을 준다.

> **해설** 처벌은 특정 반응이 재발할 가능성을 줄이기 위해 그 반응이 가장 클 때나 직후에 혐오 자극을 주거나 보상을 배제하는 것을 말한다. 이러한 처벌은 반려견 교육에 대한 부정적인 영향을 줄 수 있다.

02 다음의 설명과 관련된 문제 행동 교정방법은?

> 반려견에게 필요한 환경 자극을 추가하여 정상행동을 증가시키고 비정상적이거나 원하지 않는 행동을 줄이는 방법이다. 정상행동에 필요한 다양한 자극을 제공하여 행동 기능을 충족시키면 문제 행동을 교정할 수 있다.

① 약 화
② 역조건화
③ 환경 풍부화
④ 체계적 둔감화

> **해설** 환경 풍부화는 반려견에게 필요한 환경 자극을 추가하여 문제 행동을 줄이고, 정상행동은 늘리는 교정방법이다.

03 반려견의 행동 교정 방법을 바르게 설명한 것은?

① 약화 : 반려견의 현재 행동을 멈추게 하고 얼마 동안 격리한다.
② 노출 : 특정한 문제 자극에 노출시켜 자극에 반응하지 않도록 한다.
③ 역조건화 : 문제 행동을 감소시키거나 소멸시키는 과정이다.
④ 대안 행동 : 자극을 약한 수준에서 조금씩 늘려 강한 정도까지 점진적으로 적응시킨다.

> **해설** ② 노출은 초기 단계에 특정한 문제 자극을 높은 상태로 노출시켜 이후 문제 자극에 반응하지 않도록 하는 방법이다.
> ① 약화는 반려견의 문제 행동을 감소시키거나 소멸시키는 방법이다.
> ③ 역조건화는 문제 자극을 반려견이 좋아하는 것과 결합하여 그 자극을 우호적으로 수용하도록 하는 방법이다.
> ④ 대안 행동은 반려견에게 문제 행동과 양립할 수 없는 다른 행동을 요구하는 방법이다.

정답 01 ① 02 ③ 03 ②

04 반려견의 행동을 제한하는 행동약화 유인 강화물을 제거하여 원하는 행동을 증가시키는 교정 방법은?

① 용암법
② 부적 강화
③ 체계적 둔감화
④ 소거버스트

해설 ① 용암법은 반려견의 개선 행동을 이끌어 내기 위해 교정 초기에는 촉진 자극을 충분히 제공하여 개선 행동을 유도하고, 점차 촉진 자극 없이도 행동할 수 있도록 하는 방법이다.
③ 체계적 둔감화는 자극을 약한 수준에서 조금씩 늘려 강한 정도까지 점진적으로 적응시키는 절차이다.
④ 소거버스트는 지금까지의 강화 반응이 갑자기 강화되지 않게 되었을 때, 한동안 그 반응이 더 빈번하게 보이는 것이다.

05 다음 중 '프리맥(Premack)의 원리'에 대한 설명으로 옳은 것은?

① 반려견이 교정 행동을 하는 경우 좋아하는 강화 도구를 제공하는 것이다.
② 반려견에게 원하는 행동을 증가시키기 위해 행동약화 유인 강화물을 제거하는 것이다.
③ 반려견의 현재 행동을 멈추게 하고 얼마 동안 격리시키는 것이다.
④ 반려견이 좋아하는 강화물로 싫지만 해야 하는 행동을 강화하는 방법이다.

해설 ① 정적 강화에 대한 설명이다.
② 부적 강화에 대한 설명이다.
③ 임시 격리에 대한 설명이다.

06 다음 빈칸에 들어갈 말로 옳은 것은?

> (   )은/는 반려견이 조건화된 특정 행동을 하지 않는 것을 말한다. 조작적 조건화에서 학습한 반응에 강화를 하지 않으면 그 반응은 사라진다.

① 강 화
② 순 화
③ 소 거
④ 약 화

해설 소거(Extinction)는 반려견이 조건화된 특정 행동을 하지 않는 것을 말한다. 조작적 조건화에서 학습한 반응에 강화를 전혀 하지 않으면 그 반응은 소멸된다.

07 반려견에 대한 물리적 자극의 설명으로 옳지 않은 것은?

① 강제성을 가지지만 혐오성을 띠지 않아 부작용이 거의 없다.
② 반려견이 반발하거나 공격적인 행태를 나타낼 수 있다.
③ 교육 전반에 부정적으로 작용할 여지가 있다.
④ 한 번 사용하기 시작하면 의존도가 점차 커질 우려가 있다.

해설 반려견에 대한 물리적 자극은 문제 행동을 일시적으로 억제하는 성향이 강한 방법으로 반려견이 감정적으로 반발하거나 훈련에 부정적인 영향을 줄 수 있고 한 번 사용하기 시작하면 의존도가 점차 커질 수 있다는 부작용이 있다.

08 반려견 처벌에 대한 설명으로 옳지 않은 것은?

① 적절한 타이밍에 가해야 한다.
② 직접 처벌, 원격 처벌, 사회 처벌이 있다.
③ 특정 반응에 대해 적절한 강도로 가해야 한다.
④ 때로는 강하게 때로는 약하게 가해야 한다.

해설 반려견의 처벌에는 일관성이 필요하다.

09 반려견의 행동에 영향을 주는 요소가 아닌 것은?

① 견 종
② 생활 환경
③ 과거 경험
④ 훈련 도구

해설 반려견의 행동에 영향을 주는 요소에는 '유전적 성향, 과거의 경험, 현재의 환경' 등이 있다.

10 홍수법에 대한 설명으로 옳지 않은 것은?

① 성숙한 반려견에게 효과가 좋은 행동 교정법이다.
② 공포의 정도가 약한 경우에 유용한 행동 교정법이다.
③ 회피 행동에 의해 자극에서 벗어나는 것을 학습하면 문제 행동을 악화시킬 수 있다.
④ 반려견이 반응을 일으킬 정도의 자극을 반응이 보이지 않을 때까지 반복하는 방법이다.

> 해설 홍수법(flooding)은 어린 반려견의 경우나 공포 정도가 약한 경우에 유용하다. 성숙한 반려견에게는 계통적 탈감작법(systemematic desensitization)이 효과적이다.

11 반려견의 행동 변화에 대한 설명으로 옳은 것은?

① 문제 행동은 질책할 때 가장 효과적으로 교정된다.
② 특정 훈련 교실을 통해서만 반려견의 행동을 변화시킬 수 있다.
③ 반려견은 보호자에게 보상과 칭찬을 받으려 올바른 행동을 한다.
④ 반려견이 인지할 수 있는 기억은 길기 때문에 한 번만 훈련해도 효과가 있다.

> 해설 ① 문제 행동은 야단이 아니라 칭찬과 보상을 내릴 때 효과적으로 교정된다.
> ② 반려견은 언제 어디서나 학습할 수 있다. 특정 훈련 교실에서만 배우는 것이 아니다.
> ④ 반려견이 인지할 수 있는 기억은 길지 않다. 따라서 반복 훈련해야 행동이 변화된다.

12 다음 빈칸에 들어갈 말로 옳은 것은?

> 반려견의 행동증가를 목적으로 하는 도구는 (　　　　)이다. 반려견의 미각과 후각에 반응할 수 있는 조건을 갖추어야 하며 반려견의 행동을 제약해서는 안 된다.

① 클리커
② 리드줄
③ 약화도구
④ 강화도구

> 해설 반려견의 행동증가를 목적으로 하는 교정도구는 강화도구이다. 반려견의 미각과 후각을 자극하는 조건을 갖춰 반려견의 관심과 흥미를 이끌 수 있어야 하며, 반려견의 행동을 제약해서는 안 된다.

13 반려견 훈련 시 보상용 간식에 대한 설명으로 옳은 것은?

① 사람이 먹는 햄, 소시지, 육포 등을 이용하면 좋다.
② 훈련 효과를 높이기 위하여 지속적으로 간식을 제공한다.
③ 반려견의 치아 강화를 위하여 딱딱한 제품을 선택한다.
④ 보상용 간식은 훈련에 대한 집중력과 학습 의욕을 높인다.

해설 ① 반려견에게는 사람이 먹는 음식을 주지 않도록 한다.
② 보상용 간식은 1일 섭취 열량 이내에서 주도록 한다. 과식하면 비만의 원인이 될 수 있다.
③ 딱딱한 제품은 먹는 데 시간이 걸리므로 부드럽고 빨리 먹을 수 있는 재질을 선택한다.

14 반려견 훈련 시 강화물에 대한 설명으로 옳지 않은 것은?

① 음식 보상은 장난감에 비해 학습의 양과 질이 좋다.
② 쉬운 동작을 수행하면 기호도가 높은 장난감을 제공한다.
③ 음식 보상물은 가루처럼 으스러지는 제품은 피해야 한다.
④ 무는 힘이 약한 반려견에게는 작고 부드러운 터그를 제공한다.

해설 난도가 높거나 빠르고 정확한 동작을 수행하면 기호도가 높은 장난감을 제공하고, 난도가 낮은 동작을 수행하면 기호도가 낮은 장난감을 제공한다.

15 반려견 행동 교정 도구에 대한 설명으로 옳지 않은 것은?

① 행동 교정 강화도구는 반려견의 행동증가를 기반으로 한다.
② 행동 교정 강화도구는 반려견의 행동을 제약하지 않아야 한다.
③ 행동 교정 약화도구는 반려견의 관심과 흥미를 이끌어야 한다.
④ 행동 교정 약화도구는 반려견이 행동을 제약하기에 적합하다.

해설 반려견에게 관심과 흥미를 이끌 수 있는 구조를 갖추어야 하는 것은 행동 교정 강화도구이다.

정답 13 ④ 14 ② 15 ③

CHAPTER 04 반려견 기초훈련 원리 및 평가

1 반려견 기본 예절훈련

(1) 반려견 기본 예절훈련 종류

① 이름에 반응하기(dog's name)
  ㉠ 반려견의 이름을 불렀을 때, 반려견은 훈련자의 눈을 쳐다보거나, 반응해야 한다.
  ㉡ 반려견과 대화의 첫 단추로서 순조로운 생활, 교육을 진행하는 데 필요한 교육 항목이다.

② 앉아(sit)
  ㉠ 반려견에게 "앉아"라고 지시하면 반려견은 엉덩이를 바닥에 대고 앉는 자세를 취해야 한다.
  ㉡ 반려견의 행동을 통제하기가 쉬워지고, 부적절한 행동을 예방할 수 있다.

③ 엎드려(down)
  ㉠ 반려견에게 "엎드려"라고 지시하면 반려견은 복부를 바닥에 대고 엎드리는 자세를 취해야 한다.
  ㉡ 반려견의 행동 통제가 쉬워지고, 부적절한 행동을 예방할 수 있다.

④ 기다려(stay)
  ㉠ 반려견에게 "기다려"라고 지시하면 반려견은 지시받은 장소에서, 지시받은 동작 그대로 해제할 때까지 기다려야 한다.
  ㉡ 훈련의 수준에 따라 훈련자의 활동성이 넓어지고, 반려견의 안전을 확보하기가 쉬워진다.

⑤ 와(come)
  ㉠ 훈련자가 반려견을 불러 훈련자에게 다가오게 한다.
  ㉡ 훈련자에 대한 집중력이 향상되어 원활한 소통이 가능해진다.
  ㉢ 부적절한 행동을 억제 및 예방할 수 있고, 반려견의 안전을 확보해야 하는 상황에 적용할 수 있다.

⑥ 따라 걷기(walking)
  ㉠ 훈련자의 왼쪽 또는 오른쪽 무릎 옆 지정 위치에 반려견을 두고 훈련자가 움직이는 방향과 나란히 걷게 한다.
  ㉡ 따라 걷기를 통해 반려견의 행동반경이 넓어진다.

(2) 반려견 기본 예절 지시

① 언어에 의한 지시
  ㉠ "앉아" : "앉"은 낮은 음정으로, "아"는 "앉"보다 한 음정 높게 발음한다.
  ㉡ "엎드려" : 정확한 발음으로 다소 늘이듯이 발음한다.
  ㉢ "기다려" : 또렷한 발음으로 단호하게 발음한다.

② "와" : 밝은 목소리로 평소보다 한 음정 높게 발음한다.
㉑ "따라" : 짧게 발음한다.

② 시그널에 의한 지시 방법
㉠ 앉아 : 서 있는 반려견의 머리 쪽으로 손바닥이 위를 향하게 내밀고, 위쪽으로 오른손(또는 왼손)을 훈련자의 어깨높이만큼 올린 후, 멈춘다.
㉡ 엎드려 : 훈련자는 반려견과 마주 본 상태에서 반려견의 머리를 향해 손바닥이 바닥을 향하게 내밀고, 아래쪽으로 오른손(또는 왼손)을 훈련자의 무릎 높이쯤으로 내리고 멈춘다.
㉢ 기다려 : 반려견을 훈련자의 정면 또는 오른쪽이나 왼쪽에 둔 상태에서 훈련자의 오른손 또는 왼손을 펴서 손바닥이 반려견의 얼굴을 향하게 하여 내민다. 이때 손가락은 위를 향하게 하며, 얼굴을 가리는 듯한 모습을 취한다. 손이 반려견의 얼굴에 닿지 않도록 한다.
㉣ 와 : 훈련자는 반려견과 간격을 벌리고 마주 본 상태에서 오른팔 또는 왼팔을 훈련자의 어깨높이만큼 올려서 손바닥이 바닥을 향해 편 모습을 반려견에게 보여준다. 그다음 절도 있게 그 팔을 내려 해당하는 훈련자의 대퇴부에 닿게 하고 멈춘다.
㉤ 따라 : 훈련자는 반려견의 왼쪽 또는 오른쪽에 있게 한 상태에서 한 발을 앞으로 떼면서 해당하는 손으로 훈련자의 대퇴부를 1회 살짝 두드린다. "가자"라는 용어를 적용할 수도 있다.

(3) 반려견 기본 예절훈련법

① 이름에 반응하기
㉠ 반려견에게 목줄을 착용한 상태로 시작한다. 소형견의 경우 훈련자는 바닥에 앉거나 의자에 앉아서 시도한다.
㉡ 반려견의 이름을 밝게 1회 부른다. 반려견이 쳐다보면 즉시 "옳지"라고 하거나, 클리커를 1회 누르고 강화물을 주고 이 과정을 반복한다.
㉢ 위 과정이 익숙해지면 서거나, 반 무릎 자세로 시도한다.
㉣ 반려견이 다른 곳을 보고 있을 때 이름을 부르고 쳐다보면 즉시 "옳지"라고 하거나, 클리커를 1회 누르고 강화물을 준다.
㉤ 제한된 공간에서 훈련자와 반려견이 간격을 넓힌 상태에서 이름을 부른다. 반려견이 쳐다보거나 다가오면 즉시 "옳지"라고 하거나, 클리커를 1회 누르고 강화물을 준다. 이 과정을 반복한다.
㉥ 방해요인(낯선 사람, 반려견 등이 있는 상황)이 있는 상태에서도 시도하고 반응하면 같은 방법으로 칭찬한다. 어려운 조건에서 해냈을 때는 평소보다 과장되게 칭찬한다.
㉦ 반려견의 이름은 1회만 부르고, 이름을 부른 후에는 반려견을 야단치지 않는다.
㉧ 이름을 들은 반려견이 부정적인 반응(도망, 숨기, 겁먹기 등)을 보이면 음정 등을 바꿔서 불러본다.

② 앉기(명령어 : 앉아)
㉠ 훈련자와 반려견은 마주 보는 자세를 취한다. 소형견의 경우 훈련자는 자세를 낮춘다.
㉡ 반려견이 좋아하는 강화물을 반려견의 코 근처로 가져가 냄새를 맡게 한 후 음식을 준다. 이를 반복하여 훈련자의 손에 집중하게 한다.

ⓒ 반려견이 훈련자의 손에 집중하면 강화물을 든 손을 반려견의 머리 뒤(귀 사이) 쪽으로 천천히 이동한다. 반려견의 코가 따라오면 "옳지"라고 하거나 클리커를 1회 누르고 강화물을 준다. 일관된 반응이 나올 때까지 반복한다.

ⓔ 위 과정이 무난하게 진행되면 강화물을 든 손을 반려견 목 뒤 위치로 더 이동하고 반려견의 코가 하늘을 향하게끔 한다. 반려견이 엉덩이를 바닥으로 향하는 자세를 취하면 "옳지"라고 하거나 클리커를 1회 누르고 강화물을 준다. 이 과정을 반복한다.

ⓜ 위 과정이 무난하게 진행되면 반려견의 엉덩이가 바닥에 확실히 닿을 때 "옳지"라고 하거나 클리커를 1회 누르고 강화물을 준다. 이 과정을 반복한다.

ⓗ 10회 중 8~9회 정도 위 과정을 안정적으로 하면 어떠한 시도도 하지 않고 반려견이 앉을 때까지 기다린다. 앉으면 "옳지"라고 하거나 클리커를 1회 누르고 강화물을 준다. 이 과정을 반복한다. 앉지 않으면 ⓜ 단계로 돌아가 기초를 더 닦는다.

ⓢ 위 과정을 안정적으로 수행하면 명령어를 적용하여 반려견이 선 상태일 때 "앉아"라고 1회 말한다. 앉으면 "옳지"라고 하거나 클리커를 1회 누르고 강화물을 준다. 이 과정을 반복한다.

ⓞ 10회 중 8~9회 정도 위 과정을 안정적으로 하면 불규칙하게 칭찬한다. 반려견에게 "앉아"라고 하고 말로만 "옳지"라고 한 뒤, "오케이" 또는 "그만" 등의 언어로 동작을 해제한다.

ⓩ 장소를 바꿔서 다시 "앉아"라고 지시하고 앉으면 말로만 "옳지"라고 하고 동작을 해제한다. 다시 "앉아"라고 지시하고 앉으면 "옳지"라고 하거나 클리커를 1회 누르고 강화물을 제공한다. 이 과정을 반복하고 훈련을 마무리한다.

ⓧ 점진적으로 방해요인이 있는 조건에서도 앉게 하고, 자세를 취하는 시간을 늘린다. 마지막에는 반드시 해제 지시를 한다.

ⓚ 미끄럽지 않은 장소에서 교육하며, 반려견이 앉지 않는다고 명령어를 반복해서는 안 된다.

ⓣ 반려견을 앉힌 상태에서 야단치지 않도록 한다.

③ 엎드리기(명령어 : 엎드려)

ⓐ 훈련자와 반려견은 마주 보는 자세를 취한다. 소형견의 경우 훈련자는 자세를 낮춘다.

ⓑ 반려견이 좋아하는 강화물을 반려견의 코 근처로 가져가 냄새를 맡게 한 후 음식을 준다. 이를 반복하여 훈련자의 손에 집중하게 한다.

ⓒ 반려견이 훈련자의 손에 집중하면 강화물을 든 손을 반려견의 머리 아래(앞발 사이) 쪽으로 천천히 이동한다. 반려견이 손을 따라 고개를 숙이면 "옳지"라고 하거나 클리커를 1회 누르고 강화물을 준다. 일관된 반응이 나올 때까지 반복한다.

ⓔ 위 과정이 무난하게 진행되면 강화물을 든 손을 반려견의 앞 발목에 두고 반려견의 코가 바닥을 향하게 한다. 반려견이 복부를 바닥으로 향하는 자세를 취하면 "옳지"라고 하거나 클리커를 1회 누르고 강화물을 준다. 이 과정을 반복한다.

ⓜ 위 과정이 무난하게 진행되면 반려견이 복부를 확실히 바닥에 댈 때 "옳지"라고 하거나 클리커를 1회 누르고 강화물을 준다. 이 과정을 반복한다.

ⓑ 10회 중 8~9회 정도 위 과정을 안정적으로 하면 어떤 시도도 하지 않고 반려견이 엎드릴 때까지 기다린다. 엎드리면 "옳지"라고 하거나 클리커를 1회 누르고 강화물을 준다. 이 과정을 반복한다. 엎드리지 않으면 ⓜ 과정으로 돌아간다.

ⓐ 위 과정을 안정적으로 수행하면 명령어를 적용하여 반려견이 선 상태일 때 "엎드려"라고 1회 말한다. 엎드리면 "옳지"라고 하거나 클리커를 1회 누르고 강화물을 준다. 이 과정을 반복한다.

ⓞ 10회 중 8~9회 정도 안정적으로 엎드리면 불규칙하게 칭찬한다. 반려견에게 "엎드려"라고 하고 말로만 "옳지"라고 한 뒤, "오케이" 또는 "그만" 등의 언어로 동작을 해제한다.

ⓩ 장소를 바꿔서 다시 "엎드려"라고 지시하고 앉으면 말로만 "옳지"라고 하고 동작을 해제한다. 다시 "엎드려"라고 지시하고 엎드리면 "옳지"라고 하거나 클리커를 1회 누르고 강화물을 제공한다. 이 과정을 반복하고 훈련을 마무리한다.

ⓩ 점진적으로 방해요인이 있는 조건에서도 엎드리게 하고, 자세를 취하는 시간을 늘린다. 마지막에는 반드시 해제 지시를 한다.

㉠ 미끄럽지 않은 장소에서 교육하며, 반려견이 엎드리지 않는다고 명령어를 반복해서는 안 된다.

㉡ 반려견이 엎드린 상태에서 야단치지 않도록 한다.

④ 기다리기(명령어 : 기다려)

㉠ 주어진 장소에서 훈련자는 반려견에게 목줄을 채우고 자신의 왼쪽 발 옆(또는 오른쪽)에 엎드려 또는 앉아 자세를 취하게 한다.

㉡ 훈련자는 선 상태로 자신의 오른손 또는 왼손바닥을 펴서 반려견의 얼굴을 향해 내밀며 "기다려"라고 말한다. 반려견이 그 상태를 유지하면 즉시 "옳지"라고 하거나 클리커를 1회 누르고 강화물을 준다. 훈련자는 움직이지 않는 상태로 과정을 반복한다.

㉢ 반려견이 훈련자의 지시를 수행하게 되면 훈련자는 목줄을 쥔 상태로 반려견의 반대 방향(반려견이 훈련자 왼쪽에 있을 시, 오른발 옆)으로 살짝 몸을 이동시킨다(한 발자국 정도). 반려견이 훈련자의 움직임에 동요하지 않고 자세를 유지하면 "옳지"라고 하거나 클리커를 1회 누르고 강화물을 준다. 이 과정을 반복한다.

㉣ 반려견이 훈련자의 움직임에 반응하여 자세가 흐트러지면 다시 기본 동작을 취하게 한다. 반려견에게 기다리라고 지시한 다음 훈련자는 몸의 무게 중심을 오른쪽으로 이동시키는 척하고 실제 발은 떼지 않는다. 이때 반려견이 자세를 유지하면 "옳지"라고 하거나 클리커를 1회 누르고 강화물을 준다. 이 과정을 반복한다.

㉤ 위 과정을 반복해서 교육한 뒤 반려견이 훈련자의 움직임에 반응하지 않는 수준을 반영하여 실제로 오른쪽으로 한 발자국 이동해 본다. 반려견이 그대로 기다리면 "옳지"라고 하거나 클리커를 1회 누르고 강화물을 준다. 이 과정을 반복한다.

㉥ 위 과정이 무난하게 진행되면 반려견의 목줄 길이만큼 간격을 넓히고 그래도 반려견이 기다리면 "옳지"라고 하거나 클리커를 1회 누르고 강화물을 준다. 이 과정을 반복한다. 반려견이 움직이면 위 과정을 추가로 교육한다.

㉦ 기본 자세를 취한 상태에서 훈련자는 반려견의 정면으로 이동하고 그래도 반려견이 기다리면 "옳지"라고 하거나 클리커를 1회 누르고 강화물을 준다. 반려견이 움직이면 제시 조건을 낮춰 기다리게 한다.

ⓞ 위 과정을 잘 수행하면 기본 동작을 취한 상태에서 기다리라고 지시하고, 잘 기다리면 말로만 "옳지"라고 한 뒤, "오케이" 또는 "그만" 등의 언어로 동작을 해제한다.

ⓩ 장소를 바꿔서 다시 "기다려"라고 지시하고 잘 기다리면 말로만 "옳지"라고 하고 동작을 해제한다. 다시 "엎드려"라고 지시하고 앉으면 "옳지"라고 하거나 클리커를 1회 누르고 강화물을 제공한다. 이 과정을 반복하고 훈련을 마무리한다.

ⓩ 점진적으로 방해요인이 있는 조건에서도 기다리게 하고, 기다리는 시간을 늘린다. 마지막에는 반드시 해제 지시를 한다.

ⓣ 교육 초기에는 "기다려"를 필요할 때마다 반복해서 말해도 되며, 점진적으로 지시 횟수를 줄여 1회의 지시만으로 기다릴 수 있도록 한다.

ⓔ 기존 교육으로 "기다려"를 적용했을 때 기다리지 못하면 명령어를 바꿔서 교육한다.

⑤ 불러들이기(명령어 : 와)

㉠ 주어진 장소에서 훈련자는 반려견에게 목줄을 채우고 자신의 왼쪽 발 옆(또는 오른쪽)에 엎드려 또는 앉아 자세를 취하게 한다.

㉡ 반려견에게 기다리라고 지시한 다음 반려견의 정면 방향으로 목줄 길이(약 1.5m)만큼 이동하여 반려견과 마주 본다.

㉢ 훈련자는 자세를 숙이며 "와"라고 말한다. 반려견이 다가오면 앉힌 다음 "옳지"라고 하거나 클리커를 1회 누르고 강화물을 준다. 이 과정을 반복한다.

㉣ 만약 반려견이 오지 않으면 반복해서 이름을 부르거나 "와"라고 추가로 말하거나, 훈련자가 바닥에 앉는 자세로 불러 본다. 반려견이 훈련자에게 오고 싶은 생각이 들도록 재미있게 부른다.

㉤ 훈련자가 똑바로 선 자세로 "와"라고 말한다. 반려견이 다가오면 앉힌 다음 "옳지"라고 하거나 클리커를 1회 누르고 강화물을 준다. 이 과정을 반복한다.

㉥ 위 과정을 수행할 수 있다면 불규칙하게 칭찬한다. 기본 동작을 취한 상태의 반려견에게 "와"라고 하고 다가오면 말로만 "옳지"라고 한 뒤, "오케이" 또는 "그만" 등의 언어로 동작을 해제한다.

㉦ 장소를 바꿔서 다시 "와"라고 지시하고 앉으면 말로만 "옳지"라고 하고 동작을 해제한다.

ⓞ 다시 "와"라고 지시하고 오면 "옳지"라고 하거나 클리커를 1회 누르고 강화물을 제공한다. 이 과정을 반복한다.

ⓩ 점진적으로 방해요인이 있는 조건에서도 반려견이 오게 한다.

ⓩ 반려견을 부른 다음 야단치지 않으며, 진도를 너무 서두르지 않는다.

ⓣ 기존 교육으로 "와"를 적용했을 때 오지 않으면 다른 명령어로 바꿔서 교육한다.

⑥ 따라 걷기(명령어 : 따라 또는 가자)

㉠ 목줄을 채운 반려견과 마주 선 상태에서 시작한다.

㉡ 훈련자는 손에 음식 강화물을 쥔다.

㉢ 그 상태에서 훈련자는 뒤로 2~3보 걷는다. 반려견이 훈련자의 눈을 쳐다보며 다가오면 즉시 "옳지"라고 하거나 클리커를 1회 누르고 강화물을 준다. 이 과정을 반복한다.

㉣ 반려견이 따라오지 않으면 훈련자가 자세를 낮춰서 시도하거나 음식 강화물을 보여준다. 또는 진행 방향 앞쪽으로 음식 강화물을 바닥에 두고 이동을 유도한다.

ⓜ 반려견이 안정적으로 따라오면 훈련자는 위치를 바꾼다. 훈련자는 마주 본 상태로 걷다가 슬며시 반려견의 오른쪽(또는 왼쪽) 위치로 이동하여 나란한 상태가 되도록 걷는다. 반려견이 훈련자의 눈을 쳐다보며 다가오면 즉시 "옳지"라고 하거나 클리커를 1회 누르고 강화물을 준다. 이 과정을 반복한다.
ⓑ 걷기 전에 "따라" 또는 "가자"라는 명령어를 먼저 말한 다음 걷는다. 나란한 형태로 걷다가 점진적으로 길이를 늘이고 보상 횟수도 줄인다.
ⓢ 점진적으로 방해요인이 있는 상황에서도 걷도록 한다.
ⓞ 반려견의 집중력이 분산되면 이름을 불러 집중을 유도한다.
ⓩ 반려견이 음식 강화물에 과도하게 집착하면 손으로 직접 주지 않고 바닥에 던져서 주거나 강화물을 바꾼다.

2 반려견 기본 예절훈련 평가

(1) 반려견 기본 예절훈련 평가 내용
① 결정된 훈련 방법을 적용하여 훈련자가 원하는 반려견 행동을 이끌어 낼 수 있는지 평가한다.
② 장소와 상황이 바뀌어도 일관된 행동을 하는지 평가한다.
③ 기본 예절훈련 평가 장소와 상황
   ㉠ 방해 요인이 없는 조용한 장소에서 평가한다.
   ㉡ 조용한 장소에서 반려견 주변 1m 근처로 낯선 사람이 접근하는 상황에서 평가한다.
   ㉢ 조용한 장소에서 반려견 주변 1m 근처로 낯선 사람과 반려견이 접근하는 상황에서 평가한다.
   ㉣ 낯선 장소(익숙하지 않은 공원이나 집 주변 공터 등)에서 평가한다.
   ㉤ 낯선 장소에서 반려견 주변 1m 근처로 낯선 사람이 접근하는 상황에서 평가한다.
   ㉥ 낯선 장소에서 반려견 주변 1m 근처로 낯선 사람과 반려견이 접근하는 상황에서 평가한다.

(2) 반려견 기본 예절훈련 합격 요건
① 이름에 반응하기
   ㉠ 기본자세는 훈련자가 서 있고 반려견은 왼쪽 또는 오른쪽 다리 옆에 앉거나, 서 있거나, 엎드린 상태이다.
   ㉡ 훈련자가 반려견의 이름을 1회만 부르고, 이름을 들은 반려견이 훈련자를 쳐다보면 합격이다.
   ㉢ 이름을 1회 이상 부르거나, 부름에 반응하지 않으면 불합격이다.
② 앉 아
   ㉠ 기본자세는 훈련자가 서 있고 반려견은 왼쪽 또는 오른쪽 다리 옆에 서 있는 상태 또는 반려견과 1m 정도 떨어져 마주 보는 상태이다.
   ㉡ 훈련자가 반려견에게 "앉아"라고 1회만 지시하고, 지시를 들은 반려견이 곧바로 앉으면 합격이다.
   ㉢ 앉으라는 지시를 1회 이상하거나, 3초 이내에 앉지 않으면 불합격이다.
③ 엎드려
   ㉠ 기본자세는 훈련자가 서 있고 반려견은 왼쪽 또는 오른쪽 다리 옆에 서 있거나 앉은 상태 또는 반려견과 1m 정도 떨어져 마주 보는 상태이다.

ⓛ 훈련자가 반려견에게 "엎드려"라고 1회만 지시하고, 지시를 들은 반려견이 곧바로 엎드리면 합격이다.
　　　ⓒ 엎드리라는 지시를 1회 이상하거나, 3초 이내에 엎드리지 않으면 불합격이다.
　④ 기다려
　　　㉠ 기본자세는 훈련자가 서 있고 반려견은 왼쪽 또는 오른쪽 다리 옆에 서 있거나 앉은 상태 또는 반려견과 1m 정도 떨어져 마주 보는 상태이다.
　　　ⓛ 훈련자가 반려견에게 "기다려"라고 1회만 지시하고, 지시를 들은 반려견이 그 상태로 1분간 기다리면 합격이다.
　　　ⓒ 반려견이 통제를 벗어나거나, 1분 동안 기다리지 않으면 불합격이다. "기다려" 지시는 반복해도 된다.
　⑤ 와
　　　㉠ "기다려" 평가와 연계해서 평가를 진행한다.
　　　ⓛ 1분 동안 기다린 상태에서 평가자가 반려견을 부르라고 훈련자에게 지시하면 반려견을 부른다.
　　　ⓒ 1회의 지시만으로 반려견이 다가와 훈련자의 정면에 앉으면 합격이다. 반려견이 오지거나 앉지 않으면 불합격이다.
　　　㉣ "와" 지시는 반복해도 된다. "기다려" 훈련이 미흡한 반려견의 경우, 훈련자와 반려견이 1m 정도 떨어져 마주 보는 상황에서 평가자의 지시로 반려견을 불러서 오게 한 후 앉게 하면 합격이다.
　⑥ 따라 걷기
　　　㉠ 기본자세는 훈련자가 서 있고 반려견은 왼쪽 또는 오른쪽 다리 옆에 서 있거나 앉은 상태이다.
　　　ⓛ 훈련자가 반려견에게 "따라" 또는 "가자"라고 1회만 지시하고, 지시를 들은 반려견은 훈련자를 따라 편도 10m를 걸은 다음, 방향을 바꾸어 원래의 출발 위치로 되돌아와서 앉아야 한다.
　　　ⓒ 걷는 동안 반려견이 훈련자가 이동하는 방향대로 나란히 걸으면 합격이다.
　　　㉣ 반려견이 걷지 않거나 훈련자를 끌고 가는 행동을 하면 불합격이다. "따라, 가자" 지시는 반복해도 된다.

3 반려견 산책 예절훈련

(1) 반려견 산책 예절훈련 준비
　① 산책 예절훈련 필요 물품
　　　㉠ 목걸이, 목줄 : 반려견과 산책할 때는 반드시 목걸이와 목줄을 착용한 상태로 외출하고 필요한 경우 가방, 여분의 목줄, 반려견용 우비도 준비한다.
　　　ⓛ 인식표, 마이크로칩 삽입 : 사전에 만들어 둔 인식표를 착용하거나 마이크로칩을 삽입한다.
　　　ⓒ 배설물 처리 용품 : 배변 봉투, 휴지, 방향제 등 배설물 처리 용품을 휴대하고 반려견이 배설하면 즉시 수거한다.
　　　㉣ 물, 물그릇 : 반려견이 산책 중 갈증을 느끼면 준비한 물을 준다.
　　　㉤ 강화물(장난감, 간식 등) : 산책 중, 목적지에서 놀 때, 훈련할 때 사용한다.

② 산책 장소 정하기
  ㉠ 산책에 능숙한 반려견은 늘 같은 코스로 산책하면 예측 행동을 할 수 있다. 산책 코스를 3~4개 정도 마련하여 산책 코스를 임의로 바꿔 산책을 주도한다.
  ㉡ 산책을 두려워하는 반려견은 동일 산책 코스를 반복하여 자신감을 쌓게 한 다음 새로운 곳으로 데려간다.
③ 산책 유의사항
  ㉠ 산책을 한꺼번에 집중적으로 하지 않고 시간대를 나눠서 한다.
  ㉡ 반려견의 성장 단계, 사회성 정도, 훈련자의 조건(신체적 조건, 할애 시간 정도), 산책 환경 등을 반영하여 산책량을 정한다.
  ㉢ 좀 더 재미있는 산책이 되도록 산책 환경과 내용을 조절하여 산책 방법을 다양화한다.

(2) 반려견 산책 예절훈련법
① 반려견과 산책할 때의 기본은 목줄 착용이다.
② 반려견을 훈련자의 왼쪽(또는 오른쪽)에 두고 "따라" 혹은 "가자"라고 지시하여 걷기 시작하다.
③ 산책 도중 종종 반려견의 이름을 불러 반응하게 한다.
④ 산책하는 도중 반려견에게 주변 냄새를 맡게 한다.
⑤ 산책하는 도중 반려견에게 배설할 기회를 준다.
⑥ 산책하는 도중 장난감 강화물 등을 활용하여 틈틈이 놀아준다.
⑦ 산책하는 도중 보행 속도에 변화를 주어 다양한 산책이 되도록 한다.
⑧ 산책하는 도중 낯선 사람이나 다른 반려견을 만나면 반려견이 반응하기 전에 이름을 불러 주의를 끌고 "앉아", "엎드려", "기다려" 등을 지시하여 행동을 통제한다.
⑨ 산책하기 위해 문을 출입할 때는 반드시 훈련자의 허락하에 통과하도록 가르친다.
  ㉠ 출입문 근처에 반려견을 앉히거나 서 있거나 엎드린 상태로 두고 "기다려"라고 말한 다음 훈련자가 문을 연다. 이때 반려견이 무턱대고 문을 통과하지 않도록 반려견을 관찰하고 통제한다.
  ㉡ 훈련자는 반려견과 그 공간으로 출입해도 되는지 확인하고 "가자" 또는 "오케이"라고 말한 뒤 훈련자 먼저 또는 반려견과 동시에 통과한다.
  ㉢ 통과한 다음 반려견을 앉히거나 서 있거나 엎드린 상태로 "기다려"라고 지시하고 문을 닫는다. 이 과정을 반복한다.
⑩ 산책을 마친 후 산책 뒷정리를 한다.

(3) 산책 중 돌발상황 대비 훈련법
① 산책 도중 걷지 않을 때는 무리하게 목줄을 끌어당기지 말고 필요하다면 반대 방향으로 되돌아간다. 멈춘 반려견을 안아 주면 이후 걷기 싫을 때마다 멈출 수 있으므로 안아 주지 않도록 한다.
② 반려견이 산책 도중 떨어진 음식물을 주워 먹으려고 하면 이름을 불러서 훈련자에게 주목하게 한다.
③ 산책 도중 다른 사람이나 반려견이 나타나면 짖지 않도록 지나갈 때까지 그 장소에서 벗어난다. 반려견이 짖을 때 야단치거나 목줄을 끌어당기면 짖는 행동이 강화될 가능성이 크다.
④ 매일 산책하기 어렵다면 대신할 놀이, 장난감, 장기(tricks) 등으로 대안을 찾는다.

⑤ 반려견이 산책 시간을 알고 그 시간이 가까워지면 짖는 경우 산책 시간을 임의로 바꾼다. 그대로 산책하면 짖는 행동이 강화될 가능성이 크다.
⑥ 산책할 때 반려견이 가고 싶은 곳으로 주도하지 못하게 한다.
⑦ 산책 도중 다른 동물을 보고 반응하면 반려견의 이름을 부르거나 주의를 끌도록 하고, 집요한 반응을 보이면 재사회화 교육을 한다.
⑧ 산책 도중 배뇨 행위 때문에 지나치게 자주 멈추면 특정 장소를 지정해 준다.
⑨ 밤늦은 시간이라 하더라도 산책한다.
⑩ 반려견이 산책 중 배설을 전혀 하지 않으면 안심할 수 있는 장소로 데리고 가서 배설을 유도한다. 배설할 경우 과장되게 칭찬한다.
⑪ 밖으로 나가려 하지 않는 반려견은 안아서 외출하고, 집 가까운 곳에 내려놓고 그곳에서 집으로 돌아오는 과정부터 진행하여 외출에 대한 자신감을 가지게 한다.
⑫ 장애물, 배수로 덮개나 물이 고인 근처에서 멈춰 서면 반려견을 안아서 이동한다.

4 반려견 산책 예절훈련 평가

(1) 배설물 처리 용품 휴대하기
① 평가자의 요청에 따라 훈련자는 평가자에게 휴대하고 있던 배설물 처리 용품을 꺼내서 보여준다. 처리 용품을 다른 곳에서 가져오면 안 된다.
② 적합한 배설물 처리 용품(비닐 봉투, 휴지 등)을 휴대하였다면 합격이다. 그렇지 않으면 불합격이다.

(2) 반려견 인식표 착용하기(또는 마이크로칩 삽입 여부 파악)
① 평가자의 요청에 따라 훈련자는 평가자에게 반려견에게 착용시킨 인식표를 보여준다. 인식표를 다른 곳에서 가져오면 안 된다.
② 적합한 인식표(보호자 연락처 기재 여부)를 착용하였다면 합격이다. 그렇지 않으면 불합격이다.
③ 마이크로칩을 이식한 경우 반려견 등록증 등을 통해 확인한다.

(3) 적합한 목걸이와 목줄 착용하기
① 평가자의 요청에 따라 훈련자는 반려견에게 착용시킨 목걸이를 보여준다.
② 평가자가 "목걸이/하네스 사이에 손가락 두 개를 넣어 보세요."라고 하면 훈련자는 반려견의 목걸이 사이에 손가락 두 개를 끼워 보인다. 평가자는 목걸이 조임 정도가 적당한지, 목걸이 굵기와 폭이 적합한지 판단한다.
③ 평가자의 요청에 따라 훈련자는 반려견에게 착용시킨 목줄을 보여준다.
④ 반려견에게 적합한 목걸이와 목줄을 착용했거나 하네스의 조임 상태가 적합하면 합격이다.
⑤ 목줄이 반려견에 비해 지나치게 굵거나 가늘어서는 안 되며 쇠줄, 초크 체인, 핀 목걸이를 사용하면 불합격이다.

(4) 반려견과 놀아주기

① 평가자의 요청에 따라 훈련자는 장난감을 가지고 반려견과 노는 모습을 보여준다.
② 음식 보상만이 아닌 장난감으로도 반려견과 놀아줄 수 있는지 확인한다.
③ 평가자가 놀이를 멈추라고 하면 훈련자는 장난감을 회수한다.
④ 훈련자가 장난감으로 반려견을 놀아주고, 지시를 통해 장난감을 회수하면 합격이다.
⑤ 반려견이 장난감을 물고 도망가거나 입에서 놓지 않으면 불합격이다.

(5) 목줄을 착용한 상태로 걷기

① 훈련자와 반려견은 기본 자세를 취하고 평가자와 마주본다.
② 평가자의 요청에 따라 훈련자는 반려견과 안내받은 동선을 따라 걷는 모습을 보여준다.
③ 출발 위치로 돌아와 반려견을 앉히면 종료된다. 반려견이 잘 따라 걷고, 되돌아와서 앉으면 합격이다.
④ 반려견이 걷지 않거나, 훈련자를 끌고 가거나, 앉지 않으면 불합격이다.

(6) 보행 중 속도 바꾸기와 방향 전환하기

① 평가자의 요청에 따라 훈련자는 반려견과 안내받은 동선을 따라 뛰는 모습을 보여준다.
② 10m를 뛰어간 뒤 반대 방향으로 전환한다.
③ 방향 전환 후 돌아올 때는 출발 위치까지 느린 걸음으로 이동하고 출발 위치에 반려견을 앉힌다.
④ 훈련자가 뛰거나 방향을 바꾸거나 느리게 이동하는 동안 반려견이 훈련자의 보행 속도에 맞게 반응하면 합격이고, 그렇지 않으면 불합격이다.

(7) 문 출입하기

① 평가자의 요청에 따라 훈련자는 문 근처로 이동하여 반려견을 앉히거나 서게 하거나 엎드리게 하고 "기다려"를 지시한다.
② 훈련자는 문을 열고 그 사이 반려견이 움직이는지 관찰한다.
③ 반려견이 잘 기다리면 문을 통과하라고 지시한다.
④ 문 통과 후 반려견을 앉히거나 서게 하거나 엎드리게 하고 "기다려"를 지시한다.
⑤ 문을 닫고 같은 방법으로 반대 방향으로 다시 통과한다.
⑥ 문을 드나들 때 통제가 가능하면 합격이고, 반려견이 허락 없이 문을 통과하거나 통제가 불가능하면 불합격이다.

(8) 다른 사람이 접근하는 상황에서 이름 반응, 앉아, 엎드려, 기다리기

① 평가자의 요청에 따라 낯선 사람은 훈련자와 반려견 정면에 평상시 걸음으로 접근한 후, 1m 근처에 선다. 반려견을 응시하지는 않는다.
② 훈련자는 반려견 이름을 불러 자신을 쳐다보게 한 뒤 반려견을 앉힌다.
③ 훈련자는 반려견을 엎드리게 한 뒤 10초 동안 기다리게 한다.
④ 그동안 낯선 사람은 접근하던 반대 방향으로 이동한다. 반려견은 엎드린 상태 그대로 있어야 한다.
⑤ 훈련자의 지시대로 반려견이 반응하면 합격이고, 반려견이 훈련자의 지시를 따르지 않거나, 접근하는 사람에 대해 반응(엉겨 붙기, 따라 가기, 짖기)하면 불합격이다.

(9) 다른 사람과 반려견이 접근하는 상황에서 이름 반응, 앉아, 엎드려, 기다리기

① 평가자의 요청에 따라 낯선 사람은 반려견 1두를 데리고 훈련자와 반려견 정면에 평상시 걸음으로 접근한 후, 1m 근처에 선다. 반려견을 응시하지는 않는다.
② 훈련자는 반려견 이름을 불러 자신을 쳐다보게 한 뒤 반려견을 앉힌다.
③ 훈련자는 반려견을 엎드리게 한 뒤 10초 동안 기다리게 한다.
④ 그동안 낯선 사람은 반려견을 데리고 접근하던 반대 방향으로 이동한다. 반려견은 엎드린 상태 그대로 있어야 한다.
⑤ 훈련자의 지시대로 반려견이 반응하면 합격이고, 반려견이 훈련자의 지시를 따르지 않거나, 접근하는 사람이나 반려견에 대해 반응(엉겨 붙기, 따라 가기, 짖기)하면 불합격이다.

(10) 방해 요인 뿌리치기

① 평가자가 시작하면 반려견 정면 1m 앞으로 장난감을 던진다.
② 훈련자는 반려견의 이름을 부르거나 "기다려"를 시켜 장난감을 쫓지 못하게 한다.
③ 평가자는 던진 장난감을 회수한다. 이 사이 반려견은 그대로 있어야 한다.
④ 평가자가 원래 위치로 돌아가면 평가가 종료된다.
⑤ 훈련자의 지시대로 반려견이 반응하면 합격이고, 지시에 따르지 않거나 장난감에 접근하거나, 훈련자가 반려견을 통제하지 못하면 불합격이다.

CHAPTER 04 실전예상문제

01 다음 중 반려견 기본예절 훈련에 해당하지 않는 것은?

① 앉아 훈련
② 배변 훈련
③ 따라 걷기 훈련
④ 이름에 반응하기 훈련

해설 반려견 기본예절 훈련에는 앉아, 엎드려, 기다려, 와, 따라 걷기, 이름에 반응하기 훈련 등이 있다.

02 다음 빈칸에 들어갈 말로 가장 옳은 것은?

( )은/는 지시를 받았을 때 반려견이 훈련자에게 다가오게 하는 훈련이다. 훈련자에 대한 집중력이 향상되어 원활한 소통이 가능해지며, 반려견의 부적절한 행동을 억제하거나 반려견의 안전을 확보하는 상황에 적용할 수 있다.

① 와 훈련
② 앉아 훈련
③ 기다려 훈련
④ 따라 걷기 훈련

해설 와 훈련은 훈련자가 "와"라고 지시하면 반려견이 훈련자에게 다가오게 하는 훈련이다. 훈련자에 대한 반려견의 집중력이 향상되어 원활한 소통이 가능해지고, 반려견의 부적절한 행동을 억제 및 예방할 수 있다.

03 다음 설명에 해당하는 기본예절 훈련은?

반려견은 지시에 따라 지시받은 장소에서, 지시받은 동작 그대로 해제할 때까지 있어야 한다. 훈련의 수준에 따라 훈련자의 활동성이 넓어지고 반려견의 안전을 확보하기 쉬워진다.

① 앉아 훈련
② 엎드려 훈련
③ 기다려 훈련
④ 이름에 반응하기 훈련

해설 기다려 훈련은 훈련자가 "기다려"라고 지시하면 반려견이 지시받은 장소에서 지시받은 동작 그대로 기다리게 하는 훈련이다. 훈련 수준에 따라 훈련자의 활동성이 넓어지고 반려견의 안전을 확보하기 쉬워진다.

정답 01 ② 02 ① 03 ③

04 이름에 반응하기 훈련에 대한 설명으로 옳지 않은 것은?

① 반려견에게 목줄을 착용한 상태로 시작한다.
② 이름을 불렀을 때 반려견이 쳐다보면 즉시 보상한다.
③ 반려견이 반응하지 않으면 여러 차례 이름을 부른다.
④ 훈련에 적응하면 간격을 넓힌 상태에서 이름을 부른다.

해설 훈련 시 반려견의 이름은 1회만 부른다.

05 반려견 기본예절 훈련에 대한 설명으로 옳은 것은?

① 와 훈련 시 반려견이 오지 않아도 명령어를 바꿔서는 안 된다.
② 기다려 훈련 시 초기에는 필요할 때마다 "기다려"를 말해도 된다.
③ 앉아 훈련 시 주변에 유혹하는 환경을 만들어 놓고 훈련을 시작한다.
④ 엎드려 훈련 시 반려견의 앞발을 세게 잡고 당기며 "엎드려"라고 말한다.

해설 ① 기존 교육으로 "와"를 적용했을 때 반려견이 오지 않으면 다른 명령어로 바꿔서 교육한다.
③ 훈련 시 주변에 유혹하는 사물이 없어야 한다.
④ 반려견의 앞발을 세게 잡고 먼저 당기면 앞발을 뻗으려 하지 않고 오히려 반항한다.

06 기다려 훈련에 대한 설명으로 옳지 않은 것은?

① 점진적으로 기다리는 시간을 늘린다.
② 기본 과정을 잘 수행하면 방해요인을 투입한다.
③ 반려견이 잘 기다리면 직접 일으켜 세우며 동작을 해제한다.
④ 기존 교육으로 "기다려"를 적용했을 때 기다리지 못하면 명령어를 바꾼다.

해설 "오케이" 또는 "그만" 등의 언어로 동작을 해제한다.

07 반려견 기본예절 훈련 평가에 대한 설명을 옳지 않은 것은?

① 장소와 상황이 바뀌어도 반려견 일관된 행동을 하는지 평가한다.
② 이름에 반응하기 평가 시 반려견 이름을 3회까지 부를 수 있다.
③ 엎드려 평가 시 반려견이 3초 이내에 엎드리지 않으면 불합격이다.
④ 따라 걷기 평가 시 반려견이 훈련자가 이동하는 방향대로 나란히 걸으면 합격이다.

해설 반려견 이름을 1회 이상 부르거나, 부름에 반응하지 않으면 불합격이다.

08 반려견 기본 예절훈련 평가에 대한 설명으로 옳은 것은?

① 훈련자가 반려견의 이름을 불렀을 때 반려견이 짖으면 합격이다.
② 훈련자가 "앉아"라고 지시했을 때 5초 이내에 앉으면 합격이다.
③ 따라 걷기 평가 시 훈련자가 "따라" 또는 "가자"를 반복하면 불합격이다.
④ 훈련자가 반려견에게 "기다려"라고 지시했을 때 1분 동안 기다리면 합격이다.

해설 ① 훈련자가 반려견의 이름을 불렀을 때 반려견이 훈련자를 쳐다보면 합격이다.
② 앉으라는 지시를 할 때 3초 이내에 앉지 않으면 불합격이다.
③ 따라 걷기 평가 시 지시를 반복할 수 있다.

09 반려견 산책 예절훈련에 대한 설명으로 옳지 않은 것은?

① 산책 도중 종종 반려견의 이름을 부른다.
② 산책하는 도중 반려견에게 냄새를 맡게 한다.
③ 산책하는 도중 반려견이 혼란스럽지 않게 보행 속도를 일정하게 유지한다.
④ 낯선 사람이나 반려견을 만나면 이름을 불러 주의를 끌고 행동을 통제한다.

해설 보행 속도에 변화를 주어 다양하고 재미있는 산책이 되도록 한다.

10 산책 중 돌발상황 대비 훈련법에 대한 설명으로 옳지 않은 것은?

① 반려견이 떨어진 음식을 주워 먹으려고 하면 이름을 부른다.
② 반려견이 다른 사람을 보고 짖으면 목줄을 끌어당겨 훈육한다.
③ 반려견이 일정 산책 시간에 짖으면 임의로 산책 시간을 바꾼다.
④ 반려견이 장애물이나 물이 고인 근처에서 멈추면 안아서 이동한다.

해설 반려견이 짖을 때 야단치거나 목줄을 끌어당기면 짖는 행동이 강화될 가능성이 크다. 반려견이 다른 사람을 보고 짖으면 짖지 않도록 그 장소에서 벗어난다.

11 산책에 능숙한 반려견의 산책예절 훈련법으로 옳지 않은 것은?

① 산책 시간대를 나눠서 산책한다.
② 뛰기나 걷기를 반복하며 산책한다.
③ 배변 봉투, 휴지, 방향제 등을 준비한다.
④ 동일 산책 코스를 반복 경험하도록 한다.

해설 산책이 능숙한 반려견은 늘 같은 코스로 산책하면 예측 행동을 할 수 있으므로 산책 코스를 3~4개 정도 개발하여 임의로 산책 코스를 바꿔서 훈련자가 산책을 주도한다.

12 반려견 산책예절 평가에 대한 설명으로 옳지 않은 것은?

① 쇠줄, 초크 체인, 핀 목걸이를 사용하면 불합격이다.
② 출입문 통행 시 보행자가 문을 열자마자 반려견이 통과하면 합격이다.
③ 낯선 사람이 접근할 때 반려견이 엎드려서 10초 동안 기다리면 합격이다.
④ 보행 중 훈련자가 방향이나 속도를 바꿨을 때 반려견이 훈련자의 속도에 맞게 반응하면 합격이다.

해설 문을 드나들 때 반려견이 허락 없이 문을 통과하면 불합격이다.

CHAPTER 05 | 반려견 교정훈련 원리 및 평가

1 반려견 문제 행동 예방훈련

(1) 문제 행동 예방훈련 수립

① 주변 환경에 따라 문제 행동 예방훈련 방법을 수립하고 결정할 수 있으며 필요에 따라 프로그램을 수정할 수 있다.

② 반려견의 결정적인 시기 중 보호자가 관리하기 시작하는 생후 7~8주부터 행동학적 풍부화 요소를 중심으로 주차별 풍부화를 제공하는 프로그램을 제시한다.

③ 이때 프로그램 내용은 부족한 풍부화를 제공해주는 방향으로 결정할 수 있다.

④ 문제 행동 예방을 위한 행동학적 풍부화 프로그램

주차	프로그램 주제	프로그램 내용
1주차	행동학적 풍부화 관찰과 먹이 풍부화	풍부화의 5가지 요소 관찰과 분석, 먹이 풍부화 제공
2주차	환경적 풍부화	반려견의 생활환경에서 다양한 환경을 경험할 수 있도록 하고 현재 부족한 부분을 알려줌
3주차	감각적 풍부화	반려견에게 다양한 감각을 느낄 수 있도록 여러 가지 물건과 환경을 제공
4주차	사회적 풍부화	다양한 사람들과 물건, 다른 반려견과의 만남 제공
5주차	인지적 풍부화	반려견의 특성을 살려 잘할 수 있는 놀이와 훈련프로그램 제공

(2) 반려견 사회성 풍부화 훈련법

① 가족 구성원과의 친화
  ㉠ 손을 이용하여 반려견의 입에 간식을 준다.
  ㉡ 가족 주변에 반려견이 누워 있을 때 칭찬하고 보상한다.
  ㉢ 반려견과의 교감을 위해 그루밍을 해준다.

② 산책용 목끈 교육
  ㉠ 가슴줄 또는 목줄을 착용시키고 50~60cm 정도의 목끈을 맨다.
  ㉡ 실내 또는 실외에서 착용한 상태로 급식하고 잠을 재운다.
  ㉢ 120cm 정도의 목끈을 착용시키고 집 안에서 함께 걸어본다.
    • 짧은 목끈에 잘 적응하면 120cm 정도의 일반 목끈을 착용시켜 집 안 곳곳을 다녀본다.
    • 목끈 길이만큼 움직이고 이름을 불러서 오면 보상한다.
    • 계속해서 목끈 길이만큼 이동하면서 잘 따라오면 보상한다.

③ 낯선 장소에서의 급식교육
  ㉠ 낯선 장소는 급식을 주던 거실이 아닌 작은방, 현관문 앞, 엘리베이터 앞, 아파트 복도, 베란다 등을 의미한다.
  ㉡ 7개월 미만의 반려견은 1일 3회 낯선 장소에서 급식하고, 급식을 거부하면 다음 급식 시간에 같은 방법으로 반복한다.
  ㉢ 8개월 이상의 반려견은 1일 2회 급식하고 거부하면 다음 급식 시간에 반복한다.
④ 낯선 장소에서의 휴식교육
  ㉠ 반려견이 엎드리지 않는 경우 훈련한다.
    • 보호자는 자세를 낮추어 그 자리에 앉아 반려견과 눈높이를 맞춘다.
    • 반려견에게 익숙한 얇은 방석이나 부드러운 천을 옆에 깔아둔다.
    • 반려견이 스스로 엎드리면 다음에는 방석을 반으로 접는다.
    • 익숙한 얇은 방석이나 부드러운 천을 치우고 반려견이 스스로 엎드리도록 기다려 준다.
    • 반려견이 스스로 엎드리면 칭찬과 보상을 한다.
  ㉡ 간식 보상 시 손에서 반려견 입으로 보상할 경우 그 행위에 대한 칭찬으로 인식하고, 지면 바닥에 보상할 경우 그 장소에 대한 칭찬으로 인식하기 때문에 적절히 구분해야 한다.
  ㉢ 사람이 앉은 상태에서 보상하는 경우와 서서 보상하는 경우를 다르게 이해할 수 있으므로 앉은 상태에서 보상을 시작하고 익숙해지면 그 자리에 서서 반려견이 엎드리도록 기다려 주기를 반복한다.
⑤ 낯선 장소에서 배변교육
  ㉠ 실내 및 실외 급식 직후 규칙적으로 일정한 시간에 반려견을 데리고 산책을 나가며 산책 시 반려견의 자발적인 배변을 유도한다.
  ㉡ 급식 직후 산책 시 반려견을 흥분시키거나 흥분을 유도하는 행동을 하지 않고 기다려 주며 배변에 집중하도록 분위기를 조성한다.
⑥ 가족 외 사람이나 동물에 대한 인지활동 교육
  ㉠ 가족 구성원을 제외한 사람이나 동물의 냄새를 친숙하게 맡는지 확인한다.
  ㉡ 반려견이 억압되지 않은 상태에서 보다 자율적인 활동을 돕기 위하여 하네스(가슴줄)를 착용한다.
  ㉢ 반려견이 시각이 아닌 후각을 통하여 인사하고 정보를 얻도록 냄새를 맡으면 적정 언어로 칭찬하고 보상한다.
⑦ 낯선 반려견에게 자신의 냄새를 맡도록 교육
  ㉠ 다른 반려견에게 엉덩이 냄새를 못 맡게 하는 것은 정서적 불안감의 원인이 될 수 있다.
  ㉡ 야외에서 눕기, 급식하기, 배 보이기 등부터 우선 교육하여 낯선 상황에 친숙하게 한다.
⑧ 배 보이기 교육
  ㉠ 반려견이 자발적으로 배를 보이도록 교육이 이루어져야 한다.
  ㉡ 먼저 반려견이 스스로 앉을 때까지 기다린 후 앉으면 보상한다.
  ㉢ 반려견이 앉으면 가족들이 함께 앉아 반려견이 누울 때까지 기다리고 누우면 바닥에 보상한다.
  ㉣ 반려견이 엎드린 후 서서히 그 자세가 흐트러지면 그때마다 적절하게 보상한다.
  ㉤ 반려견의 자세가 흐트러지면서 배 부위를 만져주면서 보상을 반복한다.

(3) 반려견 사회화 훈련법
　① 야외 산책훈련을 통한 사회화
　　㉠ 지나치게 앞서는 성향의 반려견을 훈련한다.
　　　• 반려견이 보호자를 지나치게 앞서는 행동을 미리 예방한다.
　　　• 반려견의 목끈, 산책 적응과 보호자와의 유대를 위하여 실내에서 산책연습을 한다.
　　　• 반려견에게 목걸이를 하거나 하네스를 착용시키고 50cm 정도의 목끈을 착용시킨다.
　　　• 1주일 이상 목끈을 끌고 다니면 목끈에 대하여 쉽게 적응할 수 있다.
　　㉡ 보호자와 나란히 걷는 연습을 한다.
　　　• 반려견을 좌측에 오도록 하여 산책하면 보다 안정적이고 안전한 산책이 가능하다.
　　　• 반려견을 좌측에 두고 오른발부터 출발한다.
　　　• 보행 시 "따라", "가자" 등의 명령어(성부)를 사용한다.
　　　• 행동으로 하는 명령어(시부)로 왼손을 왼쪽 골반 부위를 치며 출발과 방향 제시를 해준다.
　　　• 한 걸음부터 시작한다.
　　　　- 반려견과 함께 걷기를 시작하면 한 걸음마다 간식을 강화물로 준비하여 보상한다.
　　　　- 10m 정도를 가면서 5회 이상 보상한다.
　　　　- 가능하다면 보호자의 왼쪽 다리 근처에서 보상물을 준다.
　　　　- 앞으로 가는 것을 어려워하면 제자리에서 시계 반대 방향으로 작은 원을 그리며 걷는다.
　　　　- 역시 한 걸음부터 시작하며 잘 따르면 보상한다.
　　　　- 잘하는 모습이 보이면 두 걸음에 보상을 하고, 세 걸음에 보상을 한다.
　　　　- 작은 원이 큰 원이 될 때까지 반복해서 훈련한다.
　　　　- 반려견이 큰 원을 그리며 잘 따르면 8자 모양으로 걷기를 시작한다. 연속 강화와 간헐적 강화를 함께 활용하여 보상한다.
　　　　- 잘 따르면 다시 직진 방향으로 걸으면서 몇 걸음에 한 번 정도 간식으로 보상하며 걷는다.
　　　　- 반려견이 보호자에게 집중하거나 보조를 맞추면서 걸어가는 것이 가능해진다.
　　㉢ 새로운 환경에 대한 사회화를 한다.
　　　• 산책 활동 중 사람, 물건, 나무, 돌, 시설물 등의 냄새를 맡는 기회를 제공한다.
　　　• 산책 중 만날 수 있는 여러 가지 환경에 조심스럽게 접근하도록 한다.
　　　• 갑작스러운 접촉이나 환경의 변화는 반려견에게 좋지 않으므로 유의한다.
　　　• 반려견의 의지대로 산책 방향을 진행하면 역효과가 생길 수 있으므로 보호자가 진행하고 싶은 방향으로 산책한다.
　　　• 산책 도중 많은 상황에서 칭찬과 보상을 한다.

> **더알아보기** 산책 중 반려견의 위치
>
> 산책훈련은 앞으로 반려견과 사람이 함께 살아가면서 교감할 수 있는 기본적인 생활을 위해 필요하다. 때문에 반려견이 산책할 때 하는 행동 또한 매우 중요하다는 것을 인지해야 한다. 이를 위하여 반려견이 산책 중 어떤 자리에 서는지 관찰하는 것이 중요한다.
> - 반려견이 보호자 옆에 붙어 있을 때(순응과 복종) : 반려견이 보호자 옆에 따라다니는 것은 심리적으로 안정적임을 의미한다. 이때 반려견은 보호자의 눈을 바라보고 교감하며 걸어간다. 보호자, 반려견 모두가 심리적으로 안정적인 모습을 보인다.
> - 반려견이 보호자 앞으로 나갈 때(서열의 우월성) : 반려견이 앞서 나가는 것은 냄새, 짖음, 공격성, 달려 나가기, 호기심 등의 이유 때문이다. 이런 경우는 특히 순간적으로 일어날 수 있는 상황에서 통제가 어렵다. 앞서는 행동은 자기가 원하는 욕구를 표현하는 것이다.
> - 반려견이 보호자 뒤에서 따라올 때(공포의 경계성) : 반려견이 보호자보다 뒤에 따라오는 것은 소심한 성품이거나 과잉보호를 통해 안고 가기를 원하는 행동이다. 자신감을 심어 주기 위해서는 스스로 적응하도록 만들어 줘야 한다.

② 이동장 활용 훈련
  ㉠ 반려견이 어릴 때부터 이동장에 대한 둔감화를 시켜 편안한 곳으로 인식하게 한다.
   - 이동장의 문을 열어두고 반려견의 생활공간에 둔다.
   - 이동장 주변에서 급식을 하도록 한다.
   - 이동장 입구 쪽에서 급식을 한다.
   - 이동장 안쪽에 그릇을 두고 급식을 한다.
   - 위 과정을 10~15일 정도 충분한 시간을 두고 실행하여 이동장이 일상 속 한 가지 물건이 되도록 한다.
  ㉡ 이동장에 들어가서 쉬게 한다.
   - 이동장 안쪽을 바라보거나 냄새를 맡으려는 순간 이동장 안쪽에 일차 강화물을 넣어준다.
   - 반려견이 이동장 안으로 고개를 넣으면 강화물을 안쪽으로 넣어준다.
   - 반려견이 이동장 안으로 앞발을 넣으면 강화물을 안쪽으로 넣어준다.
   - 반려견이 이동장 안으로 뒷발까지 넣으면 강화물을 안쪽으로 넣어준다.
   - 반려의 몸 전체가 들어가서 입구 쪽으로 방향을 돌리면 강화물을 넣어준다.
   - 이동장 안에서 입구를 보고 있을 때 "기다려"라고 명령하고, 잘 기다리면 강화물을 준다.
   - 출입문을 닫지 않고 조금 기다린 후 나올 수 있도록 한다.
   - 반려견에게 "집으로", "하우스"라는 명령을 하여 이동장으로 들어갈 수 있도록 한다.
   - 이동장에 들어가는 것이 익숙해지면 들어갔을 때 출입문을 닫고 잠시 후 편하게 있으면 문을 열어준다.
   - 이동장의 문을 닫아두는 시간을 점차 늘려간다. 한 시간 이상 늘려보고 안에서 편하게 있으면 간식으로 보상한다.

ⓒ 이동장을 활용하여 이동한다.
　　　• 외출을 준비하고 이동장에 반려견이 들어가도록 한다.
　　　• 차량으로 가까운 운동장이나 공원으로 이동한다. 이동 거리도 조금씩 늘려간다.
　　　• 차에서 내린 다음 반려견과 함께 놀거나, 충분히 산책한다.
　　　• 이동장에 들어가고 차를 타면 이후 반려견에게 좋은 일이 생긴다는 것을 확실히 알려준다.
　③ 올바른 휴식처 훈련
　　ⓐ 반려견이 가족 구성원과 생활하는 공간 즉 침대, 의자, 안방, 거실 등의 어디에서나 누워서 휴식을 취하는 것은 바람직하지 않다. 집 안 전체가 반려견의 영역이 되어서는 안 된다.
　　ⓑ 어린 시절부터 반려견이 실내에서 가장 편하게 쉴 수 있는 곳을 집으로 결정한다.
　　ⓒ 침대 · 의자를 활용하는 훈련을 한다.
　　　• 반려견이 의자나 침대에 올라오는 것을 허락할 것인지 결정한다.
　　　• 올라오는 것을 허락했다면 내려가는 것도 가르친다.
　　　• 보호자가 의자에 앉아 있을 때 올라오려고 하는 행동을 보이면 가볍게 무시하면서 잠깐 일어나 한두 걸음 움직인 후 다시 앉는다.
　　　• 몇 번 반복하여 보호자 앞에 반려견이 얌전하게 앉거나 엎드리면 보상한다.
　　ⓓ 보호자 식사 시간 시 반려견의 위치를 훈련한다.
　　　• 이동장이나 전용 쿠션에서 기다려 훈련을 여러 번 반복하여 수행한다.
　　　• "집으로", "하우스" 등의 명령어로 반려견이 이동장이나 전용 쿠션으로 가게 훈련한다.
　　　• 식사 시간에 "집으로"라고 명령하고 잘 가면 "기다려"라고 명령한다.
　　　• 보호자 또는 가족은 식사하는 도중 반려견의 움직임을 의식하고 반려견이 잘 기다리면 준비한 간식을 준다(직접 가지 않고 기다리고 있는 곳에 던져 주어도 좋다).
　　　• 처음부터 긴 시간을 기대하지 않으며 기다리는 시간을 조금씩 늘려 간다.
　　　• 식사 시간에 가족이 먹는 음식을 주지 않도록 하고 가족 식사가 끝난 후 반려견의 급식을 한다.
　④ 움직이는 물체에 대한 둔감화 훈련

자동차 · 이륜차를 만나는 훈련	• 반려견과 함께 주차장을 산책하며 다른 사람이 문을 열고 나오거나 닫기를 반복하는 모습을 보인다. • 차가 움직이는 곳에서 산책한다.
움직이는 사람이나 동물을 만나는 훈련	• 먼저 집 안이나 실내에서 "앉아", "기다려"라는 명령어를 가르친다. • 실내 또는 주택 정원에서 빠르게 움직이는 사람을 보고 편하게 있을 때 보상한다. • 어린이나 다른 사람을 조금 떨어진 거리에서 보고 편하게 있으면 보상한다. • 반려견이 잘 따르면 다른 사람들이 다가와 옆으로 지나가도록 한다. • 얌전하게 걸어가는 어린이들을 볼 수 있는 기회를 제공하고 편하게 있으면 보상한다. • 아이들이 다가와 간식을 주도록 하고 반려견과의 접촉은 최소한으로 허용한다. • 어린 강아지일수록 더욱 조심스럽게 접근하고 접촉해야 한다.

낯선 사람이나 물건에 대한 사회화	• 자전거를 타고 가는 사람
	  – 자전거 주변에서 이름 부르기를 하며 놀아준다.
	  – 이름을 부르고 간식을 준비하여 올 때마다 보상한다.
	  – 이름을 부르는 위치를 바꾸어 시도한다.
	  – 자전거 냄새를 맡고 주위를 탐색할 수 있도록 하고 적절히 보상한다.
	  – 자전거에 앉아서 이름을 부르고 오면 간식으로 보상한다.
	  – 자전거를 타고 조금 움직인 다음 이름을 부르고 오면 보상한다.
	  – 자전거를 타고 다니다가 반려견 앞에서 멈춘 다음 이름을 부르고 간식으로 보상한다.
	  – 보호자와 함께 있는 반려견 앞으로 자전거를 타고 지나간 다음 반려견이 편하게 있으면 보상한다.
	  – 여러 번 반복하면 자전거에 대한 두려움은 사라지고 움직이는 것에 대해 둔감화가 이루어진다.
	• 우산을 쓰고 움직이는 사람
	  – 반려견의 생활공간에 우산을 펼쳐두고 여러 방향에서 우산을 보고 탐색할 수 있는 기회를 제공한다.
	  – 우산을 펼쳐서 주변에 두고 반려견과 주변에서 이름 부르기를 하면서 간식을 주거나 칭찬한다.
	  – 우산을 쓰고 있는 사람을 거리를 두고 지나가도록 한다.
	  – 우산을 쓰고 있는 사람을 보고 편안함을 유지하면 보상한다.
	  – 점차 거리를 줄이면서 훈련한다.
	  – 우산을 쓰고 반려견 앞으로 지나가거나 앞에서 반려견 쪽으로 걸어온 다음 우산을 쓰고 있는 사람이 직접 간식을 주도록 한다.
	• 오토바이나 킥보드를 타는 사람
	  – 오토바이나 킥보드 근처에서 이름을 부르고 반려견이 오면 보상한다.
	  – 새로운 물건에 대한 탐색의 시간을 주고 냄새를 맡으면 보상한다.
	  – 자전거에 대한 둔감화와 같은 방법으로 조금씩 단계별로 훈련을 한다.

2 반려견 문제 행동 예방훈련 평가

(1) 반려견 사회성 훈련 평가

① 반려견이 낯선 장소에서 급식을 하는지 평가한다.
② 반려견이 낯선 장소에서 누워서 휴식하는지 평가한다.
③ 반려견이 낯선 장소에서 배변활동을 하는지 평가한다.
④ 가족 구성원을 제외한 사람이나 동물을 친숙하게 대하는지 인지활동 여부 정도를 평가한다.
⑤ 낯선 장소에서 반려견 스스로가 걷거나 활동에 대한 제약은 없는지 평가한다.
⑥ 다른 반려견에게 뒤태(엉덩이) 부위의 냄새를 맡도록 허락하는지 평가한다.
⑦ 반려견이 집에서 편하게 있는지 평가한다.

(2) 반려견 사회화 훈련 평가

① 야외 산책 시 반려견이 지나치게 앞서는 행동을 하는지 평가한다.
② 야외 산책 시 반려견이 지나치게 냄새를 맡는지 평가해야 한다.
③ 반려견 집(켄넬)의 문을 잠갔을 때 반려견이 불안해하는지 평가한다.
④ 반려견이 실내외 구분 없이 배변활동을 하는지 평가한다.
⑤ 반려견이 자신의 집과 가족 구성원의 공간을 구분하지 못하고 어디에서나 휴식하지는 않는지 평가한다.
⑥ 움직이는 물체(자동차, 자전거, 동물, 뛰어가는 사람, 노약자 등)에 대한 반려견의 반응을 평가한다.

3 반려견 문제 행동 교정훈련

(1) 문제 행동 교정훈련 수립

① 문제 행동 질문지를 활용하여 반려견에게 나타나는 문제 행동을 파악한다.
② 준비된 일지, 질문지의 내용을 기준으로 문제 행동 유형별 목표 기준을 수립한다.
③ 문제 행동 파악

문제 행동	관찰 사항
짖 음	• 반려견의 생활환경을 확인한다. 　예 혼자 있는 시간, 보호자의 과도한 사랑, 갇혀 지내거나 목끈에 매이는지, 산책 정도 등 • 보호자의 생활패턴을 확인한다. 　예 1회 외출 시간, 귀가 시간, 반려견과 함께하는 시간, 가족 구성원 등 • 언제부터 짖음이 나타났는지 확인한다. • 얼마나 오래 짖는지 확인한다. • 짖는 소리를 어떻게 내는지 확인한다. 　예 끙끙대는지, 우렁차게 짖는지, 날카롭게 짖는지, 하울링하는지, 공격하려고 달려들며 짖는지 등 • 짖는 대상이 무엇인지, 실내·실외 어디에서 심한지 확인한다.
공격성	• 포식성 공격(사냥본능)인가 파악한다. • 수컷 간 공격인가 파악한다(성성숙 시기 테스토스테론 분비가 많으면 공격성이 높아짐). • 경합적 공격인가 파악한다(여러 마리 반려견이 생활했거나, 생활하는지). • 아픔에 의한 공격인가 파악한다. • 영역적 공격 또는 사회적 공격인가 파악한다(견종, 개체 차이가 큼). • 모성 행동에 관련된 공격인가 파악한다. • 학습에 의한 공격인가 파악한다. • 병적인 공격인가 파악한다.
배뇨 및 배변	• 불안 및 두려움 요소를 파악한다. • 사회적 스트레스인가 파악한다. • 관심을 받고 싶어서인가를 파악한다. • 패드 근처 또는 가구에 실수하는가 파악한다. • 단순한 마킹 행동인가 파악한다. • 기타 다른 곳 또는 다른 상황에서 실수하는가 파악한다.
식분증	• 최초로 언제 먹었거나 입으로 접촉하였는지 파악한다. • 반려견의 어린 시절 발달환경을 파악한다. • 정기적으로 구충을 하는지 파악한다. • 불안해하지는 않는지 파악한다. • 폭력에 노출된 적이 있는지 파악한다. • 사료의 급식량과 영양이 충분한지 파악한다.
파괴행동	• 반려견의 사회적·생리적 스트레스 정도를 파악한다. • 어떤 상황이나 환경을 가장 불안해하는지 파악한다. • 주인과 분리되었을 때 분리불안을 보이는지 파악한다. • 반려견의 기질이 어떤지 파악한다. • 어떤 상황에서 무엇을 파괴하는지 파악한다.
과잉행동	• 어떤 상황에서 어떤 형태의 과잉행동을 하는지 파악한다. • 어떤 사물에 대하여 과잉행동을 하는지 파악한다. • 어린이·성인·노인 등 어떤 사람에게 어떤 행동을 보이는지 파악한다.

산 책	• 앞에서 어느 정도 심하게 끌고가는지 파악한다. • 다른 사람이나 사물을 보고 어떤 모습을 보이는지 파악한다. • 마주 오는 사람이나 반려견에게 어떻게 반응하는지 파악한다. • 산책 중 냄새 맡는 행동을 심하게 하는지 파악한다. • 입마개에 대하여 불편을 호소하는지 파악한다. • 잘 따라오지 않고 보호자 뒤에 자주 멈추는지 파악한다.
불안장애	• 어느 시기부터 불안한 모습을 보였는지 파악한다. • 주인과 분리되어 불안해하는지 파악한다. • 무서워서 불안해하는지 파악한다. • 폭행의 기억이 있는지 파악한다. • 어떤 사람·물건·환경에 대하여 불안해하는지 파악한다. • 불안하면 어떤 행동이 나타나는지 파악한다.

④ 반려견의 학습 원리를 바탕으로 교육 방법을 결정한다.

㉠ 문제 행동의 원인, 문제 행동 반려견의 생활환경, 반려견 보호자의 의지 등을 확인한다.

㉡ 반려견종별, 개체 크기, 나이, 보호자의 생활패턴 등을 고려하여 교육 방법을 결정한다.

㉢ 문제 행동 파악 질문지를 바탕으로 보호자에게 교육 방법을 설명한다.

㉣ 교육 방식(위탁 교육, 방문 교육)에 대하여 보호자와 협의한 후 교육 방법을 결정한다.

㉤ 교육 중이나 교육 종료 후 보호자에 대한 교육도 함께 진행됨을 알려준다.

> **더알아보기** 행동 교정 시 보호자의 마음가짐
>
> • 문제 행동 교정에 앞서 사람이 먼저 잘못된 인식을 바꿔야 한다.
> • 문제의 원인 제공자는 반려견이 아니라 '나'라는 것을 명심한다.
> • 보호자의 강인한 마음은 반려견의 행동 변화를 가져온다.
> • 반려견의 교정을 바란다면 보호자가 먼저 강해져야 한다.
> • 모든 문제 행동의 교정을 위해서는 꾸준한 반복 훈련과 인내가 필요하다.

(2) 학습이론에 따른 행동 교정법

① 순화(길들임)를 활용한 반려견 훈련

㉠ 홍수법을 활용한 훈련(예 차에 타면 토하거나 짖는 반려견 순화)

• 차에 태우고 반려견의 상태를 지켜본다.

• 짖으면 하차시키고 쉬는 시간을 준다.

• 다시 차에 태우고 짖으면 하차시키고 쉬는 시간을 준다.

• 반복(10~50회 이상) 진행하고 차에 타서 조용히 있으면 바로 보상한다.

㉡ 계통적 탈감작법을 활용한 훈련(예 차에 타면 토하거나 짖는 반려견 순화)

• 시동을 걸지 않은 상태에서 차 근처에서 움직이면서 보상한다.

• 시동을 걸지 않은 상태에서 차를 태운다.

• 반복(10~50회 이상)진행하고 승차 후 시동을 걸고 조용하면 짧은 거리를 운행한다.

• 반복 운행 중에도 짖지 않으면 조금씩 거리를 늘려간다.

• 다음 단계 진행 전, 전 단계의 순화가 충분히 이루어져야 한다.

② 조작적 조건화를 활용한 반려견 훈련(예 산만한 반려견)
  ㉠ 1단계 : 3가지 조건(반려견, 클리커, 보상물)을 준비한다.
    • 반려견과 훈련자 둘만의 교육 공간을 준비한다.
    • 클리커를 누르고 작은 크기의 보상 주기를 여러 번 반복한다.
    • 반려견이 클릭 소리는 보상이고 즐겁고 좋은 일이라는 학습이 이루어져야 한다.
  ㉡ 2단계 : 교육하고자 하는 행동을 정리한다.
    • 교육하고자 하는 행동을 작은 장면으로 나누어 정리한다.
    • 매우 세밀한 행동부터 구체적으로 정리한다(예 산만한 반려견에 대하여 '앉으면 클릭하고 보상')
  ㉢ 3단계 : 원하는 행동을 캡처하고 클릭한다.
    • 반려견이 산만한 행동을 보이거나 돌아다녀도 기다린다.
    • 앉는 모습을 보이는 순간 바로 클릭하고 보상한다.
    • 계속 산만하게 돌아다니면 아무 반응을 보이지 않고 기다린다.
    • 앉을 때마다 매번 클릭하고 보상하며 연속적으로 강화한다.
  ㉣ 4단계 : 반려견의 행동에 음성 또는 수신호를 입힌다.
    • 반려견이 스스로 앉는 행동을 반복할 때 "앉아"라고 말하거나 수신호를 한다.
    • "앉아"라고 명령했을 때 잘 앉으면 클릭하고 보상한다.
    • "앉아"라고 명령과 동시에 수신호를 하고 잘 앉으면 클릭하고 보상한다.
    • 이 행동을 배우기 전까지 "앉아"라는 말은 반려견에게 큰 의미가 없다.
  ㉤ 5단계 : 클릭과 먹이 보상을 줄이고 원하는 행동을 완성한다.
    • 교육이 어느 정도 성과를 보이면 클릭과 보상의 빈도를 줄인다.
    • 클릭과 보상의 빈도에 변동비율 또는 변동간격 강화를 실행한다.
    • 행동이 완성되면 산만한 반려견이 조금은 안정된 모습을 보인다.

문제 행동 교정에서 "앉아", "엎드려", "기다려"의 활용 용도

앉아, 엎드려의 활용 용도	기다려의 활용 용도
반려견을 안전한 상태에 있게 하고 싶을 때	반려견을 문 앞에서 기다리게 하고 싶을 때
반려견이 짖지 않고 조용히 있도록 하고 싶을 때	차 밖으로 나갈 때까지 안에서 안전하게 머물러 있게 하고 싶을 때
과잉행동을 멈추게 하고 싶을 때	공격성을 보이는 반려견을 안정시키고 싶을 때
가만히 기다리게 하고 싶을 때	다른 반려견이나 사람에게 조용하게 인사하고 휴식을 취하고 싶을 때
손님이 방문했을 때 또는 산책 중 다른 교육을 하고자 할 때	하우스에서 기다리게 하고 싶을 때

③ 처벌을 활용한 반려견 훈련
　㉠ 반려견이 겁을 먹지 않도록 주의하면서 충분히 혐오를 느낄 정도의 자극을 부여한다.
　㉡ 직접처벌(예 올라타는 행동이 심한 반려견)
　　• 반려견이 올라타려고 하는 순간을 포착하여 반려견 쪽으로 반걸음 정도 전진하면서 몸이나 상완부를 이용하여 밀치거나 부딪친다.
　　• 반려견이 올라타는 행위를 하지 않을 때까지 연속해서 여러 번 수행한다.
　　• 반려견이 얌전히 앉거나 엎드리거나 제자리에 있으면 칭찬하고 보상한다.
　　• 이때 가볍게 밀치는 행위, 부딪치는 행위를 처벌이라 할 수 있다.
　　• 동물학대의 의미로 해석되지 않도록 세심한 주의를 기울여야 한다.
　㉢ 사회처벌(예 심한 과잉행동)
　　• 반려견이 바람직하지 않은 행동을 보인 직후, 어둡고 좁은 곳에 가두고 짖는 동안에는 풀어주지 않는다.
　　• 타임아웃처럼 진정할 때까지 격리시킨다.

(3) 반려견 문제 행동 교정법

① 짖음 교정(예 초인종 소리에 심하게 짖는 반려견)
　㉠ 초인종 소리에 대한 부정적인 생각을 긍정적인 생각으로 바꿔준다.
　㉡ 초인종 소리가 나면 현관 반대 방향으로 가서 반려견의 이름을 부르고 따라오면 간식으로 보상한다. 이를 여러 번 반복한다.
　㉢ 반려견은 초인종 소리가 나면 간식을 받는다고 기대하게 되고, 짖지 않아도 된다는 안정감을 갖게 된다.
　㉣ 현관으로 이동 후 "기다려" 신호를 한다. 아무 일이 없다는 신호를 하고 잘 기다리면 보호자의 냄새를 맡을 수 있도록 허락한다.
　㉤ 초인종 소리가 나도 짖지 않으면 클리커를 클릭하고 간식을 준다.
　㉥ 반려견이 짖기 전에 클릭하는 것이 중요하며 초인종 소리에 민감하게 반응하지 않을 때까지 반복한다.

② 공격성 행동 교정
　㉠ 영역적 공격 · 사회적 공격에 대한 행동 교정
　　• 낯선 사람이 들어오기 전에 예절교육을 시킨다.
　　• '앉아, 엎드려, 기다려, 하우스' 훈련을 확실히 수행하도록 훈련한다.
　　• '앉아 기다려' 상태에서 낯선 사람이 들어오도록 한다.
　　• 낯선 사람을 보고 반려견이 공격적인 행동을 보이면 낯선 사람은 움직이지 않으면서 말을 하지 않고 잠시 대치한다.
　　• 대치하는 도중 반려견이 고개를 돌리거나 공격적인 행동을 멈추면 밖으로 물러난다.
　　• 여러 번 반복하여 낯선 사람이 들어와도 반려견이 편하게 있으면 칭찬이나 보상을 한다.
　　• 전 과정을 계속 반복하여 보호자가 있을 때 낯선 사람이 출입해도 편안함을 느끼도록 훈련한다.

ⓒ 포식성 공격에 대한 행동 교정
- 평소 집 안과 밖에서 예절교육, 산책연습을 한다.
- 잘 공격하는 반려견의 모형이나 사진판을 실물 크기로 준비한다.
- 모형이나 사진을 10m 정도의 거리에 두고 지나가는 연습을 한다.
- 여러 번 반복하여 반려견이 모형이나 사진에 관심을 갖지 않고 보호자를 따르면 보상한다.
- 반려견이 보호자를 잘 따르면 보조 역할을 할 수 있는 반려견을 준비하고 충분한 거리를 두고 교차한다.
  - 20m 정도 떨어져 시작하고 점차 거리를 좁히며 시도한다.
  - 거리와 방향을 바꿔가며 시도한다.
- 교차 훈련이 잘 이루어지면 나란히 같은 방향으로 산책을 시도한다.
- 많은 시간이 소요되는 훈련으로, 반려견 개체마다 반응하는 정도의 차이가 크다는 점을 인식하고 전문가의 지도 아래에서 훈련할 수 있도록 한다.

ⓒ 학습에 의한 공격에 대한 행동 교정
- 매여 있거나 갇혀 있는 반려견을 반복적으로 괴롭히거나, 훈련받은 반려견을 잘못 관리하면 공격성이 나타날 수 있다.
- 이 경우 반려견은 매우 공격적이며 사람에게 적대감을 보인다.
- 공격성을 보이는 반려견과 교감 활동을 충분히 한다.
- 낯선 사람이 있던 자리에 간식을 두고, 낯선 사람은 이동한다.
- 반려견을 데리고 낯선 사람이 있던 자리로 가 냄새를 맡게 하고, 간식을 먹게 한다.
- 위 과정을 반복하여 수행하면 낯선 사람에 대한 공격성이 줄고 호의를 보인다.
- 위 과정 시 낯선 사람의 역할을 여러 명이 수행한다.

③ 배뇨 및 배변 행동 교정
  ㉠ 반려견의 입장에서 생각하고 화장실을 설치한다.
  ㉡ 배변 장소는 반려견이 자는 곳과 멀리 떨어진 곳으로 정한다.
  ㉢ 보호자가 불편하더라도 반려견이 쉽게 찾을 수 있고 바로 보이는 곳으로 정한다.
  ㉣ 화장실 패드를 사용할 경우 2~3장 정도 겹치거나 최대한 크게 만들어 준다.
  ㉤ 패드를 편안한 곳으로 생각하도록 간식을 이용하여 보상 계획을 세운다.
  ㉥ 반려견이 패드 위에 올라가거나 발로 밟으면 칭찬하고 보상한다.
  ㉦ 크레이트를 활용할 경우 2~3시간 간격으로 화장실에 갈 기회를 준다.
  ㉧ 화장실에 배설하면 칭찬과 보상을 한다. 실수할 경우 조용히 치운다.
  ㉨ 배뇨 및 배변 행동 교정은 보호자가 할애하는 시간에 따라 성공 확률이 달라진다.
  ㉩ 하루 중 반려견의 배설 횟수, 잘못된 배설 행동을 한 기간에 따라 훈련 기간이 달라진다.

④ 식분증 행동 교정
  ㉠ 식분증의 원인을 파악한다(과한 식욕, 배변을 먹어 보호자의 관심을 받음).
  ㉡ 질환이나 영양 결핍이 있는지 건강검진을 받는다.
  ㉢ 제한 급식을 하며 영양관리를 한다.

ⓐ 급식 시간을 이용하여 예절교육을 하고 규칙적인 생활의 기초를 만든다.

　　ⓔ 아침과 저녁에 배변을 위한 산책을 한다.

　　ⓑ 반려견이 배변 실수를 하거나 먹을 경우 보호자는 관심을 주지 않는다.

　　ⓢ 적당한 운동과 함께하는 놀이를 제공한다.

⑤ 과잉행동 교정(예 보호자 귀가 시 심하게 올라타는 경우)

　　㉠ 과잉행동의 원인을 파악한다(올라탔을 때 칭찬·안아주기·밀치기, 산책 부족 등).

　　㉡ 반려견이 약속된 행동에 잘 따르도록 예절교육을 한다.

　　㉢ 반려견이 올라타면 반걸음 앞으로 나아가며 불편하도록 자연스럽게 밀친다. 이때 말은 하지 않는다.

　　㉣ 뛰어오르지 않고 서 있거나 앉아 있으면 보상한다.

　　㉤ 귀가 시 반려견이 올라타면 아는 척을 하지 않고 바로 방으로 들어가 반려견을 외면한다.

　　㉥ 반려견이 앞에서 뛰어오르면 무시하면서 가볍게 밀치고 진행 방향으로 걸어간다.

　　㉦ 여러 번 반복 훈련을 하면 문제 행동이 줄어들 것이다.

⑥ 파괴 행동 교정(예 씹는 행위에 의한 파괴 행동)

　　㉠ 파괴 행동의 원인을 파악한다(이갈이, 주위 탐색, 불안 완화, 심심함, 보호자의 관심 등).

　　㉡ 하루 2회 아침, 저녁으로 산책하며 운동을 시킨다.

　　㉢ 반려견이 물 수 있는 적절한 크기의 더미를 이용하여 놀이를 한다.

　　㉣ 반려견의 생활 공간에서 씹으면 안 되는 물건을 치우고 반려견의 접근을 막는다.

　　㉤ 반려견에게 적절한 운동을 시키고 예절교육을 병행한다.

⑦ 산책 중 심하게 끌고 가는 반려견 교정

　　㉠ 집 안에서 산책하는 연습을 충분히 한다.

　　㉡ 교감활동을 하고 '앉아, 기다려, 따라' 훈련을 처음부터 시킨다.

　　㉢ 왼쪽 방향으로 원을 그리면서 칭찬과 보상을 하면서 훈련한다. 원의 크기에 변화를 주며 훈련한다. 잘하면 직진과 우회전 훈련을 한다.

　　㉣ 집 안 훈련이 잘되면 실외 산책훈련을 한다.

　　㉤ 반려견이 끌고 가는 행동을 보일 때 잠시 멈추어 기다린다. 목끈이 점차 느슨해지면 불러서 오게 한 다음 칭찬과 보상을 한다. 이때 목끈을 당기지 않는다.

　　㉥ 위 과정을 반복하여 보호자에게 집중하는 반려견이 되도록 훈련한다. 보호자는 칭찬과 보상 시기를 잘 맞추어야 한다.

⑧ 불안장애 행동 교정(예 혼자 남으면 불안해하는 반려견)

　　㉠ 분리불안의 원인을 파악한다(사회성 부족, 보호자와의 의사소통 문제, 보호자의 과보호, 자유급식 등)

　　㉡ 외출한다는 말을 하지 않고 기다려 훈련을 시킨다.

　　㉢ 현관에서 가장 먼 곳에서 기다려 훈련을 하면서 보호자는 현관 쪽으로 움직이고, 잘 기다리면 칭찬하고 보상한다.

　　㉣ "기다려"라고 명령 후 현관을 나가고 3초 정도 후에 돌아온다. 안정감을 보이면 칭찬하고 보상한다.

　　㉤ "기다려"라고 명령 후 5초, 7초, 10초, 20초처럼 시간을 늘리며 현관을 나갔다가 들어오는 훈련을 반복 수행한다.

ⓗ 이때 시간은 10초, 5초, 15초처럼 불규칙적으로 바꾼다. 조금씩 시간을 늘리며 반려견이 안정적으로 잘 기다리면 칭찬하고 보상한다.

ⓐ 반려견과 보호자의 생활 습관과 행동 등에 변화를 주며 여러 상황에서 훈련한다.

> **더 알아보기** 보호자와 반려견의 서열
>
> - 보호자의 서열이 강할 때 : 보호자의 서열이 반려견보다 높으면 보호자에게 순응하고 복종한다. 집안에서 강한 사람에게는 눈치도 보고 말을 잘 듣는다. 반려견보다 낮은 서열이 되면 강자가 있을 때 다른 사람을 무시하는 경우가 있다. 그러므로 가족 구성에서 반려견의 서열이 가장 낮아야 한다.
> - 보호자와 서열이 동급일 때 : 보호자와 반려견의 서열이 같으면 싸움을 많이 한다. 말을 듣는 것 같다가도 무시하고, 덤비고, 눈치 보는 등의 행동을 반복한다. 서열이 정해질 때까지 이러한 싸움이 지속된다.
> - 보호자의 서열이 낮을 때 : 반려견은 자기 서열이 더 높다고 여기면 사람을 완전히 무시한다. 마음에 들지 않으면 짖거나 으르렁거리고, 심할 경우 물고 달려든다. 이미 보호자의 영역에서 벗어난 것으로 서열 확립을 위해서는 전문가의 도움이 필요하다.

4 문제 행동 교정훈련 평가

(1) 짖음 교정 평가

① 짖음 원인에 대해 적절히 조치했는지 확인한다.
② 반려견의 불안함을 잘 대처했는지 확인한다.
③ 반려견의 생활 방식에 변화가 있는지 확인한다.
④ 반려견 보호자의 의지와 태도에 변화가 있는지 확인한다.

(2) 공격성 행동 교정 평가

① 공격성의 원인에 대해 적절히 조치했는지 확인한다.
② 반려견의 불안을 해소하고, 사냥 본능을 줄이는 사회화가 진행되고 있는지 확인한다.
③ 반려견의 생활환경과 방식에 적절한 변화가 있는지 확인한다.
④ 반려견 보호자의 의지와 태도에 변화가 있는지 확인한다.

(3) 배뇨 및 배변 행동 교정 평가

① 반려견의 생활환경과 방식에 적절한 변화가 있는지 확인한다.
② 반려견이 배설행동에 편안함을 보이는지 확인한다.
③ 반려견 보호자의 의지와 태도에 변화가 있는지 확인한다.

(4) 식분증 · 파괴행동 · 과잉행동 교정 평가

① 반려견의 문제 행동 원인을 제거하거나 수정했는지 확인한다.
② 반려견의 생활환경과 방식에 적절한 변화가 있는지 확인한다.
③ 반려견 보호자의 의지와 태도에 변화가 있는지 확인한다.

(5) 산책 중 문제행동 교정 평가

① 반려견의 문제 행동 원인을 제거하거나 수정했는지 확인한다.
② 산책 중 필요한 기초예절 훈련이 잘 되었는지 확인한다.
③ 산책 중 돌발상황에 대하여 대처능력이 있는지 확인한다.
④ 반려견의 생활환경과 방식에 적절한 변화가 있는지 확인한다.
⑤ 반려견 보호자의 의지와 태도에 변화가 있는지 확인한다.

(6) 불안장애 교정 평가

① 반려견을 불안하게 만드는 요인을 제거하거나 수정했는지 확인한다.
② 기질상 겁이 많은 반려견은 사회화를 충분히 했는지 확인한다.
③ 반려견의 생활환경과 방식에 적절한 변화가 있는지 확인한다.
④ 반려견 보호자의 의지와 태도에 변화가 있는지 확인한다.

CHAPTER 05 실전예상문제

01 반려견의 문제 행동을 예방하기 위한 풍부화 교육을 시작하기 적절한 시기는?

① 반려견 생후 2주
② 반려견 생후 7~8주
③ 반려견 생후 5~10개월
④ 반려견 생후 1년 이상

해설 일반적으로 반려견의 보호자가 관리하기 시작하는 생후 7~8주부터 행동학적 풍부화 요소를 중심으로 주차별 풍부화 제공 프로그램을 제공한다.

02 다음 중 새로운 환경에서의 분리불안을 예방할 수 있는 도구는?

① 간식
② 장난감
③ 배변패드
④ 이동용 개집

해설 반려견이 어릴 때부터 이동장을 편한 곳으로 인식하게 하면 새로운 환경에서의 분리불안을 예방할 수 있다.

03 산책훈련에 대한 설명으로 옳지 않은 것은?

① 실내에서 먼저 산책연습을 한다.
② 보호자의 보폭에 맞게 따라오도록 유도한다.
③ 반려견을 좌측에 두고 오른손으로 간식을 주며 훈련한다.
④ 좋아하는 간식으로 시선을 집중시키며 앞서 나갈 때 간식으로 칭찬한다.

해설 반려견이 앞서 나가지 않고 보호자와 나란히 걷도록 훈련한다.

정답 01 ② 02 ④ 03 ④

04 산책 시 반려견이 보호자 옆에서 걸을 때 의미로 옳은 것은?

① 심리적으로 안정된 상태이다.
② 주변 환경에 주눅이 들어 있는 상태이다.
③ 통제할 수 없는 상황에 대하여 두려워하고 있는 상태이다.
④ 심성이 나약하여 보호자에게 의지하고 있는 상태이다.

해설 산책 시 반려견이 보호자 옆에 붙어 따라다니는 것은 심리적으로 안정된 상태를 의미한다. 반려견이 보호자보다 서열이 강할 때 호기심, 공격적 성향이 나타나면 보호자를 앞서는 경향이 강하며, 소심한 성품이거나 보호를 바라는 경우 보호자 뒤를 따르는 경향이 강하다.

05 산책용 목끈 적응 훈련에 대한 설명으로 옳지 않은 것은?

① 집 안에서 목끈을 착용시키고 함께 걸어 본다.
② 목끈을 착용시킨 상태로 급식하고 잠을 재운다.
③ 목끈 길이만큼 이동하며 잘 따라오면 보상한다.
④ 먼저 긴 목끈에 적응하도록 하고 이후 짧은 목끈을 적응시킨다.

해설 먼저 50~60cm 짧은 목끈에 적응하게 하고 잘 적응하면 120cm 정도의 일반 목끈을 착용시켜 적응하게 한다.

06 반려견과 가족 구성원의 친화 방법으로 옳은 것은?

① 어릴 때부터 반려견을 계속 안아주며 보호한다.
② 반려견과의 교감을 위하여 그루밍을 해준다.
③ 식사 시간에 가족이 먹는 음식을 반려견에게 준다.
④ 반려견이 가족 구성원이 생활하는 공간 어디에서나 휴식을 취하게 한다.

해설 ① 반려견을 과하게 안아주면 사람과 떨어지는 것을 싫어하게 된다. 이는 분리불안의 원인이 된다.
③ 사람이 먹는 음식을 주지 않도록 하고 가족 식사가 끝난 후 반려견의 급식을 한다.
④ 집 안 전체가 반려견의 영역이 되어서는 안 된다. 반려견이 휴식할 공간을 따로 마련해 준다.

07 이동장 적응 훈련 방법으로 옳지 않은 것은?

① 이동장에 들어가면 좋은 일이 생긴다는 것을 인식시킨다.
② 반려견이 어릴 때부터 이동장을 편안한 곳으로 인식시킨다.
③ 이동장 둔감화 교육은 단시간 내에 진행하여 일상 속 물건이 되게 한다.
④ 강화물을 활용하여 반려견이 스스로 이동장에 들어가서 쉬게 한다.

해설 이동장 둔감화 교육은 10~15일 정도 충분한 시간을 두고 실행하도록 한다.

08 낯선 사람을 만나는 둔감화 훈련에 대한 설명으로 옳은 것은?

① 반려견이 빠르게 움직이는 사람을 보고 짖으면 보상한다.
② 반려견이 낯선 사람을 보고 짖으면 강하게 질책한다.
③ 낯선 사람이 큰소리를 내며 반려견에게 접근하도록 한다.
④ 아이들과 만날 경우 반려견과의 접촉은 최소한으로 허용한다.

해설 ① 사람을 보고 편하게 있을 때 보상한다.
② 반려견에게 강압적으로 행동하면 안 된다.
③ 큰소리는 반려견을 자극할 수 있으므로 가급적 피한다.

09 다음의 상황에서 유용하게 활용되는 명령어는?

- 공격성을 보이는 반려견을 안정시키고 싶을 때
- 반려견을 차 안에서 안전하게 머물러 있게 하고 싶을 때
- 다른 반려견이나 사람에게 조용하게 인사하고 휴식을 취하고 싶을 때

① "와."
② "앉아."
③ "엎드려."
④ "기다려."

해설 반려견에게 "기다려."라고 지시하면 반려견은 지시받은 장소에서 지시받은 동작 그대로 기다린다. 훈련자가 활동하는 상황이나 반려견의 안전을 확보해야 하는 상황에서 유용하다.

10 보호자와 반려견의 갈등이 가장 심한 서열 단계는?

① 보호자가 서열이 강할 때
② 보호자와 반려견의 서열이 같을 때
③ 반려견의 서열이 보호자보다 위일 때
④ 보호자와 반려견이 서로 무관심할 때

해설 보호자와 반려견이 서열이 동급이면 갈등이 심하다. 서열이 정해질 때까지 반려견이 보호자의 말을 듣는 것 같다가도 무시하고, 덤비고, 눈치 보는 등의 행동이 반복된다.

11 조작적 조건화를 활용한 클리커 훈련 중 4단계에 해당하는 활동은?

① 원하는 행동을 캡처하고 클릭한다.
② 반려견, 클리커, 보상물을 준비한다.
③ 반려견의 행동에 음성 또는 수신호를 입힌다.
④ 클릭과 먹이 보상을 줄이고 원하는 행동을 완성한다.

해설 **조작적 조건화를 활용한 클리커 훈련 5단계**
- 1단계 : 3가지 조건(반려견, 클리커, 보상물)을 준비한다.
- 2단계 : 교육하고자 하는 행동을 정리한다.
- 3단계 : 원하는 행동을 캡처하고 클릭한다.
- 4단계 : 반려견의 행동에 음성 또는 수신호를 입힌다.
- 5단계 : 클릭과 먹이 보상을 줄이고 원하는 행동을 완성한다.

12 낯선 사람을 공격하는 반려견의 행동 교정 방법으로 옳지 않은 것은?

① 우선 '앉아, 엎드려, 기다려, 하우스'를 확실히 수행하도록 훈련한다.
② 낯선 사람은 반려견이 공격적인 행동을 하면 바로 자리를 피한다.
③ 인내를 가지고 훈련 과정을 여러 번 반복한다.
④ 낯선 사람이 들어와도 반려견이 편하게 있으면 보상한다.

해설 반려견이 공격적인 행동을 보이면 낯선 사람은 말을 하거나 움직이지 말고 잠시 대치한다.

13 반려견의 문제 행동 교정 시 유의할 사항으로 옳은 것은?

① 훈련 중에는 반려견에게 주도권을 준다.
② 공격성을 보이는 반려견 앞에서는 가능한 활발히 움직인다.
③ 필요할 경우 체벌을 가하거나 꾸짖으며 문제 행동을 교정한다.
④ 무시할 때에는 반려견을 보거나 말을 하지 않는다.

해설 ④ 문제 행동 교정 시 무시의 방법을 사용할 때에는 다른 말을 하지 않는다.
① 보호자나 훈련사가 주도권을 쥐고 있어야 한다.
② 공격성을 보이는 반려견 앞에서는 불필요하게 움직이지 않는다.
③ 꾸짖거나 체벌을 가하는 것은 잘못된 훈련 방법이다.

14 식분증이 있는 반려견을 교정하는 방법으로 옳지 않은 것은?

① 배변을 먹을 시 반려견에게 관심을 준다.
② 질환이나 영양 결핍이 있는지 검진을 받는다.
③ 아침저녁으로 배변을 위한 산책을 한다.
④ 정해진 시간에 제한 급식을 하며 영양관리를 한다.

해설 반려견이 배변 실수를 하거나 먹을 경우 관심을 주지 않는다.

15 다음은 불안장애가 있는 반려견의 행동 교정법이다. 그 내용이 옳지 않은 것은?

> 분리불안의 원인을 파악한다.
> ㉠ 반려견에게 '나갔다 올게.'라는 말을 하고 '기다려' 훈련을 시킨다.
> ㉡ 현관에서 가장 먼 곳에서 '기다려' 훈련을 하며 보호자는 현관 쪽으로 움직인다.
> ㉢ '기다려' 명령 후 현관을 나간 뒤 3초 후 돌아온다.
> ㉣ '기다려' 명령 후 불규칙적으로 시간 변경하며 점차 나가는 시간을 늘린다.
> 반려견이 잘 기다리면 칭찬하고 보상한다.

① ㉠ ② ㉡
③ ㉢ ④ ㉣

해설 행동 교정 시 보호자가 나간다거나 외출한다는 말은 하지 않는다.

CHAPTER 06 특수 분야 보조견 훈련

1 특수 분야 보조견 분류와 선별

(1) 특수 분야 보조견 특징
① 특수 분야 보조견은 인간보다 뛰어난 감각 능력을 활용하여 특별한 역할을 수행하는 반려견이다.
② 특수 분야 보조견은 위험으로부터 인간을 지켜주기도 하고, 신체의 일부가 되어 주기도 한다.
③ 타고난 자질을 바탕으로 사람과 함께 활동해야 하므로, 오랜 훈련과 엄격한 자격 시험을 거쳐야 한다.
④ 특수 분야 보조견은 임무 수행에 집중하기 때문에 타인이 함부로 쓰다듬거나 먹이를 주어서는 안 되며, 행동을 조심해야 한다.

(2) 특수 분야 보조견의 분류
① 치유 도우미견
  ㉠ 동물교감 치유 활동에 활용되는 자격을 갖춘 반려견을 말하며 병원, 학교, 양로원, 각종 사회시설에서 역할을 수행한다.
  ㉡ 핸들러와 동물교감 치유 전문가의 지시에 따라 대상자와 상호작용을 수행하는 역할을 한다.
  ㉢ 반려견은 인간과 유대가 강하고 상호작용이 뛰어나며 수의학적 관리가 용이하여 동물교감 치유에 가장 많이 활용된다.
  ㉣ 치유 도우미견은 대상자에게 안정감과 심리치유 효과를 줘야 하므로 사회화 훈련은 필수적인 과정이며 청결함, 온순함, 사회성이 매우 중요하다.
  ㉤ 치유 도우미견이 불안해하면 대상자에게 그 감정이 전달되기 때문에 여러 자극에 과민 반응하지 않도록 해야 한다.
  ㉥ 치유 도우미견은 온순한 성격과 친근한 외모, 비공격성, 청결함, 뛰어난 적응력, 친화력을 갖춰야 하며, 특정 견종이 정해져 있지는 않으나 온순한 리트리버종이 적합하다고 알려져 있다.
② 인명 구조견
  ㉠ 산사태, 지진, 건물 붕괴 등의 사고 상황에서 실종자의 위치를 탐색하여 인명을 구조하는 데 도움을 주는 반려견을 말한다.
  ㉡ 뛰어난 후각과 청각, 빠르고 정확하게 수색할 수 있는 능력을 갖춰야 하며, 복종심·민첩성·대담성이 있어야 한다.
  ㉢ 인명 구조견에 적합한 견종에는 '저먼 셰퍼트'나 '세인트 버나드', '골든 리트리버' 등의 대형견과 '스패니얼', '보더콜리' 등의 중형견이 있다.
  ㉣ 재해 구조견(건물 붕괴, 실종), 산악 구조견, 수중 구조견, 설상 구조견 등이 있다.

③ 도우미견(안내견)
  ㉠ 신체가 불편한 장애인을 안내하거나 도와주는 반려견을 말한다.
  ㉡ 높은 지능, 체력, 인내심을 갖춰야 하며 공격성이 낮아야 한다.
  ㉢ 도우미견은 특정 조끼를 입고 하네스를 해야 하며, 주인이 위험한 곳으로 향할 경우 제지할 수 있어야 한다.
  ㉣ 주인이나 타인을 압도해야 하기 때문에 입마개는 하지 않으며, 사람보다 힘이 세야 한다.
  ㉤ 초기에는 '저먼 셰퍼트'가 활용되었으나 현재는 90% 이상의 비율로 '래브라도 리트리버'나 '골든 리트리버'가 활용되고 있다.
  ㉥ 도우미견의 분류
    - 시각장애인 도우미견 : 시각장애인에게 길을 안내하거나 위험을 미리 알리는 역할을 한다. '래브라도 리트리버'나 '골든 리트리버'가 주로 활용된다.
    - 청각장애인 도우미견 : 초인종, 차 소리, 화재 경보 등의 소리를 알려주는 역할을 한다. 소리가 난 곳을 왔다갔다 하거나, 몸의 일부를 접촉하는 방식으로 소리의 근원지를 안내한다.
    - 지체장애인 도우미견 : 몸이 불편한 사람의 손과 발 역할을 하여 신문이나 리모컨 등 필요한 물건을 가져다주기도 하고 문을 여닫거나 물을 사오는 심부름 등을 한다. '래브라도 리트리버'나 '골든 리트리버' 등 대형견을 활용한다.

④ 군 견
  ㉠ 군용 목적으로 사육·훈련 및 관리하는 반려견을 총칭하는 말이다.
  ㉡ 군부대에서 13개월 동안 엄격한 훈련과정을 거쳐 실전성이 있다고 판단되는 소수의 개만이 군견이 될 수 있다.
  ㉢ 체력, 체격, 지능 3가지 요소를 고루 갖춰야 한다.
  ㉣ 선천적으로 뛰어난 능력에 따라 수색, 추적, 경계, 탐지 등 4가지 임무를 수행한다.
  ㉤ 주로 '저먼 셰퍼트', '말리노이즈'가 활용되며 간혹 '로트와일러', '도베르만'이 활용되기도 한다.

⑤ 탐지견
  ㉠ 탐지견은 뛰어난 후각으로 기계가 수색하지 못하는 부분까지 탐지하도록 훈련받은 반려견을 말한다.
  ㉡ 국내에서는 관세청, 공항, 항만 등에서 마약 탐지견이 활동하고 있으며 경찰청과 소방청에서 폭발물 탐지, 인명구조 활동을 하고 있다.
  ㉢ 탐지견이 되려면 좋은 사회성과 환경 적응력, 뛰어난 후각, 집중력이 필수이다.
  ㉣ 탐지견으로 활용되는 견종에는 '비글'과 '래브라도 리트리버', '코커스패니얼', '말리노이즈' 등이 있다.

(3) 특수 분야 보조견 선발 기준(예 치유 도우미견)

① 연령 : 너무 어리면 상황 대처 능력이 떨어지므로 생후 1년 이상 성 성숙시기가 지나야 한다.
② 치유 도우미견으로 활동하기 위해서는 수의학적, 공격성, 사회성, 적합성 평가를 통과해야 한다.
③ 수의학적 적합성 평가
  ㉠ 내외부 기생충 예방, 진료 내역(신체검사 포함), 예방접종 유무, 인수공통 전염병 예방을 평가한다.
  ㉡ 예방접종은 3차 이상 완료해야 하며, 진료 내역을 증빙서류로 제출해야 한다.

④ 공격성 평가 : 다른 치유 도우미견과의 관계, 사람과의 관계, 물리적 자극 주기, 거칠게 다룸 등을 평가한다.
⑤ 사회성 평가 : 우호적이고 순종적이며 친화적인지, 명랑하고 활동적인지, 돌발적인 상황에 잘 적응하는지 확인하며 사람이나 다른 동물과 어울리지 못하는 행동을 보이면 부적합 판정을 내린다.
⑥ 적합성 평가 : 반려견의 혈통, 사교성 및 훈련에 대한 복종 능력을 확인한다. 보호자와 호흡이 맞지 않거나 통제되지 않는 행동을 보이면 치료 도우미견으로 부적합하다.

2 특수 분야 보조견 훈련법

(1) 특수 분야 보조견 훈련내용 수립(예 치유 도우미견)

① 동물 교감치유 상황 적응 기술 훈련

상황 적응 기술	내 용
낯선 사람을 만날 때	낯선 사람을 만날 때 치유 도우미견이 낯선 사람을 편하고 안전하게 받아들이도록 훈련한다.
만지려고 할 때	치유 도우미견이 낯선 사람에 대해 사교적이면서도 통제력을 가질 수 있도록 훈련한다.
그루밍(반려견에 대한 일반 관리)할 때	빗질을 하거나 몸을 검사할 때 치유 도우미견이 자연스럽게 받아들이도록 훈련한다.
이동할 때	치유팀이 이동할 때 치유 도우미견을 통제하고 편안하게 이동할 수 있도록 훈련한다.
군중 사이를 지나갈 때	치유 도우미견이 사람들이 많은 공공장소에서 책임자에 의해 통제되도록 훈련한다.
"앉아", "엎드려", "기다려" 라고 명령할 때	치유 도우미견이 "앉아", "엎드려", "기다려" 등을 할 수 있도록 훈련한다.
반려견 이름을 부를 때	돌발상황이 발생했을 때 책임자의 통제를 따를 수 있도록 훈련한다.
다른 동물 교감 치유팀을 만날 때	치유 도우미견이 다른 동물과 사람을 적절히 대할 수 있도록 훈련한다.

② 동물 교감치유 환경 적응 태도 훈련

환경 적응 태도	내 용
낯선 사람이 만지려고 할 때	낯선 사람이 치유 도우미견을 살펴보려 할 때 거부 반응을 보이지 않도록 훈련한다.
비정상적이거나 거칠게 만질 때	치유 도우미견을 어떻게 다루는지 잘 모르는 사람이나, 신체적 장애를 가지고 있는 사람이 치유 도우미견을 거칠게 만지려고 할 때 인내심과 통제력을 가지고 참을 수 있도록 훈련한다.
안았을 때	치유 도우미견이 규제를 받아들이고 인정할 수 있도록 훈련한다.
이상하게 접근할 때	낯선 사람이 이상한 방식으로 접근할 때 치유 도우미견이 잘 참고 피하지 않으며 자신감 있게 행동하도록 훈련한다.
큰소리가 날 때	치유 도우미견이 다소 격하게 화난 감정을 보이는 사람을 잘 참을 수 있도록 훈련한다.
돌발상황이 발생할 때	갑작스러운 돌발상황에서 치유 도우미견이 잘 참을 수 있도록 훈련한다.
여러 사람이 만질 때	치유 도우미견이 여러 사람이 만지는 것을 잘 견디도록 훈련한다.
좋아하는 것이 있을 때	치유 도우미견이 책임자의 "기다려" 명령을 듣고 좋아하는 물건을 무시할 수 있도록 훈련한다.
보상물을 받을 때	다른 사람이 치유 도우미견에게 보상물(간식)을 줄 때 예의 바르게 받아먹도록 훈련한다.
엘리베이터를 타고 내릴 때	치유 도우미견이 활동현장의 엘리베이터를 타고 내리고 이동하는 동안 안정감을 가지고 통제를 잘 따르도록 훈련한다.

(2) 특수 분야 보조견 훈련법(예 치유 도우미견)

① 동물 교감치유 상황 적응 기술 훈련

상황 적응 기술	훈련 내용 및 방법
낯선 사람을 만날 때	• 새로운 장소에서 낯선 사람을 보고 짖지 않으면 보상한다. • 사람을 보고 어떤 반응도 없이 편하게 있을 때 보상한다. • 낯선 사람과의 거리를 먼 곳(10m 이상)에서 시작한다. • 낯선 사람이 다가올 때 편하게 있으면 보상한다.
만지려고 할 때	• 다른 사람이 다가와 만지려고 할 때 차분하게 대처할 수 있도록 훈련한다. • 거리를 두고 다가오는 것부터 강화시키고 순화한다. • 장소와 사람을 다양하게 어린이, 청소년, 성인, 장애인 등으로 바꾸면서 훈련한다.
그루밍(반려견에 대한 일반 관리)할 때	• 빗질(콤, 핀브러시 등), 발, 꼬리, 몸통 등의 터치에 편하게 있을 수 있도록 훈련한다. • 빗질을 하기 위해 빗을 몸에 대었을 때 안정감을 보이면 클릭하고 보상한다. • 빗질 한 번에 클릭하고 보상을 하고, 점차 빈도를 늘려 빗질에 대한 거부감을 좋은 것, 즐거운 것으로 인식시킨다. • 가벼운 빗질에 편안하게 있으면 클릭하고 보상한다. • 어느 정도 완성이 되면 처음부터 끝까지 빗질을 하고 안정감을 보이면 클릭하고 보상한다. • 충분하게 반복해서 훈련한다. • 보호자는 다른 사람이 편하고 안전하게 만져볼 수 있도록 도움을 주는 연습을 한다.

이동할 때	• 차량 이동
	  – 차량 탑승 후 안정감을 보이면 클릭하고 보상한다.
	  – 차량 시동을 걸고 안정감을 보이면 클릭하고 보상한다.
	  – 집 주변을 주행하는 동안 안정감을 보이면 클릭하고 보상한다.
	  – 주행 시간과 거리를 늘렸을 때 안정감을 보이면 클릭하고 보상한다.
	• 활동현장 이동 : 기초 예절훈련의 '따라 걷기'를 그대로 수행하면 된다.

군중 사이를 지나갈 때	무리의 수를 1명부터 시작하여 5명 이상 늘리면서 훈련한다.
"앉아", "엎드려", "기다려" 라고 명령할 때	• 기초 예절훈련법을 바탕으로 훈련한다. • 클리커 트레이닝을 활용하여 하루 5회 이상 훈련한다. • '엎드려' 훈련은 '앉아' 훈련과 연결하여 훈련한다. • '기다려' 훈련은 '앉아', '엎드려' 훈련과 연결하여 훈련한다.
반려견 이름을 부를 때	
다른 동물 교감 치유팀을 만날 때	• 다른 반려견과 보호자를 만나 인사를 나누는 동안 편하게 있을 수 있도록 훈련한다. • 스쳐 지나가는 것에서 시작하여 머무는 시간을 조금씩 늘려간다. • 언제 보상을 할 것인지 확인한다.

② 동물 교감치유 환경 적응 태도 훈련

환경 적응 태도	훈련 내용 및 방법
낯선 사람이 만지려고 할 때 (순화 훈련)	• 낯선 사람과의 교감 활동을 먼저 한다. • 낯선 사람의 냄새를 맡으며 인사를 하면 클릭하고 보상한다. • 위 과정을 반복하여 편안함을 유지할 때까지 훈련한다. • 낯선 사람이 가볍게 만져도 편하게 받아들이면 클릭하고 보상한다. • 여러 사람을 준비하여 위의 순서대로 훈련한다.

비정상적이거나 거칠게 만질 때 (순화 훈련)	• 가볍게 만져도 편안함을 유지하면 클릭하고 보상한다. • 조금씩 만지는 강도를 높여가도 편안함을 유지하면 클릭하고 보상한다. • 큰소리를 내거나 어눌한 발음으로 소리를 내면서 만져볼 때 안정감을 유지하면 클릭하고 보상한다. • 낯선 사람이 만지는 강도를 높여가도 편안함을 유지하면 클릭하고 보상한다. • 주변의 누가 만져도 편안함과 함께 안정감을 보이면 클릭하고 보상한다.
안았을 때 (순화 훈련)	• 가볍게 안았을 때 잘 받아들이면 클릭하고 보상한다. • 점점 안는 강도를 세게 높여도 잘 받아들이면 클릭하고 보상한다. • 점진적으로 안는 강도와 사람을 바꾸어도 잘 받아들이면 클릭하고 보상한다. • 처음부터 조심스럽게 접근하여 단계를 높이는 것이 중요하다.
이상하게 접근할 때 (체계적 둔감화 훈련)	• 10m 정도 떨어진 곳에서 2m 앞까지 접근한다. • 모자, 코트, 또는 큰 짐을 가지고 비틀거리는 모습으로 다가오는 사람을 보고 편하게 안정감을 보이면 클릭하고 보상을 한다. • 보호자는 "앉아", "기다려"라고 명령할 수 있다.
큰소리가 날 때 (체계적 둔감화 훈련)	• 화난 감정의 수위를 낮은 단계부터 조금씩 올려가면서 훈련한다. • 편안하게 있으면 클릭하고 보상한다. • "앉아" 또는 "기다려"라고 명령하고 보호자에게 집중하도록 한 후 편하게 있으면 클릭하고 보상한다. • 그 외 스테인리스 쟁반이나 물그릇을 떨어지는 소리에 적응하는 훈련을 한다.
돌발상황이 발생할 때	• 치유 도우미견이 서 있을 때 갑자기 누군가 뒤쪽을 발이나 다리로 살짝 부딪친다. • 부딪쳐도 큰 반응이 없으면 클릭하고 보상한다. 보상은 보호자가 한다. • 부딪쳤을 때 치유 도우미견이 잠깐 돌아보는 것은 괜찮다. • 엎드려 있거나 앉아있는 상황에서도 훈련을 한다.
여러 사람이 만질 때	• 한 명씩 만지는 것을 시작으로 4~5명까지 만지도록 사람 수를 점진적으로 늘리며 훈련한다. • 최소 3명이 세 방향에서 2m 앞까지 다가올 수 있도록 한다. • 한 명은 절룩거리면서, 한 명은 목발을 짚고, 한 명은 휠체어를 타고 접근한다. • 치유 도우미견이 편하게 있으면 클릭하고 보상한다. • 10m 정도 떨어진 곳에서부터 출발한 사람들이 2m 앞까지 왔을 때 편하게 있는 훈련을 한다.
좋아하는 것이 있을 때	• 좋아하는 물건에 대한 주도권을 양보하는 훈련을 한다. • 주도권을 가진 보호자의 명령에 따라 좋아하는 물건을 가질 수도, 양보할 수도 있게 한다. • 3m 전방에 좋아하는 물건을 두고 걸어가면서 공 옆을 지나 3m 정도 지나칠 수 있도록 훈련한다.
보상물을 받을 때	• 사회화 시기 또는 예절훈련을 할 때부터 훈련을 시키는 것이 좋다. • 급하게 간식을 먹기 위해 얼굴을 내밀거나, 점프하는 경우 보상물을 주지 않고 무시한다. • 간식을 얌전하게 기다리면 클릭하고 간식을 준다. • 매일 반복훈련을 하여 언제나 얌전하고 예의 바른 치유 도우미견이 될 수 있도록 한다.
엘리베이터를 타고 내릴 때	• 평상시 이동상황에서 안정감 있게 엘리베이터를 타고 다니는 훈련을 한다. • 엘리베이터 앞에서 문이 열리거나 닫힐 때 편안함을 보여주면 클릭하고 보상한다. • 엘리베이터에서 사람이 내릴 때 편안함을 보여주면 클릭하고 보상한다. • 엘리베이터에 타고 내리는 것을 훈련한다.

CHAPTER 06 실전예상문제

01 특수 분야 보조견에 대한 설명으로 옳지 않은 것은?

① 인간의 신체 일부가 되어 주기도 한다.
② 오랜 훈련과 엄격한 자격 시험을 거쳐야 한다.
③ 타인의 접촉이나 먹이 제공에 기꺼이 응해야 한다.
④ 인간보다 뛰어난 감각 능력을 활용하여 특수 임무를 수행한다.

해설 특수 분야 보조견은 임무 수행에 집중하기 때문에 타인이 함부로 쓰다듬거나 먹이를 주어서는 안 된다.

02 다음 빈칸에 들어갈 내용으로 옳은 것은?

> (　　　　)은/는 산사태, 지진, 건물 붕괴 등의 사고 상황에서 인명을 구조하는 데 도움을 주는 반려견이다. 뛰어난 후각과 청각, 빠르고 정확하게 수색할 수 있는 능력을 갖춰야 한다.

① 군 견
② 인명 구조견
③ 치유 도우미견
④ 시각장애인 도우미견

해설 인명 구조견은 사고 상황에서 실종자의 위치를 탐색하여 인명을 구조하는 데 도움을 주는 반려견이다. 뛰어난 후각과 청각, 수색 능력을 갖춰야 하며 복종심, 민첩성, 대담성이 있어야 한다.

03 치유 도우미견에 대한 설명으로 옳지 않은 것은?

① 주로 저먼 셰퍼트, 말리노이즈가 활용된다.
② 대상자와 상호작용을 수행하는 역할을 한다.
③ 여러 자극에 과민 반응하지 않도록 해야 한다.
④ 온순한 성격과 친근한 외모, 친화력 등을 갖춰야 한다.

해설 치유 도우미견은 특정 견종이 정해져 있지는 않으나 온순한 리트리버종이 적합하다고 알려져 있다.

정답 01 ③ 02 ② 03 ①

04 군견이 수행하는 임무로 적절하지 않은 것은?

① 수 색
② 추 적
③ 탐 지
④ 공 격

해설 군견은 선천적으로 뛰어난 능력에 따라 수색, 추적, 경계, 탐지 등 4가지 임무를 수행한다.

05 탐지견으로 활용하는 견종이 아닌 것은?

① 비 글
② 달마시안
③ 말리노이즈
④ 코커스패니얼

해설 탐지견으로 활용되는 견종에는 '비글'과 '래브라도 리트리버', '코커스패니얼', '말리노이즈' 등이 있다.

06 다음 빈칸에 들어갈 내용으로 옳은 것은?

> (   )은/는 몸이 불편한 사람의 손과 발 역할을 하여 물건을 가져다주기도 하고, 문을 여닫거나 물을 사오는 심부름 등을 한다.

① 치유 도우미견
② 시각장애인 도우미견
③ 지체장애인 도우미견
④ 청각장애인 도우미견

해설 지체장애인 도우미견은 몸이 불편한 사람의 손과 발 역할을 하는 도우미견이다.

07 다음 중 특수 분야 보조견에 해당하지 않는 분류는?

① 군 견
② 썰매견
③ 안내견
④ 탐지견

해설 특수 분야 보조견에는 치유 도우미견, 인명 구조견, 도우미견(안내견), 군견, 탐지견 등이 있다.

08 도우미견에 대한 설명으로 옳지 않은 것은?

① 특정 조끼를 입고 하네스를 착용해야 한다
② 높은 지능, 체력, 인내심을 갖춰야 하며 공격성이 낮아야 한다.
③ 주인을 제지할 수 있어야 하기 때문에 사람보다 힘이 세야 한다.
④ 주인과 동행 시 타인에게 위협이 될 수 있으므로 입마개를 한다.

해설 주인이나 타인을 압도해야 하기 때문에 입마개는 하지 않는다.

09 탐지견에 대한 설명으로 가장 옳은 것은?

① 군부대에서 엄격한 훈련과정을 거쳐야 한다.
② 병원, 학교, 양로원 등 각종 사회시설에서 역할을 수행한다.
③ 관세청, 공항, 항만 등에서 마약을 탐지하는 역할을 수행한다.
④ 재해 구조견, 산악 구조견, 수중 구조견, 설상 구조견으로 나뉜다.

해설 ① 군견은 군부대에서 13개월 동안 엄격한 훈련과정을 거쳐야 한다.
② 치유 도우미견은 병원, 학교, 양로원 등 각종 사회시설에서 치유 활동을 한다.
④ 인명 구조견은 재해 구조견, 산악 구조견, 수중 구조견, 설상 구조견으로 나뉜다.

10 다음 중 치유 도우미견이 갖춰야 할 조건으로 짝지어지지 않은 것은?

① 친근한 외모, 청결함
② 뛰어난 경계심, 스피드
③ 온순한 성격, 비공격성
④ 뛰어난 적응력, 친화력

해설 치유 도우미견은 온순한 성격과 친근한 외모, 비공격성, 청결함, 뛰어난 적응력, 친화력 등을 갖춰야 한다.

11 다음 빈칸에 들어갈 내용으로 옳지 않은 것은?

> 청각장애인 도우미견은 (　　　) 등의 소리가 나면 소리가 난 곳을 왔다 갔다 하거나, 몸의 일부를 접촉하는 방식으로 소리의 근원지를 안내한다.

① 초인종
② 층간소음
③ 화재 경보
④ 자동차 경적

해설 청각장애인 도우미견은 초인종, 자동차 경적, 화재 경보 등의 소리가 나면 대상자에게 소리의 근원지를 알리는 역할을 한다. 이 외에도 알람 소리, 타이머 소리, 휴대폰 벨 소리, 아기 울음소리, 물이 끓거나 가전제품 작동이 완료되는 소리 등을 알리기도 한다.

12 다음 빈칸에 들어갈 내용으로 옳은 것은?

> 치유 도우미견은 생후 (　　　) 이상 성 성숙시기가 지나야 선발될 수 있다.

① 6개월
② 1년
③ 2년
④ 3년

해설 너무 어리면 상황 대처 능력이 떨어지므로 생후 1년 이상 성 성숙시기가 지나야 치유 도우미견으로 선발될 수 있다.

13 다음 설명에 해당하는 치유 도우미견 선발 기준은?

> 치유 도우미견으로 선발되려면 우호적이고 순종적이며 친화적이고, 명랑하고 활동적이며, 돌발적인 상황에 잘 적응해야 한다.

① 사회성 평가
② 적합성 평가
③ 공격성 평가
④ 수의학적 적합성 평가

해설 치유 도우미견의 사회성을 평가했을 때 우호적이고 순종적이며 친화적이고, 명랑하고 활동적이며 돌발상황에 잘 적응해야 한다. 사람이나 다른 동물과 어울리지 못하면 부적합 판정을 받는다.

14 치유 도우미견의 그루밍 적응 훈련에 대한 설명으로 옳지 않은 것은?

① 빗질을 한 번 할 때마다 보상하고 빈도를 점차 늘린다.
② 빗을 몸에 대었을 때 안정감을 보이면 클릭하고 보상한다.
③ 센 강도로 빗질을 했을 때 편안하게 있으면 클릭하고 보상한다.
④ 발, 꼬리, 몸통 등을 터치했을 때 편하게 있을 수 있도록 훈련한다.

해설 반려견에게 일부러 센 강도로 빗질해서는 안 된다. 가벼운 빗질에 편안하게 있으면 클릭하고 보상한다.

15 치유 도우미견의 환경 적응 태도 훈련에 대한 내용으로 옳은 것은?

① 다른 사람이 안는 상황을 훈련할 때에는 처음에는 세게 안고 점점 강도를 낮춰가며 훈련한다.
② 보상물을 받는 상황을 훈련할 때에는 얼굴을 내밀거나 점프하는 경우 보상물을 주지 않고 무시한다.
③ 큰소리가 나는 상황을 훈련할 때에는 화난 감정의 순위를 높은 단계부터 조금씩 낮춰가며 훈련한다.
④ 여러 사람이 만지는 상황을 훈련할 때에는 4~5명이 만지는 것을 시작으로 수를 점진적으로 줄인다.

해설 ① 가볍게 안았을 때 잘 받아들이면 보상하고, 점점 안는 강도를 세게 높인다.
③ 화난 감정의 수위를 낮은 단계부터 조금씩 올린다.
④ 한 명씩 만지는 것을 시작으로 4~5명까지 만지도록 사람 수를 점진적으로 늘린다.

정답 13 ① 14 ③ 15 ②

CHAPTER 07 | 반려견 스포츠

1 반려견 스포츠 종류

(1) 어질리티(agility)
① 반려견과 핸들러가 한 팀이 되어 다양한 장애물을 신속하고 정확하게 통과하는 경기이다.
② 난이도에 따라 비기너(beginner), 노비스(novice), 점핑(jumping), 어질리티(agility) 등의 종목으로 나뉜다.
③ 원활한 경기수행을 위해 기본 복종과 스피드, 빠른 방향전환이 요구되어 반려견의 민첩성과 활력도, 유연성을 필요로 하고 움직이는 핸들러를 정확하게 인지하고 빠르게 반응하는 집중력이 필요하다.
④ 어질리티(agility) 대회
  ㉠ 국내 대회
    - KKF 어질리티 대회 : 한국애견연맹이 주최하는 대회로 본부전, 위원회전, 클럽전과 AWC 예선전이 있다.
    - KKC 어질리티 대회 : 한국애견협회가 주최하는 대회로 본부전, 위원회전, 클럽전이 있다.
  ㉡ 국제 대회
    - AWC(Agility World Championship) : 1년에 한 번 열리는 가장 큰 국제대회로 각 나라에서 예선전을 진행하여 클래스당 3팀만 참가할 수 있는 개인전과 4명이 참가하는 단체전이 있다.
    - EO(European Open) : 1년에 한 번 유럽대륙에서 열리는 대회로 AWC에 비해 출진이 자유롭다. 유럽에서 열리며 유럽뿐 아니라 세계 각지에서 참여한다.
    - 크러프트 어질리티(Crufts Agility) : 영국의 '크러프트 독쇼' 행사와 같이 진행하며 어질리티의 태동이 된 대회이기도 하다. 국내대회와 국제대회로 진행된다.
    - WAO(World Agility Open) : 1년에 한 번 네덜란드에서 열리는 대회로 각 나라에서 예선전을 통해 참가한다.

(2) 플라이 볼(fly ball)
① 반려견이 스타트 지점을 지나 4개의 허들을 통과한 후 박스의 공을 물고 다시 4개의 허들을 넘어 피니시 라인으로 돌아오는 경기이다.
② 라운드 로빈, 스피드 트라이얼, 싱글 토너먼트 등의 종목이 있다.
③ 다른 반려견과 안전하게 경기를 펼쳐야 하기 때문에 친화력과 높은 집중력이 요구된다.
④ 박스를 돌아오는 순발력과 허들 구간에서 빠른 속도로 연속적인 레이스를 펼쳐야 하므로 지속적인 집중력과 체력이 필요하다.

⑤ 플라이 볼(fly ball) 대회
  ㉠ 국내 대회
    • KKF 플라이 볼 대회 : 한국애견연맹이 주최하며 훈련사위원회가 주관하는 대회이다.
    • KKC 플라이 볼 대회 : 한국애견협회가 주최하며 훈련사위원회가 주관하는 대회이다.
  ㉡ 국제 대회
    • FOWC(Flyball Open World Cup) : 세계애견연맹이 주최하는 가장 큰 플라이 볼 세계대회이다.
    • EFC(European Flyball Championship) : 유럽에서 개최하는 경기로 각 나라에서 참여한다.

(3) 디스크 독(disc dog)
① 사람들이 던지고 놀던 디스크를 반려견과 함께 던지는 경기이다.
② 핸들러와의 호흡이 매우 중요한 경기이며, 보통 디스턴스와 프리스타일로 분류한다.
③ 디스크에 대한 관심과 집중력, 물건 회수 능력과 빠른 반응 속도가 필요하다.
④ 디스크 독(disc dog) 대회
  ㉠ 국내 대회
    • KKF 디스크독 대회 : 한국애견연맹 주관대회로 일 년에 2~3회 개최한다.
    • KKC 디스크독 대회 : 한국애견협회 주관대회로 일 년에 2~3회 개최한다.
    • 스카이 하운즈(sky houndz) 코리아 디스크 독 대회 : 스카이 하운즈 세계대회 예선대회를 포함한 대회가 개최된다.
    • KDDN 디스크 독 대회 : USDDN 월드파이널 예선대회를 포함한 대회가 열린다.
    • AWI 코리아 디스크 독 대회 : AWI 인터내셔널 챔피언십 예선대회를 포함한 대회를 개최한다.
  ㉡ 국제 대회
    • 스카이 하운즈(sky houndz) 세계대회 : 스카이 하운즈사가 주최하는 세계대회로 각 나라별로 예선전을 통과한 선수들이 참여하는 대회이다.
    • AWI 인터내셔널 챔피언십 : 애슐리 휘핏사가 주최하는 세계대회로 각 지역 예선대회를 통과한 선수들이 참여하는 대회이다.
    • USDDN 월드 파이널 : USDDN이 주최하는 세계대회로 각 지역 예선 대회를 통과한 선수들이 참여하는 대회이다.

(4) 기타 반려견 스포츠
① 독 트릭(dog trick) : 반려견에게 다양한 기술을 습득하여 수행하도록 하며, 미국애견협회 AKC에서는 초보자용 TKN부터 최고 수준의 TKE까지 5단계의 타이틀을 얻을 수 있다.
② 독 댄스(dog dance)
  ㉠ 음악에 맞춰 반려견과 호흡하며 정해진 동작을 연결하여 춤을 추는 경기이다.
  ㉡ 핸들러와 함께 걸으면서 하는 '힐 워크 투 뮤직'(heel work to music)과 화려한 춤과 연기를 보여주는 '프리스타일'이 있다.

③ IGP 훈련 경기대회
  ㉠ 반려견의 정신적 안정성, 지구력, 효율성, 후각능력, 대담성, 작업능력을 측정하는 경기이다.
  ㉡ 독일에서 셰퍼트의 작업 능력 테스트용으로 만들어져 발전하였으며 경기는 추적, 복종, 방위의 3단계로 이루어진다.
④ 복종(obedience)훈련 경기대회 : 반려견과 전체적인 관계를 형성하며 복종훈련이 잘 이루어졌는지 평가하는 경기로, 통제된 행동 양식을 알려주고 핸들러와 떨어져 있는 상태에서 기꺼이 순응하는 태도를 익혀야 한다.

2 반려견 스포츠 시설 규정

(1) 어질리티(agility) 시설 기준

① 경기장 시설 기준
  ㉠ 코스를 구축하는 링은 20m×40m 이상이어야 하며, 링이 포함된 최소면적은 24m×40m이다.
  ㉡ 두 개 이상의 링을 사용할 경우 링과 링 사이 칸막이를 치거나 최소 10m의 거리를 두는 것이 바람직하다.
  ㉢ 코스의 길이는 100~220m 사이여야 하며, 장애물의 수는 최소 15개, 최대 22개를 기준으로 한다.
  ㉣ 장애물 중 7개 이상을 점프 장애물로 해야 한다.
  ㉤ 표준 경기 세트는 최소 14개의 허들이 있어야 한다.

② 점핑 장애물 기준
  ㉠ 허들(싱글 허들)

	S(소형)	M(중형)	L(대형)
높이	25~30cm	35~40cm	55~60cm

  • 허들봉은 목재나 안전한 합성수지로 만들어진 한 개의 봉으로 이루어진다.
  • 봉의 직경은 3~5cm이며, 대조되는 색상으로 3칸 이상 나눈다.
  • 허들 폭은 120~130cm이며, 허들 날개의 폭은 40~60cm이다.
  • 날개의 안쪽 기둥 높이는 최소 1m이어야 한다.
  • 날개 경사의 시작 높이는 75cm 이상이어야 한다.
  • 날개끼리 서로 연결되거나 고정되지 않아야 한다.
  • 날개는 직사각형이나 삼각형 모양은 허용되지 않고 막혀있으면 안 된다.
  • 반려견이 날개의 어떤 부분도 들어가거나 통과할 수 없어야 한다.
  • 허들 봉 홀더는 날개의 수직 안쪽에서 돌출되어서는 안 된다.

ⓒ 스프레드 허들

	S(소형)	M(중형)	L(대형)
높이	25~30cm	35~40cm	55~60cm
넓이	30cm 초과 불가	40cm 초과 불가	50cm 초과 불가

- 두 개의 단일 허들을 함께 배치하여 넓은 장애물을 형성하며 봉은 15~25cm의 차이로 오름차순으로 배치한다.
- 허들 봉 길이는 뒤쪽 허들이 전면 허들보다 10~20cm 더 길어야 한다.

ⓒ 월(wall)

	S(소형)	M(중형)	L(대형)
높이	25~30cm	35~40cm	55~60cm

- 폭은 최소 120cm이며, 최대 130cm이다.
- 넓이는 하단에서 약 20cm, 상단에서 최소 10cm이어야 한다.
- 벽에는 1~2개의 터널 모양의 개구부가 있을 수 있고, 별도 구성이어야 한다.
- 기둥 높이는 100~120cm이어야 하며, 벽걸이와 연결해서는 안 된다.
- 기둥 넓이는 최소 20cm, 최대 40cm이며 둥근 안장은 최소 30cm이어야 한다.

ⓔ 타이어(tire)

	S, M(소형, 중형)	L(대형)
지면에서 원의 중심까지 높이	55cm	80cm

- 타이어의 직경은 45~60cm, 폭은 8~18cm로 한다.
- 타이어는 충격을 흡수할 수 있는 재료를 사용하며, 쉽게 넘어지지 않도록 충분한 고정성을 갖추어야 한다.
- 타이어는 양쪽 기둥으로 고정하며, 기둥 높이는 타이어보다 낮아야 한다.
- 타이어 상단을 가로지르는 기둥이 없어야 한다.
- 분리형 타이어는 8kg의 힘을 가했을 때 2~4개로 분리되어야 한다.
- 분리 프레임이 없는 타이어를 사용할 수도 있다.

ⓜ 롱 점프(long jump)

	S(소형)	M(중형)	L(대형)
점프 길이	40~50cm(2개)	70~90cm(3개)	120~150cm(4개)

- 2~4개의 장애물로 구성되어 있고 오름차순으로 배치한다.
- 점프 폭은 전면 120cm, 후면 150cm이다.
- 장애물의 높이는 가장 낮은 것이 15cm, 가장 높은 것이 28cm이다.
- 각 장애물의 깊이는 15cm이며, 장애물의 기울기 각도는 각 장애물의 전면 가장자리가 앞 장애물의 뒷면 가장자리보다 높지 않아야 한다.

- 장애물은 목재 또는 안전한 합성재료로 제작하며, 금속은 허용하지 않는다.
- 높이 120~130cm의 마커폴을 4개 배치해야 하며, 장애물에 고정되지 않아야 한다.
- 마커폴은 장애물의 일부로 간주되지 않는 심사를 위한 보조도구이다.

③ 컨택 장애물 기준

㉠ 도그워크(dog walk)
- 높이는 120~130cm, 길이는 360~380cm, 폭은 30cm이다.
- 접촉구역은 각 경사로 하단 90cm(측면포함)로 다른 색상으로 구분한다.
- 장애물의 표면은 미끄럽지 않아야 하고 경사로를 쉽게 오를 수 있도록 미끄럼 방지턱(약 25cm 간격, 넓이 2cm, 두께 0.5~1cm)이 있어야 한다.
- 가장자리가 날카롭지 않아야 한다.
- 도그워크 다리는 장애물 위로 돌출되지 않아야 한다. 다리와 다른 지지 구조물은 도그워크 아래 터널이 놓이는 것을 방해해서는 안 된다.

㉡ 시소(see-saw)
- 높이는 지면에서 중앙지점 상단까지 60cm이며, 폭은 30cm이다.
- 길이는 최소 360cm, 최대 380cm이다.
- 접촉구역은 하단 90cm(측면 포함)로 다른 색상으로 구분한다.
- 모서리 부분이 반려견과 핸들러에게 위험해서는 안 된다.
- 표면은 미끄럼 방지가 되어있어야 한다(미끄럼 방지 턱은 불허한다).
- 시소는 적절한 균형이 이루어져 작은 반려견에게도 문제가 없어야 한다.
- 점검 사항은 1kg의 중량을 시소의 접촉구역 중앙에 놓았을 때 2~3초 내에 기울어져야 한다.

㉢ A-프레임(a-frame)
- 꼭지점의 높이는 170cm이며 길이는 최소 265cm, 최대 275cm이다.
- 폭은 최소 90cm이며 하단은 115cm까지 가능하다.
- 접촉구역은 각 경사로 하단 106cm(측면 포함)로 다른 색상으로 구분한다.
- 미끄럼 방지와 반려견이 쉽게 오를 수 있도록 미끄럼 방지턱이 있어야 한다(기준은 도그워크와 동일).
- 상단은 반려견에게 위험하지 않아야 하며 필요한 경우 덮어야 한다.
- 도그워크나 A-프레임의 지지 구조물은 터널이 장애물 아래 배치되는 것을 방해해서는 안 된다.

④ 기타 장애물 기준

㉠ 플랫 터널(flat tunnel)
- 최소 90cm 깊이로 단단한 구조의 입구가 있어야 한다.
- 입구의 높이는 60cm, 폭은 60~65cm로 바닥은 평평해야 한다.
- 출입구 바닥의 표면은 미끄럼 방지가 되어있고 비침습성이어야 한다.
- 터널 입구는 움직이지 않도록 고정되어야 한다. 입구의 앞쪽 가장자리는 보호재로 덮여있어야 한다.
- 출구는 고정하지 않고 유연한 소재를 사용하며 길이는 180~220cm, 지름은 60~65cm이다.

ⓒ 튜브 터널(tube tunnel)
- 지름은 60cm이며 길이는 300~600cm이다.
- 터널은 신축성이 있어야 하며, 밝은 색상의 균일한 표면 재료를 권장한다.
- 튜브 터널은 항상 끝까지 당겨야 한다.
- 터널 고정 스토퍼는 터널의 윤곽을 따라 지름이 줄지 않도록 주의한다.

ⓒ 위브 폴(weave poles)
- 폴의 수는 12개이다.
- 폴은 단단해야 하며, 직경은 3~5cm, 높이는 100~120cm이며 60cm 간격으로 배치한다.
- 목재 또는 안전한 합성재료로 제작하며, 금속은 허용되지 않는다. 프레임 높이는 0.8cm 이하 넓이는 8cm 이하이다.
- 기둥을 고정하는 브라켓은 10cm 이하로 견고하게 고정되어야 한다. 프레임 측면 지지대는 반려견이 지날 때 방해되지 않아야 한다.

(2) 플라이 볼(fly ball) 시설 기준
① 경기장 시설 기준
ⓐ 경기장 표면은 미끄럽지 않아야 하고 거칠거나 끈끈해서는 안 된다.
ⓑ 안전을 위해 바닥이 잔디나 모래가 아닌 경우 레이스에 적합한 매트를 까는 것이 좋다.
ⓒ 한 링에는 백스톱 보드에서 스타트/피니시 라인으로 이어지는 레이스 라인, 스타트 존, 엑시트 존이 필요하다.
ⓓ 스타트 라인부터 플라이 볼 박스까지의 레이스 라인 길이는 15.525m이다.
ⓔ 스타트 라인에서 첫 번째 허들까지의 거리는 1.83m이며, 두 개의 허들 간격은 3.05m, 마지막 허들부터 플라이 볼 박스까지의 거리는 4.57m이다.
ⓕ 스타트 라인과 트랙으로 이어진 안전하고 명료한 거리 표시가 있어야 한다.
ⓖ 두 레인의 중심선 간격 거리는 5m이다.
ⓗ 링 안의 두 개의 레이스 라인은 평행하고 길이가 정확히 같아야 한다.
ⓘ 플라이 볼 박스 뒷면 공간은 최소 0.60m 높이의 백스톱 보드를 설치한다.
ⓙ 박스부터 백스톱 보드까지는 최소 1.52m의 공간이 있어야 하며 레이스 진행 시 플라이 볼 박스와 백스톱 보드 사이에는 어떤 장애물도 없어야 한다.
ⓚ 플라이 볼 장애물 1세트는 허들 4개와 플라이 볼 박스 1개이며, 한 경기를 위해서는 장애물 2세트가 필요하다.

② 허들 규정
ⓐ 두 세트의 장애물 기둥색은 반드시 다른 색으로 한다.
ⓑ 모든 허들 판은 하얀색이어야 한다.
ⓒ 허들의 내부판 너비는 61cm(최대 편차 1cm)이며, 기둥은 90~60cm이다.
ⓓ 허들은 부상을 최소화할 수 있는 재료로 만들어야 하며, 윗부분은 반려견을 보호하기 위해 부드러운 재료로 덧대야 한다.
ⓔ 허들 높이는 최소 17.5cm부터 최대 35cm이며, 2.5cm씩 조절한다.

③ 박스 규정
　㉠ 플라이 볼 박스에는 기계식 트리거(공 발사장치)가 장착되어야 한다.
　㉡ 공이 발사되면 구멍에서 스타트 라인 방향으로 60cm 이상 날아가야 한다.
　㉢ 플라이 볼 박스는 L×W×H = 77×61×46(단위 : cm)을 초과해서는 안 된다. 단, 박스로더를 위한 플랫폼은 확장 가능하다.
　㉣ 플라이 볼 박스 고정 장비는 허용되나 플라이 볼 박스 높이가 1.25cm 이상 높아지면 안 된다.
　㉤ 플라이 볼 박스 앞면에는 날카로운 모서리나 돌기가 있어서는 안 된다.
④ 공 규정
　㉠ 공의 크기는 다양하게 사용 가능하며, 테니스 공처럼 잘 튀고 굴러야 한다.
　㉡ 소리 나는 공은 사용할 수 없다.

(3) 디스크 독(disc dog) 시설 기준
① 경기장 시설 기준
　㉠ 경기장 최소 규격은 27m(가로) × 45m(세로)이다.
　㉡ 필드는 평평하고 아무런 장애물이 없어야 한다.
　㉢ 천연잔디 혹은 완충작용이 되고 미끄럽지 않은 인조잔디도 가능하다.
② 크기·무게별 디스크 종류

디스크 종류	직경(단위 : 인치)	무게(단위 : g)
표준 대형 디스크	9~9.5인치	115g 이하
표준 중형 디스크	8.5~8.75인치	115g 이하
대형 무거운 디스크	9~9.5인치	130~145g
중형 무거운 디스크	8.5~8.75인치	130~145g
소형 디스크	6.25~7인치	40~90g

3 반려견 스포츠 대회 규정

(1) 어질리티(agility) 규정
① 체급별 규정

S(소형)	M(중형)	L(대형)
체고 측정 35cm 미만	체고 측정 35~43cm 미만	체고 측정 43cm 이상

② 표준 코스 시간
　㉠ 국내 대회 : 코스 길이를 선택한 속도(m/s) 단위로 나누어 결정한다.
　　예 코스 길이 160m 선택 속도 4.0m/s이면 표준 시간은 40초(160÷4.0)
　㉡ 국제 대회 : 대회에서 코스 실점이 가장 적고, 가장 빠른 반려견의 시간에 15%를 더하고 가장 가까운 초로 반올림을 해서 결정한다.
　㉢ 최대 코스 시간 : 코스의 길이를 어질리티는 2.0m/s, 점핑은 2.5m/s로 나누어 결정한다.

③ 대회 진행 절차
  ㉠ 대회 전 핸들러는 반려견 없이 주어진 시간 동안 코스를 탐색할 수 있다.
  ㉡ 안전상 반려견에게 옷을 입힐 수 없다.
  ㉢ 반려견의 목줄과 목끈을 제거해야 한다.
  ㉣ 핸들러는 경기 중에 아무것도 손에 가질 수 없다.
  ㉤ 심사위원의 신호 후 출발한다.
  ㉥ 핸들러는 코스 내 어디서든 시작할 수 있으며 반려견이 출발선을 넘는 순간 경기가 시작된다.
  ㉦ 핸들러는 장애물을 건드리거나 장애물을 넘으면 안 된다.
  ㉧ 마지막 장애물을 올바른 방향으로 통과하여 반려견이 결승선을 통과할 때 경기가 끝나고 시간이 기록된다.
  ㉨ 경기가 끝난 후 핸들러는 반려견과 함께 링에서 퇴장한다.

④ 순위 규정
  ㉠ 실점이 없는 경우 가장 빠른 팀을 우선한다.
  ㉡ 실점이 있는 경우 전체 실점(코스 실점 + 시간 실점)이 낮은 팀이 우선한다.
  ㉢ 총 실점이 동일한 경우 빠른 팀이 우선한다.

⑤ 실점 규정
  ㉠ 표준 시간을 초과한 경우 초과된 시간만큼 실점한다. 코스 시간은 0.01초의 정밀도로 측정한다.
  ㉡ 코스 실점

코스 실패 (각 5점)	• 허들의 바, 월의 상단이 떨어진 경우 • 반려견이 타이어를 통과할 때 타이어가 벌어지는 경우 • 롱 점프 장애물을 넘어뜨리는 경우 • 반려견이나 장애물을 만져서 이득을 얻는 경우 • 접촉 장애물(도그워크, 에이프레임, 시소)의 접촉구간을 밟지 않은 경우 • 시소가 땅에 닿기 전 뛰어내릴 경우 • 웨이브 폴에서 중간에 빠지는 경우(실패는 1번만 인정)
코스 거부 (각 5점)	• 장애물 앞에서 멈추거나 도는 경우 • 허들 바 아래로 지나가는 경우 • 터널에 머리나 발을 넣었다 다시 나오는 경우 • 장애물의 거부 라인을 통과하는 경우 • 위브 폴 진입을 잘못한 경우 • 시소에서 중간을 넘지 않고 내려온 경우 • 도그워크와 에이프레임에서 내리막에 진입하지 않고 뛰어내린 경우

⑥ 실격 규정
  ㉠ 핸들러가 손에 무엇을 들고 뛰었을 경우
  ㉡ 반려견이 목줄을 하고 뛰었을 경우
  ㉢ 심판의 출발신호 전 출발한 경우
  ㉣ 경기장 안에서 대소변을 보는 행동을 한 경우
  ㉤ 코스의 순서와 다른 장애물을 접촉했거나 시도한 경우
  ㉥ 핸들러가 장애물을 쓰러뜨리는 경우

ⓐ 반려견을 거칠게 다루거나, 반려견이 핸들러에게 공격성을 보였을 경우
ⓑ 경기장 안에서 반려견을 통제할 수 없다고 판단되는 경우
ⓒ 거부가 3회이거나, 최대시간을 초과한 경우
ⓓ 위브 폴을 거꾸로 두 번 이상 통과한 경우
ⓔ 핸들러가 장애물을 뛰어넘은 경우

⑦ 경기 용어

핸들러(handler)	반려견을 통제하고 핸들링하는 사람
핸들링(handling)	핸들러가 코스를 통과하기 위해 반려견에게 몸 동작과 명령어 등을 이용하여 지시ㆍ통제하는 기술
체 고	땅에서부터 반려견의 견갑골까지의 거리
접촉구역	컨택 장애물의 오르막과 내리막 아래쪽 색이 다른 부분. 장애물 통과 시 접촉해야 하는 구간
거부 라인	장애물의 진입부와 일직선이 되는 라인
인(in)	핸들러의 안쪽으로 허들을 통과하라는 명령어
아웃(out)	반려견이 허들의 반대 방향으로 통과하라는 명령어

(2) 플라이 볼(fly ball) 규정

① 참가 기준
  ㉠ 선수견은 대회 당일 기준으로 최소한 15개월 1일 이상의 연령이어야 한다.
  ㉡ 모든 선수견과 핸들러는 안전하게 플레이할 수 있도록 훈련되어 있어야 한다.
  ㉢ 생리 중인 선수견은 경기에 참석할 수 없으며 대회장에 입장할 수 없다.

② 팀 구성 기준
  ㉠ 한 팀의 구성은 최대 선수견 6마리와 각 핸들러, 박스로더로 구성한다.
  ㉡ 각 레이스에서 한 팀은 4마리의 선수견과 각 핸들러로 구성한다.
  ㉢ 4마리의 선수견은 경기가 시작되기 전 미리 신고해야 한다.
  ㉣ 선수견 교체는 선수견이 부상을 입은 경우 예외적으로 적용되며, 선수견을 교체할 경우 미리 신고하여야 한다.

③ 점프 높이 기준

자뼈 길이	점프 높이
10.00cm 이하	17.5cm
10.00~11.25cm	20.0cm
11.25~12.50cm	22.5cm
12.50~13.75cm	25.0cm
13.75~15.00cm	27.5cm
15.00~16.25cm	30.0cm
16.25~17.50cm	32.5cm
17.50cm 이상	35.0cm

㉠ 허들 보호막을 설치한 경우 보호막의 높이까지 포함한다.
㉡ 한 팀의 점프 높이는 해당 레이스의 가장 작은 선수견 기준으로 결정한다.
㉢ 주심은 필요에 의해 점프 높이를 다시 측정할 수 있다.

④ 대회 진행 절차
㉠ 경기장마다 한 명 이상의 심판을 배정하여 운영한다.
㉡ 각 링마다 최소 두 명의 라인심판과 박스심판을 배정하여 운영한다.
㉢ 참가팀은 경기 전 선수견을 신고하고, 점프 높이와 워밍업 시간을 확인한다.
㉣ 팀의 선수견은 핸들러의 도움 없이 코스를 완주해야 한다.
㉤ 한 레이스는 여러 번의 히트(4마리의 선수견이 완주하는 것)로 이루어진다.
㉥ 한 코스는 4개의 허들과 플레이 박스로 이루어지며, 4개의 허들을 넘어 플레이 박스의 공을 캐치하여 다시 4개의 허들을 넘어야 완주로 인정된다.
㉦ 4마리의 선수견이 모두 실수없이 완주하여 결승점에 먼저 도착한 팀이 해당 히트에서 이긴다. 이때 실수한 선수견은 코스를 다시 완주해야 한다.

⑤ 대회 종류
㉠ 라운드 로빈
- 각 팀은 상대팀과 레이스를 하여 승리 시 2점, 비길 경우 1점 패배나 실패 시 0점을 부여한다.
- 가장 많은 포인트를 획득한 팀이 라운드 우승이 된다.
- 두 팀의 포인트가 같은 경우 완주 시간이 빠른 팀이 우승이 된다.

㉡ 스피드 트라이얼
- 참가팀은 다른 팀과 경쟁하지만 모든 팀과 겨루지 않고 필요한 히트를 마친 후 빠른 완주 시간으로 순위를 정한다.
- 가장 빠른 완주 시간이 같은 경우 두 번째 빠른 완주 시간으로 결정한다.

㉢ 싱글 토너먼트와 패자부활전
- 싱글 토너먼트에서는 레이스에서 진 팀이 바로 실격하고 이긴 팀이 다음 레이스에 진출한다.
- 패자부활전을 통해 한 번의 레이스를 더 할 수 있다.

⑥ 실점 규정(다시 뛰어야 하는 파울)
㉠ 시간 측정이 시작되기 전 1번 선수견이 출발선을 넘은 경우(부정 출발)
㉡ 앞의 선수견이 피니시 라인 통과 전 다음 선수견이 출발하는 경우(얼리 패스)
㉢ 허들을 넘지 않고 그냥 지나친 경우
㉣ 선수견이 뛰고 있는 동안 핸들러가 피니시(스타트) 라인을 지나서 움직일 경우
㉤ 선수견이 공을 물지 않고 피니시 라인을 넘은 경우

⑦ 실격 규정
㉠ 한 팀이 워밍업을 끝낼 때까지 상대팀이 경기장에 나타나지 않는 경우
㉡ 팀의 선수견 또는 상대팀을 방해한 경우
㉢ 해당 팀원이 심판을 방해하거나 시끄럽게 한 경우는 경고 후 패배 선언 가능

⑧ 경기 용어

링(ring)	플라이 볼 레이스가 진행되는 경기장
히트(heat)	네 마리의 선수견이 각각 코스를 왕복한 후 경기가 끝나는 세트가 한 히트
레이스(race)	여러 차례의 히트로 구성되며 한 링에서 출진 팀이 경기를 시작하여 끝날 때까지의 경기
디비전(division)	출진 팀이 기록을 제시하면 사무처가 기록별로 레벨을 편성한 것
박스 로더	공에 박스를 놓아주는 사람. 박스 뒤에서 상태팀에 방해되지 않을 정도로 말로만 응원 가능
백스톱	박스 뒷면 공간에 공이 굴러가는 것을 방지하기 위해 설치하는 보드
브레이크 아웃(brake out)	출진 팀의 완주 기록이 팀이 속한 디비전에 부여된 가장 빠른 시간을 초과했을 때 해당 팀에 내려지는 파울 규정
클린 타임(clean time)	네 마리 선수견이 실수 없이 한 히트를 완주하는 데 걸리는 시간(클린 타임이 해당 디비전의 브레이크 아웃 시간보다 0.5초 이상 빠른 경우 팀은 해당 히트에서 진다)
헤이트 독(height dog)	해당 팀 소속의 가장 작은 선수견. 헤이트 독을 기준으로 해당 팀의 점프 높이를 결정함

(3) 디스크 독(disc dog) 규정

① 디스턴스/어큐러시(DA ; Distance Accuracy)
  ㉠ 일반적인 디스크 대회로 60초 동안 디스크를 던쳐 거리에 따라 점수를 획득하는 경기이다.
  ㉡ 한 개의 디스크로 60초 동안 획득한 점수를 합산한다.
  ㉢ 선수와 선수견은 경기 시작 전에는 라인 뒤에 있어야 하고 스로잉은 라인 뒤에서 이루어져야 한다.
  ㉣ 스로잉 시를 제외한 시간에는 경기장 내에서 자유롭게 이동이 가능하다.
  ㉤ 스로잉 시 라인을 밟으면 그 시도는 점수에 합산되지 않는다.
  ㉥ 경기 시간 종료 전 선수의 손을 떠난 디스크는 선수견이 잡으면 점수에 합산한다.
  ㉦ 채점 기준은 선수견의 네 발 모두 한 득점 구역에 착지해야 하며, 두 개의 득점 구역에 착지하면 낮은 점수를 획득한다.
  ㉧ 선수견이 디스크를 치고 다시 잡는 경우 마지막 캐치 지점을 기준으로 점수를 채점한다.
  ㉨ 점프하여 캐치한 경우 0.5점의 가산점이 부여된다.
  ㉩ 동점일 경우 던진 횟수가 적은 팀, 높은 점수가 있는 팀 순으로 승리를 결정한다. 모두 같다면 1라운드의 승부 가리기를 진행한다.

② 페어스 디스턴트 어큐러시(PDA ; Pairs Distance Accuracy)
  ㉠ 두 사람이 한 팀이 되어 90초 동안 번갈아 가며 디스크를 던져 거리에 따라 점수를 획득하는 경기이다.
  ㉡ D/A와 경기규칙은 같지만 시간은 90초이다.
  ㉢ 두 명의 핸들러와 반려견이 한 팀이 되어 한 사람씩 차례대로 던진다.

③ 파워 디스크(power disc)
  ㉠ 디스크를 멀리 던져 선수견이 잡은 거리를 측정해 순위를 정하는 경기이다.
  ㉡ 2번의 시도 중 더 좋은 기록 하나만 인정한다.
  ㉢ 디스크를 잡았을 때의 착지 거리를 측정하여 채점한다.

④ 프리스타일(freestyle)
　㉠ 음악에 맞춰 90초 안에 자유롭게 안무를 구성하여 기술을 보여주는 경기이다.
　㉡ 한 경기에서 여러 개의 디스크를 사용할 수 있다.
⑤ 경기 용어

디스크(disc)	반려견에게 던지는 원반(디스크 골프, 얼티미트 디스크, 디스크 독의 디스크가 다르므로 디스크 독에서 쓰는 디스크를 구비해야 함)
스로우(throw)	디스크를 회전을 주어 던지는 것. 백핸드, 비하인드 더 백, 사이드 암, 원 바운스, 에어바운스 등의 스로우가 있음
스로잉 라인(throwing line)	디스크를 던지는 라인. 라인을 밟으면 라인 폴트가 되어 그 디스크의 점수는 인정되지 않음
오버(over)	반려견이 공중에 있는 디스크를 물기 위해 핸들러의 신체를 뛰어넘거나 완전히 지나가는 동작
볼팅(vaulting)	반려견이 디스크를 물기 위해 핸들러의 신체를 점프대로 활용하여 지면에 착지하는 동작. 백 볼팅(등 이용), 프론트 볼팅(가슴 이용), 니 볼팅(무릎 이용) 등이 있음
독 캐치(dog catch)	점프하는 반려견을 핸들러가 공중에서 잡는 것
팀 무브먼트(team movement)	핸들러와 반려견이 동시에 실행하는 동작. 함께 도는 스핀 동작, 다리 사이를 지나가는 위빙 동작, 등 위에 올라가는 백 스톨, 발바닥에 올라가는 풋 스톨 등이 있음
플립(flip)	머리 위에 또 있는 디스크를 오른쪽이나 왼쪽으로 돌면서 잡는 기술
저글링(juggling)	두 개의 디스크를 가지고 반려견과 핸들러가 서로 주고받는 기술

CHAPTER 07 실전예상문제

PART 3 반려동물 훈련학

01 반려견 스포츠에 대한 설명으로 옳지 않은 것은?

① 반려견끼리 또는 사람과 반려견이 함께하는 스포츠이다.
② 핸들러가 방향을 제시하고 반려견이 수행하는 활동으로 이루어진다.
③ 어질리티는 라운드 로빈, 스피드 트라이얼, 싱글 토너먼트 종목이 있다.
④ 디스크 독은 사람들이 던지고 놀던 디스크를 반려견과 함께 던지는 경기이다.

해설 어질리티는 난이도에 따라 비기너(beginner), 노비스(novice), 점핑(jumping), 어질리티(agility) 등의 종목으로 나뉜다. 라운드 로빈, 스피드 트라이얼, 싱글 토너먼트 등의 종목이 있는 경기는 플라이 볼이다.

02 반려견 스포츠와 그에 대한 설명이 옳지 않은 것은?

① 독 트릭 : 초보자용 TKN부터 최고 수준의 TKE까지 5단계의 타이틀을 얻을 수 있다.
② 독 댄스 : 음악에 맞춰 반려견과 호흡하며 정해진 동작을 연결하여 춤추는 경기이다.
③ 어질리티 : 반려견과 핸들러가 한 팀이 되어 다양한 장애물을 신속하고 정확하게 통과하는 경기이다.
④ 복종 훈련 경기대회 : 저먼 셰퍼트의 능력 테스트용으로 만들어졌으며 추적, 복종, 방위 3단계로 이루어진다.

해설 저먼 셰퍼트의 능력 테스트용으로 만들어졌으며 반려견의 정신적 안정성, 지구력, 효율성, 후각능력, 작업 능력 등을 측정하는 경기는 IGP 훈련 경기대회이다.

03 어질리티 경기장 시설 기준에 대한 설명으로 옳은 것은?

① 경기장 코스 길이는 100~250m 사이여야 한다.
② 표준 경기 세트는 최소 20개의 허들이 있어야 한다.
③ 장애물 수는 최소 15개, 최대 22개를 기준으로 한다.
④ 코스를 구축하는 링은 30m×40m 이상이어야 한다.

해설 ① 코스 길이는 100~220m 사이여야 한다.
② 표준 경기 세트는 최소 14개의 허들이 있어야 한다.
④ 코스를 구축하는 링은 20m×40m 이상이어야 한다.

01 ③ 02 ④ 03 ③ 정답

04 다음 ㉠~㉢에 들어갈 말로 옳은 것은?

어질리티 경기 싱글 허들 높이 기준		
S	M	L
㉠	㉡	㉢

	㉠	㉡	㉢
①	15~20cm	25~30cm	45~50cm
②	20~25cm	30~35cm	50~55cm
③	25~30cm	35~40cm	55~60cm
④	30~35cm	40~45cm	60~65cm

해설 어질리티 경기 싱글 허들 높이는 체급에 따라 S는 25~30cm, M은 35~40cm, L은 55~60이다.

05 다음 설명에 해당하는 용어는?

플라이 볼 경기에서 출진 팀의 완주 기록이 팀이 속한 디비전에 부여된 가장 빠른 시간을 초과했을 때 해당 팀에 내려지는 파울 규정

① 독 캐치
② 클린 타임
③ 헤이트 독
④ 브레이크 아웃

해설 ① 디스크 독 경기에서 점프하는 반려견을 핸들러가 공중에서 잡는 것
② 플라이 볼 경기에서 네 마리의 선수견이 실수 없이 한 히트를 완주하는 데 걸리는 시간
③ 플라이 볼 경기에서 해당 팀 소속의 가장 작은 선수견

06 플라이 볼 경기장 시설 기준에 대한 설명으로 옳지 않은 것은?

① 레이스 라인, 스타트 존, 엑시트 존 등이 필요하다.
② 바닥이 잔디나 모래가 아니면 매트를 까는 것이 좋다.
③ 플라이 볼 한 경기를 위해서는 장애물 3세트가 필요하다.
④ 스타트 라인에서 첫 번째 허들까지의 거리는 1.83m이다.

해설 플라이 볼 한 경기를 위해서는 장애물 2세트가 필요하다.

정답 04 ③ 05 ④ 06 ③

07 플라이 볼 장애물 기준에 대한 설명으로 옳은 것은?

① 소리 나는 공을 사용할 수 있다.
② 모든 허들 판은 노란색이어야 한다.
③ 두 세트 장애물 기둥색은 같아야 한다.
④ 허들 윗부분은 부드러운 재료로 덧대야 한다.

해설 ① 소리 나는 공은 사용할 수 없다.
② 모든 허들 판은 하얀색이어야 한다.
③ 두 세트 장애물 기둥색은 반드시 다른 색으로 한다.

08 디스크 독 경기의 디스크 종류에 대한 설명으로 옳은 것은?

① 소형 디스크의 직경은 6.25~7인치, 무게는 50~100g이다.
② 대형 무거운 디스크의 직경은 9~9.5인치, 무게는 150g이다.
③ 표준 중형 디스크의 직경은 9~9.5인치, 무게는 115g 이하이다.
④ 중형 무거운 디스크의 직경은 8.5~8.75인치, 무게는 130~145g이다.

해설 ① 소형 디스크의 직경은 6.25~7인치, 무게는 40~90g이다.
② 대형 무거운 디스크의 직경은 9~9.5인치, 무게는 130~145g이다.
③ 표준 중형 디스크의 직경은 8.5~8.75인치, 무게는 115g 이하이다.

09 다음 중 어질리티 대회 실격 규정에 해당하지 않는 것은?

① 반려견이 목줄을 하고 뛰었을 경우
② 핸들러가 장애물을 쓰러트리는 경우
③ 시소에서 중간을 넘지 않고 내려온 경우
④ 코스의 순서와 다른 장애물을 접촉한 경우

해설 시소에서 중간을 넘지 않고 내려온 경우는 5점 감점에 해당한다.

10 어질리티 대회 규정에 대한 설명으로 옳지 않은 것은?

① 핸들러는 코스 내 어디서든 경기를 시작할 수 있다.
② 실점이 있는 경우 전체 실점이 낮은 팀이 우선한다.
③ 핸들러는 대회 전 반려견 없이 코스를 탐색할 수 있다.
④ 체고 측정 시 40cm의 반려견은 L(대형) 체급에 해당한다.

> **해설** 어질리티 체급별 규정
> • S(소형) : 체고 측정 35cm 미만
> • M(중형) : 체고 측정 35~43cm 미만
> • L(대형) : 체고 측정 43cm 이상

11 다음 빈칸에 들어갈 말로 옳은 것은?

> 플라이 볼 경기 중 ( )은/는 참가팀은 다른 팀과 경쟁하지만 모든 팀과 겨루지 않고 필요한 히트를 마친 후 빠른 완주 시간으로 순위를 정하는 경기이다. 가장 빠른 완주 시간이 같은 경우에는 두 번째 빠른 완주 시간으로 순위를 결정한다.

① 패자부활전
② 라운드 로빈
③ 싱글 토너먼트
④ 스피드 트라이얼

> **해설** 참가팀은 다른 팀과 경쟁하지만 모든 팀과 겨루지 않고 필요한 히트를 마친 후 완주 시간의 빠르기에 따라 순위를 정하는 경기는 스피드 트라이얼이다.

12 플라이 볼 경기에서 자뼈 길이에 따른 점프 높이 기준으로 옳은 것은?

	자뼈 길이	점프 높이
①	10.00~11.25cm	17.5cm
②	11.25~12.50cm	22.5cm
③	15.00~16.25cm	27.5cm
④	16.25~17.50cm	30.0cm

> **해설** ① 자뼈 길이 : 10.00~11.25cm, 점프 높이 : 20.0cm
> ③ 자뼈 길이 : 15.00~16.25cm, 점프 높이 : 30.0cm
> ④ 자뼈 길이 : 16.25~17.50cm, 점프 높이 : 32.5cm

정답 10 ④ 11 ④ 12 ②

13 다음 중 플라이 볼 실격 규정에 해당하는 것은?

① 허들을 넘지 않고 그냥 지나친 경우
② 팀의 선수견 또는 상대 팀을 방해한 경우
③ 선수견이 공을 물지 않고 피니시 라인을 넘은 경우
④ 시간 측정이 시작되기 전 1번 선수견이 출발선을 넘은 경우

해설 ①, ③, ④는 실점 규정에 해당한다.

14 디스크 독 경기 중 디스크를 멀리 던져 선수견이 잡은 거리를 측정해 순위를 정하는 것은?

① 파워 디스크
② 프리스타일
③ 디스턴스 어큐러시
④ 페이스 디스턴트 어큐러시

해설 파워 디스크는 디스크를 멀리 던져 선수견이 잡은 거리를 측정해 순위를 정하는 경기로, 2번의 시도 중 더 좋은 기록 하나만 인정한다.

15 디스턴스/어큐러시 규정에 대한 설명 중 옳지 않은 것은?

① 점프하여 디스크를 캐치한 경우에는 0.5점의 가산점이 부여된다.
② 스로잉 시를 제외하고는 경기장 내에서 자유롭게 이동할 수 있다.
③ 선수견의 발이 두 개의 득점 구역에 착지하면 높은 점수를 획득한다.
④ 동점일 경우 디스크를 적게 던진 팀, 높은 점수가 있는 팀 순으로 순위를 결정한다.

해설 선수견의 네 발은 한 득점 구역에 착지해야 한다. 만일 두 개의 득점 구역에 착지하면 낮은 점수를 획득한다.

CHAPTER 08 반려견 훈련대회

1 세계애견연맹 FCI 대회 규정

(1) 윤리 규정

① 개를 기르고 적절히 훈련하는 일은 인간의 윤리적 책임에 해당된다. 훈련 방식은 행동학자들이 인정한 기준을 충족해야 하며, 특히 사육에 있어서 이 점을 중요한 요소로 고려해야 한다. 무력을 동원하여 훈육과 훈련을 실시하고 훈련 효과를 얻으려고 해서는 안 되며, 개에게 긍정적인 방법을 활용해야 한다. 나아가 적절한 훈련이나 사육, 보조 훈련을 충분히 활용하지 않고 곧장 기술을 적용하려는 방식도 자제해야 한다.

② 개를 위한 스포츠에 참가하는 경우에는 반드시 개의 능력과 경쟁 정신, 의욕에 보조를 맞추어야 한다. 약물이나 동물학대로 개의 학습 역량에 영향을 주려는 방식은 근절되어야 한다.

③ 사람은 개가 지닌 가능성을 세심하게 평가할 줄 알아야 한다. 해낼 능력이 없는 일을 개에게 강요한다면, 우리가 지켜야 할 윤리적인 양심에 어긋나는 일이 될 것이다. 자신의 개에게 진심 어린 친구가 되어 개를 책임질 수 있는 사람만이 건강하고 충분한 능력을 갖춘 개와 함께 경기나 시합, 훈련에 참여할 수 있다.

(2) 규정 일반

① 효 력
  ㉠ 본 규정은 FCI 사역견 위원회가 작성하여 2011년 4월 13일 이탈리아 로마에서 개최된 FCI 총회에서 확정되었다. 2012년 1월 1일부터 본 규정이 기존의 모든 규정을 대체하여 효력을 가진다.
  ㉡ 본 규정은 독일어로 작성되어 총회에서 승인되었다. 불확실한 부분이 발생한 경우 독일어 원문이 다른 언어로 번역된 규정보다 우선권을 갖는다.
  ㉢ 본 규정은 FCI 회원국, 계약이 체결된 협력자(기관) 전체에 적용된다.
  ㉣ 훈련과 경쟁을 목적으로 하는 모든 국제 경기는 본 규정을 준수해야 한다.

② 일반 정보
  ㉠ 국제 경기와 대회는 두 가지 목적에 부합해야 한다. 개는 각자 특정 용도의 적합성을 인정받아야 하며, 전체적인 건강에 이바지하는 동시에 개의 능력을 대대로 유지시키고 점차 강화시키려는 노력이 윤리적으로 행해지도록 한다. 더불어 개의 건강 증진과 체형 관리에도 긍정적인 영향을 주어야 한다. 시험의 통과 여부는 개의 사육 가치를 입증하는 증거가 된다.

ⓒ 각 회원국의 대표 단체는 IGP를 널리 알리는 역할을 담당한다. 특히 국제 경기는 IGP의 기본개념에 맞게 시행되어야 한다. 경기와 대회에 참가하는 사람은 스포츠맨 정신에 입각하여 적합한 방식과 태도로 임해야 한다. 본 규정의 운영에 관한 규칙은 구속력을 가지며, 모든 참가자가 준수하고 의무를 다해야 한다. 경기 장소와 시간은 회원국 전체에 공개적으로 고지된다.

　　ⓒ 각 경기와 대회에서는 수준별 경기 전체와 개별 시험의 전 단계가 실시되어야 한다. 한 경기에서 치러진 수준별 경기를 모두 통과한 경우에 한하여 타이틀을 취득한 것으로 인정되고, 취득한 타이틀은 FCI 회원국 전체에서 인정된다. 스틱 시험을 법으로 금지한 국가에서는 본 규정 시행 시 해당 내용을 제외할 수 있다.

③ 대회 시기

경기는 기상 조건이 적합하고 참가자와 개의 건강에 악영향을 주지 않는다면 연중 언제든 개최할 수 있다. 이 요건에 맞지 않는 경우에는 경기를 개최할 수 없다. 개최 여부는 심사위원이 단독으로 결정한다. 각국의 대표 단체는 자국 내에서 개최되는 경기의 시기를 제한할 수 있다.

④ 대회 조직/대회 의장(PL)

　　㉠ 대회 의장(PL)은 행사의 조직을 책임진다. 의장은 경기 준비와 개최에 필요한 제반 사항을 최종 결정하고 감독한다. 또한 행사가 질서정연하게 진행되도록 관리하고, 행사가 진행되는 동안에는 반드시 심사위원의 의견을 수용해야 한다.

　　ⓒ 대회 의장은 개를 출전시키거나 기타 다른 의무를 수행할 수 없다. 의장의 의무는 아래와 같다.
　　　• 행사에 필요한 서류 획득
　　　• 경기 규정에 따라 경기 전 단계를 치를 수 있는 적절한 장소 확보
　　　• 경기장 부지의 소유주나 공원 관리인과 경기에 필요한 합의 도출
　　　• 방호 시험, 수색 경로 형성, 단체 관리 등을 도와줄 숙련된 자원봉사자 모집
　　　• 행사 개최에 관한 승인 획득
　　　• 필요한 용품과 헬퍼용 보호장비 마련
　　　• 심사위원용 평가표, 공식 경기 전 사전 심사 목록 등 서면 작성 양식 준비
　　　• 득점기록부, 혈통서, 예방접종 증명서 등 필요한 서류 확인, 필요한 경우 보험 증명 서류 확보

　　ⓒ 대회 의장은 반드시 행사 3일 전에 심사위원들에게 행사장의 위치와 시작 시간, 지시 사항, 경기 종류, 참가견의 수를 통보해야 한다. 본 정보가 제공되지 않은 경우, 심사위원은 심사를 거부할 권리를 가진다. 또한 경기 시작 전, 심사위원들에게 행사에 대한 권한을 부여해야 한다.

⑤ 심사위원(LR)

　　㉠ 심사위원은 IGP 경기에서 판정 권한을 가진다. 행사를 주최하는 단체가 초청하거나 각국 대표 단체가 선정할 수 있다. 세계경기대회의 경우 FCI 사역견 위원회에 심사위원 배정을 요청할 수 있다. 심사위원의 수는 행사를 주최하는 단체가 결정하되, 심사위원 1인이 심사할 수 있는 과목은 하루 최대 36과목이다(세계경기대회에서는 본 제한 요건이 적용되지 않는다).

- FPr 1~3단계 한 과목으로 산정
- Upr 1~3단계 한 과목으로 산정
- SPr 1~3단계 한 과목으로 산정
- StPr 1~3단계 한 과목으로 산정
- BH/VT 두 과목으로 산정
- IGP-VO, IGP ZTP 세 과목으로 산정
- IGP 1단계, IGP 2단계, IGP 3단계 세 과목으로 산정
- FH 1단계, FH 2단계 세 과목으로 산정
- IGP-FH 세 과목으로 산정

ⓒ 회원국 대표 단체가 기획한 주요 행사의 경우 특별 규정을 마련할 수 있다.

ⓒ 심사위원은 자신이 소유하거나 권리를 가진 개, 또는 심사위원 본인의 동거인이 소유한 개나 가족의 일원이 소유한 개를 심사할 수 없다.

ⓔ 심사위원은 심사할 개를 만질 수 없다.

ⓜ 심사위원은 참가견의 작업수행에 방해가 되거나 영향을 주는 행동을 해서는 안 된다.

ⓗ 심사위원은 시험 규정을 준수하고 올바르게 따르도록 만들어야 할 책임이 있으므로, 참가자가 시험 규정을 준수하지 않거나 자신의 지시를 따르지 않는 경우 경기를 중단시킬 수 있는 권한을 가진다. 그와 같은 상황이 발생한 경우 심사위원은 해당 국가의 대표 단체 담당 부서로 서면 보고서를 제출해야 한다.

ⓢ 참가자가 스포츠맨다운 태도에 어긋나는 행동을 하거나 개를 자극할 수 있는 물건을 소지한 경우, 규정에 불응한 경우, 동물 권리 규정을 준수하지 않은 경우, 어떠한 방식으로든 각국의 문화적 관습에 맞지 않는 행동을 한 경우, 심사위원은 해당 참가자의 참가 자격을 박탈할 수 있는 권한을 가진다. 경기에서 중도 탈락하면 반드시 득점기록부에 주석을 달아 기록해야 한다. 참가 자격이 박탈되면, 해당 참가자가 획득한 점수는 일체 인정되지 않는다.

ⓞ 심사위원의 판정 결과는 최종 판단이며 이의를 제기할 수 없다. 판정 결과에 대하여 참가자가 어떠한 형태로든 비난 의사를 표시할 경우 퇴장 당할 수 있으며 징계 조치가 취해질 수 있다.

ⓩ 판정 결과가 아닌 심사위원이 적용한 규정에 이의가 있다면, 정당한 근거가 있는 경우에 한하여 판정 후 8일 이내에 이의를 제기할 수 있다. 해당 사항은 반드시 서면으로 작성하고 이의를 제기한 당사자의 서명과 함께 한 명 이상의 증인에게 서명을 받아 행사를 주최한 단체 또는 소속 국가 대표 단체를 통해 제출해야 한다. 이의 제기로 심사위원의 판정 내용이 자동으로 바뀌지는 않는다. 이의 사항에 관한 결정은 각국의 대표 단체가 처리하며, 해당 단체는 FCI 사역견 위원회에 이의서를 제출하고 최종 판단을 요청할 수 있다.

⑥ 대회 참가자
  ㉠ 대회 참가자는 행사의 참가 신청 기한을 준수해야 하며, 참가 신청서 제출 시 참가비 지불에 동의한 것으로 간주된다. 부득이하게 경기에 불참하게 된 경우, 반드시 대회 의장에게 즉각 통보해야 한다. 참가자는 예방접종 확인서를 제출하고 동물 권리 규정을 준수해야 한다. 또한 참가자는 대회 의장과 심사위원 지시에 따라야 한다. 참가자는 자신의 개를 스포츠맨다운 태도로 동반해야 하며 참가한 경기는 각 단계에서 취득한 결과와 상관없이 끝까지 완료할 의무가 있다. 결과(시상식)가 발표되고 득점기록부가 반환되면 경기는 종료된다.
  ㉡ 참가견이 부상을 입거나 실격된 경우, 심사위원은 핸들러가 동의하지 않아도 경기 진행을 중단시킬 권한을 가진다. 핸들러가 출전을 포기하면 득점기록부에는 '출전 중단에 따른 부적합 판정'이 기재된다. 명백한 부상이 발생하거나 핸들러가 수의사의 진단서를 제시하고 출전을 포기한 경우에는 득점기록부에 '질병에 따른 참가 중단'으로 기재된다. 심사위원은 핸들러가 스포츠맨 정신에 어긋나는 행동을 하거나 개에게 자극을 줄 수 있는 물건을 소지한 경우, 경기규정이나 동물 권리 규정을 위반한 경우, 문화적 관습에 맞지 않는 행동을 한 경우 경기를 중단시킬 수 있다. 중도 탈락 시 사유와 함께 득점기록부에 기록된다. 실격 처리된 경우 획득한 점수는 모두 무효가 된다.
  ㉢ 핸들러는 경기 전 단계에서 리드줄을 휴대해야 한다. 참가견에게는 한 줄로 된 단순한 형태의 올가미식 목줄(초크칼라)을 느슨하게 채우고 리드줄과 연결하지 않은 상태로 둔다. 경기에서 가죽 목줄이나 진드기 방지용 목줄, 갈고리 목줄(핀치칼라) 등 그 외 다른 종류의 목줄은 허용되지 않는다.
  ㉣ 본 규정은 행동 검사가 실시되는 반려견(BH) 경기에는 적용되지 않으며, 해당 경기에서는 다른 형태의 목줄이 허용된다.
  ㉤ 목줄은 경기의 맨 첫 단계로 실시되는 기질검사부터 시상식이 끝날 때까지, 경기가 진행되는 동안 계속 채워둔다. 리드줄은 눈에 보이지 않게 보관하거나 참가자의 왼쪽 어깨에 걸치고 아래로 늘어뜨린 상태로 휴대할 수 있다.
  ㉥ 경기 규정에 명시된 명령어는 보통 어조로 짧게 한 단어처럼 말한다. 명령어의 언어 종류에는 제한이 없으나, 한 과목을 치르는 동안에는 한 가지 언어만 사용해야 한다(이 사항은 경기 전 단계에 적용된다). 규정에 명시된 명령어는 예시에 해당되며, 같은 동작에는 한 가지 명령어가 동일하게 사용되어야 한다.
  ㉦ 수준별 경기에서 한 단계에 여러 명의 참가자가 출전한 경우, 시작 순서는 반드시 추첨으로 결정해야 한다. 최소 참가자 수는 네 명이며 단독 출전은 허용되지 않는다.
  ㉧ 참가견의 핸들러가 장애인이고 이로 인해 개를 왼쪽으로 인도할 수 없는 경우, 오른쪽으로 인도할 수 있다. 해당 경우에는 규정의 내용도 참가견을 오른쪽으로 인도하는 것을 감안하여 왼쪽이 아닌 오른쪽 기준으로 해석하여 적용한다.
  ㉨ 참가자는 각 타이틀에 원하는 만큼 여러 차례 도전할 수 있다. 수준별 경기는 1, 2, 3단계의 순서로 진행되며, 핸들러가 상위 수준 경기에 참가하기 위해서는 전 단계 경기를 통과해야 한다. 경기가 자격획득이나 순위 경쟁과 무관한 경우를 제외하고, 참가견은 항상 순서대로 상위 단계에 출전시켜야 한다.

⑦ 목줄 요건/리드줄 소지
  ㉠ 보험 약관의 책임 의무에 따라, 핸들러는 참가견과 함께 이동하는 동안 개를 리드줄로 이끌어야 한다. 리드줄은 핸들러의 몸에 걸치거나(이 경우 참가견과 먼 쪽에서 줄을 쥔다) 참가견에게 보이지 않도록 소지할 수 있으며 리드줄 착용을 위해 참가견은 항상 목줄을 착용한 상태여야 한다.
  ㉡ 심사위원은 본 사항이 준수되고 있는지 계속해서 눈으로 점검해야 한다. 뾰족한 침이나 갈고리 등 고리가 달려 있지 않은 올가미 형태의 목줄(초크칼라)을 개의 목에 느슨하게 매야 하며, 진드기 방지용 목줄은 경기 출전에 앞서 제거해야 한다.
  ㉢ 올가미 식 목줄의 종류는 일반적으로 판매되는 제품의 범위를 벗어나지 않아야 하며 특히 목줄의 무게 면에서 이 점을 준수해야 한다. 심사위원은 의심스러운 경우 목줄 교체를 요청할 수 있으나, 해당 요청은 경기가 시작되기에 앞서 전달되어야 한다.
  ㉣ 날카로운 침이 부착된 목줄을 은폐하는 등의 행위가 의심되는 상황이 발생한 경우, 심사위원은 해당 핸들러가 경기 다음 단계에 출전하지 못하도록 실격 처리한다. 이때 득점기록부 기재 내용은 '스포츠맨 정신에 어긋나는 행위로 인한 실격'으로 하며, 앞서 취득한 점수는 모두 삭제된다.
  ㉤ 추적 경기가 진행되는 동안, 참가견은 올가미식 칼라나 조끼와 함께 가슴줄(하네스)을 추가로 착용할 수 있다. 참가견이 경기 도중 부상을 입거나 다른 이유로 인해 경기 수행 능력이 제한된 경우, 심사위원은 핸들러의 반발 여부와 상관없이 해당 참가견의 출전을 중단시킬 권리를 가진다.

⑧ 질병/부상으로 인한 출전 포기
  ㉠ 경기에 출전한 참가견의 건강 상태가 좋지 않은 경우
    • 핸들러가 경기 중 한 단계를 완료한 후에 참가견의 건강 이상을 보고한 경우, 수의사 검진을 받고 진단서를 받는다.
    • 경기 문서에는 '질병으로 인한 경기 종료'로 기입한다.
    • 핸들러가 수의사 검진을 거부하는 경우 경기 문서에는 '출전 중단에 따른 부적합 판정'으로 기입한다.
    • 수의사 진단서는 소급 적용될 수 있으며, 핸들러가 4일 이내에 진단서를 제출하지 않으면 심사위원은 득점기록부에 '출전 중단에 따른 부적합 판정'으로 기재한 후 핸들러에게 돌려준다.
    • 핸들러의 거부로 득점기록부를 심사위원이 임시 보관하지 못한 경우, 심사위원은 곧바로 '출전 중단에 따른 부적합 판정'으로 기재한다.
    • 득점기록부 반환 과정에서 발생하는 모든 비용은 핸들러가 부담한다.
  ㉡ 참고 : 심사위원은 참가견이 아프거나 부상을 입은 것으로 판단될 경우 자체 판단으로 경기 출전을 중단시킬 수 있다. 노령견도 동물 권리에 관한 법률에 의거, 경기 출전이 어렵다고 판단되면 이 경우에 해당될 수 있다. 득점기록부에는 '부상으로 인한 참가 종료'로 기입한다.

⑨ 입마개 착용 의무
  ㉠ 국가마다 공공장소에 개를 동행할 때 지켜야 할 의무 사항을 법률로 정하고 있다. 해당 법률에 따라, 반려견 경기(BH/VT; Begleithund/Verhaltens Test)에서 핸들러에게 참가견의 입마개 착용 의무가 부과될 수도 있다.

ⓛ 참가견이 경기 도중 부상을 입거나 기타 사유로 인해 수행 능력이 제한된 경우, 심사위원은 핸들러가 반발하더라도 해당 참가견의 경기를 중단시켜야 한다.

⑩ 경기 출전 요건
  ㉠ 경기 당일 기준으로 참가견은 예외 없이 월령 기준을 충족해야 한다. 참가견은 회원국 대표 단체(LAO)가 정한 규정에 따라 BH-VT를 통과한 후 경기에 출전해야 한다.

> - BH/VT, IGP-VO : 15개월
> - IGP 1단계 : 18개월
> - IGP ZTP : 18개월
> - IGP 2단계 : 19개월
> - FPr 1~3단계 : 15개월
> - IGP 3단계 : 20개월
> - UPr 1~3단계 : 15개월
> - FH 1단계 : 18개월
> - SPr 1~3단계 : 18개월
> - FH 2단계 : 20개월
> - 유류품 수색(StPr 1~3단계) : 15개월
> - IGP-FH : 20개월

  ㉡ FPr 1~3단계 참가견은 IGP 규정에 해당하는 개별 추적 활동을 이해할 수 있어야 하며, UPr 1~3단계 참가견은 IGP-3단계 경기에서 복종에 해당하는 개별 활동을 수행할 수 있어야 한다. 또한 SPr 1~3단계 참가견은 IGP 규정집의 C 과목에 해당하는 방호 활동을 이해할 수 있어야 한다. 각 활동의 수행 능력은 공식적인 증명서 취득 과정 없이 개별 시험을 통해 확인할 수 있다. 개의 크기나 혈통, 지위와 상관없이 모든 개가 경기에 참가할 수 있으나, 참가견은 IGP가 정한 요건을 모두 충족해야 한다.
  ㉢ 핸들러는 하루에 한 경기에만 참가할 수 있다. 한 경기에 핸들러 한 사람이 출전시킬 수 있는 개는 최대 두 마리이다. 각 참가견은 한 경기에서 하나의 타이틀만 획득할 수 있다.
  ㉣ 예외 : BH/VT 및 IGP 1단계, FH 1단계 발정기인 암컷도 모든 경기에 참여할 수 있으나, 다른 핸들러의 참가견과 분리하여 참가해야 한다. A 과목에서는 정해진 순서에 따라 참가하고 나머지 과목에서는 마지막 순서로 참가한다. 임신 상태가 육안으로 뚜렷하게 구분되는 암컷이나 수유 중인 암컷, 새끼를 동반한 암컷은 경기에 참가할 수 없다. 전염성 질환이 발생한 것으로 의심되는 개는 모든 경기에서 제외된다.

⑪ 기질 검사
  ㉠ 기질 검사의 실시
   • 경기가 시작되어 첫 번째 과목의 시험이 시작되기에 앞서, 심사위원은 참가견을 대상으로 경기 참가자격의 공정성을 확보하기 위한 검사를 실시해야 한다. 본 검사에는 개체 식별(문신이나 이식 칩 등의 확인) 단계가 포함된다. 이 검사를 통과하지 않은 개는 경기에 참가할 수 없으며 실격 처리될 수 있다. 칩이 이식된 참가견의 소유자는 칩 판독장치를 준비할 의무가 있다.

- 더불어 심사위원은 경기 전 과정에서 참가견의 기질을 관찰한다. 참가견이 부적절한 기질을 보인 경우, 심사위원은 참가 자격을 취소시킬 수 있으며 해당 경우 득점기록부에 내용을 기록해야 한다. 부적절한 기질로 인해 실격 처리된 참가견은 회원국 대표 단체에 서면으로 해당 사실을 보고해야 한다.

ⓒ 기질 검사 시행
- 기질 검사는 일반적인 환경 조건에서 참가견을 중립적인 판단이 가능한 위치에 두고 실시해야 한다.
- 모든 참가자는 심사위원에게 참가견을 개별적으로 보여주고 평가를 받는다.
- 참가견은 일반적인 리드줄이 연결된 상태로 평가를 받아야 하며, 이때 리드줄은 느슨하게 잡은 상태여야 한다.
- 심사위원은 참가견을 자극할 수 있는 행위를 하지 않아야 한다. 참가견은 접촉을 받아들일 수 있어야 한다.

ⓒ 판 정
- 긍정적인 태도 : 감정을 자제하고 자신감을 보이며, 안정적이고 집중하는 태도를 보이고 활력이 넘치며 한쪽으로 치우치지 않는 태도를 보이는 경우
- 불합격 기준에 가까운 합격 : 약간 불안정하거나 긴장하고 불안해하는 경우. 해당 참가견은 경기에 참가할 수 있으나 경기가 진행되는 동안 면밀한 관찰 대상이 된다.
- 부정적인 태도 또는 부적절한 기질 : 행동이 적극적이지 않고 불안정하며 겁을 먹고 충성에 민감하며 통제가 불가능하여 물거나 공격적인 행동을 하는 경우. 해당 참가견은 실격 처리된다.

⑫ 평가 체계

수행 능력은 평가 등급(자격 인정)과 점수로 표시한다. 활동마다 수행 수준이 반영된 성적(자격)과 그에 상응하는 점수가 부여되어야 한다.

ⓐ 백분율 계산
- 평가 등급 백분율 100% 기준 감점으로 평가 시 탁월 96% 이상, 마이너스 4%
- 매우 우수 95%에서 90%, 마이너스 5%에서 10%
- 우수 89%에서 80%, 마이너스 11%에서 20%
- 만족 79%에서 70%, 마이너스 21%에서 30%
- 부적합 70% 미만, 마이너스 31%에서 100%

ⓑ 경기의 각 과목에 대한 평가 결과는 총점으로만 부여된다. 개별 동작에 대한 평가 결과는 부분 점수로 부여될 수 있으며, 부분 점수를 합산한 총점은 반올림하거나 내림으로 계산하여 도출한다.

ⓒ 동점인 경우에는 C 과목의 점수가 높은 쪽이 우승한다. C 과목이 동점이면 B 과목의 점수가 높은 쪽이 우승한다. 세 과목의 점수가 모두 같은 경우에는 동일한 등수를 부여한다.

⑬ 실 격
ⓐ 참가견이 핸들러나 경기장에서 벗어나서 명령이 3회 주어진 후에도 돌아오지 않으면 실격 처리된다.
ⓑ 실격 시 그 이전 단계까지 획득한 모든 점수가 삭제되며 득점기록부에 점수나 평가 등급이 기재되지 않는다.

ⓒ 심사위원이 참가견의 기질이 부적합하다고 판단하거나 핸들러의 행동이 스포츠맨 정신에 어긋난다고 판단한 경우(음주 상태, 개를 자극할 수 있는 물품이나 음식물 소지 등), 또는 대회 규정을 위반하거나 동물권리법을 위반한 경우, 문화적 관습에 위배되는 행동을 한 경우 해당 핸들러와 참가견은 실격 처리되어 다음 경기에 출전할 수 없다.

ⓔ 참가견이 핸들러가 통제할 수 없는 상태이면(측면/후면 호송 단계에서 참가견이 핸들러나 경기장에서 벗어나 명령이 3회 주어져도 돌아오지 않는 경우, 헬퍼의 소매 외에 다른 곳을 물고 놓지 않는 경우 등) 해당 핸들러와 참가견은 실격 처리되어 다음 경기에 출전할 수 없다.

문제행동	결과
• 핸들러가 스포츠맨 정신에 어긋나는 행동을 한 경우 예 개를 자극할 수 있는 물건이나 음식을 소지하는 등 • 경기 규칙, 동물권리법을 위반하거나 문화적 관습에 위배되는 행동을 한 경우 • 뾰족한 침 등이 포함된 목줄, 고무줄 등을 몰래 사용한 것으로 의심되는 경우 • 경기장 전체에서 위 사항에 해당되는 경우	실격 처리, 획득한 점수 전체 불인정, 등급 없음. 평가 종료
기질 검사를 통과하지 못한 경우	기질 부적합으로 인한 실격 처리, 획득한 점수 전체 불인정, 등급 없음. 평가 종료
참가견이 핸들러나 경기장에서 벗어나 3회 명령에도 돌아오지 않는 경우	실격 처리, 획득한 점수 전체 불인정, 등급 없음. 평가 종료

⑭ 도움에 관한 요건
  ㉠ 핸들러는 경기 규칙에서 감점 사항으로 명시된 행위를 숙지하여야 한다.
  ㉡ 핸들러가 참가견을 도울 경우, 부정행위로 간주하여 감점 처리된다.

⑮ 평가
각 경기에서 참가견이 취득 가능한 점수의 70퍼센트 이상을 획득하면 '합격'으로 간주한다.

최고점수	탁월	매우 우수	우수	만족	부적합
100점	96~100	90~95	80~89	70~79	0~69
300점	286~300	270~285	240~269	210~239	0~209
200점 [복종 및 방호(Apr)]	192~200	180~191	160~179	140~159	0~139

⑯ 워킹 챔피언 타이틀
  ㉠ '인터내셔널 워킹 챔피언' 타이틀은 FCI가 회원국 대표단체를 통해 타이틀 획득을 신청한 핸들러에게 부여한다.
  ㉡ 인터내셔널 워킹 챔피언 자격(CACIT) 및 국제 작업견 예비 챔피언 자격(Reserve CACIT)은 FCI의 승인을 받아 실시되는 대회에서 최고 수준(3등급)이 입증된 참가견에게 수여된다.
  ㉢ 인터내셔널 워킹 챔피언 대회에는 FCI 회원국 대표 단체 전체를 초청해야 한다. 심사위원은 최소 두 명으로 구성하며, 이 중 한 명은 타 회원국의 대표 단체에서 선정한 위원이어야 한다. 챔피언 타이틀은 심사위원의 제안을 통해 수여된다.

ⓔ CACIT 및 예비 CACIT은 아래 조건을 충족시킨 참가견에 한해 수여할 수 있다.
- 쇼 행사에서 최하 '매우 우수' 이상의 등급을 취득한 참가견
- 경기에서 최하 '매우 우수' 이상의 등급을 취득한 참가견. 단, 해당 등급을 취득하여도 타이틀이 자동으로 주어지지는 않는다.
- FCI 견종 목록에서 1, 2, 3그룹에 해당하는 견종. 훈련경기대회(사역견, 추적견)에는 해당 견종에 한해 출전할 수 있다.

ⓜ '국가 워킹 챔피언' 타이틀은 각 회원국 대표 단체의 규정에 따라 관리된다.

⑰ 득점기록부
  ㉠ 대회 참가견 전체가 의무적으로 득점기록부를 작성해야 한다. 득점기록부는 핸들러가 소속된 각 회원국 대표단체의 지시에 따라 발행된다.
  ㉡ 참가견 한 마리당 반드시 한 권의 득점기록부만 발행되어야 하며, 본 사항에 대해서는 발행 기관이 책임을 진다. 경기 결과는 어떠한 상황에서도 반드시 심사위원이 득점기록부에 기록해야 하며, 작성된 항목을 대회 의장이 2차 점검한 후 서명한다.
  ㉢ 2012년부터 득점기록부에는 다음 항목이 기입되어야 한다.

  > 회원번호, 참가견의 이름과 견종, 참가견의 식별 자료(문신, 칩 등), 참가견 소유자의 이름과 주소, 경기 A, B, C 과목의 총점과 TSB(Temperament, Self-Assuredness, Ability to Work Under Pressure : 기질, 자신감, 스트레스 환경에서의 작업 능력) 평가 점수, 심사위원의 이름과 서명

⑱ 책임 요건
  ㉠ 참가견의 소유자는 자신의 개로 인해 발생한 인적 상해나 물질적 손해에 책임져야 할 의무를 진다. 따라서 그러한 상황에 대비할 수 있는 적절한 보험에 가입해야 한다.
  ㉡ 경기 도중 사고가 발생한 경우, 핸들러는 자신과 자신의 참가견에 대해 책임져야 할 의무가 있다.
  ㉢ 핸들러는 심사위원 및 행사 조직 단체의 지시를 따라야 하며, 지시를 자의로 해석하여 행한 경우에는 그에 대한 책임을 져야 한다.

⑲ 예방접종
  심사위원 또는 대회 의장에게 공인 기관에서 발행한 예방접종의 증명 서류(백신 접종 증명서)를 제출해야 한다.

⑳ 대회 개최일
  ㉠ 토요일, 일요일, 휴일 개최 시
  - 일반적으로 경기는 주말과 법정 공휴일에 실시한다.
  - BH/VT 시험도 공식적인 대회 개최일에 실시할 수 있다.
  - BH/VT 시험과 IGP-1/FH 경기는 이틀 동안(금-토 또는 토-일) 한 곳 또는 다른 장소 두 곳에서 연이어 실시할 수 있다. BH/VT 시험과 IGP -1/FH 경기 사이에 반드시 지키도록 정해진 대기 시간은 없다.
    예 금요일이나 토요일에 BH 시험 실시, 토요일이나 일요일에 IGP 또는 FH 경기 실시

ⓒ 금요일 개최 시
- 금요일 경기는 토요일 경기와 연이어 진행되는 경우에만 허용된다.
- 유의사항 : 금요일 경기는 토요일 경기에서 참가하는 개체 수가 개최 장소의 수용 범위를 초과한 경우에 한해 허용된다. 이 경우 경기는 정오(12:00) 이전에 시작할 수 없다.
- IGP/FH 경기 참가자 수는 절반으로 조정한다.
- BH/VT 시험은 최대 일곱(7) 마리의 개를 대상으로 실시한다.
- 금요일 경기에 이어 토요일에 실시되는 IGP/FH 경기는 토요일에 종료되어야 한다.
- 참가견은 각 개체에 따라 금요일에 참가를 완료할 수 있다.
- 예외 : 금요일에 개최되는 BH/VT 시험 참가자가 다음 날인 토요일에 IGP 1단계나 FH 1단계 경기에 참가할 경우 경기 참가자 '쏠림 현상'이 발생하지 않도록 해야 한다. 참가자는 행사 주최 규정을 반드시 확인해야 한다.

ⓒ 공휴일 규정
- 공휴일에도 위와 유사한 규정이 적용된다.
- 예외 : 개별 회원국의 공휴일 규정과 FCI-MV 지침을 확인해야 한다.
- 공휴일 전날로 주중 평일에 해당되는 날에는 반나절 경기를 실시할 수 없다.

㉑ 대회 감독
FCI 소속 각 회원국의 대표 단체가 대회를 감독한다. 해당 단체는 대회가 규정에 명시된 사항대로 시행되도록 행사를 관리 감독할 적임자를 선임할 수 있다.

㉒ 시상식/트로피 수여
㉠ 시상식은 다음 각 경기(IGP 1~3단계, FH 1, FH 2, IGP/FH, BH/VT 시험)가 완료되면 개별적으로 실시한다.
ⓒ IGP 1~3단계 경기에서 참가견 여러 마리가 동점을 취득하면, C 과목의 점수로 순위를 결정한다. 해당 단계의 점수가 동점인 경우 B 과목의 점수로 순위를 정한다. 전 단계 점수가 모두 동일한 경우, 해당 참가견 모두에게 동일한 순위를 부여한다. 재경기는 고려하지 않으며 시상식이 대회 마지막 순서가 된다. 일반적으로 모든 참가자는 시상식에 참가한다. 경기는 시상식이 끝나고 대회 관련 서류 작업이 끝나면 공식 종료된다.

2 BH(반려견) 시험 규정

(1) 반려견 경기(기질 검사, 서류 심사 포함)

모든 대회와 시합은 해당 스포츠 행사의 시행 및 진행 요건을 준수해야 한다. 대회 시행과 평가 방식은 아래에 명시하였다. 본 규칙은 대회 관계자 전체에 적용되며, 모든 참가자가 본 요건을 따라야 한다. 경기는 공개적으로 개최되어야 한다. 경기 장소와 시작 시간은 회원국에 공개하고, FCI 회원국 대표 단체가 승인을 취득한 경우에만 시행할 수 있다. 각 회원국 대표 단체는 본 규칙을 준수해야 한다.

(2) 일반 규칙

① 핸들러 규정

ㄱ. 경기에 참가하고자 하는 모든 핸들러는 규정에 관한 필기시험을 통과한 후 FCI 자격증을 취득하였거나, 소속 국가가 발급한 인증 자격의 취득을 증명할 수 있어야 한다.

ㄴ. FCI 반려견(BH) 경기의 최초 출전자로 필기시험 통과 사실을 증명할 수 없는 사람은, 대회 실기 시험에 참가하기 전 반드시 필기시험을 치르고 합격해야 한다.

ㄷ. 한 경기일에 참석하는 핸들러의 수는 10명에서 15명으로 정하고 해당 경기일에 치러지는 경기 과목의 수에 따라 조정할 수 있으나, 30명을 초과해서는 안 된다(BH 경기는 필기시험을 포함하여 총 3단계로 구성되며, 필기시험이 실시되지 않으면 2단계로 이루어진다).

② 견종 규정

ㄱ. 견종과 크기에 상관없이 모든 개가 경기에 참여할 수 있다. 단, 참가 가능한 최소 월령은 15개월이다.

ㄴ. BH 경기가 개최되려면 최소 네 마리 이상의 개가 참가해야 한다. BH 경기가 다른 경기와 함께 시행되는 경우에도(IGP, FH 등) 본 경기에 네 마리 이상이 참가해야 한다.

(3) 기질 검사

BH 경기가 시작되기에 앞서 참가견 전체가 기질 평가를 받아야 한다. 해당 평가에서는 문신으로 새겨진 식별번호나 이식된 칩 번호를 확인한다. 식별 번호가 없는 개는 경기에 참가할 수 없다. 기질 평가는 경기 내내 실시된다. 기질 검사를 통과하지 못한 참가견은 경기 다음 단계에 출전할 수 없다. 또한 기질 검사를 통과하였더라도 경기 도중에 취약한 면이 나타난 경우, 심사위원은 뒤이은 경기에서 해당 참가견을 배제시킬 수 있다. 이 경우 득점기록부에 다음과 같이 기록된다.

> "기질 검사/행동 검사 불합격." BH/VT 경기에서 총성 검사는 실시되지 않는다.

(4) 평가

BH 경기의 A 단계 시험에서 총점이 만점 기준 70% 이상을 넘지 않은 참가견은 통행 능력을 평가하는 B 단계 시험에 참가할 수 없다. 시험이 종료되면 심사위원이 점수가 아닌 "합격" 또는 "불합격" 여부만 통지한다. A 단계 시험에서는 만점의 70% 이상을 획득하면 합격 처리된다. B 단계 시험에서는 심사위원이 결과가 적정 수준에 도달했는지 여부를 공표한다. 수상자와 순위 선정은 경기를 주최한 단체의 요청에 따라 심사위원에게 일임된다.

> 참고
> BH 경기에서 취득한 타이틀은 품종 증명과 무관하며, 종견 선정(Breed Survey) 행사나 FCI 회원국이 개최하는 전시 행사의 참가 자격으로 인정되지 않는다. 반복 출전에 대한 제한은 없으며 각 경기에서 취득한 결과는 득점기록부에 개별적으로 기록된다.

(5) A 단계 시험 : 훈련장에서 실시되는 반려견 시험(총점 60점)

① 일반 규정

　㉠ 경기에서 각 동작은 기본 동작으로 시작하고 마무리한다. 참가견은 핸들러의 왼쪽에 곧은 자세로 앉아 침착하고 주의 깊은 태도로 대기하며 이때 참가견의 오른쪽 어깨가 핸들러의 무릎 높이에 와야 한다.

　㉡ 경기 동작을 시작하기 전, 이 기본 동작을 취할 기회는 단 한 차례 주어진다. 핸들러는 바른 자세로 서야 하며, 두 다리를 벌리고 선 자세는 허용되지 않는다. 앞 단계 동작을 마무리하면서 기본자세를 취하고 이를 그대로 다음 동작을 시작하는 기본자세로 연결할 수 있다.

　㉢ 핸들러는 참가견이 자세를 잡도록 도와서는 안 되며, 도울 경우 감점 처리된다. 개를 자극할 수 있는 물건이나 장난감은 소지할 수 없다. 핸들러가 신체에 장애가 있어 경기 중 정상적으로 치를 수 없는 부분이 있는 경우, 경기 시작 전 심사위원에게 해당 사실을 알려야 한다. 핸들러의 신체적 장애로 인해 참가견을 왼쪽에 앉힐 수 없는 경우에는 오른쪽에 앉힐 수 있다.

　㉣ 각 동작은 심사위원의 신호로 시작된다. 방향 전환, 정지, 속도 변화 등 모든 동작은 별도 지시 없이 개별적으로 실시한다. 단, 심사위원에게 각 과정의 지시를 요청할 수 있다.

　㉤ 참가견을 칭찬하는 행동은 경기 각 단계가 완료된 후에 허용된다. 이후 핸들러는 다시 기본자세를 취한다. 참가견을 칭찬하고 다음 동작을 시작하기에 전에 시간 간격을 명확히 두어야 한다(약 3초). 경기 각 단계 사이에 참가견은 앉은 자세로 대기한다.

② 경기장 규격도 : 리드줄 착용/미착용 보행 경기

시작 기본자세는 앉아 동시에 또한 종료 기본자세의 엎드려이다. 군중 통과 단계에서 핸들러와 참가견은 서 있는 사람을 먼저 왼쪽으로 돌아 통과하고 이어서 다음 사람의 오른쪽을 돌아 통과해야 한다.

　㉠ 리드줄 착용 보행(15점) : 음성 명령어 – "따라와"

- 참가견은 동물보호법에 맞는 공인된 목줄이나 가슴줄을 착용한 상태로 기본자세를 취하고 있다가, 핸들러가 이끄는 대로 즐겁게 따라간다. 리드줄을 목줄의 조임 고리에 연결하면 안 된다.
- 다른 참가견과 핸들러가 '산만한 환경에서 엎드려 대기하기' 동작이 진행될 지정 장소로 이동하면 참가견과 핸들러는 기본자세로 대기한다. 이 지점부터 두 참가견의 시험이 시작된다. 시험이 시작되면 핸들러는 개와 함께 50보를 일직선으로 멈추지 말고 걸어간 후, 뒤로 돌아 다시 10~15보 정도를 빠른 걸음, 느린 걸음으로 걸어간다. 참가견에게는 "따라와"라고 명령한다. 빠른 걸음에서 느린 걸음으로 바뀌는 과정에서 전환 동작이 없어야 한다. 그 외에는 개요도에 표시된 경로대로 보통 걸음으로 이동하면서 우회전 2회, 좌회전 1회, 180도 회전 2회를 수행한다(두 번째 180도 회전 후에는 정지한다).
- 이동할 때, 참가견은 핸들러의 왼쪽에서 어깨가 핸들러의 무릎 높이에 오도록 곧은 자세를 유지해야 한다. 180도 회전 동작에서 핸들러는 참가견이 왼쪽으로 돌도록 이끈다. 이동 경로를 따라 보통 속도로 걷다가, 두 번째 180도 회전을 완료한 후에는 제자리에 멈추는 동작을 최소 한 번 이상 실시해야 한다.
- 핸들러는 시작 시점과 보행 속도 변경 시 음성 명령어로 "따라와"를 사용할 수 있다.

- 핸들러가 보행을 중단하면 참가견은 핸들러가 도와주지 않아도 재빨리 앉아야 한다. 핸들러가 개의 기본자세를 바꿔주어서는 안 되며, 개가 핸들러와 멀찍이 떨어져 앉더라도 간격을 좁히기 위해 다가설 수 없다. 보행 중에는 리드줄을 왼손에 쥐고, 느슨하게 끌어야 한다. 보행 동작이 종료되면 심사위원의 지시에 따라 핸들러는 최소 4명이 모여 서 있는 쪽으로 이동한다.
- 참가견이 핸들러보다 뒤처져 걷거나 앞서 걷는 경우, 보행 시 측면으로 멀리 벗어나는 경우, 앉는 동작에서 핸들러와 가까운 곳에 천천히 앉는 경우 부적합으로 평가된다.

ⓒ 리드줄 미착용 보행(15점) : 음성 명령어 – "따라와"

심사위원의 지시가 주어지면 핸들러는 참가견의 목줄에서 리드줄을 분리한다. 분리한 리드줄을 어깨에 걸치거나 주머니에 넣고(어느 쪽이든 참가견의 반대쪽 방향으로), 즉시 군중 통과 위치로 가서 사람들 사이를 이동하다가 최소 1회 멈춰 선다. 군중들에게서 벗어나면 핸들러는 다시 기본자세를 취하고 리드줄 없이 보행하는 시험을 시작한다.

ⓒ 앉기(10점) : 음성 명령어 – "앉아"

핸들러는 기본자세로 서 있다가 리드줄이 연결되지 않은 개와 함께 일직선 방향으로 걸어간다. 최소 10~15보 걸은 후 핸들러는 기본자세를 취하고 개를 향해 "앉아" 명령을 내린다. 그리고 15보를 더 걸어가 개가 있는 쪽을 향해 몸을 돌려 선다. 심사위원의 지시가 주어지면 핸들러는 다시 참가견이 있는 위치로 돌아가서 개의 오른쪽에 선다. 참가견이 눕거나 서는 등 앉기 외에 다른 행동을 하면 5점이 감점된다

ⓔ 엎드려 대기 후 복귀하기(10점) : 음성 명령어 – "엎드려", "따라와"

- 핸들러는 기본자세에서 개를 향해 "따라와" 명령을 하고 일직선 방향으로 걸어간다. 10~15보 걸어간 후, 핸들러는 기본자세를 취하고 개에게 "엎드려"라고 명령한다. 그리고 30보 더 걸어가서 개가 있는 쪽으로 몸을 돌려 선다. 심사위원의 지시가 주어지면 핸들러는 개를 부른다.
- 참가견은 핸들러를 향해 재빨리 즐겁게 다가와 핸들러의 정면에 앉아야 한다. 핸들러가 "따라와" 명령을 하고 참가견이 핸들러의 옆에 앉으면 동작이 완료된다. 핸들러가 부른 후 참가견이 곧장 오지 않고 서거나 눕는 등 다른 행동을 하면 5점이 감점된다.

ⓜ 산만한 환경에서 엎드려 대기하기(10점) : 음성 명령어 – "따라와", "엎드려", "앉아"

- 다른 참가견이 B 단계 시험을 시작하기에 앞서, 핸들러는 심사위원의 지시에 따라 지정된 위치로 이동한다. 도착하면 리드줄을 분리하고 참가견에게 "엎드려"라고 명령하고 개는 곧게 누운 자세를 유지한다. 이때 개의 근처에 리드줄을 비롯해 다른 물체가 없어야 한다.
- 핸들러는 개를 그대로 둔 채 뒤돌아보지 말고 30보 이상 걸어가되, 뒷모습이 개의 시야에 들어오는 범위에서 이동한다. 참가견은 핸들러의 행동에도 동요하지 않고 침착하게 누워 있어야 한다. 그동안 다른 참가견이 근처에서 1단계부터 4단계까지 시험을 수행한다.
- 심사위원의 지시가 주어지면 핸들러는 다시 참가견에게 다가와 개의 오른쪽에 선다. 3초 경과 후 심사위원이 지시하면 핸들러는 개가 재빨리 곧은 자세로 앉도록 음성으로 명령한다.
- 핸들러가 차분하게 행동하지 않거나 몰래 개를 도와주는 경우, 개가 침착성을 잃은 행동을 하는 경우, 핸들러가 다시 데리러 올 때 개가 서거나 앉는 경우 감점 처리된다. 단, 참가견이 앉거나 일어났지만 제자리를 벗어나지 않으면 부분 감점된다.

- 다른 개가 가까운 거리에서 B 단계 시험을 완료하기 전에 참가견이 지정된 장소에서 3m 이상 벗어나는 경우, 본 과정은 0점 처리된다. 다른 개가 B 단계 시험을 완료한 후에 참가견이 지정된 장소를 벗어나면 부분 감점 처리된다. 핸들러가 참가견을 다시 데리러 왔을 때 개가 일어나서 핸들러 쪽으로 다가가면 3점 감점된다.

(6) B 단계 시험 : 통행 시험

① 일반 규정

㉠ 본 시험은 훈련장을 벗어나 적절한 공공장소에서 실시한다. 통행 시험을 실시하기에 적절한 장소와 시험 방식은 심사위원과 대회 의장이 결정한다(거리, 인도, 광장 등). 일반인들의 통행에 방해가 되지 않는 곳을 선정해야 한다.

㉡ 본 시험은 시작부터 종료까지 상당한 시간이 소요된다. 너무 많은 두수의 개가 참가하여 피상적인 평가가 이루어지고 평가 요소를 수행하기 어려운 상황이 되어서는 안 된다.

㉢ B 과목 시험에서 점수는 각 동작에 개별적으로 부여되지 않는다. 시험 전 과정에 걸쳐 통행로와 공공장소를 이동하며 참가견이 보이는 행동이 전반적으로 우수한 수준이면, 본 시험을 통과할 수 있다.

㉣ 다음에 제시한 시험 동작들은 예시이며, 심사위원이 각 지역의 상황에 따라 변경할 수 있다. 심사위원은 참가견의 평가에 문제가 될 소지가 있다고 판단될 경우 동일 동작을 반복 실시하도록 하거나 동작을 변경할 권한을 갖는다.

② 시험 실시

㉠ 군중과의 만남
- 핸들러는 리드줄을 개와 연결한 상태에서 심사위원의 지시에 따라 지정된 보행로를 걸어간다. 심사위원은 뒤를 따르며 적당한 거리를 함께 걷는다.
- 참가견은 핸들러의 왼쪽에서 어깨가 핸들러의 무릎 높이에 오도록 곧은 자세를 유지하며 리드줄이 느슨하게 연결된 상태로 적극적으로 걷는다.
- 참가견은 다른 보행자들과 차량에 무관심한 태도를 유지해야 한다.
- (사전에 지정된) 보행자가 등장하여 핸들러의 보행을 방해하면서 가로질러 지나가면, 참가견은 침착한 상태를 유지하고 동요하지 않아야 한다.
- 핸들러와 참가견은 계속 걸어서 최소 6명의 사람이 모여 있는 쪽으로 다가간다. 이들 중 한 사람이 핸들러를 부르고 악수를 나눈다. 핸들러가 '앉아' 또는 '엎드려' 명령을 하면, 참가견은 두 사람이 대화를 나누는 동안 침착하게 제자리에 머물러야 한다.

㉡ 자전거 타는 사람과의 만남
- 참가견은 리드줄이 연결된 상태로 핸들러와 함께 길을 걸어가고, 자전거를 탄 사람이 뒤에서 다가오며 자전거 벨을 울린다. 자전거에 탄 사람은 적당한 거리를 앞질러 이동한 후 방향을 바꿔 핸들러와 개를 향해 다가온다. 이때 다시 한 번 자전거 벨을 울리고, 개가 핸들러와 자전거 사이에 오는 위치로 자전거를 타고 지나간다.
- 리드줄에 연결된 참가견은 자전거를 탄 사람을 향해 침착한 태도를 유지해야 한다.

ⓒ 차량과의 만남
- 핸들러는 리드줄을 연결한 참가견과 함께 여러 대의 차 옆을 지나며 걸어간다. 이때 정차해 있던 차량 중 한 대가 시동을 건다. 또 다른 차량에서는 차 문을 세게 닫는다.
- 참가견과 핸들러는 계속해서 걸어가고, 차 한 대가 둘의 곁에 와서 선다. 멈춘 차량에 탄 사람이 창문을 열고 핸들러에게 무언가를 질문한다. 핸들러는 개에게 '앉아' 또는 '엎드려' 명령을 한다.
- 참가견은 차량들과 기타 모든 차량 소음에 침착하고 무관심한 태도를 유지해야 한다.

ⓓ 조깅하는 사람들 또는 인라인 스케이트를 타는 사람들과의 만남
- 핸들러는 리드줄을 연결한 참가견과 함께 조용한 길을 걸어간다. 최소 두 명이 조깅을 하면서 핸들러 옆을 지나가고 속도를 늦추지 않는다. 어느 정도 앞질러서 달려가다가, 한 사람이 뒤로 돌아 참가견과 핸들러를 향해 달려와서 속도를 늦추지 않고 그대로 옆을 지나간다.
- 참가견은 핸들러의 뒤를 똑바로 따라오지 않아도 되지만, 조깅하며 옆을 지나는 사람에게 끼어들면 안 된다. 핸들러는 개가 앉거나 엎드린 상태로 있도록 명령할 수 있다.
- 본 시험은 조깅하는 사람들 대신 인라인 스케이트를 탄 사람 한 두 명이 참가견과 핸들러 옆을 지나 앞서가다가 뒤로 돌아 둘을 향해 다가오도록 하는 방식으로도 시행할 수 있다.

ⓔ 다른 개들과의 만남
다른 핸들러와 개가 옆을 지나가거나 정면에서 만났을 때, 참가견은 침착한 상태를 유지해야 한다. 핸들러는 '따라와' 명령을 반복할 수 있으며, 참가견을 앉거나 엎드려 있도록 명령할 수 있다.

ⓕ 묶은 상태로 홀로 남겨졌을 때 다른 개와의 만남
- 심사위원의 지시가 주어지면, 핸들러는 리드줄에 연결된 개와 함께 통행량이 비교적 적은 길을 따라 걸어간다. 짧은 거리를 이동한 후 핸들러는 걸음을 멈추고, 심사위원의 지시에 따라 리드줄을 울타리나 벽 등에 걸어 참가견을 묶어둔다. 그리고 상점이나 집 등으로 들어가 참가견의 시야에서 사라진다.
- 참가견은 서 있거나 앉아 있을 수 있으며 엎드려 있어도 된다.
- 핸들러가 자리를 비운 사이, 한 통행자가 리드줄에 연결된 개와 함께 참가견과 5보 정도 간격을 두고 옆을 지나간다.
- 참가견은 핸들러가 자리를 비운 동안 홀로 침착한 상태를 유지해야 한다. 다른 개가 지나갈 때(공격적인 개는 본 시험에 참여시키지 않는다), 참가견은 개가 그대로 지나가도록 두고 공격성(묶인 리드줄을 세게 잡아당기거나 계속 짖는 등)을 내보이지 말아야 한다. 핸들러는 심사위원의 지시에 따라 개를 데리러 간다.

> 참고
> 참가견 전체가 같은 장소에서 개별 시험을 치르게 할지, 일부 참가견들을 대상으로 시험을 진행한 후 다른 시험 장소로 옮겨 동일한 시험을 같은 방식으로 진행할지 여부는 심사위원이 재량에 따라 결정할 수 있다.

사역견 시험 1~3단계(APr 1~3)

① 최대 배점 200점

APr 1~3단계 사역견 시험은 IGP 1~3단계 경기 중 B, C 과목에서만 실시된다. 추적 능력은 본 시험의 평가 내용에 포함되지 않는다. 본 경기에서 취득한 타이틀은 품종 증명과 무관하며, 종견 선정(Breed Survey) 행사나 FCI 회원국이 개최하는 전시 행사의 참가 자격으로 인정되지 않는다.

최고점수	탁월	매우 우수	우수	만족	부적합
200점	192~200	180~191	160~179	140~159	0~139

② 추적 시험 1~3단계(FPr 1~3)

㉠ 1~3단계 평가에서 실시되는 추적 시험은 IPO 시험 1~3단계 중 A 과목에만 포함된다. BHVT/ IGP 경기나 추적 시험에 4명이 이상이 참가한 경우 일부 참가자가 본 시험을 추가로 치르도록 할 수 있다. 핸들러는 참가견과 함께 출전할 시험 단계를 자유롭게 선택할 수 있다.

㉡ 본 경기에서 취득한 타이틀은 품종 증명과 무관하며, 종견 선정(Breed Survey) 행사나 FCI 회원국이 개최하는 전시 행사의 참가 자격으로 인정되지 않는다.

최고점수	탁월	매우 우수	우수	만족	부적합
100점	96~100	90~95	80~89	70~79	0~69

③ 복종 시험 1~3단계(UPr 1~3)

㉠ 1~3단계 평가에서 실시되는 복종 시험은 IGP 시험 1~3단계 중 B 과목에만 포함된다. BHVT/IGP 경기나 추적 시험에 최소 4명이 참가한 경우, 일부 참가자가 본 시험을 추가로 치르도록 할 수 있다. 핸들러는 참가견과 함께 출전할 시험 단계를 자유롭게 선택할 수 있다.

㉡ 본 경기에서 취득한 타이틀은 품종 증명과 무관하며, 종견 선정(Breed Survey) 행사나 FCI 회원국이 개최하는 전시 행사의 참가 자격으로 인정되지 않는다.

㉢ 복종 시험은 반드시 1단계부터 3단계의 순서로 출전하지 않아도 된다.

최고점수	탁월	매우 우수	우수	만족	부적합
100점	96~100	90~95	80~89	70~79	0~69

④ 방호 시험 1~3단계(SPr 1~3)

㉠ 1~3단계 평가에서 실시되는 방호 시험은 IGP 시험 1~3단계 중 C 과목에만 포함된다. BHVT/IGP 경기나 추적 시험에 최소 4명이 참가한 경우, 일부 참가자가 본 시험을 추가로 치르도록 할 수 있다. 핸들러는 참가견과 함께 출전할 시험 단계를 자유롭게 선택할 수 있다.

㉡ 본 경기에서 취득한 타이틀은 품종 증명과 무관하며, 종견 선정(Breed Survey) 행사나 FCI 회원국이 개최하는 전시 행사의 참가 자격으로 인정되지 않는다.

㉢ 방호 시험은 반드시 1단계부터 3단계의 순서로 출전하지 않아도 된다.

최고점수	탁월	매우 우수	우수	만족	부적합
100점	96~100	90~95	80~89	70~79	0~69

3 IGP(사역견) 시험 규정

- IGP 1단계(IGP-1) 과목의 구성
  1. A 과목(추적 시험) : 100점
  2. B 과목(복종 시험) : 100점
  3. C 과목(방호 시험) : 100점
- 배점 : 총점 300점
- 참가 규정
  참가견은 경기 당일 기준으로 정해진 월령을 충족해야 하며, 이에 대한 예외는 없다. 소속 국가의 규정에 따라 BH/VT 시험을 통과한 개만 참가할 수 있다.

(1) IGP 1단계 A 과목 : 추적 시험

- 핸들러가 최소 300보 이동하고 3개 구간, 2회 방향 전환(약 90도)을 거치면서 배치 후 최소 20분 경과 후 소지품 2개를 15분 이내에 찾는 경기
  - 추적 경로 유지 : 79점
  - 소지품(11+10) : 21점
  - 총점 100점
- 참가견이 소지품을 하나도 찾지 못하면 평가 결과는 최대 '만족'까지 부여된다.

> **참고**
>
> **IGP 2단계 A 과목 : 추적 시험**
> - 핸들러가 최소 400보 이동하며 3개 구간, 2회 방향 전환(약 90도)을 거쳐 배치 후 최소 30분이 경과 후 소지품 2개를 15분 이내에 찾는 경기
>   - 추적 경로 유지 : 79점
>   - 소지품(11+10) : 21점
>   - 총점 100점
> - 참가견이 소지품을 하나도 찾지 못하면 평가 결과는 최대 '만족'까지 부여된다.
>
> **IGP 3단계 A 과목 : 추적 시험**
> - 핸들러가 최소 600보 이동하고 5개 구간, 4회 방향 전환(약 90도)을 거쳐 배치 후 최소 60분 경과 후 소지품 3개를 20분 이내에 찾는 경기
>   - 추적 경로 유지 : 79점
>   - 소지품(7+7+7) : 21점
>   - 총점 100점
> - 참가견이 소지품을 하나도 찾지 못하면 평가 결과는 최대 '만족'까지 부여된다.

① 일반 규정
  ㉠ 심사위원이나 기타 추적 시험 담당자가 시험장 환경에 맞게 추적 경로의 형태를 정한다. 경로는 다양한 형태로 구성되어야 한다. 예를 들어 이동 방향이 바뀔 때마다 동일한 간격으로 소지품이 놓이도록 구성하면 안 된다. 시작 지점은 냄새 패드의 왼쪽으로 정하고 알아보기 쉽게 표시한다.
  ㉡ 참가견과 핸들러가 추적 시험을 치르는 구역에는 심사위원과 기타 모든 관계자가 출입할 수 없다. 추적 구역이 마련되고 나면, 각 참가자의 경기 순서는 심사위원이 참석한 자리에서 추첨으로 결정한다.
  ㉢ 추적 시험 장소의 선정은 풀밭, 경작지, 숲속 평지 등 자연 지형 어디든 추적 장소로 활용할 수 있다.
  ㉣ 추적이 시각적으로 이루어지지 않도록 해야 하며, 시험 전체 단계에서 지형이 적절한 곳으로 변경할 수 있다.
  ㉤ 추적 장소 확보 : 심사위원이나 기타 추적 시험 담당자는 다음의 업무를 책임지고 수행한다.
    • 추적 경로의 구조 결정
    • 추적 경로 완성
    • 추적 경로 형성 과정 관찰
  ㉥ 추적 경기장의 구조는 현지 상태에 따라 정한다. 추적 경로(체취선)는 자연스러운 보행 속도로 이동할 수 있어야 한다. 또한 체취선으로 인해 이동 구간, 방향 전환, 소지품 수색 과정에서 부자연스럽게 이동하는 일이 발생하지 않아야 한다.

  > **참고**
  > IGP 2단계 이상 경기에서는 특별히 숙련된 담당자가 체취선 형성에 참여해야 한다.

  ㉦ 핸들러(체취선 형성 담당자)는 이동 경로에 놓을 소지품을 심사위원이나 추적 시험 담당자에게 미리 확인 받아야 한다. 체취선을 형성할 사람이 최소 30분 이상 소지하여 냄새가 충분히 밴 물건만 사용할 수 있다.
  ㉧ 핸들러(체취선 형성 담당자)는 냄새 패드에 짧게 머물렀다가 보통 걸음으로 지정된 장소로 이동한다. 이동 구간은 보통 걸음으로 걸으며 걸음을 늦추고 천천히 걸을 수 있을 정도의 형태로 마련되어야 한다. 각 구간의 길이는 30보 이상이어야 한다. 방향 전환도 보통 속도로 진행될 수 있도록 구성하여 참가견이 추적 경로를 계속 따라갈 수 있도록 해야 한다(경기장 개요도 참고). 발을 끌며 걷거나 걷는 속도를 줄이는 행동은 허용되지 않으며 체취선을 형성하다가 중단할 수 없다. 체취선 형성은 참가견이 보지 않는 상태에서 진행한다.
  ㉨ 소지품 놓기
    • 첫 번째 소지품은 최소 100보 이동한 후 첫 번째 혹은 두 번째 구간에 놓되, 방향 전환 지점으로부터 20보 전후에는 놓지 않는다.
    • 두 번째 물건은 추적 경로 마지막에 놓는다. 물건은 이동하면서 두고 지나가야 한다. 마지막 소지품을 놓고 나면 체취선 형성 담당자는 경로에서 벗어나 곧장 몇 걸음 더 걸어간다.

> IGP 3단계에서는 3개의 소지품을 놓고 20분 이내에 찾는 평가를 한다.
>
> **IGP 3단계 소지품 놓기**
> ① 첫 번째 소지품은 최소 100보 이동한 후 첫 번째 혹은 두 번째 구간에 놓되, 방향 전환 지점으로부터 20보 전후 거리에는 놓지 않는다. 두 번째 물건은 심사위원이 위치한 방향 쪽에 놓고, 세 번째 물건은 추적 경로의 마지막 부분에 놓는다.
> ② 물건은 이동하면서 두고 지나가야 한다. 마지막 소지품을 놓고 나면 체취선 형성 담당자는 경로에서 벗어나 곧장 몇 걸음 더 걸어간다.

 ⓩ 소지품 추적(아티클)
  • 체취선을 형성할 사람이 최소 30분 이상 소지하여 냄새가 충분히 밴 물건만 사용할 수 있다.
  • 하나의 추적 경로에는 각기 다른 종류의 물건(가죽, 섬유, 나무 소재의 물건 등)을 배치해야 한다. 각 물건의 크기는 길이 약 10cm, 너비 2~3cm, 두께 0.5~1cm 정도로 색은 지면과 뚜렷이 구분되지 않아야 한다.
  • 추적 경로는 지역별 상황을 고려하여 각기 다른 곳에 마련될 수 있으므로, 추적할 소지품에는 추적 경로의 번호와 동일한 번호를 부여한다.
  • 참가견이 추적을 실시하는 동안, 핸들러와 참가견 외에 심사위원, 체취선 형성 담당자를 비롯한 다른 사람들은 추적 경로에 출입할 수 없다.
 ⓣ 명령어 : 추적을 시작할 때 "찾아" 명령을 내릴 수 있다. 첫 번째 소지품을 찾은 후 추적을 재개할 때, 또는 '틀린 물건을 가리킨 경우' 추적 재개를 위해 사용할 수 있다.

② 추적 시험 실행
 ㉠ 핸들러는 참가견을 추적 구간으로 데려간다. 참가견은 자유롭게 이동하거나 10m 길이의 줄에 묶인 상태로 이동한다. 추적줄은 참가견의 등이나 측면, 앞다리나 뒷다리 사이에 연결한다.
 ㉡ 목줄에서 목 부위를 조이지 않는 고리나 가슴줄에 달린 고리에 줄을 연결해도 된다[하네스의 경우 일반 하네스나 추가 스트랩이 없는 추적 전용 베트거(Bottger) 가슴줄을 사용할 수 있다]. 핸들러는 기본자세로 대기하면서 심사위원에게 참가견이 물건을 집을 것인지 가리킬 것인지 보고한다.
 ㉢ 추적 시작 전이나 시작 시점, 추적이 진행되는 동안 개에게는 어떠한 형태의 강압도 가해지면 안 된다.
 ㉣ 추적줄의 길이는 10m 이상이어야 한다. 심사위원은 추적 경기가 시작되기 전에 한하여 추적줄, 목줄, 가슴줄의 길이를 확인할 수 있다. 탄성이 있는 리드줄은 사용할 수 없다.
 ㉤ 심사위원의 지시가 주어지면 핸들러는 참가견을 냄새 패드로 천천히 침착하게 데려온다.
 ㉥ 핸들러는 참가견으로부터 2m가량 떨어진 냄새 패드 앞에 잠깐 앉아서 대기할 수 있다. 추적 활동은 참가견이 알아서 시작하도록 두어야 한다(소지품을 찾고 다음 추적을 시작할 때도 동일함). 개와 연결된 추적줄은 어느 정도 늘어져도 무방하다.
 ㉦ 참가견은 냄새 패드에 집중하며 조용히 코를 깊숙이 대고 냄새를 맡아야 한다. 이 단계는 핸들러의 도움 없이 진행되어야 한다(단, "찾아" 명령은 할 수 있다). 냄새 패드에 머무를 수 있는 시간은 제한이 없으며, 심사위원은 참가견이 추적 경로의 첫 구간에 진입한 후 참가견이 보이는 행동을 보고 냄새에 얼마나 몰입하여 찾아내는지 평가한다.

ⓞ 냄새 패드 단계에서 3회 시도 후에도 개가 추적 방향을 정하지 못하면, 본 추적 시험은 종료된다.
ⓧ 참가견은 바닥에 코를 대고 추적 경로를 따라 일정한 속도로 나아가야 한다. 핸들러는 10m 줄의 끝에 해당하는 거리에서 개를 따라간다. 줄을 매지 않고 수색하는 경우에도 그 정도 간격을 두고 따라가야 한다. 줄은 핸들러가 쥐고 있는 한 충분히 느슨하게 늘어져도 무방하나, 줄 한쪽 끝을 손에 쥐고 짧게 당겨서 개가 가까이 오도록 해서는 안 된다. 줄이 지면에 닿아도 실책에 해당되지 않는다.
ⓧ 참가견은 참을성 있는 태도로 몰입하여 추적 경로를 따라가야 하며, 가능한 경우 일정한 속도로 이동해야 한다(지형이나 난이도에 따라 판단함). 핸들러는 추적 경로를 반드시 따라갈 필요가 없다. 개가 일관성 있고 확신에 찬 태도로 추적하는 경우, 추적 속도는 평가 기준이 될 수 없다.
㉠ 방향 전환
- 참가견은 방향 전환 지점도 자신감 있게 통과해야 한다. 경로를 벗어나지 않고 방향을 확인하는 행동은 실책에 해당되지 않으나, 코너에서 선회하는 행동은 실책으로 간주된다. 참가견은 방향을 바꾼 후에도 계속해서 일정한 속도로 추적해야 한다. 핸들러는 코너 지점에서도 가능하면 정해진 간격을 유지해야 한다.
- 참가견은 물건을 찾은 즉시 핸들러의 도움 없이 확신에 찬 태도로 물어 올리거나 가리켜야 한다. 물건을 물어 올릴 때는 서 있는 자세나 앉은 자세 모두 허용되며 핸들러에게 돌아와도 된다.
- 이때 핸들러는 제자리에 가만히 서 있어야 한다. 참가견이 진행 방향으로 계속 나아가거나 엎드리는 행동은 실책으로 간주된다. 물건을 가리키는 행동은 엎드리거나 앉아서 또는 서서 실시할 수 있다(여러 자세를 교차해도 무방하다).
㉡ 물건 지목하기 또는 물어 올리기
- 물건을 찾은 즉시 엎드리지 않아도 실책으로 보지 않으나, 물건 옆에 엎드리거나 핸들러를 찾으며 돌아다니는 행동은 실책으로 간주된다.
- 참가견이 핸들러의 결정적인 도움을 받아 물건을 찾는 경우 위반 행위로 간주된다. 예를 들어 참가견이 물건을 가리키지 않았으나 핸들러가 추적줄이나 구두 명령으로 추적 활동을 중단시키는 경우 등이 이에 해당된다.
- 참가견이 물건을 가리키거나 물어 올리면 핸들러는 쥐고 있던 줄을 놓고 개에게 다가간다. 그리고 물건을 높이 들어올려 참가견이 해당 물건을 찾았음을 알린다. 핸들러가 물건을 찾아 집어들거나 가리키는 행위는 실책으로 간주된다.
- 참가견이 엎드린 상태로 물건을 취급하는 모든 동작과 엎드려서 물어 올리는 동작은 모두 실책으로 본다. 참가견이 핸들러에게 되돌아오더라도 핸들러는 참가견 쪽으로 이동할 수 없다.
- 핸들러가 참가견에게 다가가 물고 있는 물건을 받거나 개가 가리킨 물건을 집을 때는 참가견 바로 옆에 서야 한다. 참가견은 찾은 물건을 가리키거나 물고 있다가 다시 바닥에 내려놓고 핸들러가 줄을 당겨 추적을 재개하기 전까지 침착한 상태를 유지해야 한다.
㉢ 추적 경로 이탈
- 참가견이 추적 경로를 이탈하지 않도록 핸들러가 제지해야 하는 상황이 발생하면, 핸들러는 심사위원으로부터 개를 따라가도 되는지 지시를 받아야 하며 핸들러는 이 지시를 따라야 한다.

- 참가견이 추적줄의 길이 이상(줄 없이 수색 중인 개의 경우 10m 이상) 경로를 벗어나거나 핸들러가 심사위원의 지시를 따르지 않는 경우 추적 시험은 종료된다.

ⓗ 참가견 칭찬하기

본 첫 번째 과목에서는 참가견을 이따금씩 칭찬할 수 있다("찾아" 명령은 칭찬으로 간주하지 않는다). 단, 방향 전환 지점에서는 칭찬할 수 없다. 참가견이 물건을 찾은 경우에 허용되며, 물건을 찾기 전이나 찾은 후에 짧게 칭찬한다.

㉮ 추적 결과 보고

추적이 모두 완료되면 핸들러는 찾은 물건을 심사위원에게 보여주어야 한다. 참가견이 마지막 물건을 물어 올리거나 가리킨 후 핸들러가 이 사실을 심사위원에게 보고하고 점수가 부여되기 전까지는 참가견과 놀거나 개에게 먹을 것을 줄 수 없다. 결과 보고는 기본자세에서 이루어져야 한다.

③ 평 가

㉠ A 과목의 평가는 참가견이 추적을 개시한 시점부터 시작된다.
㉡ 확신을 갖고 몰입하여 열심히 냄새를 맡는 행동, 우수한 훈련 태도가 평가 요소에 해당된다.
㉢ 핸들러는 시험의 한 부분으로 참여하여야 한다. 참가견의 반응을 해석하고, 시험 동작에 집중해야 하며 외부에서 주어지는 영향은 무시해야 한다.
㉣ 심사위원은 참가견과 핸들러를 관찰하는 동시에 추적 구역, 기상 상태, 추적 경로의 중첩 가능성, 제한 시간을 확인해야 하고, 평가 시 이에 관한 모든 항목을 고려한다.
- 추적 태도(다리를 움직이는 속도, 방향 전환 전후의 행동, 물건 찾기 전후의 행동)
- 참가견의 기본적인 훈련 상태(추적 시작 시 집중하지 못하는 행동, 압박을 느끼는 태도, 회피 행동)
- 핸들러가 도움을 주는지 여부
- 추적 활동에 방해가 되는 요소
    - 지면의 상태(풀 높이, 모래, 지형 변화, 안개)
    - 풍향, 풍속 조건
    - 야생 동물
    - 기상 상황(기온, 비, 눈)
    - 냄새 변화

㉤ 심사위원은 핸들러로부터 추적 시작을 보고받은 후, 추적 활동을 관찰하고 핸들러의 구두 명령이나 기타 참가견에게 영향을 주는지 확인할 수 있는 적절한 위치로 이동해야 한다.
㉥ 심사위원이 서 있는 위치는 참가견의 동작에 방해가 되지 않고 핸들러가 비좁다고 느끼지 않을 만큼 충분한 거리를 둔 지점이어야 한다.
㉦ 심사위원은 참가견이 보이는 열의, 자신감이나 불안감, 변덕스러운 행동을 토대로 평가해야 한다.
㉧ 추적 속도는 평가 요소에 포함하지 않으며, 참가견이 집중력 있게 일정한 속도로 자신감 있게 추적을 수행하면 긍정적인 태도를 보인 것으로 평가한다.

ⓩ 참가견이 추적 경로를 벗어나지 않고 방향을 확인하는 행동은 실책으로 보지 않는다. 냄새를 찾아 방황하는 행동, 코를 높이 드는 행동, 모퉁이에서 선회하는 행동, 핸들러가 계속해서 개를 격려하는 경우, 개가 체취선을 이탈하지 않고 물건 쪽으로 향하도록 추적줄이나 말로 도와주는 행동, 개가 물건을 집거나 가리키는 행동이 부적절한 경우, 틀린 물건을 가리키는 경우는 그에 상응하는 점수가 감점된다(최대 4점까지).
ⓩ 개가 뚜렷하게 방황하는 행동, 집중하지 못하는 태도, 제멋대로 수색하는 행동, 배설 행동, 쥐를 잡는 행동 등은 8점까지 감점될 수 있다.
㉠ 참가견이 추적 경로를 추적줄 길이 이상 이탈하면 본 추적 시험은 종료된다. 참가견이 추적 경로를 벗어나 핸들러에게로 돌아오는 경우, 핸들러는 심사위원에게 개를 계속 따라가야 하는지 지시를 받는다. 심사위원의 지시를 따르지 않으면 추적 시험은 심사위원에 의해 종료된다.
㉡ 추적이 시작되고 최대 허용 시간(1, 2단계는 15분, 3단계는 20분) 경과 후 참가견이 추적 경로의 종점에 도달하지 않으면 심사위원에 의해 추적이 종료된다. 점수는 해당 시점까지 수행한 내용에 따라 책정된다.
㉢ 참가견이 물건을 '줍는' 행동과 '가리키는' 행동 중 어느 쪽으로도 해석할 수 있는 행동을 보이는 경우 실책으로 간주된다. 물건을 찾아 처음 보고한 방법대로 표현한 경우에만 찾은 것으로 인정된다.
㉣ 물건을 물어 올리거나 가리키는 행동이 부적절한 경우, 틀린 물건을 가리키는 경우 4점까지 감점되며, 수색 재개 시 핸들러가 추적줄을 잡아 당겨 추적을 유도한 경우 2점이 추가로 감점된다.
㉥ 참가견이 물건을 하나도 찾지 못하면 아무런 점수도 부여되지 않는다. 핸들러의 물건을 찾지 못하면 본 A 과목은 최대 '만족' 등급까지만 부여될 수 있다. 개가 소지품을 찾도록 핸들러가 추적 재개를 유도할 수 없다는 점도 평가에 반영되어야 한다.
㉦ 참가견이 사냥 본능이 솟구쳐 쫓는 행동을 보이면, 핸들러는 통제를 위해 "엎드려" 명령을 할 수 있다. 이후 심사위원의 지시에 따라 수색 작업을 이어간다. 이 지시로 통제가 되지 않으면 시험은 종료된다(평가 : '통제 불가 상황으로 인한 실격').

④ **시험 종료/실격 기준**
㉠ 행동 결과 참가견이 냄새 패드에서 추적을 재시작하는 행동이 3회 이상 반복
㉡ 시험 종료
- 시험 전 단계 : 참가견이 줄 길이 이상 추적 경로를 이탈하거나 핸들러가 심사위원의 지시를 경청하지 않는 경우
- 참가견이 추적 제한 시간 이내에 추적을 완료하지 못한 경우 1단계 시험의 제한 시간 : 추적 시작 후 15분 이내 시험 종료. 해당 시점까지 획득한 점수만 부여. 종료 사유에 따라 평가 결과 명시
- 참가견이 물건을 물어 올렸으나 바닥에 놓지 않는 경우
- 참가견이 사냥감 쫓기 게임을 하고 추적을 재개할 수 없는 경우
- 통제불가 상황으로 인한 실격

(2) IGP 1단계 B 과목 : 복종 시험

- 동작 1 – 리드줄 미착용 보행 : 20점
- 동작 2 – 보행 중 앉기 : 10점
- 동작 3 – 엎드리기 후 복귀 : 10점
- 동작 4 – 평지에서 물건 회수하기 : 10점
- 동작 5 – 허들 넘어 물건 회수하기 : 15점
- 동작 6 – 판벽 넘어 물건 회수하기 : 15점
- 동작 7 – 전진 후 엎드리기 : 10점
- 동작 8 – 산만한 환경에서 엎드려 있기 : 10점
- 총점 100점

참고
IGP 2단계 B 과목 : 복종 시험 기준은 1단계와 동일
IGP 3단계 B 과목 : 복종 시험

- 동작 1 – 리드줄 미착용 보행 : 10점
- 동작 2 – 보행 중 앉기 : 10점
- 동작 3 – 엎드리기 후 복귀 : 10점
- 동작 4 – 달리기 중 서기 : 10점
- 동작 5 – 평지에서 물건 회수하기 : 10점
- 동작 6 – 허들 넘어 물건 회수하기 : 15점
- 동작 7 – 판벽 넘어 물건 회수하기 : 15점
- 동작 8 – 전진 후 엎드리기 : 10점
- 동작 9 – 산만한 환경에서 엎드려 있기 : 10점
- 총점 100점

① 일반 규정

㉠ 핸들러는 리드줄을 채운 상태로 개와 함께 참석하여 기본자세로 보고하고 리드줄을 분리한다. 특히, 복종 시험에서는 참가견이 자신감을 잃고 핸들러로부터 압박을 느끼는 모습을 보이지 않아야 하며, 단순히 핸들러의 '스포츠 도구'처럼 보여서는 안 된다는 사실을 유념해야 한다.

㉡ 모든 동작이 진행되는 동안 참가견에게서 핸들러와 함께 동작에 즐겁게 임하고 충분한 집중력을 발휘하는 모습이 나타나야 한다. 각 동작의 정확한 수행과 더불어 즐겁게 임하는 태도에도 주목하여 평가한다.

㉢ 핸들러가 동작을 잊어버리면 심사위원이 누락된 동작을 실시하도록 요청한다. 이로 인한 감점은 없다.

㉣ 복종 시험이 시작되기 전, 심사위원은 규정에 명시된 시험 도구를 모두 확인해야 한다. 관련 규정에 부합하는 도구만 사용할 수 있다.

㉤ '리드줄 없이 보행하기'와 '산만한 환경에서 엎드려 있기' 동작에 사용되는 총은 6mm 구경이어야 한다.

㉥ 시험 시작은 심사위원이 알린다. 그 외 방향 전환, 중지, 속도 변경 등 다른 과정은 모두 별도 지시 없이 수행한다.

ⓐ 음성 명령어는 규정에 명시되어 있다. 명령어는 평범한 어조로 짧게 말할 수 있는 하나의 단어로 구성된다. 어떠한 언어로도 사용할 수 있으나 경기 전 단계에서 동일한 언어의 명령어를 사용해야 한다. 명령어가 3회 주어진 후에도 참가견이 명령을 따르지 않으면, 해당 동작에는 점수가 부여되지 않는다. 참가견을 호출할 때는 개의 이름을 사용할 수 있다. 그에 상응하는 명령어와 함께 이름을 부르면 두 번 명령한 것으로 간주한다.

ⓑ 동작 시작 : 시험 시작은 심사위원이 알린다.

ⓒ 기본자세
- 다른 참가견과 핸들러가 '산만한 환경에서 엎드리기' 동작이 진행될 지정 장소로 이동할 때 참가견은 기본자세로 대기한다. 이 시점부터 두 참가견에 대한 평가가 시작된다. 각 동작의 시작과 끝에 이 기본자세를 취한다. 핸들러는 스포츠맨다운 태도로 서서 대기한다. 어떠한 동작에서도 다리를 벌리고 서는 자세는 허용되지 않는다.
- 참가견은 핸들러의 왼쪽 가까이에서 침착하게 집중한 태도로, 어깨가 핸들러의 무릎 높이에 오도록 기본자세로 바르게 앉아야 한다. 동작을 시작하기 전, 기본자세를 취할 기회는 한 번만 주어진다. 참가견을 칭찬하는 행동은 각 동작이 완료된 후 짧게 허용된다. 칭찬이 끝나면 핸들러는 다시 기본자세를 취한다. 칭찬을 하고 새로운 동작을 시작하기 전에 최소 3초의 시간 간격을 둔다.
- 각 동작은 기본자세에서 시작한다. 핸들러는 동작 수행에 필요한 명령을 하기 전 최소 10보, 최대 15보를 이동해야 한다. 정면에 앉기, 마무리, 개가 앉거나 서서 혹은 엎드려 있는 상태에서 핸들러가 개에게 돌아오는 등 여러 동작을 수행하는 경우 다음 동작을 명령하기 전에 최소 3초의 간격을 둔다. 기본 동작이나 동작을 진행하는 과정에 실수가 발생하면 그에 따른 평가가 실시된다.
- 각 동작 사이에서 참가견은 핸들러를 올바른 자세로 따라야 한다. 아령을 가지러 갈 때도 개가 뒤를 따라야 하며, 이 과정에서 개와 장난치거나 개를 자극하는 행동은 허용되지 않는다.
- 뒤로 돌기는 핸들러의 주도로 왼쪽으로 실시한다. 참가견은 핸들러의 뒤를 따르거나 앞장설 수 있으나, 어느 쪽이든 시험 전 과정에서 동일한 행동을 유지해야 한다.
- 참가견이 정면에 앉기 동작까지 완료하면, 핸들러 뒤를 따르게 하거나 정면에서 기본자세를 취하는 것으로 동작을 마무리한다.
- 높이뛰기 허들 동작에서는 높이 100cm, 너비 150cm인 허들이 설치되어야 한다.
- 판벽은 너비 150cm, 높이 191cm인 판 두 개를 마주보도록 세우고 윗면끼리 고정하여 설치한다. 두 판의 밑면은 충분히 거리를 두어 판 사이 공간의 수직 높이가 180cm가 되어야 한다.
- 판벽의 표면 전체에는 미끄럼 방지 물질을 입혀야 한다. 양쪽 외벽에는 꼭대기 쪽에 가까운 절반 높이에 두께 24/48mm의 디딤턱 세 개를 고정시킨다. 시험에 참가하는 모든 개가 동일한 장애물을 넘도록 해야 한다.
- 물건 회수 동작에는 아령만 사용할 수 있다(평지에서 회수하기 동작에는 1000g/IGP 3단계에서는 2000g, 허들 및 판벽 넘어 회수하기 동작에는 650g). 모든 참가자가 대회 주최 측이 마련한 동일한 아령을 사용해야 한다. 회수 동작을 하기 전에는 참가견이 아령을 물 수 없다.

- 핸들러가 시험 단계를 잊어버린 경우 심사위원은 누락된 단계를 알려준다. 해당 경우는 감점사항에 해당되지 않는다. 다른 개가 가까운 장소에서 엎드려서 대기하는 동작을 실시하는 동안, 핸들러는 자신의 참가견과 함께 기본자세로 대기하다가 리드줄 미착용 보행을 시작한다.

② 시험 동작의 분류
  ㉠ '보행 중 앉기', '엎드리기 후 복귀', '보통 걸음으로 보행하다 멈추기', '이동 중 멈추기' 등 두 가지 동작이 결합된 동작에서는 각 부분에 따라 아래와 같이 부분 점수가 부여된다.
    - '기본자세, 동작 개시, 실행' = 5점
    - '동작이 완료되기 전까지 보여준 행동' = 5점
  ㉡ 각 동작에서 참가견에 대한 평가는 기본 동작부터 해당 동작이 완료되는 시점까지 관찰한 결과를 토대로 실시된다.
  ㉢ 추가 명령
    - 명령을 3회 내린 후에도 참가견이 동작을 완료하지 못하면, 해당 동작은 '부적합(0점)'으로 평가된다. 참가견이 명령을 3회 내린 이후에 동작을 완료해도 해당 동작은 '부적합'으로 평가된다.
    - 참가견을 호출할 때 "이리와" 대신 개의 이름을 불러도 된다. "이리와" 명령어와 이름을 함께 부르면 이중 명령으로 간주된다.
  ㉣ 평 가
    - 추가 명령 동작의 일부에 포함되는 경우 '만족'
    - 추가 명령 동작의 일부에 포함되지 않으면 '부적합'
    - 예시 : 5점짜리 동작에서 추가 명령 '만족' 평가 시 5점에서 -1.5점 처리, 추가 명령 '부적합' 평가 시 5점에서 -2.5점 처리
    - 정면에 앉기, 마무리, 개가 앉거나 서서, 혹은 엎드려 있는 상태에서 핸들러가 개에게 돌아오는 등의 동작을 수행할 때는 동작 한 부분에서 다음 부분으로 넘어가기 전 최소 3초의 간격을 두어야 한다.
    - 다른 개가 가까운 장소에서 엎드려서 대기하는 동작을 실시하는 동안, 핸들러는 자신의 참가견과 함께 기본자세로 대기하다가 리드줄 미착용 보행을 시작한다.

③ 리드줄 미착용 보행(20점, IGP 3단계는 10점)
  ㉠ 동작 시작을 위해 "따라와" 명령을 내릴 수 있다. 핸들러는 이 명령어를 개가 보행을 시작하는 시점과 보행 속도를 바꿀 때 사용할 수 있다.
  ㉡ 실행 규정
    - 핸들러는 리드줄과 연결된 개를 데리고 심사위원 쪽으로 다가가 기본자세로 보고한다. 심사위원이 신호를 주면 핸들러는 개의 리드줄을 풀고 동작 시작점으로 이동한다. 심사위원이 다시 신호를 주면 핸들러는 동작을 시작한다.
    - 참가견은 기본자세로 바로 앉아 있다가, "따라와" 명령이 주어지면 핸들러의 왼쪽에서 어깨가 핸들러 무릎 높이와 나란한 자세로 집중하며 즐겁게 따라온다. 걸음을 멈춰야 하는 순간에는 재빨리 알아서 멈춰야 한다.
    - 동작이 시작되면 핸들러는 멈추지 않고 곧장 50보를 걸어간 후 뒤로 돌아 다시 10~15보를 달려서 이동하고, 다시 속도를 늦춰 최소 10보 이동한다.

- 느린 걸음으로 바뀌는 과정에는 전환 동작이 없어야 하며, 속도가 바뀌면 그 차이가 확실히 드러나야 한다. 보통 속도로 이동하는 동안 우회전 2회, 좌회전 2회, 뒤로 돌기 2회를 수행하고 두 번째 뒤로 돌기 후 정지한다. 뒤로 돌기는 핸들러가 주도하여 왼쪽으로 실시한다(제자리에서 180도 회전, 경기장 개요도 참고). 다음 두 가지 변형 동작이 가능하다.
  - 참가견이 오른쪽으로 돌아 핸들러의 뒤를 따라서 회전
  - 참가견이 원래 있던 자리에서 왼쪽으로 180도 회전
- 한 경기에서는 위 변형 동작 중 한 가지만 허용된다. 경기장 개요에 표시된 대로, 두 번째 뒤로 돌기 후에는 제자리에 선다.
- 참가견은 핸들러의 왼쪽에서 바른 자세로 어깨가 핸들러 무릎 높이와 나란한 상태를 유지하여야 한다. 핸들러를 앞서거나 뒤로 처져서는 안 되며 측면으로 멀리 벗어나 보행해서도 안 된다. 뒤로 돌기는 핸들러의 주도로 왼쪽으로 실시한다. 보통 속도로 걷다가 멈추는 동작이 최소 1회 실시되어야 한다.
- 핸들러와 참가견이 맨 처음 직선 구간을 걷는 동안, 최소 15보 떨어진 곳에서 5초 간격으로 총성이 2회(6mm 구경) 울리는데, 이때 참가견은 총성에 무관심해야 한다. 참가견이 총성에 공포 반응을 보이면 결과는 실격 처리되며 해당 시점까지 획득한 점수는 일체 인정되지 않는다.
- 동작의 마지막 단계로 핸들러는 최소 4명이 무리 지어 있는 쪽으로 이동한다. 군중 속에서 최소 1회 멈춰 서야 하며, 심사위원은 보행 중 중단 동작을 재차 요구할 수 있다. 심사위원의 지시에 따라 핸들러는 군중에서 빠져나와 기본자세를 취한다. 기본자세에서 다음 동작을 시작한다.

ⓒ 평 가

참가견이 앞서거나 넓은 간격으로 보행하는 경우, 뒤로 처지거나 느리게 걷는 경우, 마지못해 앉는 경우, 핸들러가 물리적인 도움을 추가적으로 제공하는 경우, 보행이나 방향 전환 과정에서 동작에 집중하지 못하는 경우, 압박을 느끼는 모습을 보이는 경우 등은 그에 상응하는 평가가 실시된다.

④ 보행 중 앉기(10점)

ⓐ 음성 명령어로 "따라와", "앉아"를 사용한다.

ⓑ 실행 규정

- 핸들러는 기본자세로 올바르게 대기하다가 리드줄 없이 개가 따라오도록 하며 일직선으로 걸어간다. 동작이 진행되면 참가견은 집중력 있는 태도로 즐겁고 신속하게 몰입하여 핸들러를 따라와야 한다. 이때 어깨가 핸들러의 무릎 높이에 오도록 바른 자세가 유지되어야 한다. 10~15보 이동 후 "앉아" 명령이 주어지면 참가견은 즉각 자리에 앉아야 한다.
- 핸들러는 가던 방향으로 걸음을 멈추지 않고 계속 이동하며, 속도를 바꾸거나 뒤돌아보지 않는다. 15보를 추가로 이동한 후 멈추고 개를 향해 즉시 돌아선다.
- 심사위원의 지시가 주어지면 핸들러는 개에게 돌아와 개 우측에 선다. 돌아올 때는 개의 정면으로 다가오거나 뒤로 와서 앞으로 돌아 나올 수 있다.

ⓒ 평 가

- 기본자세나 동작을 진행하는 과정에 실수가 발생한 경우, 개가 천천히 앉는 행동, 앉아서 불안해하고 집중하지 못하는 태도 등은 평가 요소에 포함된다.

- 참가견이 앉지 않고 눕거나 일어서면 5점이 감점된다. 그 외 다른 실수가 발생한 경우 평가에 반영된다.

⑤ 엎드리기 후 복귀(10점)
　㉠ 음성 명령어로 "따라와", "엎드려", "이리와" 등을 사용한다.
　㉡ 실행 규정
- 핸들러는 기본자세에서 리드줄 없이 개와 함께 일직선 방향으로 걸어간다. 동작이 진행되면 참가견은 집중력 있는 태도로 즐겁고 신속하게 몰입하여 핸들러를 따라와야 한다. 이때 어깨가 핸들러의 무릎 높이에 오도록 바른 자세가 유지되어야 한다.
- 10~15보 걸어간 후, 핸들러가 "엎드려"라고 명령하면 참가견은 즉각 자리에 엎드려야 한다.
- 핸들러는 가던 방향으로 걸음을 멈추지 않고 계속 이동하며, 속도를 바꾸거나 뒤돌아보지 않는다. 30보를 추가로 이동한 후 멈추고 개를 향해 즉시 돌아선다. 이때 참가견은 침착하게 집중하며 엎드려 있어야 한다. 심사위원의 지시가 주어지면 핸들러는 "이리와"라고 명령하거나 개의 이름을 불러 개를 호출한다.
- 참가견은 핸들러를 향해 빠른 속도로 즐겁게 다가와 핸들러와 가까운 정면에 앉아야 한다. 핸들러가 "따라와" 명령을 하면 참가견은 신속히 핸들러 왼쪽으로 와서 어깨가 핸들러의 무릎과 일직선이 되도록 곧장 앉아야 한다.
　㉢ 평 가
- 동작의 진행 과정에 실수가 발생한 경우, 개가 천천히 앉는 행동, 앉아서 불안해하는 행동, 복귀 명령을 듣고 천천히 반응하거나 다가오다가 속도를 늦추는 행동, 핸들러가 다리를 벌리고 서 있는 행동, 개가 참가자의 정면에 앉거나 동작을 마무리하는 과정에서 실수하는 경우 그에 따른 평가가 실시된다.
- 참가견이 "엎드려" 명령을 듣고 앉거나 서 있으면 5점이 감점된다.

IGP 3단계에서는 엎드리기 후 복귀 다음 단계로 달리던 중 서기(10점) 동작이 있다.
달리던 중 서기(10점)
① 음성 명령어로 "따라와", "서", "앉아"를 사용한다.
② 실행 규정
　㉠ 핸들러는 기본자세에서 리드줄 없이 개와 함께 일직선 방향으로 달려간다. 10~15보 달려간 후, "서"라고 명령하면 참가견은 즉각 자리에 멈춰 서야 한다. 이때 핸들러는 발걸음을 늦추거나, 이동속도를 변경하거나, 방향을 바꾸면 안 된다. 핸들러는 30보를 추가로 달려간 후 멈추고 즉시 개를 향해 돌아선다. 이때 참가견은 침착하게 집중하며 서 있어야 한다.
　㉡ 심사위원의 지시가 주어지면 핸들러는 참가견에게 곧장 돌아와서 개 우측에 선다. 약 3초 경과 후, 심사위원의 지시가 주어지면 "앉아" 명령을 내린다. 참가견은 재빨리 곧은 자세로 자리에 앉아야 한다.
③ 평가
동작을 진행하는 과정에 실수가 발생한 경우, 개가 명령에 곧바로 따르지 않는 경우, 서서 불안해하는 행동, 핸들러가 다가올 때 가만히 기다리지 못하는 행동, 천천히 앉는 행동 등은 그에 따른 평가가 실시된다. 참가견이 "서" 명령을 듣고 앉거나 엎드리면 있으면 5점이 감점된다.

⑥ 평지에서 물건 회수하기(10점)
  ㉠ 음성 명령어로 "가져와", "놔", "따라와" 등을 사용한다.
  ㉡ 실행 규정
    • 핸들러는 올바른 기본자세로 대기하다가 아령(무게 650g)을 약 10m 거리로 던진다. 아령이 완전히 멈추면 핸들러는 참가견에게 "가져와"라고 명령한다.

    > **아령의 무게**
    > • 2단계 - 1000g
    > • 3단계 - 2000g

    • 아령을 회수할 때는 핸들러는 그 자리에서 움직일 수 없다. 참가견은 리드줄에 연결되지 않은 상태로 핸들러 옆에 침착하게 앉아 있다가, 아령을 향해 재빨리 곧장 달려가 물고 신속하게 곧바로 돌아와서 핸들러 정면에 앉아야 한다.
    • 참가견은 핸들러 바로 정면에 가까이 앉아 침착하게 아령을 물고 기다리다가, 3초 경과 후 "놔" 명령어가 주어지면 아령을 바닥에 내려놓아야 한다. 핸들러는 팔을 뻗어 조용히 아령을 집어 오른손에 쥐고 몸 오른쪽에 오도록 든다.
    • "따라와" 명령어가 주어지면 참가견은 재빨리 핸들러 왼쪽으로 와서 어깨가 핸들러의 무릎과 나란하도록 자세를 잡는다. 본 동작에서 핸들러는 전체 과정이 완료될 때까지 제자리에서 움직이지 말아야 한다.
  ㉢ 평가
    • 기본자세에 실수가 발생한 경우, 아령을 가지러 가는 행동이 느린 경우, 물어 올리는 동작에 실수가 발생한 경우, 복귀 속도가 느린 경우, 아령을 떨어뜨리는 행동, 아령을 가지고 놀거나 핥는 행동, 핸들러가 다리를 벌리고 서 있는 경우, 개가 핸들러 정면에 앉는 동작이나 마무리 동작이 부적절한 경우에는 그에 상응하는 평가가 실시된다.
    • 동작이 완료되기 전에 핸들러가 자리를 이탈하면 부적합으로 평가된다. 참가견이 아령을 회수하지 않으면 본 단계에는 영(0)점이 부여된다.

⑦ 허들 넘어 물건 회수하기(100cm)(15점)
  ㉠ 음성 명령어로 각각 "넘어", "가져와", "놔", "따라와" 등을 사용한다.
  ㉡ 실행 규정
    • 핸들러는 개와 함께 허들 정면에 5보 간격을 두고 기본자세로 대기한다. 핸들러는 기본자세로 바르게 서서 아령(650g)을 100cm 높이의 허들 너머로 던진다. 아령이 완전히 멈추면, 개에게 "넘어"라고 명령한다.
    • 참가견은 핸들러 옆에 리드줄과 분리된 상태로 침착하게 앉아 있다가, "넘어"에 이어 "가져와" 명령이 주어지면("가져와" 명령은 참가견이 허들을 뛰어넘은 후에만 사용해야 한다) 재빨리 허들을 뛰어 넘어 곧장 아령을 향해 뛰어가서 바로 물고, 다시 허들을 뛰어 넘어 곧바로 핸들러에게 신속히 가져와야 한다.

- 참가견은 핸들러 정면 가까이에 앉아 침착하게 아령을 물고 기다리다가, 3초 경과 후 "놔" 명령어가 주어지면 아령을 바닥에 내려놓아야 한다. 핸들러는 팔을 뻗어 조용히 아령을 집어 오른손에 쥐고 몸 오른쪽에 오도록 든다.
- "따라와" 명령어가 주어지면 참가견은 재빨리 핸들러의 왼쪽으로 와서 어깨가 핸들러의 무릎과 나란하도록 자세를 잡는다. 본 동작에서 핸들러는 전체 과정이 완료될 때까지 제자리에서 움직이지 말아야 한다.

ⓒ 평가
- 기본자세에 실수가 발생한 경우, 느린 점프, 개가 점프 거리를 너무 짧게 추정하여 점프가 약하게 진행된 경우, 허들을 지나치고 아령을 향해 달려가는 경우, 아령을 천천히 물어 올리는 행동, 돌아오는 점프가 약하게 진행된 경우(거리를 짧게 추정함), 아령을 떨어뜨리는 경우, 아령을 가지고 놀거나 물어뜯는 행동, 핸들러가 다리를 벌리고 서 있는 자세, 핸들러 정면에 앉는 동작이나 마무리 동작 등에 실수가 발생한 경우 그에 맞는 평가가 실시된다.
- 참가견이 점프 시 허들을 건드리면 점프 1회당 1점이 감점되며 허들을 밟고 넘으면 2점이 감점된다. 허들 넘어 물건 회수하기는 동작별로 다음과 같이 점수가 부여된다.
  - 허들 넘어 가기 5점, 물건 회수 5점, 허들 넘어 복귀 5점(총 15점)
  - 허들 넘기가 이루어지고, 위의 세 단계(가지러 가기, 물건 획득, 자리로 복귀) 중 회수 단계가 진행된 경우에 한해 부분 점수가 부여된다.
  - 허들 넘기와 물건 회수가 문제없이 이루어진 경우 = 15점
  - 물건을 가지러 갈 때나 올 때 허들을 넘지 않았으나 아령은 문제없이 가져온 경우 = 10점
  - 물건을 가지러 갈 때나 올 때 허들을 문제없이 넘었으나 아령을 가져오지 않은 경우 = 0점
- 아령이 허들의 어느 한쪽에 치우쳐 너무 멀리 던져졌거나 참가견의 시야에서 확인이 힘든 범위로 던져진 경우, 핸들러는 심사위원에게 요청하여 다시 던질 수 있다. 심사위원이 허용하는 경우 이로 인한 감점은 없다. 이때 참가견은 제자리에 가만히 앉아 있어야 한다.
- 핸들러가 아령을 가지러 갈 때 참가견이 따라나서면 본 동작에 0점이 부여된다. 참가견이 기본자세에서 자세를 바꾸었으나 허들 앞에 머물러 있는 경우, 그에 상응하는 평가가 실시된다.
- 핸들러가 자세를 바꾸지 않고 참가견에게 도움을 준 경우 그에 따른 평가가 실시된다. 핸들러가 모든 동작이 완료되기 전에 자리에서 벗어난 경우, 본 동작은 부적합으로 평가된다.
- 점프 동작에서 허들이 쓰러지면 재시도가 가능하나, 최초 점프가 제대로 이루어지지 않은 것으로 평가되어 그에 상응하는 평가가 실시된다(-4점). 참가견이 명령 후 3초 경과 후에도 아령을 놓지 않으면 실격 처리되며, B 과목 시험은 종료된다.

⑧ 판벽 넘어 물건 회수하기(180cm)(15점)
  ㉠ 음성 명령어로 각각 "넘어", "가져와", "놔", "따라와" 등을 사용한다.
  ㉡ 실행 규정
  - 핸들러는 개와 함께 판벽 정면에 5보 간격을 두고 기본자세로 대기한다. 핸들러는 기본자세로 바르게 서서 아령(650g)을 판벽 너머로 던진다.

- 참가견은 리드줄과 분리된 상태로 핸들러 옆에 침착하게 앉아 있다가, "넘어"에 이어 "가져와" 명령이 주어지면("가져와" 명령은 참가견이 판벽을 뛰어넘은 후에만 사용해야 한다) 판벽을 타고 올라가서 재빨리 내려온 후, 곧장 아령을 향해 달려가 바로 물고 다시 판벽을 넘어 곧바로 신속하게 핸들러에게 아령을 가져와야 한다.
- 참가견은 핸들러 정면 가까이에 앉아서, 약 3초 후 핸들러가 "놔" 명령을 할 때까지 입에 아령을 침착하게 문 상태로 자세를 유지해야 한다.
- 핸들러는 팔을 뻗어 조용히 아령을 집어 오른손에 쥐고 몸 오른쪽에 오도록 든다. "따라와" 명령어가 주어지면 참가견은 재빨리 핸들러 왼쪽으로 와서 어깨가 핸들러의 무릎과 나란하도록 자세를 잡는다. 본 동작에서 핸들러는 전체 과정이 완료될 때까지 제자리에서 움직이지 말아야 한다.

ⓒ 평가
- 기본자세에 실수가 발생한 경우, 느린 점프, 아령을 집어 올리다가 실수가 발생한 경우, 돌아오는 점프가 약하게 진행된 경우, 아령을 떨어뜨리는 경우, 아령을 가지고 놀거나 물어뜯는 행동, 핸들러가 다리를 벌리고 서 있는 자세, 핸들러 정면에 앉는 동작이나 마무리 동작이 부적절한 경우 등에는 그에 맞는 평가가 실시된다.
- 판벽 넘어 물건 회수하기는 동작별로 아래와 같이 점수가 부여된다.
  - 판벽 넘어 가기 5점, 물건 회수 5점, 판벽 넘어 복귀 5점(총 15점)
  - 판벽 넘기가 이루어지고, 위의 세 단계(가지러 가기, 물건 회수, 자리로 복귀) 중 회수 단계가 진행된 경우에 한해 부분 점수가 부여된다.
  - 판벽 넘기와 물건 회수가 문제없이 이루어진 경우 = 15점
  - 물건을 가지러 갈 때나 올 때 판벽을 넘지 않았으나 아령을 회수한 경우 = 10점
  - 물건을 가지러 갈 때나 올 때 판벽을 문제없이 넘었으나 아령을 가져오지 않은 경우 = 0점
- 아령이 판벽 한쪽에 치우쳐 너무 멀리 던져졌거나 참가견의 시야로 확인이 힘든 범위로 던져진 경우, 핸들러는 심사위원에게 요청하여 다시 던질 수 있다. 심사위원이 허용하는 경우 이로 인한 감점은 없다. 이때 참가견은 제자리에 가만히 앉아 있어야 한다.
- 핸들러가 자세를 바꾸지 않고 참가견에게 도움을 준 경우 그에 따른 평가가 실시된다. 모든 동작이 완료되기 전 핸들러가 자리에서 벗어난 경우, 본 동작은 부적합으로 평가된다. 참가견이 명령 후 3초 경과 후에도 아령을 놓지 않으면 실격 처리되며, "B" 과목 시험은 종료된다.

⑨ 전진 후 엎드리기(10점)
 ㉠ 음성 명령어로 각각 "가(Go out)", "엎드려", "앉아" 등을 사용한다.
 ㉡ 실행 규정
- 핸들러는 리드줄을 연결하지 않은 참가견과 기본자세로 대기하다가 지정된 방향을 향해 일직선으로 걸어간다. 10~15보 이동 후 핸들러는 팔을 들어올리며 "가"라고 명령하고 그 자리에 멈춰 선다. 참가견은 지정된 방향을 향해 의욕적인 태도로 빠르게 30보 이상 이동해야 한다.
- 심사위원의 지시가 주어지면 핸들러는 "엎드려" 명령을 내리고, 이때 참가견은 즉시 바닥에 엎드려야 한다. 핸들러는 참가견이 완전히 엎드릴 때까지 팔을 계속 들고 있을 수 있다.

- 심사위원이 지시하면 핸들러는 참가견에게 다가가 개 우측에 선다. 약 3초 경과 후 심사위원의 지시에 따라 핸들러는 "앉아" 명령을 하고 참가견은 재빨리 기본자세로 바르게 앉아야 한다.

ⓒ 평 가
- 동작의 진행 과정에 실수가 발생한 경우, 핸들러가 개와 함께 전진하는 경우, 참가견이 너무 느리게 전진하는 경우, 이동 경로가 좌우로 크게 치우친 경우, 전진 거리가 너무 짧은 경우, 엎드리기 동작에서 참가견이 주저하거나 명령이 주어지기 전에 엎드린 경우, 엎드려서 가만히 있지 않은 경우, 명령이 주어지기 전에 일어나서 앉는 경우는 그에 따른 평가가 실시된다.
- 핸들러와 참가견이 일정 거리까지 이동하면 심사위원은 참가견이 전진하여 엎드릴 방향을 정해서 알려준다. 참가견이 명령에도 멈추지 않고 계속 전진하면 본 동작은 0점 처리된다.
  - "엎드려" 명령이 1회 추가로 내려진 경우 : -1.5점
  - "엎드려" 명령이 2회 추가로 내려진 경우 : -2.5점
  - 참가견이 전진하다 멈추었으나 2회 추가 명령 후에도 엎드리지 않은 경우 : -3.5점
- 그 외 추가로 발생한 실수는 그에 따른 평가가 실시된다. 참가견이 위치를 벗어나거나 핸들러에게 돌아올 경우 본 동작 전체가 0점 처리된다.

⑩ 산만한 환경에서 엎드려 있기(10점)

㉠ 음성 명령어로 각각 "엎드려", "앉아" 등을 사용한다.

㉡ 실행 규정
- 다른 참가견이 "B" 과목 복종 시험을 시작하기에 앞서, 핸들러는 심사위원의 지시에 따라 지정된 위치로 이동하여 개와 리드줄을 분리하고 기본자세로 대기한다.
- 핸들러는 개의 옆에 리드줄을 비롯해 다른 물체가 없는 상태에서 "엎드려"라고 명령한다. 이후 핸들러는 뒤돌아보지 말고 30보 이상 걸어가되 뒷모습이 개의 시야에 드는 범위에서 이동한다.
- 참가견은 핸들러의 행동에 동요하지 않고 침착하게 누워 있어야 하며, 그동안 가까운 곳에서 다른 참가견이 1번 동작부터 7번 동작까지 시험을 수행한다.
- 심사위원의 지시가 주어지면 핸들러는 다시 참가견에게 다가와 개의 오른쪽에 선다. 심사위원이 지시에 따라 "앉아"라고 명령하고 개는 재빨리 앉아서 올바른 기본자세를 취한다.

ⓒ 평 가
- 핸들러가 차분하지 못하게 행동하거나 몰래 개를 도와주는 경우, 개가 침착하게 엎드려 있지 못하는 경우, 핸들러가 다시 데리러 올 때 미처 다 오지 않은 상태에서 개가 일어서거나 앉는 경우에는 그에 따른 평가가 실시된다.
- 참가견이 앉거나 일어났더라도 제자리를 벗어나지 않으면 부분 점수가 주어진다.
- 다른 참가견의 복종 시험이 3번 동작(IGP 2단계의 경우 4번 동작, IGP 3단계의 경우 6번 동작) 이상 진행되기 전에 참가견이 지정된 장소를 3m 이상 벗어나면 본 단계는 0점 처리된다.
- 다른 참가견의 복종 시험이 3번 동작(IGP 2단계의 경우 4번 동작, IGP 3단계의 경우 6번 동작) 이상 진행된 이후에 참가견이 지정된 장소를 3m 이상 벗어나면 부분 점수가 부여된다. 핸들러가 데리러 올 때 참가견이 그쪽을 향해 다가가면 최대 3점까지 감점된다.

(3) IGP 1단계 C 과목 : 방호 시험

- 동작 1 – 헬퍼 수색 : 5점
- 동작 2 – 짖기와 억류 : 10점
- 동작 3 – 헬퍼 도주 시도 저지 : 20점
- 동작 4 – 감시 중 공격에 방어하기 : 35점
- 동작 5 – 정지 중 공격에 방어하기 : 30점
- 총점 100점

참고
IGP 2단계 C 과목 : 방호 시험
- 동작 1 – 헬퍼 수색 : 5점
- 동작 2 – 짖기와 억류 : 10점
- 동작 3 – 헬퍼 도주 시도 저지 : 10점
- 동작 4 – 감시 중 공격에 방어하기 : 20점
- 동작 5 – 후위 호송 : 5점
- 동작 6 – 후위 호송 중 공격에 방어하기 : 30점
- 동작 7 – 정지 중 공격에 방어하기 : 20점
- 총점 100점

IGP 3단계 C 과목 : 방호 시험
- 동작 1 – 헬퍼 수색 : 10점
- 동작 2 – 짖기와 억류 : 10점
- 동작 3 – 헬퍼 도주 시도 저지 : 10점
- 동작 4 – 감시 중 공격에 방어하기 : 20점
- 동작 5 – 후위 호송 : 5점
- 동작 6 – 후위 호송 중 공격에 방어하기 : 15점
- 동작 7 – 정지 중 공격에 방어하기 : 10점
- 동작 8 – 감시 종료 후 공격에 방어하기 : 20점
- 총점 100점

① 일반 규정
  ㉠ 적절한 위치에 은신처 여섯 곳을 설치한다. 좌우 양쪽에 세 개씩, 서로 엇갈리도록 배치한다. 필요한 표지는 핸들러와 심사위원, 헬퍼가 알아보기 쉽게 설치해야 한다.
  ㉡ 방호 동작 헬퍼/보호 장비
  - 헬퍼는 반드시 보호복과 방어소매를 착용하고 소프트스틱을 갖추어야 한다. 방어소매는 내부에 개가 물 수 있는 막대가 있고 그 표면을 천연 삼베(자루용 올이 굵은 황마) 소재로 덮은 형태여야 한다.
  - 헬퍼는 참가견이 방어 동작을 취하는 동안 개와 시선을 계속 교환해야 하는 경우, 상황에 맞게 위치를 이동할 수 있다. 위협적인 자세나 방어 동작은 허용되지 않으며, 방어소매를 이용하여 몸을 스스로 보호해야 한다.

- 핸들러가 헬퍼가 가진 소프트스틱을 빼앗는 동작은 핸들러 자율에 맡긴다. 경기 전체 단계를 헬퍼 한 명으로 운용할 수 있다. 특정 단계의 경기에 개가 일곱 마리 이상 출전하는 경우에는 헬퍼가 한 명 더 추가되어야 한다. 동일 단계에 참가하는 모든 개는 동일한 헬퍼 한 명 또는 여러 명과 함께 경기를 치르도록 해야 한다.
- 헬퍼가 경기를 적극적으로 이끌어가는 유형인 경우, 1회에 한해 헬퍼를 교체할 수 있다.

ⓒ 경기 시작 통보
- 핸들러는 리드줄과 연결된 개와 함께 경기 시작 보고한다.
- 핸들러는 참가견과 함께 헬퍼를 찾기 위해 '무작위 수색' 동작을 시작하기 위한 위치로 이동한다. 해당 위치에 도착하면 리드줄을 분리한다.
- 심사위원의 지시가 주어지면 참가견을 수색 위치로 보낸다.

ⓔ 유의사항
- 경기 시작 전 참가견이 통제되지 않거나 뛰어다니고, 짖고, 은신처에 머무르거나 경기장을 벗어나는 등 핸들러와 참가견이 경기 시작 보고를 적절히 하지 못하는 경우, 핸들러는 3회까지 참가견을 호출할 수 있다.
- 세 번째 호출 후에도 참가견이 돌아오지 않으면, 본 "C" 과목 시험은 '통제 불능 상태로 인한실격'으로 처리된다.
- 참가견이 핸들러의 통제에 따르지 않거나, 방어 동작이 완료된 후 진정하지 못하는 경우, 상황 종료를 위해 핸들러가 개입해야만 하는 경우, 참가견이 방어소매가 아닌 신체 다른 부위를 문 경우 실격 처리된다. 이 경우 'TSB' 점수는 주어지지 않는다. 경기 규정에 명시된 '표지'는 핸들러와 심사위원, 헬퍼가 알아보기 쉽게 설치되어야 한다. 표시해야 할 항목은 다음과 같다.
  - 참가견이 '짖고 억류하기' 동작을 실시한 후 돌아오도록 호출할 때 핸들러가 서 있어야 하는 위치
  - 헬퍼가 도주와 방어 동작에서 서 있어야 하는 위치와 도주 후 멈추어야 하는 위치
  - 도주 동작에서 참가견이 엎드려 있어야 하는 위치
  - 핸들러가 '정지 상태에서 공격하기' 동작을 실시할 위치
- 참가견이 방어 동작을 실시하지 않거나 공격에 밀려 물러서는 경우, 본 "C" 과목 경기는 종료된다. 이 경우 점수는 부여되지 않으며, 'TSB' 점수 또한 주어지지 않는다.
- "놔" 명령은 방어 동작에서 1회에 한해 허용된다. "놔" 명령의 횟수에 따라 점수는 다음과 같이 차등 부여된다.
  - "놔" 명령에 느리게 반응 = 0.5~3.0점
  - "놔" 명령 1회 추가 시 즉각 반응 = 3.0점
  - "놔" 명령 1회 추가 시 느리게 반응 = 3.5~6.0점
  - "놔" 명령 2차 추가 후 즉각 반응 = 6.0점
  - "놔" 명령 2차 추가 후 느리게 반응 = =6.5~9.0점
  - "놔" 명령을 2차 추가 및 기타 다른 시도에 반응이 없는 경우 = 실격

② 헬퍼 수색(5점, IGP 3단계 10점)
　㉠ 음성 명령어로 "찾아", "이리와"를 사용한다("이리와" 대신 참가견의 이름을 부를 수 있다).
　㉡ 실행 규정
　　• 헬퍼는 맨 끝에 위치한 마지막 은신처에 참가견이 보지 못하도록 숨는다.
　　• 핸들러는 참가견과 함께 네 번째와 다섯 번째 은신처 중(여섯 은신처 중 지정 가능) 어느 쪽으로도 갈 수 있는 중간 위치로 이동한 후 리드줄을 분리한다. 심사위원의 지시가 주어지면 C 과목 경기가 시작된다. 핸들러는 "찾아" 명령과 함께 오른팔이나 왼팔을 들어 방향을 가리키면서 시각적인 도움을 함께 제공한다.
　　• 팔 드는 동작은 반복할 수 있다. 참가견은 신속히 핸들러의 곁을 벗어나 다섯 번째 은신처(지정된 은신처)를 향해 달려가서 은신처 주변을 집중력 있게 면밀히 수색해야 한다.
　　• 참가견이 은신처 측면을 샅샅이 훑으며 수색할 때, 핸들러는 "이리와" 명령을 내리고 찾아야 할 은신처 쪽으로 이동한다. 이때 핸들러는 이동 경로를 머릿속으로 그리며 보통 걸음으로 이동하고, 이 경로를 벗어나지 말아야 한다. 참가견은 핸들러 앞에서 달려가야 한다.
　　• 개가 헬퍼가 숨은 블라인드에 도착하면 핸들러는 제자리에 멈춰야 하며 추가로 구두 명령이나 시각 명령을 내릴 수 없다.
　㉢ 평 가
　　• 참가견이 가야 할 방향으로 곧장 나아가지 못한 경우, 은신처를 향해 빠른 속도로 의욕적으로 달려가지 않은 경우, 은신처 주변을 집중적으로 상세히 수색하지 않은 경우에는 그에 따른 평가가 실시된다. 부적절한 동작에 해당되는 사례는 다음과 같다.
　　　– 동작을 시작하기 전에 침착하게 집중하여 기본자세로 대기하지 못하는 경우
　　　– 핸들러가 구두 명령이나 시각적 지시를 추가로 제공한 경우
　　　– 핸들러가 가상의 이동 경로에 따라 일관성 있게 이동하지 않은 경우
　　　– 이동 시 보행 속도가 보통 수준으로 유지되지 않은 경우
　　　– 수색 범위가 광범위한 경우
　　　– 참가견이 핸들러의 명령에 반응하였으나 임의 수색을 실시한 경우
　　　– 참가견이 은신처를 수색하지 않거나, 집중력 있게 수색하지 않은 경우
　　　– 참가견에게 상세한 지시와 지도가 필요하다고 판단된 경우
　　• 참가견이 3회 시도 후에도 마지막 은신처에 숨은 헬퍼를 찾지 못한 경우, 본 방호 시험은 종료된다. 경기 도중에 어느 시점에든 핸들러가 개에게 뒤를 따르도록 지시한 경우에도 경기는 종료된다(점수 없이 '종료' 처리되며, 다른 과목의 점수만 기입된다).

③ 짖기와 억류(10점)
　㉠ 음성 명령어로 "이리와", "따라와"를 사용한다. "이리와" 명령과 "따라와" 명령은 반드시 동시에 주어져야 한다.
　㉡ 실행 규정
　　• 참가견은 적극적이고 집중적인 태도로 헬퍼를 억류하며 계속 짖어야 한다. 헬퍼를 향해 점프하거나 무는 행동을 해서는 안 된다.

- 개가 20초가량 짖은 후, 핸들러는 심사위원의 지시에 따라 참가견과 5보가량 떨어진 거리까지 가서 멈춰 선다. 다시 심사위원이 지시하면 핸들러는 개를 호출하여 기본자세를 취한다. 호출할 때 "따라와" 명령을 사용하여 개가 표시된 위치로 오도록 해도 된다. 두 가지 명령어 중 어느 쪽을 사용하든 동일하게 평가된다.
- 심사위원의 지시에 따라 핸들러가 헬퍼를 부르고, 헬퍼는 은신처에서 나와 도주 동작을 시작하기 위해 지정된 위치로 이동한다. 이때 참가견은 기본자세로 침착하고 바르게 앉아(짖지 않고) 집중하고 있어야 한다.

ⓒ 평가
- 참가견은 심사위원이나 핸들러가 개입하지 않은 상태에서 명령이 주어지기 전까지 헬퍼를 향해 계속해서 짖고 확고한 태도로 억류해야 한다. 이 행동이 제한적으로 이루어진 경우, 그에 상응하는 평가가 실시된다. '짖기' 행동 점수는 계속해서 짖는 경우 5점이 부여되며, 약하게 짖는 경우(상대를 압박하지 않고 기운 없이 짖는 행동) 2점 감점된다. 집중적으로 억류하였으나 짖지 않은 경우에는 무조건 5점이 감점된다.
- 헬퍼에게 몸을 부딪히거나 점프하는 등 헬퍼를 곤란하게 만드는 행동을 하면 최대 3점까지 감점 처리된다. 세게 무는 행동을 하면 2점 감점되며, 강하게 문 경우 9점이 감점된다.
- 참가견이 은신처 내부에서 헬퍼를 물고 알아서 놓지 않는 경우, 핸들러는 해당 은신처로 다가가 정면에 5보 간격을 두고 표시된 위치에 선다. 이곳에서 1회에 한해 "이리와" 명령과 "따라와" 명령을 연달아 내릴 수 있다("놔" 명령은 해당되지 않는다).
- 개가 복귀하지 않으면 해당 팀은 실격 처리된다. 개가 복귀한 경우 낮은 점수가 부여된다(-9점). 참가견이 신체 다른 부위를 의도적으로 문 경우(몸을 부딪치지는 않고)에는 실격 처리된다.
- 심사위원이 핸들러에게 중앙선으로 이동하라고 지시하기 전에 참가견이 헬퍼가 있는 위치에서 벗어난 경우, 해당 참가견을 다시 헬퍼가 있는 쪽으로 데려갈 수 있다.
- 참가견이 다시 헬퍼가 있는 곳에 머물러 있으면 C 과목 경기가 재개되나 낮은 점수가 부여된다(-9점). 다시 데려가려고 시도했으나 참가견이 저항하거나 헬퍼가 있는 위치에서 또 다시 벗어나는 경우, C 과목 경기는 종료된다. 핸들러가 은신처 쪽으로 다가갈 때 참가견도 다가오거나, 별도 구두 명령이 주어지지 않았는데 핸들러에게 돌아오는 경우 부적절한 행동으로 보고 부분 점수가 부여된다.

④ 헬퍼 도주 저지(20점, IGP 2단계/IGP 3단계는 10점)
ⓐ 음성명령어로 "따라와", "엎드려", "가서 막아", "놔" 등을 사용한다.
ⓑ 실행 규정
- 심사위원의 지시에 따라 핸들러는 헬퍼에게 은신처에서 나오도록 지시한다.
- 헬퍼는 지정된 위치를 향해 보통 걸음으로 이동하며 도주를 시도한다.
- 핸들러는 심사위원의 지시가 주어지면 리드줄과 연결되지 않은 참가견과 함께 지정된 위치로 이동하고 참가견은 엎드려 대기하도록 한다. 이때 참가견은 즐거운 태도로 몰입하며 집중해서 핸들러의 뒤를 따르고, 어깨가 핸들러의 무릎 높이에 오는 자세로 신속히 곧장 이동해야 한다. "엎드려" 명령이 주어지기 전까지는 기본자세로 바르고 침착하고 집중력 있게 대기해야 한다. "엎드려" 명령이 주어지면 재빨리 그 명령에 따르고, 지정된 위치를 벗어나지 않고 조용히 자신감 있는 태도로

헬퍼를 주시해야 한다.
- 헬퍼와 참가견 사이에는 5보가량 간격이 있어야 한다. 핸들러는 개가 엎드려서 경계 중인 상태로 두고 은신처로 이동하며, 참가견과 헬퍼, 심사위원과 계속해서 시선을 교환한다.
- 심사위원의 지시가 주어지면 헬퍼는 도주를 시작한다. 동시에 핸들러는 참가견에게 "가서 막아" 명령을 내려 개가 헬퍼의 도주를 저지하도록 한다.
- 참가견은 주저 없이 헬퍼에게 다가가 상황을 크게 제압하며 비교적 빠른 속도로, 힘차고 강하게 물어서 도주를 막아야 한다. 이때 헬퍼의 방어소매만 물어야 한다. 심사위원이 지시하면 헬퍼는 제자리에 가만히 서 있는다. 헬퍼가 움직임을 멈추면 참가견은 짧은 시간 안에 소매를 놓아야 한다. 핸들러는 적절한 시점에 "놔" 명령을 할 수 있다.
- 최초명령 후에도 참가견이 헬퍼를 놓지 않으면, 핸들러는 심사위원의 지시에 따라 다시 "놔"를 명령한다. 최종 명령(1회 첫 명령 후 두 번의 추가 명령) 후에도 개가 헬퍼를 놓지 않으면 실격 처리된다.
- "놔" 명령을 내리는 동안 핸들러는 가만히 서 있어야 하며 참가견에게 영향을 주는 행동을 하면 안 된다. 참가견은 소매를 놓은 후 헬퍼와 가까운 위치에서 면밀히 감시해야 한다.

ⓒ 평 가
- 도주를 저지하는 상황에서 우위를 점했는지 여부, 재빨리 힘차게 반응하며 강하게 물어서 헬퍼의 도주를 효과적으로 저지하는 행동, 소매를 놓기 전까지 꽉 물고 침착하게 유지하는 행동, 헬퍼를 면밀히 감시하는 행동 등이 중요한 평가 기준이며, 해당 행동이 제한적인 경우 그에 따라 평가가 실시된다.
- 헬퍼가 20보 이상 도주하기 전에 물고 붙들어서 저지하지 못하면 본 "C" 과목 경기는 종료된다. 핸들러의 지시가 주어지지 않은 상태에서 참가견이 헬퍼의 도주를 저지하면 감점 처리된다.
- 참가견이 억류 단계에서 약간 집중하지 못하거나 다소 지루해하는 경우 1점 감점되며, 억류 단계에서 집중력이 크게 떨어지거나 굉장히 지루해하는 경우 2점 감점된다. 참가견이 헬퍼 주변을 벗어나지는 않았지만 억류하지 않은 경우 3점 감점된다. 개가 헬퍼의 곁을 떠나거나, 헬퍼 주변에 머무르도록 핸들러가 명령을 내려야 하는 경우 본 C 과목 경기는 종료된다.

⑤ 감시 중 공격에 방어하기(35점, IGP 2단계/IGP 3단계는 20점)
㉠ 음성 명령어로 "놔", "따라와" 등을 각각 사용한다.
㉡ 실행 규정
- 억류 상태에서 5초가량 경과한 후, 헬퍼는 심사위원의 지시에 따라 참가견을 공격한다.
- 참가견은 핸들러가 개입하지 않은 상태에서 헬퍼를 힘차고 강하게 물어서 방어해야 한다. 이때 참가견은 헬퍼의 방어소매만 물어야 한다.
- 헬퍼는 소프트스틱을 활용해 개를 위협하고 자극하면서 압박을 가한다. 압박이 가해지는 동안, 참가견은 흔들림 없이 견뎌야 하며 특히 행동과 안정성 면에서 침착함을 유지해야 한다. 소프트스틱 압박과 관련하여 두 가지 시험이 치러진다.
- 참가견은 헬퍼의 방어소매 부분만 물 수 있다. 스틱으로 개를 직접 치지 않고 액션만 가한다. 참가견은 압박 단계가 진행되는 동안 침착함을 잃지 말고 에너지 넘치며 집중하는 태도를 보여야 하며,

무엇보다 방어 동작이 진행되는 동안 소매를 계속 물고 있어야 한다.
- 심사위원의 지시가 주어지면 헬퍼는 제자리에 가만히 서 있는다. 헬퍼가 행동을 중단하면 참가견은 짧은 시간 내에 소매를 놓아야 한다.
- 최초 명령 후에도 참가견이 헬퍼를 놓지 않으면, 핸들러는 심사위원의 지시에 따라 다시 "놔"를 명령한다. 최종 명령(1회 첫 명령 후 두 번의 추가 명령) 후에도 개가 헬퍼를 놓지 않으면 실격 처리된다. "놔" 명령을 내리는 동안 핸들러는 가만히 서 있어야 하며 참가견에게 영향을 주는 행동을 하면 안 된다. 참가견은 소매를 놓은 후 헬퍼와 가까운 위치에서 면밀히 감시해야 한다.
- 심사위원의 지시에 따라 핸들러는 보통 걸음으로 최대한 일직선을 유지하며 개에게 다가가 "따라와" 명령을 내리고 기본자세로 대기한다. 이때 헬퍼에게 소프트스틱을 빼앗지는 않는다.

ⓒ 평 가
- 강하게 물면서 힘 있게 저지하는 행동, 놓기 전까지 꽉 물고 침착하게 유지하는 행동, 소매를 놓은 후 집중력 있게 헬퍼를 주시하는 행동 등이 중요한 평가 기준이며, 해당 행동이 제한적인 경우 그에 따라 평가가 실시된다.
- 참가견이 헬퍼의 압박을 견디지 못하고 방어소매를 놓은 후 헬퍼에게 쫓기면, "C" 과목 경기는 종료된다.
- 참가견이 약간 집중하지 못하거나 다소 지루해하는 경우 1점 감점되며, 감시 중 집중력이 크게 떨어지거나 굉장히 지루해하는 경우 2점 감점된다.
- 참가견이 헬퍼를 주변을 벗어나지는 않지만 감시 활동을 하지 않는 경우 3점 감점된다. 핸들러가 다가올 때 개가 그쪽으로 다가가면 부적절한 행동으로 평가된다.
- 개가 헬퍼의 곁을 떠나거나, 헬퍼 주변에 머무르도록 핸들러가 명령을 내려야 하는 경우 C 과목 경기는 종료된다.

> IGP 2단계/IGP 3단계 C 과목에는 1단계와 달리 동작 '5-후위호송(2단계/3단계 각 5점)', '동작-6 후위호송 중 공격에 방어하기(2단계 30점/3단계 15점)' 과정이 더 있다.

⑥ 후위 호송(5점, IGP 2단계/IGP 3단계)
  ㉠ 음성 명령으로 "따라와"를 사용한다.
  ㉡ 실행 명령
  - 헬퍼를 약 30걸음 떨어진 거리로 호송한다. 후위 호송의 방식은 심사위원이 결정한다.
  - 핸들러는 헬퍼에게 이동을 명령하고, 리드줄이 연결되지 않은 참가견을 데리고 함께 이동한다.
  - 참가견은 헬퍼의 뒤에서 다섯 걸음 떨어져 헬퍼를 주시하면서 이동해야 한다. 이 간격은 후위 호송이 진행되는 동안 계속 유지되어야 한다.
  ㉢ 평 가
  헬퍼를 주의 깊게 감시하는지 여부, 정확히 따라나서는 행동, 다섯 걸음 정도의 간격이 유지되는지 등의 여부가 중요한 평가 기준이며 해당 행동이 제한적인 경우 그에 따른 평가가 실시된다.

⑦ 후위 호송 중 공격에 방어하기(15점, IGP 2단계 30점/IGP 3단계 15점)
　㉠ 음성 명령으로 "놔", "따라와" 등을 사용한다.
　㉡ 실행 명령
　　• 후위 호송을 진행하다가, 심사위원은 이동 중에 참가견이 헬퍼를 공격하도록 지시한다. 이때 참가견은 핸들러의 개입이 없어도 주저 없이 헬퍼를 힘차고 강하게 물어서 스스로 방어해야 한다.
　　• 참가견은 헬퍼의 방어소매만 물 수 있다. 참가견이 소매를 무는 즉시 핸들러는 그 자리에 멈춰 선다. 심사위원의 지시가 주어지면 헬퍼는 제자리에 가만히 서 있는다.
　　• 헬퍼가 행동을 중단하면 참가견은 짧은 시간 내에 소매를 놓아야 한다. 핸들러는 적절한 시점에 "놔" 명령을 할 수 있다. 최초 명령 후에도 참가견이 헬퍼를 놓지 않으면, 핸들러는 심사위원의 지시에 따라 두 번까지 추가로 "놔" 명령을 내릴 수 있다.
　　• 최종 명령(1회 첫 명령 후 두 번의 추가 명령) 후에도 개가 헬퍼를 놓지 않으면 실격 처리된다. "놔" 명령을 내리는 동안 핸들러는 가만히 서 있어야 하며 참가견에게 영향을 주는 행동을 하면 안 된다.
　　• 참가견은 소매를 놓은 후 헬퍼와 가까운 위치에서 면밀히 감시해야 한다. 심사위원의 지시에 따라 핸들러는 보통 속도로 최대한 일직선을 유지하며 개에게 다가가 "따라와" 명령을 내리고 기본자세로 대기한다. 핸들러는 헬퍼에게서 소프트스틱을 빼앗는다.
　　• 그다음 심사위원이 있는 쪽으로 약 20걸음 정도 헬퍼를 측면 호송하며, 참가견에게 "따라 와"의 명령을 사용할 수 있다. 참가견은 헬퍼의 우측으로 이동하여 헬퍼와 핸들러 사이에 자리를 잡는다.
　　• 호송이 진행되는 동안 참가견은 헬퍼를 주의 깊게 살피되, 헬퍼에게 너무 바싹 붙어서 이동하거나 헬퍼를 향해 점프하거나 물면 안 된다. 핸들러, 헬퍼, 참가견은 심사위원 정면에서 걸음을 멈춘다. 핸들러는 소프트스틱을 심사위원에게 건네고 "C" 과목의 1부 완료를 보고한다.
　㉢ 평 가
　　• 빠르고 강하게 무는 행동, 놓기 전까지 꽉 문 상태로 침착하게 유지하는 행동, 소매를 놓은 다음에도 헬퍼를 집중적으로 면밀히 감시하는 행동 등이 중요한 평가 기준이며, 해당 행동이 제한적인 경우 그에 따라 평가가 실시된다.
　　• 참가견이 약간 집중하지 못하거나 다소 지루해하는 경우 1점 감점되며, 감시 중 집중력이 크게 떨어지거나 굉장히 지루해하는 경우 2점 감점된다. 참가견이 헬퍼를 감시하지는 않지만 주변을 벗어나지는 않는 경우 3점 감점된다.
　　• 핸들러가 다가올 때 개가 그쪽으로 다가가면 부적절한 행동으로 평가된다. 개가 심사위원의 지시가 주어지기 전에 헬퍼의 곁을 떠나 핸들러에게 다가오거나 헬퍼 주변에 머무르도록 핸들러가 명령을 내려야 하는 경우 "C" 과목 경기는 종료된다.
⑧ 정지 중 공격에 방어하기(30점, IGP 2단계 20점, IGP 3단계 10점)
　㉠ 음성 명령으로 "앉아", "놔", "따라와" 등을 사용한다.
　㉡ 실행 명령
　　• 핸들러는 참가견과 함께 중앙선을 따라 첫 번째 은신처 근처의 지정된 위치로 이동한다.

- 참가견은 즐거운 태도로 핸들러의 뒤를 집중하며 주의 깊게 따르고, 어깨가 핸들러의 무릎 높이에 오도록 곧은 자세를 유지한다.
- 첫 번째 은신처 근처에서 핸들러는 걸음을 멈추고 뒤로 돌아서 참가견에게 "앉아" 명령을 내리고, 개는 기본자세를 취한다. 참가견은 헬퍼가 있는 방향을 주시하면서 곧은 자세로 침착하게 앉아 있어야 한다. 핸들러는 목줄을 잡고 있어도 되지만 개를 자극해서는 안 된다.
- 심사위원의 지시가 주어지면, 헬퍼는 은신처에서 나와 중앙선 쪽으로 달려온다.
- 핸들러는 헬퍼를 향해 소리치고, 헬퍼는 이를 무시하고 (계속 달리면서) 크게 고함을 지르며 개와 핸들러를 향해 정면에서 달려들고 위협적인 몸짓을 취한다.
- 헬퍼가 핸들러와 개가 있는 위치에서 30~40보가량 떨어진 위치까지 다가오면, 핸들러는 심사위원의 지시에 따라 잡고 있던 개를 놓는다.
- "가서 막아" 명령이 주어지면, 개는 주저 없이 헬퍼에게 다가가 상황을 크게 장악하면서 비교적 빠른 속도로 공격을 저지해야 한다. 이때 참가견은 헬퍼의 방어소매만 물 수 있다. 핸들러는 걸음을 멈춘 그 자리에서 벗어나면 안 된다.
- 압박 단계가 시작되면, 참가견은 동요하지 말고 방어 동작이 진행되는 동안 계속해서 에너지 넘치는 태도로 집중해야 하며, 무엇보다 소매를 물고 놓지 말아야 한다. 심사위원의 지시가 주어지면 헬퍼는 제자리에 가만히 서 있는다. 헬퍼가 동작을 중단하면 참가견은 짧은 시간 내에 소매를 놓아야 한다. 핸들러는 적절한 시점에 "놔" 명령을 할 수 있다.
- 최초 명령 후에도 참가견이 헬퍼를 놓지 않으면, 핸들러는 심사위원의 지시에 따라 두 번까지 추가로 "놔"의 명령을 내릴 수 있다. 최종 명령(1회 첫 명령 후 두 번의 추가 명령) 후에도 개가 헬퍼를 놓지 않으면 실격 처리된다.
- "놔" 명령을 내리는 동안 핸들러는 가만히 서 있어야 하며 참가견에게 영향을 주는 행동을 하면 안 된다. 참가견은 소매를 놓은 후 헬퍼와 가까운 위치에서 면밀히 감시해야 한다.
- 심사위원의 지시에 따라 핸들러는 보통 걸음으로 최대한 일직선을 유지하며 개에게 다가가 "따라와" 명령을 하여 기본자세로 대기하도록 한다. 이때 헬퍼에게서 소프트스틱을 빼앗는다.
- 다음 단계로 헬퍼를 20보 이상 측면 호송하며 심사위원 쪽으로 데려간다. 핸들러는 "따라와" 명령어를 사용할 수 있다. 참가견은 헬퍼의 우측에 위치하며, 헬퍼와 핸들러 사이에서 이동한다.
- 호송 과정에서 참가견은 헬퍼를 주의 깊게 지켜봐야 한다. 헬퍼를 향해 점프하거나 무는 등 괴롭히는 행동을 해서는 안 된다. 다 함께 심사위원의 정면 가까이에 도착하면 핸들러는 소프트스틱을 심사위원에게 건네는 것으로 C 과목 시험은 종료된다. 심사위원의 지시에 따라 핸들러는 참가견에게 리드줄을 연결한 후 심사 결과를 대기할 장소로 이동한다.
- 헬퍼는 심사위원의 지시를 받고 경기장을 떠난다. 심사 결과가 나오기 전에는 심사위원의 지시에 따라 참가견과 리드줄을 연결한 상태로 대기해야 한다.

ⓒ 평 가
- 세게 물면서 강력히 방어하는 행동, 놓기 전까지 꽉 물고 침착하게 유지하는 행동, 소매를 놓은 다음에도 헬퍼를 집중적으로 면밀히 감시하는 행동 등이 중요한 평가 기준이며, 해당 행동이 제한적인 경우 그에 따라 평가가 실시된다.

- 참가견이 약간 집중하지 못하거나 다소 지루해하는 경우 1점 감점되며, 감시 중 집중력이 크게 떨어지거나 굉장히 지루해하는 경우 2점 감점된다. 참가견이 헬퍼를 감시하지 않으면서 주변을 벗어나지는 않은 경우 3점 감점된다.
- 핸들러가 다가올 때 개가 그쪽으로 다가가면 부적절한 행동으로 평가된다. 개가 심사위원의 지시가 주어지기 전에 헬퍼의 곁을 떠나 핸들러에게 다가오거나, 헬퍼 주변에 머무르도록 핸들러가 명령을 내려야 하는 경우 "C" 과목 경기는 종료된다.

4 도그쇼

(1) 도그쇼의 변천과 주요 도그쇼

도그쇼는 단순하게 아름다운 개를 뽑는 것이 아니다. 해당 견종의 표준서를 토대로 견종의 특성에 가장 이상적인 개를 뽑는 것이다. 개의 본질, 견종의 크기, 골격, 균형, 밸런스, 모질, 모량, 걸음걸이, 훈련성, 성품 등 모든 것을 고려하여 우수한 특성을 가진 개를 선정한다.

개의 종족 보존 및 혈통 고정을 위해 도그쇼를 개최하여 우수한 품종의 혈통으로 발전시키고 있으며 현재는 컨포메이션 쇼(Conformation Show)가 일반적인 도그쇼로 행해지고 있으며, 애견의 체형미를 경쟁하는 것이 주요 목적이다.

① 주요 도그쇼

㉠ 세계 3대 켄넬 클럽

FCI 세계애견연맹 (Federation Cynologique Internationale)	1911년에 설립되어 전 세계 애견 단체 중 가장 많은 국가(80개)가 가입한 최대 단체이며 그만큼 막대한 영향력으로 세계 도그쇼의 기준이 되고 있다.
KC 영국켄넬클럽 (The Kennel Club)	1873년 영국에서 설립된 켄넬 클럽으로 가장 오랜 역사를 자랑하고 있으며 매년 전 세계의 명견들이 참여하는 크러프츠(챔피언전) 도그쇼를 열고 있다.
AKC 미국애견클럽 (American Kennel Club)	1884년 창설된 미국의 애견 클럽으로 방대한 규모를 자랑해 전 세계적으로 영향을 끼치고 있다.

㉡ 세계 3대 도그쇼
- FCI 월드 도그쇼 : 매년 각 3개의 대륙별로 섹션쇼(유럽, 아시아, 미주)가 열린다.
- 크러프츠 도그쇼 : 영국에서 개최하는 가장 오래된 도그쇼로 전통과 권위를 자랑한다.
- 웨스트 민스터 도그쇼 : 미국에서 개최하는 도그쇼로 다양한 이벤트와 화려함으로 유명하다.

② 각국의 도그쇼

㉠ 영국의 도그쇼
- 1859년 뉴캐슬 어폰 타인(Newcastle Upon Tyne)에서 포인터의 외모와 형태미를 심사하는 정식 도그쇼가 처음 개최되었다.
- 1873년 4월 켄넬 클럽이 창설되고 오늘날 영국애견협회(KC)의 시초가 되었다.

㉡ 미국의 도그쇼
- 1874년 6월 4일 일리노이주의 시카고에서 포인터와 세터쇼가 개최되었다.

- 1884년 미국애견협회(AKC)가 발족되면서 1888년부터 새로운 경기방식을 채택하였는데, 오늘 그룹별 BIS 경기방식의 전신이 되었다.

ⓒ 일본의 도그쇼
- 메이지 개국(1868~1912년)으로 외국인과 외국 개가 들어온 이후 1913년 도쿄에서 일본 최초의 도그쇼가 개최되었다.
- 1949년 일본경비견협회가 설립된 이후 제펜켄넬클럽(JKC)이 설립되었다.

ⓔ 한국의 도그쇼
- 1945년 8월 제국군용견협회가 설립된 이후 한국애견연맹(KKF)이 설립되었다.
- 1960년대에는 개를 묶어두고 개별적으로 개체를 관찰하는 품평회식 도그쇼와 투기 형태의 투견대회가 진행되었다.
- 1970년대 아시아애견연맹(AKU) 창설과 가맹을 계기로 균형, 털 상태, 보행, 성격 등을 심사에 반영하였다.
- 1989년 6월 세계애견연맹(FCI)에 정회원으로 가입하였다.

(2) 핸들링과 핸들러
쇼 핸들링은 한 명의 심사위원에게 반려견의 상태를 얼마나 '잘 보여주는가'가 포인트이다.

① 핸들러 준비사항
ⓐ 핸들러 마음가짐
- 자신과 개에 대한 자신감을 가질 것
- 얼굴의 표현과 몸짓을 통해 이기려는 자세가 표출될 것
- 다른 핸들러에게 예의를 갖출 것
- 동료를 존중할 것
- 몰려다니지 말 것. 단, 함께 움직일 것
- 모든 사람들이 함께 움직일 준비가 되었는지 볼 것
- 순서를 지킬 것
- 위치를 바꿀 적절한 시기를 잡거나, 링에 들어가기 전 물어볼 것
- 앞의 개가 느리게 가고 있다면 함께 맞춰 줄 것
- 우승자를 축하해 줄 것
- 악수하고 웃어 줄 것
- 우승자를 연구하고 그들로부터 무엇을 배워서 할 수 있을 것인가를 생각할 것
- 다른 사람의 실수를 목격했다면 자신은 그 실수를 저지르지 않도록 할 것
- 도움을 제공하되 가십이나 루머를 퍼트리지 말 것
- 될 수 있는 가장 훌륭한 핸들러가 될 것
- 다른 사람을 평가하지 말 것
- 자신이 원하는 이상을 연구 노력하며 초보자들에게 용기를 북돋아 주고 가르쳐줄 것
- 베이팅(간식이나 개를 집중시키기 위한 도구)이나 자신이 사용한 음식물은 반드시 치울 것

ⓒ 견종 표준 숙지
- 견종 표준이 훈련과 미용에 어떻게 적용되어야 하는지 숙지할 것
- 핸들링할 개에 대하여 잘 파악할 것(장점과 단점에 대해 숙지할 것)
- 견체학에 대하여 충분히 숙지할 것

ⓒ 기본훈련(사회성 기르기) 자세
- 즐겁게 할 것(긍정적 경험)
- 칭찬이나 보상 등으로 새로운 환경에 적응을 하도록 교육시켜줄 것
- 먼저 Stack(자세)을 잡은 후 놀 것
- 다양한 기술의 시도 - 각각의 개에게 어떤 것이 가장 효과적인지 볼 것
- 리드줄을 바꿔가며 실험해 볼 것
- 관찰하고 연습하고 또 노력할 것. 그러나 피곤해질 때까지는 하지 말 것
- 즐겁게 놀아줄 것

ⓔ 미용관리
- 깨끗하게 할 것(발톱, 이빨, 목욕)
- 견종 표준에 맞는 미용관리
- 특정 장점을 살리고 단점을 보완할 것

ⓜ 의상 준비
- 화려한 의상 금지(보석, 스카프, 모자, 길게 늘어진 헤어, 짙은 화장)
- 신발 밑창은 딱딱하지 않은 신발
- 치마는 적당한 길이(길거나 짧은 치마는 삼가)
- 가급적 견종에 상반된 정장을 입을 것

ⓗ 도그쇼 링 출전 직전 할 일
- 개를 운동시키고, 편안하고 차분해질 수 있도록 할 것
- 애정과 용기와 자신감을 심어 줄 것
- 심호흡을 하고 마음을 진정시킬 것
- 일찍 도착해서 심사위원과 전람회에 대해 숙지할 것
- 번호표를 조절해서 출전번호가 앞쪽을 향하도록 할 것

ⓢ 도그쇼 링 내에서 할 일
- 첫인상은 굉장히 중요하므로 개를 쳐다보고 웃을 것(심각한 표정은 심사에 절대로 좋을 리가 없다)
- 첫인사로 자신의 개를 최고의 모습으로 보여줄 것
- 링에 있을 때, 심사위원이 어디를 보고 있는지를 항상 의식할 것

> **도움이 되는 도구들**
> 개를 편안하게 하고 개의 외양에 도움이 될 만한 것들을 링사이드 밖에 둘 수 있다(예 미용도구, 물병, 수건, 얼음, 코트, 기타 등).

◎ 심사위원에 대한 태도
- 존경할 것
- 심사 진행과정과 경향을 관찰하고 익숙해지도록 할 것
- 다음에 무엇이 있을지 예측할 것. 그리고 지시사항에 귀를 기울일 것
- 이해가 되지 않을 때 물어보는 것을 두려워하지 말 것. 기회는 한 번뿐
- 심사위원의 시간을 존중하되 자신의 시간을 가질 것
- 조급해하지 말고 최선을 다할 것
- 눈 맞춤과 표정 관리를 하며 심사위원이 어디에 있고 무엇을 하고 있는지를 항상 숙지할 것
- 긴장하고 항상 준비할 것
- 심사위원을 볼 때와 개를 살필 때 사이의 균형을 유지할 것
- 표정을 풀고 웃을 것
- 자신이 즐거워하고 있다는 것을 보여줄 것
- 프로답게, 그러나 너무 심각하지는 말 것
- 심사위원을 내려다보거나 건방지게 대하지 말 것
- 구두와 구두가 아닌 지시사항을 구별할 것
- 잘 관찰할 것
- 핸들러와 심사위원 사이에 개를 위치시킬 것(필수는 아님. 상황에 맞게 변화)

② 핸들링 방법
  ㉠ 그라운드독, 테이블독 Stacking(포즈) 기본(리드줄 없이)
  - 어디를 잡고 할 것인가?
  - 사각 테이블, 개 세우기, 각도, 꼬리의 위치, 포즈
  - 서 있기와 무릎 꿇기
  - 손을 주는 훈련을 각 개의 견종과 크기에 따라 어떻게 다르게 적용할 것인가?
  - 테이블 이용하기
    - 링 바닥에서 테이블로 개를 옮기기
    - 테이블 위에서의 위치
    - 테이블에서 바닥으로 개를 옮겨 (걸음걸이) 준비시키고 다음 진행 순서에 대기하기
  ㉡ 리드줄 다루기
  - 리드줄 거는 방법
    - 어떤 리드줄을 선택할 것인가?
    - 타입, 길이, 색깔
    - 돌멩이나 공으로 연습하기, 손안에 모으기, 매끄러운 걸음걸이, 팔과 손의 위치
    - 개의 목을 고정시키기
    - 훈련 때 사용할 것들 : 잡아채기와 압력 가하기, 부드럽고 자연스럽게 연습
    - 포즈를 위한 위치와 기술
    - 걸음걸이를 위한 위치와 기술

- 리드줄 사리는 방법
  - 핸들러는 엄지손가락에 리드줄 고리를 거는 것으로 시작한다.
  - 리드줄 중간을 오른손으로 잡아 팽팽하게 당겨준다.
  - 리드줄을 겹치게 잡아 올린다.
  - 리드줄을 가지런히 주먹 안에 모아준다.
  - 리드줄을 사람에 허리 높이 정도 맞춘다.

ⓒ 보 행
- 링에서의 자신의 위치를 숙지할 것
- 핸들러는 링을 돌면서 심사위원이 어디에 있는지를 파악할 것
- 심사위원이 무엇을 지시하고 있는지를 정확히 파악할 것(수신호)
- 개가 무엇을 하고 있는지를 인지할 것
- 눈 맞춤(자신이 가고 있는 곳과 심사위원과 개를 볼 것)
- 개, 링의 크기, 바닥, 미끄럼 여부에 따른 스피드의 차이에 따라 조절할 것
- 정확한 패턴으로 이동할 것
- 직선일 때 정확히 직선으로 이동할 것(링을 이용하여 지름길로 가지 말 것)
- 심사위원 지시에 따라 턴, 보행을 할 것
- 심사진행 순서를 숙지할 것

③ 핸들러 용어
- 전문 용어

도그(Dog)	개를 통칭하며 별도로 수컷을 의미하기도 함 −비치(Bitch, 암캐)
리드(Lead)/리시(Leash)	개를 끌기 위한 끄는 줄과 목띠. 다양한 종류가 있으며, 쇼용으로는 리드와 칼라가 일체형이 된 것이나 나일론 및 금속제의 칼라에 나일론제의 리드를 클립으로 연결하는 형태 등이 있음
보드(Board)/보딩(Boarding)	개를 맡아 먹이를 주고 운동을 시키는 등 관리하는 것
브리더(Breeder)	견종의 향상을 위하여 보다 좋은 교합으로 번식시키고 이를 위하여 좋은 암캐를 소유하고 있는 사람
브리징(Bridging)	두부 및 꼬리를 쥐고 개의 몸을 앞뒤로 늘리거나 당겨 중심을 이동시키는 테크닉
베이팅(Baiting)	미끼를 주는 것. 이를 이용하여 개의 집중력 및 호기심을 끌어내며 핸들러의 작업을 돕는다. 일반적으로 레버를 사용
그루밍(Grooming)	개의 털 손질. 트리밍에 포함된 하나의 기법
트리밍(Trimming)	견체 각 부분의 균형을 잡기 위해 플러킹, 클리핑 또는 커팅 등의 기법으로 털을 정리하는 기술. 트림이라고도 함
플러킹(Plucking)	테리어 견종의 털을 손가락이나 나이프 등으로 뽑는 작업
클리핑(Clipping)	클리퍼를 사용하여 털을 제거하는 작업
시저링(Scissoring)	가위로 털을 커트하는 작업

- 보양 용어

보 양	걸음걸이 모양. 발걸음
드라이브	추진력. 뒷다리가 몸을 앞쪽으로 밀고 나아가는 힘
롤링 게이트	보행 중에 몸이 옆으로 흔들리는 보양
무빙 웰	밸런스가 잡힌 보양
오버 리칭	견체 구성의 결함에서 생긴 보양으로 앞 발가락의 뒤를 넘어 과도하게 뒷발을 내미는 것
액 션	활동 행위
앰 블	측대보. 한쪽 앞다리와 뒷다리를 동시에 올려 걷는 보양 예 올드 잉글리시 쉽독
워 크	보통 걸음. 4보조. 견종에 있어서 중심이 안정되어 가장 자연스러운 걸음걸이
트로트	속보. 빠른 걸음. 워크보다 빠르며 우측 앞발과 좌측 뒷발이 동시에 닿는 걸음
헤크니 액션	앞다리를 높게 올리는 보양. 고답 보양 예 미니어처 핀셔
파 행	사지의 어느 쪽도 안정되지 않고 불규칙한 보양

(3) 도그쇼 신청 및 출전

① 도그쇼 출진견 접수안내 : 각 관련 협회 신청기간에 접수

② 신청방법

㉠ 팩스신청서, 도그쇼 온라인 홈페이지, 이메일 등으로 신청(꼭, 접수 확인)

㉡ 혈통서 등록 내용

㉢ 등록번호

㉣ 견 종

㉤ 부 · 모견

㉥ 성별, 번식자, 출진자

③ 도그쇼 행사장의 체크사항 : 출전 접수, 해당 그룹 시간, 조별 번호

④ 핸들러 준비물 : 리드줄(견종에 맞는 굵기 · 색 고려), 손질 도구(일자 빗, 브러시, 스프레이 등), 의상(견종에 맞게 착용)

⑤ 기본매너

㉠ 심사위원에 대한 예의

㉡ 출진자에 대한 예의

㉢ 링에 들어가서의 순서 숙지

⑥ 전람회 들어가기 전 준비 사항

㉠ 번호표, 그루밍 및 트리밍 완료

㉡ 출전 시간

㉢ 출전 그룹

㉣ 대 · 소변

⑦ 도그쇼 클래스

성장기에 있는 유견과 다 자란 성견을 함께 심사하기 어렵기 때문에 성견과 미성견을 구분한다.

베이비 클래스	3~6개월
퍼피 클래스	6개월 1일~9개월
주니어 클래스	9개월 1일~15개월
인터미디어 클래스	15개월 1일~24개월
오픈 클래스	24개월 1일 이상
챔피언 클래스	15개월 1일 이상 챔피언 등록견
베테랑 클래스	생후 8년 이상

(4) 스 택

① 출진견의 스택

㉠ 반려견의 체형과 구성을 보기 위하여 정자세로 바르게 세우는 자세이다.

㉡ 설정상 전방 10m 정도 앞의 지상에 움직임이 있으면 반려견이 멈춰 서서 집중하는 자세이다. 중심은 앞쪽 다리에 60%, 뒤쪽 다리에 40% 정도로 맞추고 눈은 전방 땅을 향하고 코끝은 약간 내린다. 목과 등을 세워 몸 전체를 끌어올린 상태이다.

㉢ 두부는 몸의 중앙에 위치하여 좌우의 다리는 앞뒤 모두 50%씩 중심을 받고 선다. 애견이 제멋대로 두부를 움직이면 중심도 이동하므로 두부 컨트롤에 유의한다.

㉣ 오른쪽 다리를 들어 올릴 때는 머리를 위로 향하고, 다시 왼쪽으로 향하게 하면 가볍게 들어 올릴 수 있다. 애견이 자기 마음대로 중심을 이동시키지 않도록 스택이 완전하게 끝날 때까지는 스탠딩 포즈를 정확하게 만들기 위해 머리에서 손을 떼지 않도록 해야 한다.

② 프리 스탠딩 : 개를 서게 한 다음 심사위원이 볼 수 있도록 자연스럽게 세워 준다.

③ 비교 심사 : 견종의 특징을 하나하나 체크하여 2두 이상 견을 비교하는 심사이다.

(5) 핸들러 검증대회 심사

① 일 반

㉠ 핸들러는 출진견과의 준비가 끝나는 대로 출진자 대기석에서 대기한다. 신호에 맞추어 출전견과 함께 쇼링에 입장을 하되 앞사람과의 간격은 약 1.5m(견종에 따라 다소 차이가 남) 정도 거리를 유지하며 쇼링을 한바퀴 돈다. 코너링을 할 때마다 가볍게 심사위원을 바라본다(너무 보지 않도록 주의한다).

㉡ 핸들러는 링을 다 돌고 곧바로 지정된 곳에서 앞에 다른 핸들러가 있으면 적당한 간격을 유지하며 자신의 견종에 맞게 그라운드셋업을 한다. 이때 출전견의 스롯트(턱아래)를 잡고 왼쪽(앞발), 오른쪽(앞발), 왼쪽(뒷발), 오른쪽(뒷발) 순서로 셋업을 하고 마지막으로 견의 전체적인 실루엣을 잘 표현하여야 한다.

㉢ 핸들러는 곧바로 심사위원의 신호에 따라 테이블 셋업 견종, 그라운드 셋업 견종에 맞게 출전견을 데리고 테이블 또는 그라운드(주의 : 테이블 앞에서 셋업)에 머리→왼쪽(앞발)→오른쪽(앞발)→왼쪽(뒷발)→오른쪽(뒷발) 순서로 세팅을 하고 나서 심사위원에게 정중하게 인사를 한다.

② 핸들러는 개체심사를 하기 위해 다가오는 심사위원에게 방해가 되지 않도록 능숙하게 견종에 맞는 얼굴의 표현을 한 다음 바로 교합을 보여준다. 출전견의 앞 교합→견의 왼쪽 교합→견의 오른쪽 교합 순서로 보여주고 심사위원이 만질 수 있도록 출전견의 몸을 보정해주어야 하다. 다만, 심사위원의 손과 닿지 않도록 주의하며 심사위원과 대각선상에 서 있도록 한다. 개체심사가 끝나면 곧바로 자신의 견이 흐트러지지 않았는지 확인하고 재빠르게 보정하여 심사위원이 다시 출전견을 볼 수 있도록 한다.
⑩ 핸들러는 심사위원 신호에 따라 심사위원 앞에서 핸들링할 자세로 준비를 한다. 테이블 심사견은 테이블 왼쪽으로 내려야 하며 핸들러의 오른손은 출전견이 멀리 움직이지 않도록 짧게 리드를 잡고 왼손은 부드럽게 리드의 끝을 잡아 엄지손가락에 건다.
⑪ 심사위원 지시에 따라 업·다운을 한다. 이때, 출발과 동시에 또는 출발 직전에 심사위원 얼굴을 보며 출발, 다운 직전(견을 중심에 두고 턴, 견의 아웃사이드로 턴)에 다시 심사위원을 보며 들어온다. 심사위원 앞(약 1.5~2m)에서 정면을 보여주며 핸들러는 출전견의 45도 각도에서 프리스탠딩 한다(심사위원이 견의 주위를 맴돌 때, 핸들러는 견과 심사위원의 사이에 들어가지 않도록 주의한다).
⑫ 핸들러는 심사위원 지시에 따라 (사각 라운딩) 핸들링을 하되 앞의 언급된 바와 같이 심사위원을 바라보며 출발하고 90도 각 라운딩을 돌아 나갈 때마다 심사위원을 바라보고 마지막에 제자리로 들어가 그라운드 셋업을 한다.
⑬ 핸들러는 심사위원 지시에 따라 진행을 한다.
⑭ 리드는 손에서 엉켜 보이거나 보기 좋지 않게 밖으로 나오면 감점이 된다.

② 응용편(한국애견연맹규정)
㉠ 업&다운 : 반려견의 걸음걸이를 보기 위해 자주 사용되는 유형이다. 출발하기 전에 진행방향의 바로 앞에 무언가 목표물을 발견하면 직선을 벗어나지 않으면서 심사위원에게 떨어지도록 한다. 또한 심사위원 쪽으로 돌아올 때는 방향전환을 한 후 반드시 심사위원이 있는 위치를 확인하기 바란다. 돌아올 때는 심사위원과의 거리를 정확하게 보고, 반려견을 멈추어야 할 위치를 확인하고 끝낸다. 심사위원 앞에서 멈추면 베이팅을 통해 반려견을 생생하게 보여준다.
㉡ 역 트라이앵글 : 이 유형에서는 심사위원에게서 멀어질 때 반려견은 핸들러의 오른쪽에 위치하므로 제2 코너에서 리드를 든 손을 바꾸어, 반려견을 왼쪽에 위치하게 하고 심사위원 쪽으로 돌아간다.
㉢ T자형 : 출발한 뒤 중앙의 코너를 돌아서 왼쪽으로 향하여 T자의 끝에 다다르기 전에 리드만 오른손에 바꿔 든다. 진행하는 방향은 반대로 바꾸어도 반려견의 위치는 바뀌지 않는다. 오른쪽에 반려견을 붙이면서 T자 반대쪽 끝에 도달하기 전에 리드를 왼손으로 바꿔들어 방향 전환을 하면 반려견은 왼쪽에 위치하게 된다. 그대로 중앙의 코너를 왼쪽으로 돌아서 곧바로 심사위원 앞까지 되돌아온다.
㉣ L자형 : 이 유형에서는 직선으로 걸으며 심사위원으로부터 떨어져서 최초의 코너에서 90도 왼쪽으로 구부린다. 그리고 L자의 마지막에 도달하기 직전에 애견은 왼쪽에 둔 채로 오른손에 리드를 바꿔든다. 턴을 했으면 반려견과 리드는 당신의 오른손으로 두고 심사위원의 시선을 가로막지 않도록 한다. 이리하여 최초의 코너까지 되돌아올 지점에서 반려견을 왼쪽에 붙여서 심사위원 쪽으로 돌아간다.
㉤ 역 L자형 : 출발한 다음 90도를 구부려서 L자의 마지막에 도달하기 직전까지는 반려견도 리드도 오른쪽에 두고, 도달하기 전에 왼손으로 바꾸어 턴을 한다. 이리하여 턴을 했을 때에 반려견은 핸들러의 왼쪽에 있게 되고, 그대로 핸들러는 90도의 코너를 돌아서 심사위원 앞으로 되돌아간다.

ⓗ 역 링 일주 : 심사위원이 링 밖으로 이동하였을 때 핸들러는 줄 바꾸기를 통하여 심사위원의 어깨선이 보이지 않도록 라운딩을 한다.

(6) 도그쇼 심사
① 심사위원의 기본

그룹 심사위원과 올브리더 심사위원은 견체학, 번식론, 견종 스탠더드를 기준으로 각기 다른 견종을 심사하는 데 그 기준을 정확히 숙지해야 한다.
- ㉠ 견체학 : 견종 해부학적 기관에 대한 각 도구성을 이해하고 운동 능력과 골격형성, 근육조직보행의 중요성, 견체 구조와 특징을 숙지해야 한다.
- ㉡ 번식론 : 혈통의 순수성이나 번식 가치를 평가하는 기준이다. 유전학적 형질 번식의 원리로 본질적으로 자손에게 유전할 수 있는 능력과 그 혈통의 일반 외모와 표현성품에 이르기까지 가지고 있는 유전적 번식가치를 이해하는 능력을 말한다.
- ㉢ 스탠더드 : 견종 표준서를 정확하게 이해하는가의 문제이다.

② 심사위원의 역할
- ㉠ 심사위원은 견종을 확실히 표명하고 기준에 맞는 좋은 개를 선출·결정한다.
- ㉡ 도그쇼에서 심사위원은 풍부한 지식을 토대로 번식 지침을 갖고 정확한 의견을 서술해야 한다.

③ 견종표준 세부평가 방법
- ㉠ 일반 외모 : 견종 표준서의 기준에 얼마나 일치하는가를 세부적으로 평가한다.
- ㉡ 얼굴의 표현력 : 예쁜 것보다 실질적 표현이 우수한 견을 선택해야 한다. 예를 들어 수컷다운 암컷, 암컷다운 수컷은 배재해야 하며 과도한 번식은 그 개의 본질을 퇴화시키므로 좋은 평가를 해서는 안 된다.
- ㉢ 머리 : 견종 타입에서 성적 성정 및 본질은 머리에서 가장 뚜렷하게 나타난다. 머리의 형성이 바르게 유전되는 것이 얼굴 표현에도 많은 영향을 준다.
- ㉣ 눈 : 눈을 감거나 심사위원을 피하거나 두려운 기색을 보이면 안 된다. 안색에 노란 테두리를 두르거나 눈빛이 희미하고 붉은 광채가 보이면 예민할 가능성이 높으므로 심사 시 결격 사유가 된다.
- ㉤ 구문 : 견종마다 머리 표현이 다르기 때문에 구문 비율은 존재하지 않지만 구문이 지나치게 길거나 짧으면 불쾌하거나 답답하게 보일 수 있다.
- ㉥ 서 있는 자세 : 일반 외모, 견갑관절, 후구 각 부의 견체 내부 상태를 평가한다. 정지 자세 시 힘의 밸런스에 자세 결함이 있는가 등을 확인한다.
- ㉦ 꼬리 : 상보에서 자연스럽게 움직이며 속보 체형으로 가면 꼬리에 힘이 들어가 상하좌우 서서히 힘의 균형에 맞추어 움직인다. 짧은 꼬리나 긴 꼬리 등은 해부학적으로 적절한 역할을 하지 못하므로 견종 특징에 맞는 위치를 확인해야 한다. 꼬리 위치가 높거나 낮은 경우 몸의 흔들림이나 움직임이 부자연스럽다.
- ㉧ 가슴, 후구 : 앞가슴 후구의 자세가 바르지 않으면 보행 시 에너지 소비가 높아 쉽게 지치고 보행 모습 역시 아름답지 않다. 번식 전람회의 우선적 평가로 선천성 결함을 후천성 결함보다 좋게 평가해서는 안 된다.

전답지세	앞에서 보면 앞다리 또는 뒷다리가 앞쪽을 디디고 있는 자세(바른 자세)
후답지세	전답지세의 반대(바른 자세)
광답지세	양쪽 앞다리 또는 양쪽 뒷다리의 간격이 벌어져 있는 자세
전고지세	후구에 비해 전구가 현저히 높은 자세
O상지세	앞다리의 완관절부가 바깥쪽으로 벌어져 발가락 부분이 근접한 자세. 뒷다리의 비절부가 벌어져 발가락에 근접한 자세
X상지세	양쪽 방향의 앞다리가 완관절부 안쪽으로 근접하여 발가락 부분의 바깥쪽으로 벌어진 부정지세, 뒷다리에 있어서 양쪽의 비절이 안쪽으로 꺾인 자세로 추진력을 저하하여 결점이 된다.

ⓩ 사지구성 : 사지구성이 바르면 힘의 낭비를 막으며 보행 시 자유롭고 가벼운 운동 능력이 전달된다. 자연스러운 움직임을 관찰할 수 있으며 밸런스가 좋다.

ⓧ 사지의 각도: 전구의 어깨 각도, 후구의 고관절 각도, 무릎 관절 비절의 각도를 말한다. 견종 표준서를 참고하여 견종마다 사지의 각도에 대해서 숙지해야 한다. 사지의 각도가 바르지 않으면 움직임이 많아지고 서 있을 때 또는 보행할 때 자유스러운 모습을 볼 수가 없다.

ⓣ 보행 : 보행은 운동 능력을 평가하는 데 기본이 된다. 근육이 힘이 있게 발달되어 있는 사지골, 관절 그리고 등선의 움직임을 알 수 있기 때문이다.

ⓔ 보양 : 상보와 속보를 시켜 견의 답입(뒷다리에서 미는 힘의 자세), 배부전달(배부의 힘의 전달), 답출(앞다리에서 뻗는 동작)의 3대 요소를 평가한다. 각도 구성이나 답출, 배부전달, 답입이 맞지 않으면 몸의 흔들림이 많아진다. 각부 보행에서 전달이 나쁘면 나쁠수록 한층 피로도가 높고 쉽게 지치며 보양 또한 흔들림을 보인다. 전체적인 보양의 동작을 평가하며 어느 특정부에 문제가 있는지 파악한다.

ⓟ 체구 비율 : 표준 안에서 허리가 짧거나 길면 사지골의 각도가 밸런스가 맞지 않아 움직임의 변화가 달라진다. 그러므로 각 견종의 체구 비율을 정확하게 숙지한다.

ⓗ 탄력 있는 몸 : 단단한 관절과 자유로운 관절에 있어 자유스러운 활동성을 평가할 수 있다

㉮ 근육 : 그 견종 고유의 체구 비율의 테두리 안에서 근육 발달은 운동 능력과 추진력을 의미한다. 전체적인 근육 발달은 운동능력 평가에서 중요한 부분이 된다.

㉯ 골질 : 강인한 다리뼈의 구조는 견체구에서 중요 요소다. 운동 능력에 따라 골질과 골양이 풍부해지므로 뼈 굵기는 개의 사이즈에 대응한다. 뼈의 골질이 약한 개는 사지의 각도의 비율이 맞지 않은 경우가 많으며 보행 또한 경쾌하지 못하다.

㉰ 골양 : 지방과다로 근육이 없고 살이 찐 개는 운동 능력의 효과에서 좋은 추진력을 발휘할 수 없다.

㉱ 과대견, 과체중 : 견종 표준서 기준 오버 사이즈면 운동능력에 부족함이 따른다. 몸체 크기가 크면 에너지 소비가 빠르고 지구력과 탄력성이 부족하고 방향 전환이 느려 운동장애를 가져온다. 따라서 크기가 표준을 넘으면 번식 가치에서도 좋은 평가를 받기 어렵다.

㉲ 성품 · 기질 : 귀의 움직임이나 꼬리를 흔드는 모양 등 개의 전반적인 태도를 관찰하여 어떠한 성품을 지녔는지 빠르고 분명하게 판단한다.

㉳ 결점, 실격 : 견종 표준서에 의한 내용을 토대로 결점과 실격 사유를 평가한다.

CHAPTER 08 | 실전예상문제

01 세계애견연맹(FCI) 규정에 해당하는 경기가 아닌 것은?

① 반려견 시험(BH)
② 수색견 시험(FH)
③ 유류품 수색 시험(STP)
④ 가정견 대학과(KKF)

해설 가정견 대학과(KKF)는 한국애견연맹에서 주관하는 경기이다.

02 IGP 심사위원(LR)에 대한 설명으로 옳지 않은 것은?

① 심사위원은 IGP 경기에서 판정 권한을 가진다.
② 세계경기대회의 경우 FCI 사역견 위원회에 심사위원 배정을 요청할 수 있다.
③ 심사위원은 심사할 개를 만질 수 있다.
④ 심사위원은 참가견의 작업수행에 방해가 되거나 영향을 주는 행동을 해서는 안 된다.

해설 심사위원(LR)은 개를 만질 수 없다.

03 경기 시 핸들러에 대한 설명으로 옳은 것은?

① 심사위원이 경기 진행을 중단시킬 경우 핸들러의 동의가 필요하다.
② 수의사의 진단서를 제시하고 출전을 포기할 수 있다.
③ 경기 모든 단계에서 리드줄을 휴대할 필요는 없다.
④ 필요에 따라 참가견에게 자극을 주는 물건을 소지할 수 있다.

해설 ① 경기 중단에 대하여 핸들러의 동의는 필요하지 않다.
③ 경기 모든 단계에서 리드줄을 휴대해야 한다.
④ 참가견에게 자극을 주는 물건을 소지한 경우 경기는 중단될 수 있다.

04 각 시험의 월령 기준으로 옳지 않은 것은?

① IGP 1단계 – 18개월
② IGP 2단계 – 20개월
③ UPr 1~3단계 – 15개월
④ FH 2단계 – 20개월

해설 IGP 2단계는 19개월이고, IGP 3단계가 20개월이다.

05 IGP 출전 규정에 대한 설명으로 옳은 것은?

① 핸들러는 하루에 두 경기까지 참가할 수 있다.
② 핸들러 한 사람은 한 경기당 3마리의 참가견을 출전시킬 수 있다.
③ 참가견은 한 경기에서 하나의 타이틀만 획득할 수 있다.
④ 육안으로 임신 상태를 확인할 수 있는 암컷이나 수유 중인 암컷, 새끼를 동반한 암컷도 경기에 참가할 수 있다.

해설 ① 하루에 한 경기만 참가할 수 있다.
② 최대 2마리까지 출전시킬 수 있다.
④ 임신 상태이거나 수유 중인 암컷, 새끼를 동반한 암컷은 경기에 참가할 수 없다.

06 다음 중 FCI 규정 경기의 실격 처리 상황으로 옳지 않은 것은?

① 참가견이 핸들러나 경기장에서 벗어나 명령이 2회 주어진 후에도 돌아오지 않는 경우
② 음주 상태의 핸들러가 스포츠맨 정신에 어긋나는 행동을 한 경우
③ 동물보호법을 위반한 경우
④ 고무줄 등을 몰래 사용한 것으로 의심되는 경우

해설 핸들러나 경기장에서 벗어났을 때 명령이 3회 주어진 후에도 경기장으로 돌아오지 않으면 실격 처리된다.

07 다음 빈칸에 들어갈 말로 옳은 것은?

> BH 시험의 A 단계 시험에서 총점이 만점 기준 ( )% 이상을 넘지 않은 참가견은 통행 능력을 평가하는 B 단계 시험에 참가할 수 없다.

① 50
② 60
③ 70
④ 80

해설 BH 시험의 A 단계 시험에서 총점 만점 기준의 70% 합격선을 넘어야 한다.

08 BH 시험의 A 단계 진행에 대한 설명으로 옳은 것은?

① 시작 전 기본자세를 취할 기회가 3번 주어진다.
② 동작을 마무리하면서 기본자세를 취하고 이를 그대로 다음 동작을 시작하는 기본자세로 연결할 수 있다.
③ 핸들러는 참가견이 자세를 잡도록 도와서는 안 되며 도울 경우 실격 처리된다.
④ 핸들러는 바른 자세로 서야 하며 두 다리를 벌리고 선 자세는 허용된다.

해설
① 기본자세를 취할 기회는 단 한 차례 주어진다.
③ 핸들러가 참가견을 도우면 감점 처리된다.
④ 두 다리를 벌리고 선 자세는 허용되지 않는다.

09 BH 시험 중 '산만한 환경에서 엎드려 대기하기'의 감점 요인이 아닌 것은?

① 핸들러가 차분하게 행동하지 않거나 몰래 개를 도와주는 경우
② 개가 침착성을 잃은 행동을 한 경우
③ 핸들러가 다시 데리러 올 때 개가 그 자리 그대로 있는 경우
④ 참가견이 앉거나 일어났지만 제자리를 벗어나지 않는 경우

해설 핸들러가 다시 데리러 올 때 개가 서거나 앉으면 감점이 된다.

10 BH 시험의 B 단계 통행 시험에 대한 일반 규정으로 옳지 않은 것은?

① 본 시험은 훈련장을 벗어나 적절한 공공장소에서 실시한다.
② 통행 시험을 실시하기에 적절한 장소와 시험 방식은 심사위원과 대회 의장이 거리, 인도, 광장 등을 결정한다.
③ 일반인들의 통행량이 많은 곳을 선정한다.
④ 심사위원은 참가견의 평가에 문제가 될 소지가 있다고 판단될 경우, 동일 동작을 반복 실시하도록 하거나 동작을 변경할 권한을 갖는다.

해설 일반인들의 통행에 방해가 되지 않는 한적한 곳을 선정해야 한다.

11 IGP에 해당하는 시험이 아닌 것은?

① A 과목 – 추적 시험
② B 과목 – 복종 시험
③ C 과목 – 방호 시험
④ FH 과목 – 수색 시험

해설 FH는 수색견 시험이다.

12 IGP-1 A 추적 시험에 대한 설명으로 옳지 않은 것은?

① 참가견이 소지품을 하나도 찾지 못하면 평가 결과는 최대 '만족'까지 부여된다.
② 추적 시험 장소의 선정은 풀밭, 경작지, 숲 속 평지 등 자연 지형 어디든 추적 장소로 활용할 수 있다.
③ 경로는 다양한 형태로 구성되어야 하는데, 예를 들면 이동 방향이 바뀔 때마다 동일한 간격으로 소지품이 놓이도록 구성하면 안 된다.
④ 추적 경로는 자연스러운 보행 속도로 이동하며 발자취를 최대한 깊게 남긴다.

해설 자연스러운 보행 속도로 이동하나, 발자취를 깊게 남길 필요는 없다.

13 IGP-1 A 추적 시험 방식으로 옳은 것은?

① 추적 활동 시 소지품을 찾고 다음 추적을 시작할 때 "앉아", "기다려" 후에 "찾아" 하면 다시 시작한다.
② 냄새 패드 단계에서 3회 시도 후에도 개가 추적 방향을 정하지 못하면, 본 추적 시험은 종료된다.
③ 냄새 패드에 머무를 수 있는 시간은 제한을 둔다.
④ 심사위원은 추적 경로의 첫 구간에서 추적 속도를 보고 평가할 수 있다.

해설 ① 다음 추적을 할 때도 동일하게 참가견이 알아서 시작하도록 두어야 한다.
③ 냄새 패드에 머무를 수 있는 시간은 제한이 없다.
④ 추적 속도는 평가 요소에 포함되지 않는다.

14 IGP B 복종 시험의 일반 규정으로 옳은 것은?

① 방향 전환, 중지, 속도 변경 등 과정은 심사위원 지시에 의해 수행한다.
② 명령어는 평범한 어조로 짧게 말할 수 있는 하나 이상의 단어로 구성된다.
③ 명령어가 3회 주어진 후에도 참가견이 명령을 따르지 않으면, 해당 동작에는 점수가 부여되지 않는다.
④ 참가견을 호출할 때 명령어와 함께 개의 이름을 부르면 한 번 명령한 것으로 간주한다.

해설 ① 시험 시작 외 다른 과정은 모두 별도 지시 없이 수행한다.
② 하나의 단어로 구성된다.
④ 두 번 명령한 것으로 간주한다.

15 다음 중 빈칸에 알맞은 내용끼리 묶인 것은?

> IGP-1 "B" 복종 시험에서 핸들러는 동작 수행에 필요한 명령을 하기 전 최소 (   ), 최대 (   )를 이동해야 한다.

① 최소 5보, 최대 10보
② 최소 10보, 최대 15보
③ 최소 15보, 최대 20보
④ 최소 25보, 최대 30보

해설 복종 시험의 각 동작은 기본자세에서 시작한다. 핸들러는 동작 수행에 필요한 명령을 하기 전 최소 10보, 최대 15보를 이동한다.

16 IGP B 복종 시험에서 리드줄 미착용 보행 시 회전에 대한 설명으로 옳지 않은 것은?

① 제자리에서 90도 회전도 가능하다.
② 뒤로 돌기는 핸들러가 주도하여 왼쪽으로 실시한다.
③ 참가견이 오른쪽으로 돌아 핸들러의 뒤를 따라서 회전한다.
④ 참가견이 원래 있던 자리에서 왼쪽으로 180도 회전한다.

해설 180도 회전이 가능하다.

17 IGP B 복종 시험에서 전진 후 엎드리기의 감점 요인이 아닌 것은?

① 핸들러가 개와 함께 전진하는 경우
② 참가견이 너무 느리게 전진하는 경우
③ 이동 경로가 좌우로 크게 치우친 경우
④ 엎드려 명령 후 핸들러가 팔을 들고 있는 경우

해설 팔은 계속 들고 있을 수 있다. ① · ② · ③ 외에 감점 요인에는 엎드리기 동작에서 참가견이 주저하는 경우, 명령이 주어지기 전에 엎드린 경우, 엎드려서 가만히 있지 않은 경우, 명령이 주어지기 전에 일어나서 앉는 경우 등이 있다.

18 다음 중 IGP 3단계에만 있는 방호 시험 동작은?

① 헬퍼 도주 시도 저지
② 감시 중 공격에 방어하기
③ 후위 호송
④ 감시 종료 후 공격에 방어하기

해설 감시 종료 후 공격에 방어하기는 IGP 3단계 방호 시험에만 있는 동작이다.
① · ② 1~3단계 공통
③ 2~3단계 공통

정답 16 ① 17 ④ 18 ④

19 IGP C 방호 시험에 대한 설명 중 옳지 않은 것은?

① 3번 호출 후에도 참가견이 돌아오지 않으면 본 방호 시험은 '통제 불능 상태로 인한 실격'으로 처리된다.
② 참가견이 핸들러의 통제에 따르지 않고 진정하지 않는 경우 실격 처리된다.
③ 참가견이 방어소매가 아닌 신체 다른 부위를 문 경우 5점 감점된다.
④ 참가견이 '짖고 억류하기' 동작을 실시한 후 돌아오도록 호출할 때 핸들러가 서 있어야 하는 위치는 경기 규정에 명시된 '표지'이다.

해설 다른 부위를 문 경우 실격 처리된다.

20 IGP-1 C 방호 시험에서 은신처 수색에 대한 설명으로 옳은 것은?

① 개가 숨은 블라인드에 도착하면 핸들러는 제자리에 멈춰야 하며 추가로 구두 명령이나 시각 명령을 내릴 수 있다.
② 참가견이 가야 할 방향으로 곧장 나아가지 못한 경우 은신처를 향해 여유롭게 찾으면서 간다.
③ 은신처 주변을 집중적으로 상세히 수색하지 않은 경우 10점 감점 처리한다.
④ 은신처에서 범인을 발견하면 자신감 있고 바른 자세로 짖어야 한다.

해설 ① 추가로 구두 명령이나 시각 명령을 내릴 수 없다.
② 빠른 속도로 의욕적으로 달려가야 한다.
③ 방호시험에서 헬퍼 수색의 최고 점수는 IGP-1과 IGP-2는 5점, IGP-3은 10점이다. 질문은 IGP-1에 해당하므로 최대 5점 감점 처리할 수 있다. 각 단계별 최고 점수를 잘 익혀야 한다.

21 IGP-1 C 방호 시험에서 헬퍼 수색의 감점 사항이 아닌 것은?

① 동작을 시작하기 전에 침착하고 집중하며 기본자세로 대기하지 못한 경우
② 참가견이 은신처를 수색하지 않거나 집중력 있게 수색하지 않은 경우
③ 수색 범위가 광범위한 경우
④ 은신처를 모두 수색하고 숨은 헬퍼를 찾을 경우

해설 ①·②·③ 외에 감점 사항으로는 핸들러가 구두 명령이나 시각적 지시를 추가로 제공한 경우, 이동 시 보행 속도가 보통 수준으로 유지되지 않은 경우, 참가견에게 상세한 지시와 지도가 필요하다고 판단된 경우 등이 있다.

22 도그쇼에 대한 설명으로 옳은 것은?

① 단순히 아름다운 개를 뽑는 것을 말한다.
② 해당 견종의 전문심사위원이 분양한 개를 우선으로 평가하는 것이다.
③ 견종의 특성과 희귀성을 따져 평가한다.
④ 개의 본질, 크기, 골격, 균형, 밸런스, 모질, 모량, 걸음걸이, 훈련성, 성품 등 모든 것을 고려하여 우수한 특성을 가진 개를 선정한다.

해설 도그쇼는 단순히 아름다운 개를 뽑는 것이 아니라 해당 견종의 표준서를 토대로 견종의 특성에 가장 이상적인 개를 뽑는 것이다.

23 도그쇼 핸들링에 대한 설명으로 옳지 않은 것은?

① 심사위원의 눈길을 잡는 타이밍을 맞추는 것이 중요하다.
② 기술적인 면은 물론 교양이나 정신적인 면도 중요하게 평가한다.
③ 심사위원이 잘 볼 수 있도록 사람의 오른쪽에 서는 습관을 길들이는 것이 좋다.
④ 도그쇼 승패의 결과는 참가견에게 내려진다.

해설 심사위원에게 잘 보이도록 왼쪽에서 걷게 한다.

24 보양 용어에 대한 설명이 옳지 않은 것은?

① 드라이브 – 뒷다리가 몸을 앞쪽으로 밀고 나아가는 힘
② 파행 – 사지의 어느 쪽도 안정되지 않고 불규칙한 보양
③ 앰블 – 한쪽 앞다리와 뒷다리를 동시에 올려 걷는 보양
④ 트로트 – 느린 걸음으로 워크보다 느리며 우측 앞발과 좌측 뒷발이 동시에 닿는 걸음

해설 트로트는 워크보다 빠른 걸음이다.

25 도그쇼 심사에서 스택에 대한 설명으로 옳지 않은 것은?

① 자세의 중심은 앞쪽 다리에 40%, 뒤쪽 다리에 60% 정도로 한다.
② 눈은 전방 땅을 향하고 코끝은 약간 내린다.
③ 목과 등을 세우고 있어서 몸 전체를 끌어 올린 상태로 한다.
④ 스택할 때의 포인트는 두부의 컨트롤에 있다.

해설 전체적으로 뛰어나가는 자세이므로 앞쪽 다리 60%, 뒤쪽 다리 40% 정도로 중심을 둔다.

정답 22 ④ 23 ③ 24 ④ 25 ①

인생의 실패는 성공이 얼마나 가까이 있는지도 모르고 포기했을 때 생긴다.

- 토마스 에디슨 -

직업윤리 및 법률

01 동물보호법 | 이론 + 실전예상문제
02 소비자기본법 | 이론 + 실전예상문제
03 기타 생활법률 | 이론 + 실전예상문제
04 반려동물행동지도사의 직업윤리 | 이론 + 실전예상문제

CHAPTER 01 동물보호법

동물보호법[시행 2025. 6. 21.] [법률 제20581호, 2024. 12. 20., 타법개정]
동물보호법 시행령[시행 2025. 1. 24.] [대통령령 제35230호, 2025. 1. 23., 타법개정]
동물보호법 시행규칙[시행 2024. 5. 27.] [농림축산식품부령 제657호, 2024. 5. 27., 일부개정]

1 총 칙

(1) 목적(법 제1조)

동물의 생명보호, 안전 보장 및 복지 증진을 꾀하고 건전하고 책임 있는 사육문화를 조성함으로써, 생명 존중의 국민 정서를 기르고 사람과 동물의 조화로운 공존에 이바지함을 목적으로 한다.

(2) 정의(법 제2조)

① 동물 : 고통을 느낄 수 있는 신경체계가 발달한 척추동물로서 포유류, 조류, 파충류·양서류·어류 중 농림축산식품부장관이 관계 중앙행정기관의 장과의 협의를 거쳐 대통령령으로 정하는 동물(식용을 목적으로 하는 것은 제외)
② 소유자등 : 동물의 소유자와 일시적 또는 영구적으로 동물을 사육·관리 또는 보호하는 사람
③ 유실·유기동물 : 도로·공원 등의 공공장소에서 소유자등이 없이 배회하거나 내버려진 동물
④ 피학대동물 : 학대를 받은 동물
⑤ 맹 견
㉠ 도사견, 핏불테리어, 로트와일러 등 사람의 생명이나 신체 또는 동물에 위해를 가할 우려가 있는 개로서 농림축산식품부령으로 정하는 개

> **더알아보기** 맹견의 범위(규칙 제2조)
> - 도사견과 그 잡종의 개
> - 핏불테리어(아메리칸 핏불테리어를 포함)와 그 잡종의 개
> - 아메리칸 스태퍼드셔 테리어와 그 잡종의 개
> - 스태퍼드셔 불 테리어와 그 잡종의 개
> - 로트와일러와 그 잡종의 개

㉡ 사람의 생명이나 신체 또는 동물에 위해를 가할 우려가 있어 시·도지사가 맹견으로 지정한 개
⑥ 봉사동물 : 장애인 보조견 등 사람이나 국가를 위하여 봉사하고 있거나 봉사한 동물로서 대통령령으로 정하는 동물

> **더알아보기** 봉사동물의 범위(영 제3조)
>
> - 장애인 보조견
> - 국방부(그 소속 기관을 포함)에서 수색·경계·추적·탐지 등을 위해 이용하는 동물
> - 농림축산식품부(그 소속 기관을 포함) 및 관세청(그 소속 기관을 포함) 등에서 각종 물질의 탐지 등을 위해 이용하는 동물
> - 국토교통부·경찰청·해양경찰청(그 소속 기관을 포함)에서 수색·탐지 등을 위해 이용하는 동물
> - 소방청(그 소속 기관을 포함)에서 효율적인 구조활동을 위해 이용하는 119구조견

⑦ 반려동물 : 반려(伴侶)의 목적으로 기르는 개, 고양이, 토끼, 페럿, 기니피그 및 햄스터 등의 동물
⑧ 등록대상동물 : 동물의 보호, 유실·유기(遺棄) 방지, 질병의 관리, 공중위생상의 위해 방지 등을 위하여 등록이 필요하다고 인정한 월령(月齡) 2개월 이상인 개로서 주택 및 준주택에서 기르는 개, 주택 및 준주택 외의 장소에서 반려(伴侶) 목적으로 기르는 개
⑨ 동물학대 : 동물을 대상으로 정당한 사유 없이 불필요하거나 피할 수 있는 고통과 스트레스를 주는 행위 및 굶주림, 질병 등에 대하여 적절한 조치를 게을리하거나 방치하는 행위
⑩ 기질평가 : 동물의 건강상태, 행동양태 및 소유자등의 통제능력 등을 종합적으로 분석하여 평가 대상 동물의 공격성을 판단하는 것
⑪ 반려동물행동지도사 : 반려동물의 행동분석·평가 및 훈련 등에 전문지식과 기술을 가진 사람으로서 자격시험에 합격한 사람
⑫ 동물실험 : 「실험동물에 관한 법률」에 따른 동물실험
⑬ 동물실험시행기관 : 동물실험을 실시하는 법인·단체 또는 기관으로서 대통령령으로 정하는 법인·단체 또는 기관

(3) 동물보호의 기본원칙(법 제3조)

누구든지 동물을 사육·관리 또는 보호할 때에는 다음의 원칙을 준수하여야 한다.
① 동물이 본래의 습성과 몸의 원형을 유지하면서 정상적으로 살 수 있도록 할 것
② 동물이 갈증 및 굶주림을 겪거나 영양이 결핍되지 아니하도록 할 것
③ 동물이 정상적인 행동을 표현할 수 있고 불편함을 겪지 아니하도록 할 것
④ 동물이 고통·상해 및 질병으로부터 자유롭도록 할 것
⑤ 동물이 공포와 스트레스를 받지 아니하도록 할 것

(4) 국가·지방자치단체 및 국민의 책무(법 제4조)

① 국가와 지방자치단체는 동물학대 방지 등 동물을 적정하게 보호·관리하기 위하여 필요한 시책을 수립·시행하여야 한다.
② 국가와 지방자치단체는 책무를 다하기 위하여 필요한 인력·예산 등을 확보하도록 노력하여야 하며, 국가는 동물의 적정한 보호·관리, 복지업무 추진을 위하여 지방자치단체에 필요한 사업비의 전부 또는 일부를 예산의 범위에서 지원할 수 있다.

③ 국가와 지방자치단체는 대통령령으로 정하는 민간단체에 동물보호운동이나 그 밖에 이와 관련된 활동을 권장하거나 필요한 지원을 할 수 있으며, 국민에게 동물의 적정한 보호·관리의 방법 등을 알리기 위하여 노력하여야 한다.

> **더알아보기** 동물보호 민간단체의 범위(영 제6조)
>
> - 동물보호를 목적으로 하는 법인
> - 등록된 비영리민간단체로서 동물보호를 목적으로 하는 단체

④ 국가와 지방자치단체는 학교에 재학 중인 학생이 동물의 보호·복지 등에 관한 사항을 교육받을 수 있도록 동물보호교육을 활성화하기 위하여 노력하여야 한다.
⑤ 국가와 지방자치단체는 ④에 따른 교육을 활성화하기 위하여 예산의 범위에서 지원할 수 있다.
⑥ 모든 국민은 동물을 보호하기 위한 국가와 지방자치단체의 시책에 적극 협조하는 등 동물의 보호를 위하여 노력하여야 한다.
⑦ 소유자등은 동물의 보호·복지에 관한 교육을 이수하는 등 동물의 적정한 보호·관리와 동물학대 방지를 위하여 노력하여야 한다.

(5) 동물보호의 날(법 제4조의2)
① 동물의 생명보호 및 복지 증진의 가치를 널리 알리고 사람과 동물이 조화롭게 공존하는 문화를 조성하기 위하여 매년 10월 4일을 동물보호의 날로 한다.
② 국가와 지방자치단체는 동물보호의 날의 취지에 맞는 행사와 교육 및 홍보를 실시할 수 있다.

2 동물복지종합계획의 수립 등

(1) 동물복지종합계획(법 제6조)
① 농림축산식품부장관은 동물의 적정한 보호·관리를 위하여 5년마다 다음 사항이 포함된 동물복지종합계획(이하 "종합계획")을 수립·시행하여야 한다.
  ㉠ 동물복지에 관한 기본방향
  ㉡ 동물의 보호·복지 및 관리에 관한 사항
  ㉢ 동물을 보호하는 시설에 대한 지원 및 관리에 관한 사항
  ㉣ 반려동물 관련 영업에 관한 사항
  ㉤ 동물의 질병 예방 및 치료 등 보건 증진에 관한 사항
  ㉥ 동물의 보호·복지 관련 대국민 교육 및 홍보에 관한 사항
  ㉦ 종합계획 추진 재원의 조달방안
  ㉧ 그 밖에 동물의 보호·복지를 위하여 필요한 사항
② 농림축산식품부장관은 종합계획을 수립할 때 관계 중앙행정기관의 장 및 특별시장·광역시장·특별자치시장·도지사·특별자치도지사(이하 시·도지사)의 의견을 수렴하고, 동물복지위원회의 심의를 거쳐 확정한다.

③ 시·도지사는 종합계획에 따라 5년마다 특별시·광역시·특별자치시·도·특별자치도(이하 시·도) 단위의 동물복지계획을 수립하여야 하고, 이를 농림축산식품부장관에게 통보하여야 한다.

(2) 동물복지위원회(법 제7조)

① 농림축산식품부장관의 다음의 자문에 응하도록 하기 위하여 농림축산식품부에 동물복지위원회(이하 "위원회")를 둔다. 다만, ㉠은 심의사항으로 한다.
  ㉠ 종합계획의 수립에 관한 사항
  ㉡ 동물복지정책의 수립, 집행, 조정 및 평가 등에 관한 사항
  ㉢ 다른 중앙행정기관의 업무 중 동물의 보호·복지와 관련된 사항
  ㉣ 그 밖에 동물의 보호·복지에 관한 사항
② 위원회는 공동위원장 2명을 포함하여 20명 이내의 위원으로 구성한다.
③ 공동위원장은 농림축산식품부차관과 호선(互選)된 민간위원으로 하며, 위원은 관계 중앙행정기관의 소속 공무원 또는 다음에 해당하는 사람 중에서 농림축산식품부장관이 임명 또는 위촉한다.
  ㉠ 수의사로서 동물의 보호·복지에 대한 학식과 경험이 풍부한 사람
  ㉡ 동물복지정책에 관한 학식과 경험이 풍부한 사람으로서 민간단체의 추천을 받은 사람
  ㉢ 그 밖에 동물복지정책에 관한 전문지식을 가진 사람으로서 농림축산식품부령으로 정하는 자격기준에 맞는 사람
④ 위원회는 위원회의 업무를 효율적으로 수행하기 위하여 위원회에 분과위원회를 둘 수 있다.
⑤ 위의 사항 외에 위원회 및 분과위원회의 구성·운영 등에 관한 사항은 대통령령으로 정한다.

> **더 알아보기** 분과위원회의 구성·운영(영 제9조)
> - 위원회는 동물학대분과위원회, 안전관리분과위원회 등 분과위원회를 둘 수 있다.
> - 각 분과위원회는 분과위원회의 위원장 1명을 포함하여 10명 이내의 위원으로 구성한다.
> - 분과위원회의 위원장 및 위원은 위원회의 위원 중에서 공동위원장이 지명한다.
> - 분과위원회 회의는 분과위원회의 위원장이 필요하다고 인정하거나 분과위원회 재적위원 3분의1 이상이 요구하는 경우 분과위원회의 위원장이 소집한다.
> - 분과위원회 회의는 재적위원 과반수의 출석으로 개의하고, 출석위원 과반수의 찬성으로 의결한다.
> - 분과위원회의 구성 및 운영에 필요한 세부 사항은 위원회의 의결을 거쳐 공동위원장이 정한다.

(3) 동물복지위원회의 구성 및 운영

① 동물복지위원회의 구성(영 제7조)
  ㉠ 동물복지위원회(이하 "위원회")의 공동위원장은 공동으로 위원회를 대표하며, 위원회의 업무를 총괄한다.
  ㉡ 공동위원장이 모두 부득이한 사유로 직무를 수행할 수 없을 때에는 농림축산식품부차관인 위원장이 미리 지명한 위원의 순으로 그 직무를 대행한다.

ⓒ 위원회의 위원은 다음의 사람으로 구성한다.
- 농림축산식품부, 환경부, 해양수산부 또는 식품의약품안전처 소속 고위공무원단에 속하는 공무원 중에서 각 기관의 장이 지정하는 동물의 보호 · 복지 관련 직위에 있는 사람으로서 농림축산식품부장관이 임명 또는 위촉하는 사람
- 법 제7조 제3항에 해당하는 사람 중에서 성별을 고려하여 농림축산식품부장관이 위촉하는 사람

ⓔ 위원의 임기는 2년으로 한다.
ⓜ 농림축산식품부장관은 위원이 다음의 어느 하나에 해당하는 경우에는 해당 위원을 해촉(解囑)할 수 있다.
- 심신쇠약으로 인하여 직무를 수행할 수 없게 된 경우
- 직무와 관련된 비위사실이 있는 경우
- 직무태만, 품위손상이나 그 밖의 사유로 위원으로 적합하지 않다고 인정되는 경우
- 위원 스스로 직무를 수행하는 것이 곤란하다고 의사를 밝히는 경우

② 위원회의 운영(영 제8조)
ⓐ 위원회의 회의는 공동위원장이 필요하다고 인정하거나 재적위원 3분의 1 이상이 요구하는 경우 공동위원장이 소집한다.
ⓑ 위원회의 회의는 재적위원 과반수의 출석으로 개의(開議)하고, 출석위원 과반수의 찬성으로 의결한다.
ⓒ 위원회는 자문 및 심의사항과 관련하여 필요하다고 인정할 때에는 관계인의 의견을 들을 수 있다.
ⓓ 위원회의 사무를 처리하기 위하여 위원회에 간사를 두며, 간사는 농림축산식품부 소속 공무원 중에서 농림축산식품부장관이 지명한다.
ⓔ 위에서 규정한 사항 외에 위원회의 운영 등에 필요한 사항은 위원회의 의결을 거쳐 공동위원장이 정한다.

3 동물의 보호 및 관리

(1) 적정한 사육 · 관리(법 제9조)

① 소유자등은 동물에게 적합한 사료와 물을 공급하고, 운동 · 휴식 및 수면이 보장되도록 노력하여야 한다.
② 소유자등은 동물이 질병에 걸리거나 부상당한 경우에는 신속하게 치료하거나 그 밖에 필요한 조치를 하도록 노력하여야 한다.
③ 소유자등은 동물을 관리하거나 다른 장소로 옮긴 경우에는 그 동물이 새로운 환경에 적응하는 데에 필요한 조치를 하도록 노력하여야 한다.
④ 소유자등은 재난 시 동물이 안전하게 대피할 수 있도록 노력하여야 한다.
⑤ **동물의 적절한 사육 · 관리 방법의 기준(규칙 별표 1)**
  ⓐ 일반기준
  - 동물의 소유자등은 최대한 동물 본래의 습성에 가깝게 사육 · 관리하고, 동물의 생명과 안전을 보호하며, 동물의 복지를 증진해야 한다.

- 동물의 소유자등은 동물이 갈증·배고픔, 영양불량, 불편함, 통증·부상·질병, 두려움 및 정상적으로 행동할 수 없는 것으로 인하여 고통을 받지 않도록 노력해야 하며, 동물의 특성을 고려하여 전염병 예방을 위한 예방접종을 정기적으로 실시해야 한다.
- 동물의 소유자등은 동물의 사육환경을 다음의 기준에 적합하도록 해야 한다.
  - 동물의 종류, 크기, 특성, 건강상태, 사육목적 등을 고려하여 최대한 적절한 사육환경을 제공할 것
  - 동물의 사육공간 및 사육시설은 동물이 자연스러운 자세로 일어나거나 눕고 움직이는 등의 일상적인 동작을 하는 데에 지장이 없는 크기일 것

ⓒ 개별기준 : 개는 분기마다 1회 이상 구충(驅蟲)을 하되, 구충제의 효능 지속기간이 있는 경우에는 구충제의 효능 지속기간이 끝나기 전에 주기적으로 구충을 해야 한다.

(2) 동물학대 등의 금지(법 제10조)

① 죽음에 이르게 하는 행위 금지
   ㉠ 목을 매다는 등의 잔인한 방법으로 죽음에 이르게 하는 행위
   ㉡ 노상 등 공개된 장소에서 죽이거나 같은 종류의 다른 동물이 보는 앞에서 죽음에 이르게 하는 행위
   ㉢ 동물의 습성 및 생태환경 등 부득이한 사유가 없음에도 불구하고 해당 동물을 다른 동물의 먹이로 사용하는 행위
   ㉣ 그 밖에 사람의 생명·신체에 대한 직접적인 위협이나 재산상의 피해 방지 등 다음의 정하는 정당한 사유 없이 동물을 죽음에 이르게 하는 행위
      - 사람의 생명·신체에 대한 직접적인 위협이나 재산상의 피해를 방지하기 위하여 다른 방법이 없는 경우
      - 허가, 면허 등에 따른 행위를 하는 경우
      - 동물의 처리에 관한 명령, 처분 등을 이행하기 위한 경우

② 학대행위 금지
   ㉠ 도구·약물 등 물리적·화학적 방법을 사용하여 상해를 입히는 행위. 다만, 질병의 예방이나 치료를 위한 행위, 동물실험인 경우, 긴급 사태가 발생하여 해당 동물을 보호하기 위해 필요한 행위인 경우는 제외
   ㉡ 살아있는 상태에서 동물의 몸을 손상하거나 체액을 채취하거나 체액을 채취하기 위한 장치를 설치하는 행위. 다만, 질병의 예방이나 치료를 위한 행위, 동물실험인 경우, 긴급 사태가 발생하여 해당 동물을 보호하기 위해 필요한 행위인 경우는 제외
   ㉢ 도박·광고·오락·유흥 등의 목적으로 동물에게 상해를 입히는 행위. 다만, 민속경기 등 소싸움의 경우 제외
   ㉣ 동물의 몸에 고통을 주거나 상해를 입히는 다음에 해당하는 행위
      - 사람의 생명·신체에 대한 직접적 위협이나 재산상의 피해를 방지하기 위하여 다른 방법이 있음에도 불구하고 동물에게 고통을 주거나 상해를 입히는 행위

- 동물의 습성 또는 사육환경 등의 부득이한 사유가 없음에도 불구하고 동물을 혹서·혹한 등의 환경에 방치하여 고통을 주거나 상해를 입히는 행위
- 갈증이나 굶주림의 해소 또는 질병의 예방이나 치료 등의 목적 없이 동물에게 물이나 음식을 강제로 먹여 고통을 주거나 상해를 입히는 행위
- 동물의 사육·훈련 등을 위하여 필요한 방식이 아님에도 불구하고 다른 동물과 싸우게 하거나 도구를 사용하는 등 잔인한 방식으로 고통을 주거나 상해를 입히는 행위

③ 포획행위 금지

누구든지 소유자등이 없이 배회하거나 내버려진 동물 또는 피학대동물 중 소유자등을 알 수 없는 동물에 대하여 다음의 어느 하나에 해당하는 행위를 하여서는 아니 된다.

㉠ 포획하여 판매하는 행위
㉡ 포획하여 죽이는 행위
㉢ 판매하거나 죽일 목적으로 포획하는 행위
㉣ 소유자등이 없이 배회하거나 내버려진 동물 또는 피학대동물 중 소유자등을 알 수 없는 동물임을 알면서 알선·구매하는 행위

④ 소유자등의 유기 행위 및 보호의무 위반 금지

㉠ 동물을 유기하는 행위
㉡ 반려동물에게 최소한의 사육공간 및 먹이 제공, 적정한 길이의 목줄, 위생·건강 관리를 위한 사항 등 사육·관리 또는 보호의무를 위반하여 상해를 입히거나 질병을 유발하는 행위 및 이로 인하여 반려동물을 죽음에 이르게 하는 행위

⑤ 기타 금지행위

㉠ ①~④의 규정에 해당하는 행위(동물 유기 행위 제외)를 촬영한 사진 또는 영상물을 판매·전시·전달·상영하거나 인터넷에 게재하는 행위. 다만, 동물보호 의식을 고양하기 위한 목적이 표시된 홍보활동 등 농림축산식품부령으로 정하는 경우는 제외
㉡ 도박을 목적으로 동물을 이용하는 행위 또는 동물을 이용하는 도박을 행할 목적으로 광고·선전하는 행위. 다만, 카지노업, 경마, 경륜·경정, 복권, 체육진흥투표권, 소싸움경기등과 같은 사행산업 제외
㉢ 도박·시합·복권·오락·유흥·광고 등의 상이나 경품으로 동물을 제공하는 행위
㉣ 영리를 목적으로 동물을 대여하는 행위. 다만, 다음의 경우는 제외
- 장애인 보조견을 대여하는 경우
- 촬영, 체험 또는 교육을 위하여 동물을 대여하는 경우. 이 경우 대여하는 기간 동안 해당 동물을 관리할 수 있는 인력의 적절한 사육·관리 필요

> **더알아보기** 반려동물에 대한 사육·관리·보호 의무(규칙 별표 2)

동물의 사육 공간	동물의 사육공간(동물이 먹이를 먹거나, 잠을 자거나, 휴식을 취하는 등의 행동을 하는 곳으로서 벽, 칸막이, 그 밖에 해당 동물의 습성에 맞는 설비로 구획된 공간)은 다음의 요건을 갖출 것
	• 사육공간의 위치는 차량, 구조물 등으로 인한 안전사고가 발생할 위험이 없는 곳에 마련할 것
	• 사육공간의 바닥은 망 등 동물의 발이 빠질 수 있는 재질로 하지 않을 것
	• 사육공간은 동물이 자연스러운 자세로 일어나거나 눕거나 움직이는 등의 일상적인 동작을 하는 데에 지장이 없도록 제공하되, 다음의 요건을 갖출 것
	   - 가로 및 세로는 각각 사육하는 동물의 몸길이(동물의 코부터 꼬리까지의 길이)의 2.5배 및 2배 이상일 것. 이 경우 하나의 사육공간에서 사육하는 동물이 2마리 이상일 경우에는 마리당 해당 기준을 충족해야 한다.
	   - 높이는 동물이 뒷발로 일어섰을 때 머리가 닿지 않는 높이 이상일 것
	• 동물을 실외에서 사육하는 경우 사육공간 내에 더위, 추위, 눈, 비 및 직사광선 등을 피할 수 있는 휴식공간을 제공할 것
	• 동물을 줄로 묶어서 사육하는 경우 그 줄의 길이는 2m 이상(해당 동물의 안전이나 사람 또는 다른 동물에 대한 위해를 방지하기 위해 불가피한 경우에는 제외)으로 하되, 제공되는 동물의 사육공간을 제한하지 않을 것.
	• 동물의 습성 등 부득이한 사유가 없음에도 불구하고 동물을 빛이 차단된 어두운 공간에서 장기간 사육하지 않을 것

동물 위생 · 건강관리	• 동물에게 질병(골절 등 상해를 포함)이 발생한 경우 신속하게 수의학적 처치를 제공할 것 • 2마리 이상의 동물을 함께 사육하는 경우에는 동물의 사체나 전염병이 발생한 동물은 즉시 다른 동물과 격리할 것 • 동물을 줄로 묶어서 사육하는 경우 동물이 그 줄에 묶이거나 목이 조이는 등으로 인해 고통을 느끼거나 상해를 입지 않도록 할 것 • 동물의 영양이 부족하지 않도록 사료 등 동물에게 적합한 먹이와 깨끗한 물을 공급할 것 • 먹이와 물을 주기 위한 설비 및 휴식공간은 분변, 오물 등을 수시로 제거하고 청결하게 관리할 것 • 동물의 행동에 불편함이 없도록 털과 발톱을 적절하게 관리할 것 • 동물의 사육공간이 소유자등이 거주하는 곳으로부터 멀리 떨어져 있는 경우에는 해당 동물의 위생·건강상태를 정기적으로 관찰할 것

(3) 동물의 운송(법 제11조)

① 동물운송업자의 준수사항

   ㉠ 운송 중인 동물에게 적합한 사료와 물을 공급하고, 급격한 출발·제동 등으로 충격과 상해를 입지 아니하도록 할 것

   ㉡ 동물을 운송하는 차량은 동물이 운송 중에 상해를 입지 아니하고, 급격한 체온 변화, 호흡곤란 등으로 인한 고통을 최소화할 수 있는 구조로 되어 있을 것

   ㉢ 병든 동물, 어린 동물 또는 임신 중이거나 포유 중인 새끼가 딸린 동물을 운송할 때에는 함께 운송 중인 다른 동물에 의하여 상해를 입지 아니하도록 칸막이의 설치 등 필요한 조치를 할 것

   ㉣ 동물을 싣고 내리는 과정에서 동물 또는 동물이 들어있는 운송용 우리를 던지거나 떨어뜨려서 동물을 다치게 하는 행위를 하지 아니할 것

   ㉤ 운송을 위하여 전기(電氣) 몰이도구를 사용하지 아니할 것

② 농림축산식품부 장관의 권장사항
  ㉠ 농림축산식품부장관은 동물 운송 차량의 구조 및 설비기준을 정하고 이에 맞는 차량을 사용하도록 권장할 수 있다.
  ㉡ 농림축산식품부장관은 규정한 사항 외에 동물 운송에 관하여 필요한 사항을 정하여 권장할 수 있다.

(4) 반려동물 전달 및 동물의 도살 방법(법 제12조, 제13조)

① **반려동물의 전달방법** : 반려동물을 다른 사람에게 전달하려는 자는 직접 전달하거나 동물운송업의 등록을 한 자를 통하여 전달하여야 한다.

② **동물의 도살 방법**
  ㉠ 누구든지 혐오감을 주거나 잔인한 방법으로 동물을 도살하여서는 아니 되며, 도살과정에서 불필요한 고통이나 공포, 스트레스를 주어서는 아니 된다.
  ㉡ 동물을 죽이는 경우에는 가스법·전살법(電殺法) 등을 이용하여 고통을 최소화하여야 하며, 반드시 의식이 없는 상태에서 다음 도살 단계로 넘어가야 한다. 매몰을 하는 경우에도 또한 같다.
  ㉢ ㉠·㉡의 경우 외에도 동물을 불가피하게 죽여야 하는 경우에는 고통을 최소화할 수 있는 방법에 따라야 한다.

(5) 등록대상동물(법 제15조, 제16조)

① **등록대상동물의 등록 등(법 제15조, 영 제10조·제11조·제12조)**
  ㉠ 등 록
    • 등록대상동물의 소유자는 동물의 보호와 유실·유기 방지 및 공중위생상의 위해 방지 등을 위하여 특별자치시장·특별자치도지사·시장·군수·구청장에게 등록대상동물을 등록하여야 한다. 다만, 등록대상동물이 맹견이 아닌 경우로서 농림축산식품부령으로 정하는 바에 따라 시·도의 조례로 정하는 지역에서는 그러하지 아니하다.
    • 등록대상동물의 소유자는 등록대상동물을 등록하려는 경우에는 해당 동물의 소유권을 취득한 날 또는 소유한 동물이 등록대상 월령이 된 날부터 30일 이내에 농림축산식품부령으로 정하는 동물등록신청서를 특별자치시장·특별자치도지사·시장·군수·구청장에게 제출해야 한다(영 제10조 제1항).
  ㉡ 유실 시 신고기한
    등록된 등록대상동물(이하 등록동물)의 소유자는 다음의 어느 하나에 해당하는 경우에는 그 해당 구분에 따른 기간에 특별자치시장·특별자치도지사·시장·군수·구청장에게 신고하여야 한다.
    • 등록동물을 잃어버린 경우 : 등록동물을 잃어버린 날부터 10일 이내
    • 등록동물에 대하여 다음 사항이 변경된 경우 : 변경사유 발생일부터 30일 이내(영 제11조 제1항 참고)
      – 소유자가 변경된 경우
      – 소유자의 성명(법인인 경우에는 법인명)이 변경된 경우
      – 소유자의 주민등록번호(외국인의 경우 외국인등록번호, 법인인 경우 법인등록번호)가 변경된 경우

- 소유자의 주소(법인인 경우 주된 사무소의 소재지)가 변경된 경우
- 소유자의 전화번호(법인인 경우 주된 사무소의 전화번호)가 변경된 경우
- 등록된 등록대상동물의 분실신고를 한 후 그 동물을 다시 찾은 경우
- 등록동물을 더 이상 국내에서 기르지 않게 된 경우
- 등록동물이 죽은 경우
- 무선식별장치를 잃어버리거나 헐어 못 쓰게 된 경우

ⓒ 소유권을 이전받은 자의 등록

등록동물의 소유권을 이전받은 자 중 등록을 실시하는 지역에 거주하는 자는 그 사실을 소유권을 이전받은 날부터 30일 이내에 자신의 주소지를 관할하는 특별자치시장·특별자치도지사·시장·군수·구청장에게 신고하여야 한다.

ⓔ 동물등록대행자
- 특별자치시장·특별자치도지사·시장·군수·구청장은 다음의 어느 하나에 해당하는 자 중에서 지정하여 고시하는 자("동물등록대행자")로 하여금 ㉠부터 ㉢까지의 규정에 따른 업무를 대행하게 할 수 있으며 이에 필요한 비용을 지급할 수 있다(영 제12조 제1항).
    - 동물병원을 개설한 자
    - 등록된 비영리민간단체 중 동물보호를 목적으로 하는 단체
    - 동물보호를 목적으로 하는 법인
    - 동물보호센터로 지정받은 자
    - 신고한 민간동물보호시설(이하 보호시설)을 운영하는 자
    - 허가를 받은 동물판매업자
- 특별자치시장·특별자치도지사·시장·군수·구청장은 다음의 경우 등록을 말소할 수 있다.
    - 거짓이나 그 밖의 부정한 방법으로 등록대상동물을 등록하거나 변경신고한 경우
    - 등록동물 소유자의 주민등록이나 외국인등록사항이 말소된 경우
    - 등록동물의 소유자인 법인이 해산한 경우
- 국가와 지방자치단체는 등록에 필요한 비용의 일부 또는 전부를 지원할 수 있다.
- 동물등록대행 과정에서 등록대상동물의 체내에 무선식별장치를 삽입하는 등 외과적 시술이 필요한 행위는 수의사에 의하여 시행되어야 한다(영 제12조 제2항).

② 등록대상동물의 관리 등(법 제16조)

㉠ 등록대상동물의 소유자등은 소유자등이 없이 등록대상동물을 기르는 곳에서 벗어나지 아니하도록 관리하여야 한다.

㉡ 등록대상동물의 소유자등은 등록대상동물을 동반하고 외출할 때에는 다음의 사항을 준수하여야 한다.
- 목줄 착용 등 사람 또는 동물에 대한 위해를 예방하기 위한 안전조치를 할 것
- 등록대상동물의 이름, 소유자의 연락처, 동물등록번호(규칙 제12조)를 표시한 인식표를 등록대상동물에게 부착할 것
- 배설물(소변의 경우에는 공동주택의 엘리베이터·계단 등 건물 내부의 공용공간 및 평상·의자 등 사람이 눕거나 앉을 수 있는 기구 위의 것으로 한정)이 생겼을 때에는 즉시 수거할 것

ⓒ 시·도지사는 등록대상동물의 유실·유기 또는 공중위생상의 위해 방지를 위하여 필요할 때에는 시·도의 조례로 정하는 바에 따라 소유자등으로 하여금 등록대상동물에 대하여 예방접종을 하게 하거나 특정 지역 또는 장소에서의 사육 또는 출입을 제한하게 하는 등 필요한 조치를 할 수 있다.

(6) 맹견의 관리 등

① 맹견수입신고(법 제17조)
  ㉠ 맹견을 수입하려는 자는 대통령령으로 정하는 바에 따라 농림축산식품부장관에게 신고하여야 한다.
  ㉡ 맹견수입신고를 하려는 자는 맹견의 품종, 수입 목적, 사육 장소 등 대통령령으로 정하는 사항을 신고서에 기재하여 농림축산식품부장관에게 제출하여야 한다.

② 맹견사육허가 등(법 제18조)
  ㉠ 등록대상동물인 맹견을 사육하려는 사람은 다음의 요건을 갖추어 시·도지사에게 맹견사육허가를 받아야 한다.
    - 등록대상동물의 등록을 할 것
    - 맹견으로 인한 피해 보상 보험에 가입할 것
    - 중성화(中性化) 수술을 할 것. 다만, 맹견의 월령이 8개월 미만인 경우로서 발육상태 등으로 인하여 중성화 수술이 어려운 경우에는 대통령령으로 정하는 기간 내에 중성화 수술을 한 후 그 증명서류를 시·도지사에게 제출하여야 한다.
  ㉡ 공동으로 맹견을 사육·관리 또는 보호하는 사람이 있는 경우에는 맹견사육허가를 공동으로 신청할 수 있다.
  ㉢ 시·도지사는 맹견사육허가를 하기 전에 기질평가위원회가 시행하는 기질평가를 거쳐야 한다.
  ㉣ 시·도지사는 맹견의 사육으로 인하여 공공의 안전에 위험이 발생할 우려가 크다고 판단하는 경우에는 맹견사육허가를 거부하여야 한다. 이 경우 기질평가위원회의 심의를 거쳐 해당 맹견에 대하여 인도적인 방법으로 처리할 것을 명할 수 있다.
  ㉤ 맹견의 인도적인 처리는 고통을 최소화하는 방법으로 하되 수의사가 하여야 한다.
  ㉥ 시·도지사는 맹견사육허가를 받은 자(공동으로 맹견사육허가를 신청한 경우 공동 신청한 자를 포함)에게 교육이수 또는 허가대상 맹견의 훈련을 명할 수 있다.

③ 맹견사육허가의 결격사유(법 제19조)
  ㉠ 미성년자(19세 미만의 사람)
  ㉡ 피성년후견인 또는 피한정후견인
  ㉢ 정신질환자 또는 마약류의 중독자. 다만, 정신건강의학과 전문의가 맹견을 사육하는 것에 지장이 없다고 인정하는 사람은 그러하지 아니하다.
  ㉣ 동물학대 등의 금지·등록대상동물의 관리 등·맹견의 관리를 위반하여 벌금 이상의 실형을 선고받고 그 집행이 종료(집행이 종료된 것으로 보는 경우를 포함)되거나 집행이 면제된 날부터 3년이 지나지 아니한 사람
  ㉤ 동물학대 등의 금지·등록대상동물의 관리 등·맹견의 관리를 위반하여 벌금 이상의 형의 집행유예를 선고받고 그 유예기간 중에 있는 사람

④ 맹견사육허가의 철회 등(법 제20조)
  ㉠ 시·도지사는 다음의 경우에 맹견사육허가를 철회할 수 있다.
    - 맹견사육허가를 받은 사람의 맹견이 사람 또는 동물을 공격하여 다치게 하거나 죽게 한 경우
    - 정당한 사유 없이 동물보호법에서 규정한 기간이 지나도록 중성화 수술을 이행하지 아니한 경우
    - 교육이수명령 또는 허가대상 맹견의 훈련 명령에 따르지 아니한 경우
  ㉡ 시·도지사는 맹견사육허가를 철회하는 경우 기질평가위원회의 심의를 거쳐 해당 맹견에 대하여 인도적인 방법으로 처리할 것을 명할 수 있다. 이 경우 동물의 인도적 처리 등(법 제46조)의 법 규정을 준용한다.

⑤ 맹견의 관리(법 제21조)
  ㉠ 맹견의 소유자등의 준수사항
    - 소유자등이 없이 맹견을 기르는 곳에서 벗어나지 아니하게 할 것. 다만, 맹견사육허가를 받은 사람의 맹견은 맹견사육허가를 받은 사람 또는 맹견사육에 대한 전문지식을 가진 사람 없이 맹견을 기르는 곳에서 벗어나지 아니하게 할 것
    - 월령이 3개월 이상인 맹견을 동반하고 외출할 때에는 목줄 및 입마개 등 안전장치를 하거나 맹견의 탈출을 방지할 수 있는 적정한 이동장치를 할 것
    - 그 밖에 맹견이 사람 또는 동물에게 위해를 가하지 못하도록 하기 위하여 농림축산식품부령으로 정하는 사항을 따를 것
  ㉡ 시·도지사와 시장·군수·구청장은 맹견이 사람에게 신체적 피해를 주는 경우 소유자등의 동의 없이 맹견에 대하여 격리조치 등 필요한 조치를 취할 수 있다.
  ㉢ 맹견사육허가를 받은 사람은 맹견의 안전한 사육·관리 또는 보호에 관하여 정기적으로 교육을 받아야 한다.

⑥ 맹견의 출입금지 등(법 제22조)
  맹견의 소유자등은 어린이집, 유치원, 초등학교 및 특수학교, 노인복지시설, 장애인복지시설, 어린이공원, 어린이놀이시설, 그 밖에 불특정 다수인이 이용하는 장소로서 시·도의 조례로 정하는 장소에 맹견이 출입하지 아니하도록 하여야 한다.

(7) 기질평가
① 맹견 아닌 개의 기질평가(법 제24조)
  ㉠ 시·도지사는 맹견이 아닌 개가 사람 또는 동물에게 위해를 가한 경우 그 개의 소유자에게 해당 동물에 대한 기질평가를 받을 것을 명할 수 있다.
  ㉡ 맹견이 아닌 개의 소유자는 해당 개의 공격성이 분쟁의 대상이 된 경우 시·도지사에게 해당 개에 대한 기질평가를 신청할 수 있다.
  ㉢ 시·도지사는 ㉠·㉡의 경우 기질평가를 거쳐 해당 개의 공격성이 높은 경우 맹견으로 지정하여야 한다.
  ㉣ 시·도지사는 ㉢의 맹견 지정을 하는 경우에는 해당 개의 소유자의 신청이 있으면 맹견사육허가 여부를 함께 결정할 수 있다.

ⓜ 시·도지사는 ⓒ에 따른 맹견 지정을 하지 아니하는 경우에도 해당 개의 소유자에게 교육이수 또는 개의 훈련을 명할 수 있다.

② 기질평가 비용부담(법 제25조)
ㄱ 기질평가에 소요되는 비용은 소유자의 부담으로 하며, 그 비용의 징수는 지방행정제재·부과금의 징수 등에 관한 법률의 예에 따른다.
ㄴ ㄱ에 따른 기질평가비용의 기준, 지급 범위 등과 관련하여 필요한 사항은 농림축산식품부령으로 정한다.

③ 기질평가위원회(법 제26조)
ㄱ 시·도지사는 맹견 종(種)의 판정, 맹견의 기질평가, 인도적인 처리에 대한 심의, 맹견이 아닌 개에 대한 기질평가, 그 밖에 시·도지사가 요청하는 사항의 업무를 수행하기 위하여 시·도에 기질평가위원회를 둔다.
ㄴ 기질평가위원회는 위원장 1명을 포함하여 3명 이상의 위원으로 구성한다.
ㄷ 위원은 다음에 해당하는 사람 중에서 시·도지사가 위촉하며, 위원장은 위원 중에서 호선한다.
• 수의사로서 동물의 행동과 발달 과정에 대한 학식과 경험이 풍부한 사람
• 반려동물행동지도사
• 동물복지정책에 대한 학식과 경험이 풍부하다고 시·도지사가 인정하는 사람
ㄹ 위 ㄱ부터 ㄷ까지의 규정에 따른 사항 외에 기질평가위원회의 구성·운영 등에 관한 사항은 대통령령으로 정한다.

④ 기질평가위원회의 권한 등(법 제27조)
ㄱ 기질평가위원회는 기질평가를 위하여 필요하다고 인정하는 경우 평가대상동물의 소유자등에 대하여 출석하여 진술하게 하거나 의견서 또는 자료의 제출을 요청할 수 있다.
ㄴ 기질평가위원회는 평가에 필요한 경우 소유자의 거주지, 그 밖에 사건과 관련된 장소에서 기질평가와 관련된 조사를 할 수 있다.
ㄷ ㄴ에 따라 조사를 하는 경우 농림축산식품부령으로 정하는 증표를 지니고 이를 소유자에게 보여주어야 한다.
ㄹ 평가대상동물의 소유자등은 정당한 사유 없이 ㄱ·ㄴ에 따른 출석, 자료제출요구 또는 기질평가와 관련한 조사를 거부하여서는 아니 된다.

⑤ 기질평가에 필요한 정보의 요청 등(법 제28조)
ㄱ 시·도지사 또는 기질평가위원회는 기질평가를 위하여 필요하다고 인정하는 경우 동물이 사람 또는 동물에게 위해를 가한 사건에 대하여 관계 기관에 영상정보처리기기의 기록 등 필요한 정보를 요청할 수 있다.
ㄴ ㄱ의 요청을 받은 관계 기관의 장은 정당한 사유 없이 이를 거부하여서는 아니 된다.
ㄷ ㄱ의 정보의 보호 및 관리에 관한 사항은 동물보호법에서 규정된 것을 제외하고는 개인정보 보호법을 따른다.

⑥ 비밀엄수의 의무 등(법 제29조)
  ㉠ 기질평가위원회의 위원이나 위원이었던 사람은 업무상 알게 된 비밀을 누설하여서는 아니 된다.
  ㉡ 기질평가위원회의 위원 중 공무원이 아닌 사람은 형법 제129조부터 제132조까지의 규정을 적용할 때에 공무원으로 본다.

(8) 반려동물행동지도사의 업무 및 자격시험
  ① 반려동물행동지도사의 업무(법 제30조)
    ㉠ 반려동물행동지도사의 업무수행
      • 반려동물에 대한 행동분석 및 평가
      • 반려동물에 대한 훈련
      • 반려동물 소유자등에 대한 교육
      • 그 밖에 반려동물행동지도에 필요한 사항으로 농림축산식품부령으로 정하는 업무
    ㉡ 농림축산식품부장관은 반려동물행동지도사의 업무능력 및 전문성 향상을 위하여 농림축산식품부령으로 정하는 바에 따라 보수교육을 실시할 수 있다.
  ② 반려동물행동지도사 자격시험(법 제31조)
    ㉠ 반려동물행동지도사가 되려는 사람은 농림축산식품부장관이 시행하는 자격시험에 합격하여야 한다.
    ㉡ 반려동물의 행동분석·평가 및 훈련 등에 전문지식과 기술을 갖추었다고 인정되는 대통령령으로 정하는 기준에 해당하는 사람에게는 ㉠에 따른 자격시험 과목의 일부를 면제할 수 있다.
    ㉢ 농림축산식품부장관은 다음의 어느 하나에 해당하는 사람에 대해서는 해당 시험을 무효로 하거나 합격 결정을 취소하여야 한다.
      • 거짓이나 그 밖에 부정한 방법으로 시험에 응시한 사람
      • 시험에서 부정한 행위를 한 사람
    ㉣ 다음의 어느 하나에 해당하는 사람은 그 처분이 있은 날부터 3년간 반려동물행동지도사 자격시험에 응시하지 못한다.
      • 시험의 무효 또는 합격 결정의 취소를 받은 사람
      • 반려동물행동지도사의 자격이 취소된 사람
    ㉤ 농림축산식품부장관은 자격시험의 시행 등에 관한 사항을 대통령령으로 정하는 바에 따라 관계 전문기관에 위탁할 수 있다.
    ㉥ 반려동물행동지도사 자격시험의 시험과목, 시험방법, 합격기준 및 자격증 발급 등에 관한 사항은 대통령령으로 정한다.

(9) 반려동물행동지도사의 결격사유 및 자격취소 등(법 제32조)
  ① 다음의 어느 하나에 해당하는 사람은 반려동물행동지도사가 될 수 없다.
    ㉠ 피성년후견인
    ㉡ 정신질환자 또는 마약류의 중독자. 다만, 정신건강의학과 전문의가 반려동물행동지도사 업무를 수행할 수 있다고 인정하는 사람은 그러하지 아니하다.

ⓒ 동물보호법을 위반하여 벌금 이상의 실형을 선고받고 그 집행이 종료(집행이 종료된 것으로 보는 경우를 포함)되거나 집행이 면제된 날부터 3년이 지나지 아니한 경우

ⓔ 동물보호법을 위반하여 벌금 이상의 형의 집행유예를 선고받고 그 유예기간 중에 있는 경우

② 농림축산식품부장관은 반려동물행동지도사가 다음의 어느 하나에 해당하면 그 자격을 취소하거나 2년 이내의 기간을 정하여 그 자격을 정지시킬 수 있다. 다만, ㉠ ~ ㉣은 자격을 취소하여야 한다.

㉠ ①의 결격사유 어느 하나에 해당하게 된 경우(취소)

㉡ 거짓이나 그 밖의 부정한 방법으로 자격을 취득한 경우(취소)

㉢ 다른 사람에게 명의를 사용하게 하거나 자격증을 대여한 경우(취소)

㉣ 자격정지기간에 업무를 수행한 경우(취소)

㉤ 동물보호법을 위반하여 벌금 이상의 형을 선고받고 그 형이 확정된 경우

㉥ 영리를 목적으로 반려동물의 소유자등에게 불필요한 서비스를 선택하도록 알선·유인하거나 강요한 경우

③ ②에 따른 자격의 취소 및 정지에 관한 기준은 그 처분의 사유와 위반 정도 등을 고려하여 농림축산식품부령으로 정한다.

④ **명의대여 금지 등**(법 제33조)

㉠ 반려동물행동지도사 자격시험에 합격한 자가 아니면 반려동물행동지도사의 명칭을 사용하지 못한다.

㉡ 반려동물행동지도사는 다른 사람에게 자기의 명의를 사용하여 반려동물행동지도사의 업무를 수행하게 하거나 그 자격증을 대여하여서는 아니 된다.

㉢ 누구든지 ㉠이나 ㉡에서 금지된 행위를 알선하여서는 아니 된다.

(10) 동물의 구조·보호(법 제34조)

① **보호조치** : 시·도지사와 시장·군수·구청장은 다음의 어느 하나에 해당하는 동물을 발견한 때에는 그 동물을 구조하여 치료·보호에 필요한 조치(보호조치)를 하여야 하며, ㉡ 및 ㉢에 해당하는 동물은 학대 재발 방지를 위하여 학대행위자로부터 격리하여야 한다. 다만, ㉠에 해당하는 동물 중 농림축산식품부령으로 정하는 동물은 구조·보호조치의 대상에서 제외한다.

㉠ 유실·유기동물

㉡ 피학대동물 중 소유자를 알 수 없는 동물

㉢ 소유자등으로부터 학대를 받아 적정하게 치료·보호받을 수 없다고 판단되는 동물

② **등록 여부 확인 및 통보** : 시·도지사와 시장·군수·구청장이 ① ㉠ 및 ㉡에 해당하는 동물에 대하여 보호조치 중인 경우에는 그 동물의 등록 여부를 확인하여야 하고, 등록된 동물인 경우에는 지체 없이 동물의 소유자에게 보호조치 중인 사실을 통보하여야 한다.

③ **보호조치기간** : 시·도지사와 시장·군수·구청장이 동물을 보호할 때에는 농림축산식품부령으로 정하는 바에 따라 수의사의 진단과 동물보호센터의 장 등 관계자의 의견 청취를 거쳐 기간을 정하여 해당 동물에 대한 보호조치를 하여야 한다.

④ 시·도지사와 시장·군수·구청장은 ① 외의 부분 단서에 해당하는 동물에 대하여도 보호·관리를 위하여 필요한 조치를 할 수 있다.

⑤ 시·도지사와 시장·군수·구청장은 유실·유기동물, 피학대동물 중 소유자를 알 수 없는 동물을 보호하고 있는 경우에는 소유자등이 보호조치 사실을 알 수 있도록 대통령령으로 정하는 바에 따라 지체 없이 7일 이상 그 사실을 공고하여야 한다(법 제40조).

(11) 동물보호센터의 설치(법 제35조, 규칙 제18조)

① 동물보호센터의 설치·운영
  ㉠ 시·도지사와 시장·군수·구청장은 동물의 구조·보호 등을 위하여 농림축산식품부령으로 정하는 시설 및 인력 기준에 맞는 동물보호센터를 설치·운영할 수 있다.
  ㉡ 시·도지사와 시장·군수·구청장은 ㉠에 따른 동물보호센터를 직접 설치·운영하도록 노력하여야 한다.
  ㉢ 농림축산식품부장관은 시·도지사 또는 시장·군수·구청장이 설치·운영하는 동물보호센터의 설치·운영에 드는 비용의 전부 또는 일부를 지원할 수 있다.

② 동물보호센터의 업무
  ㉠ 동물의 구조·보호조치
  ㉡ 동물의 반환 등
  ㉢ 사육포기 동물의 인수 등
  ㉣ 동물의 기증·분양
  ㉤ 동물의 인도적인 처리 등
  ㉥ 반려동물사육에 대한 교육
  ㉦ 유실·유기동물 발생 예방 교육
  ㉧ 동물학대행위 근절을 위한 동물보호 홍보
  ㉨ 그 밖에 동물의 구조·보호 등을 위하여 농림축산식품부령으로 정하는 업무

③ 동물보호센터의 지원 및 교육
  동물보호센터의 장 및 그 종사자는 정기적으로 동물의 보호 및 공중위생상의 위해 방지 등에 관한 교육을 받아야 한다.

④ 동물보호센터의 운영위원회의 설치 및 기능 등
  ㉠ 설치 및 기능(규칙 제18조 제1항 참고)
  동물보호센터 운영의 공정성과 투명성을 확보하기 위하여 일정 규모 이상의 동물보호센터(연간 구조·보호되는 동물의 마릿수가 1천마리 이상인 동물보호센터)는 농림축산식품부령으로 정하는 바에 따라 운영위원회를 구성·운영하여야 한다. 다만, 시·도 또는 시·군·구에 운영위원회와 성격 및 기능이 유사한 위원회가 설치되어 있는 경우 해당 시·도 또는 시·군·구의 조례로 정하는 바에 따라 그 위원회가 운영위원회의 기능을 대신할 수 있다.
  ㉡ 운영위원회의 심의사항(규칙 제18조 제2항)
    • 동물보호센터의 사업계획 및 실행에 관한 사항
    • 동물보호센터의 예산·결산에 관한 사항
    • 그 밖에 동물보호법의 준수 여부 등에 관한 사항

ⓒ 운영위원회의 구성·운영(규칙 제19조)
- 위원장 1명을 포함하여 3명 이상 10명 이하의 위원으로 구성한다.
- 위원장은 위원 중에서 호선하고, 위원은 다음의 어느 하나에 해당하는 사람 중에서 동물보호센터의 장이 위촉한다.
  - 수의사
  - 동물보호 민간단체에서 추천하는 동물보호에 관한 학식과 경험이 풍부한 사람
  - 명예동물보호관으로서 그 동물보호센터를 설치한 지방자치단체의 장의 위촉을 받은 사람
  - 그 밖에 동물보호에 관한 학식과 경험이 풍부한 사람
- 운영위원회에는 다음에 해당하는 위원이 각 1명 이상 포함되어야 한다.
  - 수의사에 해당하는 위원
  - 동물보호 민간단체에서 추천하는 동물보호에 관한 학식과 경험이 풍부한 사람에 해당하는 위원으로서 해당 동물보호센터와 이해관계가 없는 사람
  - 명예동물보호관으로서 그 동물보호센터를 설치한 지방자치단체의 장에게 위촉을 받은 사람 또는 그 밖에 동물보호에 관한 학식과 경험이 풍부한 사람에 해당하는 위원으로서 해당 동물보호센터와 이해관계가 없는 사람
- 위원의 임기는 2년으로 하며, 중임할 수 있다.
- 동물보호센터는 운영위원회의 회의를 매년 1회 이상 소집해야 하고, 그 회의록을 작성하여 3년 이상 보존해야 한다.
- 위에서 규정한 사항 외에 운영위원회의 구성 및 운영 등에 필요한 사항은 운영위원회의 의결을 거쳐 위원장이 정한다.

(12) 동물보호센터의 지정 등(법 제36조)
① 동물보호센터의 지정·위탁
  ㉠ 시·도지사 또는 시장·군수·구청장은 농림축산식품부령으로 정하는 시설 및 인력 기준에 맞는 기관이나 단체 등을 동물보호센터로 지정하여 업무를 위탁할 수 있다. 이 경우 동물보호센터로 지정받은 기관이나 단체 등은 동물의 보호조치를 제3자에게 위탁하여서는 아니 된다.
  ㉡ ㉠의 동물보호센터로 지정받으려는 자는 농림축산식품부령으로 정하는 바에 따라 시·도지사 또는 시장·군수·구청장에게 신청하여야 한다.
② 비용의 지원
  ㉠ 시·도지사 또는 시장·군수·구청장은 동물보호센터에 동물의 구조·보호조치 등에 드는 비용(보호비용)의 전부 또는 일부를 지원할 수 있다.
  ㉡ 보호비용의 지급절차와 그 밖에 필요한 사항은 농림축산식품부령으로 정한다.
③ 동물보호센터의 지정취소
  시·도지사 또는 시장·군수·구청장은 지정된 동물보호센터가 다음의 어느 하나에 해당하는 경우에는 그 지정을 취소할 수 있다. 다만, ㉠ 및 ㉣에 해당하는 경우에는 그 지정을 취소하여야 한다.
  ㉠ 거짓이나 그 밖의 부정한 방법으로 지정을 받은 경우(취소)

ⓒ 지정기준에 맞지 아니하게 된 경우
ⓒ 보호비용을 거짓으로 청구한 경우
② 동물학대 등의 금지 규정을 위반한 경우(취소)
ⓜ 동물의 인도적인 처리 등을 위반한 경우
ⓑ 출입·검사 등의 시정명령을 위반한 경우
ⓢ 특별한 사유 없이 유실·유기동물 및 피학대동물에 대한 보호조치를 3회 이상 거부한 경우
ⓞ 보호 중인 동물을 영리를 목적으로 분양한 경우

④ 지정취소 기관·단체의 재지정 금지

시·도지사 또는 시장·군수·구청장은 지정이 취소된 기관이나 단체 등을 지정이 취소된 날부터 1년 이내에는 다시 동물보호센터로 지정하여서는 아니 된다. 다만, 동물학대 등의 금지에 따라 지정이 취소된 기관이나 단체는 지정이 취소된 날부터 5년 이내에는 다시 동물보호센터로 지정하여서는 아니 된다.

> **더알아보기** 동물보호센터의 시설 및 인력 기준(규칙 별표 4)
>
> **1. 일반기준**
> ① 보호실, 격리실, 사료보관실 및 진료실을 각각 구분하여 설치해야 하며, 동물 구조 및 운반용 차량을 보유해야 한다. 다만, 시·도지사·시장·군수·구청장 또는 지정 동물보호센터 운영자가 동물의 진료를 동물병원에 위탁하는 경우에는 진료실을 설치하지 않을 수 있으며, 지정 동물보호센터의 업무에 구조업무가 포함되지 않은 경우에는 구조 및 운반용 차량을 보유하지 않을 수 있다.
> ② 동물의 탈출 및 도난 방지, 방역 등을 위하여 방범시설 및 외부인의 출입을 통제할 수 있는 장치가 있어야 하며, 시설의 외부와 경계를 이루는 담장이나 울타리가 있어야 한다. 다만, 단독건물 등 시설 자체로 외부인과 동물의 출입통제가 가능한 경우에는 담장이나 울타리를 설치하지 않을 수 있다.
> ③ 시설의 청결 유지와 위생 관리에 필요한 급수시설 및 배수시설을 갖추어야 하며, 바닥은 청소와 소독이 용이한 재질이어야 한다. 다만, 운동장은 제외한다.
> ④ 보호동물을 인도적인 방법으로 처리하기 위해 동물의 수용시설과 독립된 별도의 처리공간이 있어야 한다. 다만, 동물보호센터 내 독립된 진료실을 갖춘 경우 그 시설로 대체할 수 있다.
> ⑤ 동물 사체를 보관할 수 있는 잠금장치가 설치된 냉동시설을 갖추어야 한다.
> ⑥ 동물보호센터의 장은 동물의 구조·보호조치, 반환 또는 인수 등 동물보호센터의 업무를 수행하기 위하여 센터 여건에 맞게 동물보호센터의 장을 포함하여 보호동물 20마리당 1명 이상의 보호·관리 인력을 확보해야 한다.
>
> **2. 개별기준**
> ① 보호실의 시설조건
> ⓐ 동물을 위생적으로 건강하게 관리하기 위해 온도 및 습도 조절이 가능해야 한다.
> ⓑ 채광과 환기가 충분히 이루어질 수 있도록 해야 한다.
> ⓒ 보호실이 외부에 노출된 경우, 직사광선, 비바람 등을 피할 수 있는 시설을 갖추어야 한다.
> ② 격리실의 시설조건
> ⓐ 독립된 건물이거나, 다른 용도로 사용되는 시설과 분리되어야 한다.
> ⓑ 외부환경에 노출되어서는 안 되고, 온도 및 습도 조절이 가능하며, 채광과 환기가 충분히 이루어질 수 있어야 한다.
> ⓒ 전염성 질병에 걸린 동물은 질병이 다른 동물에게 전염되지 않도록 별도로 구획되어야 하며, 출입 시 소독 관리를 철저히 해야 한다.

② 격리실은 보호 중인 동물의 상태를 외부에서 수시로 관찰할 수 있는 구조여야 한다. 다만, 해당 동물의 생태, 보호 여건 등 사정이 있는 경우는 제외한다.
③ 사료보관실은 청결하게 유지하고 해충이나 쥐 등이 침입할 수 없도록 해야 하며, 그 밖의 관리물품을 보관하는 경우 서로 분리하여 구별할 수 있어야 한다.
④ 진료실에는 진료대, 소독장비 등 동물의 진료에 필요한 기구·장비를 갖추어야 하며, 2차 감염을 막기 위해 진료대 및 진료기구 등을 위생적으로 관리해야 한다.
⑤ 보호실, 격리실 및 진료실 내에서 개별 동물을 분리하여 수용할 수 있는 장치의 조건
㉠ 장치는 동물이 자유롭게 움직일 수 있는 충분한 크기로서, 가로 및 세로의 길이가 동물의 몸길이의 각각 2배 이상 되어야 한다. 다만, 개와 고양이의 경우 권장하는 최소 크기는 다음과 같다.

- 소형견(5kg 미만) : 50 × 70 × 60(cm)
- 중형견(5kg 이상 15kg 미만) : 70 × 100 × 80(cm)
- 대형견(15kg 이상) : 100 × 150 × 100(cm)
- 고양이 : 50 × 70 × 60(cm)

㉡ 평평한 바닥을 원칙으로 하되, 철망 등으로 된 경우 철망의 간격이 동물의 발이 빠지지 않는 규격이어야 한다.
㉢ 장치의 재질은 청소, 소독 및 건조가 쉽고 부식성이 없으며 쉽게 부서지거나 동물에게 상해를 입히지 않는 것이어야 하며, 장치를 2단 이상 쌓은 경우 충격에 의해 무너지지 않도록 설치해야 한다.
㉣ 분뇨 등 배설물을 처리할 수 있는 장치를 갖추고, 매일 1회 이상 청소하여 동물이 위생적으로 관리될 수 있어야 한다.
㉤ 동물을 개별적으로 확인할 수 있도록 장치 외부에 표지판이 부착되어야 한다.
⑥ 동물구조 및 운송용 차량은 동물을 안전하게 운송할 수 있도록 개별 수용장치를 설치해야 하며, 화물자동차인 경우 직사광선, 비바람 등을 피할 수 있는 장치가 설치되어야 한다.

(13) 동물보호센터의 준수사항(규칙 별표 5)
① 일반사항
㉠ 동물보호센터에 입소되는 모든 동물은 안전하고 위생적이며 불편함이 없도록 관리해야 한다.
㉡ 동물은 종류별, 성별(어리거나 중성화된 동물은 제외) 및 크기별로 구분하여 관리하고, 질환이 있는 동물(상해를 입은 동물을 포함), 공격성이 있는 동물, 나이든 동물, 어린 동물(어미와 함께 있는 경우는 제외) 및 새끼를 배거나 새끼에게 젖을 먹이는 동물은 분리하여 보호해야 한다.
㉢ 동물종류, 품종, 나이 및 체중에 맞는 사료 등 먹이를 적절히 공급하고 항상 깨끗한 물을 공급하며, 그 용기는 청결한 상태로 유지해야 한다.
㉣ 소독약과 소독장비를 가지고 정기적으로 소독 및 청소를 실시해야 한다.
㉤ 보호센터는 방문목적이 합당한 경우, 누구에게나 개방해야 하며, 방문 시 방문자 성명, 방문일시, 방문목적, 연락처 등을 기록하여 작성일부터 1년간 보관해야 한다. 다만, 보호 중인 동물의 적절한 관리를 위해 개방시간을 정하는 등의 제한을 둘 수 있다.
㉥ 보호 중인 동물은 진료 등 특별한 사정이 없으면 보호시설 내에서 보호함을 원칙으로 한다.

② 개별사항
  ㉠ 동물의 구조 및 포획은 구조자와 해당 동물 모두 안전한 방법으로 실시하고, 구조 직후 동물의 상태를 확인하여 건강하지 않은 개체는 추가로 응급조치 등의 조치를 해야 한다.
  ㉡ 보호동물 입소 시 개체별로 보호동물 개체관리카드를 작성하고, 처리결과 및 그 관련 서류를 3년간 보관(전자적 방법으로 갈음할 수 있음)해야 한다.
  ㉢ 보호동물의 등록을 확인하고, 보호동물이 등록된 동물인 경우에는 지체 없이 해당 동물의 소유자에게 보호 중인 사실을 통보해야 한다.
  ㉣ 보호동물의 반환 시 소유자임을 증명할 수 있는 사진, 기록 또는 해당 보호동물의 반응 등을 참고하여 반환해야 하고, 보호동물을 다시 분실하지 않도록 교육을 실시해야 하며, 해당 보호동물이 동물등록이 되어 있지 않은 경우에는 동물등록을 하도록 안내해야 한다.
  ㉤ 보호동물의 분양 시 번식 등의 상업적인 목적으로 이용되는 것을 방지하기 위해 중성화수술에 동의하는 자에게 우선 분양하고, 미성년자(친권자 및 후견인의 동의가 있는 경우는 제외)에게 분양하지 않아야 한다. 또한 보호동물이 다시 유기되지 않도록 교육을 실시해야 하며, 해당 보호동물이 동물등록이 되어 있지 않은 경우에는 동물등록을 하도록 안내해야 한다.
  ㉥ 동물을 인도적으로 처리하는 경우 동물보호센터 종사자 1명 이상의 참관하에 수의사가 시행하도록 하며, 마취제 사용 후 심장에 직접 작용하는 약물 등을 사용하는 등 인도적인 방법을 사용하여 동물의 고통을 최소화해야 한다.
  ㉦ 동물보호센터 내에서 발생한 동물의 사체는 별도의 냉동장치에 보관 후, 폐기물관리법에 따르거나 동물장묘업의 허가를 받은 자가 설치 · 운영하는 동물장묘시설 및 공설동물장묘시설을 통해 처리한다.

(14) 민간동물보호시설의 신고 등(법 제37조)
① 민간동물보호시설의 운영 · 신고
  ㉠ 영리를 목적으로 하지 아니하고 유실 · 유기동물 및 피학대동물을 기증받거나 인수 등을 하여 임시로 보호하기 위하여 대통령령으로 정하는 규모 이상(개와 고양이의 마릿수가 20마리 이상인 경우)의 민간동물보호시설을 운영하려는 자는 시설 명칭, 주소, 규모 등을 특별자치시장 · 특별자치도지사 · 시장 · 군수 · 구청장에게 신고하여야 한다(영 제15조 참고).
  ㉡ 민간동물보호시설을 운영하려는 자는 민간동물보호시설 신고서에 다음의 서류를 첨부하여 신고해야 한다(규칙 제23조).
    • 시설 기준에 적합한 시설을 갖추었는지 확인할 수 있는 자료
    • 동물의 보호조치에 필요한 건물 및 시설의 명세서
    • 동물의 보호조치에 종사하는 인력 현황
    • 동물의 보호 현황
    • 보호시설 운영계획서(시설 기준 및 운영 기준 준수 여부 및 시설정비 등의 사후관리를 위한 계획을 포함)

ⓒ 신고한 사항 중 보호시설 운영자(법인·단체는 그 대표자)의 성명, 보호시설의 명칭, 보호시설의 주소, 보호시설의 면적 및 수용가능 마릿수을 변경할 때에는 특별자치시장·특별자치도지사·시장·군수·구청장에게 신고하여야 한다(영 제15조 제2항 참고).
② 민간동물보호시설의 신고 수리 및 변경신고(규칙 제23조 참고)
　　㉠ 특별자치시장·특별자치도지사·시장·군수·구청장은 신고 또는 변경신고를 받은 경우 그 내용을 검토하여 이 법에 적합하면 신고를 수리하여야 한다.
　　㉡ 신고가 수리된 보호시설의 운영자가 ①의 ⓒ사항을 변경할 경우에는 민간동물보호시설 변경신고서에 변경내용을 증명하는 서류를 첨부하여 특별자치시장·특별자치도지사·시장·군수·구청장에게 신고해야 한다.
　　㉢ 특별자치시장·특별자치도지사·시장·군수·구청장은 신고를 수리할 경우 민간동물보호시설 신고증을 발급해야 한다.
③ 민간동물보호시설의 시설 및 운영 기준
　　신고가 수리된 보호시설운영자는 농림축산식품부령으로 정하는 시설 및 운영 기준 등을 준수하여야 하며 동물보호를 위하여 시설정비 등의 사후관리를 하여야 한다.

> **더 알아보기**　민간동물보호시설의 시설 기준(규칙 별표 6)
>
> **1. 일반기준**
> ① 보호실, 격리실 및 사료보관실을 각각 구분하여 설치해야 한다. 진료실을 보유하고 있다면 각각 구분하여 설치하는 것을 권장한다.
> ② 동물의 탈출 및 도난 방지, 방역 등을 위하여 방범시설 및 외부인의 출입을 통제할 수 있는 장치가 있어야 하며, 시설의 외부와 경계를 이루는 담장이나 울타리가 있어야 한다. 다만, 단독건물 등 시설 자체로 외부인과 동물의 출입통제가 가능한 경우는 담장이나 울타리를 설치하지 않을 수 있다.
> ③ 시설의 청결 유지와 위생 관리에 필요한 급수시설 및 배수시설을 갖추어야 하며, 바닥은 청소와 소독이 용이한 재질이어야 한다. 다만, 운동장은 제외한다.
> ④ 동물 사체를 보관할 수 있는 잠금장치가 설치된 냉동시설을 갖추어야 한다.
>
> **2. 개별기준**
> ① 보호실의 시설조건
> 　㉠ 동물을 위생적으로 건강하게 관리하기 위하여 온도 및 습도 조절이 가능해야 한다.
> 　㉡ 채광과 환기가 충분히 이루어질 수 있도록 해야 한다.
> 　㉢ 보호실이 외부에 노출된 경우, 직사광선, 비바람 등을 피할 수 있는 시설을 갖추어야 한다.
> ② 격리실의 시설조건
> 　㉠ 독립된 건물이거나, 다른 용도로 사용되는 시설과 분리되어야 한다.
> 　㉡ 외부환경에 노출되어서는 안 되고, 온도 및 습도 조절이 가능하며, 채광과 환기가 충분히 이루어질 수 있어야 한다.
> 　㉢ 전염성 질병에 걸린 동물은 질병이 다른 동물에게 전염되지 않도록 별도로 구획되어야 하며, 출입 시 소독 관리를 철저히 해야 한다.
> 　㉣ 격리실에 보호 중인 동물에 대해서는 외부에서 상태를 수시로 관찰할 수 있는 구조여야 한다. 다만, 해당 동물의 생태, 보호 여건 등 사정이 있는 경우는 제외한다.

③ 사료보관실은 청결하게 유지하고 해충이나 쥐 등이 침입할 수 없도록 해야 하며, 그 밖의 관리물품을 보관하는 경우 서로 분리하여 구별할 수 있어야 한다.
④ 진료실이 있는 경우는, 진료실은 진료대, 소독장비 등 동물의 진료에 필요한 기구·장비를 갖추어야 하며, 2차 감염을 막기 위해 진료대 및 진료기구 등을 위생적으로 관리해야 한다.
⑤ 보호실, 격리실 및 진료실 내에서 개별 동물을 분리하여 수용할 수 있는 장치는 다음의 조건을 갖추어야 한다.
  ㉠ 장치는 동물이 자유롭게 움직일 수 있는 충분한 크기로서, 가로 및 세로의 길이가 동물의 몸길이의 각각 2배 이상 되는 곳에 수용하도록 한다. 다만, 개와 고양이의 경우 권장하는 최소 크기는 다음과 같다.

  - 소형견(5kg 미만) : 50 × 70 × 60(cm)
  - 중형견(5kg 이상 15kg 미만) : 70 × 100 × 80(cm)
  - 대형견(15kg 이상) : 100 × 150 × 100(cm)
  - 고양이 : 50 × 70 × 60(cm)

  ㉡ 평평한 바닥을 원칙으로 하되, 철망 등으로 된 경우 철망의 간격이 동물의 발이 빠지지 않는 규격이어야 한다.
  ㉢ 장치의 재질은 청소, 소독 및 건조가 쉽고 부식성이 없으며 쉽게 부서지거나 동물에게 상해를 입히지 않는 것이어야 하며, 장치를 2단 이상 쌓은 경우 충격에 의해 무너지지 않도록 설치해야 한다.
  ㉣ 분뇨 등 배설물을 처리할 수 있는 장치를 갖추고, 매일 1회 이상 청소하여 동물이 위생적으로 관리될 수 있어야 한다.
  ㉤ 동물을 개별적으로 확인할 수 있도록 장치 외부에 표지판이 부착되어야 한다.
⑥ 동물 운송용 차량이 있는 경우 동물을 안전하게 운송할 수 있도록 개별 수용장치를 설치해야 하며, 화물자동차인 경우 직사광선, 비바람 등을 피할 수 있는 장치가 설치되어야 한다.

더알아보기   민간동물보호시설의 운영 기준(규칙 별표 7)

1. 일반사항
① 민간동물보호시설에 입소되는 모든 동물은 안전하고, 위생적이며 불편함이 없도록 관리해야 한다.
② 동물은 종류별, 성별(어리거나 중성화된 동물은 제외) 및 크기별로 구분하여 관리하고, 질환이 있는 동물(상해를 입은 동물을 포함), 공격성이 있는 동물, 나이든 동물, 어린 동물(어미와 함께 있는 경우는 제외) 및 새끼를 배거나 새끼에게 젖을 먹이는 동물은 분리하여 보호해야 한다.
③ 동물의 종류, 품종, 나이 및 체중에 맞는 사료 등 먹이를 적절히 공급하고 항상 깨끗한 물을 공급하며, 그 용기는 청결한 상태로 유지해야 한다.
④ 소독약과 소독장비를 가지고 정기적으로 소독 및 청소를 실시해야 한다.
⑤ 민간동물보호시설의 운영자는 보호 중인 동물의 분양을 위해 노력해야 하고, 자원봉사자 등 외부 자원을 적극적으로 활용하도록 노력해야 하며, 외부인 방문 시 방문자 성명, 방문일시, 방문목적, 연락처 등을 기록하여 작성일부터 1년간 보관해야 한다. 다만, 보호 중인 동물의 적절한 관리를 위해 개방시간을 정하는 등의 제한을 둘 수 있다.
⑥ 보호 중인 동물은 진료 등 특별한 사정이 없으면 보호시설 내에서 보호함을 원칙으로 하고 보호동물의 복지와 상업적 이용을 방지하기 위해 중성화수술을 권장한다.
⑦ 민간동물보호시설의 운영자는 보호, 치료, 입양 등의 업무를 수행하기 위하여 보호동물 50마리당 1명 이상의 보호·관리 인력을 확보해야 한다(시행일 : 2025. 4. 28.).

⑧ 여러 동물을 함께 수용할 때에는 다음의 조건을 갖추어야 한다.
  ㉠ 동물의 건강상태, 나이, 성별, 동물종, 기질 등을 고려하여 분리 또는 합사해야 한다.
  ㉡ 함께 수용하더라도 동물이 개별적으로 쉴 수 있는 공간을 갖추어야 한다.
  ㉢ 물과 사료 경쟁이 생기지 않도록 그릇의 형태 및 개수를 적절히 배치해야 한다.

2. 개별사항
  ① 동물을 인수 또는 기증받은 경우 등록대상동물은 동물등록번호를 확인하고, 개체별로 보호동물 개체관리카드를 작성하고, 처리결과 및 그 관련 서류를 3년간 보관(전자적 방법으로 갈음할 수 있음)해야 한다. 만일 등록대상동물이 동물등록이 되어 있지 않은 경우에는 동물등록을 해야 한다.
  ② 보호동물의 분양 시 번식 등의 상업적인 목적으로 이용되는 것을 방지하기 위해 중성화수술에 동의하는 자에게 우선 분양하고, 미성년자(친권자 및 후견인의 동의가 있는 경우는 제외)에게 분양하지 않아야 한다. 또한, 보호동물이 다시 유기되지 않도록 교육을 실시해야 하며, 해당 보호동물이 등록대상동물인 경우 동물등록이 되어 있지 않은 경우에는 동물등록을 하도록 안내해야 한다.
  ③ 민간동물보호시설 내에서 발생한 사체는 별도의 냉동장치에 보관 후, 폐기물관리법에 따르거나 동물장묘업의 허가를 받은 자가 설치 · 운영하는 동물장묘시설 및 공설동물장묘시설을 통해 처리한다.

④ 보호시설의 중단
  ㉠ 보호시설운영자가 보호시설의 운영을 일시적으로 중단하거나 영구적으로 폐쇄 또는 그 운영을 재개하려는 경우에는 농림축산식품부령으로 정하는 바에 따라 보호하고 있는 동물에 대한 관리 또는 처리방안 등을 마련하여 특별자치시장 · 특별자치도지사 · 시장 · 군수 · 구청장에게 신고하여야 한다. 이 경우 ②의 ㉠을 준용한다.
  ㉡ 보호시설운영자가보호시설의 운영을 일시적으로 중단하거나 영구적으로 폐쇄하거나 그 운영을 재개하려는 경우에는 일시운영중단 · 영구폐쇄 · 운영재개 신고서에 보호동물 관리 · 처리계획서를 첨부(운영을 재개하는 경우는 제외)하여 일시운영중단 · 영구폐쇄 · 운영재개 30일 전까지 특별자치시장 · 특별자치도지사 · 시장 · 군수 · 구청장에게 제출해야 한다. 다만, 일시운영중단의 기간을 정하여 신고하는 경우 그 기간이 만료되어 운영을 재개할 때에는 신고하지 않을 수 있다(규칙 제23조 제5항).

⑤ 보호시설운영자 · 종사자 채용 결격사유
  ㉠ 다음에 해당하는 자는 보호시설운영자가 되거나 보호시설 종사자로 채용될 수 없다.
    • 미성년자
    • 피성년후견인
    • 동물보호법을 위반하여 벌금 이상의 실형을 선고받고 그 집행이 종료(집행이 종료된 것으로 보는 경우를 포함)되거나 집행이 면제된 날부터 3년(동물학대 등의 금지를 위반한 경우 5년)이 지나지 아니한 사람
    • 동물보호법을 위반하여 벌금 이상의 형의 집행유예를 선고받고 그 유예기간 중에 있는 사람

⑥ 농림축산식품부장관 또는 특별자치시장 · 특별자치도지사 · 시장 · 군수 · 구청장은 보호시설의 환경개선 및 운영에 드는 비용의 일부를 지원할 수 있다.

⑦ ①부터 ⑤까지의 규정에 따른 보호시설의 시설 및 운영 등에 관한 사항은 대통령령으로 정한다.

(15) 시정명령 및 시설폐쇄 등(법 제38조)

① 특별자치시장·특별자치도지사·시장·군수·구청장은 보호시설 및 운영 기준 등을 위반한 보호시설운영자에게 해당 위반행위의 중지나 시정을 위하여 필요한 조치를 명할 수 있다.

② 특별자치시장·특별자치도지사·시장·군수·구청장은 보호시설운영자가 다음의 어느 하나에 해당하는 경우에는 보호시설의 폐쇄를 명할 수 있다. 다만, ㉠ 및 ㉡에 해당하는 경우에는 보호시설의 폐쇄를 명하여야 한다.

㉠ 거짓이나 그 밖의 부정한 방법으로 보호시설의 신고 또는 변경신고를 한 경우(시설 폐쇄)

㉡ 동물학대 등의 금지의 규정을 위반하여 벌금 이상의 형을 선고받은 경우(시설 폐쇄)

㉢ 중지명령이나 시정명령을 최근 2년 이내에 3회 이상 반복하여 이행하지 아니한 경우

㉣ 신고를 하지 아니하고 보호시설을 운영한 경우

㉤ 변경신고를 하지 아니하고 보호시설을 운영한 경우

(16) 신고 등(법 제39조)

① 누구든지 다음의 어느 하나에 해당하는 동물을 발견한 때에는 관할 지방자치단체 또는 동물보호센터에 신고할 수 있다.

㉠ 제10조에서 금지한 학대를 받는 동물

㉡ 유실·유기동물

② 다음의 어느 하나에 해당하는 자가 그 직무상 ①에 따른 동물을 발견한 때에는 지체 없이 관할 지방자치단체 또는 동물보호센터에 신고하여야 한다.

㉠ 민간단체의 임원 및 회원

㉡ 설치·지정된 동물보호센터의 장 및 그 종사자

㉢ 민간동물 보호시설운영자 및 보호시설의 종사자

㉣ 동물실험윤리위원회를 설치한 동물실험시행기관의 장 및 그 종사자

㉤ 동물실험윤리위원회의 위원

㉥ 동물복지축산농장 인증을 받은 자

㉦ 반려동물 영업의 허가를 받은 자 또는 영업의 등록을 한 자 및 그 종사자

㉧ 동물보호관

㉨ 수의사, 동물병원의 장 및 그 종사자

③ 신고인의 신분은 보장되어야 하며 그 의사에 반하여 신원이 노출되어서는 아니 된다.

④ 신고한 자 또는 신고·통보를 받은 관할 특별자치시장·특별자치도지사·시장·군수·구청장은 관할 시·도 가축방역기관장 또는 국립가축방역기관장에게 해당 동물의 학대 여부 판단 등을 위한 동물검사를 의뢰할 수 있다.

(17) 공고(법 제40조, 영 제16조)

① 시·도지사와 시장·군수·구청장은 동물을 보호하고 있는 경우에는 소유자등이 보호조치 사실을 알 수 있도록 대통령령으로 정하는 바에 따라 지체 없이 7일 이상 그 사실을 공고하여야 한다.

② 시·도지사와 시장·군수·구청장은 동물 보호조치 사실을 공고하려면 동물정보시스템에 게시해야 한다. 다만, 동물정보시스템이 정상적으로 운영되지 않는 경우에는 농림축산식품부령으로 정하는 동물보호 공고문을 작성하여 해당 기관의 인터넷 홈페이지에 게시하는 등 다른 방법으로 공고할 수 있다.

③ 시·도지사와 시장·군수·구청장은 공고를 하는 경우에는 농림축산식품부령으로 정하는 바에 따라 동물정보시스템을 통하여 개체관리카드와 보호동물 관리대장을 작성·관리해야 한다.

(18) 동물의 반환 등(법 제41조)

① 시·도지사와 시장·군수·구청장은 다음의 어느 하나에 해당하는 사유가 발생한 경우에는 동물을 그 동물의 소유자에게 반환하여야 한다.

    ㉠ 유실·유기동물, 피학대동물 중 소유자를 알 수 없는 동물에 해당하는 동물이 보호조치 중에 있고, 소유자가 그 동물에 대하여 반환을 요구하는 경우

    ㉡ 보호기간이 지난 후, 보호조치 중인 동물(소유자등에게 학대를 받아 적정하게 치료·보호받을 수 없다고 판단되는 동물)에 대하여 소유자가 사육계획서를 제출한 후 보호비용을 부담하고 반환을 요구하는 경우

② 시·도지사와 시장·군수·구청장이 보호조치 중인 동물(소유자등에게 학대를 받아 적정하게 치료·보호받을 수 없다고 판단되는 동물)을 반환받으려는 소유자는 학대행위의 재발 방지 등 동물을 적정하게 보호·관리하기 위한 사육계획서를 제출하여야 한다.

③ 시·도지사와 시장·군수·구청장은 ①의 ㉡에 해당하는 동물의 반환과 관련하여 동물의 소유자에게 보호기간, 보호비용 납부기한 및 면제 등에 관한 사항을 알려야 한다.

④ 시·도지사와 시장·군수·구청장은 ①의 ㉡에 따라 동물을 반환받은 소유자가 제출한 사육계획서의 내용을 이행하고 있는지를 동물보호관에게 점검하게 할 수 있다.

(19) 보호비용의 부담 및 징수

① 보호비용의 청구 및 면제(법 제42조)

    ㉠ 시·도지사와 시장·군수·구청장은 유실·유기동물, 피학대동물 중 소유자를 알 수 없는 동물에 해당하는 동물의 보호비용을 소유자 또는 분양을 받는 자에게 청구할 수 있다.

    ㉡ 소유자등으로부터 학대를 받아 적정하게 치료·보호받을 수 없다고 판단되는 동물에 해당하는 동물의 보호비용은 농림축산식품부령으로 정하는 바에 따라 납부기한까지 그 동물의 소유자가 내야 한다. 이 경우 시·도지사와 시장·군수·구청장은 동물의 소유자가 그 동물의 소유권을 포기한 경우에는 보호비용의 전부 또는 일부를 면제할 수 있다.

    ㉢ ㉠ 및 ㉡에 따른 보호비용의 징수에 관한 사항은 대통령령으로 정하고, 보호비용의 산정 기준에 관한 사항은 농림축산식품부령으로 정하는 범위에서 해당 시·도의 조례로 정한다.

② 보호 비용의 징수(영 제17조)

시·도지사와 시장·군수·구청장은 보호비용을 징수하려는 경우에는 비용징수통지서를 해당 동물의 소유자 또는 분양을 받는 자에게 발급해야 한다.

③ 보호비용의 납부(규칙 제26조)
  ㉠ 시·도지사와 시장·군수·구청장은 동물의 보호비용을 징수하려는 경우에는 해당 동물의 소유자에게 비용징수통지서를 통지해야 한다.
  ㉡ 통지를 받은 동물의 소유자는 그 통지를 받은 날부터 7일 이내에 보호비용을 납부해야 한다. 다만, 천재지변이나 그 밖의 부득이한 사유로 보호비용을 낼 수 없을 때에는 그 사유가 없어진 날부터 7일 이내에 내야 한다.
  ㉢ 동물의 소유자가 보호비용을 납부기한까지 내지 않은 경우에는 고지된 비용에 이자를 가산한다. 이 경우 그 이자를 계산할 때에는 납부기한의 다음 날부터 납부일까지 법정이율을 적용한다.
  ㉣ 보호비용은 수의사의 진단·진료 비용 및 동물보호센터의 보호비용을 고려하여 시·도의 조례로 정한다.

(20) 동물 소유권 취득 및 사육포기 동물 인수(법 제43조, 제44조)
  ① 동물의 소유권 취득(법 제43조) : 시·도 및 시·군·구가 동물의 소유권을 취득할 수 있는 경우는 다음과 같다.
    ㉠ 공고한 날부터 10일이 지나도 동물의 소유자등을 알 수 없는 경우
    ㉡ 학대를 받아 적정하게 치료·보호받을 수 없다고 판단되는 동물의 소유자가 그 동물의 소유권을 포기한 경우
    ㉢ 학대를 받아 적정하게 치료·보호받을 수 없다고 판단되는 동물의 소유자가 보호비용의 납부기한이 종료된 날부터 10일이 지나도 보호비용을 납부하지 아니하거나 사육계획서를 제출하지 아니한 경우
    ㉣ 동물의 소유자를 확인한 날부터 10일이 지나도 정당한 사유 없이 동물의 소유자와 연락이 되지 아니하거나 소유자가 반환받을 의사를 표시하지 아니한 경우
  ② 사육포기 동물의 인수 등(법 제44조)
    ㉠ 소유자등은 시·도지사와 시장·군수·구청장에게 자신이 소유하거나 사육·관리 또는 보호하는 동물의 인수를 신청할 수 있다.
    ㉡ 자신이 소유하거나 사육·관리 또는 보호하는 동물의 사육을 포기하려는 소유자등은 동물 인수신청서를 관할 시·도지사 또는 시장·군수·구청장에게 제출해야 한다(규칙 제27조 제1항).
    ㉢ 시·도지사와 시장·군수·구청장이 인수신청을 승인하는 경우에 해당 동물의 소유권은 시·도 및 시·군·구에 귀속된다.
    ㉣ 시·도지사와 시장·군수·구청장은 동물의 인수를 신청하는 자에 대하여 농림축산식품부령으로 정하는 바에 따라 해당 동물에 대한 보호비용 등을 청구할 수 있다.
    ㉤ 시·도지사와 시장·군수·구청장은 장기입원 또는 요양, 병역 복무 등 농림축산식품부령으로 정하는 불가피한 사유가 없음에도 불구하고 동물의 인수를 신청하는 자에 대하여는 동물인수신청을 거부할 수 있다.

ⓑ 소유자등의 정상적인 동물 사육이 어려운 경우(규칙 제27조 제3항).
- 소유자등이 6개월 이상의 장기입원 또는 요양을 하는 경우
- 소유자등이 병역 복무를 하는 경우
- 태풍, 수해, 지진 등으로 소유자등의 주택 또는 보호시설이 파손되거나 유실되어 동물을 보호하는 것이 불가능한 경우
- 소유자등이 가정폭력피해자 보호시설에 입소하는 경우
- 그 밖에 위 사유에 준하는 불가피한 사유가 있다고 시·도지사 또는 시장·군수·구청장이 인정하는 경우

(21) 동물의 기증·분양 및 인도적 처리

① 동물의 기증·분양(법 제45조, 영 제18조)
   ㉠ 시·도지사와 시장·군수·구청장은 소유권을 취득한 동물이 적정하게 사육·관리될 수 있도록 동물원, 동물을 애호하는 자(시·도의 조례로 정하는 자격요건을 갖춘 자로 한정)나 다음에 해당하는 법인·단체·기관 또는 시설(대통령령으로 정하는 민간단체) 등에 기증하거나 분양할 수 있다.
   - 동물보호를 목적으로 하는 법인 또는 비영리민간단체
   - 장애인 보조견 전문훈련기관
   - 사회복지시설
   - 유기·방치 야생동물 보호시설
   ㉡ 시·도지사와 시장·군수·구청장은 기증하거나 분양하는 동물이 등록대상동물인 경우 등록 여부를 확인하여 등록이 되어 있지 아니한 때에는 등록한 후 기증하거나 분양하여야 한다.
   ㉢ 시·도지사와 시장·군수·구청장은 소유권을 취득한 동물에 대하여는 분양될 수 있도록 공고할 수 있다.
   ㉣ 기증·분양의 요건 및 절차 등 그 밖에 필요한 사항은 시·도의 조례로 정한다.

② 동물의 인도적인 처리 등(법 제46조, 규칙 제28조)
   ㉠ 동물보호센터의 장은 보호조치 중인 동물에게 질병 등 다음의 어느 하나에 해당하는 사유가 있는 경우에는 농림축산식품부장관이 정하는 바에 따라 마취 등을 통하여 동물의 고통을 최소화하는 인도적인 방법으로 처리하여야 한다.
   - 동물이 질병 또는 상해로부터 회복될 수 없거나 지속적으로 고통을 받으며 살아야 할 것으로 수의사가 진단한 경우
   - 동물이 사람이나 보호조치 중인 다른 동물에게 질병을 옮기거나 위해를 끼칠 우려가 매우 높은 것으로 수의사가 진단한 경우
   - 기증 또는 분양이 곤란한 경우 등 시·도지사 또는 시장·군수·구청장이 부득이한 사정이 있다고 인정하는 경우
   ㉡ 시행하는 동물의 인도적인 처리는 수의사가 하여야 한다. 이 경우 사용된 약제 관련 사용기록의 작성·보관 등에 관한 사항은 농림축산식품부령으로 정하는 바에 따른다.
   ㉢ 동물보호센터의 장은 동물의 사체가 발생한 경우 폐기물관리법에 따라 처리하거나 동물장묘업의 허가를 받은 자가 설치·운영하는 동물장묘시설 및 공설동물장묘시설에서 처리하여야 한다.

4 동물복지축산농장의 인증

(1) 동물복지축산농장의 인증(법 제59조)
① 농림축산식품부장관은 동물복지 증진에 이바지하기 위하여 축산물 위생관리법에 따른 가축으로서 농림축산식품부령으로 정하는 동물(이하 농장동물)이 본래의 습성 등을 유지하면서 정상적으로 살 수 있도록 관리하는 축산농장을 동물복지축산농장으로 인증할 수 있다.
② 인증을 받으려는 자는 지정된 인증기관에 농림축산식품부령으로 정하는 서류를 갖추어 인증을 신청하여야 한다.
③ 인증기관은 인증 신청을 받은 경우 농림축산식품부령으로 정하는 인증기준에 따라 심사한 후 그 기준에 맞는 경우에는 인증하여 주어야 한다.
④ 인증의 유효기간은 인증을 받은 날부터 3년으로 한다.
⑤ 인증을 받은 동물복지축산농장의 경영자는 그 인증을 유지하려면 ④에 따른 유효기간이 끝나기 2개월 전까지 인증기관에 갱신 신청을 하여야 한다.
⑥ 인증 또는 인증갱신에 대한 심사결과에 이의가 있는 자는 인증기관에 재심사를 요청할 수 있다.
⑦ 재심사 신청을 받은 인증기관은 농림축산식품부령으로 정하는 바에 따라 재심사 여부 및 그 결과를 신청자에게 통보하여야 한다.
⑧ 인증농장의 인증 절차 및 인증의 갱신, 재심사 등에 관한 사항은 농림축산식품부령으로 정한다.

(2) 인증기관의 지정 등(법 제60조)
① 농림축산식품부장관은 대통령령으로 정하는 공공기관 또는 법인을 인증기관으로 지정하여 인증농장의 인증과 관련한 업무 및 인증농장에 대한 사후관리업무를 수행하게 할 수 있다.
② 지정된 인증기관은 인증농장의 인증에 필요한 인력·조직·시설 및 인증업무 규정 등을 갖추어야 한다.
③ 농림축산식품부장관은 지정한 인증기관에서 인증심사업무를 수행하는 자에 대한 교육을 실시하여야 한다.
④ 인증기관의 지정, 인증업무의 범위, 인증심사업무를 수행하는 자에 대한 교육, 인증농장에 대한 사후관리 등에 필요한 구체적인 사항은 농림축산식품부령으로 정한다.

(3) 인증기관의 지정취소 등(법 제61조)
① 농림축산식품부장관은 인증기관이 다음의 어느 하나에 해당하면 그 지정을 취소하거나 6개월 이내의 기간을 정하여 인증업무의 전부 또는 일부의 정지를 명할 수 있다. 다만, ㉠ 또는 ㉡에 해당하면 그 지정을 취소하여야 한다.
  ㉠ 거짓이나 그 밖의 부정한 방법으로 지정을 받은 경우(취소)
  ㉡ 업무정지 명령을 위반하여 정지기간 중 인증을 한 경우(취소)
  ㉢ 인증농장의 인증에 필요한 인력·조직·시설 및 인증업무 규정 등 지정기준에 맞지 아니하게 된 경우
  ㉣ 고의 또는 중대한 과실로 인증기준에 맞지 아니한 축산농장을 인증한 경우
  ㉤ 정당한 사유 없이 지정된 인증업무를 하지 아니하는 경우
② 지정취소 및 업무정지의 기준 등에 관한 사항은 농림축산식품부령으로 정한다.

(4) 동물복지축산물의 표시(법 제63조)

① 인증농장에서 생산한 축산물에는 다음의 구분에 따라 그 포장·용기 등에 동물복지축산물 표시를 할 수 있다.

　㉠ 식육, 포장육의 축산물 : 다음의 요건을 모두 충족하여야 한다.
　　• 인증농장에서 생산할 것
　　• 농장동물을 운송할 때에는 농림축산식품부령으로 정하는 운송차량을 이용하여 운송할 것
　　• 농장동물을 도축할 때에는 농림축산식품부령으로 정하는 도축장에서 도축할 것

　㉡ 원유, 식용란의 축산물 : 인증농장에서 생산하여야 한다.

　㉢ 식육가공품의 축산물 : ㉠의 요건을 모두 충족한 원료의 함량에 따라 동물복지축산물 표시를 할 수 있다.

　㉣ 유가공품, 알가공품의 축산물 : 인증농장에서 생산한 축산물의 함량에 따라 동물복지축산물 표시를 할 수 있다.

② 동물복지축산물을 포장하지 아니한 상태로 판매하거나 낱개로 판매하는 때에는 표지판 또는 푯말에 동물복지축산물 표시를 할 수 있다.

③ 동물복지축산물 표시에 관한 기준 및 방법 등에 관한 사항은 농림축산식품부령으로 정한다.

(5) 인증농장에 대한 지원 등(법 제64조)

① 농림축산식품부장관은 인증농장에 대하여 다음의 지원을 할 수 있다.

　㉠ 동물의 보호·복지 증진을 위하여 축사시설 개선에 필요한 비용
　㉡ 인증농장의 환경개선 및 경영에 관한 지도·상담 및 교육
　㉢ 인증농장에서 생산한 축산물의 판로개척을 위한 상담·자문 및 판촉
　㉣ 인증농장에서 생산한 축산물의 해외시장의 진출·확대를 위한 정보제공, 홍보활동 및 투자유치
　㉤ 그 밖에 인증농장의 경영안정을 위하여 필요한 사항

② 농림축산식품부장관, 시·도지사, 시장·군수·구청장, 민간단체 및 축산단체는 인증농장의 운영사례를 교육·홍보에 적극 활용하여야 한다.

(6) 인증취소 및 사후관리

① 인증취소 등(법 제65조)

　㉠ 농림축산식품부장관 또는 인증기관은 인증 받은 자가 거짓이나 그 밖의 부정한 방법으로 인증을 받은 경우 그 인증을 취소하여야 하며, 인증기준에 맞지 아니하게 된 경우 그 인증을 취소할 수 있다.

　㉡ 인증이 취소된 자(법인인 경우 그 대표자를 포함)는 그 인증이 취소된 날부터 1년 이내에는 인증농장 인증을 신청할 수 없다.

② 사후관리(법 제66조)

　㉠ 농림축산식품부장관은 인증기관으로 하여금 매년 인증농장이 인증기준에 맞는지 여부를 조사하게 하여야 한다.

　㉡ ㉠에 따른 조사를 위하여 인증농장에 출입하는 자는 농림축산식품부령으로 정하는 증표를 지니고 이를 관계인에게 보여 주어야 한다.

ⓒ 조사의 요구를 받은 자는 정당한 사유 없이 이를 거부·방해하거나 기피하여서는 아니 된다.

(7) 부정행위의 금지(법 제67조)
① 거짓이나 그 밖의 부정한 방법으로 인증농장 인증을 받는 행위
② 인증을 받지 아니한 축산농장을 인증농장으로 표시하는 행위
③ 거짓이나 그 밖의 부정한 방법으로 인증심사, 인증갱신에 대한 심사 및 재심사를 하거나 받을 수 있도록 도와주는 행위
④ 동물보호법의 규정을 위반하여 동물복지축산물 표시를 하는 다음의 행위(동물복지축산물로 잘못 인식할 우려가 있는 유사한 표시를 하는 행위를 포함)
   ⓐ 인증농장에서 생산되지 아니한 축산물에 동물복지축산물 표시를 하는 행위
   ⓑ 검역본부장이 동물복지 운송차량 및 동물복지 도축장의 기준(규칙 제36조의8 제1항, 별표 9의6)을 충족하였다고 인정한 운송차량을 이용하여 운송하지 않은 축산물에 동물복지축산물 표시를 하는 행위
   ⓒ 검역본부장이 동물복지 운송차량 및 동물복지 도축장의 기준(규칙 제36조의8 제2항, 별표 9의6)을 충족하였다고 인정한 도축장에서 도축하지 않은 축산물에 동물복지축산물 표시를 하는 행위
   ⓓ 동물복지축산물 표시 기준 및 방법을 위반하여 동물복지축산물 표시를 하는 행위

(8) 인증의 승계(법 제68조)
① 다음의 어느 하나에 해당하는 자는 인증농장 인증을 받은 자의 지위를 승계한다.
   ⓐ 인증농장 인증을 받은 사람이 사망한 경우 그 농장을 계속하여 운영하려는 상속인
   ⓑ 인증농장 인증을 받은 자가 그 사업을 양도한 경우 그 양수인
   ⓒ 인증농장 인증을 받은 법인이 합병한 경우 합병 후 존속하는 법인이나 합병으로 설립되는 법인
② 인증농장 인증을 받은 자의 지위를 승계한 자는 그 사실을 30일 이내에 인증기관에 신고하여야 한다.
③ ②에 따른 신고에 필요한 사항은 농림축산식품부령으로 정한다.

5 반려동물 영업

(1) 영업의 허가 및 시설기준 등
① 반려동물 영업의 허가(법 제69조 제1항, 규칙 제37조)
   ⓐ 반려동물과 관련된 동물생산업, 동물수입업, 동물판매업, 동물장묘업을 하려는 자는 농림축산식품부령으로 정하는 바에 따라 특별자치시장·특별자치도지사·시장·군수·구청장의 허가를 받아야 한다.
   ⓑ 반려동물 영업을 하려는 자는 영업허가신청서(전자문서로 된 신청서 포함)에 다음의 서류를 첨부하여 관할 특별자치시장·특별자치도지사·시장·군수·구청장에게 제출해야 한다.
- 영업장의 시설 명세 및 배치도
- 인력 현황
- 사업계획서
- 시설 및 인력 기준을 갖추었음을 증명하는 서류

- 동물사체의 처리 후 잔재에 대한 처리계획서(동물화장시설, 동물건조장시설 또는 동물수분해장시설을 설치하는 경우만 해당)
ⓒ 신청서를 받은 특별자치시장 · 특별자치도지사 · 시장 · 군수 · 구청장은 행정정보의 공동이용을 통하여 다음의 서류를 확인해야 한다. 다만, 신청인이 주민등록표 초본의 확인에 동의하지 않는 경우에는 해당 서류를 직접 제출하도록 해야 한다.
- 주민등록표 초본(법인인 경우에는 법인 등기사항증명서)
- 건축물대장 및 토지이용계획정보
ⓔ 특별자치시장 · 특별자치도지사 · 시장 · 군수 · 구청장은 신청인이 허가 또는 등록의 결격사유에 해당되는지를 확인할 수 없는 경우에는 그 신청인에게 ⓛ 및 ⓒ의 서류 외에 신원확인에 필요한 자료를 제출하게 할 수 있다.
ⓜ 특별자치시장 · 특별자치도지사 · 시장 · 군수 · 구청장은 허가신청이 시설 및 인력 기준에 적합한 경우에는 신청인에게 허가증을 발급하고, 허가(변경허가, 변경신고) 관리대장을 각각 작성 · 관리해야 한다.
ⓗ 허가를 받은 자가 허가증을 잃어버리거나 헐어 못 쓰게 되어 재발급을 받으려는 경우에는 허가증 재발급 신청서(전자문서로 된 신청서를 포함)에 기존 허가증을 첨부(등록증을 잃어버린 경우는 제외)하여 특별자치시장 · 특별자치도지사 · 시장 · 군수 · 구청장에게 제출해야 한다.
ⓢ ⓜ의 허가 관리대장은 전자적 처리가 불가능한 특별한 사유가 없으면 전자적 방법으로 작성 · 관리해야 한다.
② 허가영업의 세부 범위(법 제69조 제2항, 규칙 제38조)
  ⓘ 동물생산업 : 반려동물을 번식시켜 판매하는 영업
  ⓛ 동물수입업 : 반려동물을 수입하여 판매하는 영업
  ⓒ 동물판매업 : 반려동물을 구입하여 판매하거나, 판매를 알선 또는 중개하는 영업
  ⓔ 동물장묘업 : 다음 어느 하나 이상의 시설을 설치 · 운영하는 영업
  - 동물 전용의 장례식장 : 동물 사체의 보관, 안치, 염습 등을 하거나 장례의식을 치르는 시설
  - 동물화장시설 : 동물의 사체 또는 유골을 불에 태우는 방법으로 처리하는 시설
  - 동물건조장시설 : 동물의 사체 또는 유골을 건조 · 멸균분쇄의 방법으로 처리하는 시설
  - 동물수분해장시설 : 동물의 사체를 화학용액을 사용해 녹이고 유골만 수습하는 방법으로 처리하는 시설
  - 동물 전용의 봉안시설 : 동물의 유골 등을 안치 · 보관하는 시설
③ 허가영업의 시설 및 인력 기준(법 제69조 제3항, 규칙 제39조)
  ⓘ ①의 ⓘ에 따른 허가를 받으려는 자는 영업장의 시설 및 인력 등 농림축산식품부령으로 정하는 기준을 갖추어야 한다.

더알아보기 허가영업의 시설 및 인력 기준(규칙 별표10)

1. 공통 기준
① 영업장은 독립된 건물이거나 다른 용도로 사용되는 시설과 같은 건물에 있을 경우에는 해당 시설과 분리(벽이나 층 등으로 나누어진 경우)되어야 한다. 다만, 다음의 경우에는 분리하지 않을 수 있다.
　㉠ 영업장(동물장묘업은 제외)과 수의사법에 따른 동물병원의 시설이 함께 있는 경우
　㉡ 영업장과 금붕어, 앵무새, 이구아나 및 거북이 등을 판매하는 시설이 함께 있는 경우
　㉢ 개 또는 고양이를 소규모로 생산하는 경우
② 영업시설은 동물의 습성 및 특징에 따라 채광 및 환기가 잘 되어야 하고, 동물을 위생적으로 건강하게 관리할 수 있도록 온도와 습도 조절이 가능해야 한다.
③ 청결 유지와 위생 관리에 필요한 급수시설 및 배수시설을 갖춰야 하고, 바닥은 청소와 소독을 쉽게 할 수 있고 동물들이 다칠 우려가 없는 재질이어야 한다.
④ 설치류나 해충 등의 출입을 막을 수 있는 설비를 해야 하고, 소독약과 소독장비를 갖추고 정기적으로 청소 및 소독을 실시해야 한다.
⑤ 영업장에는 소방시설을 화재안전기준에 적합하게 설치 또는 유지·관리해야 한다.

2. 개별 기준
① 동물생산업
　㉠ 일반시설
　　ⓐ 사육실, 분만실 및 격리실을 분리 또는 구획(칸막이나 커튼 등으로 나누어진 경우)하여 설치해야 하며, 동물을 직접 판매하는 경우에는 판매실을 별도로 설치해야 한다. 다만, ⓕ에 해당하는 경우는 제외한다.
　　ⓑ 사육실, 분만실 및 격리실에 사료와 물을 주기 위한 설비를 갖춰야 한다.
　　ⓒ 사육설비의 바닥은 동물의 배설물 청소와 소독이 쉬워야 하고, 사육설비의 재질은 청소, 소독 및 건조가 쉽고 부식성이 없어야 한다.
　　ⓓ 사육설비는 동물이 쉽게 부술 수 없어야 하고 동물에게 상해를 입히지 않는 것이어야 한다.
　　ⓔ 번식이 가능한 12개월 이상이 된 개 또는 고양이 50마리당 1명 이상의 사육·관리 인력을 확보해야 한다.
　　ⓕ 건축법에 따른 단독주택(다중주택·다가구주택 제외)에서 다음의 요건에 따라 개 또는 고양이를 소규모로 생산하는 경우에는 동물의 소음을 최소화하기 위한 소음방지설비 등을 갖춰야 한다.
　　　• 체중 5kg 미만 : 20마리 이하
　　　• 체중 5kg 이상 15kg 미만 : 10마리 이하
　　　• 체중 15kg 이상 : 5마리 이하
　㉡ 사육실
　　ⓐ 사육실이 외부에 노출된 경우 직사광선, 비바람, 추위 및 더위를 피할 수 있는 시설이 설치되어야 한다.
　　ⓑ 사육설비의 크기 기준
　　　• 사육설비의 가로 및 세로는 각각 사육하는 동물의 몸길이의 2.5배 및 2배(동물의 몸길이가 80㎝를 초과하는 경우에는 각각 2배) 이상일 것
　　　• 사육설비의 높이는 사육하는 동물이 뒷발로 일어섰을 때 머리가 닿지 않는 높이 이상일 것
　　ⓒ 개의 경우에는 운동공간을 설치하고, 고양이의 경우에는 배변시설, 선반 및 은신처를 설치하는 등 동물의 특성에 맞는 생태적 환경을 조성해야 한다.
　　ⓓ 사육설비는 사육하는 동물의 배설물 청소와 소독이 쉬운 재질이어야 한다.
　　ⓔ 사육설비는 위로 쌓지 않아야 한다.
　　ⓕ 사육설비의 바닥은 망으로 하지 않아야 한다.

ⓒ 분만실
- ⓐ 새끼를 배거나 새끼에게 젖을 먹이는 동물을 안전하게 보호할 수 있도록 별도로 구획되어야 한다.
- ⓑ 분만실의 바닥과 벽면은 물 청소와 소독이 쉬워야 하고, 부식되지 않는 재질이어야 한다.
- ⓒ 분만실의 바닥에는 망을 사용하지 않아야 한다.
- ⓓ 직사광선, 비바람, 추위 및 더위를 피할 수 있어야 하며, 동물의 체온을 적정하게 유지할 수 있는 설비를 갖춰야 한다.

ⓔ 격리실
- ⓐ 전염성 질병이 다른 동물에게 전염되지 않도록 별도로 분리되어야 한다. 다만, 토끼, 페럿, 기니피그 및 햄스터의 경우 개별 사육시설의 바닥, 천장 및 모든 벽(환기구는 제외)이 유리, 플라스틱 또는 그 밖에 이에 준하는 재질로 만들어진 경우는 해당 개별 사육시설이 격리실에 해당하고 분리된 것으로 본다.
- ⓑ 격리실의 바닥과 벽면은 물 청소와 소독이 쉬워야 하고, 부식되지 않는 재질이어야 한다.
- ⓒ 격리실에 보호 중인 동물에 대해 외부에서 상태를 수시로 관찰할 수 있는 구조를 갖춰야 한다. 다만, 동물의 생태적 특성을 고려하여 특별한 사정이 있는 경우는 제외한다.

② 동물수입업
- ㉠ 사육실과 격리실을 구분하여 설치해야 한다.
- ㉡ 사료와 물을 주기 위한 설비를 갖추고, 동물의 생태적 특성에 따라 채광 및 환기가 잘 되어야 한다.
- ㉢ 사육설비의 바닥은 지면과 닿아 있어야 하고, 동물의 배설물 청소와 소독이 쉬운 재질이어야 한다.
- ㉣ 사육설비는 직사광선, 비바람, 추위 및 더위를 피할 수 있도록 설치되어야 한다.
- ㉤ 개 또는 고양이의 경우 50마리당 1명 이상의 사육·관리 인력을 확보해야 한다.
- ㉥ 격리실은 동물생산업의 격리실에 관한 기준에 적합하게 설치해야 한다.

③ 동물판매업
- ㉠ 일반 동물판매업의 기준
  - ⓐ 사육실과 격리실을 분리하여 설치해야 하며, 사육설비는 다음의 기준에 따라 동물들이 자유롭게 움직일 수 있는 충분한 크기여야 한다.
    - 사육설비의 가로 및 세로는 각각 사육하는 동물의 몸길이의 2배 및 1.5배 이상일 것
    - 사육설비의 높이는 사육하는 동물이 뒷발로 일어섰을 때 머리가 닿지 않는 높이 이상일 것
  - ⓑ 사육설비는 직사광선, 비바람, 추위 및 더위를 피할 수 있도록 설치되어야 하고, 사육설비를 2단 이상 쌓은 경우에는 충격으로 무너지지 않도록 설치해야 한다.
  - ⓒ 사료와 물을 주기 위한 설비와 동물의 체온을 적정하게 유지할 수 있는 설비를 갖춰야 한다.
  - ⓓ 토끼, 페럿, 기니피그 및 햄스터만을 판매하는 경우에는 급수시설 및 배수시설을 갖추지 않더라도 같은 건물에 있는 급수시설 또는 배수시설을 이용하여 청결 유지와 위생 관리가 가능한 경우에는 필요한 급수시설 및 배수시설을 갖춘 것으로 본다.
  - ⓔ 개 또는 고양이의 경우 50마리당 1명 이상의 사육·관리 인력을 확보해야 한다.
  - ⓕ 격리실은 동물생산업의 격리실에 관한 기준에 적합하게 설치해야 한다.
- ㉡ 경매방식을 통한 거래를 알선·중개하는 동물판매업의 경매장 기준
  - ⓐ 접수실, 준비실, 경매실 및 격리실을 각각 구분(선이나 줄 등으로 나누어진 경우)하여 설치해야 한다.
  - ⓑ 3명 이상의 운영인력을 확보해야 한다.
  - ⓒ 전염성 질병이 유입되는 것을 예방하기 위해 소독발판 등의 소독장비를 갖춰야 한다.
  - ⓓ 접수실에는 경매되는 동물의 건강상태를 검진할 수 있는 검사장비를 구비해야 한다.
  - ⓔ 준비실에는 경매되는 동물을 해당 동물의 출하자별로 분리하여 넣을 수 있는 설비를 준비해야 한다. 이 경우 해당 설비는 동물이 쉽게 부술 수 없어야 하고 동물에게 상해를 입히지 않는 것이어야 한다.

ⓘ 경매실에 경매되는 동물이 들어 있는 설비를 2단 이상 쌓은 경우 충격으로 무너지지 않도록 설치해야 한다.
ⓙ 고정형 영상정보처리기기를 설치·관리해야 한다.
ⓒ 전자상거래 방식만으로 반려동물의 판매를 알선 또는 중개하는 동물판매업의 경우에는 공통 기준과 일반 동물판매업의 기준을 갖추지 않을 수 있다.

④ 동물장묘업
㉠ 동물 전용의 장례식장은 장례 준비실과 분향실을 갖춰야 한다.
㉡ 동물화장시설, 동물건조장시설 및 동물수분해장시설
ⓐ 동물화장시설의 화장로는 동물의 사체 또는 유골을 완전히 연소할 수 있는 구조로 영업장 내에 설치하고, 영업장 내의 다른 시설과 분리되거나 별도로 구획되어야 한다.
ⓑ 동물건조장시설의 건조·멸균분쇄시설은 동물의 사체 또는 유골을 완전히 건조하거나 멸균분쇄할 수 있는 구조로 영업장 내에 설치하고, 영업장 내의 다른 시설과 분리되거나 별도로 구획되어야 한다.
ⓒ 동물수분해장시설의 수분해시설은 동물의 사체 또는 유골을 완전히 수분해할 수 있는 구조로 영업장 내에 설치하고, 영업장 내의 다른 시설과 분리되거나 별도로 구획되어야 한다.
ⓓ 동물화장시설, 동물건조장시설 및 동물수분해장시설에는 연소, 건조·멸균분쇄 및 수분해 과정에서 발생하는 소음, 매연, 분진, 폐수 또는 악취를 방지하는 데에 필요한 시설을 설치해야 한다.
ⓔ 고정형 영상정보처리기기를 설치·관리해야 한다.
㉢ 냉동시설 등 동물의 사체를 위생적으로 보관할 수 있는 설비를 갖춰야 한다.
㉣ 동물 전용의 봉안시설은 유골을 안전하게 보관할 수 있어야 하고, 유골을 개별적으로 확인할 수 있도록 표지판이 붙어 있어야 한다.
㉤ ㉠부터 ㉣까지에서 규정한 사항 외에 동물장묘업 시설기준에 관한 세부 사항은 농림축산식품부장관이 정하여 고시한다.
㉥ 특별자치시장·특별자치도지사·시장·군수·구청장은 필요한 경우 ㉠부터 ㉤까지에서 규정한 사항 외에 해당 지역의 특성을 고려하여 화장로의 개수 등 동물장묘업의 시설기준을 정할 수 있다.

④ 허가사항의 변경 등(법 제69조 제4항, 규칙 제40조 참고)
㉠ 영업의 허가를 받은 자가 허가받은 사항을 변경하려는 경우에는 변경허가 신청서(전자문서로 된 신청서 포함), 허가증, 영업허가 신청서에 첨부한 서류에 대한 변경사항을 특별자치시장·특별자치도지사·시장·군수·구청장에게 제출하여 변경허가를 받아야 한다[주민등록표 초본(법인인 경우 법인 등기사항증명서), 건축물대장 및 토지이용계획정보는 제출에서 제외]
㉡ 영업장의 명칭 또는 상호, 영업장 전화번호, 오기·누락 또는 그 밖에 이에 준하는 사유로서 그 변경 사유가 분명한 사항을 변경하는 경우에는 변경신고서에 허가증을 첨부하여 특별자치시장·특별자치도지사·시장·군수·구청장에게 신고(제출)해야 한다.
㉢ 변경허가신청서 및 변경신고서를 받은 특별자치시장·특별자치도지사·시장·군수·구청장은 행정정보의 공동이용을 통하여 주민등록표 초본(법인인 경우 법인 등기사항증명서), 건축물대장 및 토지이용계획정보를 확인해야 한다. 다만, 신고인이 주민등록표 초본의 확인에 동의하지 않는 경우에는 해당 서류를 직접 제출하도록 해야 한다.

(2) 맹견취급영업의 특례(법 제70조)

① 맹견을 생산·수입 또는 판매(취급)하는 영업을 하려는 자는 동물생산업, 동물수입업 또는 동물판매업의 허가 외에 대통령령으로 정하는 바에 따라 맹견 취급에 대하여 시·도지사의 허가(맹견취급허가)를 받아야 한다. 허가받은 사항을 변경하려는 때에도 또한 같다.

② 맹견취급허가를 받으려는 자의 결격사유에 대하여는 맹견사육허가의 결격사유를 준용한다.

> **더알아보기** 맹견사육허가의 결격사유(법 제19조)
>
> - 미성년자(19세 미만의 사람)
> - 피성년후견인 또는 피한정후견인
> - 정신질환자 또는 마약류의 중독자. 다만, 정신건강의학과 전문의가 맹견을 사육하는 것에 지장이 없다고 인정하는 사람은 그러하지 아니하다.
> - 동물학대 등의 금지·등록대상동물의 관리 등·맹견의 관리를 위반하여 벌금 이상의 실형을 선고받고 그 집행이 종료(집행이 종료된 것으로 보는 경우를 포함)되거나 집행이 면제된 날부터 3년이 지나지 아니한 사람
> - 동물학대 등의 금지·등록대상동물의 관리 등·맹견의 관리를 위반하여 벌금 이상의 형의 집행유예를 선고받고 그 유예기간 중에 있는 사람

③ 맹견취급허가를 받은 자는 다음의 어느 하나에 해당하는 경우 농림축산식품부령으로 정하는 바에 따라 시·도지사에게 신고하여야 한다.
  ㉠ 맹견을 번식시킨 경우
  ㉡ 맹견을 수입한 경우
  ㉢ 맹견을 양도하거나 양수한 경우
  ㉣ 보유하고 있는 맹견이 죽은 경우

④ 맹견 취급을 위한 동물생산업, 동물수입업 또는 동물판매업의 시설 및 인력 기준은 제69조 제3항에 따른 기준 외에 별도로 농림축산식품부령으로 정한다.

(3) 공설동물장묘시설의 특례(법 제71조)

① 지방자치단체의 장은 동물을 위한 장묘시설(공설동물장묘시설)을 설치·운영할 수 있다. 이 경우 시설 및 인력 등 농림축산식품부령으로 정하는 기준을 갖추어야 한다.

② 농림축산식품부장관은 공설동물장묘시설을 설치·운영하는 지방자치단체에 대해서는 예산의 범위에서 시설의 설치에 필요한 경비를 지원할 수 있다.

③ 지방자치단체의 장이 공설동물장묘시설을 사용하는 자에게 부과하는 사용료 또는 관리비의 금액과 부과방법 및 용도, 그 밖에 필요한 사항은 해당 지방자치단체의 조례로 정한다.

(4) 동물장묘시설의 설치 제한(법 제72조)

다음의 어느 하나에 해당하는 지역에는 동물장묘업을 영위하기 위한 동물장묘시설 및 공설동물장묘시설을 설치할 수 없다.
① 장사 등에 관한 법률 제17조에 해당하는 지역

> **더알아보기** 묘지 등의 설치 제한(장사 등에 관한 법률 제17조)
>
> 다음의 지역에는 묘지·화장시설·봉안시설 또는 자연장지를 설치·조성할 수 없다.
> - 녹지지역 및 수산자원보호구역 중 대통령령으로 정하는 지역·구역
> - 상수원보호구역. 다만, 기존의 사원 경내에 설치하는 봉안시설 또는 대통령령으로 정하는 지역주민이 설치하거나 조성하는 일정규모 미만의 개인, 가족 및 종중·문중의 봉안시설 또는 자연장지인 경우에는 그러하지 아니하다.
> - 문화유산법 및 자연유산법에 따른 보호구역. 다만, 10만m2 미만의 자연장지로서 국가유산청장의 허가를 받은 경우에는 그러하지 아니하다.
> - 해양환경관리법에 따른 환경관리해역
> - 그 밖에 대통령령으로 정하는 지역

② 20호 이상의 인가밀집지역, 학교, 그 밖에 공중이 수시로 집합하는 시설 또는 장소로부터 300m 이내. 다만, 해당 지역의 위치 또는 지형 등의 상황을 고려하여 해당 시설의 기능이나 이용 등에 지장이 없는 경우로서 특별자치시장·특별자치도지사·시장·군수·구청장이 인정하는 경우에는 적용을 제외한다.

(5) 장묘정보시스템의 구축·운영 등(법 제72조의2)

① 농림축산식품부장관은 동물장묘 등에 관한 정보의 제공과 동물장묘시설 이용·관리의 업무 등을 전자적으로 처리할 수 있는 정보시스템(장묘정보시스템)을 구축·운영할 수 있다.

② 장묘정보시스템의 기능
  ㉠ 동물장묘시설의 현황 및 가격 정보 제공
  ㉡ 동물장묘절차 등에 관한 정보 제공
  ㉢ 그 밖에 농림축산식품부장관이 필요하다고 인정하는 사항

③ 장묘정보시스템의 구축·운영 등에 필요한 사항은 농림축산식품부장관이 정한다.

(6) 동물영업의 등록

① 영업의 등록(법 제73조, 규칙 제42조)
  ㉠ 동물과 관련된 동물전시업, 동물위탁관리업, 동물미용업, 동물운송업의 영업을 하려는 자는 특별자치시장·특별자치도지사·시장·군수·구청장에게 등록하여야 한다.
  ㉡ 영업을 등록하려는 자는 영업등록신청서(전자문서로 된 신청서 포함)에 다음의 서류를 첨부하여 관할 특별자치시장·특별자치도지사·시장·군수·구청장에게 제출해야 한다.
    - 인력 현황
    - 영업장의 시설 명세 및 배치도
    - 사업계획서
    - 시설 및 인력 기준을 갖추었음을 증명하는 서류
  ㉢ 신청서를 받은 특별자치시장·특별자치도지사·시장·군수·구청장은 행정정보의 공동이용을 통하여 다음의 서류를 확인해야 한다. 다만, 신청인이 주민등록표 초본 및 자동차등록증의 확인에 동의하지 않는 경우에는 해당 서류를 직접 제출하도록 해야 한다.
    - 주민등록표 초본(법인인 경우 법인 등기사항증명서)

- 건축물대장 및 토지이용계획정보(자동차를 이용한 동물미용업 또는 동물운송업의 경우 제외)
- 자동차등록증(자동차를 이용한 동물미용업 또는 동물운송업의 경우에만 해당)

ⓔ 특별자치시장·특별자치도지사·시장·군수·구청장은 신청인이 허가 또는 등록의 결격사유에 해당되는지를 확인할 수 없는 경우에는 그 신청인에게 서류 외에 신원확인에 필요한 자료를 제출하게 할 수 있다.

ⓜ 특별자치시장·특별자치도지사·시장·군수·구청장은 등록 신청이 기준에 맞는 경우에는 신청인에게 등록증을 발급하고, 등록(변경등록, 변경신고) 관리대장을 각각 작성·관리해야 한다.

ⓗ 등록을 한 영업자가 등록증을 잃어버리거나 헐어 못 쓰게 되어 재발급을 받으려는 경우에는 등록증 재발급신청서(전자문서로 된 신청서 포함)에 기존 등록증을 첨부(등록증을 잃어버린 경우는 제외)하여 특별자치시장·특별자치도지사·시장·군수·구청장에게 제출해야 한다.

② 등록영업의 세부 범위(규칙 제43조)

⊙ 동물전시업 : 반려동물을 보여주거나 접촉하게 할 목적으로 영업자 소유의 동물을 5마리 이상 전시하는 영업. 다만, 동물원은 제외한다.

⊙ 동물위탁관리업 : 반려동물 소유자의 위탁을 받아 반려동물을 영업장 내에서 일시적으로 사육, 훈련 또는 보호하는 영업

⊙ 동물미용업 : 반려동물의 털, 피부 또는 발톱 등을 손질하거나 위생적으로 관리하는 영업

⊙ 동물운송업 : 자동차를 이용하여 반려동물을 운송하는 영업

③ 등록영업의 변경 등(법 제73조 제4항, 규칙 제45조)

⊙ 영업을 등록한 자가 등록사항을 변경하는 경우에는 변경등록을 하여야 한다. 다만, 다음의 농림축산식품부령으로 정하는 경미한 사항을 변경하는 경우에는 특별자치시장·특별자치도지사·시장·군수·구청장에게 신고하여야 한다.
- 영업장의 명칭 또는 상호
- 영업장 전화번호
- 오기, 누락 또는 그 밖에 이에 준하는 사유로서 그 변경 사유가 분명한 사항

⊙ 변경등록을 하려는 자는 변경등록 신청서(전자문서로 된 신청서 포함)에 등록증, 인력 현황, 영업장의 시설 명세 및 배치도, 사업계획서, 시설 및 인력 기준을 갖추었음을 증명하는 서류를 첨부하여 특별자치시장·특별자치도지사·시장·군수·구청장에게 제출해야 한다.

⊙ 영업의 등록사항 변경신고를 하려는 자는 변경신고서(전자문서로 된 신고서 포함)에 등록증을 첨부하여 특별자치시장·특별자치도지사·시장·군수·구청장에게 제출해야 한다.

⊙ 변경등록신청서 및 변경신고서를 받은 특별자치시장·특별자치도지사·시장·군수·구청장은 행정정보의 공동이용을 통하여 다음의 서류를 확인해야 한다. 다만, 신고인이 주민등록표 초본 및 자동차등록증의 확인에 동의하지 않는 경우에는 해당 서류를 직접 제출하도록 해야 한다.
- 주민등록표 초본(법인인 경우에는 법인 등기사항증명서)
- 건축물대장 및 토지이용계획정보(자동차를 이용한 동물미용업 또는 동물운송업의 경우 제외)
- 자동차등록증(자동차를 이용한 동물미용업 또는 동물운송업의 경우에만 해당)

(7) 허가 또는 등록의 결격사유(법 제74조)

다음의 어느 하나에 해당하는 사람은 영업의 허가를 받거나 영업의 등록을 할 수 없다.

㉠ 미성년자
㉡ 피성년후견인
㉢ 파산선고를 받은 자로서 복권되지 아니한 사람
㉣ 동물의 보호 및 공중위생상의 위해 방지 등에 관한 교육을 이수하지 아니한 사람
㉤ 영업 허가 또는 등록이 취소된 후 1년이 지나지 아니한 상태에서 취소된 업종과 같은 업종의 허가를 받거나 등록을 하려는 사람(법인인 경우에는 그 대표자를 포함)
㉥ 동물보호법을 위반하여 벌금 이상의 실형을 선고받고 그 집행이 종료(집행이 종료된 것으로 보는 경우를 포함)되거나 집행이 면제된 날부터 3년(동물학대 등의 금지를 위반한 경우에는 5년)이 지나지 아니한 사람
㉦ 동물보호법을 위반하여 벌금 이상의 형의 집행유예를 선고받고 그 유예기간 중에 있는 사람

(8) 반려동물 영업승계(법 제75조)

① 반려동물 영업의 허가를 받거나 영업의 등록을 한 자가 그 영업을 양도하거나 사망한 경우 또는 법인이 합병한 경우에는 그 양수인·상속인 또는 합병 후 존속하는 법인이나 합병으로 설립되는 법인(양수인등)은 그 영업자의 지위를 승계한다.
② 다음의 어느 하나에 해당하는 절차에 따라 영업시설의 전부를 인수한 자는 그 영업자의 지위를 승계한다.
  ㉠ 민사집행법에 따른 경매
  ㉡ 채무자 회생 및 파산에 관한 법률에 따른 환가(換價)
  ㉢ 국세징수법·관세법 또는 지방세법에 따른 압류재산의 매각
  ㉣ 그 밖에 ㉠부터 ㉢까지의 어느 하나에 준하는 절차
③ 영업자의 지위를 승계한 자는 그 지위를 승계한 날부터 30일 이내에 농림축산식품부령으로 정하는 바에 따라 특별자치시장·특별자치도지사·시장·군수·구청장에게 신고하여야 한다.
④ 승계에 관하여는 결격사유 규정을 준용한다. 다만, 상속인이 미성년자, 피성년후견인에 해당하는 경우에는 상속을 받은 날부터 3개월 동안은 그러하지 아니하다.

(9) 휴업·폐업 등의 신고(법 제76조)

① 영업자가 휴업, 폐업 또는 그 영업을 재개하려는 경우에는 농림축산식품부령으로 정하는 바에 따라 특별자치시장·특별자치도지사·시장·군수·구청장에게 신고하여야 한다.
② 영업자(동물장묘업자는 제외)는 휴업 또는 폐업의 신고를 하려는 경우에는 농림축산식품부령으로 정하는 바에 따라 특별자치시장·특별자치도지사·시장·군수·구청장에게 휴업 또는 폐업 30일 전에 보유하고 있는 동물의 적절한 사육 및 처리를 위한 계획서(동물처리계획서)를 제출하여야 한다.
③ 영업자는 동물처리계획서에 따라 동물을 처리한 후 그 결과를 특별자치시장·특별자치도지사·시장·군수·구청장에게 보고하여야 하며, 보고를 받은 특별자치시장·특별자치도지사·시장·군수·구청장은 동물처리계획서의 이행 여부를 확인하여야 한다.
④ 동물처리계획서의 제출 및 보고에 관한 사항은 농림축산식품부령으로 정한다.

(10) 직권말소(법 제77조, 규칙 제48조)

① 특별자치시장·특별자치도지사·시장·군수·구청장은 영업자가 폐업신고를 하지 아니한 경우에는 농림축산식품부령으로 정하는 바에 따라 폐업 사실을 확인한 후 허가 또는 등록사항을 직권으로 말소할 수 있다.

② 특별자치시장·특별자치도지사·시장·군수·구청장은 영업자가 영업을 폐업하였는지를 확인하기 위하여 필요한 경우 관할 세무서장에게 영업자의 폐업 여부에 대한 정보 제공을 요청할 수 있다. 이 경우 요청을 받은 관할 세무서장은 정당한 사유 없이 이를 거부하여서는 아니 된다.

③ 특별자치시장·특별자치도지사·시장·군수·구청장이 영업 허가 또는 등록사항을 직권으로 말소하려는 경우에는 다음의 사항을 확인해야 한다.
  ㉠ 임대차계약의 종료 여부
  ㉡ 영업장의 사육시설·설비 등의 철거 여부
  ㉢ 관할 세무서에의 폐업신고 등 영업의 폐지 여부
  ㉣ 영업장 내 동물의 보유 여부

④ 특별자치시장·특별자치도지사·시장·군수·구청장은 직권으로 허가 또는 등록사항을 말소하려는 경우에는 미리 영업자에게 통지해야 하며, 해당 기관 게시판과 인터넷 홈페이지에 20일 이상 예고해야 한다.

(11) 영업자 등의 준수사항(법 제78조)

① 영업자(법인인 경우 대표자 포함) 및 종사자 준수사항
  ㉠ 동물을 안전하고 위생적으로 사육·관리 또는 보호할 것
  ㉡ 동물의 건강과 안전을 위하여 동물병원과의 적절한 연계를 확보할 것
  ㉢ 노화나 질병이 있는 동물을 유기하거나 폐기할 목적으로 거래하지 아니할 것
  ㉣ 동물의 번식, 반입·반출 등의 기록 및 관리를 하고 이를 보관할 것
  ㉤ 동물에 관한 사항을 표시·광고하는 경우 동물보호법에 따른 영업허가번호 또는 영업등록번호와 거래금액을 함께 표시할 것
  ㉥ 동물의 분뇨, 사체 등은 관계 법령에 따라 적정하게 처리할 것
  ㉦ 농림축산식품부령으로 정하는 영업장의 시설 및 인력 기준을 준수할 것
  ㉧ 정기교육을 이수하고 그 종사자에게 교육을 실시할 것
  ㉨ 농림축산식품부령으로 정하는 바에 따라 동물의 취급 등에 관한 영업실적을 보고할 것
  ㉩ 등록대상동물의 등록 및 변경신고의무(등록·변경신고방법 및 위반 시 처벌에 관한 사항 등을 포함)를 고지할 것
  ㉪ 다른 사람의 영업명의를 도용하거나 대여받지 아니하고, 다른 사람에게 자기의 영업명의 또는 상호를 사용하도록 하지 아니할 것

② 동물생산업자 준수사항

동물생산업자는 영업자 및 종사자 준수사항 외에 다음의 사항을 준수하여야 한다.
  ㉠ 월령이 12개월 미만인 개·고양이는 교배 또는 출산시키지 아니할 것
  ㉡ 약품 등을 사용하여 인위적으로 동물의 발정을 유도하는 행위를 하지 아니할 것
  ㉢ 동물의 특성에 따라 정기적으로 예방접종 및 건강관리를 실시하고 기록할 것

③ 동물수입업자 준수사항

동물수입업자는 영업자 및 종사자 준수사항 외에 다음의 사항을 준수하여야 한다.
  ㉠ 동물을 수입하는 경우 농림축산식품부장관에게 수입의 내역을 신고할 것
  ㉡ 수입의 목적으로 신고한 사항과 다른 용도로 동물을 사용하지 아니할 것

④ 동물판매업자 준수사항

동물판매업자(동물생산업자 및 동물수입업자가 동물을 판매하는 경우 포함)는 영업자 및 종사자 준수사항 외에 다음의 사항을 준수하여야 한다.
  ㉠ 월령이 2개월 미만인 개ㆍ고양이를 판매(알선 또는 중개 포함)하지 아니할 것
  ㉡ 동물을 판매 또는 전달을 하는 경우 직접 전달하거나 동물운송업자를 통하여 전달할 것

⑤ 동물장묘업자 준수사항

동물장묘업자는 영업자 및 종사자 준수사항 외에 다음의 사항을 준수하여야 한다.
  ㉠ 살아있는 동물을 처리(마취 등을 통하여 동물의 고통을 최소화하는 인도적인 방법으로 처리하는 것 포함)하지 아니할 것
  ㉡ 등록대상동물의 사체를 처리한 경우 농림축산식품부령으로 정하는 바에 따라 특별자치시장ㆍ특별자치도지사ㆍ시장ㆍ군수ㆍ구청장에게 신고할 것
  ㉢ 자신의 영업장에 있는 동물장묘시설을 다른 자에게 대여하지 아니할 것

⑥ ①부터 ⑤까지의 규정에 따른 영업자의 준수사항에 관한 구체적인 사항 및 그 밖에 동물의 보호와 공중위생상의 위해 방지를 위하여 영업자가 준수하여야 할 사항은 농림축산식품부령으로 정한다.

(12) 등록대상동물의 판매에 따른 등록신청(법 제79조)

① 동물생산업자, 동물수입업자 및 동물판매업자는 등록대상동물을 판매하는 경우에 구매자(영업자를 제외)에게 동물등록의 방법을 설명하고 구매자의 명의로 특별자치시장ㆍ특별자치도지사ㆍ시장ㆍ군수ㆍ구청장에게 동물등록을 신청한 후 판매하여야 한다.
② 등록대상동물의 등록신청에 대해서는 등록대상동물의 등록 등(법 제15조)을 준용한다.

(13) 거래내역의 신고(법 제80조, 규칙 제50조)

① 동물생산업자, 동물수입업자 및 동물판매업자가 등록대상동물을 취급하는 경우에는 그 거래내역을 농림축산식품부령으로 정하는 바에 따라 특별자치시장ㆍ특별자치도지사ㆍ시장ㆍ군수ㆍ구청장에게 신고하여야 한다.
② 농림축산식품부장관은 등록대상동물의 거래내역을 국가동물보호정보시스템으로 신고하게 할 수 있다.
③ 동물생산업자, 동물수입업자 및 동물판매업자는 매월 1일부터 말일까지 취급한 등록대상동물의 거래내역을 다음 달 10일까지 특별자치시장ㆍ특별자치도지사ㆍ시장ㆍ군수ㆍ구청장에게 신고(동물정보시스템을 통한 방식 포함)해야 한다.

(14) 표준계약서의 제정ㆍ보급(법 제81조)

① 농림축산식품부장관은 동물보호 및 동물영업의 건전한 거래질서 확립을 위하여 공정거래위원회와 협의하여 표준계약서를 제정 또는 개정하고 영업자에게 이를 사용하도록 권고할 수 있다.

② 농림축산식품부장관은 표준계약서에 관한 업무를 대통령령으로 정하는 기관에 위탁할 수 있다.
③ 표준계약서의 구체적인 사항은 농림축산식품부령으로 정한다.

(15) 교육(법 제82조, 규칙 제51조)

① 반려동물 영업 허가를 받거나 등록을 하려는 자는 허가를 받거나 등록을 하기 전에 동물의 보호 및 공중 위생상의 위해 방지 등에 관한 교육을 받아야 한다.
② 영업자는 정기적으로 ①에 따른 교육을 받아야 한다.
③ 영업정지처분을 받은 영업자는 정기 교육 외에 동물의 보호 및 영업자 준수사항 등에 관한 추가교육을 받아야 한다.
④ ①부터 ③까지의 규정에 따라 교육을 받아야 하는 영업자로서 교육을 받지 아니한 자는 그 영업을 하여서는 아니 된다.
⑤ 교육을 받아야 하는 영업자가 영업에 직접 종사하지 아니하거나 두 곳 이상의 장소에서 영업을 하는 경우에는 종사자 중에서 책임자를 지정하여 영업자 대신 교육을 받게 할 수 있다.
⑥ 교육의 종류, 교육 시기 및 교육시간은 다음의 구분에 따른다.
  ㉠ 영업 신청 전 교육 : 영업허가 신청일 또는 등록 신청일 이전 1년 이내 3시간(맹견 취급 허가를 추가로 받으려는 경우에는 맹견 취급 허가 신청일 이전 1년 이내에 4시간)
  ㉡ 영업자 정기교육 : 영업허가 또는 등록을 받은 날부터 기산하여 1년이 되는 날이 속하는 해의 1월 1일부터 12월 31일까지의 기간 중 매년 3시간(맹견 취급 허가를 받은 영업자의 경우에는 맹견 취급 허가를 받은 해의 다음 해부터는 4시간의 정기교육)
  ㉢ 영업정지처분에 따른 추가교육 : 영업정지처분을 받은 날부터 6개월 이내 3시간
⑦ 교육에는 다음의 내용이 포함되어야 한다. 다만, 교육대상 영업자 중 두 가지 이상의 영업을 하는 자에 대해서는 다음의 교육내용 중 중복된 사항을 제외할 수 있다.
  ㉠ 동물보호 관련 법령 및 정책에 관한 사항
  ㉡ 동물의 보호·복지에 관한 사항
  ㉢ 동물의 사육·관리 및 질병예방에 관한 사항
  ㉣ 영업자 준수사항에 관한 사항
  ㉤ 맹견의 안전관리 및 사고 방지에 관한 사항(맹견 취급 허가를 받은 영업자만 해당)
⑧ 교육은 동물보호 민간단체, 농림수산식품교육문화정보원의 어느 하나에 해당하는 법인 또는 단체로서 농림축산식품부장관이 고시하는 법인·단체에서 실시한다.

(16) 허가 또는 등록의 취소 등(법 제83조)

① 허가 또는 등록의 취소
특별자치시장·특별자치도지사·시장·군수·구청장은 영업자가 다음의 어느 하나에 해당하는 경우에는 농림축산식품부령으로 정하는 바에 따라 그 허가 또는 등록을 취소하거나 6개월 이내의 기간을 정하여 그 영업의 전부 또는 일부의 정지를 명할 수 있다. 다만, ㉠, ㉤ 또는 ㉧에 해당하는 경우에는 허가 또는 등록을 취소하여야 한다.
  ㉠ 거짓이나 그 밖의 부정한 방법으로 허가를 받거나 등록을 한 것이 판명된 경우(취소)

ⓒ 동물학대 등의 금지 규정을 위반한 경우
　　ⓒ 허가를 받은 날 또는 등록을 한 날부터 1년이 지나도록 영업을 개시하지 아니한 경우
　　㉣ 반려동물 영업 허가 또는 등록 사항과 다른 방식으로 영업을 한 경우
　　㉤ 반려동물 영업 변경허가를 받거나 변경등록을 하지 아니한 경우
　　ⓗ 반려동물 영업 시설 및 인력 기준에 미달하게 된 경우
　　ⓢ 설치가 금지된 곳에 동물장묘시설을 설치한 경우(취소)
　　ⓞ 다음의 어느 하나에 해당하게 된 경우(취소)
　　　　• 미성년자
　　　　• 피성년후견인
　　　　• 파산선고를 받은 자로서 복권되지 아니한 사람
　　　　• 동물의 보호 및 공중위생상의 위해 방지 등에 관한 교육을 이수하지 아니한 사람
　　　　• 허가 또는 등록이 취소된 후 1년이 지나지 아니한 상태에서 취소된 업종과 같은 업종의 허가를 받거나 등록을 하려는 사람(법인인 경우에는 그 대표자를 포함)
　　　　• 동물보호법을 위반하여 벌금 이상의 실형을 선고받고 그 집행이 종료(집행이 종료된 것으로 보는 경우를 포함)되거나 집행이 면제된 날부터 3년(동물학대 등의 금지 규정을 위반한 경우에는 5년)이 지나지 아니한 사람
　　　　• 동물보호법을 위반하여 벌금 이상의 형의 집행유예를 선고받고 그 유예기간 중에 있는 사람
　　㉲ 영업자 등의 준수사항을 지키지 아니한 경우
② 허가 또는 등록 취소 시 필요 조치
　　특별자치시장·특별자치도지사·시장·군수·구청장은 영업의 허가 또는 등록을 취소하거나 영업의 전부 또는 일부를 정지하는 경우에는 해당 영업자에게 보유하고 있는 동물을 양도하게 하는 등 적절한 사육·관리 또는 보호를 위하여 필요한 조치를 명하여야 한다.
③ 처분의 효과
　　처분의 효과는 그 처분기간이 만료된 날부터 1년간 양수인등에게 승계되며, 처분의 절차가 진행 중일 때에는 양수인등에 대하여 처분의 절차를 행할 수 있다. 다만, 양수인등이 양수·상속 또는 합병 시에 그 처분 또는 위반사실을 알지 못하였음을 증명하는 경우에는 그러하지 아니하다.

(17) 과징금의 부과(법 제84조, 영 제25조)
① 특별자치시장·특별자치도지사·시장·군수·구청장은 영업자가 다음 어느 하나에 해당하여 영업정지처분을 하여야 하는 경우로서 그 영업정지처분이 해당 영업의 동물 또는 이용자에게 곤란을 주거나 공익에 현저한 지장을 줄 우려가 있다고 인정되는 경우에는 영업정지처분에 갈음하여 1억원 이하의 과징금을 부과할 수 있다. 과징금을 부과할 때에는 그 위반행위의 내용과 과징금의 금액 등을 명시하여 부과대상자에게 서면으로 통지해야 한다.
　　㉠ 반려동물 영업 허가 또는 등록 사항과 다른 방식으로 영업을 한 경우
　　ⓒ 반려동물 영업 변경허가를 받거나 변경등록을 하지 아니한 경우
　　ⓒ 반려동물 영업 시설 및 인력 기준에 미달하게 된 경우

② 영업자 등의 준수사항을 지키지 아니한 경우
② 특별자치시장·특별자치도지사·시장·군수·구청장은 과징금을 부과받은 자가 납부기한까지 과징금을 내지 아니하면 지방행정제재·부과금의 징수 등에 관한 법률에 따라 징수한다.
③ 특별자치시장·특별자치도지사·시장·군수·구청장은 과징금을 부과하기 위하여 필요한 경우에는 다음의 사항을 적은 문서로 관할 세무서장에게 과세 정보의 제공을 요청할 수 있다.
  ㉠ 납세자의 인적 사항
  ㉡ 과세 정보의 사용 목적
  ㉢ 과징금 부과기준이 되는 매출금액
④ 과징금 통지를 받은 자는 통지를 받은 날부터 20일 이내에 특별자치시장·특별자치도지사·시장·군수·구청장이 정하는 수납기관에 과징금을 납부해야 한다.
⑤ 과징금을 받은 수납기관은 납부자에게 영수증을 발급하고, 과징금이 납부된 사실을 지체 없이 특별자치시장·특별자치도지사·시장·군수·구청장에게 통보해야 한다.

(18) 과징금의 부과기준(영 별표 2)
① 영업정지기간은 농림축산식품부령으로 정하는 영업자 등의 행정처분 기준에 따라 부과되는 기간을 말하며, 영업정지기간의 1개월은 30일을 기준으로 한다.
② 과징금 부과금액 계산식

> 과징금 부과금액 = 위반사업자 1일 평균매출금액 × 영업정지 일수 × 0.1

③ ②의 계산식 중 '위반사업자 1일 평균매출금액'은 위반행위를 한 영업자에 대한 행정처분일이 속한 연도의 전년도 1년간의 총 매출금액을 해당 연도의 일수로 나눈 금액으로 한다. 다만, 신규 개설 또는 휴업 등으로 전년도 1년간의 총 매출금액을 산출할 수 없거나 1년간의 총 매출금액을 기준으로 하는 것이 타당하지 않다고 인정되는 경우에는 분기별 매출금액, 월별 매출금액 또는 일수별 매출금액을 해당 단위에 포함된 일수로 나누어 1일 평균매출금액을 산정한다.
④ ②에 따라 산출한 과징금 부과금액이 1억원을 넘는 경우에는 과징금 부과금액을 1억원으로 한다.
⑤ 부과권자는 다음의 어느 하나에 해당하는 경우에는 ②에 따라 산출한 과징금 부과금액의 2분의 1 범위에서 그 금액을 줄일 수 있다. 다만, 과징금을 체납하고 있는 위반행위자의 경우에는 그렇지 않다.
  ㉠ 위반행위가 사소한 부주의나 오류로 인한 것으로 인정되는 경우
  ㉡ 위반행위자가 법 위반상태를 시정하거나 해소하기 위한 노력이 인정되는 경우
  ㉢ 그 밖에 위반행위의 정도, 동기와 그 결과 등을 고려하여 과징금을 줄일 필요가 있다고 인정되는 경우
⑥ 부과권자는 다음의 어느 하나에 해당하는 경우에는 과징금 금액의 2분의 1 범위에서 그 금액을 늘릴 수 있다. 다만, 과징금 총액은 1억원을 초과할 수 없다.
  ㉠ 위반의 내용·정도가 중대하여 이용자 등에게 미치는 피해가 크다고 인정되는 경우
  ㉡ 법 위반상태의 기간이 6개월 이상인 경우
  ㉢ 그 밖에 위반행위의 정도, 동기와 그 결과 등을 고려하여 과징금을 늘릴 필요가 있다고 인정되는 경우

(19) 영업장의 폐쇄(법 제85조)

① 특별자치시장·특별자치도지사·시장·군수·구청장은 영업의 허가 또는 영업의 등록에 따른 영업이 다음의 어느 하나에 해당하는 때에는 관계 공무원으로 하여금 농림축산식품부령으로 정하는 바에 따라 해당 영업장을 폐쇄하게 할 수 있다. 영업장을 폐쇄하는 관계 공무원은 그 권한을 표시하는 증표를 지니고 이를 관계인에게 보여주어야 한다(규칙 제53조).
  ㉠ 반려동물 영업 허가를 받지 아니하거나 등록을 하지 아니한 때
  ㉡ 허가 또는 등록이 취소되거나 영업정지명령을 받았음에도 불구하고 계속하여 영업을 한 때
② 특별자치시장·특별자치도지사·시장·군수·구청장은 영업장을 폐쇄하기 위하여 관계 공무원에게 다음의 조치를 하게 할 수 있다.
  ㉠ 해당 영업장의 간판이나 그 밖의 영업표지물의 제거 또는 삭제
  ㉡ 해당 영업장이 적법한 영업장이 아니라는 것을 알리는 게시문 등의 부착
  ㉢ 영업을 위하여 꼭 필요한 시설물 또는 기구 등을 사용할 수 없게 하는 봉인(封印)
③ 특별자치시장·특별자치도지사·시장·군수·구청장은 폐쇄조치를 하려는 때에는 폐쇄조치의 일시·장소 및 관계 공무원의 성명 등을 미리 해당 영업을 하는 영업자 또는 그 대리인에게 서면으로 알려주어야 한다.
④ 특별자치시장·특별자치도지사·시장·군수·구청장은 해당 영업장을 폐쇄하는 경우 해당 영업자에게 보유하고 있는 동물을 양도하게 하는 등 적절한 사육·관리 또는 보호를 위하여 필요한 조치를 명하여야 한다.
⑤ 영업장 폐쇄의 세부적인 기준과 절차는 그 위반행위의 유형과 위반 정도 등을 고려하여 농림축산식품부령으로 정한다.

6 보 칙

(1) 출입·검사 등

① 출입·검사 등의 조치(법 제86조, 규칙 제54조)
농림축산식품부장관, 시·도지사 또는 시장·군수·구청장은 동물의 보호 및 공중위생상의 위해 방지 등을 위하여 필요하면 동물의 소유자등에 대하여 다음의 조치를 할 수 있다.
  ㉠ 동물 현황 및 관리실태 등 필요한 자료제출의 요구
  ㉡ 동물이 있는 장소에 대한 출입·검사
  ㉢ 동물에 대한 위해 방지 조치의 이행 등 농림축산식품부령으로 정하는 시정명령
    • 동물에 대한 학대행위의 중지
    • 동물에 대한 위해 방지 조치의 이행
    • 공중위생 및 사람의 신체·생명·재산에 대한 위해 방지 조치의 이행
    • 질병에 걸리거나 부상당한 동물에 대한 신속한 치료

② 운영실태조사

농림축산식품부장관, 시·도지사 또는 시장·군수·구청장은 동물보호 등과 관련하여 필요하면 다음의 어느 하나에 해당하는 자에게 필요한 보고를 하도록 명하거나 자료를 제출하게 할 수 있으며, 관계 공무원으로 하여금 해당 시설 등에 출입하여 운영실태를 조사하게 하거나 관계 서류를 검사하게 할 수 있다.

㉠ 동물보호센터의 장
㉡ 보호시설운영자
㉢ 윤리위원회를 설치한 동물실험시행기관의 장
㉣ 동물복지축산농장의 인증을 받은 자
㉤ 지정된 인증기관의 장
㉥ 동물복지축산물의 표시를 한 자
㉦ 반려동물 영업의 허가를 받은 자 또는 영업의 등록을 한 자

③ 시설 정비 및 사후관리

㉠ 특별자치시장·특별자치도지사·시장·군수·구청장은 소속 공무원으로 하여금 보호시설운영자에 대하여 시설기준·운영기준 등의 사항 및 동물보호를 위한 시설정비 등의 사후관리와 관련한 사항을 1년에 1회 이상 정기적으로 점검하도록 하고, 필요한 경우 수시로 점검하게 할 수 있다.

㉡ 시·도지사와 시장·군수·구청장은 소속 공무원으로 하여금 영업자에 대하여 다음의 구분에 따라 1년에 1회 이상 정기적으로 점검하도록 하고, 필요한 경우 수시로 점검하게 할 수 있다.
- 시·도지사 : 시설 및 인력 기준의 준수 여부
- 특별자치시장·특별자치도지사·시장·군수·구청장 : 시설 및 인력 기준의 준수 여부와 영업자 등의 준수사항 이행 여부

㉢ 시·도지사는 점검 결과(관할 시·군·구의 점검 결과 포함)를 다음 연도 1월 31일까지 농림축산식품부장관에게 통보하여야 한다.

④ 통 지

농림축산식품부장관, 시·도지사 또는 시장·군수·구청장이 출입·검사 또는 점검(출입·검사등)을 할 때에는 출입·검사등의 시작 7일 전까지 대상자에게 출입·검사등의 목적·기간·장소·범위·내용, 관계 공무원의 성명과 직위, 제출할 자료가 포함된 출입·검사 등 계획을 통지하여야 한다. 다만, 출입·검사등 계획을 미리 통지할 경우 그 목적을 달성할 수 없다고 인정하는 경우에는 출입·검사등을 착수할 때에 통지할 수 있다.

⑤ 농림축산식품부장관, 시·도지사 또는 시장·군수·구청장은 규정에 따른 출입·검사 등의 결과에 따라 필요한 시정을 명하는 등의 조치를 할 수 있다.

(2) 고정형 영상정보처리기기의 설치 등(법 제87조)

① 다음의 어느 하나에 해당하는 자는 동물학대 방지 등을 위하여 개인정보 보호법에 따른 고정형 영상정보처리기기를 설치하여야 한다.

㉠ 동물보호센터의 장
㉡ 보호시설운영자

ⓒ 도축장 운영자

ⓓ 반려동물 영업의 허가를 받은 자 또는 영업의 등록을 한 자

② 고정형 영상정보처리기기의 설치 대상, 장소 및 기준 등에 필요한 사항은 대통령령으로 정한다.

③ 고정형 영상정보처리기기를 설치·관리하는 자는 동물보호센터·보호시설·영업장의 종사자, 이용자 등 정보주체의 인권이 침해되지 아니하도록 다음의 사항을 준수하여야 한다.

    ㉠ 설치 목적과 다른 목적으로 고정형 영상정보처리기기를 임의로 조작하거나 다른 곳을 비추지 아니할 것

    ㉡ 녹음기능을 사용하지 아니할 것

④ 고정형 영상정보처리기기를 설치·관리하는 자는 다음의 어느 하나에 해당하는 경우 외에는 고정형 영상정보처리기기로 촬영한 영상기록을 다른 사람에게 제공하여서는 아니 된다.

    ㉠ 소유자등이 자기 동물의 안전을 확인하기 위하여 요청하는 경우

    ㉡ 개인정보 보호법에 따른 공공기관이 법령에서 정하는 동물보호 업무 수행을 위하여 요청하는 경우

    ㉢ 범죄의 수사와 공소의 제기 및 유지, 법원의 재판업무 수행을 위하여 필요한 경우

⑤ 동물보호법에서 정하는 사항 외에 고정형 영상정보처리기기의 설치, 운영 및 관리 등에 관한 사항은 개인정보 보호법에 따른다.

> **더 알아보기** 고정형 영상정보처리기기의 설치 대상, 장소 및 관리기준(영 별표 3)
>
> ① 설치 대상 및 장소
> - 법 제35조 제1항에 따른 동물보호센터 : 보호실 및 격리실
> - 법 제36조 제1항에 따른 동물보호센터 : 보호실 및 격리실
> - 법 제37조에 따른 보호시설 : 보호실 및 격리실
> - 법 제69조 제1항에 따른 영업장
>   - 동물판매업(경매방식을 통한 거래를 알선·중개하는 동물판매업으로 한정) : 경매실, 준비실
>   - 동물장묘업 : 화장(火葬)시설 등 동물의 사체 또는 유골의 처리시설
> - 법 제73조 제1항에 따른 영업장
>   - 동물위탁관리업 : 위탁관리실
>   - 동물미용업 : 미용작업실
>   - 동물운송업 : 차량 내 동물이 위치하는 공간
>
> ② 관리기준
> - 고정형 영상정보처리기기의 카메라는 전체 또는 주요 부분이 조망되고 잘 식별될 수 있도록 설치하고, 동물의 상태 등을 확인할 수 있도록 사각지대의 발생을 최소화할 것
> - 선명한 화질이 유지될 수 있도록 관리할 것
> - 고정형 영상정보처리기기가 고장난 경우에는 지체 없이 수리할 것
> - 개인정보 보호법에 따른 안내판 설치 등 관계 법령을 준수할 것
> - 그 밖에 고정형 영상정보처리기기의 설치·운영 현황을 추가적으로 알리기 위한 안내판을 설치하도록 노력할 것

(3) 동물보호관(법 제88조, 영 제27조)

① 동물보호관 지정

농림축산식품부장관(농림축산검역본부장 포함), 시·도지사 및 시장·군수·구청장은 동물의 학대 방지 등 동물보호에 관한 사무를 처리하기 위하여 소속 공무원 중에서 다음 어느 하나에 해당하는 사람을 동물보호관을 지정하여야 한다.

㉠ 수의사 면허가 있는 사람

㉡ 축산기술사, 축산기사, 축산산업기사 또는 축산기능사 자격이 있는 사람

㉢ 학교에서 수의학·축산학·동물관리학·애완동물학·반려동물학 등 동물의 관리 및 이용 관련 분야, 동물보호 분야 또는 동물복지 분야를 전공하고 졸업한 사람

㉣ 그 밖에 동물보호·동물복지·실험동물 분야와 관련된 사무에 종사하고 있거나 종사한 경험이 있는 사람

② 동물보호관의 직무

㉠ 동물의 적정한 사육·관리에 대한 교육 및 지도

㉡ 금지되는 동물학대 행위의 예방, 중단 또는 재발방지를 위하여 필요한 조치

㉢ 동물의 적정한 운송과 반려동물 전달 방법에 대한 지도·감독

㉣ 동물의 도살방법에 대한 지도

㉤ 등록대상동물의 등록 및 등록대상동물의 관리에 대한 감독

㉥ 맹견의 관리에 관한 감독

㉦ 맹견의 출입금지에 대한 감독

㉧ 설치·위탁 지정된 동물보호센터, 보호시설의 보호동물 관리에 관한 감독

㉨ 윤리위원회의 구성·운영 등에 관한 지도·감독 및 개선명령의 이행 여부에 대한 확인 및 지도

㉩ 동물복지축산농장으로 인증받은 농장의 인증기준 준수여부 등에 대한 감독

㉪ 반려동물 영업의 허가를 받거나 영업의 등록을 한 자(영업자)의 시설·인력 등 허가 또는 등록사항, 준수사항, 교육 이수 여부에 관한 감독

㉫ 공설동물장묘시설의 설치·운영에 관한 감독

㉬ 출입·검사 등에 따른 조치, 보고 및 자료제출 명령의 이행 여부에 관한 확인·지도

㉭ 위촉된 명예동물보호관에 대한 지도

㉮ 그 밖에 동물의 보호 및 복지 증진에 관한 업무

③ 동물보호관이 직무를 수행할 때에는 농림축산식품부령으로 정하는 증표를 지니고 이를 관계인에게 보여 주어야 한다.

④ 누구든지 동물의 특성에 따른 출산, 질병 치료 등 부득이한 사유가 있는 경우를 제외하고는 동물보호관의 직무 수행을 거부·방해 또는 기피하여서는 아니 된다.

⑤ 동물보호관은 학대행위자에 대하여 상담·교육 또는 심리치료 등 필요한 지원을 받을 것을 권고할 수 있다(법 제89조).

(4) 명예동물보호관(법 제90조, 영 제28조)

① 명예동물보호관 위촉

농림축산식품부장관, 시·도지사 및 시장·군수·구청장은 동물의 학대 방지 등 동물보호를 위한 지도·계몽 등을 위하여 명예동물보호관을 위촉할 수 있다. 위촉하는 명예동물보호관은 다음의 어느 하나에 해당하는 사람으로서 농림축산식품부장관이 정하는 관련 교육과정을 마친 사람으로 한다.

㉠ 동물보호 민간단체의 범위에 따른 법인 또는 단체의 장이 추천한 사람

㉡ 동물보호관 지정에 해당하는 사람

㉢ 동물보호에 관한 학식과 경험이 풍부한 사람으로서 명예동물보호관의 직무를 성실히 수행할 수 있는 사람

② 명예동물보호관 자격

동물학대 금지를 위반하여 형을 선고받고 그 형이 확정된 사람은 명예동물보호관이 될 수 없다.

③ 명예동물보호관의 직무

㉠ 동물보호 및 동물복지에 관한 교육·상담·홍보 및 지도

㉡ 동물학대 행위에 대한 정보 제공

㉢ 학대받는 동물의 구조·보호 지원

㉣ 동물보호관의 직무 수행을 위한 지원

④ 명예동물보호관은 직무를 수행할 때에는 부정한 행위를 하거나 권한을 남용하여서는 아니 된다.

⑤ 명예동물보호관이 그 직무를 수행하는 경우에는 신분을 표시하는 증표를 지니고 이를 관계인에게 보여주어야 한다.

(5) 수수료 및 청문

① 수수료(법 제91조)

다음의 어느 하나에 해당하는 자는 농림축산식품부령으로 정하는 바에 따라 수수료를 내야 한다. 다만, ㉠에 해당하는 자에 대하여는 시·도의 조례로 정하는 바에 따라 수수료를 감면할 수 있다.

㉠ 등록대상동물을 등록하려는 자

㉡ 자격시험에 응시하려는 자 또는 자격증의 재발급 등을 받으려는 자

㉢ 동물복지축산농장 인증을 받거나 갱신 및 재심사를 받으려는 자

㉣ 영업의 허가 또는 변경허가를 받거나, 영업의 등록 또는 변경등록을 하거나, 변경신고를 하려는 자

② 청문(법 제92조)

농림축산식품부장관, 시·도지사 또는 시장·군수·구청장은 다음의 어느 하나에 해당하는 처분을 하려면 청문을 하여야 한다.

㉠ 맹견사육허가의 철회

㉡ 반려동물행동지도사의 자격취소

㉢ 동물보호센터의 지정취소

㉣ 보호시설의 시설폐쇄

㉤ 인증기관의 지정취소

ⓑ 동물복지축산농장의 인증취소
ⓢ 영업허가 또는 영업등록의 취소

(6) 권한의 위임·위탁(법 제93조)

① 농림축산식품부장관은 대통령령으로 정하는 바에 따라 동물보호법에 따른 권한의 일부를 소속기관의 장 또는 시·도지사에게 위임할 수 있다.

② 농림축산식품부장관은 대통령령으로 정하는 바에 따라 동물보호법에 따른 업무 및 동물복지 진흥에 관한 업무의 일부를 농림축산 또는 동물보호 관련 업무를 수행하는 기관·법인·단체의 장에게 위탁할 수 있다.

③ 농림축산식품부장관은 위임한 업무 및 위탁한 업무에 관하여 필요하다고 인정하면 업무처리지침을 정하여 통보하거나 그 업무처리를 지도·감독할 수 있다.

④ 위탁받은 업무를 수행하는 기관·법인·단체의 임원 및 직원은 「형법」 제129조부터 제132조까지의 규정을 적용할 때에는 공무원으로 본다.

⑤ 농림축산식품부장관은 업무를 위탁한 기관에 필요한 비용의 전부 또는 일부를 예산의 범위에서 출연 또는 보조할 수 있다.

(7) 실태조사 및 정보의 공개(법 제94조)

① 정보의 공개

농림축산식품부장관은 다음의 정보와 자료를 수집·조사·분석하고 그 결과를 해마다 정기적으로 공표하여야 한다. 다만, ⓒ에 해당하는 사항에 관하여는 해당 동물을 관리하는 중앙행정기관의 장 및 관련 기관의 장과 협의하여 결과공표 여부를 정할 수 있다.

㉠ 동물복지종합계획 수립을 위한 동물의 보호·복지 실태에 관한 사항
㉡ 봉사동물 중 국가소유 봉사동물의 마릿수 및 해당 봉사동물의 관리 등에 관한 사항
㉢ 등록대상동물의 등록에 관한 사항
㉣ 동물보호센터와 유실·유기동물 등의 치료·보호 등에 관한 사항
㉤ 보호시설의 운영실태에 관한 사항
㉥ 동물의 기증 및 분양 현황 등 실험동물의 사후관리 실태에 관한 사항
㉦ 윤리위원회의 운영 및 동물실험 실태, 지도·감독 등에 관한 사항
㉧ 동물복지축산농장 인증현황 등에 관한 사항
㉨ 반려동물 영업의 허가 및 등록과 운영실태에 관한 사항
㉩ 영업자에 대한 정기점검에 관한 사항
㉪ 그 밖에 동물의 보호·복지 실태와 관련된 사항

② 실태조사

㉠ 농림축산식품부장관은 ①의 업무를 효율적으로 추진하기 위하여 실태조사를 실시할 수 있으며, 실태조사를 위하여 필요한 경우 관계 중앙행정기관의 장, 지방자치단체의 장, 공공기관의 장, 관련 기관 및 단체, 동물의 소유자등에게 필요한 자료 및 정보의 제공을 요청할 수 있다. 이 경우 자료 및 정보의 제공을 요청받은 자는 정당한 사유가 없는 한 자료 및 정보를 제공하여야 한다.

ⓒ 실태조사(현장조사를 포함)의 범위, 방법, 그 밖에 필요한 사항은 대통령령으로 정한다.
③ 실적 보고
시·도지사, 시장·군수·구청장, 동물실험시행기관의 장 또는 인증기관은 ①의 ㉠~㉢ 실적을 다음 연도 1월 31일까지 농림축산식품부장관(대통령령으로 정하는 그 소속기관의 장을 포함)에게 보고하여야 한다.

(8) 동물보호정보의 수집 및 활용(법 제95조)

① 동물보호정보 수집·관리
농림축산식품부장관은 동물의 생명보호, 안전 보장 및 복지 증진과 건전하고 책임 있는 사육문화를 조성하기 위하여 다음의 동물보호정보를 수집하여 체계적으로 관리하여야 한다.
㉠ 맹견수입신고를 한 자 및 신고한 자가 소유한 맹견에 대한 정보
ⓒ 맹견사육허가·허가철회를 받은 사람 및 허가받은 사람이 소유한 맹견에 대한 정보
ⓒ 기질평가를 받은 동물과 그 소유자에 대한 정보
㉣ 반려동물 영업의 허가 및 영업의 등록에 관한 사항(영업의 허가 및 등록 번호, 업체명, 전화번호, 소재지 등을 포함)
㉤ (7), ①의 ㉠~㉢의 정보
㉥ 그 밖에 동물보호에 관한 정보로서 농림축산식품부장관이 수집·관리할 필요가 있다고 인정하는 정보

② 동물보호정보 관리
㉠ 농림축산식품부장관은 동물보호정보를 체계적으로 관리하고 통합적으로 분석하기 위하여 국가동물보호정보시스템을 구축·운영하여야 한다.
ⓒ 농림축산식품부장관은 동물보호정보의 수집을 위하여 관계 중앙행정기관의 장, 시·도지사 또는 시장·군수·구청장, 경찰관서의 장 등에게 필요한 자료를 요청할 수 있다. 이 경우 관계 중앙행정기관의 장, 시·도지사 또는 시장·군수·구청장, 경찰관서의 장 등은 정당한 사유가 없으면 요청에 응하여야 한다.
ⓒ 시·도지사 및 시장·군수·구청장은 동물의 보호 또는 동물학대 발생 방지를 위하여 필요한 경우 국가동물보호정보시스템에 등록된 관련 정보를 농림축산식품부장관에게 요청할 수 있다. 이 경우 정보 활용의 목적과 필요한 정보의 범위를 구체적으로 기재하여 요청하여야 한다.

③ 정보 제공·누설 및 공개
㉠ 정보를 취득한 사람은 같은 항 후단의 요청 목적 외로 해당 정보를 사용하거나 다른 사람에게 정보를 제공 또는 누설하여서는 아니 된다.
ⓒ 농림축산식품부장관은 위 ①의 ㉣ 정보 중 영업의 허가 및 등록 번호, 업체명, 전화번호, 소재지 등을 공개하여야 한다.

④ ①부터 ③까지의 규정한 사항 외에 동물보호정보 등의 수집·관리·공개 및 정보의 요청 방법, 국가동물보호정보시스템의 구축·활용 등에 필요한 사항은 대통령령으로 정한다.

7 벌 칙

(1) 벌칙(법 제97조)

① 3년 이하의 징역 또는 3천만원 이하의 벌금
  ㉠ 동물학대 등의 금지 조항을 위반하여 동물을 죽음에 이르게 하는 행위를 한 자
  ㉡ 배회하거나 버려진 동물 또는 피학대동물 중 소유자등을 알 수 없는 동물을 포획하여 죽이는 행위를 하거나 또는 반려동물 사육·관리 또는 보호의무를 위반하여 죽음에 이르게 한자
  ㉢ 등록대상동물을 기르는 곳에서 벗어나지 않도록 관리하지 않거나 기준에 맞는 목줄 착용 등 사람 또는 동물에 대한 위해를 예방하기 위한 안전조치를 하지 않아서 사람을 사망에 이르게 한 자
  ㉣ 맹견의 관리(제21조 제1항)를 위반하여 사람을 사망에 이르게 한 자

② 2년 이하의 징역 또는 2천만원 이하의 벌금
  ㉠ 상해를 입히는 등의 학대행위 또는 포획하여 판매하거나 죽일 목적으로 포획하는 행위, 버려진 동물 또는 피학대동물 중 소유자등을 알 수 없는 동물임을 알면서 알선·구매하는 행위 중 어느 하나를 위반한 자
  ㉡ 동물유기 조항을 위반하여 맹견을 유기한 소유자등
  ㉢ 반려동물에게 사육·관리 또는 보호의무를 위반하여 상해를 입히거나 질병을 유발하는 행위를 한 소유자등
  ㉣ 등록대상동물을 기르는 곳에서 벗어나지 않도록 관리하지 않거나 기준에 맞는 목줄 착용 등 사람 또는 동물에 대한 위해를 예방하기 위한 안전조치를 하지 않아서 사람의 신체를 상해에 이르게 한 자
  ㉤ 맹견 관리(제21조 제1항)의 어느 하나를 위반하여 사람의 신체를 상해에 이르게 한 자
  ㉥ 거짓이나 그 밖의 부정한 방법으로 인증농장 인증을 받은 자
  ㉦ 인증을 받지 아니한 축산농장을 인증농장으로 표시한 자
  ㉧ 거짓이나 그 밖의 부정한 방법으로 인증심사·재심사 및 인증갱신을 하거나 받을 수 있도록 도와주는 행위를 한 자
  ㉨ 반려동물 영업 허가 또는 변경허가를 받지 아니하고 영업을 한 자
  ㉩ 거짓이나 그 밖의 부정한 방법으로 영업 허가 또는 변경허가를 받은 자
  ㉪ 맹견취급허가 또는 변경허가를 받지 아니하고 맹견을 취급하는 영업을 한 자
  ㉫ 거짓이나 그 밖의 부정한 방법으로 맹견취급허가 또는 변경허가를 받은 자
  ㉬ 설치가 금지된 곳에 동물장묘시설을 설치한 자
  ㉭ 영업장 폐쇄조치를 위반하여 영업을 계속한 자

③ 1년 이하의 징역 또는 1천만원 이하의 벌금
  ㉠ 맹견사육허가를 받지 아니한 자
  ㉡ 반려동물행동지도사의 명칭을 사용한 자
  ㉢ 다른 사람에게 반려동물행동지도사의 명의를 사용하게 하거나 그 자격증을 대여한 자 또는 반려동물행동지도사의 명의를 사용하거나 그 자격증을 대여받은 자
  ㉣ 명의대여 금지 행위를 알선한 자
  ㉤ 등록 또는 변경등록을 하지 아니하고 영업을 한 자

ⓑ 거짓이나 그 밖의 부정한 방법으로 등록 또는 변경등록을 한 자
ⓢ 다른 사람의 영업명의를 도용하거나 대여받은 자 또는 다른 사람에게 자기의 영업명이나 상호를 사용하게 한 영업자
ⓞ 자신의 영업장에 있는 동물장묘시설을 다른 자에게 대여한 영업자
ⓩ 영업정지 기간에 영업을 한 자
ⓒ 설치 목적과 다른 목적으로 고정형 영상정보처리기기를 임의로 조작하거나 다른 곳을 비춘 자 또는 녹음기능을 사용한 자
ⓚ 영상기록을 목적 외의 용도로 다른 사람에게 제공한 자

④ 500만원 이하의 벌금
  ㉠ 업무상 알게 된 비밀을 누설한 기질평가위원회의 위원 또는 위원이었던 자
  ㉡ 신고를 하지 아니하고 보호시설을 운영한 자
  ㉢ 폐쇄명령에 따르지 아니한 자
  ㉣ 비밀을 누설하거나 도용한 윤리위원회의 위원 또는 위원이었던 자(제52조 제3항에서 준용하는 경우 포함)
  ㉤ 월령이 12개월 미만인 개ㆍ고양이를 교배 또는 출산시킨 영업자
  ㉥ 동물의 발정을 유도한 영업자
  ㉦ 살아있는 동물을 처리한 영업자
  ㉧ 요청 목적 외로 정보를 사용하거나 다른 사람에게 정보를 제공 또는 누설한 자

⑤ 300만원 이하의 벌금
  ㉠ 동물을 유기한 소유자등(맹견을 유기한 경우는 제외)
  ㉡ 사진 또는 영상물을 판매ㆍ전시ㆍ전달ㆍ상영하거나 인터넷에 게재한 자
  ㉢ 도박을 목적으로 동물을 이용한 자 또는 동물을 이용하는 도박을 행할 목적으로 광고ㆍ선전한 자
  ㉣ 도박ㆍ시합ㆍ복권ㆍ오락ㆍ유흥ㆍ광고 등의 상이나 경품으로 동물을 제공한 자
  ㉤ 영리를 목적으로 동물을 대여한 자
  ㉥ 법 제18조 제4항 후단에 따른 인도적인 방법에 의한 처리 명령에 따르지 아니한 맹견의 소유자
  ㉦ 법 제20조 제2항에 따른 인도적인 방법에 의한 처리 명령에 따르지 아니한 맹견의 소유자
  ㉧ 법 제24조 제1항에 따른 기질평가 명령에 따르지 아니한 맹견 아닌 개의 소유자
  ㉨ 수의사에 의하지 아니하고 동물의 인도적인 처리를 한 자
  ㉩ 동물실험을 한 자
  ㉪ 월령이 2개월 미만인 개ㆍ고양이를 판매(알선 또는 중개 포함)한 영업자
  ㉫ 영업장 폐쇄에 따른 게시문 등 또는 봉인을 제거하거나 손상시킨 자

⑥ 상습적으로 ①부터 ⑤까지의 죄를 지은 자는 그 죄에 정한 형의 2분의 1까지 가중한다.

⑦ 이수명령 이행에 관한 지시를 따르지 않은 경우(법 제98조)
  이수명령을 부과받은 사람이 보호관찰소의 장 또는 교정시설의 장의 이수명령 이행에 관한 지시에 따르지 아니하여 경고를 받은 후 재차 정당한 사유 없이 이수명령 이행에 관한 지시를 따르지 아니한 경우에는 다음에 따른다.

㉠ 벌금형과 병과된 경우에는 500만원 이하의 벌금에 처한다.

㉡ 징역형 이상의 실형과 병과된 경우에는 1년 이하의 징역 또는 1천만원 이하의 벌금에 처한다.

(2) 양벌규정(법 제99조)

법인의 대표자나 법인 또는 개인의 대리인, 사용인, 그 밖의 종업원이 그 법인 또는 개인의 업무에 관하여 제97조에 따른 위반행위를 하면 그 행위자를 벌하는 외에 그 법인 또는 개인에게도 해당 조문의 벌금형을 과한다. 다만, 법인 또는 개인이 그 위반행위를 방지하기 위하여 해당 업무에 관하여 상당한 주의와 감독을 게을리하지 아니한 경우에는 그러하지 아니하다.

(3) 과태료(법 제101조)

① 500만원 이하의 과태료

㉠ 윤리위원회를 설치·운영하지 아니한 동물실험시행기관의 장

㉡ 윤리위원회의 심의를 거치지 아니하고 동물실험을 한 동물실험시행기관의 장

㉢ 윤리위원회의 변경심의를 거치지 아니하고 동물실험을 한 동물실험시행기관의 장(제52조 제3항에서 준용하는 경우 포함)

㉣ 동물실험 심의 후 감독을 요청하지 아니한 경우 해당 동물실험시행기관의 장(제52조 제3항에서 준용하는 경우 포함)

㉤ 정당한 사유 없이 실험 중지 요구를 따르지 아니하고 동물실험을 한 동물실험시행기관의 장(제52조 제3항에서 준용하는 경우 포함)

㉥ 윤리위원회의 심의 또는 변경심의를 받지 아니하고 동물실험을 재개한 동물실험시행기관의 장(제52조 제3항에서 준용하는 경우 포함)

㉦ 개선명령을 이행하지 아니한 동물실험시행기관의 장

㉧ 인증농장에서 생산되지 아니한 축산물에 동물복지축산물 표시를 하는 행위를 위반하여 동물복지축산물 표시를 한 자

㉨ 영업별 시설 및 인력 기준을 준수하지 아니한 영업자

② 300만원 이하의 과태료

㉠ 맹견수입신고를 하지 아니한 자

㉡ 맹견 관리를 위반한 맹견의 소유자등

㉢ 맹견의 안전한 사육 및 관리에 관한 교육을 받지 아니한 자

㉣ 맹견을 금지 장소에 출입하게 한 소유자등

㉤ 맹견 피해 보상 보험에 가입하지 아니한 소유자

㉥ 교육이수명령 또는 개의 훈련 명령에 따르지 아니한 소유자

㉦ 보호시설 및 운영 기준 등을 준수하지 아니하거나 시설정비 등의 사후관리를 하지 아니한 자

㉧ 신고를 하지 아니하고 보호시설의 운영을 중단하거나 보호시설을 폐쇄한 자

㉨ 중지명령이나 시정명령을 3회 이상 반복하여 이행하지 아니한 자

㉩ 전임수의사를 두지 아니한 동물실험시행기관의 장

㉠ 법 제67조 제1항 제4호 나목 또는 다목을 위반하여 동물복지축산물 표시를 한 자

ⓔ 맹견 취급의 사실을 신고하지 아니한 영업자
　　　ⓕ 휴업・폐업 또는 재개업의 신고를 하지 아니한 영업자
　　　ⓖ 동물처리계획서를 제출하지 아니하거나 동물을 처리한 후에 따른 결과를 보고하지 아니한 영업자
　　　㉮ 노화나 질병이 있는 동물을 유기하거나 폐기할 목적으로 거래한 영업자
　　　㉯ 동물의 번식, 반입・반출 등의 기록, 관리 및 보관을 하지 아니한 영업자
　　　㉰ 영업허가번호 또는 영업등록번호를 명시하지 아니하고 거래금액을 표시한 영업자
　　　㉱ 수입신고를 하지 아니하거나 거짓이나 그 밖의 부정한 방법으로 수입신고를 한 영업자

③ 100만원 이하의 과태료
　　　㉠ 동물을 싣고 내릴 때 운송용 우리를 던지거나 떨어뜨려 다치게 하는 행위 또는 운송을 위해 전기 몰이도구를 사용하여 동물을 운송한 자
　　　㉡ 동물 운송 준수 규정을 위반하여 동물을 운송한 자
　　　㉢ 직접 전달하지 않거나 동물운송업의 등록을 한 자를 통하지 않고 반려동물을 전달한 자
　　　㉣ 등록대상동물을 등록하지 아니한 소유자
　　　㉤ 정당한 사유 없이 출석, 자료제출요구 또는 기질평가와 관련한 조사를 거부한 자
　　　㉥ 정기적으로 동물의 보호 및 공중위생상의 위해 방지 등에 관한 교육을 받지 아니한 동물보호센터의 장 및 그 종사자
　　　㉦ 중요한 사항을 변경신고를 하지 아니하거나 보호시설 운영재개신고를 하지 아니한 자
　　　㉧ 미성년자에게 동물 해부실습을 하게 한 자
　　　㉨ 동물의 보호・복지에 관한 사항과 동물실험의 심의에 관한 정기적인 교육을 이수하지 아니한 윤리위원회의 위원
　　　㉩ 정당한 사유 없이 인증농장이 인증기준에 맞는지 여부의 조사를 거부・방해하거나 기피한 자
　　　㉪ 인증농장의 인증을 받은 자의 지위를 승계하고 그 사실을 신고하지 아니한 자
　　　ⓔ 경미한 사항의 변경을 신고하지 아니한 영업자
　　　ⓕ 영업자의 지위를 승계하고 그 사실을 신고하지 아니한 자
　　　ⓖ 종사자에게 교육을 실시하지 아니한 영업자
　　　㉮ 동물의 취급 등에 관한 영업실적을 보고하지 아니한 영업자
　　　㉯ 등록대상동물의 등록 및 변경신고의무를 고지하지 아니한 영업자
　　　㉰ 수입을 목적으로 신고한 사항과 다른 용도로 동물을 사용한 영업자
　　　㉱ 등록대상동물의 사체를 처리한 후 신고하지 아니한 영업자
　　　㉲ 동물의 보호와 공중위생상의 위해 방지를 위하여 농림축산식품부령으로 정하는 준수사항을 지키지 아니한 영업자
　　　㉳ 등록대상동물의 등록을 신청하지 아니하고 판매한 영업자
　　　㉴ 정기 교육 및 추가 교육을 받지 아니하고 영업을 한 영업자
　　　㉵ 동물 현황 및 관리실태 등 필요한 자료제출 요구에 응하지 아니하거나 거짓 자료를 제출한 동물의 소유자등
　　　㉶ 동물이 있는 장소에 대한 출입・검사를 거부・방해 또는 기피한 동물의 소유자등

㉔ 법 제86조 제2항에 따른 보고·자료제출을 하지 아니하거나 거짓으로 보고·자료제출을 한 자 또는 같은 항에 따른 출입·조사·검사를 거부·방해·기피한 자

㉕ 동물에 대한 위해 방지 조치의 이행 등 또는 소속 공무원의 출입·검사등의 결과에 따라 필요한 시정명령 등의 조치에 따르지 아니한 자

㉖ 동물보호관의 직무 수행을 거부·방해 또는 기피한 자

④ 50만원 이하의 과태료

㉠ 등록동물의 정해진 기간 내에 신고를 하지 아니한 소유자

㉡ 등록동물의 소유권을 이전받은 날부터 30일 이내에 신고를 하지 아니한 자

㉢ 소유자등 없이 등록대상동물을 기르는 곳에서 벗어나게 한 소유자등

㉣ 등록대상동물을 동반하고 외출할 때 목줄착용 등 안전조치를 하지 아니한 소유자등

㉤ 등록대상동물을 동반하고 외출할 때 등록대상동물에 인식표를 부착하지 아니한 소유자등

㉥ 등록대상동물을 동반하고 외출할 때 등록대상동물의 배설물을 수거하지 아니한 소유자등

㉦ 정당한 사유 없이 실태조사에 필요한 자료 및 정보의 제공을 하지 아니한 자

CHAPTER

01 실전예상문제

PART 4 직업윤리 및 법률

01 동물보호법의 목적으로 가장 옳지 않은 것은?

① 건전하고 책임 있는 사육문화 조성
② 동물의 생명보호, 안전 보장 및 복지 증진
③ 동물을 유해한 환경으로부터 보호·구제
④ 사람과 동물의 조화로운 공존에 이바지

해설 **동물보호법의 목적(법 제1조)**
동물의 생명보호, 안전 보장 및 복지 증진을 꾀하고 건전하고 책임 있는 사육문화를 조성함으로써, 생명 존중의 국민 정서를 기르고 사람과 동물의 조화로운 공존에 이바지함을 목적으로 한다.

02 동물보호법령상 반려동물에 속하지 않는 것은?

① 개
② 기니피그
③ 페럿
④ 고슴도치

해설 **반려동물의 범위(규칙 제3조)**
반려동물이란 개, 고양이, 토끼, 페럿, 기니피그 및 햄스터를 말한다.

03 동물보호법의 맹견에 속하지 않는 것은?

① 보스턴테리어
② 도사견과 그 잡종의 개
③ 로트와일러와 그 잡종의 개
④ 아메리칸 스태퍼드셔 테리어

해설 보스턴테리어는 소형 견종으로 맹견에 속하지 않는다. 맹견이란 도사견, 핏불테리어, 로트와일러 등 사람의 생명이나 신체 또는 동물에 위해를 가할 우려가 있는 개를 말한다(법 제2조 제5호 가목).

맹견의 범위(규칙 제2조)
1. 도사견과 그 잡종의 개
2. 핏불테리어(아메리칸 핏불테리어 포함)와 그 잡종의 개
3. 아메리칸 스태퍼드셔 테리어와 그 잡종의 개
4. 스태퍼드셔 불 테리어와 그 잡종의 개
5. 로트와일러와 그 잡종의 개

01 ③ 02 ④ 03 ① 정답

04 동물보호법상 동물보호의 기본원칙으로 옳지 않은 것은?

① 동물이 재난 시 안전하게 대피할 수 있도록 노력할 것
② 동물이 갈증 및 굶주림을 겪거나 영양이 결핍되지 아니하도록 할 것
③ 동물이 정상적인 행동을 표현할 수 있고 불편함을 겪지 아니하도록 할 것
④ 동물이 본래의 습성과 몸의 원형을 유지하면서 정상적으로 살 수 있도록 할 것

해설 ① 적정한 사육 · 관리에 대한 내용이다(법 제9조 제4항). 동물보호의 기본원칙에는 ② · ③ · ④외에 동물이 고통 · 상해 및 질병으로부터 자유롭도록 할 것, 동물이 공포와 스트레스를 받지 아니하도록 할 것이 있다(법 제3조).

05 동물보호법상 동물복지종합계획의 수립 · 시행에 포함되지 않는 것은?

① 동물복지에 관한 기본방향
② 반려동물 관련 영업에 관한 사항
③ 종합계획 추진 재원의 조달방안
④ 동물학대방지와 반려동물의 사육에 관한 사항

해설 **동물복지종합계획(법 제6조)**
농림축산식품부장관은 동물의 적정한 보호 · 관리를 위하여 5년마다 다음 사항의 동물복지종합계획을 수립 · 시행하여야 한다.
- 동물복지에 관한 기본방향
- 동물의 보호 · 복지 및 관리에 관한 사항
- 동물을 보호하는 시설에 대한 지원 및 관리에 관한 사항
- 반려동물 관련 영업에 관한 사항
- 동물의 질병 예방 및 치료 등 보건 증진에 관한 사항
- 동물의 보호 · 복지 관련 대국민 교육 및 홍보에 관한 사항
- 종합계획 추진 재원의 조달방안
- 그 밖에 동물의 보호 · 복지를 위하여 필요한 사항

06 동물보호법령상 동물의 적정한 사육·관리로 가장 옳지 않은 것은?

① 소유자등은 동물에게 적합한 사료와 물을 공급하고, 운동·휴식 및 수면이 보장되도록 노력하여야 한다.
② 소유자등은 동물이 질병에 걸리거나 부상당한 경우에는 신속하게 치료하거나 그 밖에 필요한 조치를 하도록 노력하여야 한다.
③ 소유자등은 동물을 관리하거나 다른 장소로 옮긴 경우에는 그 동물이 새로운 환경에 적응하는 데에 필요한 조치를 하도록 노력하여야 한다.
④ 개는 격년마다 1회 구충(驅蟲)을 하되 구충제의 효능 지속기간이 끝나기 전에 주기적으로 구충을 해야 한다.

해설 개는 분기마다 1회 이상 구충(驅蟲)을 하되, 구충제의 효능 지속기간이 있는 경우에는 구충제의 효능 지속기간이 끝나기 전에 주기적으로 구충을 해야 한다(규칙 별표1).

07 다음 동물보호법상 동물학대 등의 금지행위에 해당하는 내용을 모두 고른 것은?

> ㄱ. 목을 매다는 등의 잔인한 방법으로 죽음에 이르게 하는 행위
> ㄴ. 동물실험의 원칙에 따라 실시하는 동물실험에서 살아있는 상태의 동물의 신체를 손상하는 행위
> ㄷ. 도박·광고·오락·유흥 등의 목적으로 동물에게 상해를 입히는 행위
> ㄹ. 소유자등이 없이 배회하거나 내버려진 동물 또는 피학대동물 중 소유자등을 알 수 없는 동물임을 알면서 알선·구매하는 행위
> ㅁ. 동물보호단체가 동물보호 의식을 고양시키기 위한 목적으로 동물학대행위를 촬영한 사진 또는 영상물을 판매·전시·전달·상영하거나 인터넷에 게재하는 행위

① ㄱ, ㄴ, ㄷ
② ㄱ, ㄷ, ㄹ
③ ㄴ, ㄹ, ㅁ
④ ㄴ, ㄷ, ㅁ

해설 ㄴ. 살아있는 상태에서 동물의 몸을 손상하거나 체액을 채취하거나 체액을 채취하기 위한 장치를 설치하는 행위는 금지행위이다(법 제10조 제2항 제2호 본문). 다만, 질병의 예방이나 치료를 위한 행위인 경우, 동물실험인 경우, 긴급 사태가 발생하여 해당 동물을 보호하기 위해 필요한 행위인 경우는 제외된다(법 제10조 제2항 제2호 단서, 규칙 제6조 제2항의 각 호).
ㅁ. 동물학대행위를 촬영한 사진 또는 영상물을 판매·전시·전달·상영하거나 인터넷에 게재하는 행위는 금지행위이다. 다만, 동물보호 의식을 고양하기 위한 목적이 표시된 홍보 활동 등 농림축산식품부령으로 정하는 경우에는 그러하지 아니하다(법 제10조 제5항 제1호).

08 동물보호법상의 반려동물 전달방법으로 옳은 것은?

> ㄱ. 직접 전달
> ㄴ. 농림축산식품부 지정장소에서의 거래
> ㄷ. 동물운송업자를 통한 전달
> ㄹ. 택배거래업체를 통한 배송

① ㄱ, ㄴ   ② ㄱ, ㄷ   ③ ㄴ, ㄷ   ④ ㄴ, ㄹ

해설 반려동물을 다른 사람에게 전달하려는 자는 직접 전달하거나 동물운송업의 등록을 한 자를 통하여 전달하여야 한다(법 제12조).

09 동물보호법상 등록대상동물의 등록과 관련된 설명으로 옳지 않은 것은?

① 등록대상동물의 소유자는 동물의 보호와 유실·유기 방지 및 공중위생상의 위해 방지 등을 위하여 특별자치시장·특별자치도지사·시장·군수·구청장에게 등록대상동물을 등록하여야 한다.
② 등록대상동물의 소유자는 등록대상동물을 잃어버린 경우에는 등록대상동물을 잃어버린날부터 7일 이내에 신고하여야 한다.
③ 등록대상동물에 대하여 소유자의 주소가 변경된 경우에는 변경사유 발생일부터 30일 이내에 특별자치시장·특별자치도지사·시장·군수·구청장에게 신고하여야 한다.
④ 등록동물의 소유권을 이전받은 자 중 등록을 실시하는 지역에 거주하는 자는 그 사실을 소유권을 이전받은 날부터 30일 이내에 자신의 주소지를 관할하는 특별자치시장·특별자치도지사·시장·군수·구청장에게 신고하여야 한다.

해설 등록대상동물의 소유자는 등록대상동물을 잃어버린 경우에는 등록대상동물을 잃어버린 날부터 10일 이내에 특별자치시장·특별자치도지사·시장·군수·구청장에게 신고하여야 한다(법 제15조 제2항 제1호).

10 동물보호법상 소유자등이 등록대상동물과 동반 외출 시 지켜야 할 준수사항이 아닌 것은?

① 배설물이 생겼을 때에는 즉시 수거할 것
② 목줄 착용 등 사람 또는 동물에 대한 위해를 예방하기 위한 안전조치를 할 것
③ 평상·의자 등 사람이 눕거나 앉을 수 있는 기구 위의 소변은 즉시 수거할 것
④ 등록대상동물(미등록 동물 포함)의 이름, 소유자의 연락처 등을 표시한 인식표를 등록대상동물에 부착할 것

해설 등록대상동물의 이름, 소유자의 연락처, 그 밖에 농림축산식품부령으로 정하는 사항(동물등록번호, 등록한 동물만 해당)을 표시한 인식표를 등록대상동물에게 부착해야 한다(법 제16조 제2항 제2호, 규칙 제12조).

정답 08 ② 09 ② 10 ④

11 동물보호법상 등록대상동물의 인식표 표시내용으로 옳지 않은 것은?

① 소유자의 성명
② 소유자의 연락처
③ 동물등록번호(등록한 동물만 해당)
④ 등록대상동물의 이름

해설 등록대상동물의 이름, 소유자의 연락처, 동물등록번호(등록한 동물만 해당)를 표시한 인식표를 등록대상동물에게 부착해야 한다(법 제16조 제2항 제2호, 규칙 제12조).

12 동물보호법상 맹견의 관리에 대한 설명으로 옳지 않은 것은?

① 소유자등이 없이 맹견을 기르는 곳에서 벗어나지 아니하게 하여야 한다.
② 월령이 3개월 이상인 맹견을 동반하고 외출할 때에는 목줄 또는 가슴줄, 입마개 등 안전장치를 하거나 맹견의 탈출을 방지할 수 있는 적정한 이동장치를 하여야 한다.
③ 맹견사육허가를 받은 사람은 맹견의 안전한 사육·관리 또는 보호에 관하여 정기적으로 교육을 받아야 한다.
④ 시장·군수·구청장은 맹견이 사람에게 신체적 피해를 주는 경우 소유자등의 동의 없이 맹견에 대하여 격리조치 등 필요한 조치를 취할 수 있다.

해설 맹견에게는 목줄 및 입마개를 하여야 하며, 가슴줄은 하지 않아도 된다(법 제21조 제1항 제2호).

13 동물보호법에서 규정하는 맹견의 출입금지 장소가 아닌 곳은?

① 어린이집
② 유치원
③ 고등학교
④ 초등학교 및 특수학교

해설 맹견의 소유자등은 어린이집, 유치원, 초등학교 및 특수학교, 노인복지시설, 장애인복지시설, 어린이공원, 어린이놀이시설, 그 밖에 불특정 다수인이 이용하는 장소로서 시·도의 조례로 정하는 장소에 맹견이 출입하지 아니하도록 하여야 한다(법 제22조).

14 동물보호법상 동물의 구조 · 보호조치에서 제외되는 대상은?

① 유실동물
② 피학대동물 중 소유자를 알 수 없는 동물
③ 유기동물 중 농림축산식품부령으로 정하는 동물
④ 소유자로부터 학대를 받아 적정하게 치료 · 보호받을 수 없다고 판단되는 동물

해설 유실 · 유기동물 중 농림축산식품부령으로 정하는 동물(도심지나 주택가에서 자연적으로 번식하여 자생적으로 살아가는 고양이로서 개체수 조절을 위해 중성화(中性化)하여 포획장소에 방사(放飼)하는 등의 조치 대상이거나 조치가 된 고양이)은 구조 · 보호조치의 대상에서 제외한다(법 제34조 제1항 단서, 규칙 제14조 제1항 참고).

15 다음 동물보호법령상의 학대동물 보호조치기간은?

> 시 · 도지사와 시장 · 군수 · 구청장은 소유자등에게 학대받은 동물을 보호할 때에는 수의사의 진단에 따라 기간을 정하여 보호조치 하되, (   ) 이상 소유자등으로부터 격리조치를 해야 한다.

① 3일   ② 5일
③ 7일   ④ 10일

해설 시 · 도지사와 시장 · 군수 · 구청장이 소유자등으로부터 학대를 받아 적정하게 치료 · 보호받을 수 없다고 판단되는 동물을 보호할 때에는 농림축산식품부령으로 정하는 바에 따라 수의사의 진단과 동물보호센터의 장 등 관계자의 의견 청취를 거쳐 기간을 정하여 해당 동물에 대한 보호조치를 하여야 한다(법 제34조 제3항). 시 · 도지사와 시장 · 군수 · 구청장은 법 제34조 제3항에 따라 소유자등에게 학대받은 동물을 보호할 때에는 수의사법에 따른 수의사의 진단에 따라 기간을 정하여 보호조치 하되, 5일 이상 소유자등으로부터 격리조치를 해야 한다(규칙 제15조).

정답 14 ③ 15 ②

16 동물보호법에서 동물보호센터의 지정을 반드시 취소하여야 하는 경우는?

① 거짓이나 그 밖의 부정한 방법으로 지정을 받은 경우
② 보호비용을 거짓으로 청구한 경우
③ 보호 중인 동물을 영리를 목적으로 분양하는 경우
④ 특별한 사유 없이 유실·유기동물 및 피학대 동물에 대한 보호조치를 3회 이상 거부한 경우

> **해설** 동물보호센터의 지정 취소(법 제36조 제4항)
> 지정된 동물보호센터가 다음의 어느 하나에 해당하는 경우에는 그 지정을 취소할 수 있다. 다만, 제1호 및 제4호에 해당하는 경우에는 그 지정을 취소하여야 한다.
> 1. 거짓이나 그 밖의 부정한 방법으로 지정을 받은 경우
> 2. 지정기준에 맞지 아니하게 된 경우
> 3. 보호비용을 거짓으로 청구한 경우
> 4. 동물학대 금지의 규정을 위반한 경우
> 5. 동물의 인도적인 처리 등을 위반한 경우
> 6. 출입·검사의 시정명령을 위반한 경우
> 7. 특별한 사유 없이 유실·유기동물 및 피학대 동물에 대한 보호조치를 3회 이상 거부한 경우
> 8. 보호 중인 동물을 영리를 목적으로 분양하는 경우

17 동물보호법상 소유자에게 보호조치 중인 동물을 반환해야 하는 경우를 모두 고른 것은?

> ㄱ. 보호조치 중에 있는 유실·유기동물의 소유자가 그 동물에 대하여 반환을 요구하는 경우
> ㄴ. 보호기간이 지난 후, 소유자로부터 학대를 받아 적정하게 치료·보호받을 수 없다고 판단되는 동물에 대하여 소유자가 사육계획서를 제출한 후 보호비용을 부담하고 반환을 요구하는 경우
> ㄷ. 수의사가 유실·유기동물 및 피학대 동물 중 소유자를 알 수 없는 동물의 보호조치를 종료하여도 된다고 판단하는 경우
> ㄹ. 동물의 소유자가 그 동물의 소유권을 포기하고 이를 동물보호센터에 이관한 경우

① ㄱ, ㄴ
② ㄱ, ㄷ
③ ㄴ, ㄷ
④ ㄴ, ㄹ

> **해설** 동물의 반환 등(법 제41조 제1항)
> 시·도지사와 시장·군수·구청장은 다음의 어느 하나에 해당하는 사유가 발생한 경우에는 동물의 구조·보호조항에 해당하는 동물을 그 동물의 소유자에게 반환하여야 한다.
> 1. 유실·유기동물 및 피학대 동물 중 소유자를 알 수 없는 동물이 보호조치 중에 있고, 소유자가 그 동물에 대하여 반환을 요구하는 경우
> 2. 보호기간이 지난 후, 보호조치 중인 소유자등으로부터 학대를 받아 적정하게 치료·보호받을 수 없다고 판단되는 동물에 대하여 소유자가 사육계획서를 제출한 후 보호비용을 부담하고 반환을 요구하는 경우

18 동물보호법상 동물의 인도적인 처리기준으로 옳지 않은 것은?

① 동물의 인도적인 처리는 수의사가 해야 한다.
② 동물보호센터의 장은 보호동물 개체관리카드에 인도적 처리 약제 사용기록을 작성하여 3년간 보관해야 한다.
③ 보호조치 중인 동물이 질병으로부터 회복될 수 없다고 시·도지사 등이 진단한 경우 마취 등을 통하여 동물의 고통을 최소화하는 인도적인 방법으로 처리하여야 한다.
④ 동물의 사체가 발생한 경우 폐기물관리법에 따라 처리하거나 동물장묘업의 허가를 받은 자가 설치·운영하는 동물장묘시설에서 처리하여야 한다.

> **해설** ③ 수의사가 진단한 경우에 인도적 방법으로 처리해야 한다.
>
> **동물의 인도적인 처리 등(법 제46조 제1항, 규칙 제28조 제1항)**
> 보호조치 중인 동물에게 질병 등 다음의 어느 하나에 해당하는 사유가 있는 경우에는 농림축산식품부장관이 정하는 바에 따라 마취 등을 통하여 동물의 고통을 최소화하는 인도적인 방법으로 처리하여야 한다.
> 1. 동물이 질병 또는 상해로부터 회복될 수 없거나 지속적으로 고통을 받으며 살아야 할 것으로 수의사가 진단한 경우
> 2. 동물이 사람이나 보호조치 중인 다른 동물에게 질병을 옮기거나 위해를 끼칠 우려가 매우 높은 것으로 수의사가 진단한 경우
> 3. 기증 또는 분양이 곤란한 경우 등 시·도지사 또는 시장·군수·구청장이 부득이한 사정이 있다고 인정하는 경우

19 동물보호법 제39조 제1항에서 규정하는 "동물학대 신고 대상동물"로 옳은 것은?

① 월령 3개월 미만의 유기된 강아지
② 질병치료를 위해 물리적 수술 중인 고양이
③ 동물실험대상인 토끼
④ 소싸움에 출전하는 소

> **해설** ① 월령 3개월 미만의 유기된 강아지 : 유실·유기동물은 동물학대 신고 대상동물이다(법 제10조 제4항 제1호).
> ② 질병치료를 위해 물리적 수술 중인 고양이 : 질병의 치료는 제외한다(규칙 제6조 제2항 제1호).
> ③ 동물실험대상인 토끼 : 동물실험은 제외한다(규칙 제6조 제2항 제2호).
> ④ 소싸움에 출전하는 소 : 민속경기에 따른 소싸움은 제외한다(규칙 제6조 제4항).

20 동물보호법상 반려동물과 관련된 영업의 종류에 속하지 않는 것은?

① 동물생산업   ② 동물수입업
③ 동물대여업   ④ 동물장묘업

> **해설** 반려동물과 관련된 영업의 종류로는 동물생산업, 동물수입업, 동물판매업, 동물장묘업이 있다(법 제69조 제1항).

21 동물보호법상 동물보호관의 직무로 옳지 않은 것은?

① 학대받는 동물의 구조·보호 지원
② 동물의 적정한 사육·관리에 대한 교육 및 지도
③ 공설동물장묘시설의 설치·운영에 관한 감독
④ 동물의 적정한 운송과 반려동물 전달방법에 대한 지도·감독

해설 ① 학대받는 동물의 구조·보호 지원은 명예동물보호관의 직무이다(영 제28조 제3항 제3호). 동물학대에 관한 동물보호관의 직무는 동물학대 행위의 예방, 중단 또는 재발방지를 위하여 필요한 조치이다(영 제27조 제3항 제2호).

22 동물보호법상 청문을 해야 하는 경우를 모두 고른 것은?

> ㄱ. 맹견사육허가의 철회
> ㄴ. 동물복지축산농장의 인증취소
> ㄷ. 영업허가 또는 영업등록의 취소
> ㄹ. 동물복지위원회 설립의 취소

① ㄱ, ㄴ, ㄷ
② ㄱ, ㄴ, ㄹ
③ ㄱ, ㄷ, ㄹ
④ ㄴ, ㄷ, ㄹ

해설 청문(법 제92조)
농림축산식품부장관, 시·도지사 또는 시장·군·구청장은 다음의 어느 하나에 해당하는 처분을 하려면 청문을 하여야 한다.
1. 맹견사육허가의 철회
2. 반려동물행동지도사의 자격취소
3. 동물보호센터의 지정취소
4. 보호시설의 시설폐쇄
5. 인증기관의 지정취소
6. 동물복지축산농장의 인증취소
7. 영업허가 또는 영업등록의 취소

23 동물보호법상 3년 이하의 징역 또는 3천만원 이하의 벌금에 처하는 자로 옳은 것은?

① 맹견을 유기한 소유자등
② 영리를 목적으로 동물을 대여한 자
③ 동물실험의 금지대상이 되는 동물로 동물실험을 한 자
④ 정당한 사유없이 동물을 죽음에 이르게 하는 학대행위를 한 자

해설 ④ 3년 이하의 징역 또는 3천만원 이하의 벌금(법 제97조 제1항 제1호)
　　　① 2년 이하의 징역 또는 2천만원 이하의 벌금(법 제97조 제2항 제2호)
　　　② 300만원 이하의 벌금(법 제97조 제5항 제5호)
　　　③ 300만원 이하의 벌금(법 제97조 제5항 제10호)

24 동물보호법상 거짓이나 그 밖의 부정한 방법으로 인증농장 인증을 받는 행위의 벌칙은?

① 300만원 이하의 벌금
② 500만원 이하의 벌금
③ 1년 이하의 징역 또는 1천만원 이하의 벌금
④ 2년 이하의 징역 또는 2천만원 이하의 벌금

해설 2년 이하의 징역 또는 2천만원 이하의 벌금(법 제97조 제2항 제6호·제7호·제8호)
　• 거짓이나 그 밖의 부정한 방법으로 인증농장 인증을 받은 자
　• 인증을 받지 아니한 축산농장을 인증농장으로 표시한 자
　• 거짓이나 그 밖의 부정한 방법으로 인증심사·재심사 및 인증갱신을 하거나 받을 수 있도록 도와주는 행위를 한 자

25 동물보호법상 50만원 이하의 과태료가 부과되는 대상자를 모두 고른 것은?

ㄱ. 맹견관리를 위반한 맹견의 소유자등
ㄴ. 반려동물 전달방법을 위반하여 반려동물을 전달한 자
ㄷ. 등록대상동물의 인식표를 부착하지 아니한 소유자등
ㄹ. 등록대상동물을 동반하고 외출할 때 배설물을 수거하지 아니한 소유자등
ㅁ. 등록대상동물을 잃어버린 경우 정해진 기간 내에 신고를 하지 아니한 소유자

① ㄱ, ㄴ, ㄷ
② ㄱ, ㄷ, ㄹ
③ ㄴ, ㄷ, ㄹ
④ ㄷ, ㄹ, ㅁ

해설 ㄷ. 50만원 이하의 과태료(법 제101조 제4항 제5호)
　　　ㄹ. 50만원 이하의 과태료(법 제101조 제4항 제6호)
　　　ㅁ. 50만원 이하의 과태료(법 제101조 제4항 제1호)
　　　ㄱ. 300만원 이하의 과태료(법 제101조 제2항 제2호)
　　　ㄴ. 100만원 이하의 과태료(법 제101조 제3항 제3호)

CHAPTER 02 소비자기본법

PART 4 직업윤리 및 법률

소비자기본법[시행 2025. 1. 1.] [법률 제20301호, 2024. 2. 13., 일부개정]
소비자기본법 시행령[시행 2025. 1. 1.] [대통령령 제35093호, 2024. 12. 24., 타법개정]

1 총 칙

(1) 목적(법 제1조)

소비자의 권익을 증진하기 위하여 소비자의 권리와 책무, 국가·지방자치단체 및 사업자의 책무, 소비자단체의 역할 및 자유시장경제에서 소비자와 사업자 사이의 관계를 규정함과 아울러 소비자정책의 종합적 추진을 위한 기본적인 사항을 규정함으로써 소비생활의 향상과 국민경제의 발전에 이바지함을 목적으로 한다.

(2) 정의(법 제2조, 영 제2조)

① 소비자 : 사업자가 제공하는 물품 또는 용역(시설물을 포함)을 소비생활을 위하여 사용(이용을 포함)하는 자 또는 생산활동을 위하여 사용하는 자로서 다음의 범위에 속하는 자
  ㉠ 제공된 물품 또는 용역(이하 "물품 등")을 최종적으로 사용하는 자. 다만, 제공된 물품 등을 원재료(중간재를 포함), 자본재 또는 이에 준하는 용도로 생산활동에 사용하는 자는 제외
  ㉡ 제공된 물품 등을 농업(축산업을 포함) 및 어업활동을 위하여 사용하는 자. 다만, 「원양산업발전법」 제6조 제1항에 따라 해양수산부장관의 허가를 받아 원양어업을 하는 자는 제외
② 사업자 : 물품을 제조(가공 또는 포장을 포함)·수입·판매하거나 용역을 제공하는 자
③ 소비자단체 : 소비자의 권익을 증진하기 위하여 소비자가 조직한 단체
④ 사업자단체 : 2 이상의 사업자가 공동의 이익을 증진할 목적으로 조직한 단체

2 소비자의 권리와 책무

(1) 소비자의 기본적 권리(법 제4조)

① 물품 또는 용역(이하 "물품 등")으로 인한 생명·신체 또는 재산에 대한 위해로부터 보호받을 권리
② 물품 등을 선택함에 있어서 필요한 지식 및 정보를 제공받을 권리
③ 물품 등을 사용함에 있어서 거래상대방·구입장소·가격 및 거래조건 등을 자유로이 선택할 권리
④ 소비생활에 영향을 주는 국가 및 지방자치단체의 정책과 사업자의 사업활동 등에 대하여 의견을 반영시킬 권리
⑤ 물품 등의 사용으로 인하여 입은 피해에 대하여 신속·공정한 절차에 따라 적절한 보상을 받을 권리
⑥ 합리적인 소비생활을 위하여 필요한 교육을 받을 권리

⑦ 소비자 스스로 권익을 증진하기 위하여 단체를 조직하고 이를 통하여 활동할 수 있는 권리
⑧ 안전하고 쾌적한 소비생활 환경에서 소비할 권리

(2) 소비자의 책무(법 제5조)

① 소비자는 사업자 등과 더불어 자유시장경제를 구성하는 주체임을 인식하여 물품 등을 올바르게 선택하고, 소비자기본법에 따른 소비자의 기본적 권리를 정당하게 행사하여야 한다.
② 소비자는 스스로의 권익을 증진하기 위하여 필요한 지식과 정보를 습득하도록 노력하여야 한다.
③ 소비자는 자주적이고 합리적인 행동과 자원 절약적이고 환경친화적인 소비생활을 함으로써 소비생활의 향상과 국민경제의 발전에 적극적인 역할을 다하여야 한다.

3 국가 · 지방자치단체의 책무

(1) 국가 및 지방자치단체의 책무(법 제6조)

① 소비자의 기본적 권리 실현을 위한 책무
국가 및 지방자치단체는 소비자기본법의 규정에 따른 소비자의 기본적 권리가 실현되도록 하기 위하여 다음의 책무를 진다.
  ㉠ 관계 법령 및 조례의 제정 및 개정 · 폐지
  ㉡ 필요한 행정조직의 정비 및 운영 개선
  ㉢ 필요한 시책의 수립 및 실시
  ㉣ 소비자의 건전하고 자주적인 조직활동의 지원 · 육성

② 조례의 제정(영 제3조)
지방자치단체는 ①의 ㉠에 따라 다음의 사항을 포함하는 조례를 제정할 수 있다.
  ㉠ 소비자안전에 관한 시책
  ㉡ 소비자와 관련된 주요 시책이나 정책결정사항에 관한 정보의 제공
  ㉢ 사업자의 표시 및 거래 등의 적정화를 유도하기 위한 조사 · 권고 · 공표 등
  ㉣ 소비자단체 · 소비자생활협동조합(「소비자생활협동조합법」 제2조에 따른 소비자생활협동조합) 등 소비자의 조직활동 지원
  ㉤ 소비자피해구제기구의 설치 · 운영 등
  ㉥ 소비자의 능력 향상을 위한 교육 및 프로그램
  ㉦ 그 밖에 지역 소비자의 권익 증진에 필요한 사항

③ 소비자의 조직활동 지원(영 제4조)
  ㉠ 국가 및 지방자치단체는 ①의 ㉣에 따라 다음의 활동을 지원 · 육성하여야 한다.
    • 소비자기본법에 따른 소비자단체의 업무
    • 소비자단체 외의 소비자생활협동조합 등이 행하는 교육 · 홍보 · 공동구매 · 판매사업 및 공동이용시설의 설치 · 운영
    • 그 밖에 소비자의 권익 증진을 위하여 필요하다고 인정하는 소비자의 조직활동

ⓒ 국가 및 지방자치단체는 소비자단체·소비자생활협동조합 등에 대하여 예산의 범위 안에서 필요한 자금을 지원할 수 있다.

(2) 지방행정조직에 대한 지원(법 제7조, 영 제5조)
① 국가는 지방자치단체의 소비자권익과 관련된 행정조직의 설치·운영 등에 관하여 ②에 따라 필요한 지원을 할 수 있다.
② 국가는 지방자치단체가 소비자의 권익 증진에 관한 업무를 효율적으로 수행하기 위하여 다음의 단체나 법인의 장에게 그 단체나 법인에 소속된 직원의 파견을 요청하는 경우에는 파견에 드는 경비 등을 지원할 수 있다.
  ㉠ 소비자기본법에 따라 등록된 소비자단체
  ㉡ 소비자기본법에 따른 한국소비자원

(3) 위해의 방지(법 제8조)
① 국가는 사업자가 소비자에게 제공하는 물품 등으로 인한 소비자의 생명·신체 또는 재산에 대한 위해를 방지하기 위하여 다음의 사항에 관하여 사업자가 지켜야 할 기준을 정하여야 한다.
  ㉠ 물품 등의 성분·함량·구조 등 안전에 관한 중요한 사항
  ㉡ 물품 등을 사용할 때의 지시사항이나 경고 등 표시할 내용과 방법
  ㉢ 그 밖에 위해방지를 위하여 필요하다고 인정되는 사항
② 중앙행정기관의 장은 ①의 규정에 따라 국가가 정한 기준을 사업자가 준수하는지 여부를 정기적으로 시험·검사 또는 조사하여야 한다.

(4) 계량 및 규격의 적정화(법 제9조)
① 국가 및 지방자치단체는 소비자가 사업자와의 거래에 있어서 계량으로 인하여 손해를 입지 아니하도록 물품 등의 계량에 관하여 필요한 시책을 강구하여야 한다.
② 국가 및 지방자치단체는 물품 등의 품질개선 및 소비생활의 향상을 위하여 물품 등의 규격을 정하고 이를 보급하기 위한 시책을 강구하여야 한다.

(5) 표시의 기준(법 제10조)
① 국가는 소비자가 사업자와의 거래에 있어서 표시나 포장 등으로 인하여 물품 등을 잘못 선택하거나 사용하지 아니하도록 물품 등에 대하여 다음의 사항에 관한 표시기준을 정하여야 한다.
  ㉠ 상품명·용도·성분·재질·성능·규격·가격·용량·허가번호 및 용역의 내용
  ㉡ 물품 등을 제조·수입 또는 판매하거나 제공한 사업자의 명칭(주소 및 전화번호를 포함) 및 물품의 원산지
  ㉢ 사용방법, 사용·보관할 때의 주의사항 및 경고사항
  ㉣ 제조연월일, 부품보유기간, 품질보증기간 또는 식품이나 의약품 등 유통과정에서 변질되기 쉬운 물품은 그 유효기간
  ㉤ 표시의 크기·위치 및 방법

ⓑ 물품 등에 따른 불만이나 소비자피해가 있는 경우의 처리기구(주소 및 전화번호를 포함) 및 처리방법
ⓢ 「장애인차별금지 및 권리구제 등에 관한 법률」에 따른 시각장애인을 위한 표시방법
② 국가는 소비자가 사업자와의 거래에 있어서 표시나 포장 등으로 인하여 물품 등을 잘못 선택하거나 사용하지 아니하도록 사업자가 ①의 ㉠~ⓢ의 사항을 변경하는 경우 그 변경 전후 사항을 표시하도록 기준을 정할 수 있다.

(6) 광고의 기준(법 제11조)

국가는 물품 등의 잘못된 소비 또는 과다한 소비로 인하여 발생할 수 있는 소비자의 생명·신체 또는 재산에 대한 위해를 방지하기 위하여 다음의 어느 하나에 해당하는 경우에는 광고의 내용 및 방법에 관한 기준을 정하여야 한다.

① 용도·성분·성능·규격 또는 원산지 등을 광고하는 때에 허가 또는 공인된 내용만으로 광고를 제한할 필요가 있거나 특정내용을 소비자에게 반드시 알릴 필요가 있는 경우
② 소비자가 오해할 우려가 있는 특정용어 또는 특정표현의 사용을 제한할 필요가 있는 경우
③ 광고의 매체 또는 시간대에 대하여 제한이 필요한 경우

(7) 거래의 적정화(법 제12조)

① 국가는 사업자의 불공정한 거래조건이나 거래방법으로 인하여 소비자가 부당한 피해를 입지 아니하도록 필요한 시책을 수립·실시하여야 한다.
② 국가는 소비자의 합리적인 선택을 방해하고 소비자에게 손해를 끼칠 우려가 있다고 인정되는 사업자의 부당한 행위를 지정·고시할 수 있다.
③ 국가 및 지방자치단체는 약관에 따른 거래 및 방문판매·다단계판매·할부판매·통신판매·전자거래 등 특수한 형태의 거래에 대하여는 소비자의 권익을 위하여 필요한 시책을 강구하여야 한다.

(8) 소비자에의 정보제공(법 제13조)

① 국가 및 지방자치단체는 소비자의 기본적인 권리가 실현될 수 있도록 소비자의 권익과 관련된 주요시책 및 주요결정사항을 소비자에게 알려야 한다.
② 국가 및 지방자치단체는 소비자가 물품 등을 합리적으로 선택할 수 있도록 하기 위하여 물품 등의 거래조건·거래방법·품질·안전성 및 환경성 등에 관련되는 사업자의 정보가 소비자에게 제공될 수 있도록 필요한 시책을 강구하여야 한다.

(9) 소비자의 능력 향상(법 제14조)

① 국가 및 지방자치단체는 소비자의 올바른 권리행사를 이끌고, 물품 등과 관련된 판단능력을 높이며, 소비자가 자신의 선택에 책임을 지는 소비생활을 할 수 있도록 필요한 교육을 하여야 한다.
② 국가 및 지방자치단체는 경제 및 사회의 발전에 따라 소비자의 능력 향상을 위한 프로그램을 개발하여야 한다.
③ 국가 및 지방자치단체는 소비자교육과 학교교육·평생교육을 연계하여 교육적 효과를 높이기 위한 시책을 수립·시행하여야 한다.

④ 국가 및 지방자치단체는 소비자의 능력을 효과적으로 향상시키기 위한 방법으로 「방송법」에 따른 방송사업을 할 수 있다.
⑤ 국가 및 지방자치단체는 ①에 따른 소비자교육을 다음의 어느 하나에 해당하는 방법으로 실시할 수 있다(영 제6조).
  ㉠ 정보통신매체를 이용하는 방법
  ㉡ 현장실습 등 체험 위주의 방법
  ㉢ 평생교육시설(「평생교육법」 제2조 제2호에 따른 평생교육기관으로서 법인·단체가 아닌 것)을 활용하는 방법
  ㉣ 「방송법」 제73조 제4항에 따른 비상업적 공익광고 등 다양한 매체를 활용하는 방법

(10) 개인정보의 보호(법 제15조)

① 국가 및 지방자치단체는 소비자가 사업자와의 거래에서 개인정보의 분실·도난·누출·변조 또는 훼손으로 인하여 부당한 피해를 입지 아니하도록 필요한 시책을 강구하여야 한다.
② 국가는 ①의 규정에 따라 소비자의 개인정보를 보호하기 위한 기준을 정하여야 한다.

(11) 소비자분쟁의 해결(법 제16조, 영 제8조)

① 국가 및 지방자치단체는 소비자의 불만이나 피해가 신속·공정하게 처리될 수 있도록 관련기구의 설치 등 필요한 조치를 강구하여야 한다.
② 국가는 소비자와 사업자 사이에 발생하는 분쟁을 원활하게 해결하기 위하여 다음과 같이 소비자분쟁해결기준을 제정할 수 있다.
  ㉠ 소비자분쟁해결기준은 일반적 소비자분쟁해결기준(소비자기본법 시행령 별표 1 참조)과 품목별 소비자분쟁해결기준으로 구분한다.
  ㉡ 공정거래위원회는 일반적 소비자분쟁해결기준에 따라 품목별 소비자분쟁해결기준을 제정하여 고시할 수 있다.
  ㉢ 공정거래위원회는 품목별 소비자분쟁해결기준을 제정하여 고시하는 경우에는 품목별로 해당 물품 등의 소관 중앙행정기관의 장과 협의하여야 하며, 소비자단체·사업자단체 및 해당 분야 전문가의 의견을 들어야 한다.
③ ②의 규정에 따른 소비자분쟁해결기준은 분쟁당사자 사이에 분쟁해결방법에 관한 별도의 의사표시가 없는 경우에 한하여 분쟁해결을 위한 합의 또는 권고의 기준이 된다.
④ 소비자피해구제기구의 설치(영 제7조)
  특별시장·광역시장·특별자치시장·도지사 또는 특별자치도지사(이하 "시·도지사")는 ①에 따라 소비자의 불만이나 피해를 신속·공정하게 처리하기 위하여 전담기구의 설치 등 필요한 행정조직을 정비하여야 한다.
⑤ 소비자분쟁해결기준의 적용(영 제9조)
  ㉠ 다른 법령에 근거한 별도의 분쟁해결기준이 ②의 ㉠~㉢의 소비자분쟁해결기준보다 소비자에게 유리한 경우에는 그 분쟁해결기준을 ②의 ㉠~㉢의 소비자분쟁해결기준에 우선하여 적용한다.

ⓒ 품목별 소비자분쟁해결기준에서 해당 품목에 대한 분쟁해결기준을 정하고 있지 아니한 경우에는 같은 기준에서 정한 유사품목에 대한 분쟁해결기준을 준용할 수 있다.
　　ⓒ 품목별 소비자분쟁해결기준에서 동일한 피해에 대한 분쟁해결기준을 두 가지 이상 정하고 있는 경우에는 소비자가 선택하는 분쟁해결기준에 따른다.

(12) 소비자종합지원시스템의 구축 · 운영(법 제16조의2, 영 제9조의2)
① 공정거래위원회는 소비자에게 물품 등의 선택, 피해의 예방 또는 구제에 필요한 정보의 제공 및 소비자기본법 또는 다른 법률에 따른 소비자 피해구제(분쟁조정을 포함)를 신청하는 창구의 통합 제공 등을 위하여 소비자종합지원시스템(이하 "종합지원시스템")을 구축 · 운영한다.
② 공정거래위원회는 종합지원시스템을 통하여 소비자에게 다음의 사항을 제공하여야 한다. 이 경우 공정거래위원회는 해당 사항을 관장하는 중앙행정기관의 장, 지방자치단체의 장 및 관련 기관 · 단체의 장(이하 "중앙행정기관의 장 등")과 협의하여야 한다.
　　㉠ 물품 등의 유통이력, 결함, 피해사례, 품질인증 등 소비자의 선택, 피해의 예방 또는 구제와 관련된 정보 제공
　　㉡ 소비자 피해구제기관 및 절차 안내, 피해구제를 신청하는 창구의 통합 제공, 피해구제신청에 대한 처리결과 안내 등 소비자 피해구제 지원
　　㉢ 그 밖에 소비자의 물품 등의 선택, 피해의 예방 또는 구제를 위하여 필요한 업무로서 대통령령으로 정하는 업무
③ 공정거래위원회는 종합지원시스템의 구축 · 운영을 위하여 필요한 경우 중앙행정기관의 장 등에게 다음의 자료 또는 정보를 제공하여 줄 것을 요청하고 제공받은 목적의 범위에서 그 자료 · 정보를 보유 · 이용할 수 있다.
　　㉠ 「국세기본법」 제81조의13에 따른 과세정보로서 소비자 피해가 발생한 물품을 제조 · 수입 · 판매하거나 용역을 제공한 사업자의 개업일 · 휴업일 및 폐업일
　　㉡ 그 밖에 종합지원시스템의 구축 · 운영을 위하여 필요한 정보로서 대통령령으로 정하는 자료 또는 정보
④ ③에 따라 자료 또는 정보의 제공을 요청받은 중앙행정기관의 장 등은 특별한 사유가 없으면 이에 협조하여야 한다.
⑤ 중앙행정기관의 장등은 공정거래위원회와 협의하여 종합지원시스템을 이용할 수 있다.
⑥ 공정거래위원회는 사업자 또는 사업자단체가 물품 등에 관한 정보를 종합지원시스템에 등록한 경우 그 등록 사실을 나타내는 표지(이하 "등록표지")를 부여할 수 있다.
⑦ 공정거래위원회는 필요한 경우 종합지원시스템 운영의 전부 또는 일부를 다음의 요건을 모두 갖춘 법인으로서 공정거래위원회가 지정하는 기관 또는 단체에 위탁할 수 있다.
　　㉠ 소비자 피해 예방 및 구제 업무를 수행할 것
　　㉡ 다음에 해당하는 업무에 3년 이상 종사한 경력이 있는 사람을 각각 1명 이상 보유할 것
　　　• 전문적인 소비자 피해 상담 업무
　　　• 소비자 피해 예방을 위한 정보의 수집, 분석 및 생산 업무
　　　• 정보 관리 시스템의 개발, 관리 및 운영 업무

⑧ 공정거래위원회는 ⑦에 따라 소비자종합지원시스템 운영의 전부 또는 일부를 위탁한 경우에는 위탁업무의 수행에 필요한 경비를 지원할 수 있다.

⑨ ①부터 ⑦까지에서 규정한 사항 외에 종합지원시스템의 구축·운영, 등록표지의 부여 등에 필요한 사항은 공정거래위원회가 정하여 고시한다.

(13) 시험·검사시설의 설치 등(법 제17조)

① 국가 및 지방자치단체는 물품 등의 규격·품질 및 안전성 등에 관하여 시험·검사 또는 조사를 실시할 수 있는 기구와 시설을 갖추어야 한다.

② 국가·지방자치단체 또는 소비자나 소비자단체는 필요하다고 인정되는 때 또는 소비자의 요청이 있는 때에는 ①의 규정에 따라 설치된 시험·검사기관이나 소비자기본법 제33조의 규정에 따른 한국소비자원에 시험·검사 또는 조사를 의뢰하여 시험 등을 실시할 수 있다.

③ 국가 및 지방자치단체는 ②의 규정에 따라 시험 등을 실시한 경우에는 그 결과를 공표하고 소비자의 권익을 위하여 필요한 조치를 취하여야 한다.

④ 국가 및 지방자치단체는 소비자단체가 물품 등의 규격·품질 또는 안전성 등에 관하여 시험·검사를 실시할 수 있는 시설을 갖출 수 있도록 지원할 수 있다.

⑤ 국가 및 지방자치단체는 소비자기본법 제8조(위해의 방지)·제10조(표시의 기준)·제11조(광고의 기준)·제12조(거래의 적정화)·제13조(소비자에의 정보제공) 또는 제15조(개인정보의 보호)의 규정에 따라 기준을 정하거나 소비자의 권익과 관련된 시책을 수립하기 위하여 필요한 경우에는 한국소비자원, 국립 또는 공립의 시험·검사기관 등 다음의 기관에 조사·연구를 의뢰할 수 있다(영 제11조).

㉠ 한국소비자원
㉡ 국공립검사기관
㉢ 「정부출연연구기관 등의 설립·운영 및 육성에 관한 법률」에 따라 설립된 정부출연연구기관
㉣ 「과학기술분야 정부출연연구기관 등의 설립·운영 및 육성에 관한 법률」에 따라 설립된 과학기술 분야 정부출연연구기관
㉤ 「특정연구기관 육성법」에 따른 특정연구기관
㉥ 소비자기본법 제29조에 따라 공정거래위원회에 등록한 소비자단체

⑥ ⑤에 따른 조사·연구에 드는 비용은 조사·연구를 의뢰한 자가 부담한다.

⑦ 시험·검사 등의 요청(영 제10조)

㉠ 국가 또는 지방자치단체는 ②에 따라 소비자로부터 시험·검사 또는 조사를 요청받은 경우에는 지체 없이 ①에 따라 설치된 기구와 시설(이하 "국공립검사기관") 또는 한국소비자원에 시험·검사 또는 조사를 의뢰하여야 하며, 그 결과를 지체 없이 요청인에게 통보하여야 한다.

㉡ 국공립검사기관 또는 한국소비자원은 ②에 따라 시험·검사 또는 조사를 의뢰받은 경우에는 의뢰를 받은 날부터 1개월 이내에 시험·검사 또는 조사의 결과를 의뢰인에게 통보하여야 한다. 이 경우 1개월 이내에 그 결과를 통보할 수 없는 부득이한 사유가 있으면 그 사유와 통보기한을 정하여 의뢰인에게 알려야 한다.

㉢ 시험·검사 또는 조사에 드는 비용은 시험·검사 또는 조사를 의뢰한 자가 부담한다. 다만, 소비자의 요청에 따른 시험·검사 또는 조사의 경우에는 요청한 소비자가 그 비용을 부담한다.

4 사업자의 책무

(1) 소비자권익 증진시책에 대한 협력 등(법 제18조)
① 사업자는 국가 및 지방자치단체의 소비자권익 증진시책에 적극 협력하여야 한다.
② 사업자는 소비자단체 및 한국소비자원의 소비자 권익증진과 관련된 업무의 추진에 필요한 자료 및 정보 제공 요청에 적극 협력하여야 한다.
③ 사업자는 안전하고 쾌적한 소비생활 환경을 조성하기 위하여 물품 등을 제공함에 있어서 환경친화적인 기술의 개발과 자원의 재활용을 위하여 노력하여야 한다.
④ 사업자는 소비자의 생명·신체 또는 재산 보호를 위한 국가·지방자치단체 및 한국소비자원의 조사 및 위해방지 조치에 적극 협력하여야 한다.

(2) 사업자의 책무(법 제19조)
① 사업자는 물품 등으로 인하여 소비자에게 생명·신체 또는 재산에 대한 위해가 발생하지 아니하도록 필요한 조치를 강구하여야 한다.
② 사업자는 물품 등을 공급함에 있어서 소비자의 합리적인 선택이나 이익을 침해할 우려가 있는 거래조건이나 거래방법을 사용하여서는 아니 된다.
③ 사업자는 소비자에게 물품 등에 대한 정보를 성실하고 정확하게 제공하여야 한다.
④ 사업자는 소비자의 개인정보가 분실·도난·누출·변조 또는 훼손되지 아니하도록 그 개인정보를 성실하게 취급하여야 한다.
⑤ 사업자는 물품 등의 하자로 인한 소비자의 불만이나 피해를 해결하거나 보상하여야 하며, 채무불이행 등으로 인한 소비자의 손해를 배상하여야 한다.

(3) 소비자의 권익증진 관련기준의 준수(법 제20조)
① 사업자는 국가가 정한 기준에 위반되는 물품 등을 제조·수입·판매하거나 제공하여서는 아니 된다.
② 사업자는 국가가 정한 표시기준을 위반하여서는 아니 된다.
③ 사업자는 국가가 정한 광고기준을 위반하여서는 아니 된다.
④ 사업자는 국가가 지정·고시한 행위를 하여서는 아니 된다.
⑤ 사업자는 국가가 정한 개인정보의 보호기준을 위반하여서는 아니 된다.

(4) 소비자중심경영의 인증(법 제20조의2)
① 공정거래위원회는 물품의 제조·수입·판매 또는 용역의 제공의 모든 과정이 소비자 중심으로 이루어지는 경영(이하 "소비자중심경영")을 하는 사업자에 대하여 소비자중심경영에 대한 인증(이하 "인증")을 할 수 있다.
② 인증을 받으려는 사업자는 다음의 정하는 바에 따라 공정거래위원회에 신청하여야 한다(영 제11조의2).
　㉠ 공정거래위원회가 정하여 고시하는 경영목표, 경영방식 및 성과관리 등의 심사항목과 심사항목별 배점에 따른 인증기준을 갖추어야 한다.
　㉡ 인증신청서에 사업자등록증 및 조직도 등 공정거래위원회가 정하여 고시하는 서류를 첨부하여 공정거래위원회에 신청하여야 한다.

ⓒ 공정거래위원회는 신청에 대한 심사결과 인증기준에 적합한 경우에는 사업자에게 소비자중심경영인증서를 발급하여야 하며, 부적합한 경우에는 지체 없이 그 사유를 명시하여 알려야 한다.
ⓓ 공정거래위원회는 인증을 하는 경우 공정거래위원회가 정하여 고시하는 바에 따라 등급을 구분하여 인증을 할 수 있다.
③ 인증을 받은 사업자는 다음의 정하는 바에 따라 그 인증의 표시를 할 수 있다(영 제11조의3).
ⓐ 제품의 포장·용기, 홍보물, 문서 등에 인증의 표시를 할 수 있다.
ⓑ ⓐ에 따라 인증의 표시를 하는 경우에는 소비자가 알아보기 쉽도록 인쇄하거나 각인하는 등의 방법으로 표시하여야 한다.
ⓒ ⓐ 및 ⓑ에서 규정하는 사항 외에 인증의 도안, 규격 등 표시방법에 대한 사항은 공정거래위원회가 정하여 고시한다.
④ 인증의 유효기간은 그 인증을 받은 날부터 3년으로 한다.
⑤ 공정거래위원회는 소비자중심경영을 활성화하기 위하여 다음의 정하는 바에 따라 인증을 받은 기업에 대하여 포상 또는 지원 등을 할 수 있다(영 제11조의4).
ⓐ 포상 또는 지원 등을 하는 경우 인증의 등급에 따라 그 내용을 달리 정할 수 있다.
ⓑ 포상 또는 지원 등의 요건, 절차, 심사방법 등에 대한 사항은 공정거래위원회가 정하여 고시한다.
⑥ 공정거래위원회는 인증을 신청하는 사업자에 대하여 다음의 정하는 바에 따라 그 인증의 심사에 소요되는 비용을 부담하게 할 수 있다(영 제11조의5).
ⓐ 인증심사비용은 인증을 신청하는 사업자가 부담한다. 다만, 「중소기업기본법」 제2조에 따른 중소기업 등에 대해서는 비용을 감면할 수 있다.
ⓑ ⓐ에 따른 인증심사비용, 감면대상 및 감면비율 등은 공정거래위원회가 정하여 고시한다.

(5) 소비자중심경영인증기관의 지정 등(법 제20조의3, 영 제11조의6)
① 공정거래위원회는 소비자중심경영에 관하여 전문성이 있는 기관 또는 단체를 다음의 정하는 바에 따라 소비자중심경영인증기관(이하 "인증기관")으로 지정하여 소비자중심경영인증에 관한 업무(이하 "인증업무")를 수행하게 할 수 있다.
ⓐ 공정거래위원회는 다음의 어느 하나에 해당하는 기관 중에서 인증기관을 지정할 수 있다.
- 한국소비자원
- 다른 법률에 따라 소비자와 관련된 인증·평가업무를 위임·위탁받아 2년 이상 해당 업무를 수행한 법인·단체 또는 기관
ⓑ 공정거래위원회는 인증기관을 지정한 경우에는 그 사실을 고시하여야 한다.
ⓒ 공정거래위원회는 인증기관에 대하여 인증업무를 수행하는 데 필요한 경비를 예산의 범위에서 지원할 수 있다.
② 인증업무를 수행하는 인증기관의 임직원은 「형법」 제129조부터 제132조까지의 규정을 적용할 때에는 공무원으로 본다.

③ 공정거래위원회는 인증기관이 다음의 어느 하나에 해당하는 경우에는 인증기관의 지정을 취소하거나 1년 이내의 기간을 정하여 업무의 정지를 명할 수 있다. 다만, ㉠ 또는 ㉤에 해당하면 그 지정을 취소하여야 한다.
- ㉠ 거짓이나 부정한 방법으로 지정을 받은 경우(취소)
- ㉡ 업무정지명령을 위반하여 그 정지기간 중 인증업무를 행한 경우
- ㉢ 고의 또는 중대한 과실로 소비자기본법 제20조의2 제7항에 따른 소비자중심경영인증의 기준 및 절차를 위반한 경우
- ㉣ 정당한 사유 없이 인증업무를 거부한 경우
- ㉤ 파산 또는 폐업한 경우(취소)
- ㉥ 그 밖에 휴업 또는 부도 등으로 인하여 인증업무를 수행하기 어려운 경우

(6) 소비자중심경영인증의 취소(법 제20조의4, 영 제11조의7)

① 공정거래위원회는 인증을 받은 사업자가 다음의 어느 하나에 해당하면 그 인증을 취소할 수 있다. 다만, ㉠에 해당하면 그 인증을 취소하여야 한다.
- ㉠ 거짓이나 부정한 방법으로 인증을 받은 경우(취소)
- ㉡ (4)의 ②에 따른 인증의 기준에 적합하지 아니하게 된 경우
- ㉢ 인증을 받은 후에 소비자의 생명·신체 또는 재산의 보호 등에 관한 법률로서 다음과 같이 대통령령으로 정하는 법률을 위반하여 관계 중앙행정기관으로부터 시정명령 등 대통령령으로 정하는 조치를 받은 경우
  - 「방문판매 등에 관한 법률」을 위반하여 공정거래위원회로부터 같은 법 제49조에 따라 시정조치 등을 받거나 같은 법 제51조에 따른 과징금 부과처분을 받은 경우
  - 「전자상거래 등에서의 소비자보호에 관한 법률」을 위반하여 공정거래위원회로부터 같은 법 제32조에 따라 시정조치 등을 받거나 같은 법 제34조에 따른 과징금 부과처분을 받은 경우
  - 「할부거래에 관한 법률」을 위반하여 공정거래위원회 등으로부터 같은 법 제39조에 따라 시정조치를 받거나 같은 법 제40조에 따른 영업정지 등 또는 같은 법 제42조에 따른 과징금 부과처분을 받은 경우
  - 「표시·광고의 공정화에 관한 법률」을 위반하여 공정거래위원회로부터 같은 법 제7조에 따라 시정조치를 받거나 같은 법 제9조에 따른 과징금 부과처분을 받은 경우
  - 「독점규제 및 공정거래에 관한 법률」을 위반하여 공정거래위원회로부터 같은 법 제42조 또는 제49조(같은 법 제46조를 위반한 경우로 한정)에 따라 시정조치를 받거나 같은 법 제43조 또는 제50조(같은 법 제46조를 위반한 경우로 한정)에 따른 과징금 부과처분을 받은 경우

② 공정거래위원회는 ①의 ㉠ 또는 ㉢에 따라 인증이 취소된 사업자에 대하여 그 인증이 취소된 날부터 3년 이내의 범위에서 다음과 같은 기간 동안에는 인증을 하여서는 아니 된다.
- ㉠ ①의 ㉠에 따라 인증이 취소된 사업자: 그 인증이 취소된 날부터 3년
- ㉡ ①의 ㉢에 따라 인증이 취소된 사업자: 그 인증이 취소된 날부터 2년

5 소비자정책의 추진체계

(1) 기본계획의 수립 등(법 제21조)

① 공정거래위원회는 소비자기본법 제23조의 규정에 따른 소비자정책위원회의 심의·의결을 거쳐 소비자정책에 관한 기본계획(이하 "기본계획")을 3년마다 수립하여야 한다.

② 기본계획에는 다음의 사항이 포함되어야 한다.
  ㉠ 소비자정책과 관련된 경제·사회 환경의 변화
  ㉡ 소비자정책의 기본방향
  ㉢ 다음의 사항이 포함된 소비자정책의 목표
    • 소비자안전의 강화
    • 소비자와 사업자 사이의 거래의 공정화 및 적정화
    • 소비자교육 및 정보제공의 촉진
    • 소비자피해의 원활한 구제
    • 국제소비자문제에 대한 대응
    • 그 밖에 소비자의 권익과 관련된 주요한 사항
  ㉣ 소비자정책의 추진과 관련된 재원의 조달방법
  ㉤ 어린이 위해방지를 위한 연령별 안전기준의 작성
  ㉥ 그 밖에 소비자정책의 수립과 추진에 필요한 사항

③ 공정거래위원회는 소비자기본법 제23조의 규정에 따른 소비자정책위원회의 심의·의결을 거쳐 기본계획을 변경할 수 있다.

④ 기본계획의 수립과 변경(영 제12조)
  ㉠ 공정거래위원회는 기본계획을 수립하려는 때에는 관계 중앙행정기관의 장 및 시·도지사에게 기본계획에 반영되어야 할 정책과 사업에 관한 자료의 제출을 요청할 수 있다. 이 경우 관계 중앙행정기관의 장 및 시·도지사는 특별한 사유가 없으면 요청에 따라야 한다.
  ㉡ 공정거래위원회는 제출받은 정책과 사업에 관한 자료를 기초로 총괄·조정하여 기본계획안을 작성하며, 제출된 정책과 사업 외에 기본계획에 포함되는 것이 타당하다고 인정되는 사항은 관계 중앙행정기관의 장 및 시·도지사와 협의하여 기본계획안에 반영할 수 있다.
  ㉢ 작성된 기본계획안은 소비자기본법 시행령 제14조의 소비자정책위원회의 심의·의결을 거쳐 기본계획으로 확정한다.
  ㉣ 공정거래위원회는 기본계획이 확정되면 지체 없이 관계 중앙행정기관의 장 및 시·도지사에게 통보하여야 한다.
  ㉤ 확정된 기본계획의 변경에 관하여는 ㉠~㉣의 규정을 준용한다.

(2) 시행계획의 수립 등(법 제22조)

① 관계 중앙행정기관의 장은 기본계획에 따라 매년 10월 31일까지 소관 업무에 관하여 다음 연도의 소비자정책에 관한 시행계획(이하 "중앙행정기관별시행계획")을 수립하여야 한다.

② 특별시장·광역시장·특별자치시장·도지사 또는 특별자치도지사(이하 "시·도지사"라 한다)는 기본계획과 중앙행정기관별시행계획에 따라 매년 11월 30일까지 소비자정책에 관한 다음 연도의 시·도별시행계획(이하 "시·도별시행계획"이라 한다)을 수립하여야 한다.

③ 공정거래위원회는 매년 12월 31일까지 중앙행정기관별시행계획 및 시·도별시행계획을 취합·조정하여 소비자기본법 제23조의 규정에 따른 소비자정책위원회의 심의·의결을 거쳐 종합적인 시행계획(이하 "종합시행계획"이라 한다)을 수립하여야 한다.

④ 관계 중앙행정기관의 장 및 시·도지사는 종합시행계획이 실효성 있게 추진될 수 있도록 매년 소요비용에 대한 예산편성 등 필요한 재정조치를 강구하여야 한다.

⑤ 시행계획의 수립 및 추진실적 평가(영 제13조)

　㉠ 관계 중앙행정기관의 장 및 시·도지사는 ①에 따른 중앙행정기관별시행계획이나 ②에 따른 시·도별시행계획을 수립·시행하기 위하여 필요한 경우에는 관계 행정기관 및 공공기관이나 단체의 장에게 협조를 요청할 수 있다.

　㉡ 관계 중앙행정기관의 장 및 시·도지사는 지난해의 중앙행정기관별시행계획이나 시·도별시행계획의 추진실적을 평가한 후 그 결과를 매년 1월 31일까지 공정거래위원회에 제출하여야 한다.

　㉢ 공정거래위원회는 ㉡에 따라 제출받은 추진실적결과를 종합하여 기본계획의 성과를 정기적으로 평가한 후 그 결과를 기본계획의 수립·변경에 반영하여야 한다.

(3) 소비자정책위원회

① 설치(법 제23조)

소비자의 권익증진 및 소비생활의 향상에 관한 기본적인 정책을 종합·조정하고 심의·의결하기 위하여 국무총리 소속으로 소비자정책위원회(이하 "정책위원회")를 둔다.

② 구성(법 제24조)

　㉠ 위원장 2명을 포함한 25명 이내의 위원으로 구성한다.

　㉡ 위원장은 국무총리와 소비자문제에 관하여 학식과 경험이 풍부한 자 중에서 대통령이 위촉하는 자가 된다.

　㉢ 위원은 관계 중앙행정기관의 장 및 소비자기본법 제38조의 규정에 따른 한국소비자원의 원장(이하 "원장")과 다음의 어느 하나에 해당하는 자 중에서 국무총리가 위촉하는 자가 된다.

　　• 소비자문제에 관한 학식과 경험이 풍부한 자
　　• 소비자기본법 제29조의 규정에 따라 등록한 소비자단체(이하 "등록소비자단체") 및 다음의 경제단체에서 추천하는 소비자대표 및 경제계 대표(영 제14조 제2항)
　　　- 「상공회의소법」에 따른 대한상공회의소
　　　- 「중소기업협동조합법」에 따른 중소기업중앙회
　　　- 사업자 등을 회원으로 하여 「민법」에 따라 설립된 사단법인으로서 정관에 따라 기업경영의 합리화 또는 건전한 기업문화 조성에 관한 사업을 수행하는 법인 중 공정거래위원회가 정하여 고시하는 법인

② 위원이 되는 관계 중앙행정기관의 장은 기획재정부장관·행정안전부장관·농림축산식품부장관·산업통상자원부장관·보건복지부장관·환경부장관·국토교통부장관 및 공정거래위원회위원장으로 한다(영 제14조 제1항).
◎ ⓒ의 규정에 따른 위촉위원장 및 ⓔ의 규정에 따른 위촉위원의 임기는 3년으로 한다.
ⓑ 정책위원회의 효율적 운영 및 지원을 위하여 간사위원 1명을 두며, 간사위원은 공정거래위원회위원장이 된다.
ⓢ 국무총리는 ⓔ의 위촉위원이 다음의 어느 하나에 해당하는 경우에는 해당 위원을 해촉(解囑)할 수 있다.
- 심신장애로 인하여 직무를 수행할 수 없게 된 경우
- 직무와 관련된 비위사실이 있는 경우
- 직무태만, 품위손상, 그 밖의 사유로 인하여 위원으로 적합하지 아니하다고 인정되는 경우
- 위원 스스로 직무를 수행하는 것이 곤란하다고 의사를 밝히는 경우
ⓞ 정책위원회의 사무를 처리하기 위하여 공정거래위원회에 사무국을 두고, 그 조직·구성 및 운영 등에 필요한 사항은 대통령령으로 정한다.

③ 위원장의 직무(영 제15조)
㉠ 위원장은 각자 정책위원회를 대표하고, 위원회의 업무를 총괄한다.
㉡ 위원장 모두가 부득이한 사유로 직무를 수행할 수 없는 경우에는 ②의 ⓔ의 순서에 따라 정책위원회의 위원이 그 직무를 대행한다.

④ 회의(영 제16조)
㉠ 재적위원 과반수의 출석으로 열고, 출석위원 과반수의 찬성으로 의결한다.
㉡ 위원장은 필요하다고 인정하는 경우 위원이 아닌 사람을 회의에 참석하게 하여 발언하게 하거나 배석하게 할 수 있다.

⑤ 기능(법 제25조)
㉠ 정책위원회는 다음의 사항을 종합·조정하고 심의·의결한다.
- 기본계획 및 종합시행계획의 수립·평가와 그 결과의 공표
- 소비자정책의 종합적 추진 및 조정에 관한 사항
- 소비자보호 및 안전 확보를 위하여 필요한 조치에 관한 사항
- 소비자정책의 평가 및 제도개선·권고 등에 관한 사항
- 그 밖에 위원장이 소비자의 권익증진 및 소비생활의 향상을 위하여 토의에 부치는 사항
㉡ 정책위원회는 소비자의 기본적인 권리를 제한하거나 제한할 우려가 있다고 평가한 법령·고시·예규·조례 등에 대하여 중앙행정기관의 장 및 지방자치단체의 장에게 법령의 개선 등 필요한 조치를 권고할 수 있다.
㉢ 정책위원회는 ㉡에 따른 법령의 개선 등 필요한 조치를 권고하기 전에 중앙행정기관의 장 및 지방자치단체의 장에게 미리 의견을 제출할 기회를 주어야 한다.
㉣ 중앙행정기관의 장 및 지방자치단체의 장은 ㉡에 따른 권고를 받은 날부터 3개월 내에 필요한 조치의 이행계획을 수립하여 정책위원회에 통보하여야 한다.

- ⑩ 정책위원회는 ㉹에 따라 통보받은 이행계획을 검토하여 그 결과를 공표할 수 있다.
- ⑪ 정책위원회는 업무를 효율적으로 수행하기 위하여 정책위원회에 실무위원회와 분야별 전문위원회를 둘 수 있다.
- ⑫ 소비자기본법에 규정한 것 외에 정책위원회·실무위원회 및 전문위원회의 조직과 운영에 관하여 필요한 사항은 대통령령으로 정한다.

⑥ 실무위원회의 조직과 운영(영 제17조)
- ㉠ ⑤의 ⑪에 따라 정책위원회에 올릴 안건을 미리 검토·조정하고, 정책위원회의 운영을 지원하기 위하여 실무위원회를 둔다.
- ㉡ ㉠에 따른 실무위원회는 위원장 1명을 포함한 20명 이내의 위원으로 구성한다.
- ㉢ 실무위원회의 위원장 : 공정거래위원회위원장
- ㉣ 실무위원회의 위원
  - ②의 ㉣에 따른 관계 중앙행정기관 및 ⑤의 ㉠에 따른 정책위원회의 심의·의결 사항과 관계되는 중앙행정기관의 차관·차장(복수차관 또는 차장이 있는 기관은 해당 기관의 장이 지명하는 차관 또는 차장) 또는 이에 상당하는 공무원 중 소속 기관의 장이 지명하는 사람 각 1명
  - 한국소비자원의 원장

⑦ 전문위원회의 조직과 운영(영 제18조)
- ㉠ ⑤의 ⑪에 따라에 따라 정책위원회에 올릴 안건 중 전문성이 요구되는 사안에 대한 연구·검토를 수행하도록 하기 위하여 분야별 전문위원회를 둔다.
- ㉡ ㉠에 따른 각각의 전문위원회는 위원장 1명을 포함한 15명 이내의 전문위원으로 구성한다.
- ㉢ 전문위원회의 위원장 : ②의 ㉢에 따라 위촉하는 위원 중에서 국무총리인 정책위원회 위원장이 다른 정책위원회 위원장과 협의하여 임명하거나 위촉
- ㉣ 전문위원회의 위원
  - ②의 ㉣에 따른 관계 중앙행정기관 및 ⑤의 ㉠에 따른 정책위원회의 심의·의결 사항과 관계되는 중앙행정기관에 소속된 고위공무원단에 속하는 일반직 공무원 또는 이에 상당하는 공무원 중 소속 기관의 장이 지명하는 사람 각 1명
  - 한국소비자원의 원장이 지명하는 한국소비자원의 임원 1명
  - 해당 분야에 관하여 학식과 경험이 풍부한 사람 중에서 국무총리인 정책위원회의 위원장이 위촉하는 사람

⑧ 긴급대응 등(법 제25조의2)
- ㉠ 위원장은 다음에 해당한다고 인정하는 경우에는 긴급회의를 소집할 수 있다.
  - 사업자가 제공하는 물품 등으로 인하여 소비자의 생명 또는 신체에 다음의 위해(위해의 범위)가 발생하였거나 발생할 우려가 있는 경우(영 제18조의2)
    - 사업자가 제공하는 물품 등으로 인한 소비자의 사망
    - 불특정 다수의 소비자에게 발생한 「의료법」 제3조 제2항에 따른 의료기관에서 3주 이상의 치료가 필요한 골절·질식·화상·감전 등 신체적 부상이나 질병

- 그 밖에 중대한 위해로서 복수의 중앙행정기관이 종합대책을 수립하여 대응할 필요가 있다고 정책위원회의 위원장이 판단한 위해
  - 위의 위해의 범위에 따른 위해의 발생 또는 확산을 방지하기 위하여 복수의 중앙행정기관에 의한 종합적인 대책 마련이 필요한 경우
ⓒ 긴급회의는 위원장, 간사위원 및 위원장이 종합적인 대책의 수립과 관계된다고 인정하는 중앙행정기관의 장으로 구성한다.
ⓒ 긴급회의는 ㉠에 따른 위해의 발생 및 확산을 방지하기 위한 종합대책을 마련할 수 있다.
㉣ 중앙행정기관의 장은 ㉢에 따라 마련된 종합대책에 필요한 세부계획을 즉시 수립하고, 해당 세부계획의 이행 상황 및 결과를 정책위원회에 보고하여야 한다.
㉤ 중앙행정기관의 장 및 지방자치단체의 장은 ㉠의 요건에 해당한다고 인정되는 위해가 신고 또는 보고되거나 이러한 위해를 인지한 경우에는 즉시 정책위원회에 해당 내용을 통보하여야 한다.
㉥ 정책위원회는 ㉢에 따른 종합대책을 마련하기 위하여 필요한 경우에는 중앙행정기관 및 그 소속기관, 「공공기관의 운영에 관한 법률」 제4조에 따른 공공기관에 자료를 요청하거나 피해의 발생원인·범위 등의 조사·분석·검사를 요청할 수 있다.
㉦ ㉠부터 ㉥까지 규정한 사항 외에 긴급회의의 운영, 종합대책 수립에 따른 중앙행정기관의 이행에 대한 점검 및 결과 공표 등 필요한 사항은 대통령령으로 정한다.

⑨ 긴급회의의 구성 및 운영 등(영 제18조의3)
㉠ 국무총리인 정책위원회의 위원장은 긴급회의 의장이 된다.
ⓒ 정책위원회의 위원장은 ⑧의 ㉠에 따라 긴급회의를 소집하려는 경우에는 긴급회의 개최일 전에 회의의 일시·장소 및 안건을 종합적인 대책의 수립과 관계된다고 인정하는 중앙행정기관의 장에게 통보하여야 한다. 다만, 긴급한 사유가 있는 경우에는 그러하지 아니하다.
ⓒ ㉡에 따른 긴급회의의 참석 대상인 중앙행정기관의 장은 관련 대책의 수립에 즉시 착수하는 등 종합대책의 수립에 적극 협력하여야 한다.
㉣ 중앙행정기관의 장은 긴급회의에서 종합대책이 마련된 경우 다음의 사항을 포함한 세부계획을 즉시 수립한 후 정책위원회에 보고하여야 한다.
  - 해당 물품 등의 종류
  - 해당 물품 등이 인체에 미치는 위해의 종류 및 정도
  - 소비자기본법 제50조에 따른 제조·수입·판매 또는 제공의 금지가 필요한 경우 이에 관한 사항
  - 소비자에 대한 긴급대응요령 등의 교육·홍보에 관한 사항
  - 다른 행정기관의 장의 협조가 필요한 경우 이에 관한 사항
  - 그 밖에 물품 등의 위해방지 및 확산을 막기 위하여 필요한 사항
㉤ 정책위원회는 중앙행정기관의 장이 보고한 세부계획의 보완을 요구할 수 있다. 이 경우 해당 중앙행정기관의 장은 즉시 보완하여야 한다.
㉥ 중앙행정기관의 장은 수립한 세부계획을 즉시 이행하고 이행상황 및 결과를 정책위원회에 보고하여야 한다.

ⓢ 정책위원회는 종합대책 시행에 필요한 세부계획의 이행상황을 점검하고 그 결과를 공표할 수 있다.
ⓞ 정책위원회의 위원장은 종합대책의 수립을 위하여 필요한 경우 관련 사업자, 지방자치단체 및 공공기관의 장이나 소속 공무원·임직원, 관련 전문가를 긴급회의에 참석하게 하여 의견을 듣거나 필요한 자료 또는 의견의 제출 등을 요청할 수 있다.
ⓩ 긴급회의에 출석한 사람에게 예산의 범위에서 수당과 여비를 지급할 수 있다. 다만, 공무원이 그 소관업무와 직접 관련되어 출석한 경우에는 그러하지 아니하다.

⑩ 의견청취 등(법 제26조)
㉠ 정책위원회는 ⑤의 ㉠의 각 사항을 심의하기 위하여 필요한 경우에는 소비자문제에 관하여 전문지식이 있는 자, 소비자 또는 관계사업자의 의견을 들을 수 있다.
㉡ 공정거래위원회는 소비자권익증진, 정책위원회의 운영 등을 위하여 필요한 경우 중앙행정기관의 장 및 지방자치단체의 장 등 관계 행정기관에 의견제시 및 자료제출을 요청할 수 있다.

⑪ 정책위원회 등의 운영세칙(영 제19조)
소비자기본법 시행령에서 규정한 사항 외에 정책위원회·실무위원회·전문위원회 및 긴급회의의 운영 등에 필요한 사항은 정책위원회의 의결을 거쳐 위원장이 정한다.

⑫ 지방소비자정책위원회 설치(영 제20조)
㉠ 시·도지사는 특별시·광역시·도 또는 특별자치도(이하 "시·도")의 소비자권익증진시책 수립 및 시행에 필요한 사항을 심의하기 위하여 지방소비자정책위원회를 둘 수 있다.
㉡ 지방소비자정책위원회의 조직과 운영에 필요한 사항은 해당 지방자치단체의 조례로 정한다.

(4) 국제협력(법 제27조, 영 제21조)

① 국가는 소비자문제의 국제화에 대응하기 위하여 국가 사이의 상호협력방안을 마련하는 등 필요한 대책을 강구하여야 한다.
② 공정거래위원회는 관계 중앙행정기관의 장과 협의하여 국제적인 소비자문제에 대응하기 위한 정보의 공유, 국제협력창구 또는 협의체의 구성·운영 등 관련 시책을 수립·시행하여야 한다.
③ 공정거래위원회는 ②에 따라 국제협력창구 또는 협의체를 구성하는 경우에는 정책위원회의 심의·의결을 거쳐야 한다.
④ 공정거래위원회는 ③에 따라 구성된 국제협력창구 또는 협의체의 운영비용을 예산의 범위 안에서 지원할 수 있다.

6 소비자단체

(1) 소비자단체의 업무 등(법 제28조)

① 소비자단체는 다음의 업무를 행한다.
  ㉠ 국가 및 지방자치단체의 소비자의 권익과 관련된 시책에 대한 건의
  ㉡ 물품 등의 규격·품질·안전성·환경성에 관한 시험·검사 및 가격 등을 포함한 거래조건이나 거래방법에 관한 조사·분석
  ㉢ 소비자문제에 관한 조사·연구
  ㉣ 소비자의 교육
  ㉤ 소비자의 불만 및 피해를 처리하기 위한 상담·정보제공 및 당사자 사이의 합의의 권고

② 소비자단체는 ①의 ㉡의 규정에 따른 조사·분석 등의 결과를 공표할 수 있다. 다만, 공표되는 사항 중 물품 등의 품질·성능 및 성분 등에 관한 시험·검사로서 전문적인 인력과 설비를 필요로 하는 시험·검사인 경우에는 대통령령이 정하는 시험·검사기관의 시험·검사를 거친 후 공표하여야 한다.

③ ②에 따른 전문적인 인력과 설비를 필요로 하는 시험·검사는 다음의 분야에 관한 시험·검사로서 물품 등의 품질·성능·성분 및 안전성에 관하여 비교평가나 종합평가가 필요한 시험·검사를 말한다(영 제22조 제1항).
  ㉠ 역학시험(力學試驗)   ㉡ 화학시험   ㉢ 전기시험
  ㉣ 열 및 온도시험   ㉤ 비파괴시험   ㉥ 음향 및 진동시험
  ㉦ 광학 및 광도시험   ㉧ 의학시험   ㉨ 생물학적 시험

④ ②에 따른 대통령령이 정하는 시험·검사기관의 시험·검사란 다음의 어느 하나에 해당하는 시험·검사기관을 말한다(영 제22조 제2항).
  ㉠ 국공립검사기관
  ㉡ 한국소비자원
  ㉢ 「국가표준기본법 시행령」 제16조에 따라 관련 중앙행정기관의 장이 시험·검사를 행할 능력이 있다고 인정하는 시험·검사기관
  ㉣ 그 밖에 중앙행정기관의 장이 관계 법령에 따라 지정한 시험·검사기관

⑤ 소비자단체는 ④에 따른 시험·검사기관의 시험·검사 결과를 ②에 따라 공표하는 경우에는 공표 예정일 7일 전까지 해당 사업자의 의견을 들어야 한다(영 제22조 제3항).

⑥ 소비자단체는 소비자기본법 제78조의 규정에 따라 자료 및 정보의 제공을 요청하였음에도 사업자 또는 사업자단체가 정당한 사유 없이 이를 거부·방해·기피하거나 거짓으로 제출한 경우에는 그 사업자 또는 사업자단체의 이름(상호 그 밖의 명칭을 포함), 거부 등의 사실과 사유를 「신문 등의 진흥에 관한 법률」에 따른 일반일간신문에 게재할 수 있다.

⑦ 소비자단체는 업무상 알게 된 정보를 소비자의 권익을 증진하기 위한 목적이 아닌 용도에 사용하여서는 아니 된다.

⑧ 소비자단체는 사업자 또는 사업자단체로부터 제공받은 자료 및 정보를 소비자의 권익을 증진하기 위한 목적이 아닌 용도로 사용함으로써 사업자 또는 사업자단체에 손해를 끼친 때에는 그 손해에 대하여 배상할 책임을 진다.

(2) 소비자단체의 등록(법 제29조)

① 다음의 요건을 모두 갖춘 소비자단체는 대통령령이 정하는 바에 따라 공정거래위원회 또는 지방자치단체에 등록할 수 있다.

㉠ 다음의 업무를 수행할 것
- 물품 등의 규격 · 품질 · 안전성 · 환경성에 관한 시험 · 검사 및 가격 등을 포함한 거래조건이나 거래방법에 관한 조사 · 분석
- 소비자의 불만 및 피해를 처리하기 위한 상담 · 정보제공 및 당사자 사이의 합의의 권고

㉡ 물품 및 용역에 대하여 전반적인 소비자문제를 취급할 것

㉢ 다음과 같은 설비와 인력을 갖출 것(영 제23조 제1항)
- (1)의 ①의 소비자단체의 업무를 처리할 수 있는 전산장비와 사무실
- (1)의 ①의 소비자단체의 업무를 수행할 수 있는 상근인력 5명 이상

㉣ 다음의 요건을 모두 갖출 것(「비영리민간단체 지원법」 제2조)
- 사업의 직접 수혜자가 불특정 다수일 것
- 구성원 상호 간에 이익분배를 하지 아니할 것
- 사실상 특정 정당 또는 선출직 후보를 지지 · 지원 또는 반대할 것을 주된 목적으로 하거나, 특정 종교의 교리전파를 주된 목적으로 설립 · 운영되지 아니할 것
- 상시 구성원 수가 100인 이상일 것
- 최근 1년 이상 공익활동실적이 있을 것
- 법인이 아닌 단체일 경우에는 대표자 또는 관리인이 있을 것

② 공정거래위원회 또는 지방자치단체의 장은 ①의 규정에 따라 등록을 신청한 소비자단체가 ①의 ㉠~㉣의 요건을 갖추었는지 여부를 심사하여 등록 여부를 결정하여야 한다.

③ ①에 따라 다음의 어느 하나에 해당하는 소비자단체는 공정거래위원회에 등록할 수 있고, 그 밖의 소비자단체는 주된 사무소가 위치한 시 · 도에 등록할 수 있다(영 제23조 제2항).

㉠ 전국적 규모의 소비자단체로 구성된 협의체

㉡ 3개 이상의 시 · 도에 지부를 설치하고 있는 소비자단체

④ ①에 따라 등록하려는 소비자단체는 별지 제1호서식의 등록신청서에 다음의 서류를 첨부하여 공정거래위원회 또는 시 · 도지사에게 제출하여야 한다(영 제23조 제3항).

㉠ 정관(법인이 아닌 단체의 경우에는 회칙)

㉡ 해당 연도 및 전년도의 총회회의록

㉢ 해당 연도 및 전년도의 사업계획 · 수지예산서, 전년도의 결산서

㉣ ①, ㉢의 설비 및 인력 현황(전산장비와 사무실, 상근인력 5명 이상)

㉤ 지부 현황(지부를 설치하는 경우만 해당)

㉥ 회원명부

㉦ 최근 1년 이상의 공익활동실적을 증명할 수 있는 서류

⑤ 공정거래위원회 또는 시·도지사는 ④에 따라 등록신청서를 제출받은 경우에는 그 내용을 검토하여 그 등록신청서를 접수한 날부터 20일 이내에 소비자단체의 등록 여부를 결정하고, 그 결과와 이유를 지체 없이 등록을 신청한 소비자단체에 알려야 한다(영 제23조 제4항).

⑥ 공정거래위원회 또는 시·도지사는 ⑤에 따라 소비자단체의 등록을 결정한 경우에는 등록을 신청한 소비자단체에 별지 제2호서식의 등록증을 교부하여야 하며, 별지 제3호서식의 등록대장에 이를 기재하여야 한다(영 제23조 제5항).

⑦ ①에 따라 등록한 소비자단체는 다음의 사항이 변경된 경우에는 변경된 날부터 20일 이내에 공정거래위원회 또는 시·도지사에게 통보하여야 한다(영 제23조 제6항).
  ㉠ 명 칭
  ㉡ 주된 사무소의 소재지
  ㉢ 대표자 성명
  ㉣ 주된 사업내용

(3) 등록의 취소(법 제30조)

① 공정거래위원회 또는 지방자치단체의 장은 소비자단체가 거짓 그 밖의 부정한 방법으로 (2)의 규정에 따른 등록을 한 경우에는 등록을 취소하여야 한다.

② 공정거래위원회 또는 지방자치단체의 장은 등록소비자단체가 (2), ①, ㉠~㉣의 요건을 갖추지 못하게 된 경우에는 3월 이내에 보완을 하도록 명할 수 있고, 그 기간이 경과하여도 요건을 갖추지 못하는 경우에는 등록을 취소할 수 있다.

(4) 자율적 분쟁조정(법 제31조, 영 제24조)

① (2)의 규정에 따라 공정거래위원회에 등록한 소비자단체의 협의체는 (1), ①, ㉤의 규정에 따른 소비자의 불만 및 피해를 처리하기 위하여 자율적 분쟁조정(紛爭調停)을 할 수 있다. 다만, 다른 법률의 규정에 따라 설치된 전문성이 요구되는 분야의 분쟁조정기구(紛爭調停機構)로서 다음의 기구에서 관장하는 사항에 대하여는 그러하지 아니하다(영 제25조).
  ㉠ 「금융소비자 보호에 관한 법률」 제33조에 따라 설치된 금융분쟁조정위원회
  ㉡ 「의료사고 피해구제 및 의료분쟁 조정 등에 관한 법률」 제6조에 따라 설립된 한국의료분쟁조정중재원
  ㉢ 「환경분쟁 조정 및 환경피해 구제에 관한 법률」 제4조에 따라 설치된 환경분쟁조정피해구제위원회
  ㉣ 「저작권법」 제112조에 따른 한국저작권위원회
  ㉤ 「개인정보 보호법」 제40조에 따라 설치된 개인정보 분쟁조정위원회
  ㉥ 「전기사업법」 제53조에 따라 설치된 전기위원회
  ㉦ 「우체국예금·보험에 관한 법률」 제51조 제1항에 따라 설치된 우체국예금·보험분쟁조정위원회
  ㉧ 그 밖에 다른 법령에 따라 설치된 분쟁조정기구로서 공정거래위원회가 필요하다고 인정하여 지정·고시하는 분쟁조정기구

② ①에 따른 자율적 분쟁조정은 당사자가 이를 수락한 경우에는 당사자 사이에 자율적 분쟁조정의 내용과 동일한 합의가 성립된 것으로 본다.

③ 소비자와 사업자 간에 발생한 분쟁에 대하여 공정거래위원회 또는 시·도에 등록된 소비자단체가 (1) 소비자단체의 업무 등의 ①의 ⑪에 따라 합의를 권고하였음에도 불구하고 합의가 이루어지지 아니하면 소비자와 사업자는 ①에 따라 소비자단체의 협의체[(2) 소비자단체의 등록의 ③의 ㉠에 따라 공정거래위원회에 등록된 협의체, 이하 "소비자단체협의체"]에 자율적 분쟁조정을 신청할 수 있다.

④ 소비자와 사업자 간에 발생한 분쟁에 대하여 공정거래위원회 또는 시·도에 등록된 소비자단체가 (1) 소비자단체의 업무 등의 ①의 ⑪에 따라 합의를 권고하였음에도 불구하고 합의가 이루어지지 아니하면 소비자단체는 ①에 따라 소비자를 대리하여 소비자단체협의체에 자율적 분쟁조정을 신청할 수 있다.

⑤ 소비자단체협의체는 ①에 따라 자율적 분쟁조정을 하는 경우에는 조정위원회(이하 "자율적 분쟁조정위원회")의 구성 및 조정서의 작성 등에서 공공성과 중립성이 유지되도록 하여야 한다.

⑥ 자율적 분쟁조정위원회는 위원장 1명을 포함한 40명 이내의 위원으로 구성하되, 자율적 분쟁조정위원회의 위원장·위원의 요건과 회의의 구성 등에 관한 사항은 소비자단체협의체가 정한다.

⑦ 자율적 분쟁조정위원회는 ③이나 ④에 따라 자율적 분쟁조정을 신청받은 경우 그 분쟁조정을 위하여 필요하다고 인정되면 분쟁당사자나 소비자를 대리하여 신청한 소비자단체에 증거서류 등 관련 자료의 제출을 요청할 수 있다.

⑧ 자율적 분쟁조정위원회는 ③이나 ④에 따른 분쟁조정의 신청을 받은 날부터 30일 이내에 그 분쟁조정을 마쳐야 한다. 다만, 부득이한 사정으로 그 기간 내에 분쟁조정을 마칠 수 없으면 그 사유와 기한을 구체적으로 밝혀 당사자나 그 대리인에게 알려야 한다.

⑨ ③~⑧에서 규정한 사항 외에 자율적 분쟁조정위원회의 운영 및 조정절차에 필요한 사항은 자율적 분쟁조정위원회의 의결을 거쳐 위원장이 정한다.

(5) 보조금의 지급(법 제32조)

① 국가 또는 지방자치단체는 등록소비자단체의 건전한 육성·발전을 위하여 필요하다고 인정될 때에는 보조금을 지급할 수 있다.

② 국가 또는 지방자치단체가 ①에 따라 등록소비자단체에 지급할 수 있는 보조금은 등록소비자단체의 사업 및 운영에 필요한 경비로 한다(영 제25조의2).

7 한국소비자원

(1) 설립(법 제33조)

① 소비자권익 증진시책의 효과적인 추진을 위하여 한국소비자원을 설립한다.

② 한국소비자원은 법인으로 한다.

③ 한국소비자원은 공정거래위원회의 승인을 얻어 필요한 곳에 그 지부를 설치할 수 있다.

④ 한국소비자원은 ③에 따라 지부의 설치에 관한 승인을 받으려면 다음의 사항을 적은 신청서를 공정거래위원회에 제출하여야 한다(영 제26조).

㉠ 지부의 명칭　　㉡ 지부의 소재지　　㉢ 설치예정 연월일
㉣ 설치 이유　　㉤ 지부의 조직　　㉥ 그 밖에 지부의 설치에 필요한 사항

④ 한국소비자원은 그 주된 사무소의 소재지에서 설립등기를 함으로써 성립한다.

(2) 정관의 기재사항(법 제34조)

① 목 적
② 명 칭
③ 주된 사무소 및 지부에 관한 사항
④ 임원 및 직원에 관한 사항
⑤ 이사회의 운영에 관한 사항
⑥ 소비자기본법 제51조의 규정에 따른 소비자안전센터에 관한 사항
⑦ 소비자기본법 제60조의 규정에 따른 소비자분쟁조정위원회에 관한 사항
⑧ 업무에 관한 사항
⑨ 재산 및 회계에 관한 사항
⑩ 공고에 관한 사항
⑪ 정관의 변경에 관한 사항
⑫ 내부규정의 제정 및 개정ㆍ폐지에 관한 사항

(3) 업무(법 제35조)

① 한국소비자원의 업무는 다음과 같다.
　㉠ 소비자의 권익과 관련된 제도와 정책의 연구 및 건의
　㉡ 소비자의 권익증진을 위하여 필요한 경우 물품 등의 규격ㆍ품질ㆍ안전성ㆍ환경성에 관한 시험ㆍ검사 및 가격 등을 포함한 거래조건이나 거래방법에 대한 조사ㆍ분석
　㉢ 소비자의 권익증진ㆍ안전 및 소비생활의 향상을 위한 정보의 수집ㆍ제공 및 국제협력
　㉣ 소비자의 권익증진ㆍ안전 및 능력개발과 관련된 교육ㆍ홍보 및 방송사업
　㉤ 소비자의 불만 처리 및 피해구제
　㉥ 소비자의 권익증진 및 소비생활의 합리화를 위한 종합적인 조사ㆍ연구
　㉦ 국가 또는 지방자치단체가 소비자의 권익증진과 관련하여 의뢰한 조사 등의 업무
　　• 한국소비자원의 원장은 이 업무를 효율적으로 수행하기 위하여 필요하면 한국소비자원에 관계 행정기관 및 관련 단체의 전문가 등으로 구성되는 위원회를 둘 수 있다(영 제27조 제1항).
　　• 위원회의 구성과 운영에 필요한 사항은 한국소비자원의 원장이 정한다(영 제27조 제2항).
　㉧ 「독점규제 및 공정거래에 관한 법률」 제90조 제7항에 따라 공정거래위원회로부터 위탁받은 동의의결의 이행관리
　㉨ 그 밖에 소비자의 권익증진 및 안전에 관한 업무
② 한국소비자원이 ①의 ㉤ 소비자의 불만 처리 및 피해구제에 따른 업무를 수행함에 있어서 다음의 사항은 그 처리대상에서 제외한다.
　㉠ 국가 또는 지방자치단체가 제공한 물품 등으로 인하여 발생한 피해구제. 다만, 대통령령으로 정하는 물품 등에 관하여는 그러하지 아니하다.
　㉡ 그 밖에 다른 법률의 규정에 따라 설치된 전문성이 요구되는 분야의 분쟁조정기구에 신청된 피해구제 등으로서 대통령령이 정하는 피해구제

ⓒ ⓛ에서 "대통령령이 정하는 피해구제" 즉, 한국소비자원의 불만 처리 및 피해구제 제외 대상이란 다음의 어느 하나에 해당하는 것을 말한다(영 제28조).
- 다른 법률에 따라 소비자기본법 시행령 제45조 제1항의 소비자분쟁조정위원회에 준하는 분쟁조정기구가 설치되어 있는 경우 그 분쟁조정기구에 피해구제가 신청되어 있거나 이미 그 피해구제절차를 거친 사항과 동일한 내용의 피해구제
- 소비자가 한국소비자원에 피해구제를 신청한 후 이와 동일한 내용으로 위의 사항에 따른 분쟁조정기구에 피해구제를 신청한 경우 그 피해구제

③ 한국소비자원은 업무수행 과정에서 취득한 사실 중 소비자의 권익증진, 소비자피해의 확산 방지, 물품 등의 품질향상 그 밖에 소비생활의 향상을 위하여 필요하다고 인정되는 사실은 이를 공표하여야 한다. 다만, 사업자 또는 사업자단체의 영업비밀을 보호할 필요가 있다고 인정되거나 공익상 필요하다고 인정되는 때에는 그러하지 아니하다.

④ 원장은 ①의 ⓛ 및 ⓗ의 업무를 수행함에 있어서 다수의 피해가 우려되는 등 긴급하다고 인정되는 때에는 사업자로부터 필요한 최소한의 시료를 수거할 수 있다. 이 경우 그 사업자는 정당한 사유가 없는 한 이에 따라야 한다.

⑤ 원장은 ④의 전단에 따라 시료를 수거한 경우 특별한 사정이 없으면 시료 수거일로부터 30일 이내에 공정거래위원회 및 관계 중앙행정기관의 장에게 그 시료 수거 사실과 결과를 보고하여야 한다.

(4) 시험 · 검사의 의뢰(법 제36조)

① 원장은 (3)의 ①, ⓛ 및 ⓗ의 업무를 수행함에 있어서 필요하다고 인정되는 때에는 국립 또는 공립의 시험 · 검사기관에 물품 등에 대한 시험 · 검사를 의뢰할 수 있다.

② ①의 규정에 따른 의뢰를 받은 기관은 특별한 사유가 없는 한 우선하여 이에 응하여야 한다.

③ ①에 따라 시험 · 검사를 의뢰받은 국공립검사기관은 특별한 사유가 있는 경우가 아니면 의뢰받은 날부터 15일 이내에 시험 · 검사의 결과를 한국소비자원에 통보하여야 한다. 이 경우 15일 이내에 그 결과를 통보할 수 없는 부득이한 사유가 있으면 그 사유와 통보기한을 정하여 한국소비자원에 알려야 한다(영 제29조 제1항).

④ ①에 따른 시험 · 검사에 드는 비용은 한국소비자원이 부담한다(영 제29조 제2항).

(5) 유사명칭의 사용금지(법 제37조)

소비자기본법에 따른 한국소비자원이 아닌 자는 한국소비자원 또는 이와 유사한 한국소비자보호원 등의 명칭을 사용하여서는 아니 된다.

(6) 임원 및 임기(법 제38조)

① 한국소비자원에 원장 · 부원장 및 제51조의 규정에 따른 소비자안전센터의 소장(이하 "소장"이라 한다) 각 1인을 포함한 10인 이내의 이사와 감사 1인을 둔다.

② 원장 · 부원장 · 소장 및 한국소비자원의 원장이 임명한 자(1명, 영 제30조)는 상임으로 하고 그 밖의 임원은 비상임으로 한다.

③ 원장은 「공공기관의 운영에 관한 법률」 제29조에 따른 임원추천위원회가 복수로 추천한 사람 중에서 공정거래위원회 위원장의 제청으로 대통령이 임명한다.
④ 부원장, 소장 및 상임이사는 원장이 임명한다.
⑤ 비상임이사는 임원추천위원회가 복수로 추천한 사람 중에서 공정거래위원회 위원장이 임명한다.
⑥ 감사는 임원추천위원회가 복수로 추천하여 「공공기관의 운영에 관한 법률」 제8조에 따른 공공기관운영위원회의 심의·의결을 거친 사람 중에서 기획재정부장관의 제청으로 대통령이 임명한다.
⑦ 원장의 임기는 3년으로 하고, 부원장, 소장, 이사 및 감사의 임기는 2년으로 한다.

(7) 임원의 직무(법 제39조)
① 원장은 한국소비자원을 대표하고 한국소비자원의 업무를 총괄한다.
② 부원장은 원장을 보좌하며, 원장이 부득이한 사유로 직무를 수행할 수 없는 경우에 그 직무를 대행한다.
③ 소장은 원장의 지휘를 받아 소비자기본법 제51조 제1항의 규정에 따라 설치되는 소비자안전센터의 업무를 총괄하며, 원장·부원장 및 소장이 아닌 이사는 정관이 정하는 바에 따라 한국소비자원의 업무를 분장한다.
④ 원장·부원장이 모두 부득이한 사유로 직무를 수행할 수 없는 때에는 상임이사·비상임이사의 순으로 정관이 정하는 순서에 따라 그 직무를 대행한다.
⑤ 감사는 한국소비자원의 업무 및 회계를 감사한다.

(8) 이사회(법 제40조)
① 한국소비자원의 업무와 운영에 관한 중요사항을 심의·의결하기 위하여 한국소비자원에 이사회를 둔다.
② 이사회는 원장·부원장·소장 그 밖의 이사로 구성한다.
③ 원장은 이사회를 소집하고 이사회의 의장이 된다.
④ 감사는 이사회에 출석하여 의견을 진술할 수 있다.

(9) 한국소비자원의 설립·시설·운영 및 업무에 필요한 경비의 재원(법 제41조)
① 국가 및 지방자치단체의 출연금
② 그 밖에 한국소비자원의 운영에 따른 수입금

(10) 감독(법 제42조)
① 공정거래위원회는 한국소비자원(소비자기본법 제51조의 규정에 따른 소비자안전센터를 포함)을 지도·감독하고, 필요하다고 인정되는 때에는 한국소비자원에 대하여 그 사업에 관한 지시 또는 명령을 할 수 있다.
② 한국소비자원은 매년 업무계획서와 예산서를 작성하여 공정거래위원회의 승인을 얻어야 하며, 매년 결산보고서와 이에 대한 감사의 의견서를 작성하여 공정거래위원회에 보고하여야 한다. 이 경우 그 절차 등은 다음과 같다(영 제31조).
　㉠ 한국소비자원은 매년 12월 10일까지 다음 연도의 업무계획서와 예산서를 공정거래위원회에 제출하여야 한다.

ⓛ 한국소비자원은 해당 연도의 결산보고서와 감사의견서에 다음의 서류를 첨부하여 다음 해 3월 31일까지 공정거래위원회에 제출해야 한다(영 제32조).
- 해당 연도의 재무상태표 및 수지계산서
- 해당 연도의 사업계획서와 그 집행실적의 대비표
- 공인회계사의 의견서
- 그 밖의 참고서류

③ 공정거래위원회는 필요하다고 인정되는 때에는 한국소비자원에 대하여 그 업무·회계 및 재산에 관한 사항을 보고하게 하거나 감사할 수 있다.

(11) 벌칙 적용에서 공무원 의제(법 제43조)

다음의 어느 하나에 해당하는 사람은 「형법」 제129조부터 제132조까지의 규정에 따른 벌칙을 적용할 때에는 공무원으로 본다.

① 한국소비자원의 임원
② 한국소비자원의 다음 업무에 종사하는 직원(소비자기본법 제35조 제1항 제2호·제5호)
  ㉠ 소비자의 권익증진을 위하여 필요한 경우 물품 등의 규격·품질·안전성·환경성에 관한 시험·검사 및 가격 등을 포함한 거래조건이나 거래방법에 대한 조사·분석
  ㉡ 소비자의 불만처리 및 피해구제
③ 위해정보의 수집 및 처리 중 다음 업무에 종사하는 직원(소비자기본법 제52조 제1항·제2항)
  ㉠ 소비자안전센터는 물품 등으로 인하여 소비자의 생명·신체 또는 재산에 위해가 발생하였거나 발생할 우려가 있는 사안에 대한 정보(이하 "위해정보")를 수집할 수 있다.
  ㉡ 소장은 ㉠의 규정에 따라 수집한 위해정보를 분석하여 그 결과를 원장에게 보고하여야 하고, 원장은 위해정보의 분석결과에 따라 필요한 경우에는 다음의 조치를 할 수 있다.
    - 위해방지 및 사고예방을 위한 소비자안전경보의 발령
    - 물품 등의 안전성에 관한 사실의 공표
    - 위해 물품 등을 제공하는 사업자에 대한 시정 권고
    - 국가 또는 지방자치단체에의 시정조치·제도개선 건의
    - 그 밖에 소비자안전을 확보하기 위하여 필요한 조치로서 대통령령이 정하는 사항
④ 소비자분쟁조정위원회의 위원

(12) 준용(법 제44조)

한국소비자원에 관하여 소비자기본법 및 「공공기관의 운영에 관한 법률」에 규정하지 아니한 사항에 관하여는 「민법」 중 재단법인에 관한 규정을 준용한다.

8 소비자안전

(1) 취약계층의 보호(법 제45조)
① 국가 및 지방자치단체는 어린이·노약자·장애인 및 결혼이민자(「재한외국인 처우 기본법」 제2조 제3호에 따른 결혼이민자) 등 안전취약계층에 대하여 우선적으로 보호시책을 강구하여야 한다.
② 사업자는 어린이·노약자·장애인 및 결혼이민자 등 안전취약계층에 대하여 물품 등을 판매·광고 또는 제공하는 경우에는 그 취약계층에게 위해가 발생하지 아니하도록 소비자기본법 제19조(사업자의 책무) 제1항의 규정에 따른 조치와 더불어 필요한 예방조치를 취하여야 한다.

(2) 시정요청 등(법 제46조)
① 공정거래위원회 또는 시·도지사는 사업자가 제공한 물품 등으로 인하여 소비자에게 위해 발생이 우려되는 경우에는 관계중앙행정기관의 장에게 다음의 조치를 요청할 수 있다.
  ㉠ 사업자가 다른 법령에서 정한 안전조치를 취하지 아니하는 경우에는 그 법령의 규정에 따른 조치
  ㉡ 다른 법령에서 안전기준이나 규격을 정하고 있지 아니하는 경우에는 다음의 조치
    • 수거·파기 등의 권고
    • 수거·파기 등의 명령
    • 과태료 처분
  ㉢ 그 밖에 물품 등에 대한 위해방지대책의 강구
② ①에 따라 공정거래위원회 또는 시·도지사의 요청을 받은 관계 중앙행정기관의 장은 조치 여부 및 그 내용을 신속히 공정거래위원회 또는 시·도지사에게 통보하여야 한다.

(3) 결함정보의 보고의무(법 제47조)
① 사업자는 다음의 어느 하나에 해당하는 경우에는 제조·수입·판매 또는 제공한 물품 등의 결함을 소관 중앙행정기관의 장에게 보고(전자적 보고를 포함)하여야 한다. 다만, ㉡에 해당하는 경우로서 사업자가 소비자기본법 제48조(물품 등의 자진수거 등)에 따라 해당 물품 등의 수거·파기·수리·교환·환급 또는 제조·수입·판매·제공의 금지 및 그 밖의 필요한 조치(이하 이 조에서 "수거·파기 등"이라 한다)를 한 경우에는 그러하지 아니하다.
  ㉠ 제조·수입·판매 또는 제공한 물품 등에 소비자의 생명·신체 또는 재산에 위해를 끼치거나 끼칠 우려가 있는 제조·설계 또는 표시 등의 중대한 결함이 있다는 사실을 알게 된 경우

> **더알아보기** 중대한 결함의 범위 등(영 제34조 제1항)
>
> • 물품 등의 제조·설계·표시·유통 또는 제공에 있어서 통상적으로 기대할 수 있는 안전성이 결여된 결함으로서 소비자에게 다음의 위험을 야기하거나 야기할 우려가 있는 결함
>   − 사 망
>   −「의료법」 제3조 제2항에 따른 의료기관에서 3주 이상의 치료가 필요한 골절·질식·화상·감전 등 신체적 부상이나 질병
>   − 2명 이상의 식중독
> • 물품 등이 관계 법령이 정하는 안전기준을 위반한 결함

ⓒ 제조 · 수입 · 판매 또는 제공한 물품 등과 동일한 물품 등에 대하여 외국에서 결함이 발견되어 사업자가 다음의 어느 하나에 해당하는 조치를 한 경우 또는 외국의 다른 사업자가 해당 조치를 한 사실을 알게 된 경우
- 외국 정부로부터 수거 · 파기등의 권고 또는 명령을 받고 한 수거 · 파기 등
- 자발적으로 한 수거 · 파기 등

② ①에 따른 보고를 받은 중앙행정기관의 장은 사업자가 보고한 결함의 내용에 관하여 소비자기본법 제17조(시험 · 검사시설의 설치 등)의 규정에 따른 시험 · 검사기관 또는 한국소비자원 등에 시험 · 검사를 의뢰하고, 시험 · 검사의 결과 그 물품 등이 제49조(수거 · 파기 등의 권고 등) 또는 제50조(수거 · 파기 등의 명령 등)의 요건에 해당하는 경우에는 사업자에게 각각에 해당하는 규정에 따른 필요한 조치를 취하여야 한다.

③ 국공립검사기관 또는 한국소비자원은 ②에 따라 시험 · 검사의 의뢰를 받으면 의뢰를 받은 날부터 1개월 이내에 시험 · 검사의 결과를 의뢰인에게 통보하여야 한다. 이 경우 1월 이내에 그 결과를 통보할 수 없는 부득이한 사유가 있으면 그 사유와 통보기한을 정하여 의뢰인에게 알려야 한다(영 제34조 제2항).

④ ①에 따라 결함의 내용을 보고하여야 할 사업자는 다음과 같다.
  ㉠ 물품 등을 제조 · 수입 또는 제공하는 자
  ㉡ 물품에 성명 · 상호 그 밖에 식별 가능한 기호 등을 부착함으로써 자신을 제조자로 표시한 자
  ㉢ 「유통산업발전법」 제2조 제3호의 규정에 따른 대규모 점포 중 대형마트 · 전문점 · 백화점 · 쇼핑센터 · 복합쇼핑몰 또는 그 밖의 대규모 점포(이하 "대형마트 등")를 설치하여 운영하는 자[이하 "유통사업자"(영 제34조 제3항)].
  ㉣ 그 밖에 소비자의 생명 · 신체 및 재산에 위해를 끼치거나 끼칠 우려가 있는 물품 등을 제조 · 수입 · 판매 또는 제공하는 자로서 대통령령이 정하는 자

(4) 결함정보의 보고기한 및 보고절차 등(영 제35조)

① 사업자는 자신이 제공한 물품 등에 중대한 결함이 있다는 사실을 알게 되면 그날부터 5일 이내에 다음의 사항을 적어 서면(「전자문서 및 전자거래 기본법」 제2조 제1호에 따른 전자문서를 포함)으로 소관 중앙행정기관의 장에게 그 결함사실을 보고하여야 한다. 다만, 물품 등의 중대한 결함으로 인하여 소비자의 생명 · 신체 및 재산상의 안전에 긴급한 위해를 끼치거나 끼칠 우려가 있다고 판단되면 지체 없이 구술로 그 결함사실을 보고하여야 한다.
  ㉠ 사업자의 이름(상호나 그 밖의 명칭을 포함) · 주소 및 연락처
  ㉡ 물품 등의 명칭과 제조연월일 또는 공급연월일
  ㉢ 중대한 결함 및 위해의 내용
  ㉣ 중대한 결함사실을 알게 된 시점과 경로
  ㉤ 소비자의 피해가 실제로 발생한 경우에는 피해를 입은 소비자의 인적사항

② 사업자는 ① 외의 부분 단서에 따라 구술보고를 하는 경우에는 ① ㉣ 및 ㉤의 사항에 관한 보고를 생략할 수 있으며, 구술보고를 한 경우에는 24시간 이내에 ① 외의 부분 본문에 따라 서면으로 보고하여야 한다.

③ 유통사업자가 물품 등의 중대한 결함사실을 알기 전에 법 제47조 제3항 제1호 또는 제2호의 사업자가 ①에 따라 그 결함사실을 보고한 경우 그 유통사업자는 제1항에 따른 보고를 하지 아니할 수 있다.

④ ①에 따라 보고를 받은 중앙행정기관의 장은 그 물품 등의 결함 여부가 확인될 때까지는 해당 결함보고 사실을 공개하여서는 아니 된다.

(5) 물품 등의 자진 수거 등(법 제48조, 영 제36조)

① 사업자는 소비자에게 제공한 물품 등의 결함으로 인하여 소비자의 생명 · 신체 또는 재산에 위해를 끼치거나 끼칠 우려가 있는 경우에는 대통령령이 정하는 바에 따라 당해 물품 등의 수거 · 파기 · 수리 · 교환 · 환급 또는 제조 · 수입 · 판매 · 제공의 금지 그 밖의 필요한 조치를 취하여야 한다.

② 사업자는 ①에 따라 물품 등의 수거 · 파기 · 수리 · 교환 · 환급 또는 제조 · 수입 · 판매 · 제공의 금지나 그 밖에 필요한 조치(이하 "자진시정조치"라 한다)를 하려는 경우에는 다음의 사항이 포함된 시정계획서를 소관 중앙행정기관의 장에게 제출하여야 하며, 자진시정조치를 마친 후에는 그 결과를 소관 중앙행정기관의 장에게 보고하여야 한다.

㉠ 결함이 있는 물품 등의 명칭과 제조연월일 또는 공급연월일
㉡ 결함과 위해의 내용 및 원인
㉢ 결함이 있는 물품 등으로 인하여 발생하는 위험과 주의사항
㉣ 자진시정조치의 방법과 기간
㉤ 소비자 또는 판매자 등에게 자진시정조치계획을 알리기 위한 방법

(6) 수거 · 파기 등의 권고 등(법 제49조)

① 중앙행정기관의 장은 사업자가 제공한 물품 등의 결함으로 인하여 소비자의 생명 · 신체 또는 재산에 위해를 끼치거나 끼칠 우려가 있다고 인정되는 경우에는 그 사업자에 대하여 당해 물품 등의 수거 · 파기 · 수리 · 교환 · 환급 또는 제조 · 수입 · 판매 · 제공의 금지 그 밖의 필요한 조치를 권고할 수 있다.

② ①의 규정에 따른 권고를 받은 사업자는 그 권고의 수락 여부를 소관 중앙행정기관의 장에게 통지하여야 한다.

③ 사업자는 ①의 규정에 따른 권고를 수락한 경우에는 (5) 물품 등의 자진 수거 등(법 제48조)의 규정에 따른 조치를 취하여야 한다.

④ 중앙행정기관의 장은 ①의 규정에 따른 권고를 받은 사업자가 정당한 사유 없이 그 권고를 따르지 아니하는 때에는 사업자가 권고를 받은 사실을 공표할 수 있다.

⑤ 권고의 수락 및 공표의 절차(영 제37조)

㉠ 중앙행정기관의 장은 ①에 따라 물품 등의 수거 · 파기 · 수리 · 교환 · 환급 또는 제조 · 수입 · 판매 · 제공의 금지나 그 밖에 필요한 조치의 권고(이하 "시정권고")를 할 때 법 제52조(위해정보의 수집 및 처리) 제1항에 따른 위해정보가 필요하다고 인정되면 법 제51조(소비자안전센터의 설치) 제1항에 따른 소비자안전센터에 위해정보의 제출을 요청할 수 있다. 이 경우 소비자안전센터는 특별한 사유가 없으면 요청에 따라야 한다.

ⓒ 중앙행정기관의 장은 시정권고를 하려는 경우에는 다음의 사항을 적은 서면으로 하여야 한다.
- 시정권고의 대상이 되는 사업자의 이름
- 시정권고의 대상이 되는 물품 등의 명칭과 제조연월일 또는 공급연월일
- 결함과 위해의 내용
- 시정권고의 내용
- 시정권고 수락 여부의 통지기한
- 시정권고를 수락하지 아니하는 경우의 조치계획

ⓒ ⓒ에 따라 시정권고를 받은 사업자는 7일 이내에 소관 중앙행정기관의 장에게 다음의 사항을 적어 서면으로 시정권고의 수락 여부를 통지하여야 한다.
- 사업자의 이름·주소 및 연락처
- 물품 등의 명칭
- 시정권고의 수락 여부
- 시정권고를 수락하는 경우에는 조치계획
- 시정권고의 수락을 거부하는 경우에는 그 사유

ⓔ 중앙행정기관의 장은 ⓒ에 따라 시정권고를 받은 사업자가 정당한 사유 없이 시정권고를 따르지 아니하면 ④에 따라 다음의 사항을 신문·방송 등을 통하여 공표할 수 있다. 다만, 사업자가 자신이 제공한 물품 등의 안전성에 대하여 객관적 자료를 제시한 경우에는 공표하여서는 아니 된다.
- 사업자의 이름
- 시정권고의 대상이 되는 물품 등의 명칭
- 시정권고의 내용과 사업자의 시정권고 수락거부사유
- 사업자의 시정권고 수락거부사유에 대한 중앙행정기관의 장의 의견
- 그 밖에 시정권고와 관련된 사항

(7) 수거·파기 등의 명령 등(법 제50조)

① 중앙행정기관의 장은 사업자가 제공한 물품 등의 결함으로 인하여 소비자의 생명·신체 또는 재산에 위해를 끼치거나 끼칠 우려가 있다고 인정되는 경우에는 대통령령이 정하는 절차에 따라 그 물품 등의 수거·파기·수리·교환·환급을 명하거나 제조·수입·판매 또는 제공의 금지를 명할 수 있고, 그 물품 등과 관련된 시설의 개수(改修) 그 밖의 필요한 조치를 명할 수 있다. 다만, 소비자의 생명·신체 또는 재산에 긴급하고 현저한 위해를 끼치거나 끼칠 우려가 있다고 인정되는 경우로서 그 위해의 발생 또는 확산을 방지하기 위하여 불가피하다고 인정되는 경우에는 그 절차를 생략할 수 있다.

② 중앙행정기관의 장은 사업자가 ①의 규정에 따른 명령에 따르지 아니하는 경우에는 대통령령이 정하는 바에 따라 직접 그 물품 등의 수거·파기 또는 제공금지 등 필요한 조치를 취할 수 있다.

③ 중앙행정기관의 장은 사업자에게 ①에 따른 명령을 하는 경우 그 사실을 공표할 수 있다.

④ 위해물품 등의 시정명령 등(영 제38조)
　㉠ 중앙행정기관의 장은 ①에 따라 사업자에게 다음의 어느 하나에 해당하는 조치(이하 "시정조치")를 명할 때 위해정보가 필요하다고 인정되면 소비자안전센터에 위해정보의 제출을 요청할 수 있다. 이 경우 소비자안전센터는 특별한 사유가 없으면 요청에 따라야 한다.
　　• 물품 등의 수거 · 파기 · 수리 · 교환 또는 환급
　　• 물품 등의 제조 · 수입 · 판매 또는 제공의 금지
　　• 물품 등과 관련된 시설의 개수나 그 밖에 필요한 조치
　㉡ 중앙행정기관의 장은 ①에 따라 시정조치를 명할 때에는 그 사유와 의무사항 및 이행에 필요한 상당한 기간을 정하여 서면으로 알려야 한다.
　㉢ ㉡에 따라 시정명령을 받은 사업자는 7일 이내에 다음 사항이 포함된 시정계획서를 소관 중앙행정기관의 장에게 제출하고 시정조치를 하여야 한다. 이 경우 소관 중앙행정기관의 장은 소비자의 안전에 긴급하고 현저한 위해를 끼칠 우려가 있는 경우에는 시정계획서의 제출기한을 단축할 수 있다.
　　• 결함이 있는 물품 등의 명칭과 제조연월일 또는 공급연월일
　　• 결함과 위해의 내용 및 원인
　　• 결함이 있는 물품 등으로 인하여 발생하는 위험과 주의사항
　　• 시정조치의 이행방법과 이행기간
　　• 소비자 또는 판매자 등에게 시정조치계획을 알리기 위한 다음의 방법

소비자의 주소를 알고 있는 경우	등기우편
소비자의 주소를 모르거나 다수의 소비자 또는 판매자 등에게 시정조치계획을 신속하게 알릴 필요가 있는 경우	• 방송이나 신문에 광고 • 대형마트 등이나 물품 등의 판매 · 제공장소에 안내문 게시

　㉣ 중앙행정기관의 장은 ㉢에 따라 제출받은 시정계획서가 소비자의 생명 · 신체 또는 재산에 끼치거나 끼칠 우려가 있는 위해를 제거하는 데 미흡하다고 인정되면 그 시정계획서의 보완을 요구할 수 있다.
　㉤ ㉢에 따라 시정계획서를 제출한 사업자가 ㉢의 소비자 또는 판매자 등에게 시정조치계획을 알리기 위한 방법에 따라 소비자에게 시정조치계획을 알리는 경우에는 다음의 사항이 포함되도록 하여야 한다.
　　• ㉢의 소비자 또는 판매자 등에게 시정조치계획을 알리기 위한 방법 외의 각각의 사항
　　• 사업자의 이름 · 주소 및 연락처
　㉥ ㉢에 따라 시정계획서를 제출한 사업자는 지체 없이 시정조치를 이행하여야 하며, 시정조치를 마치면 다음의 사항을 적어 서면으로 시정조치의 결과를 소관 중앙행정기관의 장에게 보고하여야 한다.
　　• 시정조치의 내용과 실적
　　• 시정조치를 이행하지 못한 물품 등에 대한 조치계획
　　• 위해의 재발 방지를 위한 대책
　㉦ 중앙행정기관의 장은 사업자가 시정계획서상의 시정조치 기간 이내에 그 물품 등을 수거하여 파기하지 아니하면 소속 공무원에게 이를 수거하여 파기하게 할 수 있다. 이 경우 사업자 외의 자가 소유하거나 점유하는 물품 등은 수거 · 파기 대상에서 제외할 수 있다.

ⓞ 중앙행정기관 소속 공무원은 Ⓐ에 따라 물품 등을 수거하여 파기할 때에는 사업자를 참여시켜야 하며, 사업자가 이에 따르지 아니하거나 상당한 기간 사업자의 소재를 알 수 없는 경우에는 Ⓐ에 따른 공무원 외에 관계 공무원을 1명 이상 참여시켜야 한다.

ⓩ Ⓐ에 따른 수거·파기에 드는 비용은 사업자가 부담한다. 다만, 사업자의 파산 등으로 사업자가 비용을 부담할 수 없으면 그 물품 등을 수거·파기하는 중앙행정기관이 그 비용을 부담할 수 있다.

ⓧ 중앙행정기관의 장은 ③에 따라 다음의 사항을 신문·방송 또는 소비자기본법 제16조의2에 따른 소비자종합지원시스템 등을 통하여 공표할 수 있다.
- ⓒ의 소비자 또는 판매자 등에게 시정조치계획을 알리기 위한 방법 외의 각각의 사항
- 사업자의 이름·주소 및 연락처

(8) 소비자안전센터의 설치(법 제51조)

① 소비자안전시책을 지원하기 위하여 한국소비자원에 소비자안전센터를 둔다.
② 소비자안전센터에는 소장 1인과 업무를 수행하기 위한 위해정보 수집·평가부서, 소비자안전을 확보하기 위한 조사·연구부서 등을 둔다(한국소비자원 정관 제26조).
③ 소비자안전센터의 업무는 다음과 같다.
  ㉠ (9)에 따른 위해정보의 수집 및 처리
  ㉡ 소비자안전을 확보하기 위한 조사 및 연구
  ㉢ 소비자안전과 관련된 교육 및 홍보
  ㉣ 위해 물품 등에 대한 시정 건의
  ㉤ 소비자안전에 관한 국제협력
  ㉥ 그 밖에 소비자안전에 관한 업무

(9) 위해정보의 수집 및 처리(법 제52조)

① 소비자안전센터는 물품 등으로 인하여 소비자의 생명·신체 또는 재산에 위해가 발생하였거나 발생할 우려가 있는 사안에 대한 정보(이하 "위해정보")를 수집할 수 있다.
② 소장은 ①의 규정에 따라 수집한 위해정보를 분석하여 그 결과를 원장에게 보고하여야 하고, 원장은 위해정보의 분석결과에 따라 필요한 경우에는 다음의 조치를 할 수 있다.
  ㉠ 위해방지 및 사고예방을 위한 소비자안전경보의 발령
  ㉡ 물품 등의 안전성에 관한 사실의 공표
  ㉢ 위해 물품 등을 제공하는 사업자에 대한 시정 권고
  ㉣ 국가 또는 지방자치단체에의 시정조치·제도개선 건의
  ㉤ 그 밖에 소비자안전을 확보하기 위하여 필요한 조치로서 대통령령이 정하는 사항
③ 원장은 ②의 ㉢에 따라 시정 권고를 받은 사업자에게 수락 여부 및 다음의 사항을 포함한 이행 결과 등의 제출을 요청할 수 있다. 이 경우 사업자는 특별한 사유가 없으면 이에 따라야 한다.
  ㉠ 시정 권고에 따른 이행 내용과 실적
  ㉡ 시정 권고를 이행하지 못한 물품 등에 대한 조치계획
  ㉢ 위해의 재발 방지를 위한 대책

④ 원장은 물품 등으로 인하여 소비자의 생명·신체 또는 재산에 위해가 발생하거나 발생할 우려가 높다고 판단되는 경우로서 사업자가 ②의 ⓒ에 따른 시정 권고를 이행하지 않는 경우에는 공정거래위원회에 소비자기본법 제46조 제1항에 따른 시정요청을 해 줄 것을 건의할 수 있다.
⑤ ① 및 ②의 규정에 따라 위해정보를 수집·처리하는 자는 물품 등의 위해성이 판명되어 공표되기 전까지 사업자명·상품명·피해정도·사건경위에 관한 사항을 누설하여서는 아니 된다.
⑥ 공정거래위원회는 소비자안전센터가 위해정보를 효율적으로 수집할 수 있도록 하기 위하여 필요한 경우에는 행정기관·병원·학교·소비자단체 등을 위해정보 제출기관으로 지정·운영할 수 있다.
⑦ **위해정보 제출기관의 지정·운영 등(영 제39조)**
  ㉠ 공정거래위원회는 ④에 따라 다음의 기관을 위해정보 제출기관으로 지정·운영할 수 있다.
   • 경찰서·소방서·보건소 등 위해정보수집이 가능한 행정관서
   • 소비자기본법 제29조에 따라 등록한 소비자단체
   • 「의료법」 제3조 제2항 제3호가목 및 마목에 따른 병원 및 종합병원
   • 「초·중등교육법」 제2조에 따른 초등학교·중학교·고등학교 중 보건실을 운영하는 학교
   • 그 밖에 위해정보의 수집이 가능한 기관이나 단체
  ㉡ ㉠에 따라 위해정보 제출기관으로 지정된 기관은 업무상 위해정보를 취득한 경우에는 다음의 사항을 적은 서면을 소비자안전센터에 제출하여야 한다.
   • 위해정보 제출기관의 명칭
   • 위해 발생일
   • 위해를 입은 소비자의 인적사항
   • 위해내용과 위해부위
   • 위해 발생 경위
   • 위해 관련 물품 등의 명칭과 사업자의 이름 및 연락처
   • 위해의 발생장소
   • 그 밖에 사진·물품 등 위해정보의 분석·평가를 위한 참고자료
  ㉢ 소비자안전센터는 ㉡에 따라 제출받은 위해정보의 내용 보완이 필요하다고 인정되면 위해정보 제출기관에 그 보완을 요구할 수 있다.
  ㉣ 위해정보 제출기관은 위해정보를 제출한 후 그 내용을 변경하려는 경우에는 그 내용과 사유를 소비자안전센터에 제출하여야 한다.
  ㉤ 소비자안전센터는 위해정보 제출기관으로부터 제출받은 위해정보를 분기별로 해당 물품 등의 소관 중앙행정기관의 장에게 보고하여야 한다. 다만, 긴급한 조치가 필요하다고 인정되면 이를 즉시 보고하여야 한다.
  ㉥ 소비자기본법 시행령에서 규정한 사항 외에 위해정보 제출기관의 지정·운영 및 위해정보의 제출 등에 필요한 세부사항은 공정거래위원회가 정하여 고시한다.
⑧ 소비자안전센터는 위해정보 제출기관이 제출한 위해정보를 유형별로 분류하여 3년 이상 보관하여야 한다(영 제40조).

⑨ 소비자안전센터는 위해정보 제출기관에 대하여 한국소비자원 예산의 범위 안에서 경비를 지원할 수 있다(영 제41조).

⑩ 소비자안전경보의 발령 등을 위한 평가(영 제42조)

　㉠ 한국소비자원의 원장은 ②의 ㉠에 따른 소비자안전경보의 발령이나 ㉡에 따른 물품 등의 안전성에 관한 사실을 공표하려면 소비자안전센터의 소장으로 하여금 해당 물품 등에 대하여 위해정보의 발생빈도, 소비자의 위해정도, 그 밖에 한국소비자원의 원장이 정하는 평가요소에 대한 평가를 실시하게 할 수 있다.

　㉡ ㉠에 따른 평가를 효율적으로 수행하기 위하여 소비자안전센터에 위해정보평가위원회를 둔다.

　㉢ 소비자안전센터의 소장은 ㉠에 따른 평가를 하는 경우에는 ㉡에 따른 위해정보평가위원회의 심의를 거쳐야 한다.

　㉣ ㉡에 따른 위해정보평가위원회의 구성과 운영에 필요한 사항은 공정거래위원회의 승인을 받아 한국소비자원의 원장이 정한다.

9 소비자분쟁의 해결

(1) 사업자의 불만처리 등

① 소비자상담기구의 설치 · 운영(법 제53조)

　㉠ 사업자 및 사업자단체는 소비자로부터 제기되는 의견이나 불만 등을 기업경영에 반영하고, 소비자의 피해를 신속하게 처리하기 위한 기구(이하 "소비자상담기구")의 설치 · 운영에 적극 노력하여야 한다.

　㉡ 사업자 및 사업자단체는 소비자의 불만 또는 피해의 상담을 위하여 「국가기술자격법」에 따른 관련 자격이 있는 자 등 전담직원을 고용 · 배치하도록 적극 노력하여야 한다.

② 소비자상담기구의 설치 권장(법 제54조)

　㉠ 중앙행정기관의 장 또는 시 · 도지사는 사업자 또는 사업자단체에 소비자상담기구의 설치 · 운영을 권장하거나 그 설치 · 운영에 필요한 지원을 할 수 있다.

　㉡ 공정거래위원회는 소비자상담기구의 설치 · 운영에 관한 권장기준을 정하여 고시할 수 있다.

(2) 한국소비자원의 피해구제

① 피해구제의 신청 등(법 제55조)

　㉠ 소비자는 물품 등의 사용으로 인한 피해의 구제를 한국소비자원에 신청할 수 있다.

　㉡ 국가 · 지방자치단체 또는 소비자단체는 소비자로부터 피해구제의 신청을 받은 때에는 한국소비자원에 그 처리를 의뢰할 수 있다.

　㉢ 사업자는 소비자로부터 피해구제의 신청을 받은 때에는 다음의 어느 하나에 해당하는 경우에 한하여 한국소비자원에 그 처리를 의뢰할 수 있다.

　　• 소비자로부터 피해구제 신청을 받은 날부터 30일이 경과하여도 합의에 이르지 못하는 경우
　　• 한국소비자원에 피해구제의 처리를 의뢰하기로 소비자와 합의한 경우
　　• 그 밖에 한국소비자원의 피해구제의 처리가 필요한 경우로서 대통령령이 정하는 사유에 해당하는 경우

② 원장은 ㉠의 규정에 따른 피해구제의 신청(㉡ 및 ㉢의 규정에 따른 피해구제의 의뢰를 포함)을 받은 경우 그 내용이 한국소비자원에서 처리하는 것이 부적합하다고 판단되는 때에는 신청인에게 그 사유를 통보하고 그 사건의 처리를 중지할 수 있다.
⑤ ㉠부터 ㉢까지의 규정에 따른 피해구제의 신청이나 의뢰는 서면으로 하여야 한다. 다만, 긴급을 요하거나 부득이한 사유가 있는 경우에는 구술로나 전화 등으로 할 수 있다(영 제43조 제1항).
⑥ 한국소비자원은 ㉠부터 ㉢까지의 규정에 따른 피해구제의 신청이나 의뢰를 받은 경우에는 지체 없이 그 피해구제의 신청이나 의뢰에 관련된 피해구제신청사건의 당사자와 의뢰인에게 서면으로 그 사실을 통보하여야 한다(영 제43조 제2항).

② 위법사실의 통보 등 및 합의권고(법 제56조, 제57조)
㉠ 원장은 피해구제신청사건을 처리함에 있어서 당사자 또는 관계인이 법령을 위반한 것으로 판단되는 때에는 관계기관에 이를 통보하고 적절한 조치를 의뢰하여야 한다. 다만, 다음의 경우에는 그러하지 아니하다.
• 피해구제신청사건의 당사자가 피해보상에 관한 합의를 하고 법령위반행위를 시정한 경우
• 관계 기관에서 위법사실을 이미 인지하여 조사하고 있는 경우
㉡ 원장은 피해구제신청의 당사자에 대하여 피해보상에 관한 합의를 권고할 수 있다.

③ 처리기간(법 제58조)
㉠ 원장은 ①의 ㉠ 내지 ㉢의 규정에 따라 피해구제의 신청을 받은 날부터 30일 이내에 ②의 ㉡에 따른 합의가 이루어지지 아니하는 때에는 지체 없이 소비자기본법 제60조의 규정에 따른 소비자분쟁조정위원회에 분쟁조정을 신청하여야 한다.
㉡ 다만, 피해의 원인규명 등에 상당한 시일이 요구되는 피해구제신청사건으로서 다음의 사건에 대하여는 60일 이내의 범위에서 처리기간을 연장할 수 있다(영 제44조).
• 의료 관련 사건
• 보험 관련 사건
• 농업 및 어업 관련 사건
• 그 밖에 피해의 원인규명에 시험 · 검사 또는 조사가 필요한 사건

④ 피해구제절차의 중지(법 제59조)
㉠ 한국소비자원의 피해구제 처리절차 중에 법원에 소를 제기한 당사자는 그 사실을 한국소비자원에 통보하여야 한다.
㉡ 한국소비자원은 당사자의 소제기 사실을 알게 된 때에는 지체 없이 피해구제절차를 중지하고, 당사자에게 이를 통지하여야 한다.

(3) 소비자분쟁조정위원회의 설치(법 제60조)
① 소비자와 사업자 사이에 발생한 분쟁을 조정하기 위하여 한국소비자원에 소비자분쟁조정위원회(이하 "조정위원회")를 둔다.
② 조정위원회는 다음의 사항을 심의 · 의결한다.
㉠ 소비자분쟁에 대한 조정결정

ⓛ 조정위원회의 의사(議事)에 관한 규칙의 제정 및 개정·폐지
ⓒ 그 밖에 조정위원회의 위원장이 토의에 부치는 사항

(4) 조정위원회의 운영 및 조정절차

① 조정위원회의 회의(영 제45조)
  ㉠ 조정위원회의 위원장(이하 "조정위원장")은 조정위원회의 회의를 소집한다.
  ㉡ 조정위원장은 회의를 소집하려면 회의의 일시·장소 및 회의에 부치는 사항을 정하여 부득이한 사유가 있는 경우 외에는 회의 시작 3일 전까지 각 위원에게 서면으로 알려야 한다.
  ㉢ 조정위원회는 필요하다고 인정하는 경우에는 분쟁당사자나 참고인을 조정위원회에 출석하게 하여 의견을 들을 수 있다.
  ㉣ 조정위원회의 회의는 위원, 분쟁당사자 또는 참고인(이하 "위원 등")이 동영상과 음성이 동시에 송수신되는 장치가 갖추어진 서로 다른 장소에 출석하여 진행하는 원격영상회의방식으로 할 수 있다. 이 경우 해당 위원 등은 같은 회의장에 출석한 것으로 본다.

② 분쟁조정절차의 분리·병합(영 제46조)
  ㉠ 조정위원회는 신청받은 분쟁조정을 효율적으로 하기 위하여 필요하다고 인정하면 분쟁조정절차를 분리하거나 병합할 수 있다.
  ㉡ 조정위원회는 ㉠에 따라 분쟁조정절차를 분리하거나 병합한 때에는 분쟁조정의 신청인 및 분쟁당사자에게 지체 없이 서면으로 그 뜻을 알려야 한다.

③ 위원의 구성(영 제47조)
  한국소비자원의 원장은 (5)의 ②에 따라 조정위원회의 비상임위원을 제청할 때에는 전국적 규모의 소비자단체 및 사업자단체로부터 추천된 자 중에서 각각 2명 이상이 균등하게 포함되도록 하여야 한다.

④ 조정위원회 사무국(영 제48조)
  ㉠ 조정위원회의 분쟁조정사건에 대한 사실조사, 그 밖의 사무 등을 처리하기 위하여 조정위원회에 사무국을 둔다.
  ㉡ 사무국에 사무국장 1명을 두며, 사무국장은 한국소비자원의 원장이 한국소비자원의 직원 중에서 임명한다.

⑤ 시험·검사 또는 조사의 요청(영 제49조)
  ㉠ 조정위원회는 분쟁조정을 위하여 필요하면 한국소비자원의 원장에게 시험·검사 또는 조사를 요청할 수 있다.
  ㉡ ㉠의 요청을 받은 한국소비자원의 원장은 지체 없이 시험·검사 또는 조사를 실시하여 그 결과를 조정위원회에 통보하여야 한다.

⑥ 조정위원회 등의 운영세칙(영 제52조)
  소비자기본법 시행령에서 규정한 사항 외에 조정위원회의 운영, 조정절차 및 전문위원회의 구성과 운영에 필요한 사항은 조정위원회의 의결을 거쳐 조정위원장이 정한다.

⑦ 자료 등의 제출 요청(영 제53조)

조정위원회는 분쟁조정을 신청받은 경우에는 그 분쟁조정을 위하여 필요하다고 인정되면 그 신청인이나 분쟁당사자에게 증거서류 등 관련 자료의 제출을 요청할 수 있다.

⑧ 조정위원장의 합의권고(영 제54조)

조정위원장은 분쟁조정을 신청받은 경우에는 분쟁조정 업무의 효율적 수행을 위하여 10일 이내의 기간을 정하여 분쟁당사자에게 보상방법에 대한 합의를 권고할 수 있다.

(5) 조정위원회의 구성(법 제61조)

① 조정위원회는 위원장 1명을 포함한 150명 이내의 위원으로 구성하며, 위원장을 포함한 5명은 상임으로 하고, 나머지는 비상임으로 한다.
② 위원은 다음의 어느 하나에 해당하는 자 중에서 원장의 제청에 의하여 공정거래위원회위원장이 임명 또는 위촉한다.
  ㉠ 대학이나 공인된 연구기관에서 부교수 이상 또는 이에 상당하는 직에 있거나 있었던 자로서 소비자권익 관련분야를 전공한 자
  ㉡ 4급 이상의 공무원 또는 이에 상당하는 공공기관의 직에 있거나 있었던 자로서 소비자권익과 관련된 업무에 실무경험이 있는 자
  ㉢ 판사·검사 또는 변호사의 자격이 있는 자
  ㉣ 소비자단체의 임원의 직에 있거나 있었던 자
  ㉤ 사업자 또는 사업자단체의 임원의 직에 있거나 있었던 자
  ㉥ 그 밖에 소비자권익과 관련된 업무에 관한 학식과 경험이 풍부한 자
③ 위원장은 상임위원 중에서 공정거래위원회위원장이 임명한다.
④ 위원장이 부득이한 사유로 직무를 수행할 수 없는 때에는 위원장이 아닌 상임위원이 위원장의 직무를 대행하고, 위원장이 아닌 상임위원이 부득이한 사유로 위원장의 직무를 대행할 수 없는 때에는 공정거래위원회위원장이 지정하는 위원이 그 직무를 대행한다.
⑤ 위원의 임기는 3년으로 하며 연임할 수 있다. 위원은 다음의 어느 하나에 해당하는 경우를 제외하고는 그의 의사와 다르게 면직되지 아니한다(법 제62조).
  ㉠ 자격정지 이상의 형을 선고받은 경우
  ㉡ 신체상·정신상 또는 그 밖의 사유로 직무를 수행할 수 없는 경우
⑥ 조정위원회의 업무를 효율적으로 수행하기 위하여 조정위원회에 분야별 전문위원회를 둘 수 있다.
  ㉠ 전문위원회는 분야별로 10명 이내의 위원으로 구성한다(영 제50조 제1항).
  ㉡ 전문위원회의 위원은 해당 분야에 관한 학식과 경험이 풍부한 자 중에서 조정위원장이 위촉한다(영 제50조 제2항).
  ㉢ 전문위원회의 회의는 조정위원장이 소집한다(영 제51조 제1항).
  ㉣ 조정위원장은 전문위원회의 회의를 소집하려는 경우에는 회의의 일시·장소 및 회의에 부치는 사항을 정하여 부득이한 사유가 있는 경우 외에는 회의 시작 3일 전까지 전문위원에게 서면으로 알려야 한다(영 제51조 제2항).

⑦ 조정위원회의 운영 및 조정절차에 관하여 소비자기본법에서 규정하지 아니한 사항에 대하여는 「민사조정법」을 준용한다(법 제69조).

(6) 조정위원회의 회의(법 제63조)
① 조정위원회의 회의 구분

구 분	구 성	주 재
분쟁조정회의	위원장, 상임위원과 위원장이 회의마다 지명하는 5명 이상 9명 이하의 위원으로 구성하는 회의	위원장
조정부	위원장 또는 상임위원과 위원장이 회의마다 지명하는 2명 이상 4명 이하의 위원으로 구성하는 회의	위원장 또는 상임위원

② 조정위원회의 회의는 위원 과반수 출석과 출석위원 과반수의 찬성으로 의결한다. 이 경우 조정위원회의 회의에는 소비자 및 사업자를 대표하는 위원이 각 1명 이상 균등하게 포함되어야 한다.

(7) 분쟁조정회의와 조정부의 관장사항(법 제63조의2)
① 분쟁조정회의는 다음의 사항을 심의·의결한다.
  ㉠ (3), ②의 ㉠(소비자분쟁에 대한 조정결정)에 따른 소비자분쟁 중 대통령령으로 정하는 금액(200만원) 이상의 소비자분쟁에 대한 조정

> **더알아보기** 분쟁조정회의의 관장사항(영 제45조의2)
> - 소비자기본법 제63조의2 제1항 제1호에서 "대통령령으로 정하는 금액"이란 소비자기본법 제28조 제1항 제5호 및 제57조에 따른 합의 권고 금액 200만원을 말한다.
> - 소비자기본법 제28조 제1항 제5호 및 제57조에 따른 합의 권고의 내용이 물품의 교환인 경우에는 해당 물품에 상당하는 금액을, 권고의 내용이 수리인 경우에는 물품의 수리에 드는 비용에 상당하는 금액을 제1항에 따른 합의 권고 금액으로 본다.

  ㉡ 조정위원회의 의사에 관한 규칙의 제정 및 개정·폐지
  ㉢ 조정위원회에 의뢰 또는 신청된 분쟁조정
  ㉣ 조정부가 분쟁조정회의에서 처리하도록 결정한 사항
② 조정부는 ①의 ㉠~㉣ 외의 사항을 심의·의결한다.

(8) 위원의 제척·기피·회피(법 제64조)
① 조정위원회의 위원은 다음의 어느 하나에 해당하는 경우에는 소비자기본법 규정에 따라 조정위원회에 신청된 그 분쟁조정사건(이하 이 조에서 "사건")의 심의·의결에서 제척된다.
  ㉠ 위원 또는 그 배우자나 배우자이었던 자가 그 사건의 당사자가 되거나 그 사건에 관하여 공동의 권리자 또는 의무자의 관계에 있는 경우
  ㉡ 위원이 그 사건의 당사자와 친족관계에 있거나 있었던 경우
  ㉢ 위원이 그 사건에 관하여 증언이나 감정을 한 경우
  ㉣ 위원이 그 사건에 관하여 당사자의 대리인으로서 관여하거나 관여하였던 경우

② 당사자는 위원에게 심의 · 의결의 공정을 기대하기 어려운 사정이 있는 경우에는 원장에게 기피신청을 할 수 있다. 이 경우 원장은 기피신청에 대하여 조정위원회의 의결을 거치지 아니하고 결정한다.
③ 위원이 ① 또는 ②의 사유에 해당하는 경우에는 스스로 그 사건의 심의 · 의결에서 회피할 수 있다.

(9) 분쟁조정(법 제65조)
① 소비자와 사업자 사이에 발생한 분쟁에 관하여 소비자기본법 제16조 제1항의 규정에 따라 설치된 기구에서 소비자분쟁이 해결되지 아니하거나 소비자기본법에 따른 합의권고에 따른 합의가 이루어지지 아니한 경우 당사자나 그 기구 또는 단체의 장은 조정위원회에 분쟁조정을 신청할 수 있다.
② 조정위원회는 분쟁조정을 신청받은 경우에는 대통령령이 정하는 바에 따라 지체 없이 분쟁조정절차를 개시하여야 한다.
③ 조정위원회는 ②의 규정에 따른 분쟁조정을 위하여 필요한 경우에는 전문위원회에 자문할 수 있다.
④ 조정위원회는 ②의 규정에 따른 분쟁조정절차에 앞서 이해관계인 · 소비자단체 또는 관계기관의 의견을 들을 수 있다.
⑤ 소비자기본법 제59조(피해구제절차의 중지)의 규정은 분쟁조정절차의 중지에 관하여 이를 준용한다.

(10) 분쟁조정의 기간(법 제66조)
① 조정위원회는 분쟁조정을 신청받은 때에는 그 신청을 받은 날부터 30일 이내에 그 분쟁조정을 마쳐야 한다.
② 조정위원회는 ①의 규정에 불구하고 정당한 사유가 있는 경우로서 30일 이내에 그 분쟁조정을 마칠 수 없는 때에는 그 기간을 연장할 수 있다. 이 경우 그 사유와 기한을 명시하여 당사자 및 그 대리인에게 통지하여야 한다.

(11) 분쟁조정의 효력 등(법 제67조)
① 조정위원회의 위원장은 (10)에 따라 분쟁조정을 마친 때에는 지체 없이 당사자에게 그 분쟁조정의 내용을 통지하여야 한다.
② ①의 규정에 따른 통지를 받은 당사자는 그 통지를 받은 날부터 15일 이내에 분쟁조정의 내용에 대한 수락 여부를 조정위원회에 통보하여야 한다. 이 경우 15일 이내에 의사표시가 없는 때에는 수락한 것으로 본다. 수락 여부의 의사표시는 서면으로 하여야 한다(영 제55조 제1항).
③ 조정위원회는 ②에 따라 분쟁조정의 내용을 수락하거나 수락한 것으로 보는 경우에는 조정조서를 작성하여 원본을 보관하고, 그 정본(正本)을 분쟁당사자에게 송달하여야 한다. 이 경우 조정조서 원본은 「전자문서 및 전자거래 기본법」 제5조에 따른 전자문서 또는 전자화문서로 보관할 수 있다(영 제55조 제2항).
④ ②의 규정에 따라 당사자가 분쟁조정의 내용을 수락하거나 수락한 것으로 보는 경우 조정위원회는 조정조서를 작성하고, 조정위원회의 위원장 및 각 당사자가 기명날인하거나 서명하여야 한다. 다만, 수락한 것으로 보는 경우에는 각 당사자의 기명날인 또는 서명을 생략할 수 있다.
⑤ ②의 규정에 따라 당사자가 분쟁조정의 내용을 수락하거나 수락한 것으로 보는 때에는 그 분쟁조정의 내용은 재판상 화해와 동일한 효력을 갖는다.

(12) 분쟁조정의 특례(법 제68조)

① (9)의 ①에도 불구하고, 국가 · 지방자치단체 · 한국소비자원 · 소비자단체 · 소비자 또는 사업자는 소비자의 피해가 다수의 소비자에게 같거나 비슷한 유형으로 발생하는 경우로서 대통령령이 정하는 사건에 대하여는 조정위원회에 일괄적인 분쟁조정(이하 "집단분쟁조정")을 의뢰 또는 신청할 수 있다. 이의 의뢰나 신청은 서면으로 하여야 하며, 집단분쟁조정 절차의 분리 · 병합에 관하여는 소비자기본법 제46조를 준용한다(영 제57조).

> **더알아보기** 집단분쟁조정의 신청대상(영 제56조)
>
> 소비자기본법 제68조 제1항에서 "대통령령이 정하는 사건"이란 다음의 요건을 모두 갖춘 사건을 말한다.
> - 물품 등으로 인한 피해가 같거나 비슷한 유형으로 발생한 소비자 중 다음 각 목의 자를 제외한 소비자의 수가 50명 이상일 것
>   - 법 제31조 제1항 본문에 따른 자율적 분쟁조정, 법 제57조에 따른 한국소비자원 원장의 권고, 그 밖의 방법으로 사업자와 분쟁해결이나 피해보상에 관한 합의가 이루어진 소비자
>   - 제25조의 분쟁조정기구에서 분쟁조정이 진행 중인 소비자
>   - 해당 물품 등으로 인한 피해에 관하여 법원에 소(訴)를 제기한 소비자
> - 사건의 중요한 쟁점이 사실상 또는 법률상 공통될 것

② ①의 규정에 따라 집단분쟁조정을 의뢰받거나 신청받은 조정위원회는 다음의 어느 하나에 해당하는 사건을 제외하고는 조정위원회의 의결로써 의뢰받거나 신청받은 날부터 60일 이내에 ④부터 ⑦까지의 규정에 따른 집단분쟁조정의 절차를 개시하여야 한다. 이 경우 조정위원회는 14일 이상(영 제58조 제1항) 동안 그 절차의 개시를 공고하여야 하며, 집단분쟁조정 절차의 개시공고는 한국소비자원 인터넷 홈페이지 및 전국을 보급지역으로 하는 일간신문에 게재하는 방법으로 한다(영 제58조 제2항).
  ㉠ ①의 요건을 갖추지 못한 사건
  ㉡ 기존의 집단분쟁 조정 결정이 있는 사건으로서 개시의결을 반복할 필요가 없다고 인정되는 사건
  ㉢ 신청인의 신청내용이 이유가 없다고 명백하게 인정되는 사건

③ ②에도 불구하고 조정위원회는 다음의 어느 하나에 해당하는 사건에 대하여는 ②에 따른 개시결정기간 내에 조정위원회의 의결로써 집단분쟁조정 절차개시의 결정을 보류할 수 있다. 이 경우 그 사유와 기한을 명시하여 의뢰 또는 신청한 자에게 통지하여야 하고, 그 보류기간은 ②에 따른 개시결정기간이 경과한 날부터 60일을 넘을 수 없다.
  ㉠ 피해의 원인규명에 시험, 검사 또는 조사가 필요한 사건
  ㉡ 피해의 원인규명을 위하여 (13)에 따른 대표당사자가 집단분쟁조정 절차개시 결정의 보류를 신청하는 사건

④ 조정위원회는 집단분쟁조정의 당사자가 아닌 소비자 또는 사업자로부터 그 분쟁조정의 당사자에 추가로 포함될 수 있도록 하는 신청을 받을 수 있다. 추가로 집단분쟁조정의 당사자로 참가하려면 공고기간 이내에 서면으로 참가신청을 하여야 한다. 조정위원회는 집단분쟁조정의 당사자 참가신청을 받으면 참가신청 기간이 끝난 후 10일 이내에 참가인정 여부를 서면으로 알려야 한다(영 제59조).

⑤ 조정위원회는 사업자가 조정위원회의 집단분쟁조정의 내용을 수락한 경우에는 집단분쟁조정의 당사자가 아닌 자로서 피해를 입은 소비자에 대한 보상계획서를 작성하여 조정위원회에 제출하도록 권고할 수 있다. 보상계획서 제출을 권고받은 사업자는 그 권고를 받은 날부터 15일 이내에 권고의 수락 여부를 조정위원회에 알려야 한다(영 제60조).

⑥ (9)의 ⑤에도 불구하고 조정위원회는 집단분쟁조정의 당사자인 다수의 소비자 중 일부의 소비자가 법원에 소를 제기한 경우에는 그 절차를 중지하지 아니하고, 소를 제기한 일부의 소비자를 그 절차에서 제외한다.

⑦ (10)의 ①에도 불구하고 집단분쟁조정은 ②에 따른 공고가 종료된 날의 다음 날부터 30일 이내에 마쳐야 한다. 다만, 정당한 사유가 있는 경우로서 해당 기간 내에 분쟁조정을 마칠 수 없는 때에는 2회에 한하여 각각 30일의 범위에서 그 기간을 연장할 수 있으며, 이 경우 그 사유와 기한을 구체적으로 밝혀 당사자 및 그 대리인에게 통지하여야 한다.

⑧ 조정위원회는 소비자기본법 시행령 제56조(집단분쟁조정의 신청대상)의 요건을 모두 갖춘 사건에 대하여 집단분쟁조정 절차가 시작된 후 집단분쟁조정의 당사자인 다수의 소비자 중 일부의 소비자가 같은 조 제1호 가목 및 나목에 해당하게 된 경우에는 그 절차를 중지하지 아니하고, 같은 조 제1호 가목 및 나목에 해당하는 소비자는 그 절차에서 제외한다(영 제61조).

⑨ 소비자기본법 시행령에서 규정한 사항 외에 집단분쟁조정에 필요한 사항은 조정위원회의 의결을 거쳐 조정위원장이 정한다(영 제62조).

(13) 대표당사자의 선임 등(법 제68조의2)

① 집단분쟁조정에 이해관계가 있는 당사자들은 그 중 3명 이하를 대표당사자로 선임할 수 있다.

② 조정위원회는 당사자들이 제1항에 따라 대표당사자를 선임하지 아니한 경우에 필요하다고 인정하는 때에는 당사자들에게 대표당사자를 선임할 것을 권고할 수 있다.

③ 대표당사자는 자기를 선임한 당사자들을 위하여 그 사건의 조정에 관한 모든 행위를 할 수 있다. 다만, 조정신청의 철회 및 조정안의 수락·거부는 자기를 선임한 당사자들의 서면에 의한 동의를 받아야 한다.

④ 대표당사자를 선임한 당사자들은 대표당사자를 통하여서만 그 사건의 조정에 관한 행위를 할 수 있다.

⑤ 대표당사자를 선임한 당사자들은 필요하다고 인정하는 경우에는 대표당사자를 해임하거나 변경할 수 있다. 이 경우 당사자들은 그 사실을 지체 없이 조정위원회에 통지하여야 한다.

(14) 시효의 중단(법 제68조의3)

① 분쟁조정의 신청과 집단분쟁조정의 의뢰 또는 신청은 시효중단의 효력이 있다. 다만, 다음의 어느 하나에 해당하는 경우 외의 경우로 분쟁조정절차 또는 집단분쟁조정절차가 종료된 경우에는 그 조정절차가 종료된 날부터 1개월 이내에 소를 제기하지 아니하면 시효중단의 효력이 없다.

㉠ 당사자가 분쟁조정 또는 집단분쟁조정의 내용을 수락하거나 수락한 것으로 보는 경우
㉡ 당사자의 일방 또는 쌍방이 분쟁조정 또는 집단분쟁조정의 내용을 수락하지 아니한 경우

② ①의 본문에 따라 중단된 시효는 ①의 ㉠, ㉡의 어느 하나에 해당하는 때부터 새로이 진행한다.

(15) 소송과의 관계(법 제68조의4)

① 분쟁조정이 신청된 사건에 대하여 신청 전 또는 신청 후 소가 제기되어 소송이 진행 중일 때에는 수소법원(受訴法院)은 조정이 있을 때까지 소송절차를 중지할 수 있다.
② ①에 따라 소송절차가 중지된 경우 조정위원회는 해당 사건의 조정절차를 재개한다.
③ 조정위원회는 조정이 신청된 사건과 동일한 원인으로 다수인이 관련되는 동종·유사 사건에 대한 소송이 진행 중인 경우에는 조정위원회의 결정으로 조정절차를 중지할 수 있다.
④ 분쟁조정 신청 사실 등의 통지(영 제62조의2)
  ㉠ 조정위원회는 소비자기본법 제65조 제5항에 따라 준용되는 소비자기본법 제59조 제1항에 따라 분쟁당사자의 소 제기 사실을 알게 된 때에는 분쟁당사자의 동의를 받아 다음의 사항을 수소법원(受訴法院)에 알려야 한다.
    • 분쟁당사자의 성명 및 주소(분쟁당사자가 법인인 경우 법인의 명칭, 주된 사무소의 소재지, 그 대표자의 성명과 주소)
    • 분쟁조정 신청일
    • 분쟁조정 신청의 취지 및 이유
    • 소송사건의 번호
  ㉡ 분쟁당사자는 ①에 따라 수소법원이 소송절차를 중지한 경우에는 지체 없이 그 사실을 조정위원회에 알려야 한다.
  ㉢ 조정위원회는 ②에 따라 재개한 분쟁조정사건의 조정절차를 종료한 경우에는 분쟁당사자의 동의를 받아 다음의 사항을 수소법원에 알려야 한다.
    • 분쟁당사자의 성명 및 주소
    • 조정신청의 각하 사유 또는 조정절차의 종료 사유
    • 조정의 결과(소비자기본법 제67조 제1항에 따라 통지된 분쟁조정의 내용에 대해 분쟁당사자가 수락하거나 수락한 것으로 보는 경우로 한정)
    • 소송사건의 번호
  ㉣ 조정위원회는 ③에 따라 조정절차를 중지한 경우에는 지체 없이 그 사실을 분쟁당사자에게 알려야 한다.

(16) 소비자단체소송

① 단체소송의 대상 등(법 제70조)
  다음의 어느 하나에 해당하는 단체는 사업자가 소비자기본법 제20조의 규정을 위반하여 소비자의 생명·신체 또는 재산에 대한 권익을 직접적으로 침해하고 그 침해가 계속되는 경우 법원에 소비자권익침해행위의 금지·중지를 구하는 소송(이하 "단체소송")을 제기할 수 있다.
  ㉠ 공정거래위원회에 등록한 소비자단체로서 다음의 요건을 모두 갖춘 단체
    • 정관에 따라 상시적으로 소비자의 권익증진을 주된 목적으로 하는 단체일 것
    • 단체의 정회원수가 1천명 이상일 것
    • 소비자기본법 제29조의 규정에 따른 등록 후 3년이 경과하였을 것

    ⓒ 한국소비자원
    ⓒ 「상공회의소법」에 따른 대한상공회의소, 「중소기업협동조합법」에 따른 중소기업협동조합중앙회 및 전국 단위의 경제단체로서 다음의 어느 하나에 해당하는 단체(영 제63조)
        - 사업자 등을 회원으로 하여 「민법」에 따라 설립된 사단법인으로서 정관에 따라 기업경영의 합리화 또는 건전한 기업문화 조성에 관한 사업을 수행하는 법인 중 공정거래위원회가 정하여 고시하는 법인
        - 사업자 등을 회원으로 하여 「민법」에 따라 설립된 사단법인으로서 정관에 따라 무역진흥업무를 수행하는 법인 중 공정거래위원회가 정하여 고시하는 법인
    ⓔ 「비영리민간단체 지원법」 제2조의 규정에 따른 비영리민간단체로서 다음의 요건을 모두 갖춘 단체
        - 법률상 또는 사실상 동일한 침해를 입은 50인 이상의 소비자로부터 단체소송의 제기를 요청받을 것
        - 정관에 소비자의 권익증진을 단체의 목적으로 명시한 후 최근 3년 이상 이를 위한 활동실적이 있을 것
        - 단체의 상시 구성원 수가 5천명 이상일 것
        - 중앙행정기관에 등록되어 있을 것
② 전속관할(법 제71조)
    ㉠ 단체소송의 소는 피고의 주된 사무소 또는 영업소가 있는 곳, 주된 사무소나 영업소가 없는 경우에는 주된 업무담당자의 주소가 있는 곳의 지방법원 본원 합의부의 관할에 전속한다.
    ㉡ ㉠의 규정을 외국사업자에 적용하는 경우 대한민국에 있는 이들의 주된 사무소・영업소 또는 업무담당자의 주소에 따라 정한다.
③ 단체소송의 원고 : 변호사를 소송대리인으로 선임하여야 한다(법 제72조).
④ 소송허가신청(법 제73조)
    ㉠ 단체소송을 제기하는 단체는 소장과 함께 다음의 사항을 기재한 소송허가신청서를 법원에 제출하여야 한다.
        - 원고 및 그 소송대리인
        - 피고
        - 금지・중지를 구하는 사업자의 소비자권익 침해행위의 범위
    ㉡ ㉠의 규정에 따른 소송허가신청서에는 다음의 자료를 첨부하여야 한다.
        - 소제기단체가 ①의 각각의 사항의 어느 하나에 해당하는 요건을 갖추고 있음을 소명하는 자료
        - 소제기단체가 ⑤의 ㉠의 마지막 사항의 규정에 따라 요청한 서면 및 이에 대한 사업자의 의견서. 다만, 동호에서 정하는 기간 내에 사업자의 응답이 없을 경우에는 사업자의 의견서를 생략할 수 있다.
⑤ 소송허가요건 등(법 제74조)
    ㉠ 법원은 다음의 요건을 모두 갖춘 경우에 한하여 결정으로 단체소송을 허가한다.
        - 물품 등의 사용으로 인하여 소비자의 생명・신체 또는 재산에 피해가 발생하거나 발생할 우려가 있는 등 다수 소비자의 권익보호 및 피해예방을 위한 공익상의 필요가 있을 것
        - ④의 규정에 따른 소송허가신청서의 기재사항에 흠결이 없을 것

• 소제기단체가 사업자에게 소비자권익 침해행위를 금지·중지할 것을 서면으로 요청한 후 14일이 경과하였을 것
ⓒ 단체소송을 허가하거나 불허가하는 결정에 대하여는 즉시항고할 수 있다.
⑥ 확정판결의 효력(법 제75조)
㉠ 원고의 청구를 기각하는 판결이 확정된 경우 이와 동일한 사안에 관하여는 ①의 규정에 따른 다른 단체는 단체소송을 제기할 수 없다.
㉡ 다만, 다음의 어느 하나에 해당하는 경우에는 단체소송을 제기할 수 있다.
• 판결이 확정된 후 그 사안과 관련하여 국가 또는 지방자치단체가 설립한 기관에 의하여 새로운 연구결과나 증거가 나타난 경우
• 기각판결이 원고의 고의로 인한 것임이 밝혀진 경우
⑦ 「민사소송법」의 적용 등(법 제76조)
㉠ 단체소송에 관하여 이 법에 특별한 규정이 없는 경우에는 「민사소송법」을 적용한다.
㉡ ⑤의 규정에 따른 단체소송의 허가결정이 있는 경우에는 「민사집행법」 제4편의 규정에 따른 보전처분을 할 수 있다.
㉢ 단체소송의 절차에 관하여 필요한 사항은 대법원규칙으로 정한다.

10 조사절차 등

(1) 검사·시료수거와 자료제출 등(법 제77조)

① 중앙행정기관의 장은 다음의 어느 하나에 해당하는 경우에는 소속공무원으로 하여금 사업자의 물품·시설 및 제조공정 그 밖의 물건의 검사 또는 필요한 최소한의 시료수거를 하게 하거나 그 사업자에게 그 업무에 관한 보고 또는 관계 물품·서류 등의 제출을 명할 수 있다. 이럴 경우, 미리 서면으로 보고 또는 제출의 일시·방법·내용 등을 알려야 한다. 이 경우 긴급한 사유가 있으면 구술로 알릴 수 있다(영 제64조 제2항).
㉠ 국가가 정한 기준을 사업자가 준수하는지 여부를 시험·검사 또는 조사하기 위하여 필요한 경우
㉡ 소비자에게 정보제공을 하기 위하여 필요한 경우
㉢ 소비자의 불만 및 피해를 처리하기 위하여 필요한 경우
㉣ 소비자기본법의 위반 여부를 확인하기 위하여 필요한 경우
② ①의 규정에 따른 시료수거는 무상으로 할 수 있다.
③ 중앙행정기관의 장은 물품 등의 안전성을 의심할 만한 정당한 이유가 있는 경우로서 다음과 같은 사유(영 제64조 제3항)가 있는 때에는 소속 공무원으로 하여금 사업자의 영업장소, 제조장소, 창고 등 저장소, 사무소 그 밖의 이와 유사한 장소에 출입하여 ①의 규정에 따른 검사 등을 할 수 있다.
㉠ 시정권고를 하기 위하여 사실확인이 필요한 경우
㉡ 시정조치를 명하기 위하여 사실확인이 필요한 경우
㉢ 보고받은 위해정보의 사실확인이 필요한 경우

④ ① 또는 ②의 규정에 따라 검사 등을 하는 공무원은 그 권한을 나타내는 증표를 지니고 이를 관계인에게 내보여야 한다.
⑤ 소비자기본법에 따른 직무에 종사하는 공무원은 ① 또는 ②의 규정에 따른 검사나 제출된 물품 또는 서류 등으로 알게 된 내용을 이 법의 시행을 위한 목적 아닌 용도로 사용하여서는 아니 된다.
⑥ 중앙행정기관의 장은 ① 및 ③에 따라 소속 공무원에게 검사, 시료수거 또는 출입을 하게 하는 경우에는 미리 서면으로 검사, 시료수거 또는 출입의 일시·대상·목적 및 담당 공무원의 인적사항 등을 사업자에게 알려야 한다. 다만, 긴급한 사유가 있으면 이를 알리지 않을 수 있다(영 제64조 제1항).
⑦ 중앙행정기관의 장은 소관 소비자권익 증진시책을 추진하기 위하여 필요한 경우에는 원장에게 소비자피해에 관한 정보 및 각종 실태조사 결과 등 소비자의 권익과 관련된 정보의 제공을 요청할 수 있다.

(2) 자료 및 정보제공요청 등(법 제78조)

① 소비자단체 및 한국소비자원은 그 업무를 추진함에 있어서 필요한 자료 및 정보의 제공을 사업자 또는 사업자단체에 요청할 수 있다. 이 경우 그 사업자 또는 사업자단체는 정당한 사유가 없는 한 이에 응하여야 한다.
② ①의 규정에 따라 자료 및 정보의 제공을 요청하는 소비자단체 및 한국소비자원은 그 자료 및 정보의 사용목적·사용절차 등을 미리 사업자 또는 사업자단체에 알려야 한다.
③ ①의 규정에 따라 소비자단체가 자료 및 정보를 요청하는 때에는 (3)의 규정에 따른 소비자정보요청협의회의 협의·조정을 미리 거쳐야 한다. 협의회는 협의·조정을 하는 경우에는 해당 사업자 또는 사업자단체에 의견진술의 기회를 주어야 한다(영 제65조 제4항).
④ ①의 규정에 따라 자료 및 정보를 요청할 수 있는 소비자단체의 요건과 자료 및 정보의 범위 등에 관한 사항은 다음과 같이 정한다.
　㉠ 사업자나 사업자단체에 자료 및 정보의 제공을 요청할 수 있는 소비자단체는 공정거래위원회나 지방자치단체에 등록된 소비자단체로 한다(영 제65조 제1항).
　㉡ 소비자단체는 사업자나 사업자단체에 자료 및 정보의 제공을 요청하는 경우에는 그 자료 및 정보의 요청경위·사용목적·내용 및 사용계획 등을 적은 서류를 (3)의 ①에 따른 소비자정보요청협의회(이하 "협의회")에 제출하여야 한다(영 제65조 제2항).
　㉢ 소비자단체가 사업자나 사업자단체에 요청할 수 있는 자료 및 정보는 다음의 어느 하나에 해당하는 것으로서 사업자의 영업비밀에 해당하지 아니하는 것이어야 한다(영 제65조 제3항).
　　• 시험·검사 및 조사·분석에 필요한 자료 및 정보
　　• 시험·검사기관이 중대한 하자 또는 결함이 있다고 판정한 물품 등에 대한 처리계획 및 실적
⑤ ① 내지 ④의 규정에 따라 사업자 또는 사업자단체로부터 소비자단체에 제공된 자료 및 정보는 미리 사업자 또는 사업자단체에 알린 사용목적이 아닌 용도 및 사용절차가 아닌 방법으로 사용하여서는 아니 된다.

(3) 소비자정보요청협의회(법 제79조)

① (2)의 ①의 규정에 따른 소비자단체의 자료 및 정보의 제공요청과 관련한 다음의 사항을 협의·조정하기 위하여 한국소비자원에 소비자정보요청협의회(이하 "협의회")를 둔다.
  ㉠ 소비자단체가 요청하는 자료 및 정보의 범위·사용목적·사용절차에 관한 사항
  ㉡ (2)의 ①의에 따른 자료 및 정보의 제공 여부(영 제66조 제1호)
  ㉢ 사업자나 사업자단체가 요청받은 자료 및 정보의 제공기한(영 제66조 제2호)

② 협의회의 구성과 운영 그 밖에 필요한 사항(영 제67조)
  ㉠ 협의회는 협의회장 1명을 포함한 7명 이내의 위원으로 구성한다.
  ㉡ 협의회장은 한국소비자원의 상임이사 중에서 한국소비자원 원장의 제청으로 공정거래위원회위원장이 위촉한다.
  ㉢ 협의회장 외의 위원은 한국소비자원 원장의 제청으로 공정거래위원회위원장이 위촉하되, 위원 중 2명은 소비자단체가 추천하는 자 중에서, 2명은 사업자단체가 추천하는 자 중에서 제청한다.
  ㉣ 협의회장이 부득이한 사유로 직무를 수행할 수 없을 때에는 협의회가 미리 정하는 위원이 그 직무를 대행한다.
  ㉤ 협의회장 외의 위원 임기는 3년으로 하되, 연임할 수 있다.
  ㉥ 협의회장의 명을 받아 협의회의 서무를 처리하게 하기 위하여 협의회에 간사 1명을 두되, 간사는 한국소비자원의 원장이 한국소비자원의 직원 중에서 임명한다.
  ㉦ 소비자기본법 시행령에서 규정한 사항 외에 협의회의 구성·운영 등에 필요한 사항은 협의회의 의결을 거쳐 협의회장이 정한다.

11 보 칙

(1) 시정조치 등(법 제80조)

① 중앙행정기관의 장은 사업자가 소비자기본법 제20조의 규정을 위반하는 행위를 한 경우에는 그 사업자에게 그 행위의 중지 등 시정에 필요한 조치를 명할 수 있다.
② 중앙행정기관의 장은 사업자에게 ①의 규정에 따라 시정명령을 받은 사실을 공표하도록 명할 수 있다.

(2) 시정조치의 요청 등(법 제81조)

① 국가 및 지방자치단체는 사업자가 소비자기본법 제20조의 규정을 위반하는지 여부를 판단하기 위하여 필요한 경우에는 등록소비자단체 또는 한국소비자원에 조사를 의뢰할 수 있다.
② 공정거래위원회는 사업자가 소비자기본법 제20조의 규정을 위반하는 행위를 한 사실을 알게 된 때에는 그 물품 등을 주관하는 중앙행정기관의 장에게 위반행위의 시정에 필요한 적절한 조치를 요청할 수 있다.

(3) 실태조사(법 제81조의2)

① 공정거래위원회는 소비자의 권익증진이나 소비자정책의 효율적 추진을 위하여 필요하다고 인정하는 경우 실태조사를 실시하고, 그 결과를 공표할 수 있다.

② 공정거래위원회는 ①에 따른 실태조사를 위하여 필요한 경우에는 관계 소비자단체·사업자·사업자단체와 관계 행정기관·공공기관에 필요한 자료 또는 의견의 제출을 요청할 수 있다. 이 경우 해당 요청을 받은 자는 정당한 사유가 없으면 그 요청에 따라야 한다.

③ 공정거래위원회는 ①에 따른 실태조사의 효율적 추진을 위하여 필요한 경우에는 해당 실태조사 업무를 한국소비자원이나 관계 법인·단체에 위탁할 수 있다.

④ ①에 따른 실태조사의 절차 및 방법, 그 밖에 필요한 사항은 대통령령으로 정한다.

⑤ 실태조사의 절차 및 방법 등(영 제67조의2)

　㉠ ①에 따른 실태조사의 범위는 다음과 같다.
　　• 물품 등의 거래·가격·표시 및 광고에 관한 사항
　　• 물품 등의 거래와 관련된 소비자의 피해에 관한 사항
　　• 그 밖에 소비자의 권익증진이나 소비자정책의 수립 및 시행에 필요한 사항

　㉡ 공정거래위원회는 실태조사를 하려는 경우에는 조사목적, 조사기간 및 조사내용 등에 관한 실태조사계획을 미리 수립해야 한다.

　㉢ 실태조사는 서면조사, 현장조사 등의 방법으로 실시할 수 있다.

(4) 청문(법 제82조)

중앙행정기관의 장은 제20조의3 제3항·제20조의4 제1항·제30조·제50조 또는 제80조의 규정에 따른 명령 등의 조치를 하고자 하는 경우에는 청문을 실시하여야 한다. 다만, 제50조 제1항 단서의 경우에는 그러하지 아니하다.

(5) 권한의 위임·위탁 등(법 제83조)

① 중앙행정기관의 장은 소비자기본법에 따른 권한 중 다음 사항에 관한 권한을 시·도지사에게 위임할 수 있다.

　㉠ 시·도지사에게 위임하는 권한(영 제68조 제1항)
　　• 소비자기본법 제8조 제2항에 따른 시험·검사 또는 조사
　　• 소비자기본법 제47조 제1항에 따른 결함 내용 보고의 수리 및 같은 조 제2항에 따른 시험·검사의 의뢰와 그 결과에 따른 조치
　　• 소비자기본법 제49조 제1항 및 제2항에 따른 권고 및 통지의 수리와 같은 조 제4항에 따른 공표
　　• 소비자기본법 제50조 제1항 및 제2항에 따른 명령과 조치
　　• 소비자기본법 제77조 제1항 및 제3항에 따른 검사·시료수거·출입·보고 또는 관계 물품·서류 등의 제출에 관한 명령
　　• 소비자기본법 제80조 제1항 및 제2항에 따른 조치명령과 공표명령
　　• 소비자기본법 제82조에 따른 청문(소비자기본법 제50조 또는 제80조에 따른 명령 등의 조치를 하고자 하는 경우에 한한다)
　　• 소비자기본법 제86조 제2항에 따른 과태료의 부과·징수
　　• 소비자기본법 제36조에 따른 시정계획서의 접수 및 자진시정조치 결과보고의 수리

- 소비자기본법 제38조에 따른 시정계획서의 접수, 시정조치 결과보고의 수리, 그 밖에 시정명령과 관련된 권한

  ⓒ ㉠에 따라 권한을 위임받은 시·도지사는 매년 그 업무의 처리실적을 소관 중앙행정기관의 장에게 제출하여야 한다(영 제68조 제2항).

  ⓒ ㉠에 따라 권한을 위임받은 시·도지사는 다음의 경우에는 지체 없이 해당 업무의 처리 내용을 소관 중앙행정기관의 장에게 보고하여야 한다(영 제68조 제3항).
  - 결함 내용 보고의 수리 및 시험·검사의 의뢰와 그 결과에 따른 조치 업무와 관련하여 사업자로부터 결함내용을 보고받은 경우
  - 법 제50조 제1항 및 제2항에 따른 명령과 조치 업무와 관련하여 물품 등의 수거·파기 또는 제공금지 등의 조치를 한 경우
  - 제36조에 따른 시정계획서의 접수 및 자진시정조치 결과보고의 수리 및 제38조에 따른 시정계획서의 접수, 시정조치 결과보고의 수리, 그 밖에 시정명령과 관련된 권한 업무와 관련하여 사업자로부터 시정계획서를 제출받거나 조치결과를 보고받은 경우

② 중앙행정기관의 장은 다음의 어느 하나에 해당하는 경우에는 소비자기본법 제77조 제1항에 따른 권한을 한국소비자원에 위탁할 수 있다.
  ㉠ 소비자기본법 제17조 제2항의 규정에 따라 한국소비자원에 시험·검사 또는 조사를 의뢰하는 경우
  ㉡ 소비자기본법 제55조 제1항 내지 제3항의 규정에 따라 한국소비자원에 신청 또는 의뢰된 피해구제사건을 처리함에 있어서 사실확인을 위하여 필요하다고 인정되는 경우
  ㉢ 원장이 소비자기본법 제35조 제1항 제2호 및 제52조 제2항 제1호부터 제3호까지의 조치를 하기 위하여 필요하다고 요청하는 경우
  ㉣ 소비자기본법 제81조 제1항에 따라 한국소비자원에 조사를 의뢰하는 경우

③ 소비자기본법 제77조 제4항 및 제5항은 ②에 따라 중앙행정기관의 장으로부터 제77조 제1항에 따른 검사 등의 권한을 위탁받은 한국소비자원의 직원으로서 그 검사 등의 권한을 행하는 직원에 대하여 준용한다.

(6) 민감정보 및 고유식별정보의 처리(법 제83조의2)

① 공정거래위원회는 종합지원시스템을 통하여 소비자 피해의 예방 및 구제를 위한 사무를 수행하기 위하여 불가피한 경우「개인정보 보호법」제23조에 따른 건강에 관한 정보(의료분쟁조정과 관련된 정보에 한정)나 같은 법 제24조에 따른 고유식별정보가 포함된 자료를 처리할 수 있다.

② 소비자기본법 제16조의2 제7항에 따라 종합지원시스템 운영의 전부 또는 일부를 위탁받은 자는 소비자 피해의 예방 및 구제를 위한 사무를 수행하기 위하여 불가피한 경우 당사자의 동의를 얻어「개인정보 보호법」제23조에 따른 건강에 관한 정보나 같은 법 제24조에 따른 고유식별정보가 포함된 자료를 처리할 수 있다.

③ ① 및 ②에 따라「개인정보 보호법」제23조에 따른 건강에 관한 정보나 같은 법 제24조에 따른 고유식별정보가 포함된 자료를 처리할 때에는 해당 정보를「개인정보 보호법」에 따라 보호하여야 한다.

12 벌칙

(1) 벌칙(법 제84조)

① 3년 이하의 징역 또는 5천만원 이하의 벌금
  ㉠ 수거·파기 등의 명령 등 또는 시정조치 등에 따른 명령을 위반한 자
  ㉡ 검사 등으로 알게 된 내용을 소비자기본법의 시행을 위한 목적이 아닌 용도로 사용한 자
  ㉢ 제공된 자료 및 정보를 사용 목적이 아닌 용도 또는 사용절차가 아닌 방법으로 사용한 자
② 1년 이하의 징역 또는 3천만원 이하의 벌금 : 위해정보에 관한 사항을 누설한 자
③ ①의 경우에 징역형과 벌금형은 이를 병과(倂科)할 수 있다.

(2) 양벌규정(법 제85조)

법인의 대표자나 법인 또는 개인의 대리인, 사용인, 그 밖의 종업원이 그 법인 또는 개인의 업무에 관하여 (1) 벌칙의 위반행위를 하면 그 행위자를 벌하는 외에 그 법인 또는 개인에게도 해당 조문의 벌금형을 과(科)한다. 다만, 법인 또는 개인이 그 위반행위를 방지하기 위하여 해당 업무에 관하여 상당한 주의와 감독을 게을리하지 아니한 경우에는 그러하지 아니하다.

(3) 과태료(법 제86조)

① 3천만원 이하의 과태료
  ㉠ 법 제20조(소비자의 권익증진 관련기준의 준수)의 규정을 위반한 자
  ㉡ 법 제37조(유사명칭의 사용금지)의 규정을 위반하여 한국소비자원과 동일 또는 유사명칭(한국소비자보호원 등)을 사용한 자
  ㉢ 법 제47조(결함정보의 보고의무) 제1항의 규정을 위반하여 보고의무를 이행하지 아니하거나 거짓으로 이행한 자
  ㉣ 법 제77조(검사·시료수거와 자료제출 등) 제1항 또는 제3항의 규정에 따른 검사·시료수거·출입을 거부·방해·기피한 자, 업무에 관한 보고를 하지 아니하거나 거짓으로 보고한 자 또는 관계 물품·서류 등을 제출하지 아니하거나 거짓으로 제출한 자
② ①의 규정에 따른 과태료는 중앙행정기관의 장 또는 시·도지사가 부과·징수한다.
③ 과태료 부과기준(영 제69조 별표 2).
  ㉠ 일반기준
    • 위반행위의 횟수에 따른 과태료의 가중된 부과기준은 최근 2년간 같은 위반행위로 과태료 부과처분을 받은 경우에 적용한다. 이 경우 기간의 계산은 위반행위에 대하여 과태료 부과처분을 받은 날과 그 처분 후 다시 같은 위반행위를 하여 적발된 날을 기준으로 한다.
    • 부과권자는 위반행위의 정도, 위반행위의 동기와 그 결과 등 다음 사항을 고려하여 ㉡에서 정한 금액의 2분의 1의 범위에서 그 금액을 감경할 수 있다. 다만, 과태료를 체납하고 있는 위반행위자의 경우에는 그러하지 아니하다.
      – 위반행위자가 「중소기업기본법」 제2조에 따른 중소기업자인 경우
      – 위반행위자가 「질서위반행위규제법 시행령」 제2조의2 제1항의 어느 하나에 해당하는 경우

- 위반행위가 사소한 부주의나 오류로 인한 것으로 인정되는 경우
- 위반행위자가 법 위반상태를 시정하거나 해소한 경우

ⓒ 개별기준

위반행위		과태료(단위 : 만 원)	
		1회 위반	2차 이상 위반
국가가 정한 기준에 위반되는 물품 등을 제조·수입·판매하거나 제공한 경우		500	1,000
한국소비자원과 동일 또는 유사명칭(한국소비자보호원 등)을 사용한 경우		1,000	2,000
결함정보의 보고의무 위반 (보고하지 않거나 허위 보고의 경우)	사망 위험을 야기하거나 야기할 우려가 있는 결함	1,500	3,000
	「의료법」에 따른 의료기관에서 3주 이상 치료가 필요한 골절·질식·화상·감전 등 신체적 부상이나 질병을 야기하거나 야기할 우려가 있는 결함	1,000	2,000
	2명 이상의 식중독을 야기하거나 야기할 우려가 있는 결함		
	물품 등이 관계 법령이 정하는 안전기준을 위반한 결함	500	1,000
• 검사·시료수거·출입을 거부·방해·기피한 경우 • 업무에 관한 보고를 하지 않거나 허위로 보고한 경우 • 관계 물품·서류 등을 제출하지 않거나 허위로 제출한 경우		500	1,000

CHAPTER 02 실전예상문제

PART 4 직업윤리 및 법률

01 소비자기본법의 목적으로 가장 옳지 않은 것은?

① 소비자의 권익 증진
② 소비생활의 향상
③ 소비자단체의 권리 보호
④ 국민경제의 발전에 이바지

해설 **소비자기본법의 목적(법 제1조)**
소비자의 권익을 증진하기 위하여 소비자의 권리와 책무, 국가·지방자치단체 및 사업자의 책무, 소비자단체의 역할 및 자유시장경제에서 소비자와 사업자 사이의 관계를 규정함과 아울러 소비자정책의 종합적 추진을 위한 기본적인 사항을 규정함으로써 소비생활의 향상과 국민경제의 발전에 이바지함을 목적으로 한다.

02 소비자기본법상 소비자의 기본적 권리에 해당하지 않는 것은?

① 합리적인 소비생활을 위하여 교육을 받을 권리
② 안전하고 쾌적한 소비생활 환경에서 소비할 권리
③ 단체를 조직하고 이를 통하여 활동할 수 있는 권리
④ 권익증진에 필요한 정보를 습득하기 위해 노력할 권리

해설 ④ 소비자의 책무에 해당하는 내용이다(법 제5조 제2항).

03 소비자기본법령상 국가 및 지방자치단체가 소비자교육을 실시하는 방법으로 옳지 않은 것은?

① 정보통신매체를 이용하는 방법
② 현장실습 등 체험 위주의 방법
③ 비상업적 공익광고 등 다양한 매체를 활용하는 방법
④ 법인인 평생교육기관의 평생교육시설을 활용하는 방법

해설 국가 및 지방자치단체는 소비자교육을 다음의 어느 하나에 해당하는 방법으로 실시할 수 있다(영 제6조).
- 정보통신매체를 이용하는 방법
- 현장실습 등 체험 위주의 방법
- 평생교육시설(「평생교육법」 제2조 제2호에 따른 평생교육기관으로서 법인·단체가 아닌 것)을 활용하는 방법
- 「방송법」 제73조 제4항에 따른 비상업적 공익광고 등 다양한 매체를 활용하는 방법

04 소비자기본법령상 소비자분쟁 해결 관련 사항으로 옳지 않은 것은?

① 소비자분쟁해결기준은 일반적 소비자분쟁해결기준과 품목별 소비자분쟁해결기준으로 구분한다.
② 국가는 소비자와 사업자 사이에 발생하는 분쟁을 원활하게 해결하기 위하여 소비자분쟁해결기준을 제정할 수 있다.
③ 지방자치단체는 일반적 소비자분쟁해결기준에 따라 품목별 소비자분쟁해결기준을 제정하여 고시할 수 있다.
④ 국가 및 지방자치단체는 소비자의 불만이나 피해가 신속·공정하게 처리될 수 있도록 관련기구의 설치 등 필요한 조치를 강구하여야 한다.

해설 공정거래위원회는 일반적 소비자분쟁해결기준에 따라 품목별 소비자분쟁해결기준을 제정하여 고시할 수 있다(영 제8조 제3항).

05 소비자기본법령상 소비자중심경영의 인증을 받은 사업자의 인증을 취소하여야 하는 경우로 옳은 것은?

① 인증의 기준에 적합하지 아니하게 된 경우
② 거짓이나 부정한 방법으로 인증을 받은 경우
③ 할부거래에 관한 법률 위반으로 영업정지 조치를 받은 경우
④ 방문판매 등에 관한 법률 위반으로 과징금 부과처분을 받은 경우

해설 소비자중심경영인증의 취소(법 제20조의4 제1항, 영 제11조의7)
공정거래위원회는 인증을 받은 사업자가 다음의 어느 하나에 해당하면 그 인증을 취소할 수 있다. 다만, 거짓이나 부정한 방법으로 인증을 받은 경우에는 그 인증을 취소하여야 한다.
• 거짓이나 부정한 방법으로 인증을 받은 경우
• 인증의 기준에 적합하지 아니하게 된 경우
• 인증을 받은 후에 다음 법률을 위반하여 관계 중앙행정기관으로부터 해당 조치를 받은 경우

위반 법률	해당 조치
방문판매 등에 관한 법률	시정조치 등 또는 과징금 부과처분
전자상거래 등에서의 소비자보호에 관한 법률	시정조치 등 또는 과징금 부과처분
할부거래에 관한 법률	시정조치 또는 영업정지 등 또는 과징금 부과처분
표시·광고의 공정화에 관한 법률	시정조치 등 또는 과징금 부과처분
독점규제 및 공정거래에 관한 법률	시정조치 등 또는 과징금 부과처분

06 소비자기본법상 소비자정책에 관한 기본계획에 포함되어야 할 사항으로 옳지 않은 것은?

① 소비자정책의 목표
② 소비자정책의 기본방향
③ 소비자정책 추진 관련 재원 조달방법
④ 노인 위해방지를 위한 연령별 안전기준의 작성

해설 소비자정책에 관한 기본계획에 포함되어야 할 사항(법 제21조 제2항)
- 소비자정책과 관련된 경제·사회 환경의 변화
- 소비자정책의 기본방향
- 소비자정책의 목표
- 소비자정책의 추진과 관련된 재원의 조달방법
- 어린이 위해방지를 위한 연령별 안전기준의 작성
- 그 밖에 소비자정책의 수립과 추진에 필요한 사항

07 소비자기본법령상 사업자가 소관 중앙행정기관의 장에게 보고하여야 할 제조·설계 또는 표시 등의 중대한 결함에 해당하지 않는 것은?

① 사망의 위험을 야기할 우려가 있는 결함
② 1명 이상의 식중독을 야기할 우려가 있는 결함
③ 3주 이상의 치료가 필요한 부상을 야기할 우려가 있는 결함
④ 3주 이상의 치료가 필요한 질병을 야기할 우려가 있는 결함

해설 중대한 결함의 범위 등(영 제34조 제1항)
- 물품 등의 제조·설계·표시·유통 또는 제공에 있어서 통상적으로 기대할 수 있는 안전성이 결여된 결함으로서 소비자에게 다음의 위험을 야기하거나 야기할 우려가 있는 결함
  - 사망
  - 「의료법」 제3조 제2항에 따른 의료기관에서 3주 이상의 치료가 필요한 골절·질식·화상·감전 등 신체적 부상이나 질병
  - 2명 이상의 식중독
- 물품 등이 관계 법령이 정하는 안전기준을 위반한 결함

08 소비자기본법상 소비자안전센터의 업무로 옳은 것은?

> ㄱ. 위해정보의 수집 및 처리
> ㄴ. 소비자의 권익증진에 관한 업무
> ㄷ. 위해 물품 등에 대한 시정 건의
> ㄹ. 소비자의 불만 처리 및 피해구제

① ㄱ, ㄴ　　② ㄴ, ㄷ　　③ ㄱ, ㄷ　　④ ㄴ, ㄹ

해설 **소비자안전센터의 업무(법 제51조 제3항)**
- 소비자기본법 제52조의 규정에 따른 위해정보의 수집 및 처리
- 소비자안전을 확보하기 위한 조사 및 연구
- 소비자안전과 관련된 교육 및 홍보
- 위해 물품 등에 대한 시정 건의
- 소비자안전에 관한 국제협력
- 그 밖에 소비자안전에 관한 업무

한국소비자원의 업무(법 제35조 제1항)
- 소비자의 권익과 관련된 제도와 정책의 연구 및 건의
- 소비자의 권익증진을 위하여 필요한 경우 물품 등의 규격·품질·안전성·환경성에 관한 시험·검사 및 가격 등을 포함한 거래조건이나 거래방법에 대한 조사·분석
- 소비자의 권익증진·안전 및 소비생활의 향상을 위한 정보의 수집·제공 및 국제협력
- 소비자의 권익증진·안전 및 능력개발과 관련된 교육·홍보 및 방송사업
- 소비자의 불만 처리 및 피해구제
- 소비자의 권익증진 및 소비생활의 합리화를 위한 종합적인 조사·연구
- 국가 또는 지방자치단체가 소비자의 권익증진과 관련하여 의뢰한 조사 등의 업무
- 「독점규제 및 공정거래에 관한 법률」 제90조 제7항에 따라 공정거래위원회로부터 위탁받은 동의의결의 이행관리
- 그 밖에 소비자의 권익증진 및 안전에 관한 업무

09 소비자기본법령상 한국소비자원의 피해구제와 관련된 설명으로 옳지 않은 것은?

① 소비자기본법에 따른 피해구제의 신청이나 의뢰는 서면으로만 하여야 한다.
② 소비자는 물품 등의 사용으로 인한 피해의 구제를 한국소비자원에 신청할 수 있다.
③ 소비자단체는 소비자로부터 피해구제의 신청을 받은 때에는 한국소비자원에 그 처리를 의뢰할 수 있다.
④ 사업자는 소비자로부터 피해구제 신청을 받은 날부터 30일이 경과하여도 합의에 이르지 못하는 경우 한국소비자원에 그 처리를 의뢰할 수 있다.

해설 ① 소비자기본법에 따른 피해구제의 신청이나 의뢰는 서면으로 하여야 한다. 다만, 긴급을 요하거나 부득이한 사유가 있는 경우에는 구술로나 전화 등으로 할 수 있다(영 제43조 제1항).

10 소비자기본법상 소비자정책위원회의 구성에 대한 설명으로 옳은 것은?

① 국무총리 소속으로 소비자정책위원회를 둔다.
② 위원장 1명을 포함한 20명 이내의 위원으로 구성한다.
③ 위원은 한국소비자원의 원장이 위촉하는 자가 된다.
④ 위촉위원의 임기는 2년으로 한다.

해설 ① 소비자의 권익증진 및 소비생활의 향상에 관한 기본적인 정책을 종합·조정하고 심의·의결하기 위하여 국무총리 소속으로 소비자정책위원회[이하 "정책위원회"를 둔다(법 제23조)]
② 위원장 2명을 포함한 25명 이내의 위원으로 구성한다(법 제24조 제1항).
③ 위원은 국무총리가 위촉하는 자가 된다(법 제24조 제3항).
④ 위촉위원의 임기는 3년으로 한다(법 제24조 제4항).

11 소비자기본법령상 소비자단체의 등록에 대한 설명으로 옳지 않은 것은?

① 해당 업무를 처리할 수 있는 전산장비와 사무실을 갖추어야 한다.
② 해당 업무를 처리할 수 있는 상근인력 5명 이상
③ 한국소비자원의 원장은 등록을 신청한 소비자단체가 해당 요건을 갖추었는지 심사한다.
④ 요건을 모두 갖춘 소비자단체는 공정거래위원회 또는 지방자치단체에 등록할 수 있다.

해설 ③ 공정거래위원회 또는 지방자치단체의 장은 등록을 신청한 소비자단체가 해당 요건을 갖추었는지 여부를 심사하여 등록 여부를 결정하여야 한다(법 제29조 제2항).
① 영 제23조 제1항 제1호
② 영 제23조 제1항 제2호
④ 법 제29조 제1항

12 소비자기본법상 소비자분쟁조정위원회의 심의·의결 사항으로 옳지 않은 것은?

① 소비자분쟁에 대한 조정결정
② 조정위원회의 의사(議事)에 관한 규칙의 제정 및 개정·폐지
③ 조정위원회의 위원장이 토의에 부치는 사항
④ 소비자보호 및 안전 확보를 위하여 필요한 조치에 관한 사항

해설 ④ 소비자정책위원회의 심의·의결 사항이다(법 제25조 제1항 제3호).
①·②·③ 법 제60조 제2항

13 소비자기본법상 소비자단체소송 요건에 대한 설명으로 옳지 않은 것은?

① 다수 소비자의 권익보호 및 피해예방을 위한 공익상의 필요가 있어야 한다.
② 소송허가신청서의 기재사항에 흠결이 없어야 한다.
③ 소비자권익 침해행위를 금지·중지할 것을 요청한 후 30일이 경과하였어야 한다.
④ 단체소송을 허가하거나 불허가하는 결정에 대하여는 즉시항고할 수 있다.

> **해설** 소송허가요건 등(법 제74조)
> • 법원은 다음의 요건을 모두 갖춘 경우에 한하여 결정으로 단체소송을 허가한다.
>   – 물품 등의 사용으로 인하여 소비자의 생명·신체 또는 재산에 피해가 발생하거나 발생할 우려가 있는 등 다수 소비자의 권익보호 및 피해예방을 위한 공익상의 필요가 있을 것
>   – 소송허가신청서의 기재사항에 흠결이 없을 것
>   – 소제기단체가 사업자에게 소비자권익 침해행위를 금지·중지할 것을 서면으로 요청한 후 14일이 경과하였을 것
> • 단체소송을 허가하거나 불허가하는 결정에 대하여는 즉시항고할 수 있다.

14 소비자기본법상 1년 이하의 징역 또는 3천만원 이하의 벌금에 처하는 자로 옳은 것은?

① 수거·파기 등의 명령을 위반한 자
② 위해정보에 관한 사항을 누설한 자
③ 시정조치 등에 따른 명령을 위반한 자
④ 제공된 자료를 사용 목적이 아닌 용도로 사용한 자

> **해설** ② 1년 이하의 징역 또는 3천만원 이하의 벌금(법 제84조 제2항)
> ①·③·④ 3년 이하의 징역 또는 5천만원 이하의 벌금(법 제84조 제1항)

15 소비자기본법령상 1차 위반 시 500만원의 과태료가 부과되는 대상을 모두 고른 것은?

> ㄱ. 검사·시료수거·출입을 거부·방해·기피한 경우
> ㄴ. 관계 물품·서류 등을 제출하지 않거나 허위로 제출한 경우
> ㄷ. 한국소비자원과 동일 또는 유사명칭(한국소비자보호원 등)을 사용한 경우
> ㄹ. 국가가 정한 기준에 위반되는 물품 등을 제조·수입·판매하거나 제공한 경우
> ㅁ. 사망 위험을 야기하거나 야기할 우려 있는 결함을 보고하지 않거나 허위 보고한 경우

① ㄱ, ㄴ, ㄷ
② ㄱ, ㄴ, ㄹ
③ ㄴ, ㄷ, ㄹ
④ ㄴ, ㄹ, ㅁ

> **해설** ㄱ·ㄴ·ㄹ. 1차 위반 시 500만원의 과태료(영 제69조 별표 2)
> ㄷ. 1차 위반 시 1,000만원의 과태료(영 제69조 별표 2)
> ㅁ. 1차 위반 시 1,500만원의 과태료(영 제69조 별표 2)

정답 13 ③ 14 ② 15 ②

CHAPTER 03 | 기타 생활법률

1 반려동물의 사육·관리 일반

(1) 등록대상 반려동물
① "등록대상동물"이란 동물의 보호, 유실·유기(遺棄) 방지, 질병의 관리, 공중위생상의 위해 방지 등을 위하여 등록이 필요하다고 인정하는 다음의 어느 하나에 해당하는 월령(月齡) 2개월 이상인 개를 말한다(동물보호법 제2조 제8호 및 동물보호법 시행령 제4조).
  ㉠ 주택 및 준주택에서 기르는 개
  ㉡ 주택 및 준주택 외의 장소에서 반려(伴侶) 목적으로 기르는 개
② 주택과 준주택의 의미
  ㉠ "주택"이란 세대(世帶)의 구성원이 장기간 독립된 주거생활을 할 수 있는 구조로 된 건축물의 전부 또는 일부 및 그 부속토지를 말하며, 단독주택과 공동주택으로 구분한다(주택법 제2조 제1호).
  ㉡ "준주택"이란 주택 외의 건축물과 그 부속토지로서 주거시설로 이용 가능한 시설 등을 말하며, 그 범위와 종류에는 기숙사, 다중생활시설, 노인복지주택, 오피스텔 등이 있다(주택법 제2조 제4호 및 주택법 시행령 제4조).

(2) 공동주택에서의 반려동물 관리 책임
① 입주자·사용자는 가축(장애인 보조견 제외)을 사육함으로써 공동주거생활에 피해를 미치는 행위를 하려는 경우에는 관리 주체의 동의를 받아야 한다(공동주택관리법 시행령 제19조 제2항 제4호 참고).
② 공동주택 내에서 반려동물과 생활할 수 있는지는 각 공동주택의 관리규약을 확인해야 한다.

> **더 알아보기** 공동주택의 관리규약 및 관리주체(공동주택관리법 제2조 제1항 제9호, 제10호)
>
> - "관리규약"이란 공동주택의 입주자 등을 보호하고 주거생활의 질서를 유지하기 위하여 공동주택관리법 제18조 제2항에 따라 입주자등이 정하는 자치규약을 말한다.
> - "관리주체"란 공동주택을 관리하는 다음의 자를 말한다.
>   - 자치관리기구의 대표자인 공동주택의 관리사무소장
>   - 관리업무를 인계하기 전의 사업주체
>   - 주택관리업자
>   - 임대사업자
>   - 민간임대주택에 관한 특별법에 따른 주택임대관리업자(시설물 유지·보수·개량 및 그 밖의 주택관리 업무를 수행하는 경우에 한정)

(3) 배상 책임 및 경범죄 처벌

① 반려견·반려묘 입양 후 발생한 피해 배상(소비자분쟁해결기준)

반려동물판매업자에게 구입한 반려견·반려묘가 구입한 후 15일 이내에 죽거나 질병에 걸렸다면 특약이 없는 한 소비자분쟁해결기준의 보상기준에 따라 다음과 같이 그 피해를 배상받을 수 있다.

㉠ 구입 후 15일 이내 폐사 : 같은 종류의 반려동물로 교환 또는 구입가 환급이 가능하다. 다만, 소비자의 중대한 과실로 인하여 피해가 발생한 경우에는 배상을 요구할 수 없다.

㉡ 구입 후 15일 이내 질병 발생 : 판매업소(사업자)가 제반 비용을 부담하여 회복시켜 소비자에게 인도해야 한다. 다만, 업소 책임 하의 회복 기간이 30일을 경과하거나, 판매업소 관리 중 폐사 시에는 같은 종류의 반려동물로 교환 또는 구입가 환급이 가능하다.

② 손해배상책임

㉠ 반려동물이 사람의 다리를 물어 상처를 내는 등 고의 또는 과실로 다른 사람에게 손해를 끼쳤다면 치료비 등 그 손해를 배상해야 한다(민법 제750조 및 제759조 제1항 전단 참고).

㉡ 이때 손해를 배상해야 하는 자는 반려동물의 소유자뿐만 아니라 소유자를 위해 사육·관리 또는 보호에 종사한 사람도 해당한다(민법 제759조 제2항 참고).

㉢ 경범죄 처벌(경범죄 처벌법 제3조 제1항 제25호·제26호, 제6조 제1항, 경범죄 처벌법 시행령 제2조 및 별표 참고).

- 사람이나 가축에 해를 끼치는 버릇이 있는 반려동물을 함부로 풀어놓거나 제대로 살피지 않아 나다니게 한 경우 : 5만원
- 개나 그 밖의 동물을 시켜 사람이나 가축에게 달려들게 한 경우 : 8만원

2 반려동물과의 외출

(1) 반려동물과 정부 지정 자연공원 이용하기

① 공원관리청은 공원 사업의 시행이나 자연공원의 보전·이용·보안 및 그 밖의 관리를 위하여 필요한 경우에는 대통령령으로 정하는 바에 따라 공원 구역에서의 영업과 그 밖의 행위를 제한하거나 금지할 수 있다(자연공원법 제29조 제1항).

② ①에 따라 제한 또는 금지된 영업이나 그 밖의 행위를 한 자에게는 200만원 이하의 과태료를 부과한다(자연공원법 제86조 제1항 제6호).

③ 공원관리청이 공원 구역에서 제한하거나 금지할 수 있는 영업 또는 행위로는 공원생태계에 영향을 미칠 수 있는 개[장애인복지법 제40조에 따른 장애인 보조견(補助犬)은 제외]·고양이 등 동물을 데리고 입장하는 행위 등이 있다(자연공원법 시행령 제26조 제4호).

(2) 반려동물을 안은 상태에서의 운전금지

① 차를 직접 운전해서 반려동물과 이동할 경우 안전운전을 위해 반려동물을 안은 상태로 운전해서는 아니된다(도로교통법 제39조 제5항 참고).

② ①을 위반하여 반려동물을 안은 상태로 운전을 할 경우에는 20만원 이하의 벌금이나 구류 또는 과료(科料)에 처해지며 다음과 같이 범칙금이 부과된다(도로교통법 제156조 제1호, 제162조, 도로교통법 시행령 제93조 제1항 및 별표 8 제33호 참고).
　㉠ 승합차 등 : 5만원
　㉡ 승용차 등 : 4만원
　㉢ 이륜차 등 : 3만원
　㉣ 자전거 등 : 2만원

(3) 반려동물과 대중교통 이용하기

① 시내버스
　㉠ 이동장비에 넣는 등 안전조치를 취한 후 탑승하여야 한다.
　㉡ 반려동물의 시내버스 탑승 가능 여부는 버스운송회사마다 운송약관과 영업지침에 따라 차이가 있기는 하지만 허용중량 및 용적규격을 초과하지 않고 반려동물 전용 운반상자를 갖춘 경우에는 탑승을 허용한다.
　㉢ 이용하려는 시내버스의 운송회사에 미리 반려동물의 탑승 가능 여부를 알아보는 것이 좋다(여객자동차 운수사업법 제9조, 서울특별시 시내버스 운송사업 약관 제10조 제3호 및 제17조 참고).

> **더알아보기** 장애인 보조견의 대중교통 탑승
>
> 누구든지 보조견표지를 붙인 장애인 보조견을 동반한 장애인이 대중교통수단을 이용하려는 경우 정당한 사유 없이 거부해서는 안 된다(지정된 전문훈련기관에 종사하는 장애인 보조견 훈련자 또는 장애인 보조견 훈련 관련 자원봉사자가 보조견표지를 붙인 장애인 보조견을 동반한 경우에도 동일). 보조견표지를 붙인 장애인 보조견을 동반한 장애인, 장애인 보조견 훈련자 또는 장애인 보조견 훈련 관련 자원봉사자의 출입을 정당한 사유 없이 거부한 자는 300만원 이하의 과태료가 부과될 수 있다(장애인복지법 제40조 제3항 전단 및 제90조 제3항 제3호 참고).

② 고속버스 · 시외버스
　㉠ 이동장비에 넣는 등 안전조치를 취한 후 탑승하여야 한다.
　㉡ 반려동물의 고속버스 또는 시외버스 탑승 가능 여부는 버스운송회사마다 운송약관과 영업지침에 차이가 있기는 하지만 허용중량 및 용적규격을 초과하지 않고 전용이동장비에 넣은 반려동물은 탑승을 허용하고 있다.
　㉢ 이용하려는 고속버스와 시외버스의 운송회사에 미리 반려동물의 탑승 가능 여부를 알아보는 것이 좋다(여객자동차 운수사업법 제9조, 고속버스 운송사업 운송약관 제22조, 제25조 제3호 및 경기도 시외버스 운송사업 운송약관 제22조 제3호 참고).

③ 전철(광역철도 · 도시철도)
　㉠ 이동장비에 넣는 등 안전조치를 취한 후 탑승하여야 한다.
　㉡ 반려동물과 함께 전철에 탑승하려면 반려동물을 이동장비에 넣어 보이지 않게 하고, 불쾌한 냄새가 발생하지 않게 하는 등 다른 탑승객에게 불편을 줄 염려가 없도록 안전조치를 취한 후 탑승해야 한다(도시철도법 제32조, 광역철도 여객운송 약관 제31조 제2호, 제32조 제1항 및 서울교통공사 여객운송약관 제34조 제1항 제4호 참고).

④ 기차
  ㉠ 이동장비에 넣는 등 안전조치를 취한 후 탑승하여야 한다.
  ㉡ 반려동물과 함께 기차에 탑승하려면 반려동물(이동장비를 포함)의 크기가 좌석 또는 통로를 차지하지 않는 범위 이내로 제한되며, 다른 사람에게 위해나 불편을 끼칠 염려가 없는 반려동물 전용가방 등에 넣어 외부로 노출되지 않게 하고, 광견병 예방접종 등 필요한 예방접종을 한 경우 등 안전조치를 취한 후 탑승해야 한다(철도안전법 제47조 제1항 제7호, 철도안전법 시행규칙 제80조 제1호 및 한국철도공사 여객운송약관 제22조 제1항 제2호 참고).
  ㉢ 이를 위반하여 안전조치를 하지 않은 반려동물과 함께 기차에 탑승하여 탑승객에게 위해를 끼치는 경우에는 기차에서 퇴거 조치를 받거나 50만원 이하의 과태료가 부과된다(철도안전법 제82조 제5항 제2호 참고).
⑤ 비행기 : 항공사마다 운송약관과 영업지침에 따라 차이가 있으므로, 반려동물과 함께 비행기를 이용하려면 해당 항공사에 연락해서 미리 상담한 후 반려동물 수하물 서비스를 신청하는 것이 좋다(항공사업법 제62조 제1항 참고).
⑥ 그 밖의 교통수단
  ㉠ 택시 : 반려동물의 택시 탑승 가능 여부는 택시사업자가 정하는 운송약관 또는 영업지침에 따라 결정된다(여객자동차 운수사업법 제9조 참고).
  ㉡ 연안여객선 : 반려동물의 연안여객선 탑승 가능 여부는 연안여객회사마다 운송약관과 영업지침에 따라 차이가 있기는 하지만 대부분의 경우 전용이동장비에 넣은 반려동물은 탑승을 허용하고 있다. 따라서 이용하려는 연안여객회사에 미리 반려동물의 탑승 가능 여부를 알아보는 것이 좋다(해운법 제11조의2 참고).
  ㉢ 화물자동차 : 반려동물의 중량이 20kg 이상이거나, 혐오감을 주는 동물인 경우에는 밴형 화물자동차에 반려동물과 동승할 수 있다(화물자동차 운수사업법 제2조 제3호 및 화물자동차 운수사업법 시행규칙 제3조의2 참고).

3 반려동물 사체 처리

(1) 사체 처리 방법

① 동물병원 위탁
반려동물이 동물병원에서 죽은 경우 의료폐기물로 분류되어 동물병원에서 자체적으로 처리되거나 폐기물처리업자 또는 폐기물처리시설 설치·운영자 등에게 위탁해서 처리한다(폐기물관리법 제2조 제5호, 제18조 제1항, 폐기물관리법 시행령 별표 1 제10호, 별표 2 제2호 가목 및 폐기물관리법 시행규칙 별표 3 제6호 참고).

② 종량제 봉투에 배출
반려동물의 사체는 생활폐기물에 해당하여 지방자치단체의 조례로 정하는 바에 따라 생활쓰레기봉투 등에 넣어 배출하면 생활폐기물 처리업자가 처리한다(폐기물관리법 제2조 제1호·제2호 및 제14조 제1항·제2항·제5항 참고).

③ 동물장묘 시설 이용

동물장묘업 허가를 받은 시설에서 화장, 건조장, 수분해장으로 사체를 처리할 수 있다(동물보호법 제69조 제1항 제4호 및 동물보호법 시행규칙 제38조 제4호 나목 · 다목 · 라목 참고).

(2) 사체 투기 금지

① 반려동물이 죽으면 사체를 함부로 아무 곳에나 버려서는 아니 된다(경범죄 처벌법 제3조 제1항 제11호 및 폐기물관리법 제8조 제1항).

② ①을 위반하면 5만원의 범칙금 또는 100만원 이하의 과태료 부과된다(경범죄 처벌법 시행령 제2조, 별표 및 폐기물관리법 제68조 제3항 제1호 참고).

(3) 사체 임의 매립 및 소각 금지

① 반려동물이 죽으면 사체는 폐기물관리법에 따라 허가 또는 승인받거나 신고된 폐기물처리시설에서만 매립할 수 있으며, 폐기물처리시설이 아닌 곳에서 매립하거나 소각하면 아니 된다(폐기물관리법 제8조 제2항 본문 참고).

② ①을 위반하면 100만원 이하의 과태료가 부과된다(폐기물관리법 제68조 제3항 제1호).

CHAPTER 03 실전예상문제

01 공동주택에서의 반려동물 관리 책임에 대한 설명으로 옳지 않은 것은?

① 입주자는 공동주택에서 가축 사육 시 관리 주체의 동의를 받아야 한다.
② 사용자는 공동주택에서 가축을 사육함으로써 공동주거생활에 피해를 미치는 행위를 하려는 경우에는 관리 주체의 동의를 받아야 한다.
③ 공동주택 내에서 반려동물과 생활할 수 있는지는 각 공동주택의 관리규약을 확인해야 한다.
④ 장애인 보조견을 사육함으로써 공동주거생활에 피해를 미치는 행위를 하려는 경우에는 관리 주체의 동의를 받아야 한다.

> **해설** 공동주택에서의 반려동물 관리 책임
> - 입주자·사용자는 가축(장애인 보조견 제외)을 사육함으로써 공동주거생활에 피해를 미치는 행위를 하려는 경우에는 관리 주체의 동의를 받아야 한다(공동주택관리법 시행령 제19조 제2항 제4호).
> - 공동주택 내에서 반려동물과 생활할 수 있는지는 각 공동주택의 관리규약을 확인해야 한다.

02 반려동물 관련 처벌에 대한 설명으로 옳은 것은?

① 반려동물을 안은 상태로 승용차를 운전한 경우의 처벌은 4만원이다.
② 폐기물처리시설이 아닌 곳에서 반려동물의 사체를 매립하거나 소각한 경우의 과태료는 20만원 이하이다.
③ 사람에 해를 끼치는 버릇이 있는 반려동물을 함부로 풀어놓은 경우의 경범죄 처벌은 8만원이다.
④ 개나 그 밖의 동물을 시켜 사람이나 가축에게 달려들게 한 경우의 경범죄 처벌은 5만원이다.

> **해설** 사체 임의 매립 및 소각 금지
> 반려동물이 죽으면 사체는 폐기물관리법에 따라 허가 또는 승인받거나 신고된 폐기물처리시설에서만 매립할 수 있으며, 폐기물처리시설이 아닌 곳에서 매립하거나 소각하면 아니 된다(폐기물관리법 제8조 제2항 본문 참조). 이를 위반하면 100만원 이하의 과태료가 부과된다(폐기물관리법 제68조 제3항 제1호).
>
> 경범죄 처벌(경범죄 처벌법 제3조 제1항 제25호·제26호, 제6조 제1항, 경범죄 처벌법 시행령 제2조 및 별표)
> - 사람이나 가축에 해를 끼치는 버릇이 있는 반려동물을 함부로 풀어놓거나 제대로 살피지 않아 나다니게 한 경우 : 5만원
> - 개나 그 밖의 동물을 시켜 사람이나 가축에게 달려들게 한 경우 : 8만원

정답 01 ④ 02 ①

03 반려동물 사체 처리 방법에 대한 설명으로 옳지 않은 것은?

① 반려동물이 동물병원에서 죽은 경우 의료폐기물로 분류된다.
② 반려동물이 동물병원에서 죽은 경우 동물병원에서 자체적으로 처리할 수 있다.
③ 반려동물의 사체는 생활쓰레기봉투 등에 넣어 배출하는 것은 금지되어 있다.
④ 동물장묘업 허가를 받은 시설에서 화장, 건조장, 수분해장으로 사체를 처리할 수 있다.

해설 반려동물의 사체는 생활폐기물에 해당하여 지방자치단체의 조례로 정하는 바에 따라 생활쓰레기봉투 등에 넣어 배출하면 생활폐기물 처리업자가 처리한다(폐기물관리법 제2조 제1호·제2호 및 제14조 제1항·제2항·제5항 참고).

CHAPTER 04 반려동물행동지도사의 직업윤리

1 직업윤리의 이해

(1) 윤리의 의미

① 윤리의 '윤(倫)'은 동료와 친구, 무리, 또래 등의 인간 집단을 뜻하기도 하고 길, 도리, 질서, 차례, 법(法) 등을 뜻하기도 한다. 즉 인간관계에 필요한 길이나 도리, 질서를 의미한다고 볼 수 있다.

② 윤리의 '리(理)'는 다스린다(治), 바르다(正), 원리(原理), 이치(理致), 가리다(판단 判斷), 밝히다(해명 解明), 명백(明白)하다 등의 여러 가지 뜻이 있다.

③ 윤리(倫理)는 '인간과 인간 사이에서 지켜져야 할 도리를 바르게 하는 것' 또는 '인간사회에 필요한 올바른 질서'라고 해석할 수 있을 것이다.

(2) 직업의 의미

① 직업의 개념
  ㉠ 직업(職業)에서 '직(職)'은 사회적 역할의 분배인 직분(職分)을, '업(業)'은 일 또는 행위, 더 나아가서는 불교에서 말하는 전생 및 현생의 인연을 말하는 것이다.
  ㉡ 직업은 사회적으로 맡은 역할과 하늘이 맡긴 소명, 전생의 허물을 벗기 위한 과제 등으로 볼 수 있다.

② 직업의 속성
  ㉠ 계속성 : 매일, 매주, 매월 등 주기적으로 일을 하거나, 계절 또는 명확한 주기가 없어도 계속 행해지며, 현재 하고 있는 일을 계속할 의지와 가능성이 있어야 함을 의미한다.
  ㉡ 경제성 : 직업이 경제적 거래 관계가 성립되는 활동이어야 함을 의미한다. 따라서 무급 자원봉사나 전업 학생은 직업으로 보지 않으며 노력이 전제되지 않는 자연 발생적인 이득의 수취나 우연하게 발생하는 경제적 과실에 전적으로 의존하는 활동도 직업으로 보지 않는다.
  ㉢ 윤리성 : 비윤리적인 영리 행위나 반사회적인 활동을 통한 경제적 이윤추구는 직업 활동으로 인정되지 않음을 의미한다.
  ㉣ 사회성 : 모든 직업 활동이 사회 공동체적 맥락에서 의미 있는 활동이어야 한다는 것이다.
  ㉤ 자발성 : 속박된 상태에서의 제반 활동은 경제성이나 계속성의 여부와 상관없이 직업으로 보지 않는다는 것이다. 따라서 취미활동이나 아르바이트, 강제노동 등은 체계적이고 전문화된 일의 영역으로 볼수 있지만 자발성을 갖추지 않은 경우 직업으로 포함하지 않는다.

(3) 직업윤리의 의미
　① 직업윤리의 개념
　　㉠ 직업윤리란 "직업 활동을 하는 개인이 자신의 직무를 잘 수행하고 자신의 직업과 관련된 직업과 사회에서 요구하는 규범에 부응하여 개인이 갖추고 발달시키는 직업에 대한 신념, 태도, 행위"로 정의할 수 있다.
　　㉡ 직업윤리는 개인윤리를 바탕으로 각자가 직업에 종사하는 과정에서 요구되는 특수한 윤리 규범이다. 개인윤리의 기본 덕목인 사랑, 자비 등과 방법론상의 이념인 공동발전의 추구, 장기적 상호이익 등의 기본은 직업윤리에서도 동일하나 인간 행복을 위한 기본적 가치를 중심으로 관계를 이루는 사람 사이의 윤리 관계에 비하여 좀 더 전문화된 분업체계로서의 직업이라는 특수상황에서 요구되는 별도의 덕목과 규범이라 할 수 있다.
　② 일반적인 직업윤리 6가지
　　㉠ 소명의식 : 자신이 맡은 일은 하늘에 의해 맡겨진 일이라고 생각하는 태도
　　㉡ 천직의식 : 자신의 일이 자신의 능력과 적성에 꼭 맞는다 여기고 그 일에 열성을 가지고 성실히 임하는 태도
　　㉢ 직분의식 : 자신이 하고 있는 일이 사회나 기업을 위해 중요한 역할을 하고 있다고 믿고 자신의 활동을 수행하는 태도
　　㉣ 책임의식 : 직업에 대한 사회적 역할과 책무를 충실히 수행하고 책임을 다하는 태도
　　㉤ 전문가의식 : 자신의 일이 누구나 할 수 있는 것이 아니라 해당 분야의 지식과 교육을 밑바탕으로 성실히 수행해야만 가능한 것이라 믿고 수행하는 태도
　　㉥ 봉사의식 : 직업 활동을 통해 다른 사람과 공동체에 대하여 봉사하는 정신을 갖추고 실천하는 태도
　③ 개인윤리와 직업윤리의 조화
　　㉠ 업무상 개인의 판단과 행동이 사회적 영향력이 큰 기업시스템을 통하여 다수의 이해관계자와 관련을 맺게 된다.
　　㉡ 수많은 사람이 관련되어 고도화된 공동의 협력을 요구하므로 맡은 역할에 대한 책임완수가 필요하며, 정확하고 투명하게 일을 처리해야 한다.
　　㉢ 규모가 큰 공동의 재산과 정보 등을 개인의 권한하에 위임 또는 관리하므로 높은 윤리의식이 요구된다.
　　㉣ 직장이라는 특수상황에서 갖는 집단적 인간관계는 가족관계나 개인적 선호에 의한 친분관계와는 다른 측면의 배려가 요구된다.
　　㉤ 기업이 경쟁을 통해 사회적 책임을 다하고 보다 강한 경쟁력을 키우기 위하여 조직원 개개인의 역할과 능력이 경쟁상황에서 꾸준히 향상되도록 해야 한다.
　　㉥ 특수한 직무 상황에서는 개인적 덕목 차원의 일반적인 상식과 기준으로는 규제할 수 없는 경우가 많다.

2 노동윤리와 공동체 윤리

(1) 노동윤리

① 근면의 의미
- ㉠ 근면은 고난의 극복이라는 의미를 갖는다. 근면은 행위자가 환경과의 대립을 극복해 나가는 과정에서 발현된다. 근면은 과거의 고난을 극복한 경험을 통해 형성되고, 현재의 고난을 극복할 수 있는 자원이 된다.
- ㉡ 근면은 비선호의 수용 차원에서 개인의 절제나 금욕을 반영한다. 과거에는 사치와 향락, 소비를 거부하고 이윤 축적의 직업윤리를 수행해 왔다. 즉 근면은 고난을 극복하기 위해서 금전과 시간, 에너지를 사용할 수 있도록 준비하는 것이다.
- ㉢ 근면은 장기적이고 지속적인 행위 과정으로 인내를 요구한다. 근면이란 끊임없이 달성이 유예되는 가치 지향적인 목표 속에서 재생산된다고 볼 수 있다. 예컨대 경제개발에서 공업국가의 꿈은 그 꿈이 근접할 때 선진국으로 다시 초일류국가로 전환되면서 달성 시점을 유예한다.

② 정직의 의미
- ㉠ 정직의 사전적 의미는 '마음에 거짓이나 꾸밈이 없이 바르고 곧음'이다.
- ㉡ 사회시스템은 구성원 서로의 신뢰가 있어야 운영이 가능한 것이며, 그 신뢰를 형성하고 유지하는 데 필요한 가장 기본적이고 필수적인 규범이 바로 정직이다.
- ㉢ 정직이 신뢰를 형성하는 충분한 조건은 아니며 신뢰를 얻기 위해서는 정직 이외에도 약속을 잘 지키거나 필요능력을 갖춰야 하는 등의 다른 필요사항도 있어야 하겠지만 정직이 신뢰를 위해서는 빠질 수 없는 요소인 것만은 틀림없다.

③ 성실의 의미
- ㉠ 성실(誠實)의 사전적 의미는 "정성스럽고 참됨"이다.
- ㉡ 성(誠)은 정성스럽고 순수하고 참됨을 의미하며, 실(實)은 알차고 진실된 것을 의미한다. 따라서 성실은 그 단어의 본질을 살펴보았을 때, 그 의미가 근면함보다는 충(忠) 혹은 신(信)의 의미와 더 가깝다.
- ㉢ 심리학자들은 성실성(conscientiousness)을 '책임감이 강하고 목표한 바를 이루기 위해 목표 지향적 행동을 촉진하며 행동의 지속성을 갖게 하는 성취 지향적인 성질'로 설명하기도 한다.
- ㉣ 개인의 성향은 사회규범이나 법을 존중하고 충동을 통제하며 목표 지향적 행동을 조직하고 유지하며 목표를 추구하도록 동기를 부여하는 특징을 갖는다.

(2) 공동체 윤리

① 봉사와 책임의식의 의미
- ㉠ 봉사의 사전적 의미는 '국가나 사회 또는 남을 위하여 자신을 돌보지 아니하고 힘을 바쳐 애씀'이다.
- ㉡ 봉사는 원래 상대방을 위해 도움이나 물건을 제공해 주는 일을 통틀어 부르는 말이다.
- ㉢ 현대 사회의 직업인에게 봉사란, 일 경험을 통해 다른 사람과 공동체에 대하여 봉사하는 정신을 갖추고 실천하는 태도를 의미하며, 나아가 고객의 가치를 최우선으로 하는 고객 서비스 개념으로도 설명할 수 있다.

ⓔ 직업을 가진 모든 개인은 그 사회의 기능을 일부 나누어 맡아 수행함으로써 사회에 참여한다. 사회 변화가 가속화됨에 따라 모든 직업은 점점 분화되고 전문화됨으로써 이전처럼 자급자족할 수는 없게 되었고, 그렇기 때문에 직업인들은 자신이 속한 조직과 전체 사회 속에서 주어진 직분을 충실히 수행해야 한다.

ⓜ 사회를 구성하는 각각의 개인들이 자신의 직업적 역할을 어떻게 수행하느냐에 따라 그 사회는 발전할 수도 있고 오히려 퇴보할 수도 있다. 따라서 모든 직업인은 생계를 위해서뿐만 아니라 자신이 속한 조직의 번영을 위해서, 나아가 자신이 살고 있는 사회 전체의 발전을 위해서 '봉사정신'과 강한 '책임의식'을 갖고 직업 활동에 임해야 한다.

ⓑ 특히 직업 세계에서 다른 직종에 비해 더 많은 이익을 얻는 집단은 그렇지 않은 집단들에게 그들의 이익을 분배할 수 있는 사회 환원 의식도 가져야 할 것이다.

② 준법과 준법의식

㉠ 준법이라 하는 것은 민주 시민으로서 지켜야 하는 기본 의무이며 생활 자세다.

㉡ 민주 사회의 법과 규칙을 준수하는 것은 시민으로서의 권리를 보장받고, 다른 사람의 권리를 보호해 주며 사회 질서를 유지하는 역할을 한다. 미국의 정치학자 라스웰은 민주 시민으로서 가장 중요한 자세는 서로 토론하고 논쟁하여 얻어진 합의를 지키고 따르는 '준법정신'이라고 강조하였다.

㉢ 우리 사회는 민주주의와 시장경제를 지향하지만 그것이 제대로 정착될 만한 사회적, 정신적 토대를 갖추지 못하고 있다. 민주주의와 시장경제는 구성원들에게 많은 자유와 권리를 부여하지만, 동시에 규율의 준수와 그에 따르는 책임을 요구한다.

㉣ 규칙이 없는 경기는 참가자 모두에게 혼란과 고통을 주고, 다른 사람에게도 재미있는 볼거리를 제공하지 못한다. 따라서 선진국들과 경쟁하기 위해서는 개개인의 의식변화와 함께 체계적 접근과 단계별 실행을 통한 제도와 시스템 확립이 필요하다.

③ 예절의 의미

㉠ 예절이란 일정한 생활문화권에서 오랜 생활습관을 통해 하나의 공통된 생활방법으로 정립되어 관습적으로 행해지는 사회계약적인 생활규범이다.

㉡ 이는 다소 추상적이고 주관적인 도덕적 이념을 상황에 따른 구체적 형식에 담아 일상적 삶을 가능하게 하는 관습적 규범이다.

㉢ 특히 사람이 무리를 지어 하나의 문화를 형성하며 사는 일정한 지역을 생활문화권이라고 하고, 그 문화권에 사는 사람들이 가장 편리하고 바람직한 방법이라 여겨 모두 그렇게 행하는 생활방법이 예절이다.

㉣ 따라서 예절은 언어문화권과 밀접한 관계를 갖는다. 민족과 나라에 따라 언어가 다르듯이 예절도 국가와 겨레에 따라 달라진다. 같은 언어문화권이라도 산과 강을 경계로 해 사투리가 있듯이 예절도 지방에 따라 약간씩 다를 수 있다.

㉤ 예절이 형식적으로 다양하게 나타나는 것을 '예절의 다양성'이라 하는데, 여기에서도 "인간에 대한 존중"이라는 근본정신은 절대 변하지 않는다.

㉥ 모든 예의범절의 근본정신은 인간에 대한 깊은 믿음과 사랑이 바탕이 되어 나온다.

㉦ '예절'의 핵심은 상대를 존중하는 마음이다. 존중이란 우리 자신과 다른 사람을 소중히 여기고 그 권리를 배려해 주는 자세이며, 우리가 말하고 행동하고 서로를 대하는 태도 속에 반영되어 있다.

3 반려동물행동지도사의 윤리

(1) 직업 관련 윤리

① 반려동물행동지도사가 갖춰야 할 가장 중요한 윤리적 자세로는 마음가짐, 꾸준함과 항상성, 업데이트, 공감 능력, 절제능력 등이 있다.
② 성실하게 전문적인 지식과 경험을 쌓아야 한다.
③ 업무를 수행할 때는 반려동물의 안전을 최우선으로 고려하여야 한다.
④ 동물보호법 등 반려동물 관련 법령을 숙지하고 지켜야 한다.
⑤ 반려동물의 보호자 의견을 최대한 존중하여야 한다.
⑥ 보호자에게 반려동물 행동지도에 관해 충분히 설명하고, 보호자의 이해와 동의를 얻어야 한다.
⑦ 반려동물의 보호자와 신뢰하고 존중하는 관계를 형성하여야 한다.
⑧ 반려동물과 보호자에 대한 정보를 보호하여야 한다.
⑨ 윤리적이고 전문가적 태도로 수의 서비스를 제공하여야 한다.
⑩ 자신의 육체적·정신적 건강을 돌아보고 직무수행에 지장이 없도록 하여야 한다.
⑪ 전문직업인으로서의 신뢰와 사회적 존엄성을 유지할 책임이 있고, 품위를 손상시키는 행위를 하여서는 아니 된다.
⑫ 정확한 반려동물행동지도 정보를 제공하여야 하며, 개인적인 견해를 반려동물행동지도사 전체의 의견으로 오인하게 하여서는 아니 된다.
⑬ 직업과 관련된 모든 활동에서 자신의 부당한 편견으로 차별이 발생하지 않도록 하여야 한다.

(2) 반려동물 행동 지도 윤리

① 반려동물을 기르고 적절히 훈련하는 일은 인간의 윤리적 책임에 해당한다.
② 훈련 방식은 행동학자들이 인정한 기준을 충족해야 한다.
③ 사육에 있어서 다음과 같은 점을 중요한 요소로 고려해야 한다.
　㉠ 무력을 동원하여 훈육과 훈련을 실시하고 훈련 효과를 얻으려고 해서는 안 된다.
　㉡ 반려동물에게 긍정적인 방법을 활용해야 하며 나아가 적절한 훈련이나 사육, 보조 훈련을 충분히 활용하지 않고 곧장 기술을 적용하려는 방식도 자제해야 한다.
　㉢ 반려동물을 위한 스포츠에 참가하는 경우에는 반드시 그 반려동물의 능력과 경쟁 정신, 의욕에 보조를 맞추어야 한다.
　㉣ 약물이나 동물학대로 반려동물의 학습 역량에 영향을 주려는 방식은 근절되어야 한다.
　㉤ 반려동물이 지닌 가능성을 세심하게 평가할 줄 알아야 하며, 해낼 능력이 없는 일을 반려동물에게 강요하는 것은 윤리적인 양심에 어긋나는 일이다.

CHAPTER 04 | 실전예상문제

PART 4 직업윤리 및 법률

01 다음 중 직업의 속성에 대한 설명으로 옳지 않은 것은?

① 계속성 : 현재 하고 있는 일을 계속할 의지와 가능성이 있어야 함을 의미한다.
② 사회성 : 모든 직업 활동은 사회 공동체적 맥락에서 의미 있는 활동이어야 한다.
③ 자발성 : 속박된 상태에서의 제반 활동 중 경제성이 없는 것은 직업으로 보지 않는다.
④ 윤리성 : 반사회적인 활동을 통한 경제적 이윤추구는 직업 활동으로 인정되지 않는다.

> **해설** 자발성
> 속박된 상태에서의 제반 활동은 경제성이나 계속성의 여부와 상관없이 직업으로 보지 않는다는 것이다. 따라서 취미활동이나 아르바이트, 강제노동 등은 체계적이고 전문화된 일의 영역으로 볼 수 있지만 자발성을 갖추지 않은 경우 직업으로 포함하지 않는다.

02 일반적인 직업윤리는 6가지에 해당하지 않는 것은?

① 소명의식
② 직분의식
③ 책임의식
④ 인권의식

> **해설** 일반적인 직업윤리 6가지는 소명의식, 천직의식, 직분의식, 책임의식, 전문가의식, 봉사의식 등이다.

03 다음 중 반려동물을 기르고 훈련하는 일에 대한 설명으로 옳은 것은?

① 반려동물을 기르고 훈련하는 일은 인간의 사회적 책임에 해당한다.
② 훈련 방식은 상황에 맞게 개별적 기준에 따라 맞추도록 한다.
③ 충분한 훈련 없이 곧장 기술을 적용하려는 방식은 자제한다.
④ 훈련에 적절한 약물이나 보조제는 어느 정도 효과적이다.

> **해설** ① 윤리적 책임이다.
> ② 행동학자들이 인정한 기준을 충족해야 한다.
> ④ 약물이나 동물학대로 학습 역량에 영향을 주는 방식은 근절되어야 한다.

보호자 교육 및 상담

- **01** 반려동물 보호자의 개념과 역할 | 이론 + 실전예상문제
- **02** 반려동물 보호자 교육 계획 수립 | 이론 + 실전예상문제
- **03** 반려동물 보호자 교육방법 | 이론 + 실전예상문제
- **04** 고객상담 및 의사소통 | 이론 + 실전예상문제
- **05** 반려견 위탁서비스 | 이론 + 실전예상문제
- **06** 사후관리 및 보호자 민원 대응 | 이론 + 실전예상문제

끝까지 책임진다! 시대에듀!
QR코드를 통해 도서 출간 이후 발견된 오류나 개정법령, 변경된 시험 정보, 최신기출문제, 도서 업데이트 자료 등이 있는지 확인해 보세요! 시대에듀 합격 스마트 앱을 통해서도 알려 드리고 있으니 구글 플레이나 앱 스토어에서 다운받아 사용하세요. 또한, 파본 도서인 경우에는 구입하신 곳에서 교환해 드립니다.

CHAPTER 01 반려동물 보호자의 개념과 역할

1 반려견 보호자의 개념 및 역할

(1) 반려견 보호자의 정의
① '소유자등'은 동물의 소유자와 일시적 또는 영구적으로 동물을 사육·관리 또는 보호하는 사람을 말한다(동물보호법 제2조 제2호).
② 반려견 보호자는 반려견을 보호할 책임을 가지고 있는 사람이다.
③ '반려견(companion dog)' 용어는 인간과 더불어 살아가는 반려자이자 동반자의 뜻으로 사용한다.
④ 법령에 나와 있는 반려동물은 "반려 목적으로 기르는 개, 고양이 등 농림축산식품부령으로 정하는 동물"이라고 정의하고 있다(동물보호법 제2조).
⑤ 현대 사회에서는 개를 동물이 아닌 가족 내의 구성원으로 보고 있다.

(2) 반려견 보호자 가구의 유형 변화
① 통계청에 따르면 저출산 및 고령화로 1~2인 가구 비중이 급증하고 있다.
② 우리나라의 가장 주된 가구 유형이 가구원 수 1~2인 가구의 상태이다(KB 금융지주 경영연구소).
③ 전체 가구 형태가 3인 이상의 가구는 하락하고 1~2인 가구 비중이 증가함에 따라 반려동물 보유 1~2인 가구 수도 매년 증가 추세이다.

(3) 반려견 주(main) 보호자
① 반려견과 함께 생활하고 있는 가족은 모두 보호자가 될 수 있다.
② 모두 보호자가 될 수 있는 가족 중에서 반려견을 좋아하고 시간을 내어 충분히 함께 놀아주거나 관리할 수 있는 가족을 반려견 주(main) 보호자라고 한다.
③ 모든 가족이 함께 반려견 보호자 교육에 참여하는 것이 가장 이상적이고 바람직하다.
④ 현실적으로 모든 가족이 참여할 수 없다면 반드시 주 보호자 한 사람이라도 보호자교육에 참여해야 한다.

(4) 반려동물 보호자의 역할(동물보호법 제3조)
① 동물이 본래의 습성과 신체의 원형을 유지하면서 정상적으로 살 수 있도록 해야 한다.
② 동물이 갈증 및 굶주림을 겪거나 영양이 결핍되지 않도록 해야 한다.
③ 동물이 정상적인 행동을 표현할 수 있고 불편함을 겪지 않도록 해야 한다.
④ 동물이 고통·상해 및 질병으로부터 자유롭도록 한다.
⑤ 동물이 공포와 스트레스를 받지 아니하도록 한다.

2 반려견 보호자의 변화 필요성

(1) 반려견 보호자교육 및 변화의 필요성

① 반려견마다 혹은 가구마다 상대적인 환경이 다르므로 언제나 두루 통용되는 개를 돌보는 완벽한 방법은 없다(DEFRA, 2009).
② 모든 개와 주인은 시간이 지남에 따라 욕구가 변하게 된다.
③ 보호자들은 자신이 기르는 반려견에게 고의적인 해를 끼치거나 고통을 주지 않으려는 경향이 있다.
④ 반려견의 필요성, 질병 예방의 중요성, 반려견 보호자의 책임에 대한 이해가 부족한 경우 의도치 않은 문제가 발생할 수 있다(PDSA, 2016).
⑤ 보호자들의 이해가 부족한 부분이나 잘못 이해하고 있는 것들에 대해 보호자 교육을 진행할 필요가 있다(Coleman, 2010).
⑥ 보호자 교육을 통한 반려견에 대한 지식이 증가하였다고 해서 반드시 행동에 변화가 생기는 것은 아니다.

(2) 반려견 보호자 교육 및 유익한 변화

① 가정에서의 유익한 변화
　㉠ 보호자 교육을 통해 반려견 행동에 대한 정확한 이해와 행동변화로 가정 내에서 행복한 변화가 만들어지게 된다.
　㉡ 생활 전반에 걸쳐서 반려견으로 인한 가정 구성원 간의 마찰이 줄어들고 이는 반려견 가정의 삶의 질이 향상되는 결과를 가져 온다.
　㉢ 반려견 보호자 교육으로 반려견의 유기·유실의 문제를 예방할 수 있다.
　㉣ 보호자와 반려견의 공존을 위한 고려사항
　　• 보호자와 반려견이 서로 편하게 휴식할 수 있는 공간을 구분한다.

하우스	화장실
• 반려견의 보금자리이자 편하게 쉴 수 있는 공간이므로 아늑한 곳에 위치시키도록 한다. • 반려견들은 동굴과 같은 좁은 공간을 좋아한다. • 사방이 뚫린 방석보다는 막혀있는 켄넬이나 하우스 형태의 집이 반려견에게 안정감을 줄 수 있다.	• 반려견들이 배변하는 공간을 정해 놓도록 한다. • 반려견들이 자는 공간과 배변하는 곳은 분리되어야 한다. • 반려견들은 냄새가 아닌 발의 촉감으로 화장실을 구분하기 때문에 생활하는 곳과 다른 촉감의 느낌을 가지는 장소에 화장실을 만들어 준다.

　　• 반려견에게 기초 예절을 교육시킨다.
　　　- 반려견 보호자가 한 장소를 지정하여 반려견에게 '엎드려' 또는 '앉아', '기다려' 등을 교육시킨다.
　　　- '기다려'는 반려견의 충동을 억제해야 하는 교육이기 때문에 반려견은 스스로 감정을 통제하는 능력이 생겨 정신적으로 성숙한 반려견이 될 수 있다.

② 사회에서의 유익한 변화
　㉠ 반려견 보호자 교육을 통해 반려견에게 행동 변화가 일어난다면, 주위 사람들에게 불편함이나 불쾌감을 주지 않아 이웃과 사이좋게 지낼 수 있게 된다.
　㉡ 올바른 보호자 및 반려견의 행동은 공공의 인정을 받게 되어 좀 더 다양한 공공장소를 출입할 수 있게 된다.

3 반려견 보호자 변화의 필요성 설득 순서

(1) 반려견 보호자 요구사항의 재확인
① 반려견 보호자 상담 카드에 기록되어 있는 반려견 기초정보와 보호자가 설명한 내용과의 일치 여부를 확인한다.
② 반려견 보호자 상담 카드에 기록된 요구사항과 보호자가 요구하는 사항이 일치하는지를 확인한다.
③ 만약 일치하지 않는 부분이나 애매한 부분이 있으면 정확한 요구사항을 확인하여 명확하게 다시 기록한다.

(2) 행동 분석서를 활용한 반려견 행동 분석 결과 설명
① 질병적 원인에 의한 문제 행동
  ㉠ 질병이 의심되는 반려견에게 문제 행동이 나타나면 정확한 원인 파악을 위해서 동물병원의 진료를 통한 치료가 우선되어야 한다.
  ㉡ 완치된 후에도 반려견의 문제 행동이 발견된다면 추후 행동 교정이 가능하다는 것을 보호자에게 설명한다.
  ㉢ 치료가 불가능한 경우, 예를 들면 나이와 관계된 다른 질병을 가진 반려견에게 앉거나 뛰는 행동을 요구하면 이것은 노화에 의한 것이기 때문에 교정이 아닌 개선이 필요하다는 것을 설명하여야 한다.

② 환경적 원인에 의한 문제 행동
  ㉠ 인간과 함께 생활하는 반려견은 모든 부분에서 보호자의 환경에 영향을 받게 되며, 이런 환경은 다시 반려견의 생활방식에 변화를 가져오게 된다.
  ㉡ 작은 아파트에 살고 있는 반려견과 넓은 전원주택에 살고 있는 반려견의 환경은 같을 수 없다.
  ㉢ 보호자와 반려견의 환경을 정확히 이해하고 크고 작은 노력과 변화를 통해서 환경을 개선할 수 있음을 설명한다.

③ 견종 특성에 따른 고유 행동
  ㉠ 반려견들이 공통적으로 표현하는 행동 외에 견종에 따른 고유한 행동이 있다. 이는 견종의 특성에 따른 유전의 영향으로 나타난 것이다.
  ㉡ 견종에 의한 성격과 특징은 오랫동안 선택 번식되어 발전한 진화의 결과이므로 이를 이해하고 반려견 보호자가 허용할 수 있는 형태로 행동할 수 있도록 관리해야 한다.

④ 개체 특성에 따른 행동 교정
  ㉠ 반려견은 일반적으로 개체별 성향과 성장환경에 영향을 받은 경우가 많다.
  ㉡ 개체의 생리적인 특성이 행동에 영향을 미치는 경우도 있으므로, 개체 특성을 기반으로 행동을 설명하고 이해하며 교정하여야 한다.

⑤ 보호자의 특성 설명
  ㉠ 보호자는 반려견의 행동에 직접적으로 영향을 미치는 요인이다.
  ㉡ 사고방식, 생활습관, 반려견과의 상호관계, 태도 등 전반적인 상태를 가능한 정확히 설명하여 보호자의 특성을 이해시킨다.

(3) 보호자 교육을 통한 보호자 변화 필요성 설명
   ① 재발 방지를 위해 보호자 교육의 필요성
      ㉠ 반려견 행동 교정이 이루어진 후 재발하는 경우가 발생하는데, 이는 환경적 요인, 개체적 요인 등 다양한 요인이 있을 수 있지만, 보호자의 적절하지 못한 행동들에 의한 요인인 경우도 많다.
      ㉡ 반려견 문제행동의 재발은 개인적·가정적·사회적 문제를 유발하게 되며 경제적 부담을 가중시키게 된다.
      ㉢ 반려견 행동 교정 전문가의 행동 교정 이후 행동 교정에 대한 방법을 관찰하고 참여하여 이러한 문제가 일정 부분 개선될 수 있음을 설명한다.
   ② 교정 행동 유지를 위한 보호자 교육의 필요성
      ㉠ 반려견 행동 교정은 고전적 조건화 등 다양한 행동 교정 이론을 바탕으로 이루어진다.
      ㉡ 반려견 교정 행동이 유지되기 위해서는 지속적인 교정 행동의 강화가 이루어져야 한다는 것을 의미한다.
      ㉢ 반려견 교정 행동 유지를 위해서는 반려견 행동 교정 전문가에게 지속적인 점검을 받는 것도 중요하지만, 항상 함께 생활하는 반려견 보호자가 강화를 제공한다면 시간과 비용을 줄일 수 있다.
      ㉣ 반려견 보호자는 반려견의 행동 교정이 진행되고 있거나 종료되었을 때 반드시 보호자 교육을 통해서 내용과 기술을 습득하여 가정 내에서 수행할 수 있는 역량을 길러야 한다.

(4) 반려견 보호자 교육의 참여 서약서 작성
   보호자의 상황을 고려하여 적합한 내용의 반려견 보호자 교육 참여 서약서를 작성해야 한다.

CHAPTER 01 | 실전예상문제

01 반려동물 보호자 정의에 대한 설명으로 거리가 먼 것은?

① 동물보호법에 의하면 '소유자등'이란 동물의 소유자와 일시적 또는 영구적으로 동물을 사육·관리 또는 보호하는 사람을 말한다.
② 동물보호법령상 반려동물은 반려의 목적으로 기르는 개, 고양이, 토끼, 페럿, 기니피그 및 햄스터를 말한다.
③ 반려견 보호자는 함께 살아가는 가족을 말하며, 가족 중에서도 동물등록을 할 당시 소유자 성명을 기입한 사람이 책임지는 제도를 말한다.
④ 인간과 더불어 살아가는 반려자이자 동반자란 뜻으로 반려견이라는 용어를 사용한다.

해설 반려동물 보호자의 정의에서 동물등록의 소유자만을 의미하는 것은 아니다.

02 반려견 주 보호자에 교육에 대한 설명으로 가장 옳은 것은?

① 주 보호자 한 사람만이 반려견 보호자 교육에 참여하는 것이 가장 바람직하고 이상적이다.
② 반려견 가족 중에서 반려견을 좋아하고 시간을 내어 충분히 함께 놀아주거나 관리할 수 있는 가족을 반려견 주 보호자라고 한다.
③ 현실적인 어려움으로 가족 모두가 반려견 보호자 교육에 참여할 수 없다면, 정해진 기간 내 가족 모두가 순차적으로 보호자 교육을 받아야만 한다.
④ 동물보호법에 의하면 보호자 교육은 의무이므로 반려견을 키우는 가족은 반드시 교육을 받아야 한다.

해설 ① 모든 가족이 함께 반려견 보호자 교육에 참여하는 것이 가장 이상적이고 바람직하다.
③ 현실적으로 모두 참여할 수 없다면 반드시 주 보호자 한 사람은 교육에 참여해야 한다.
④ 동물보호법에서는 반려견 보호자 교육을 강제(의무)로 정하고 있지는 않다. 다만, 동물보호법 제4조 제7항에는 '소유자등은 동물의 보호·복지에 관한 교육을 이수하는 등 동물의 적정한 보호·관리와 동물학대 방지를 위하여 노력하여야 한다'고 규정하고 있다.

정답 01 ③ 02 ②

03 반려동물 행동지도사 시험 보호자 교육 및 상담 과목이 아닌 것은?

① 반려동물 보호자 교육 계획 수립
② 반려견 위탁서비스
③ 반려동물 문제행동 교육
④ 사후관리

> 해설 **보호자 교육 및 상담 과목**
> 반려동물 보호자의 개념과 역할, 반려동물 보호자 교육방법, 고객상담, 반려동물 문제 행동 예방교육, 반려동물 보호자 교육 계획 수립, 반려견 위탁서비스, 사후관리 등이 있다.

04 동물보호법에서 제시하는 반려견 보호자의 역할에 대한 설명이 아닌 것은?

① 동물이 생활 안전과 보호자의 안정적인 반려 생활을 유지할 수 있도록 교육할 것
② 동물이 본래의 습성과 신체의 원형을 유지하면서 정상적으로 살 수 있도록 할 것
③ 동물이 공포와 스트레스를 받지 않도록 할 것
④ 동물이 정상적인 행동을 표현할 수 있고 불편함을 겪지 않도록 할 것

> 해설 **반려견 보호자의 책임 범위(역할)**
> • 동물이 본래의 습성과 몸의 원형을 유지하면서 정상적으로 살 수 있도록 할 것
> • 동물이 갈증 및 굶주림을 겪거나 영양이 결핍되지 아니하도록 할 것
> • 동물이 정상적인 행동을 표현할 수 있고 불편함을 겪지 아니하도록 할 것
> • 동물이 고통·상해 및 질병으로부터 자유롭도록 할 것
> • 동물이 공포와 스트레스를 받지 아니하도록 할 것

05 반려견 보호자교육 및 변화의 필요성에 대한 설명으로 거리가 먼 것은?

① 반려견의 필요성, 질병 예방의 중요성, 반려견 보호자의 책임에 대한 이해가 부족한 경우 의도치 않은 문제가 발생할 수 있다..
② 반려견마다, 반려견 보호자의 가구마다 사정이 모두 다르므로 언제나 두루 통용되는 개를 돌보는 완벽한 방법은 없다.
③ Coleman은 '보호자들의 이해가 부족한 부분이나 잘못 이해하고 있는 것들에 대해서는 보호자 교육을 진행할 필요가 없다'고 하였다.
④ 보호자 교육을 통한 반려견 지식이 증가하였다고 해서 반드시 행동에 변화가 생기는 것은 아니다.

> 해설 보호자들의 이해가 부족한 부분이나 잘못 이해하고 있는 것들에 대해 보호자 교육을 진행할 필요가 있다 (Coleman, 2010).

06 반려견 보호자 교육의 유익한 점이 아닌 것은?

① 주위 사람에게 피해를 주지 않을 수 있다.
② 반려견 가족의 삶의 질이 향상된다.
③ 반려견의 유기, 유실을 예방할 수 있다.
④ 이웃에게 피해를 줄 수 있다.

해설 이웃에게 피해와 불안·불쾌감을 주지 않게 된다.

07 반려견 하우스의 공간 구분을 통한 가정에서의 장점으로 가장 옳은 것은?

① 반려견의 보금자리는 편하게 쉴 수 있는 아늑한 곳에 위치시킨다.
② 반려견들은 창문 옆처럼 넓고 밝은 곳을 좋아한다.
③ 사방이 뚫린 거실 중심의 방석은 반려견에게 안정감을 느끼게 한다.
④ 반려견은 사방이 막혀있는 켄넬이나 하우스 형태의 집을 좋아하지 않는다.

해설 ② 반려견들은 동굴과 같은 좁은 공간을 좋아한다.
③·④ 사방이 뚫린 방석보다는 막혀있는 켄넬이나 하우스 형태의 집이 반려견들에게 안정감을 줄 수 있다.

08 가정 내 보호자와 반려견의 행복한 공존 방법으로 옳지 않은 것은?

① 반려견에게 기초 예절 교육을 시킨다.
② 서로 편하게 휴식할 수 있는 공간을 구분한다.
③ 반려견의 하우스와 화장실을 따로 구성한다.
④ 반려견의 충동을 억제하는 교육을 하지 않는다.

해설 보호자와 반려견이 건강하고 행복한 공존을 위해서는 반려견의 기초 예절 교육이 필요하고, 이를 위해서는 반려견의 감정과 충동을 억제해야 하는 교육이 수반될 수 있다.

정답 06 ④ 07 ① 08 ④

09 다음의 반려동물 보호자 교육과 변화의 필요성을 주장한 기관은?

> 반려동물마다 혹은 가구마다 상대적인 환경이 다르므로 언제나 두루 통용되는 개를 돌보는 완벽한 방법은 없다.

① PDSA　　　　　　　　　　　② FCI
③ DEFRA　　　　　　　　　　 ④ EGA

해설 ③ DEFRA(Department for Environment, Food and Rural Affairs) : 영국 정부기관의 하나로 현재나 미래의 모든 사람들의 생활의 질 향상을 위해 환경 개선과 지속적 발전 도모를 목적으로 하는 기관이다.
① PDSA(People's Dispensary for Sick Animal) : 영국 동물보호단체
② FCI(Federation Cynologique Internationale) : 세계애견연맹
④ EGA(European Grooming Association) : 유럽애견미용협회

10 다음의 행동분석서를 활용한 반려견 행동 분석으로 가장 옳은 것은?

> 인간과 함께 생활하는 반려견은 모든 부분에서 보호자의 환경에 영향을 받게 되며, 이러한 환경은 다시 반려견의 생활방식에 변화를 가져오게 된다. 작은 아파트에 살고 있는 반려견과 넓은 전원주택에 사는 반려견의 환경은 같을 수 없다.

① 보호자 특성의 설명　　　　　　　② 견종 특성에 따른 고유 행동 설명
③ 질병적 원인에 의한 문제행동 설명　④ 환경적 원인에 의한 문제행동 설명

해설 보호자와 반려견의 환경을 정확히 이해하고 크고 작은 노력과 변화를 통해서 환경을 개선할 수 있다.

11 문제 행동 교정 후에 재발 방지와 교정 행동 유지를 위한 보호자 변화 필요성에 대한 설명과 거리가 먼 것은?

① 반려견 행동 교정 전문가의 행동 교정 이후 행동 교정에 대한 방법을 관찰하고 참여하여 이러한 문제가 일정부분 개선될 수 있음을 설명한다.
② 반려견 보호자는 반려견의 행동교정이 종료되었을 때 반드시 보호자 교육을 통해서 내용과 기술을 습득하여 가정 내에서 수행할 수 있는 역량을 길러야 함을 설명한다.
③ 반려견의 행동교정은 고전적 조건화 등 다양한 행동 교정 이론을 바탕으로 이루어지며, 이는 반려견의 교정 행동이 유지되기 위해서는 지속적인 교정 행동의 강화가 이루어져야 한다는 것을 설명한다.
④ 반려견 행동교정이 이루어진 후 다시 문제 행동이 발생하여 행동교정을 추가로 받아야 할 경우가 발생할 때는 추가 비용에 대한 설명을 한다.

해설 추가 비용에 대한 설명은 보호자의 변화에 대한 설명이 아니다.

12 다음은 반려견 행동분석서를 활용한 행동분석 결과의 설명이다. 이와 연관된 내용으로 가장 적절한 것은?

> 견종에 의한 성격과 특징은 오랫동안 선택 번식되어 발전한 진화의 결과이므로 이를 이해하고 반려견 보호자가 허용할 수 있는 형태로 행동할 수 있도록 관리해야 한다.

① 보호자의 특성
② 개체 특성에 따른 행동 교정
③ 견종 특성에 따른 고유 행동
④ 환경적 원인에 의한 문제 행동

해설 반려견들은 공통적으로 표현하는 행동 외에 견종에 따른 고유한 행동이 있으며 이는 견종의 특성에 따른 유전의 영향으로 나타나게 된 것이다.

13 '반려견 보호자 상담 카드의 작성 내용을 활용하여 반려견 보호자 요구 사항 및 반려견의 문제 행동 교정 요구사항 확인한다'는 설명과 거리가 가장 먼 것은?

① 반려견 보호자 상담 카드에 기록된 반려견의 기초 정보와 보호자가 설명한 내용이 일치하는지 여부를 확인한다.
② 반려견 보호자 상담 카드에 기록된 요구사항과 보호자가 요구하는 사항이 일치하는지 확인한다.
③ 반려견 보호자 반려견 기초 정보 확인 중 일치하지 않는 부분이나 애매한 부분이 있으면 정확한 요구사항을 확인하여 명확하게 다시 기록한다.
④ 보호자 상담 카드 작성을 기록하면서 보호자의 생활수준과 개인정보를 정확하게 파악한다.

해설 보호자의 생활 수준 등의 개인정보를 기록해서는 안 된다.

14 반려견 행동분석서를 활용한 문제행동 분석 내용의 구분으로 옳지 않은 것은?

① 반려견 상담사의 특성
② 반려견 개체의 특성
③ 반려견의 생활환경
④ 반려견 보호자의 특성

해설 반려견 행동 분석서를 활용하여 행동 분석 내용을 개체 특성, 생활환경, 보호자 특성으로 구분한다.

정답 12 ③ 13 ④ 14 ①

15 반려견 기초 예절 교육 시, 반려견 스스로 감정을 통제할 수 있는 능력을 키워주는 교육은?

① '엎드려' 교육
② '앉아' 교육
③ '기다려' 교육
④ '가져와' 교육

> 해설 반려견 기초 예절 교육 중 '기다려'는 반려견의 충동을 억제해야 하는 교육이기 때문에 반려견 스스로 감정을 통제하는 능력이 생겨 정신적으로 성숙한 반려견이 될 수 있도록 도와준다.

16 다음 중 반려견 보호자 변화의 필요성을 설득할 때의 수행 순서로 옳은 것은?

> ㄱ. 보호자 교육을 통한 보호자 변화의 필요성 설명
> ㄴ. 반려견 기초 정보 및 보호자 요구사항 재확인
> ㄷ. 행동분석서를 활용한 반려견 행동분석 결과 설명
> ㄹ. 반려견 보호자 교육의 참여 서약성 작성

① ㄱ - ㄴ - ㄷ - ㄹ
② ㄴ - ㄷ - ㄱ - ㄹ
③ ㄹ - ㄷ - ㄴ - ㄱ
④ ㄷ - ㄱ - ㄹ - ㄴ

> 해설 ㄴ. 반려견 보호자의 요구사항을 재확인한다.
> ㄷ. 반려견 행동분석서를 활용하여 행동분석 결과를 설명한다.
> ㄱ. 반려견 보호자 교육을 통한 보호자 변화의 필요성을 설명한다.
> ㄹ. 반려견 보호자 교육 참여 서약서를 작성한다.

17 다음 보호자 상담 재료·자료가 아닌 것은?

① 필기도구
② 반려견 행동 분석서
③ 반려견 보호자 상담 카드
④ 반려견 보호자 교육 계약서

> 해설 필기도구, 컴퓨터, 빔 프로젝터 등은 기기 장비에 해당한다.

18 반려견 보호자 교육 및 변화가 가정과 사회에 유익을 제공하는 내용으로 적절하지 않은 것은?

① 반려견들은 발의 촉감으로 화장실 구분하기 때문에 생활하는 곳과 다른 촉감의 느낌을 가지는 장소에 화장실을 만들어 준다.
② 반려견이 보호자가 한 장소를 지정하여 반려견에게 '엎드려', '앉아', '기다려' 등의 기초 예절 교육을 시켜야 한다.
③ 보호자 교육을 통한 올바른 보호자 및 반려견의 행동은 공공의 인정을 받게 되어 좀 더 다양한 공공장소를 출입할 수 있게 된다.
④ 하우스 반려견들이 편하게 쉴 수 있는 공간으로 사방이 뚫린 방석이나 침대형 개집을 선택하여 보호자의 심리적 안정감을 주는 것이 필요하다.

해설 방석보다는 막혀있는 켄넬이나 하우스 형태의 집이 반려견들에게 안정감을 줄 수 있다.

CHAPTER 02 반려동물 보호자 교육 계획 수립

1 반려동물 관련 교육 기획

(1) 교육 기획의 개요
① 반려동물 관련 교육 기획은 반려동물 문화 및 시장 환경의 변화에 따른 학습자의 요구 및 필요를 충족시키기 위한 방법과 절차를 설계하는 과정이다.
② 교육 기획은 어떤 목적을 달성하기 위한 미래에 관한 계속적인 과정이며, 계획은 이러한 지적 과정의 산물이라고 할 수 있다(김규태, 강유정, 강성복, 2014).

(2) 교육 기획의 원리
① **타당성의 원리** : 교육 기획을 통해 의도하는 교육의 목표를 달성할 수 있는 적절한 방법과 절차가 있어야 한다.
② **효율성의 원리** : 교육 기획을 통해 의도하는 교육의 목표를 주어진 환경에서 효과적으로 달성할 수 있는 방법과 절차가 있어야 한다.
③ **중립성의 원리** : 타당하고 효율적으로 수립된 교육 기획이 이해관계에 따라 특정 방향으로 편향되지 않도록 하여야 한다.
④ **계획된 변화의 원리** : 교육 기획은 교육을 통해서 학습자에게 기대하는 것에 대한 명확성을 가지고 있어야 한다.
⑤ **연계성의 원리** : 반려동물과 관련된 교육 기획이 반려동물 보호자의 일상과 연계하여 구성되어야 한다.
⑥ **민주성의 원리** : 교육 기획은 학습자가 자유롭고 민주적인 방식으로 참여할 수 있도록 구성되어야 한다.

(3) 교육 기획의 접근방법
① **국제 비교 접근법** : 선진국 또는 반려동물 분야의 발전이 유사한 다른 국가를 비교 연구함으로써 우리나라 반려동물 분야의 발전을 위한 방향과 전략을 수립하려는 방법이다.
② **사회 수요 접근법** : 반려동물 교육에 대한 개인적·사회적 수요를 기초로 하여 방향과 전략을 수립하려는 방법이다.
③ **인력 수요 접근법** : 반려동물 산업의 성장 및 발전에 필요한 인적자원의 중요성에 대한 인식을 전제로 반려동물 산업의 성장과 발전을 뒷받침할 수 있는 전문 인력의 수요공급을 조절하기 위한 방법이다.

2 교육 기획의 수행

(1) 현재 상황의 조사·분석

① 환경 분석 방법

ⓐ 인적, 물적 제약조건을 기술한다.

ⓑ 교육 내용과 관련된 참고 도서, 논문, 웹사이트 등을 파악하고, 개발하려는 프로그램과 관련성이 높은 기존의 교육 자료 등을 제시한다.

ⓒ 교육 과정 체계상에서 개발하려는 프로그램이 차지하는 위치를 기술한다.

ⓓ 프로그램 개발에 도움을 줄 수 있는 인적자원을 기술한다.
- 교육 내용과 관련하여 전문지식을 갖고 있거나, 관련 직무에 오랜 경험이 있는 전문가들의 자문을 통해 프로그램 개발에 도움을 받을 수 있다.
- 향후 자문한 전문가들을 교육 강사로 활용할 수도 있다.

ⓔ 반려동물 분야의 특성을 고려한 전반적인 프로그램 개발 환경을 기술한다.

② 교육참여자의 분석

ⓐ 교육참여자의 경험적 배경과 특성 분석

프로그램 교육에 참여할 교육참여자들의 경험적 배경과 특성을 분석하여 프로그램 교육 과정에 반영할 사항을 분석한다.

ⓑ 교육참여자의 일반적인 사항 분석
- 교육참여자의 나이, 성별 등을 파악한다.
- 교육 수요조사 이전에 전체 교육 수요자에 대한 잠재적 수요 인원을 산출하여 교육 횟수를 산정한다.
- 교육이 실시될 경우 교육참여자가 교육에 참여하기 위한 요건을 명시한다.

ⓒ 교육참여자의 교육 관련 특성 분석
- 교육 프로그램에 필요한 교육참여자들의 지식, 기술 등 선수학습 수준을 기술한다.
- 교육 프로그램에 대한 교육참여자의 동기·태도 등의 수준을 기술한다.
- 교수설계에 영향을 미칠 수 있는 교육자의 특성을 기술한다.

(2) 교육 기획의 목적 및 목표 설정

① **기획의 목적 설정** : 교육 기획의 최상위 개념으로 교육 기획안이 포함해야 하는 내용의 방향을 정하는 것이다.

② **목표 설정** : 목표란 교육 기획을 하는 이유를 말하며, 기획의 목적에 부합하는 목표를 설정해야 한다.

(3) 기대효과의 작성

교육 기획으로 예상되는 실행 결과의 유·무형 기대효과를 기술하며, 개인·조직·사회적 차원에서의 기대효과를 작성한다.

(4) 실시계획의 작성
일정의 순서 및 기간, 기간별 소요 자원을 결정한다.

(5) 예산의 수립
기획에 따른 예산·소요 경비를 산출과 교육 기획에 따른 자금 조달 방법을 마련한다.

(6) 조직 구성 및 운영계획 수립
교육 프로그램 실행을 위한 조직의 구성 및 운영계획을 수립한다.

(7) 위험요인에 대한 대책
① 예상되는 위험요인을 작성하고, 잠재적 위험요인을 예측한다.
② 각 위험요인별 중요도와 대책안을 마련한다.

(8) 교육 기획서 작성
교육 프로그램에 대한 상황 분석을 적절하게 하여 바른 교육 기획서를 작성한다.

3 교육 목적에 따른 주제 선정

(1) 반려동물의 사회·제도적 인식 개선을 위한 주제 선정
① 사회적 인식 개선
  ㉠ 반려동물에 대한 사회적 인식은 시대에 따라 조금씩 변화하고 있으며 그러한 사회적 인식에 대한 동의 또는 변화를 목적으로 세부 주제를 선정할 수 있다.
  ㉡ 예를 들면, 현대인들은 반려동물을 가족으로 생각하는 비중이 높아졌으므로, 가족 구성원으로의 반려동물에 대한 태도 변화를 위해 '반려동물은 가족입니다'라는 세부 주제를 정할 수 있다.
② 제도 인식 개선
  ㉠ 법과 제도 변화에 대한 사회적 이해도와 반려동물 보호자들의 적극적 참여를 독려하기 위한 교육 주제를 선택할 수 있다.
  ㉡ 반려동물의 배설물 처리, 반려동물의 유실·유기, 동물 학대 등이 주제 선정의 예라고 할 수 있다.

(2) 사회적 수요에 대한 주제 선정
① 반려동물 보호자의 양육 경험, 개인적 상황, 시대적 상황 등에 따라 다양한 요구가 존재할 수 있다.
② 반려동물에 대한 여러 가지 요구의 교육 해소를 위해 주제를 선정하여 교육을 진행할 수 있다.
③ 예를 들면, 신종 코로나바이러스에 대한 올바른 반려동물 양육 방법 등이 주제가 될 수 있다.

(3) 인력 수요에 따른 주제 선정
① 반려동물 산업의 성장발전을 뒷받침할 수 있는 전문 인력의 공급을 조절하기 위해 필요 인력 양성을 목적으로 주제를 선정한다.
② 반려동물 관련 자격증 취득을 목적으로 하는 주제가 이에 해당된다.

4 교육 기획 주제 선정

(1) 기획 의도 파악

교육 기획의 자료(예 교육 기획 자료, 교육에 참여할 학습자의 명단, 프로그램의 교육 목표, 교육 내용의 목록)를 검토하여 기획의 의도를 파악하고 주제의 범주를 결정한다.

(2) 세부 주제의 후보 선정

과거에 수행한 주제들을 조사 및 수집하고, 현 시점에서의 사회적 요구 주제, 학습 수요자의 요구주제를 조사한다.

(3) 세부 주제 후보의 선정준거에 의한 점수화 · 서열화 평가

① 목표와의 일관성 평가
  ㉠ 교육 주제를 선정할 경우에는 반드시 교육 목표를 고려해야 한다.
  ㉡ 교육 목표에 제시된 개인적 · 사회적 요구가 구현될 수 있도록 해야 한다.

② 능력 수준 및 흥미에 대한 적합성 · 자발성 평가
  ㉠ 교육 주제는 학습자들의 능력과 흥미를 고려하여 선정해야 하며 학습자의 자발적 참여를 끌어내야 한다.
  ㉡ 만일 교육 내용이 학생들의 능력이나 흥미에 부흥하지 못하는 부적절한 내용이면 자발적 참여를 기대할 수 없다.

③ 실용성 · 다양성 평가 : 학습자들은 자신이 원하는 것을 바로 적용할 수 있기를 원하므로, 학습 내용을 일상에 바로 적용할 수 있도록 실용적인 것으로 구성하는 것이 바람직하며 다양한 내용이 포함되도록 하는 것이 좋다.

④ 능률성 평가
  ㉠ 학습 주제를 선정 시에는 가급적 하나의 목적으로 다양한 경험을 할 수 있도록 구성한다.
  ㉡ 또한 하나의 경험으로 다양한 목적을 충족시킬 수 있는 주제를 선정하도록 해야 한다.

⑤ 교육 및 학습 가능성 평가 : 교육의 주제는 학습자에게 매력적이어야 하며, 그 주제의 교수와 학습이 가능해야 한다.

주제 선정표								
주 제	선정기준							
	효과성 (5)	효율성 (5)	적성 (5)	긴급성 (5)	중요성 (5)	요구성 (5)	합계 (30)	순 위

(4) 세부 주제 결정

세부 주제 후보 중에서 내림차순으로 교육 기획 의도의 부합성과 실현 가능성을 검토하여 세부 주제를 결정한다.

5 반려견 교육 계약서 작성

(1) 반려견 행동 교정계약서 활용 서식
① 등록 대상 동물의 등록 및 관리(동물보호법 제15조, 제16조)
② 방문 행동 교정계약서
③ 위탁 행동 교정계약서
④ 반려견 보호자 교육계약서

(2) 반려견 행동 교정계약서
① 반려견 행동 교정계약서는 기본 정보, 반려견 문제 행동 발생 원인이나 해결을 위한 행동 교정 원리와 같은 공통적인 사항과 행동 교정 형태에 따른 개별적인 사항으로 이루어진다.
② 구성요소

1. 견 명	2. 견 종	3. 반려견 연령
4. 반려견 성별	5. 질 병	6. 예방 접종
7. 사양관리 유의사항	8. 입소일	9. 행동 교정 기간
10. 퇴소예정일	11. 보호자 성명	12. 보호자 연락처
13. 보호자 주소지	14. 비 용	15. 건강 관련 유의사항
16. 사양 관리 의무사항	17. 주요 문제 행동	18. 문제 행동 교정계획
19. 방문 일자	20. 방문 회차	21. 방문 시간
22. 소요 시간	23. 계약 기간	24. 협의 사항
25. 계약 체결 확인사항	26. 행동 교정 관련 의무 사항	

(3) 행동 교정계약서 작성
① **공통 사항 선택** : 반려견 보호자 기본 정보, 반려견 기본 정보, 반려견 행동 교정 관련 기본 정보, 행동 교정사 기본 정보, 계약 체결 관련 항목 등을 작성한다.
② **개별 기재 사항 정리, 문제행동 사례 및 관련 세부사항** : 행동 교정 방문 일정 관련 사항과 비용, 행동 교정사의 행동 교정 관련 의무 사항, 건강 및 질병 관리 사항 등을 작성한다.
  ㉠ 행동 교정 방문 일정과 비용

행동 교정 일정	일자 조정 및 연기와 관련된 사항, 연락 두절 등 방문 행동 교정 취소에 관련된 사항에 대하여 작성
행동 교정 비용	비용 지불 방법, 추가 비용 내역, 환불과 관련 사항에 대하여 작성

  ㉡ 행동 교정사의 의무사항

일정 변경	행동 교정사의 사정으로 인한 일정 변경과 관련된 사항, 행동 교정사의 의무 협의 사항에 대하여 작성
반려견교육	반려견 행동 교정과 관련한 약속 이행 의무사항, 동물보호법 준수와 관련된 사항 등에 대하여 작성

  ㉢ 건강 및 질병 관련 사항

반려견의 건강	반려견의 예방 접종 및 건강검진과 관련된 사항에 대하여 작성
반려견의 질병	반려견의 질병 발생, 반려견 행동 교정 시 응급상황 발생 또는 돌연사·사고사와 같은 반려견의 사망과 관련된 사항에 대해 작성

③ 필요 항목 첨부와 세부 사항 작성
  ㉠ 협의 사항 : 계약서에 명시되지 않은 상황이 발생한 경우, 계약서에 명시된 상황의 해석에 대한 입장이 다를 경우 작성
  ㉡ 기타 사항 : 방문 시 부재 중이거나 연락이 두절된 경우, 방문 행동 교정과 관련 분쟁이 발생할 경우 작성
④ 작성한 방문 행동 교정계약서를 활용서식과 비교·분석하여 참고, 수정, 보완한다.

(4) 위탁 행동계약서 작성
① **공통 기재사항** : 반려견 보호자 기본 정보, 반려견 기본 정보, 반려견 행동 교정 관련 기본 정보, 행동 교정사 기본 정보, 계약 체결 관련 항목 등에 대하여 작성한다.
② **개별 기재사항 정리 및 문제 행동 교정 사례** : 계약 기간과 비용, 행동 교정사 의무사항, 위탁사육 관련 사항, 건강 및 질병 관리 사항을 작성한다.
  ㉠ 계약 기간과 비용 작성

계약 기간	• 비용 산출 및 행동 교정과 결과 도출의 기준이 되는 기간을 작성(예 1개월). • 일자 조정 및 연기와 관련된 사항에 대해 작성
행동 교정 비용	비용 지불 일자 및 방법, 추가 비용 내역과 관련된 사항, 계약 파기 또는 기타 사정으로 인한 환불과 관련된 사항에 대해 작성

  ㉡ 행동 교정사의 의무사항

반려견교육	반려견 행동 교정과 관련된 약속 이행 의무사항, 동물보호법 준수와 관련된 사항, 위탁 사육자로서 반려견 관리의 의무와 관련된 사항에 대해 작성

  ㉢ 위탁 사육 관련 사항

위탁견 정보 관련 사항	반려견의 예방 접종과 관련된 사항, 반려견의 건강 검진과 관련된 사항에 대해 작성
사양관리 관련 사항	반려견 급식 구매와 관련된 사항, 반려견 목욕과 관련된 사항, 반려견 복용 약과 관련된 사항에 대해 작성

  ㉣ 건강 관리 및 질병 관리 사항

소독 및 질병 방제	• '갑'의 위탁사육 장소 소독의 의무와 관련된 사항에 대해 작성 • 예방의학 비용 지불 관련 사항에 대해 작성
위탁 시설 내 반려견 사고·질병·사망	위탁 시설 내 반려견 사고 발생과 관련된 사항, 위탁 시설 내 반려견 질병 발생과 관련된 사항, 위탁 시설 내 반려견 사망과 관련된 사항에 대해 작성

③ 위탁 행동 교정계약서 작성에 있어 위 항목 외에 필요하다고 생각되는 항목을 첨부하고 세부 사항을 구체적으로 작성한다.
  ㉠ 협의 사항 작성
    • 계약서에 명시되지 않은 상황이 발생된 경우에 대해 작성한다.
    • 계약서에 명시된 상황에 대해 입장이 다를 경우에 대비하여 작성한다.
    • '반려견 양도각서'에 대해 설명하여 보호자의 오해를 일으키지 않도록 주의한다.

ⓒ 기타 사항 작성
- 위탁 계약 기간 종료 이후 연락이 두절되는 경우에 대하여 작성한다.
- 위탁 행동 교정과 관련된 분쟁 발생의 경우에 대하여 작성한다.
④ 작성한 위탁 행동 교정계약서를 활용서식의 '위탁 행동 교정계약서'와 비교 분석하여 참고 및 수정, 보완한다.

(5) 반려견 보호자 교육계약서 작성

① **공통 기재사항 선택 작성** : 반려견 보호자 기본 정보, 반려견 기본 정보, 반려견 보호자 교육 관련 기본 정보 등에 대하여 작성한다.
② **개별 기재사항 및 문제 행동 교정 사례사항** : 계약 기간과 비용, 행동 교정사 의무사항, 안전사고 등에 대하여 작성한다.
  ㉠ 계약 기간과 교육 비용
  - 계약 기간 : 교육 기간과 교육 일정, 일자 조정 및 연기와 관련된 사항을 작성한다.
  - 교육 비용 : 상호 합의된 내역과 관련된 사항, 추가 비용 내역과 관련된 사항, 계약 파기 또는 기타 사정으로 인한 환불 관련 사항에 대해 작성한다.
  ㉡ 행동 교정사 의무사항
  - 보호자 교육 : 보호자 교육과 관련된 상호 약속 이행 의무 사항, 동물보호법 준수와 관련된 사항, 교육 서비스 제공자로서의 교육과 관련된 사항에 대해 작성한다.
  - 안전사고 관련 사항에 대해 작성한다.
③ 반려견 보호자 교육계약서 작성을 위해 나열된 단어 외에 필요한 항목을 첨부와 세부 사항을 구체적으로 작성한다.
  ㉠ 협의 사항 : 계약서에 명시되지 않은 상황이 발생된 경우, 계약서에 명시된 상황의 해석에 대한 입장이 다를 경우에 대해 작성한다.
  ㉡ 기타 사항 : 반려견 보호자교육과 관련 분쟁이 발생할 경우에 대해 작성한다.

(6) 계약서 활용 서식 비교

교수자는 학습자가 작성한 계약서를 활용 서식의 방문 행동 교정계약서, 위탁 행동 교정계약서, 반려견 보호자 교육계약서와 비교하여 확인해 보도록 한다.

6 반려견 교육계약서 적용

(1) 반려견 행동 교정 관련 보호자 성격 유형

① 주도형 보호자
  ㉠ 단도직입적이거나 무시당하는 기분이 드는 상황을 싫어하므로 주의가 필요하다.
  ㉡ 순종적인 대화법을 사용하며 직선적, 지시, 결단과 같은 단어를 사용하는 것이 좋다.
② 사교형 보호자
  ㉠ 사람을 사귀는 것을 즐기며 타인의 칭찬이나 남들의 인정을 받는 상황을 좋아하며 자랑하는 것을 즐긴다.

ㄴ 설명하는 장소의 분위기를 편안하게 만들고 적극적·호의적으로 칭찬하는 대화법을 사용한다.
ㄷ 보호자의 반려견 행동 교정에 대한 이해도를 확인하는 등 보호자를 섬세하게 살펴준다는 이미지를 각인시켜 준다.
ㄹ 보호자의 반응 및 보호자와의 대화에 있어 보디랭귀지(body language)를 적극적으로 사용함으로써 보호자와의 교감을 확인시켜 주는 것이 좋다.

③ 안정형 보호자
ㄱ 주위와 비평, 대립, 투쟁 등을 피하는 등 원만한 인간관계를 유지하며, 언행이 정중하여 주위 사람의 언행에도 민감하다.
ㄴ 해당 문제 행동 교정 프로그램 계획의 장점과 이전 보호자들의 행동 교정 만족 사례 등을 제시하는 것이 좋다.
ㄷ 필요하다면 반려견에게 해당 교정 프로그램 시범을 보이는 것으로 보호자에게 이해와 공감대를 형성하여 신뢰감을 주는 것이 좋다.

④ 신중형 보호자
ㄱ 불확실한 것을 기피하며 신중하게 대처한다.
ㄴ 질문이 많고 분석적이며 눈에 보이는 정확한 정보를 신뢰한다.
ㄷ 여러 정보 및 비교 자료를 준비하고 정확, 통제, 사실 등의 단어를 사용하는 것이 좋다.

(2) 반려견 행동 교정계약서 내용 설명
① 계약 내용 설명을 위해서는 설명하는 장소의 분위기를 편안하게 만들고 보호자의 반려견 행동 교정에 대한 이해도를 확인하여 보호자가 충분히 이해할 수 있도록 설명한다.
② 보호자의 이해도가 부족한 경우에는 주요 단계의 단위 행동 교정별 중요 부분에 대하여 용어를 정리해 주고 필요하다면 시범을 보인다.
③ 해당 문제 행동에 대한 행동 교정의 목적과 원인, 효과에 대하여 행동 교정사와 보호자 간 확실한 이해와 공감을 형성한다.

(3) 행동 교정계약서 설명 순서
① 반려견 보호자와 행동 교정사로의 계약서 작성 시 각자의 부분을 확인한다.
② 행동 교정사는 반려견 보호자의 성향을 파악하여 적합한 행동 교정계약서 설명 방법을 선택한다.
③ 행동 교정사는 반려견 보호자에게 적합한 설명 방법으로 형태별 행동 교정계약서를 설명하고 최종 계약을 완성한다.
④ 반려견 보호자와의 계약 체결 시 계약서는 2부를 작성하여 반려견 보호자와 행동 교정사가 각각 1부씩 보관하며, 같이 작성된 2부 사이에는 간인이 반드시 찍혀있어야 한다.

7 반려견 교육 계약의 시행

(1) 반려견 행동교정 교육 계약 시행

반려견 문제 행동에 대한 숙지를 통해 행동 교정사가 반려견의 문제 행동을 정확히 파악하여 행동 교정을 실시하는 과정이다.

(2) 반려견 행동 교정 교육 결과 평가

① **방문 행동 교정** : 방문 행동 교정은 일반적으로 단시간 행동 교정 교육 결과를 평가하므로 행동 교정 수행 과정 만족도, 행동 교정사의 서비스 만족도, 행동 교정 결과 만족도로 구성되며 행동 교정사의 수행 과정 모습에 대한 보호자의 평가로 이루어진다.

② **위탁 행동 교정**
 ㉠ 위탁 행동 교정은 일반적으로 계약한 일정 기간 행동 교정사에 의해 위탁 사육되어 행동 교정이 이루어지는 형태로 행동 교정 수행과정 모습에 대한 보호자의 평가가 이루어지기 어려운 구조이다.
 ㉡ 보호자에게 주간·월간 단위의 기간별 행동교정 결과에 대해 행동 교정사가 작성하여 보호자에게 전달하며 보호자에 의한 평가는 계약 기간 중 마지막에 최종 행동 교정 평가로 이루어진다.

③ **반려견 보호자 교육**
 ㉠ 반려견 보호자 교육은 반려견과 달리 행동 교정사와의 의사소통에 큰 문제가 없기 때문에 교육 과정과 결과에 대한 평가는 큰 의미가 없다.
 ㉡ 보호자 입장에서의 불편 사항·개선 사항과 같은 대화하기 꺼려하는 사항에 대한 평가서 작성은 교육을 마친 후 직접 대면이 아닌 이메일 등의 간접적인 방법을 이용할 수 있다.

(3) 방문 행동 교정 평가서 작성

① 제시된 문제 행동 반려견 영상자료를 파악한다.
② 보호자는 행동 교정사에게 계약 절차에 따른 행동 교정 실시에 대해 실제 상황과 같이 구체적인 시뮬레이션을 실시한다.
③ 방문 행동 교정평가서를 작성할 때, 기본 일정 및 교육 일정은 행동 교정사가 작성하고 행동 교정 만족도부터는 보호자가 작성한다.
 ㉠ 기본 사항 작성 : 행동 교정 대상의 정보를 입력한다.
 ㉡ 교육 일정 작성 : 행동 교정 시간 및 장소에 대한 정보를 입력한다.
 ㉢ 행동 교정 만족도 : ⓪~⑩으로 구분하며 ⑤를 '보통'으로 표시한다.
 ㉣ 반려견 행동 교정 평가 : 행동 교정 교육을 통한 문제 행동 개선 사항에 대하여 평가한다.
 ㉤ 행동 교정 총평 : 반려견의 문제 행동에 대한 총평과 더불어 행동 교정사의 준비된 자세, 숙련도, 고객서비스를 포함한 종합적 사항에 대하여 평가한다.
 ㉥ 행동 교정 개선사항 : 방문 행동 교정 전반에 걸쳐 개선 사항에 대한 의견을 작성한다.

(4) 위탁 행동 교정보고서 작성

① 제시된 문제 행동 사례 또는 영상자료에 대해 파악한다.
② 대상 반려견을 일정 계약 기간 위탁사육 및 훈련을 하고 학습자 작성용 위탁 행동 교정보고서를 작성한다.
③ 행동 교정보고서는 일간, 주간, 월간 보고서로 나뉘며 일간 보고서는 간단명료하게 적어 행동 교정사가 활용하고, 주간·월간 보고서는 반려견 보호자에게 반려견 행동 교정 수행 결과 보고서로 활용한다.
   ㉠ 기본 정보 작성 : 행동 교정 대상견과 담당 행동 교정사에 대해 작성한다.
   ㉡ 교육 일시 작성 : 행동 교정 시간 및 장소에 대한 정보를 입력한다.
   ㉢ 교육 구분 : 교육 평가 기간에 따라 4단계로 나누며 해당 보고 단계에 맞추어 표시하고 단계별 반려견의 행동 개선에 대한 연관 관계에 대해 분석한다.
   ㉣ 반려견 행동 교정 내용 : 주요 문제 행동, 교육 내용, 교육 결과, 결과에 따른 개선 사항에 대해 교육 기간 단계별로 행동 교정사 측면에서의 의견을 게재한다.
   ㉤ 위탁 행동 교정 평가 : 행동 교정사 측면에서 행동 교정 결과에 대해 숙련된 전문가로서 신뢰성 있는 평가서를 작성하고 이에 대한 개선 사항에 대해 의견을 게재한다.

CHAPTER 02 실전예상문제

PART 5 보호자 교육 및 상담

01 반려동물 교육 기획에 대한 내용으로 가장 옳은 것은?

① 교육 기획은 계획 달성을 위한 지적 과정이라고 할 수 있다.
② 교육 계획은 보호자가 어떤 목적을 달성하기 위한 현재의 계속적인 과정이다.
③ 교육 기획은 반려동물 문화 및 시장 환경 변화에 따른 반려견의 욕구 충족을 위한 절차의 과정이다.
④ 교육 기획은 반려동물 문화의 변화에 따른 학습자의 필요를 충족시키기 위한 방법과 절차를 설계하는 과정이다.

해설 반려동물 관련 교육 기획은 반려동물 문화 및 시장 환경의 변화에 따른 학습자의 요구 및 필요를 충족시키기 위한 방법과 절차를 설계하는 과정이다. 기획은 어떤 목적을 달성하기 위한 미래에 관한 계속적인 과정이며 계획은 이러한 지적 과정의 산물이라고 할 수 있다.

02 다음 반려동물 교육 기획의 원리로 옳은 것은?

① 자율성의 원리
② 접근성의 원리
③ 효율성의 원리
④ 일상성의 원리

해설 교육 기획의 원리에는 타당성의 원리, 효율성의 원리, 중립성의 원리, 계획된 변화의 원리, 연계성의 원리, 민주성의 원리가 있다.

03 반려동물의 사회·제도적 인식 개선을 위한 주제 선정으로 맞는 것은?

① 사회적 인식 개선
② 변화 인식 개선
③ 적극적 인식 개선
④ 기획된 인식 개선

해설 **사회적 인식 개선**
반려동물에 대한 사회적 인식은 시대에 따라 조금씩 변화하고 있으며 그러한 사회적 인식에 대한 동의 또는 변화를 목적으로 세부 주제를 선정할 수 있다. 예를 들면, 현대인들은 반려동물을 가족으로 생각하는 비중이 높아졌으므로, 가족 구성원으로의 반려동물에 대한 태도 변화를 위해 '반려동물은 가족입니다'라는 세부 주제를 정할 수 있다.

01 ④ 02 ③ 03 ① **정답**

04 다음에서 설명하는 반려견 관련 교육 기획의 접근방법은?

> 반려동물 산업의 성장 및 발전에 필요한 인적자원의 중요성에 대한 인식을 전제로 반려동물 산업의 성장과 발전을 뒷받침할 수 있는 전문 인력의 수요공급을 조절하기 위한 접근방법이다.

① 제도적 접근법 ② 사회 수요 접근법
③ 인력 수요 접근법 ④ 국제 비교 접근법

해설 • 국제 비교 접근법 : 선진국 또는 반려동물 분야의 발전이 유사한 다른 국가를 비교 연구함으로써 우리나라 반려동물 분야의 발전을 위한 방향과 전략을 수립하려는 접근방법이다.
• 사회 수요 접근법 : 반려동물 교육에 대한 개인적·사회적 수요를 기초로 하여 방향과 전략을 수립하려는 접근방법이다.

05 다음에서 설명하는 반려동물 교육 기획의 원리는 무엇인가?

> 타당하고 효율적으로 수립된 교육 기획이 이해관계에 따라 특정 방향으로 편향되지 않도록 하여야 한다.

① 타당성의 원리 ② 중립성의 원리
③ 연계성의 원리 ④ 계획된 변화의 원리

해설 ① 타당성의 원리 : 교육 기획을 통해 의도하는 교육의 목표를 달성할 수 있는 적절한 방법과 절차가 있어야 한다.
③ 연계성의 원리 : 반려동물과 관련된 교육 기획이 반려동물 보호자의 일상과 연계하여 구성되어야 한다.
④ 계획된 변화의 원리 : 교육 기획은 교육을 통해서 학습자에게 기대하는 것에 대한 명확성을 가지고 있어야 한다.

06 반려동물의 제도적 인식 개선을 위한 주제 선정이다. 다음 주제에 가장 적절하지 않은 것은?

> 법과 제도 변화에 대한 사회적 이해도와 반려견 보호자들의 적극적 참여를 독려하기 위해 교육 주제를 선택할 수 있다.

① 동물 학대 ② 반려동물의 유기·유실
③ 반려동물의 배설물 처리 ④ 반려동물에 대한 태도 변화

해설 ④는 반려동물에 대한 사회적 인식 개선에 대한 내용이다.

07 교육 기획을 수행할 때 환경 분석 방법의 내용이 아닌 것은?

① 관련 직무에 경험이 있는 전문가들의 자문을 통해 프로그램 개발에 도움을 받을 수 있다.
② 개발하려는 프로그램과 관련성이 높은 기존의 교육 자료 등을 제시한다.
③ 반려동물 분야의 특성을 고려한 전반적인 프로그램 개발 환경을 기술한다.
④ 전체 교육 수요자에 대한 잠재적 수요 인원을 산출하여 교육 횟수를 산정한다.

해설 ④는 교육참여자의 일반적인 사항 분석 내용이다.

08 다음 중 교육 기획의 수행 순서로 옳은 것은?

> ㄱ. 예산의 수립
> ㄴ. 조직 구성 및 운영계획 수립
> ㄷ. 교육 기획의 목적 및 목표 설정
> ㄹ. 현재 상황의 조사 · 분석
> ㅁ. 기대효과의 작성
> ㅂ. 실시계획의 작성
> ㅅ. 위험요인에 대한 대책
> ㅇ. 교육 기획서 작성

① ㅁ - ㄴ - ㄷ - ㅅ - ㄹ - ㄱ - ㅂ - ㅇ
② ㄴ - ㄷ - ㄱ - ㄹ - ㅂ - ㅅ - ㅁ - ㅇ
③ ㄹ - ㄷ - ㅁ - ㅂ - ㄱ - ㄴ - ㅅ - ㅇ
④ ㄷ - ㅂ - ㄱ - ㄴ - ㄹ - ㅁ - ㅅ - ㅇ

해설 **교육 기획의 수행 순서**
현재 상황 조사 · 분석 – 교육 기획의 목적 · 목표 설정 – 기대효과 작성 – 실시계획 작성 – 예산 수립 – 교육 프로그램 실행을 위한 조직의 구성 및 운영계획 수립 – 위험요인에 대한 대책 마련 – 교육 기획서 작성

09 반려동물 관련 자격증 취득을 목적으로 하는 것을 교육 기획의 세부 주제로 선정할 수 있는 것은?

① 인력 수요에 대한 주제 선정
② 문화적 배경 이해를 위한 주제 선정
③ 사회적 수요에 대한 주제 선정
④ 사회 · 제도적 인식 개선의 주제 선정

해설 인력 수요에 대한 주제 선정은 반려동물 산업의 성장발전을 뒷받침할 수 있는 전문 인력의 수요공급을 조절하기 위해 필요 인력을 양성하기 위한 목적으로 주제를 선정한다.

10 교육 기획의 수행에서 프로그램 교육 대상인 교육참여자의 일반적인 사항 분석은?

① 교수설계에 영향을 미칠 수 있는 교육자의 특성을 기술한다.
② 교육이 실시될 경우 교육참여자가 교육에 참여하기 위한 요건을 명시한다.
③ 교육 프로그램에 대한 교육참여자의 동기·태도 등의 수준을 기술한다.
④ 교육 프로그램에 필요한 교육참여자들의 지식, 기술 등 선수학습 수준을 기술한다.

> 해설 ①·③·④는 교육참여자의 교육 관련 특성 분석이다.
> **교육참여자의 일반적인 사항 분석**
> • 교육참여자의 나이, 성별 등을 파악한다.
> • 교육 수요조사 이전에 전체 교육 수요자에 대한 잠재적 수요 인원을 산출하여 교육 횟수를 산정한다.
> • 교육이 실시될 경우 교육참여자가 교육에 참여하기 위한 요건을 명시한다.

11 교육 기획의 세부 주제 후보 선정에 대한 내용이 아닌 것은?

① 과거 수행한 주제들의 조사 및 수집
② 현 시점에서의 사회적 요구 주제 조사
③ 학습 수요자의 요구 주제 조사
④ 학습자의 프로그램 조사

> 해설 **교육 기획의 세부 주제 후보 선정**
> • 과거에 수행한 주제들을 조사 및 수집한다.
> • 현 시점에서의 사회적 요구 주제를 조사한다.
> • 학습 수요자의 요구주제를 조사한다.

12 교육 기획의 세부 주제를 선정하여 수행할 때, 세부 주제 후보의 선정준거에 의한 점수화·서열화 평가가 아닌 것은?

① 능률성 평가
② 목표와의 일관성 평가
③ 실시계획의 타당성 평가
④ 교육 및 학습 가능성 평가

> 해설 **선정된 준거에 의거한 세부 주제 후보의 서열화 평가**
> • 목표와의 일관성 평가
> • 능력 수준 및 흥미에 대한 적합성·자발성 평가
> • 실용성·다양성 평가
> • 능률성 평가
> • 교육 및 학습 가능성 평가

13 다음에서 설명하는 교육 기획의 세부 주제 후보의 점수화 · 서열화 평가는?

> 학습 주제를 선정할 때 하나의 목적으로 다양한 경험을 할 수 있도록 구성해야 한다.

① 능률성 평가
② 흥미에 대한 적합성 평가
③ 목표와의 일관성 평가
④ 실용성과 다양성 평가

해설 능률성 평가는 하나의 경험으로 다양한 목적을 충족시킬 수 있는 주제를 선정하도록 해야 한다.

14 교육 기획의 주제 선정 시 교육 기획 자료가 아닌 것은?

① 교육 내용의 목록
② 프로그램의 교육 목표
③ 교육에 참여할 학습자 명단
④ 문서 작성을 위한 컴퓨터

해설 ④는 세부 주제를 선정할 때 필요한 기기(장비, 공구)에 해당한다.

15 교육 기획 주제 선정의 수행 순서로 옳은 것은?

> ㄱ. 세부 주제의 결정
> ㄴ. 세부 주제 후보의 선정
> ㄷ. 세부 주제 후보의 서열화
> ㄹ. 교육 기획 의도 파악

① ㄱ - ㄷ - ㄹ - ㄴ
② ㄷ - ㄹ - ㄴ - ㄱ
③ ㄹ - ㄷ - ㄴ - ㄱ
④ ㄹ - ㄴ - ㄷ - ㄱ

해설 교육 기획의 세부 주제 선정 순서
  ㄹ. 교육 기획 의도를 파악한다.
  ㄴ. 세부 주제 후보를 선정한다.
  ㄷ. 세부 주제 후보를 서열화 · 점수화 평가를 한다.
  ㄱ. 세부 주제 후보 중 내림차순으로 교육 기획 의도의 부합성과 실현 가능성을 검토하여 세부 주제를 결정한다.

16 교육목적에 따른 주제 선정에서 사회적 수요에 대한 주제 선정 내용이 아닌 것은?

① 반려동물 보호자의 양육 경험, 개인적 상황, 시대적 상황 등에 따라 다양한 요구가 존재할 수 있다.
② 반려동물에 대한 여러 가지 요구의 교육 해소를 위해 주제를 선정하여 교육을 진행할 수 있다.
③ 신종 코로나바이러스에 대한 올바른 반려동물 양육 방법 등은 사회적 수요에 대한 주제가 될 수 있다.
④ 반려동물에 대한 사회적 변화 인식에 대한 동의를 세부 주제로 선정할 수 있다.

해설 ④는 반려동물의 사회적 인식 개선에 대한 세부 주제 선정에 포함된다

17 반려동물 교육 기획에 대한 내용이다. ㉠과 ㉡에 들어갈 내용으로 적절한 것은?

- 반려동물 관련 교육 기획은 반려동물 문화 및 시장 환경의 변화에 따른 학습자의 요구 및 필요를 충족시키기 위한 (㉠)을/를 설계하는 과정이다.
- 교육 기획은 어떤 목적을 달성하기 위한 미래에 관한 (㉡) 과정이며 계획은 이러한 지적 과정의 산물이라고 할 수 있다.

	㉠	㉡
①	방법과 절차	계속적인
②	시행과 결과	연계된
③	기획과 과정	일시적인
④	발전과 전략	정체된

해설
- 반려동물 관련 교육 기획은 반려동물 문화 및 시장 환경의 변화에 따른 학습자의 요구 및 필요를 충족시키기 위한 방법과 절차를 설계하는 과정이다.
- 교육 기획은 어떤 목적을 달성하기 위한 미래에 관한 계속적인 과정이며 계획은 이러한 지적 과정의 산물이라고 할 수 있다

18 교육 기획의 접근방법 중 반려동물 교육에 대한 개인적·사회적 수요를 기초로 방향과 전략을 수립하려는 방법은?

① 국제 비교 접근법
② 환경 분석 접근법
③ 사회 수요 접근법
④ 인력 수요 접근법

해설 ③ 교육 기획의 접근방법 중 사회 수요 접근법에 대한 내용이다.
① 국제 비교 접근법 : 선진국 또는 반려동물 분야의 발전이 유사한 다른 국가를 비교 연구함으로써 우리나라 반려동물 분야의 발전을 위한 방향과 전략을 수립하려는 방법이다.
④ 인력 수요 접근법 : 반려동물 산업의 성장 및 발전에 필요한 인적자원의 중요성에 대한 인식을 전제로 반려동물 산업의 성장과 발전을 뒷받침할 수 있는 전문 인력의 수요공급을 조절하기 위한 방법이다.

19 반려견 행동 교정계약서의 구성요소가 아닌 것은?

① 견 명
② 예방 접종
③ 방문 일자
④ 보호자 연령

해설 | 반려견 행동 교정계약서 구성요소
1. 견 명
2. 견 종
3. 반려견 연령
4. 반려견 성별
5. 질 병
6. 예방 접종
7. 사양관리 유의사항
8. 입소일
9. 행동 교정 기간
10. 퇴소예정일
11. 보호자 성명
12. 보호자 연락처
13. 보호자 주소지
14. 비 용
15. 건강 관련 유의사항
16. 사양 관리 의무사항
17. 주요 문제 행동
18. 문제 행동 교정계획
19. 방문 일자
20. 방문 회차
21. 방문 시간
22. 소요 시간
23. 계약 기간
24. 협의 사항
25. 계약 체결 확인사항
26. 행동 교정 관련 의무 사항

20 반려견 행동 교정계약서의 개별 기재 사항 정리 및 문제행동 사례와 관련한 세부사항의 내용이 아닌 것은?

① 행동 교정사 기본 정보
② 건강 및 질병 관리 사항
③ 행동 교정사의 행동 교정 관련 의무 사항
④ 행동 교정 방문 일정 관련 사항과 비용

해설 | ①은 행동 교정계약서의 공통 사항에 관한 내용이다.

21 위탁 행동계약서에서 개별 기재사항이 아닌 것은?

① 계약 기간과 비용
② 행동 교정사 의무사항
③ 위탁사육 관련 사항
④ 반려견 행동 교정 관련 기본 정보

해설 | 위탁 행동계약서의 공통 기재사항 : 반려견 보호자 기본 정보, 반려견 기본 정보, 반려견 행동 교정 관련 기본 정보, 행동 교정사 기본 정보, 계약 체결 관련 항목 등을 작성한다.

22 반려견 행동 교정 관련 보호자 성격 유형에서 주도형 보호자에 대한 설명 방법으로 옳은 것은?

① 순종적인 대화법을 사용하며 직선적, 지시, 결단과 같은 단어를 사용하는 것이 좋다.
② 설명하는 장소의 분위기를 편안하게 만들고 적극적·호의적으로 칭찬하는 대화법을 사용한다.
③ 해당 문제 행동 교정 프로그램 계획의 장점과 이전 보호자들의 행동 교정 만족 사례 등을 제시하는 것이 좋다.
④ 여러 정보 및 비교 자료를 준비하고 정확, 통제, 사실 등의 단어를 사용하는 것이 좋다.

해설 ② 사교형 보호자, ③ 안정형 보호자, ④ 신중형 보호자에 대한 설명 방법이다.

CHAPTER 03 반려동물 보호자 교육방법

1 교수 · 학습 방법

(1) 교수 · 학습 방법의 개요
교수 · 학습 방법이란 교육 기획 의도에 따라 교육목적을 달성하기 위해 교육 내용을 교수자가 학습자에게 어떻게 전달할 것인지에 대한 구체적인 실천 방법을 의미한다.

(2) 교수 · 학습 방법의 요소(백영균 외, 2015)
① 효과성 : 교육 기획에 의해 학습자가 학습 목표를 성취하면, 학습자는 그 학습 내용을 오랜 시간 동안 기억하고 일상의 다양한 지식과 연합하고 변화시키고 응용할 수 있어야 한다.
② 매력성 : 재미나 흥미를 느끼지 못하면 교육 기획에서 의도하는 교육 목표를 달성할 수 없기 때문에 교육 목표를 달성하기 위하여 흥미와 동기를 유발할 수 있도록 매력적으로 구성해야 한다.

(3) 교육방법의 유형(박은숙 외, 2005; 신재한, 2011)

강의법		가장 전통적인 교육방법으로 현재까지 가장 많이 이용되는 교수 · 학습 방법
	장 점	• 제한된 시간 안에 전달하고자 하는 지식을 많은 학습자에게 동시에 전달할 수 있다. • 학습자가 경직되어 있거나 융통성이 없는 경우에 편안함을 느끼게 한다.
	단 점	• 학습자가 적극적으로 수업에 참여할 수 없다. • 교수 · 학습 중 상호작용을 기대하기 어렵다.
토의법		학습자의 역할과 활동을 중요시하는 교육방법으로 교수 · 학습 중 토의에 의한 상호작용이 이루어지면, 이를 통해서 개인과 집단의 문제를 해결하는 교육내용을 전달하여 학습목표를 달성하는 교수 방법
	장 점	자유로운 의사소통과 분위기 속에서 학습자가 적극적으로 참여함으로써 학습자에게 동기와 흥미를 유발할 수 있다.
	단 점	집단의 크기가 크면 효율적인 토론이 이루어지기 어렵고, 많은 시간이 요구된다.
협동학습		기존의 강의실 교육에서 학습자들이 느끼는 문제점을 해결하고, 모든 학습자들이 공동의 목표에 대해서 함께 상호작용하고 협력하게 하여 교육 내용을 전달하는 교수 방법
	장 점	상호작용을 통한 문제해결 능력과 의사결정 능력을 향상시킬 수 있다. 또한 학습자가 개인의 잠재력을 이끌어 내도록 유도할 수 있다.
	단 점	학습자 간의 문제 또는 갈등이 있는 경우에는 학습 진행이 어렵거나 학습 효과와 효율성이 떨어진다.
문제 중심 학습		학습자가 현재 처해 있는 상황을 해결하기 위해서 필요한 지식을 습득하고, 내용을 분석하며 통합할 수 있는 능력을 개발하기 위한 교육방법
	장 점	학습 내용에 대한 흥미와 자기주도 학습 능력이 향상된다.
	단 점	자료를 검색하는 데 많은 시간이 필요하다.

(4) 교수·학습 방법의 선정 순서

교육에 참여한 학습자의 명단(특성 포함), 프로그램의 교육 목표, 교육 내용의 목록 등 재료와 자료를 준비하여 다음의 수행 순서에 따라 선정한다.

① **주제 선정** : 반려동물과 관련이 있으면서 이미 선행지식이 있는 일반적 주제를 선정한다(예 반려견 예절 교육 등).

② **교수·학습 방법의 선택**

교수·학습 상황	교수·학습 방법
• 50명 이상의 학습 집단 • 전형적인 교실 공간 • 개념, 원리 학습 • 새로운 지식 습득 중심	설명식 강의법, 팀티칭
• 20명 이하의 학습 집단 • 전형적인 교실 공간 • 태도 영역 • 이미 습득한 지식 강화	역할극, 모의실험, 게임, 토론법
• 20명 이하의 학습 집단 • 융통성 있는 교실 공간 • 개념, 원리 학습 • 새로운 지식 습득	발견학습, 탐구학습
• 30~40명 정도의 학습 집단 • 융통성 있는 학습 공간 • 심리적 영역 • 새로운 지식의 습득 및 숙달	동료교수법, 시범–실습
• 30~40명 정도의 학습 집단(소집단 형성 가능) • 융통성 있는 학습 공간 • 인지적 영역 • 새로운 지식 창출	소집단 협동학습, 문제중심 학습, 사례기반 학습
• 개별 학습 가능 • 융통성 있는 학습 공간 • 개념 원리, 절차 학습 • 새로운 지식 습득 중심	컴퓨터 보조수업, 웹 기반 수업, 개인교수법

[출처 : 김민경(2005). 『초등교육방법 탐구』. 교육과학사.]

> **더알아보기** 교육방법 선정 시 고려할 사항
>
> • 학습자의 요구와 특성을 고려한다.
> • 학습 목표나 내용이 어느 영역의 교육에 해당 되는지 판단한다.
> • 전체 교수 방법 중 어느 방법을 사용하는 것이 좋을지 생각한다. 한 가지 교육 방법을 사용할 수도 있으며 여러 가지 방법을 병용할 수도 있다.

③ **교수 매체 선정**

 ㉠ **학습자의 특성을 파악한 교수 매체 선정** : 연령이 낮은 학습자에게는 그림을 많이 사용하고 연령이 높은 학습자에게는 그래픽이나 표를 이용하여 구체적으로 정보를 제공하는 것이 효과적이다.

ⓒ 수업상황을 파악한 교수 매체 선정
ⓒ 학습목표와 내용을 파악한 교수 매체 선정
ⓔ 매체의 물리적 속성과 기능을 파악한 교수 매체 선정.
④ **집단별 교육방법 소개와 상호 평가** : 각 집단별로 자신들이 구상한 교육방법을 소개하고 적절한지 상호 평가하는 기회를 갖는다.

2 보호자의 교육 과정 지도

(1) 교육 과정과 지도
① **교육 과정** : 교육의 목적에 적합하게 교육 내용을 종합하여 계획한 것이다.
② **교육 지도** : 교육 과정의 목적이나 방향에 맞게 가르치고 이르게 하는 것이다.

(2) 교육 지도의 원리
① **개별화의 원리** : 교육 지도는 학습자 각각의 개인차를 고려하여 학습의 내용과 진도 등을 학습자의 능력, 수준, 개인적 특성 등에 맞추어 지도해야 한다.
② **목적의 원리**
  ㉠ 학습자가 학습의 목적을 명확히 이해하게 되면 자발적이고 적극적으로 학습에 참여하게 된다.
  ㉡ 교수자는 학습자가 이해할 수 있도록 적절한 학습 목적 및 목표를 제시해 주어야 하며, 학습자의 목적 및 목표에 적합하게 학습활동을 지도해야 한다.
③ **자발성의 원리**
  ㉠ 학습을 통해 변화가 이루어져야 하는 학습의 주체는 학습자이다.
  ㉡ 학습자는 학습의 주체가 자신임을 인식하고 자발적으로 학습에 참여하도록 지도한다.
④ **직접경험의 원리**
  ㉠ 일반적으로 학습자는 강의 위주의 설명보다는 직접적인 체험을 통해서 학습의 효과를 얻는다.
  ㉡ 학습 내용에 대한 구체적인 실체나 체험활동을 통해 학습내용을 습득할 수 있도록 지도한다.
⑤ **사회화의 원리**
  ㉠ 학습 내용은 학습자의 일상생활의 문제와 직접 연결될 때 학습자에게 효과적으로 전달된다.
  ㉡ 학습 내용이 학습자의 일상생활과 관련될 수 있도록 지도한다.
⑥ **자연성의 원리** : 학습은 자유로운 분위기에서 진행되어야 하며 학습자에게 부담을 주지 않는 범위에서 지도한다.

(3) 개인 중심의 교육 필요성
① **학습자 욕구와 특성의 다양화** : 각각의 학습자는 욕구와 특성이 다양할 수 있으므로 개별적 특성을 바탕으로 요구를 최대한 반영하여 지도한다.
② **사회의 다양화** : 각각의 학습자는 처한 상황이 다를 수 있으므로 그 상황을 고려하여 학습을 지도한다.
③ **정보의 재구성** : 다양한 지식 및 정보 중에서 학습자에게 유용하고 효과적인 학습내용임을 스스로 판단할 수 있는 능력을 배양하도록 지도한다.

(4) 개인 중심 교육방법

① **도제제도** : 경험이 있는 전문가로부터 개별적으로 기술 또는 기능을 습득하는 형태로 주로 특별한 기술 습득을 위한 교육방법이다.
② **인턴십** : 도제제도와 거의 비슷하나 단순히 기술을 습득하기보다는 전문적인 역할에 대한 내용을 습득하기 위한 교육 방법이다.
③ **직접 개별 학습** : 집단이 아니라 각각의 학습자에 대해서 개별적으로 직접 지도하여 내용을 습득시키는 교육방법이다.
④ **상담** : 특정 개인의 문제에 대해서 자문을 통해서 내용을 전달하는 교육방법이다.
⑤ **개인지도** : 교수와 학습을 일대일로 진행하는 교육방법이다.

3 보호자 교육 지도방법

(1) 촉감 체계적 둔감화 교육 지도

① **촉감 체계적 둔감화 교육 전 준비**
  ㉠ 자료 및 재료 : 먹이(사료, 간식), 박스, 봉지, 페트병, 종이, 막대기
  ㉡ 기기(장비·공구) : 훈련 조끼, 먹이주머니, 목줄, 목 끈, 매트

② **안전·유의 사항**
  ㉠ 반려견이 무서워하면 무리해서 다가가지 않는다.
  ㉡ 반려견이 스트레스 반응을 보이기 전에 훈련을 끝낸다.
  ㉢ 보호자가 반려견 교육을 지속할 수 있도록 칭찬과 격려를 지속적으로 제공한다.

③ **교육 과정의 지도**
  ㉠ 촉감 체계적 둔감화 교육은 반려견이 무서워하는 촉감을 체계적으로 둔감화시키는 교육 과정으로 보호자를 지도한다.
  ㉡ 보호자에게 반려견이 무서워하거나 싫어하는 촉감을 물어본 후에 교육을 실행한다.

④ **반려견이 타일과 해먹을 무서워할 때 보호자 교육 수행 절차**
  ㉠ 타일이 있는 미끄러운 화장실 바닥이나 거실에서 체계적 둔감화를 교육한다.
  ㉡ 교육자는 타일 위에 미끄럽지 않은 얇은 매트를 2장 깔아 놓는다.
  ㉢ 보호자가 반려견을 매트 위에 올려놓고 칭찬을 하고 간식을 주며 진정시키도록 지도한다.
  ㉣ 처음에 교육자는 매트의 간격을 약 3㎝ 정도 좁은 간격을 벌리고 반려견이 벌린 틈 사이로 건너오게 하는 방법을 설명하면서 시범을 보인다.
  ㉤ 보호자가 반려견에게 간식을 줄 때 교육자는 반려견이 알아채지 못하도록 매트의 간격을 조금 더 넓히도록 한다.
  ㉥ 보호자는 반대편으로 가서 반려견이 건너올 수 있게 반려견을 부르도록 지도한다. 이때 반려견이 건너가면 보호자는 쓰다듬고 간식을 주며 반려견을 칭찬할 수 있도록 지도한다.
  ㉦ '㉤, ㉥'의 과정을 반복하여 매트 사이의 간격이 넓어져 반려견의 앞발 또는 뒷발이 타일을 밟을 수 있게 한다.

ⓐ 반려견이 타일을 밟는 순간 보호자가 반려견이 좋아할 수 있게 칭찬을 많이 해주고 간식을 3개 정도 주도록 지도한다.
ⓑ 반려견이 타일을 밟고 반대편 매트로 넘어올 수 있게 반복적으로 교육할 수 있도록 보호자를 지도한다.

(2) 생활 예절 개선 교육 지도

① 교육 전 준비
  ㉠ 자료 및 재료 : 먹이(사료, 간식), 방석, 켄넬, 울타리, 배변판, 배변 패드, 탈취제, 배변 봉투, 휴지
  ㉡ 기기(장비·공구) : 훈련 조끼, 먹이 주머니, 클리커, 목줄, 목 끈

② 안전·유의 사항
  ㉠ 보상으로 주는 간식은 바로 삼킬 수 있는 부드러운 것으로 준비한다.
  ㉡ 스트레스 반응을 보이기 전에 훈련을 끝낸다.
  ㉢ 힘이 약한 여성이나 어린이가 훈련이 안된 대형견을 혼자서 통제하지 않도록 한다.
  ㉣ 교육 수행 지도가 올바르게 되도록 격려와 긍정적 지지도 함께 진행되어야 한다.

③ '여기' 교육 지도
방석을 이용한 '여기' 훈련 과정을 지도한다. 이때 반려견이 방석 위에서 편하게 엎드릴 수 있도록 보호자를 지도한다.
  ㉠ 보호자가 방석 앞에 앉아 방석을 바라보게 하고, 교육자는 보호자 옆에서 클러커를 들고 같이 방석을 바라 본다.
  ㉡ 반려견이 방석에 관심을 보이면 교육자가 클릭을 하고, 보호자가 간식을 방석 위에 놔두도록 지도한다. 이때, 보호자가 '클릭' 소리가 나면 바로 간식을 주는지를 확인하고 지도한다.
  ㉢ 반려견이 방석 위에 있는 간식을 다 먹으면 보호자가 방석 바깥쪽으로 간식을 하나 주어 다음 동작을 이어갈 수 있도록 지도한다(㉡, ㉢ 동작을 반복 지도함).
  ㉣ 반려견이 방석 쪽으로 다가와 발을 올리면 교육자는 클리커를 누르고, 보호자는 간식을 방석 안쪽으로 여러 개 놔주어 반려견이 네발을 다 올리고 먹을 수 있도록 지도를 한다(㉢, ㉣ 동작을 반복 지도함).
  ㉤ 반려견이 방석 위에 완전히 네발을 올리면 교육자는 클리커를 누르고 보호자가 반려견이 좋아하는 칭찬(예 간식, 쓰다듬기, 놀이 등)을 해주도록 지도한다(㉤, ㉢ 동작을 여러 번 반복함).
  ㉥ 반려견이 방석 위에 올라왔을 때 바로 보상을 하지 않고 앉을 때까지 기다리도록 지도한다. 이때 반려견이 방석을 벗어나면 다시 올라올 수 있도록 보호자가 기다리는지 확인하고 기다리도록 지도한다.
  ㉦ 반려견이 방석 위에 올라와 앉으면 교육자는 클리커를 누르고 보호자가 반려견에게 간식을 주도록 지도한다. 반려견이 앉아서 간식을 받아먹을 수 있도록 교육자가 간식 보상하는 위치를 알려준다. 보상 위치가 바르지 않으면 위치를 교정해준다.
  ㉧ 반려견이 방석 위에 올라와 앉으면 엎드릴 수 있도록 보호자가 반려견 발 끝부분을 보고 있도록 지도한다.
  ㉨ 반려견이 방석 위에서 엎드리면 교육자는 클리커를 누르고 보호자가 간식 보상을 해주도록 지도한다. 반려견이 간식을 먹는 동안 일어나지 않도록 교육자는 보호자가 반려견 앞발 쪽에 간식을 놓도록 알려준다.

ⓒ ⓔ이 잘 되면 반려견이 방석 위에 올라오는 순간 '방석' 또는 '여기'라고 음성 신호를 추가하도록 지도한다.

④ '집으로' 교육 지도(켄넬을 이용)

교육자는 보호자가 선호하는 집을 선택하도록 한다. 이때 교육자는 지붕이 있는 공간(켄넬 등)을 선택해야 하는 이유를 설명한다. 교육자는 보호자에게 집 종류에 대한 이미지를 이용하여 장단점을 설명해 준다.

　ⓐ 켄넬의 문과 지붕 부분을 분리하고 방석을 켄넬 안에 넣도록 지도한다.
　ⓑ 방석으로 '여기' 교육을 했던 것과 같은 방법으로 반려견이 방석 위에 엎드릴 수 있도록 지도한다.
　ⓒ 보호자가 켄넬 입구 쪽을 막고 있는지 확인하고, 만약 막고 있다면 막지 않고 입구 옆에 앉도록 지도한다.
　ⓓ 보호자는 입구 옆에 그대로 앉아 있게 하고, 교육자는 반대편에서 켄넬 지붕 부분을 1/3 정도 올려서 움직이지 않도록 잡고 '여기' 훈련을 계속 진행한다.
　ⓔ 켄넬 지붕이 1/3 → 2/3 → 완전히 닫고 문까지 연결할 때까지 반복한다.
　ⓕ 반려견이 지붕을 건드려도 움직이지 않도록 꽉 잡고 있도록 한다.
　ⓖ 반려견이 문이 달린 켄넬에 잘 들어가서 엎드리면 '집으로'라고 음성 신호를 추가하도록 지도한다.
　ⓗ 반려견이 '집으로'라는 음성 신호에 켄넬에 들어가면 교육자는 문을 살짝 닫고 클리커를 누르고, 보호자가 문 사이로 간식을 넣어주고 바로 열어줘서 나올 수 있도록 지도한다. 이때 반려견이 문 닫는 것이 익숙해질 수 있도록 해주어야 한다고 설명한다.
　ⓘ 반려견이 켄넬 안에 들어가 엎드리면, 교육자는 문을 닫아 잠그고 클리커를 누른 후 문을 열어준다. 이때 보호자는 열린 문틈으로 간식을 넣어주도록 지도한다.
　ⓙ 반려견이 켄넬 안에 들어가 엎드리면 교육자는 문을 닫아 잠그고 클리커를 누른 후 문을 완전히 열어준다. 이때 보호자가 켄넬 안으로 간식을 넣어주고 칭찬을 해주도록 지도한다.
　ⓚ 교육자는 보호자에게 문이 열리고도 반려견이 움직이거나 나오지 않아야 한다는 점과 보호자가 빠르게 보상하여 반려견이 엎드린 상태에서 간식을 먹을 수 있게 해야 한다는 점을 설명한다.
　ⓛ 반려견이 켄넬에 들어가 문을 잠그고 오랜 시간 기다릴 수 있도록 이 과정을 반복하며 보상하는 시간을 조금씩 늦출 수 있도록 지도한다.

⑤ 화장실 교육 지도

보호자가 반려견의 화장실을 선택하고, 배변할 공간을 지정하도록 교육하며, 반려견 화장실의 종류별 용도와 장단점을 설명한다(예 수컷 전용 배변판, 일반 배변판, 배변패드 등). 이때 반려견들은 촉감으로 화장실을 구분하므로, 새로운 장소에 와서 일주일이면 배변교육을 끝낼 수 있어서 이때가 매우 중요하다.

　ⓐ 울타리를 사용한 반려견의 공간을 만들도록 지도한다. 이때, 하우스 → 화장실 → 밥그릇 순으로 놓고 반려견이 화장실을 자연스럽게 밟을 수 있게 해야 한다고 지도한다.
　ⓑ 반려견이 배변을 하면 즉시 보상할 수 있도록 보호자는 울타리 주변에 간식을 준비해 두도록 지도한다.
　ⓒ 반려견이 배변을 할 때 보호자는 간식을 주며 칭찬해 준다. 칭찬을 할 때는 반려견이 놀라지 않도록 말이나 가벼운 쓰다듬기를 하도록 지도한다.

② 반려견이 배변을 할 때 보호자는 '화장실'이라는 음성 신호를 추가하며 간식을 주며, 칭찬할 수 있도록 지도한다.
⑩ 배변 후 어린 강아지가 울타리 밖에서 5~10분 정도의 짧은 시간 동안 놀아준 후 다시 울타리에 넣도록 지도한다. 어린 강아지들은 배변 간격이 짧기 때문에 장시간 나와 있으면 배변 실수를 할 확률이 높아질 수 있음을 설명한다.
⑪ 배변 실수를 하더라도 보호자가 말없이 탈취제를 사용해 깨끗이 치우도록 지도한다. 교육자는 반려견이 배변 실수를 했더라도 혼내면 안 되는 이유를 보호자에게 설명해 준다.

⑥ '기다려' 교육 지도

'기다려' 교육은 보호자가 지정한 곳에서 반려견이 앉아 또는 엎드려서 기다리도록 교육을 지도한다.
㉠ '여기' 훈련 과정을 먼저 연습하도록 지도한다.
㉡ 보호자가 방석 앞에 서서 '여기' 교육을 하여 반려견이 방석에 엎드릴 수 있도록 지도한다. 교육자는 보호자가 앉아서 훈련하다 일어서서 하는 것으로 바꾸면, 반려견도 따라서 일어날 수 있다는 것을 설명한다.
㉢ 반려견이 기다릴 수 있게 선 상태에서 뒤로 반 발자국 → 한 발자국 → 이동하는 방법을 교육자가 설명과 함께 시범을 보이면서 설명한다.
㉣ 보호자는 방석 위에 엎드리고 있는 반려견 앞에서 보호자의 오른쪽 발을 뒤로 이동했다 원위치하고, 이때 교육자가 클리커를 누르고 보호자가 반려견에게 간식을 주도록 지도한다. 이때 반려견은 움직이지 않고 엎드려서 기다리고 있어야 함을 설명한다.
㉤ 보호자가 오른발, 왼발까지 뒤로 갔다 원위치하면 교육자가 클리커를 누르고, 보호자는 간식을 주며 칭찬해 주도록 지도한다.
㉥ ㉣~㉤처럼 반 걸음 → 한 걸음 → 한걸음 반 → 두 걸음 → 점차 늘려가며 '기다려' 교육을 하도록 지도한다.
㉦ '기다려' 도중에 반려견이 움직이면 말없이 방석으로 갈 수 있게 지도한다.
㉧ 보상은 항상 반려견 앞에 가서 주도록 지도한다.
㉨ 장난감으로 보상을 할 때는 보호자가 와서 장난감을 주거나, 반려견이 잘 기다리고 있을 때 교육자가 반려견이 있는 쪽으로 던져준다.

4 산책 방법 지도

보호자가 힘들이지 않고 반려견과 산책할 수 있게 지도한다. 반려견이 보호자 옆에서 줄을 'U'자로 만들며 나란히 걸어갈 수 있도록 지도한다.

(1) 목 끈 잡는 지도

① 목 끈이 길어 끝이 밟히거나 반려견의 다리가 걸리지 않도록 적당한 길이로 잡는 연습을 하도록 지도한다.
② 목 끈의 종류와 장단점을 설명하고 선택하도록 지도한다.

가죽 끈	보호자의 손을 보호해줄 수 있다.
천 끈	다양한 무늬가 있어 보호자들이 선호하나, 교육이 안되고 힘이 센 대형견 산책 시에는 적절하지 않다.
자동 끈	• 목 끈의 길이가 반려견의 움직임에 따라 조절이 되어 반려견의 발에 걸리지 않고 끈을 정리하는데 불편함이 없다. • 자동 끈의 버튼을 당기면 리드줄이 고정되어 반려견의 목에 계속 이물감을 줄 수 있으므로 편안한 산책에 적절하지 못하다.
5m 이상 긴 끈	추적을 하는 데 사용되는 전문가용 목 끈이다.

③ 대형견의 목 끈 잡는 방법 지도 : 대형견의 목 끈은 길이 1.5m~2m 정도가 적당하며, 처음부터 너무 길게 잡지 않도록 지도한다.
④ 소형견의 목 끈 잡는 방법 지도 : 소형견 산책 시의 목 끈은 3m 이하가 적당하다.

(2) 반려견과 산책 활동 지도

① 반려견이 보호자의 왼쪽 또는 오른쪽에서 걷도록 지도한다. 이때, 교육자는 반려견과 산책하는 바른 자세를 설명하면서 시범을 보여 준다.
② 보호자가 줄을 잡고 반려견을 보호자 옆에 오게 한 뒤 옆에 앉혀서 간식으로 보상을 하도록 알려준다. 이때 교육자는 보호자와 반려견을 주시하며 설명한다.
③ 보호자가 '가자'라는 음성 신호를 하고, 보호자의 왼발을 먼저 움직여 걷도록 지도한다.
④ 반려견이 보호자를 잘 따라 걸을 때 클리커를 클릭하고, 보호자의 옆선(바지 제봉선)에 맞춰서 간식을 보상하도록 지도한다. 반려견이 간식을 받아먹을 때는 시선을 들어 보호자를 볼 수 있도록 지도한다.
⑤ 보호자를 멈추라고 하고 반려견이 옆에 앉으면 클리커를 누르고 보호자는 간식을 주도록 지도한다. 반려견이 간식을 받아먹을 때 일어나지 않고 보호자를 바라볼 수 있게 보상하도록 지도한다.
⑥ 보호자가 '가자'라는 음성 신호를 하고 반려견과 걸으며 오른쪽 돌기, 왼쪽 돌기를 해보도록 지도한다. 방향 전환을 하는 동안 반려견과 사이가 멀어지지 않게 주의해야 함을 지도한다.
⑦ 위의 ③~⑥을 반복해서 보호자가 같이 걷고 보상하는 방법에 익숙해지도록 지도한다.

CHAPTER 03 실전예상문제

PART 5 보호자 교육 및 상담

01 다음 빈칸에서 알맞은 내용으로 적절한 것은?

> (　　　　)이란 교육 기획 의도에 따라 교육목적을 달성하기 위해 교육 내용을 교수자가 학습자에게 어떻게 전달할 것인지에 대한 구체적인 실천 방법을 의미한다.

① 교육 기획 상담
② 문제 중심 학습
③ 교수 · 학습 방법
④ 교육 주제의 선정

해설 교수 · 학습 방법이란 교육 기획 의도에 따라 교육목적을 달성하기 위해 교육 내용을 교수자가 학습자에게 어떻게 전달할 것인지에 대한 구체적인 실천 방법을 의미한다.

02 다음 중 교수 · 학습 방법의 요소에 대한 내용이 아닌 것은?

① 교수학습 방법에는 효과성과 매력성의 요소가 있다.
② 흥미나 재미를 느끼면 교육 기획에서 의도하는 교육 목표를 달성할 수 없다.
③ 학습 목표를 성취하면 학습자는 일상의 지식과 연합하여 응용할 수 있다.
④ 교육 목표를 달성하기 위해 흥미와 동기를 유발할 수 있게 구성해야 한다.

해설 재미나 흥미를 느끼지 못하면 교육 기획에서 의도하는 교육 목표를 달성할 수 없다.

03 다음 교육방법의 유형과 내용이 옳게 짝지어진 것은?

① 강의법 – 가장 전통적인 교육방법으로 현재 가장 많이 이용되는 교수 · 학습방법이다.
② 토의법 – 집단의 크기가 클 때 효율적인 토론이 이루어지기 쉽다.
③ 문제 중심 학습 – 모든 학습자들이 공동의 목표에 대해 협력하여 교육 내용을 전달하는 교수법이다.
④ 협동학습 – 학습 내용에 대한 흥미와 자기주도 학습 능력이 향상될 수 있다.

해설 ② 토의법의 단점은 집단의 크기가 크면 효율적인 토론이 어렵고 많은 시간이 소요된다는 것이다.
③ 협동학습은 기존의 강의실 교육에서 학습자들이 느끼는 문제점을 해결하고, 모든 학습자들이 공동의 목표에 대해서 함께 상호작용하고 협력하게 하여 교육 내용을 전달하는 교수 방법이다.
④ 문제 중심 학습은 학습 내용에 대한 흥미와 자기주도 학습 능력이 향상되는 장점이 있다.

01 ③ 02 ② 03 ① 정답

04 교수·학습 방법 선정의 수행 순서로 옳은 것은?

> ㄱ. 주제 선정
> ㄴ. 교수 매체의 선정
> ㄷ. 교수·학습 방법의 선택
> ㄹ. 집단별 교육방법 소개와 상호 평가

① ㄱ - ㄷ - ㄴ - ㄹ
② ㄱ - ㄹ - ㄴ - ㄷ
③ ㄴ - ㄹ - ㄷ - ㄱ
④ ㄷ - ㄱ - ㄴ - ㄹ

해설 교수·학습 방법 선정이 수행 순서
주제 선정 - 교수·학습 방법의 선택 - 교수 매체의 선정 - 집단별 교육방법 소개와 상호 평가

05 다음 중 교육방법을 선정할 때의 고려사항이 아닌 것은?

① 학습 목표가 어느 영역에 해당되는지 판단한다.
② 학습자의 요구와 특성을 고려한다.
③ 전체 교수 방법 중 어떤 방법을 사용할 것인지 판단한다.
④ 여러 가지 교육방법보다는 한 가지만을 선택하여 사용하는 것이 좋다.

해설 전체 교수 방법 중 한 가지 교육방법을 사용할 수도 있으며 여러 가지 방법을 병용하여 사용할 수도 있다.

06 다음에서 설명하는 교육 지도의 원리는?

> 교육 지도는 학습자 각각의 개인차를 고려하여 학습의 내용과 진도 등을 학습자의 능력, 수준, 개인적 특성 등에 맞추어 지도해야 한다.

① 목적의 원리
② 직접경험의 원리
③ 자발성의 원리
④ 개별화의 원리

해설 ① 목적의 원리 : 학습자가 학습의 목적을 명확히 이해하게 되면 자발적이고 적극적으로 학습에 참여하게 된다.
② 직접경험의 원리 : 일반적으로 학습자는 강의 위주의 설명보다는 직접적인 체험을 통해서 학습의 효과를 얻는다.
③ 자발성의 원리 : 학습자는 학습의 주체가 자신임을 인식하고 자발적으로 학습에 참여하도록 지도한다.

07 다음 중 교육 지도의 원리가 아닌 것은?

① 자연성의 원리
② 환경성의 원리
③ 자발성의 원리
④ 사회화의 원리

해설 교육 지도의 원리
개별화의 원리, 목적의 원리, 자발성의 원리, 직접경험의 원리, 사회화의 원리, 자연성의 원리

08 다음에서 설명하는 개인 중심 교육의 필요성은 무엇인가?

> 다양한 지식 및 정보 중에서 학습자에게 유용하고 효과적인 학습내용임을 스스로 판단할 수 있는 능력을 배양하도록 지도한다.

① 정보의 재구성
② 사회의 다양성
③ 학습자 특성의 다양성
④ 학습자 욕구의 다양성

해설 정보의 재구성에 대한 내용이다.

09 특정 개인의 문제에 대해서 자문을 통해 교육 내용을 전달하는 방법은?

① 상 담
② 인턴십
③ 개인지도
④ 도제제도

해설 ② 인턴십 : 도제제도와 거의 비슷하나 단순히 기술을 습득하기보다는 전문적인 역할에 대한 내용을 습득하기 위한 교육방법이다.
③ 개인지도 : 교수와 학습을 일대일로 진행하는 교육방법이다.
④ 도제제도 : 경험이 있는 전문가로부터 개별적으로 기술 또는 기능을 습득하는 형태로 주로 특별한 기술 습득을 위한 교육방법이다.

10 촉감 체계적 둔감화 교육 지도의 재료 및 자료로 옳은 것은?

① 매 트
② 박 스
③ 훈련 조끼
④ 먹이주머니

해설 교육 지도의 자료 및 재료에는 먹이(사료, 간식), 박스, 봉지, 페트병, 종이, 막대기 등이 있고, 장비·공구 등의 기기로는 훈련 조끼, 먹이주머니, 목줄, 목 끈, 매트 등이 있다.

11 경험이 있는 전문가로부터 개별적으로 기술·기능을 습득하는 형태로 주로 특별한 기술습득을 위한 교육 방법은?

① 인턴십
② 개인지도
③ 도제제도
④ 직접 개별 학습

해설 ① 인턴십 : 도제제도와 비슷하나, 단순히 기술을 습득하기보다는 전문적인 역할에 대한 내용을 습득하기 위한 교육방법이다.
② 개인지도 : 교수와 학습을 일대일로 진행하는 교육방법이다.
④ 직접 개별 학습 : 집단이 아니라 각각의 학습자에 대해서 개별적으로 직접 지도하여 내용을 습득시키는 교육방법이다.

12 집에 들어가기 훈련의 목적과 거리가 먼 것은?

① 개집에 들어가는 훈련의 목적은 반려견을 좁은 곳에 가두려는 것이다.
② 반려견이 집을 가장 편안하게 쉴 수 있는 공간으로 느끼게 한다.
③ 개집은 분리불안이나 과한 짖기를 예방할 수가 있다.
④ 집에 들어가기 훈련이 잘되면 배변 교육 시에도 효과적이다.

해설 집에 들어가기 훈련의 목적은 반려견을 좁은 곳에 가두는 것이 아니고 집을 가장 편안하게 쉴 수 있는 공간으로 느끼게 하는 것이다. 집에 들어가기 훈련이 잘되면 분리불안이나 과도한 짖기를 예방할 수 있고, 대소변 가리는 교육 시에도 효과적이다.

정답 10 ② 11 ③ 12 ①

13 집에 들어가기 훈련 과정에 대한 설명으로 옳은 것은?

① 집에 들어가기 교육용 개집은 크면 클수록 좋다.
② 크레이트 안에 들어간 반려견이 밖으로 나오면 '기다려' 명령을 내린다.
③ 반려견을 자연스럽게 밀어 넣은 다음 들어가면 간식을 주어 크레이트 안에 들어가는 것을 즐기도록 한다.
④ 크레이트 안에 들어가는 교육이 잘되지 않으면 강제로 밀어 넣고 문을 잠근다.

해설 ① 반려견이 들어갈 수 있는 적당한 크기의 크레이트를 정해 준다.
② 크레이트 안에 들어간 반려견이 밖으로 나오려고 하면 문을 닫아 '기다려' 명령을 내린다.
④ 강압적으로 개집에 들어가게 하면 안 된다. 반려견이 집을 편안한 장소로 여기도록 해야 한다.

14 강아지가 배변을 할 때 보호자가 '화장실'이라는 음성 신호를 주어야 하는 시기는?

① 배변할 때
② 간식을 줄 때
③ 울타리에 넣을 때
④ 매트 위에 올라갈 때

해설 반려견이 배변을 할 때 보호자는 '화장실'이라는 음성 신호를 추가하며 간식을 주며 칭찬할 수 있도록 지도한다.

15 다음 빈칸에 들어갈 어린 강아지의 배변 교육 시간으로 옳은 것은?

> 배변 후 어린 강아지와 울타리 밖에서 (　　　　) 정도의 짧은 시간 동안 놀아준 후 다시 울타리에 넣도록 지도한다. 어린 강아지들은 배변 간격이 짧기 때문에 장시간 나와 있으면 배변 실수를 할 확률이 높아지기 때문이다.

① 1~3분
② 5~10분
③ 15~20분
④ 25~30분

해설 반려견이 배변을 할 때 보호자는 '화장실'이라는 음성 신호를 추가하며 간식을 주며 칭찬할 수 있도록 지도한다. 배변 후 어린 강아지와 울타리 밖에서 5~10분 정도의 짧은 시간 동안 놀아준 후 다시 울타리에 넣도록 지도한다. 어린 강아지들은 배변 간격이 짧기 때문에 장시간 나와 있으면 배변 실수를 할 확률이 높다.

16 반려견이 타일과 해먹을 무서워할 때 보호자 교육으로 옳지 않은 것은?

① 타일이 있는 화장실 바닥에서 교육한다.
② 교육자는 타일 위에 미끄럽지 않은 얇은 매트를 2장 깐다.
③ 반려견이 무서워하면 억지로 줄을 잡아당겨 매트 간격을 넘어오게 한다.
④ 반려견이 매트의 간격을 넘어오면 보호자는 쓰다듬고 간식을 주면 칭찬한다.

해설 반려견이 무서워할 때 억지로 줄을 잡고 당기지 않는다.

17 반려견 생활 예절 개선 교육 시 안전·유의사항으로 옳은 것은?

① 스트레스 반응을 보이면 훈련을 종료한다.
② 힘이 약한 여성이라도 대형견을 혼자서 통제할 수 있게 한다.
③ 교육 수행 지도가 올바르게 되도록 단호함과 절제된 모습을 보인다.
④ 보상으로 주는 간식은 바로 삼킬 수 있는 부드러운 것으로 준비한다.

해설 ① 반려견이 스트레스 반응을 보이기 전에 훈련을 끝낸다.
② 힘이 약한 여성이나 어린이가 훈련이 안된 대형견을 혼자서 통제하지 않도록 한다.
③ 교육 수행 지도가 올바르게 되도록 격려와 긍정적 지지도 함께 진행되어야 한다.

18 '여기' 보호자 교육지도 방법으로 옳은 것은?

① 반려견이 방석 앞에 앉아 방석을 바라보게 한다.
② 반려견이 방석 위에 올라왔을 때 바로 보상해 줘야 한다.
③ 반려견이 방석 위에 완전히 네발을 올리면 보호자가 반려견을 칭찬을 해주도록 한다
④ 보호자는 반려견의 간식 보상 위치가 바르지 않으면 클리커를 눌러 지도한다.

해설 ① 보호자가 방석 앞에 앉아 방석을 바라보게 하고, 교육자는 보호자 옆에서 클러커를 들고 같이 방석을 바라본다.
② 반려견이 방석 위에 올라왔을 때 바로 보상을 하지 않고 앉을 때까지 기다리도록 지도한다.
④ 반려견이 앉아서 간식을 받아먹을 수 있도록 교육자가 간식 보상하는 위치를 알려준다. 보상 위치가 바르지 않으면 위치를 교정해준다.

정답 16 ③ 17 ④ 18 ③

19 산책 시의 목 끈의 종류와 장단점 설명이 바르지 않은 것은?

① 가죽 끈 - 보호자의 손을 보호해줄 수 있다.
② 천 끈 - 다양한 무늬가 있어 보호자들이 선호하며 교육이 안된 힘이 센 대형견과 산책하기에 좋다.
③ 자동 끈 - 목 끈의 길이가 반려견의 움직임에 따라 조절되므로, 버튼을 열어놓으면 줄이 너무 길어 제어하기가 힘들다.
④ 5m 이상의 긴 끈 - 추적을 하는 데 사용되는 전문가용 목 끈이다.

해설 천 끈은 교육이 안 된 힘이 센 대형견과 산책하기엔 적절하지 않다.

20 반려견 산책 활동 시에 대한 설명으로 옳지 않은 것은?

① 교육자는 반려견과 산책하는 바른 자세를 설명하면서 시범을 보여 준다.
② 보호자가 줄을 잡고 반려견을 보호자 옆에 오게 한 뒤 옆에 앉혀서 간식으로 보상을 하도록 알려준다.
③ 보호자가 '가자'라는 음성 신호를 하고 보호자의 왼발을 먼저 움직여 걷도록 지도한다.
④ 반려견이 간식을 받아먹을 때는 일어나서 보호자를 바라볼 수 있게 보상하도록 지도한다.

해설 반려견이 간식을 받아먹을 때 일어나지 않고 보호자를 바라볼 수 있게 보상하도록 지도한다.

21 '기다려' 교육 지도 방법으로 옳지 않은 것은?

① 보상은 항상 반려견 앞에 가서 주도록 지도한다.
② '기다려'를 하는 동안 반려견은 자세를 자주 바꿔 준다.
③ '기다려' 도중에 반려견이 움직이면 말없이 방석으로 갈 수 있게 지도한다.
④ 보호자가 '여기' 교육을 하여 반려견이 방석에 엎드릴 수 있도록 지도한다.

해설 '기다려'를 하는 동안 반려견은 자세를 바꾸지 않는다.

22 켄넬을 이용한 '집으로' 교육지도로 옳은 것은?

① 보호자는 켄넬 입구 쪽을 막고 있어야 한다.
② 켄넬의 문과 지붕 부분을 분리하고 방석을 켄넬 밖으로 빼어 둔다.
③ 문이 열리고도 반려견이 움직이지 않으면 보호자가 반려견이 엎드린 상태에서 간식을 먹을 수 있게 해야 한다.
④ 반려견이 '집으로'라는 음성 신호에 켄넬에 들어가면 보호자는 간식을 넣어주고 문을 닫아준다.

해설 ① 보호자가 켄넬 입구 쪽을 막고 있는지 확인하고, 만약 막고 있다면 막지 않고 입구 옆에 앉도록 지도한다.
② 켄넬의 문과 지붕 부분을 분리하고 방석을 켄넬 안에 넣도록 지도한다.
④ 반려견이 '집으로'라는 음성 신호에 켄넬에 들어가면 교육자는 문을 살짝 닫고 클리커를 누르고, 보호자가 문 사이로 간식을 넣어주고 바로 열어줘서 나올 수 있도록 지도한다.

정답 22 ③

CHAPTER 04 고객상담 및 의사소통

1 의사소통의 기술

(1) 커뮤니케이션의 의미

① 정 의
- ㉠ 정보나 지식, 가치관, 기호, 감정, 태도, 사실, 신념 등을 음성이나 문자 등을 통하여 전달하거나 교환함으로써 공감대를 형성하는 의사 전달 과정이다.
- ㉡ 커뮤니케이션은 상대방과 어떤 관계에 있느냐에 따라 주고받는 내용이나 전달 방식이 달라진다.
- ㉢ 커뮤니케이션은 쌍방향으로 진행되는 활동이다.
- ㉣ 고객으로부터 정확한 정보를 얻기 위한 수단이다.

② 특 징
- ㉠ 서로의 행동에 영향을 미친다.
- ㉡ 오류와 장애가 발생할 수 있다.
- ㉢ 수단과 형식은 매우 유동적이다.
- ㉣ 순기능과 역기능이 존재한다.
- ㉤ 정보를 교환하고 의미를 부여한다.

③ 목 적
- ㉠ 영향력 행사
- ㉡ 정보 교환
- ㉢ 감정 표현
- ㉣ 의사소통
- ㉤ 관계 유지

④ 효과적인 커뮤니케이션 방법
- ㉠ 일반화되어 있는 표준말을 사용한다.
- ㉡ 알기 쉬운 주제를 화제로 선택한다.
- ㉢ 상담자는 객관적인 자료에 근거하여 말하고 주관적인 생각과 감정을 표출해서는 안 된다.
- ㉣ 적극적 경청을 통해 고객의 욕구를 파악한다.
- ㉤ 상대방의 관점에서 이해하고, 적극적인 태도의 피드백을 해야 한다.
- ㉥ 예상되는 장애에 대한 사전 준비를 해야 한다.
- ㉦ 고객이 신뢰감을 느끼도록 친밀감(Rapport)을 형성하는 것이 중요한데, 이를 위해서는 고객에게 관심을 가지고 고객의 욕구를 파악해야 한다.

ⓒ 효과적인 커뮤니케이션(GAME)
- 목적(Goal) : 목적을 결정하여 무엇을 얻고자 하는지 명확히 하라.
- 상대(Audience) : 상대의 본질과 감정 상태를 파악하여 이에 어울리는 방식을 적용하라.
- 정보(Message) : 상대방에게 전달하고자 하는 메시지를 확실히 하라.
- 표현(Expression) : 상대방 관점에서 이해하고 어떤 식으로 메시지를 전달할지 결정하라.

⑤ 의사소통의 종류

언어적 의사소통	말하기	• 너무 장황한 설명이 되지 않도록 주의한다. • 고객에게 충분한 공감의 태도를 보인다. • 고객이 사용하는 용어를 활용한다. • 부정적인 단어를 사용하지 않도록 주의한다. • 높임말을 쓰도록 한다.
	듣기	• 고객에 호응하며 부연 설명한다. • 고객의 말에 내포된 의미를 파악한다. • 고객의 의견에서 칭찬할 내용을 찾는다. • 고객의 관심사에 공감하며 의견을 구한다.
비언어적 의사소통	신체언어 (보디랭귀지)	• 고객과 시선을 맞추며 관심 있는 표정을 보인다. • 다리를 꼬거나 팔짱을 끼는 등 바르지 않은 자세를 취하지 않는다. • 상대방의 말에 동의하며 고개를 끄덕이는 등의 긍정적인 동작을 취한다. • 즐거운 표정을 짓고 몸을 앞으로 숙이고 대화한다.
	목소리	• 단조로운 톤보다는 음의 고저에 신경 써 말한다. • 고객과 말하는 속도를 맞춘다. • 명확한 발음으로 말한다.
	복장과 태도	• 단정함과 청결은 기본이다. • 자신의 인격과 근무하는 직장의 이미지를 고려해 경직되지 않으면서 예의 바른 태도를 갖춘다.

(2) 언어적 의사소통

① 정의
㉠ 언어적 의사소통은 고객이 이야기하고자 하는 내용을 담당자가 임의로 바꾸지 않고, 계속 이야기할 수 있도록 기다려 주는 것을 말하는 것이다.
㉡ 담당자의 메시지를 명확히 이해하기 위함을 목적으로 한다.
㉢ 담당자가 정확한 발음, 말 줄임, 말 속도, 억양으로 예의 있는 표현을 익혀 고객을 응대하는 것을 의미한다.

② 특징
㉠ 성공적인 상담을 진행하기 위해서는 초기부터 고객과 긍정적인 관계를 형성하는 것이 매우 중요하다.
㉡ 고객 입장에서는 기관이 매우 낯선 장소이고, 본인의 문제를 솔직히 이야기하는 것이 부담스러울 수 있다. 담당자가 고객의 말에 집중하고 수용하는 모습을 보여주면, 고객은 좀 더 적극적으로 자신이 하고자 하는 주제로 집중해서 이야기할 수 있다. 따라서 담당자는 다양한 방법으로 고객과 의사소통하기 위해 노력해야 한다.

③ 말에 의한 의사소통의 장단점

장 점	단 점
• 신속한 피드백이 가능하다. • 수시로 아이디어 또는 해결책을 주고받을 수 있다. • 개인적인 상호작용이 가능하다.	• 시간이 소요되며 갈등을 유발할 위험이 있다. • 공식적인 기록이 없다. • 메시지의 왜곡이 발생할 수 있다.

④ 글에 의한 의사소통의 장단점

장 점	단 점
• 공식적인 기록을 할 수 있다. • 정확하고 권위 있어 보인다. • 필요할 때는 언제든지 참고할 수 있다.	• 해석이 다양해질 수 있다. • 피드백을 구하기 힘들다. • 문서를 작성할 시간이 필요하다.

> **더알아보기** 의사 전달을 위한 표현 방법의 예
>
> • "잔디밭에 들어가지 마시오."는 부정형 표현 방법이다.
> • "실내에서 조용히 해 주시겠습니까?"는 청유형 표현 방법이다.
> • "서류를 가져와야 합니다."는 평서형 표현 방법이다.
> • "옆 계단에서 담배를 피울 수 있습니다. 담배는 그곳에서 부탁드립니다."는 긍정형 표현 방법이다.

⑤ 화법의 종류 및 활용

칭찬 화법	상대방의 좋은 점, 잘하는 점을 긍정적으로 표현한다. 예 왜 선생님은 매일 실없이 웃고 다녀요? → 김 선생님 환한 미소 덕분에 고객님들 기분까지 좋아진다고 하네요! 늘 고마워요!
보상 화법	약점이 있으면 반대로 강점이 있기 마련이라는 점을 강조한다. 예 가격이 비싼 만큼 품질이 좋습니다.
긍정 화법	대화에서 긍정적인 피드백이나 메시지를 긍정으로 표현한다. 예 고객님, 여기는 금연 구역입니다. → 고객님, 여기는 금연 구역입니다. 번거로우시겠지만 1층 흡연 구역을 이용해 주시기 바랍니다.
쿠션 화법	단호한 표현보다는 미안한 마음을 먼저 전해서 사전에 쿠션 역할을 할 수 있는 말로 감정을 상하지 않게 표현한다. 예 기다리세요. → 죄송하지만 잠시만 기다려 주시겠어요?
청유형 화법	명령이 아닌 부탁 또는 공유로 표현한다. 예 기다리세요! → 잠시만 기다려 주시겠어요?
전달 화법	상대를 탓하기보다는 나의 감정을 전달한다. 예 전화를 왜 늦게 받니? → 전화를 늦게 받아서 걱정했어.
아론슨 화법	부정(-)과 긍정(+)의 내용을 혼합해서 대화하는 경우, 칭찬보다 부정적 피드백을 받은 후 긍정적 표현으로 마감하는 화법이다. 예 ○○님, ○○전용 샴푸가 너무 비싸요! → ○○전용 샴푸는 ○○이 피모에 좋은 제품입니다. 품질이 최고입니다.
신뢰 화법	대화를 통하여 상대방에게 신뢰를 얻는 것이다. 예 ○○이는 각질이 많이 생기는 것 같아요. → 맞아요! ○○이는 말씀하신 것처럼 각질이 많이 생겨서 속상해요.

전화 화법	목소리만으로 고객과 대화를 통하여 상대방에게 신뢰를 얻는 것이다. 예 목소리로 의사전달 → ㅇㅇ유치원입니다. ㅇㅇ보호자님 시간에 맞추어 상담 예약을 해 놓겠습니다.
부메랑 화법	고객이 자꾸 내 곁을 떠나려는 변명과 트집을 잡을 때 그 트집이 바로 나의 장점(특징)이라고 주장하여 돌아오게 하는 화법이다.
Yes, But 화법	상대의 의견이나 진술 내용이 나와 일치하지 않을 때 바로 '틀렸다', '아니다'라고 반박하지 않고 '그 의견도 일리가 있지만 저의 의견은~' 이런 식으로 응대한다.
산울림 화법	고객이 한 말을 반복하여 이해와 공감을 얻고 고객이 거절하는 말을 솔직하게 받아주는 데 포인트가 있는 화법이다.
경청 화법	상대의 의견이나 진술 내용을 진지하게 들으면서 이에 반응을 보이는 화법이다.

⑥ SNS의 활용

　㉠ 반려견 보호자와 기관과의 알림장, 블로그를 통하여 지식 · 행정 · 일정 소식을 안내하며 깊은 유대감과 신뢰감을 형성할 수 있다.

　㉡ 사계절에 맞추어 반려견 보호자에게 각종 행사 및 세미나 정보, 보호자 참여 프로그램 정보를 제공한다.

　㉢ 시기별로 전람회, 박람회, 스포츠 행사 등의 일정을 해피콜이나 알림 서비스로 제공한다.

　㉣ 기관이나 반려견 단체에서 개최하는 교육 참여 프로그램을 제공한다.

　㉤ 반려견의 인적 사항과 품종, 특성에 따른 프로그램을 반려견 보호자에게 제공한다.

구 분	반려견 행사 일정 알림 서비스 활용 예
문자 서비스	안녕하세요. ㅇㅇ보호자님, ㅇㅇ월요일 아침입니다. 우리 기관에서는 1. ㅇ년 ㅇ월 ㅇ일 ㅇ요일 2. ㅇ시 3. ㅇㅇ장소 반려견에 대한 상식과 반려견 건강식, 반려견 응급처치, 반려견 행동 교정 교육을 개최합니다. ㅇㅇ보호자님과 행복한 시간이 되었으면 합니다. 참석 여부를 알려주시면 감사하겠습니다. ㅇㅇ드림
앱 서비스	안녕하세요. ㅇㅇ보호자님 ㅇ월요일 아침입니다. 우리 ㅇㅇ기관에서는 ㅇㅇ님 관심과 사랑으로 서비스의 질을 향상하기 위해 노력하고 있습니다. 보다 편리하고 빠른 서비스의 혜택을 원하시면 앱을 통하여 보호자 교육, 시기별 박람회, 스포츠 행사, 기관의 연간, 월간, 주간 프로그램 서비스를 받으실 수 있습니다. 감사합니다. ㅇㅇ드림

(3) 비언어적 의사소통

① 의의 : 지속해서 내담자와 시선을 맞추거나 지금 하는 말을 이해하고 있다는 것을 알리기 위해 고개를 끄덕여 주는 행동 등을 말한다.

② 특 징

　㉠ 때로는 말보다 얼굴 표정, 바디랭귀지, 아이컨텍과 같은 비언어적 신호가 더 솔직한 감정이나 진실을 전해주기도 한다. 따라서 담당자는 자신의 비언어적 의사소통이 언어적 의사소통의 내용과 상반된 메시지를 전달하지는 않는지 주의해야 한다.

　㉡ 비언어적 의사소통의 세심한 의미를 해석함으로써 고객은 자신이 수용 받고 있다는 감정을 가지고 담당자에 대해 신뢰감을 느낄 수 있도록 한다.

ⓒ 담당자와 고객은 서로 상호적이다. 담당자가 고객에게 특정한 인상을 받듯이 고객도 담당자와의 만남에서 특정한 인상을 받는다. 의사소통 양상에서도 서로 동일하거나 유사한 기법들을 사용하기 때문에 담당자는 의사소통의 상호적 특성에 관해 유의하여야 한다.

③ 비언어적 메시지의 종류
  ㉠ 음성의 고저, 표정, 몸짓, 자세, 눈치 등
  ㉡ 긍정적 행동 단서 : 미소 짓기, 짧게 눈 마주치기, 고객과 대화 시 고개를 끄덕이기
  ㉢ 부정적 행동 단서 : 고객에게 손가락 또는 물건으로 지적하기, 팔짱을 끼거나 주먹을 움켜쥐기 등

④ 장·단점

장 점	단 점
• 언어적 의사소통을 보완할 수 있다. • 다른 의사소통의 필요성을 감소시킬 수 있다.	• 언어를 통한 의사소통과 일치하지 않을 수 있다. • 무시될 수 있다.

⑤ 비언어적 의사소통의 바람직한 태도

구 분	바람직한 태도	바람직하지 않은 태도
얼굴 표정	• 따뜻하고 배려하는 표정 • 다양하며 적절한 생기 있는 표정 • 자연스럽고 여유 있는 입 모양 • 간간이 적절하게 짓는 미소	• 눈썹 치켜뜨기 • 하 품 • 입술을 깨물거나 꼭 다문 입 • 부적절한 희미한 미소 • 지나친 머리 끄덕임
자 세	• 팔과 손을 자연스럽게 놓고 상황에 따라 적절한 자세 • 보호자를 향해 약간 기울인 자세 • 관심을 보이면서도 편안한 자세	• 팔짱 끼기 • 보호자로부터 비껴 앉은 자세 • 계속해서 손을 움직이는 태도 • 의자에서 몸을 흔드는 태도 • 입에 손이나 손가락을 대는 것 • 손가락으로 지적하는 행위
시 선	• 직접적인 눈 맞춤(문화를 고려한) • 보호자와 같은 눈높이 • 적절한 시선 움직임	• 눈 마주하기를 피하는 것 • 보호자보다 높거나 혹은 낮은 눈높이 • 시선을 한 곳에 고정하는 것
어 조	• 크지 않은 목소리 • 발음이 분명한 소리 • 온화한 목소리 • 보호자의 느낌과 정서에 반응하는 어조 • 적절한 말 속도	• 우물대거나 너무 작은 목소리 • 주저하는 어조 • 너무 잦은 문법적 실수 • 너무 긴 침묵 • 들뜬 듯한 목소리 • 너무 높은 목소리 • 너무 빠르거나 느린 목소리 • 신경질적인 웃음 • 잦은 헛기침 • 큰 소리로 말하기
신체적 거리	의자 사이는 1m~2.5m	• 지나치게 가깝거나 먼 거리 • 책상이나 다른 물체를 사이에 두고 말하기
옷차림·외양	• 단정하고 점잖은 복장 • 기관의 특성, 보호자 및 내담자들의 특성에 맞추어 착용	• 특정 브랜드가 크게 쓰여 있는 복장 • 지나치게 편한 복장(반바지, 민소매 티셔츠, 운동복 등)

[출처「사회사업실천론」김융일 외(2002)]

⑥ 메라비언의 법칙(The Law of Mehrabian)

미국의 심리학자 앨버트 메라비언(Albert Mehrabian)은 면대면 커뮤니케이션의 정보량은 시각적인 요소가 55%, 청각적인 요소가 38%, 기타 언어적인 요소가 7%로 형성된다고 보았다.

> 시각적인 요소(55%) > 청각적인 요소(38%) > 언어적인 요소(7%)

→ 시각적인 요소가 50% 이상으로, 이미지 형성에 가장 중요한 요소임을 알 수 있다.
㉠ 시각적인 요소 : 표정, 시선, 용모, 복장, 자세, 동작, 걸음걸이, 태도 등
㉡ 청각적인 요소 : 음성, 호흡, 말씨, 억양, 속도 등
㉢ 언어적인 요소 : 말의 내용, 전문지식, 숙련된 기술 등

더알아보기 신체 언어의 특징

- 신체 언어는 전체 내용의 50% 이상을 의사소통할 수 있으므로 신체 언어를 이해하는 것이 필수적이라고 할 수 있다.
- 모든 사람이 동일한 방식으로 비언어적 단서들을 사용하지는 않는다.
- 언어적 메시지를 강조하기 위한 손동작의 적절한 사용은 의사소통을 촉진한다.

⑦ 반려견 보호자 요구사항 파악을 위한 의사소통 능력
㉠ 반려견 보호자 상담 절차 설계 능력
㉡ 상담 방법에 대한 파악 능력 및 상담 능력
㉢ 의사소통 기술에 대한 파악 능력 및 활용 능력
㉣ 문제행동 요인과 유형에 대한 파악 능력
㉤ 문제행동 교정 과정 및 방법 파악 능력
㉥ 반려견 보호자의 요구사항을 파악하는 능력
㉦ 보호자와 상담을 진행하는 능력
㉧ 보호자와 상담자 간 의사소통 능력
㉨ 문제행동 요인과 유형에 대한 설명 능력
㉩ 문제행동 교정 방법에 대한 설명 능력

(4) 신뢰와 공감대 형성

① 신뢰를 위한 공감과 이해
㉠ 공감과 이해는 고객상담에서 매우 핵심적인 부분이다.
㉡ 공감은 주로 감정, 느낌, 정서에 관한 현상이고, 이해는 지적인 측면에 관계하는 것을 말한다.
㉢ 상담 과정에서 느끼고 알아차리는 것이 바람직하지만, 누구나 그렇게 완벽할 수는 없으므로 자기 훈련이 필요하다. 녹음기나 녹화기를 이용하여 자기의 상담 내용과 그 과정을 다시 듣거나 보는 방법을 사용할 수 있다.
㉣ 공감과 이해의 전달은 음성언어, 비음성언어, 음성언어와 비음성언어의 복합에 의해서도 이루어진다.
㉤ 문화적으로 민감하고 다양한 배경과 신념을 존중하는 것은 상담과 의사소통에 필수적이다.

② 공감대 형성의 방법 및 태도

공감대 형성을 위해서는 의사소통 태도가 중요하다. 의사소통은 언어적 커뮤니케이션(말하기, 듣기, 질문하기 등)과 비언어적 커뮤니케이션(자세, 표정, 의복, 환경)이 상호 연관되어 발생한다.

㉠ 공감대 형성을 위한 언어적 커뮤니케이션
- 고객이 이해하기 쉽도록 명확하게 말한다.
- 고객이 말한 것과 연관되어 대화를 이어 나간다.
- 고객의 주장과 고객이 원하는 방향에서 해결책을 모색하고 설명한다.
- 반대 의견이 있는 경우에는 근거를 먼저 말한다.
- 고객을 판단하는 투로 이야기하지 않는다.
- 고객의 이야기를 들을 때에는 반응하고 이해한다.
- 개방형·폐쇄형 질문을 적절히 활용한다.

㉡ 공감대 형성을 위한 비언어적 커뮤니케이션
- 앉아있는 경우라면 고객을 향하여 고객 쪽으로 앉는다. 이는 집중하고 있다는 표현이 된다.
- 미소를 띠고 대화 중 60% 이상은 고객의 눈을 응시한다.
- 손의 위치에 주의한다. 팔을 괴거나 팔짱을 끼지 않고 개방적인 자세를 취하여 대화에 참여할 준비가 되어 있다는 메시지를 전달한다.
- 가끔 상대방을 향해 몸을 기울여 앉는다. 사람들이 대화하는 모습을 관찰할 때 몸을 뒤로 젖히고 있으면 이는 대화가 그다지 진지하거나 흥미롭지 않음을 알 수 있다. 대화 소재에 따라 자연스럽게 자세를 바꿔가며 진지함과 관심도를 전달한다.
- 전문가임을 피력할 수 있도록 복장과 화장에 유의하고 명함을 사용한다.

③ 경청

㉠ 고객과 공감대를 형성하기 위해 필수적이다.

㉡ 경청(listening)은 매우 적극적인 과정으로 청취(hearing)와는 다른 개념이며, 음성언어와 비음성언어 모두가 중요하다.

㉢ 자기 말에 주의를 기울이고 들어주기를 바라는 사람이 진정으로 원하는 것은 자기의 말을 반복하는 능력이 아니고 심리적, 정서적으로 함께 해주는 것이다.

㉣ 고객은 다양한 경로를 통해 담당자가 경청하고 있음을 느낄 수 있다.

㉤ 비음성언어는 음성언어와 함께 복합적으로 사용되는데, 음성언어를 재확인하거나 부정하는 기능을 한다.

㉥ 고객의 이야기에 경청하고 있다는 메시지를 전달하는 방법
- 적절하게 고개를 끄덕임으로써 고객에게 경청하고 있음을 전달한다.
- "네, 그렇군요" 등의 음성 반응을 통해 상대방에게 공감받는다는 것을 느끼게 하도록 한다.
- 사실, 정보, 내용적인 질문 외에 감정이나 태도 등을 탐색하는 질문을 적절히 사용한다.
- 고객이 한 말의 일부를 반복, 환언, 요약한다. 담당자가 볼 때 중요한 부분이라고 생각되는 부분을 반복해 주면 고객이 자기표현을 하는 데 도움이 된다. 고객의 말을 듣고 담당자가 이해한 바를 확인받기 위해 환언하여 짧게 말해주는 요약이 필요하다.

④ 공감대 형성을 위한 의사소통
  ㉠ 말하기
    • 고객의 욕구를 파악하고 정보를 명확히 하기 위해 개방형(open-ended)과 폐쇄형(close-ended) 질문을 적절히 활용하는 것이 필요하다.
    • 상담을 진행할 때는 연속해서 질문을 하거나 계속 말하지 않도록 주의한다.
    • 고객이 말하기 시작하면 일단 멈추고 자세히 듣는다.
    • 질문에 대한 답이 없을 때에는 두 번째 질문을 바로 하지 않는다. 고객이 질문에 아직 답하지 않고 머뭇거리고 있는 상태에서 재차 질문하는 것은 고객의 반응에 큰 관심이 없다는 느낌을 주기 쉬우며, 때에 따라서는 강요하는 느낌을 주어 분위기를 경직시킬 수 있다.
    • 상담계획서에 근거해 고객에게 질문한 후에는, 일단 말하는 것을 멈추고 고객의 반응을 기다려야 한다. 만약 잠시 후에도 반응이 오지 않는다면, 약간의 지침을 제공하면서 동일한 질문을 좀 더 구체적으로 바꾸어 말함으로써 질문을 반복한다.
    • 긍정적인 비음성적 단서들을 사용한다. 말로 동의하거나 "예"라고 말할 때조차도 무의식적으로 부정적인 비음성적 메시지가 전달될 수도 있다. 메시지를 보낼 때는 음성적, 비음성적 메시지가 일치하도록 해야 한다.
  ㉡ 듣기
    • 효과적인 경청을 위해 고객의 음성적, 비음성적 메시지를 적극적으로 받아들일 만반의 준비를 한다.
    • 읽기, 쓰기, 다른 사람에게 말하기 등 주의를 산만하게 하는 것을 멈추고 고객에게 집중할 수 있도록 준비한다.
    • 긍정적인 음성 메시지와 비음성 메시지를 보내고 듣는 것에 적극적으로 집중함으로써 고객을 편안하게 해주어야 의미 있는 상담이 이루어질 수 있다.
    • 전체적인 개념을 듣는 것이 중요하다. 세부적인 것에 집중하는 대신 문제 상황을 분석하고, 반응하기 전에 전체적인 메시지를 들어야 한다. 즉, 메시지의 일부분에 반응하는 대신 고객이 모든 상세한 내용들을 제공할 때까지 기다리고, 고객이 일단 말을 끝낸 후 정보가 필요한 내용에 대해 질문한다.
  ㉢ 공감하기
    • 고객에게 공감하고 있음을 보여주어야 한다.
    • 감정 반응은 공감과 이해를 전달하는 매우 유용한 방법이다. 감정을 언어로 표현하면, 아주 짧은 말로 사람의 심리상태를 정확히 나타내는 효과를 볼 수 있기 때문이다.
    • 고객이 전하고자 하는 말을 요약하여 다시 표현해 주고, 그것이 고객에게 다시 납득될 때 두 사람의 의사소통은 공감적인 과정으로 느껴질 것이다.
    • 고객과의 관계를 자연스럽게 형성하고, 이를 서로 믿고 이야기할 수 있는 단계까지 발전시키는 기술이 필요하다.
  ㉣ 칭찬하기
    • 공감대 형성의 과정은 고객에 대한 이해, 염려, 동감, 관심, 소망 등을 토대로 이루어진다.

- 고객과의 관계에서 편안함을 창출하기 위해서는 고객의 의견을 존중하고 고객의 관심사에 대해 인정하며 칭찬하는 것이 중요하다.
- 고객의 말에 경청하고 좋은 점을 찾아 칭찬함으로써, 고객이 스스로의 판단에 대해 신념을 가질 수 있도록 도와주어야 한다.
- 고객과의 신뢰 형성과 유대감 강화에 큰 도움이 된다.

⑤ 효과적인 의사소통의 지침
㉠ I · You · Do · Be Message 화법
- 아이 메시지(I-message) : 대화 시 상대방에게 내 입장을 설명하는 화법
- 유 메시지(You-message) : 대화 시 결과에 대해 상대방에게 핑계를 돌리는 화법
- 두 메시지(Do-message) : 어떤 잘못된 행동의 결과에 대해 그 사람의 행동 과정을 잘 조사하여 설명하고 잘못에 대하여 스스로 반성을 구하는 화법
- 비 메시지(Be-message) : 잘못에 대한 결과를 일방적으로 단정함으로써 상대방으로 하여금 반감을 불러일으키게 하는 화법

㉡ 공감대 형성을 위한 화법
- 고객과의 공감대를 형성하는 데 도움을 주는 공통 화제를 선정하는 것이 중요하다.
- 고객의 신분에 맞는 존칭어를 사용한다.
- 전체 상담의 원활한 진행과 분위기를 위해 고객의 말에 적극적인 동감 표현을 하고, 긍정적인 관심을 갖고 적절한 질문을 한다.

> **더 알아보기**
>
> - 효과적인 화법의 3요소 : 성실성, 명료성, 직접성
> - 청자의 듣기 핵심 3요소 : 파악, 이해, 반응

㉢ 화법의 기능
- 정보 전달의 기능
- 설득의 기능
- 사고 형성의 기능
- 표현과 이해의 기능
- 감화적 의사소통의 기능
- 사회 조정과 결합의 기능

⑥ 고객과의 효율적인 커뮤니케이션을 위한 화법
㉠ 전달 내용을 복창하며 확인하고 고객의 발언을 인용한다.
㉡ 전문용어 사용은 최대한 줄이고 고객 수준에 맞는 어휘를 사용해야 한다.
㉢ 긍정적인 언어를 사용하고, 고객의 입장에서 서비스를 제공한다.
㉣ 결론과 요점을 먼저 전하고 너무 장황하게 응답하지 않는다.
㉤ 명령형보다는 의뢰형으로 표현해야 한다.

ⓑ 담당자 중심의 언어보다는 고객 중심의 언어로 표현해야 한다.
　　ⓢ 부드러운 말과 표정, 경어와 표준어 사용, 명확한 발음 등 훈련된 언어를 사용해야 한다.
　　ⓞ 억양으로 고객과 공감한다는 태도를 보인다.
　　ⓩ 사투리나 방언의 사용을 피하고 표준어를 사용하는 것이 좋다.
　　ⓒ 상담의 진행을 위하여 유도성 질문을 이용한다.
　　㋡ 전화로 이야기할 때도 미소를 지으며, 필요한 낱말에 강세를 두어 말한다.
　　㋠ 고객이 말하는 속도에 보조를 맞추되, 상담 시에는 되도록 천천히 말하는 습관을 갖는 것이 좋다.
　　㋢ 명확한 발음을 하기 위해 큰 소리로 반복해서 연습하는 것이 필요하다.

⑦ 효과적인 단어 선택
　　㉠ 고객에게 확신을 줄 수 있는 긍정적인 단어
　　㉡ 고객이 받을 수 있는 이점을 위주로 한 단어
　　㉢ 칭찬, 감사, 기쁨을 표현할 수 있는 단어

⑧ 억양을 세련되게 다듬기 위한 방법
　　㉠ 전화로 이야기할 때도 미소를 짓는다.
　　㉡ 필요한 낱말에 강세를 두는 법을 연습한다.
　　㉢ 제스처를 활용한다.
　　㉣ 복식 호흡을 통해 호흡을 깊게, 길게 한다.

(5) 상담을 위한 마음가짐

① 유연성과 적응성
　　㉠ 유연성은 효과적인 의사소통에 필요하다.
　　㉡ 적응성이란 커뮤니케이션의 융통성, 개별성, 현실성 등을 말한다.
　　㉢ 고객과의 커뮤니케이션이 빈번하게 일어나는 공간이므로 조직 구성원의 사고와 상황에 대한 대응 능력이 유연해야 한다.
　　㉣ 다양한 상황에 맞게 커뮤니케이션 스타일을 조정하여 더욱 성공적인 결과를 획득한다.
　　㉤ 청취 및 이해력(경청, 지식욕, 신뢰성, 유연성), 품성 및 조직 적응력, 음성적 자질, 표현 및 구술 능력 등이 필요하다.

② 칼 알브레히트(Karl Albrecht)의 고객을 화나게 하는 7가지 태도(서비스의 7대 죄악)
　　㉠ 무관심(Apathy) : 내 책임이 아니며, 나와는 아무 상관 없다는 식의 태도
　　㉡ 무시(Brush-off) : 마치 먼지를 털어내듯 고객의 요구나 문제를 못 본 척하고 고객을 피하는 일
　　㉢ 냉담(Coldness) : 고객을 귀찮은 존재로 대하고, 적대감, 통명스러움, 친근하지 못함, 고객 사정을 고려하지 않음, 조급함을 표시하는 것
　　㉣ 건방 떨기, 생색(Condescension) : 낯설어하는 고객에게 생색을 내고 고객을 어수룩하게 보거나 투정을 부린다는 식으로 대하는 태도
　　㉤ 로봇화(Robotism) : 직원이 완전히 기계적으로 응대하므로, 고객 개인사정에 맞는 따뜻함이나 인간미를 전혀 느낄 수 없는 태도

ⓗ 규정 핑계(Rule Apology) : 고객 만족보다는 조직의 내부 규정을 앞세우기 때문에 종업원의 재량권을 행사하거나 예외를 인정할 수 없어 상식이 통하지 않는 경우
ⓧ 뺑뺑이 돌리기(Run around) : "저희 담당이 아니니 다른 부서로 문의하세요."라는 말로 발뺌하고 타 부서로 미루는 태도

③ SERVQUAL의 5가지 품질 차원

고객들이 서비스 품질을 판단하는 기준이 되는 여러 가지 속성을 파악해서 5가지 척도로 나누어 평가한다.

㉠ 신뢰성(Reliability) : 약속한 서비스를 믿을 수 있고 정확하게 수행할 수 있는 능력
㉡ 공감성(Empathy) : 회사가 고객에게 제공하는 개별적 배려와 관심 등
㉢ 확신성(Assurance) : 종업원이 고객에게 자신의 지식과 공손함, 믿음과 신뢰를 불어넣는 능력
㉣ 응답성(Responsiveness) : 고객을 돕고 신속한 서비스를 제공하려는 태세
㉤ 유형성(Tangibles) : 물리적 시설의 시각적 효과, 장비, 직원 커뮤니케이션 자료의 외양 등

(6) 감성지능

① 감성지능의 의미

㉠ 의의 : 자신의 한계와 가능성을 객관적으로 판단해 자신의 감정을 잘 다스리며, 상대방의 입장에서 그 사람을 진정으로 이해하고 타인과 좋은 관계를 유지할 수 있는 능력을 말한다.
㉡ 감성지수를 처음 창안한 다니엘 골먼(Daniel Goleman)은 그의 저서 〈감성의 리더십〉에서 위대한 리더를 '자신과 다른 사람들의 감정에 주파수를 맞출 수 있는 사람'이라고 설명하였다. 즉, 진정한 리더를 만드는 것은 '감성'이며, 구성원들로부터 반응이 아닌 '공감'을 이끌어 낼 때 자신이 목적한 바를 달성할 수 있고, 함께하는 이들은 변화를 경험할 수 있다고 하였다.
㉢ 다니엘 골먼은 성공한 리더와 실패한 리더 간의 차이가 기술적 능력이나 지능지수(IQ)보다는 감성지능에 의해 좌우된다는 연구 결과를 발표하였다. 약 80% 정도의 감성지능과 20% 정도의 지적능력이 적절히 조화를 이룰 때, 리더는 효과적으로 리더십을 발휘할 수 있다는 것이다.

② 감성지능 5대 요소

㉠ 자아인식력
 • 자신의 감정, 기분, 취향 등이 타인에게 미치는 영향을 인식하고 이해하는 능력이다.
 • 자신의 감정인식, 자기평가력, 자신감 등
㉡ 자기조절력
 • 행동에 앞서 생각하고 판단을 유보하는 능력이다.
 • 부정적 기분이나 행동을 통제 혹은 전환할 수 있는 능력을 말한다.
 • 자기통제, 신뢰성, 성실성, 적응성, 혁신성 등
㉢ 동기부여 능력
 • 돈, 명예와 같은 외적 보상이 아니라 스스로의 흥미와 즐거움에 따라 과제를 수행하는 능력을 말한다.
 • 추진력, 헌신, 주도성, 낙천성 등

② 감정이입 능력
- 다른 사람의 감정을 이해하고 헤아리는 능력이다.
- 문화적 감수성, 고객의 욕구에 부응하는 서비스 등과 관련성이 높은 요소이다.
- 타인 이해, 부하에 대한 공감력, 전략적 인식력 등

⑩ 사교성(대인관계 기술)
- 인간관계를 형성하고 관리하는 능력이다.
- 인식한 타인의 감성에 적절히 대처할 수 있는 능력이다.
- 타인에 대한 영향력 행사, 커뮤니케이션, 이해 조정력, 리더십, 변혁추진력, 관계구축력, 협조력, 팀 구축능력 등

2 상담의 기술

(1) 적극적인 경청

① 상담에서의 경청
- ㉠ 상담자가 보호자의 말에 귀담아듣는 것을 경청이라고 한다.
- ㉡ 경청은 보호자와 공감대를 형성하기 위해 필수적이다.
- ㉢ 경청에 있어서는 음성적·비음성적 의사소통 모두가 중요하다.
- ㉣ 상담자는 보호자가 하는 말의 내용뿐만 아니라 몸짓, 표정, 음성 등의 변화에도 주의를 기울인다.
- ㉤ 상담자는 보호자의 잠재적인 감정과 반응에 주목하면서 보호자의 말에 집중하고 있음을 표시한다.
- ㉥ 상담에서의 경청은 보호자가 핵심적인 문제에서 벗어난 이야기를 할 때는 주목하지 않고, 현재의 심경과 반려견의 문제행동을 토로할 때 주목하여 경청한다.

② 경청의 요소
- ㉠ 청취 : 물리적인 소리를 듣는 것
- ㉡ 이해 : 메시지를 해석하고, 그 이면에 숨겨진 감정까지 포괄적으로 이해하는 것
- ㉢ 기억 : 청취한 바를 기억하는 능력
- ㉣ 반응 : 정확하게 듣고 있다는 반응 보이기
  - 고개를 끄덕임으로써 보호자에게 경청하고 있음을 전달한다.
  - "네", "그렇군요" 등의 음성 반응을 통해 보호자에게 공감받은 느낌을 주도록 한다.
  - 사실, 정보, 내용적인 질문 외에 감정이나 태도 등을 탐색하는 질문을 적절히 사용한다.
  - 보호자가 한 말의 일부를 반복, 환언, 요약한다.

③ '경청하기'의 중요성
- ㉠ 상담자는 경청을 통해 보호자의 메시지에 구체적으로 초점을 맞출 수 있다.
- ㉡ 상담자는 보호자의 의사소통에 대해 완전하고 정확한 이해를 할 수 있다.
- ㉢ 보호자에게 상담자의 관심과 흥미를 보일 수 있다.
- ㉣ 상담하는 과정에서 보호자는 개방적이며 정직한 표현을 촉진할 수 있다.

④ 효과적인 경청을 위한 방안

 ㉠ 비판하거나 평가하지 않는다.

 ㉡ 편견을 갖지 않고 보호자의 입장에서 들어야 한다.

 ㉢ 보호자에게 집중하고, 보호자의 말에 계속 반응해야 한다.

 ㉣ 보호자의 말을 가로막지 않아야 한다.

> **더알아보기** 경청의 유형
>
> - 사실만 경청 : 상대방이 전하는 정보에만 집중하여 상대방의 마음에는 신경 쓰지 못한다.
> - 적극적 경청 : 비언어적인 메시지까지 주목한다.
> - 공감적 경청 : 언어적·비언어적 메시지뿐만 아니라 상대방의 감정, 상황, 사회문화적 배경에도 주의를 기울임으로써 상대방을 더욱 존중하고 배려한다.
> - 촉진적 경청 : 가장 높은 수준의 경청으로 상대방과 충분히 공감하는 상태에서 상대가 미처 알아차리지 못한 부분, 원하지만 두려워하거나 숨기고 싶은 부분, 진정으로 의도하는 부분까지 파악하여 스스로 해답을 찾을 수 있도록 돕는 경청이다.

(2) 공감적 이해

① 상담에서의 공감적 이해

 ㉠ 상담자가 보호자의 입장이 되어 그들이 지닌 감정·의견·가치·이상·고민·갈등 등을 가지고 그가 처해 있는 여러 상황에 서 보는 것이다.

 ㉡ 보호자가 경험하고 있는 것에 관하여 정확하게 지각하고, 그 지각에 관해서 의사전달을 할 수 있어야 한다.

 ㉢ 공감은 동정이나 동일시와는 다르며, 상담자가 보호자의 입장이 되어 보호자를 깊이 있게 주관적으로 이해하면서도 자기 본연의 자세는 버리지 않아야 한다.

② 상담 관계에서의 공감적 이해

 ㉠ 주관적 내면에 대한 이해

 ㉡ 공감으로서의 이해

 ㉢ 보호자 입장에서 이해

 ㉣ 비언어적 메시지의 경청

 ㉤ 궁극적 동기에 대한 이해

③ 공감적 이해의 방법

 ㉠ 주관적 내면세계의 이해

  • 객관적이고 과학적인 방법에 의해서 이해하는 것을 중시하나, 그것만으로 충분하지 않다.

  • 상담의 과정에서 중요한 것은 주관적으로 작용하고 있는 보호자의 지각·감정·동기·갈등·목표 등을 이해하는 것이다.

 ㉡ 말의 이면에 담긴 내용의 이해 : 보호자가 하는 말의 내용을 표현된 언어의 의미를 넘어서, 말의 이면에 포함된 정서·의도·동기·갈등·고통 등을 이해해야 한다.

ⓒ 비언어적인 표현에 담긴 의미와 감정 이해
- 보호자의 비언어적인 표현에 담긴 의미와 감정을 이해하여야 한다.
- 인간은 언어보다 비언어적인 수단을 통해서 자신을 더욱 정확하게 그리고 보다 많이 표현하는 경우가 많다.

ⓔ 보호자 행동에 대한 궁극적 동기 이해 : 보호자가 추구하는 궁극적인 동기가 어떤 것인가를 이해해야 한다.

(3) 설명 및 해석

① 상담에서 설명 및 해석
ⓐ 반려견의 문제행동을 새로운 각도에서 이해하도록 보호자의 생활 경험과 행동의 의미를 상담자가 설명해 주는 것이다.
ⓑ 해석의 내용이 보호자의 준거 체계와 밀접할수록 저항을 줄일 수 있고, 보호자 스스로 해석하도록 도와주는 것이 바람직하다.
ⓒ 이해 수준과는 상이한 새로운 참조체제를 제공해 준다는 의미에서 큰 의의가 있으나, 아주 신중하게 사용되어야 한다.
ⓓ 보호자 편에서 자기 이해가 이루어지지 않았을 때 성급한 해석을 내리는 경우, 보호자가 방어적으로 나올 수 있으므로 해석의 시기에 유념해야 한다.
ⓔ 보호자의 말을 듣고 상담사가 이해한 바를 확인받기 위해 환언하여 짧게 말해주는 요약이 필요하다.

② 설명 및 해석 시 유의 사항
ⓐ 상담자와 보호자 간 충분한 라포르(Rapport)가 형성되어 있을 때 해석을 실시해야 한다.
ⓑ 보호자의 인지적 · 성격적 특성을 고려해서 이루어져야 한다.
ⓒ 해석의 내용은 가능한 한 보호자가 통제 · 조절할 수 있는 것이 좋다.
ⓓ 단정적 · 절대적 어투보다 잠정적 · 탄력적 어투를 사용하는 것이 좋다.
ⓔ 상담 과정에서 수집하고 확인한 구체적 · 실제적인 정보를 근거로 제공한다.

더알아보기 상담에서의 해석 과정

1단계	내담자(보호자)를 관찰하며 해석할 준비하기, 다양한 가설과 증거 찾기
2단계	내담자(보호자)의 준비 정도를 고려하고, 해석의 적절성 정하기
3단계	상담자 자신의 의도 점검하기
4단계	해석을 제시하기
5단계	내담자(보호자)의 반응 관찰하며 후속 대응하기

(4) 질문의 사용

① 상담에서 질문
ⓐ 상담에서는 보호자 스스로가 이야기하도록 하는 것이 바람직하며, 상담자가 질문을 많이 하여 보호자에게 지속해서 응답을 요구하는 것은 바람직하지 못하다.

ⓛ 질문은 보호자가 이야기를 계속하여 중단하지 않도록 유도하기 위해 혹은 보호자의 자기 이해를 돕기 위해 사용될 때 이상적이다.
ⓒ '왜' 질문, 유도 질문 등은 문제해결에 도움이 되지 못하며, 상담자의 역할과 상담의 성격을 오해할 소지가 있다.

② 질문의 효과
  ㉠ 질문을 통해 말하고자 하는 중요한 부분을 다시 한번 상기시키게 도와줄 수 있다.
  ㉡ 상담의 초점이 흐려졌을 때 주위를 환기할 수 있다.

③ 질문의 종류와 활용법
  ㉠ 폐쇄형 질문
    • "예" 혹은 "아니오"로 응답할 수 있거나 한두 마디의 짧은 단어들로 대답할 수 있는 질문을 말한다.
    • 특정 정보를 얻거나, 대화의 주제를 좁힐 때 활용할 수 있는 질문이다.
    • 응답이 쉬워 보호자와 만남 초기에는 폐쇄형 질문으로 시작하는 것이 좋다.
  ㉡ 개방형 질문
    • 자신의 의견, 느낌, 상황 등에 대하여 자유롭게 이야기하도록 하는 질문이다.
    • "예" 혹은 "아니오"의 단답형 응답을 하거나 한두 마디의 짧은 단어들로 대답하기 어려운 질문이다.
    • 보호자의 상황이나 의견을 자세히 설명할 수 있도록 하며, 상담에 적극적으로 참여하도록 만들고, 구체적인 사례나 상황을 설명할 수 있도록 하는 질문이다.
    • '무엇을', '왜', '어떻게'와 관련된 질문이다.
    • 상담에서 이러한 질문에 대한 답변은 매우 긴 시간이 필요할 수 있고 때로는 장황하며 구체적인 이유나 방법을 듣는 것이 시간 낭비일 수 있음에 유의해야 한다.
  ㉢ 응답을 되풀이하는 질문
    • 보호자가 말한 것을 다시 서술하여 질문함으로써 보호자가 정확한 응답을 확보할 수 있도록 하는 질문 방법을 뜻한다.
    • 보호자가 자신의 응답을 듣도록 하여 다음 응답을 기억할 수 있도록 하거나 응답의 이유 혹은 과정 등을 좀 더 자세히 표현할 수 있도록 돕는 방법이다.
  ㉣ 보호자의 응답에 의문을 품는 질문
    • 보호자의 응답을 되물어 응답의 진위를 파악하는 질문 방법이다.
    • 보호자의 응답에 의문을 품는 것은 그리 바람직하지 않을 수도 있으나 때에 따라서 보호자가 지나치게 과장하거나 솔직하지 못하다고 느낄 때 이러한 유형의 질문이 도움이 된다.

④ 상담 시 피해야 할 질문

유도 질문	보호자가 특정한 방향의 응답을 하도록 유도하는 질문이다.
모호한 질문	보호자가 질문의 방향을 명확히 인지하지 못하거나 받아들이지 못하는 형태의 질문이다.
이중질문	보호자에게 한 번에 두 가지 이상의 내용을 질문하는 것이다.
폭탄형 질문	보호자에게 한꺼번에 너무 많은 질문을 쏟아내는 것이다.
'왜' 질문	'왜(Why)' 의문사를 남용하여 비난받는다는 느낌이 들게 하는 질문이다.

(5) 피드백 제공
① 피드백의 의의
  ㉠ 타인의 행동에 대한 자신의 반응을 상호 간에 솔직하게 이야기해 주는 과정을 피드백(Feedback)이라고 한다.
  ㉡ 피드백의 주된 목적 중의 하나는 왜곡된 면과 과거의 실수를 바로잡게 하는 것이다.
  ㉢ 피드백을 통해 현실적이고 객관적인 시각을 갖게 된다.

② 피드백 제공 시 유의할 점
  ㉠ 사실적인 진술을 하되, 가치판단을 하거나 변화를 강요하지 않는다.
  ㉡ 구체적으로 관찰이 가능한 행동에 대해 그 행동이 일어난 직후 적용하는 것이 효과적이다.
  ㉢ 변화가 가능한 행동에 대해 피드백해야 하며, 가능한 대안도 함께 제시해 주는 것이 좋다.
  ㉣ 피드백의 대상이 되는 보호자의 내적 준비 정도와 피드백을 생산적으로 활용할 마음의 준비가 되어 있는지 충분히 고려한 후 적용한다.
  ㉤ 피드백을 받는 사람은 겸허하게 받아들여야 한다.
  ㉥ 긍정적 피드백으로 보호자가 자신감이나 희망을 품을 수 있도록 해야 한다.
  ㉦ 피드백을 주고받을 때의 태도
    • 피드백을 받을 때는 겸허해야 한다.
    • 부정적인 행동에 대해서도 비판적이어서는 안 된다.
    • 다른 사람들의 말을 귀 기울여 듣는 것이 중요하다.
  ㉧ 긍정적 피드백과 부정적 피드백
    • 긍정적 피드백과 따끔한 피드백이 조화를 이룰 때 보호자가 감당하기 힘든 피드백도 받아들인다.
    • 긍정적 피드백은 부정적 피드백보다 바람직하며 더 큰 영향력을 미치고 변하겠다는 의지를 고취한다.
    • 부정적인 피드백을 주기 전에 보호자는 자기 노출 정도를 고려해야 한다.
    • 부정적인 피드백은 긍정적인 피드백 이후에 하는 것이 더 잘 받아들여진다.

(6) 문제해결 지향적 접근
① 문제는 해결하기를 원하지만 실제로 해결해야 하는 방법을 모르거나, 얻고자 하는 해답이 있지만 그 해답을 얻는 데 필요한 일련의 행동을 알지 못한 상태를 말한다.
② 문제해결
  ㉠ 목표와 현상을 분석하고 분석 결과를 토대로 과제를 도출한 뒤, 바람직한 상태나 기대되는 결과가 나타나도록 최적의 해결안을 찾아 실행, 평가해 가는 활동을 의미한다.
  ㉡ 보호자가 불편하게 느끼는 부분을 찾아 개선하고, 보호자의 만족을 높이는 측면에서 문제해결이 요구된다.
③ 문제해결을 위한 기본적 사고
  ㉠ 전략적 사고 : 현재 당면하고 있는 문제와 그 해결 방법에 집착하지 않고, 그 문제와 해결 방안의 상위시스템 또는 다른 문제와 어떻게 연결되어 있는지를 생각하는 것이 필요하다.

ⓒ 분석적 사고 : 전체를 각각의 요소로 나누어 그 요소의 의미를 도출한 다음 우선순위를 부여하고 구체적인 문제해결 방법을 실행하는 것이 요구된다.
ⓒ 발상의 전환 : 사물과 세상을 바라보는 인식의 틀을 전환하여 새로운 관점에서 바라보는 사고를 지향한다.
ⓔ 내·외부 자원을 활용 : 문제해결 시 기술, 재료, 방법, 사람 등 필요한 자원 확보 계획을 수립하고 내·외부 자원을 효과적으로 활용한다.

④ 문제해결 및 솔루션 지향적 접근
  ㉠ 상담자의 적극적·능동적 역할 강조와 문제해결적 접근이 필요하다.
  ㉡ 효과가 있다면 계속 더 하고, 효과가 없다면 다른 것을 시도한다.
  ㉢ 상담은 긍정적인 것, 해결책 그리고 미래에 초점을 둘 때 원하는 방향으로 변화가 촉진된다.
  ㉣ 문제해결 방안을 찾고 그것을 실행에 옮기게 하기 위해서는 보호자의 문제해결에 대한 높은 참여가 요구된다.
  ㉤ 상담자의 조언이나 지시 등이 구체적인 실천으로 이어질 수 있도록 보호자가 노력하는 것이 중요하다.

3 보호자 교육상담

(1) 상담

① 상담은 보호자의 문제 혹은 목표를 파악하고, 상담을 계획하고, 실행하며, 평가하는 과정으로 이루어진다.

② 상담의 기본원칙
  ㉠ 보호자가 어떤 방식으로 상담받기를 원하며, 어떠한 선택을 하고 싶어 하는지 파악하고, 보호자의 의사결정과정에 맞춰 상담을 전개해 나간다.
  ㉡ 보호자와 상담에 꼭 필요한 내용만 이야기하고, 보호자에게 초점을 맞추어 진행한다.
  ㉢ 상담을 진전시켜 나가기 위해서는 보호자가 가지고 있는 흥미 수준과 관심을 파악하고 이에 적절히 대처할 수 있어야 한다.
  ㉣ 보호자가 가지고 있는 요구와 문제의 본질을 충분히 이해하기 위해 노력해야 한다.
  ㉤ 보호자의 말을 경청하면서 보호자 스스로가 문제 해결책을 찾을 수 있도록 도와주는 것이 중요하다.

③ 상담의 기본 기술

순서	내용
연결	• 보호자와 친밀감을 형성하고 상담 분위기를 조성한다. • 보호자의 흥미를 유발한다.
촉진	• 보호자로 하여금 말하고 싶도록 한다. • 보호자가 편하게 느끼게 한다. • 보호자가 상담에 지속적으로 참여할 수 있도록 한다.
질문	질문을 통해 보호자의 요구사항에 대해 유용한 정보를 얻는다.

확 인	• 상담의 내용이나 진전 상황을 명확히 한다. • 보호자의 발언을 정확히 듣고 있다는 것을 보여준다. • 일 처리를 잘하려고 한다는 것을 보여준다.
제 공	• 보호자가 긍정적이고 확실한 이미지를 갖도록 정보를 제공한다. • 보호자의 요구를 충족시킬 수 있다는 것을 분명하고 간결하게 보여준다.

(2) 교육상담 과정

① 반려견 보호자와 접견

㉠ 상담을 준비한다.
- 상담 시간을 고려하여 실내조명의 밝기를 적절하게 준비한다.
- 적절한 온도와 습도를 유지하기 위해 수시로 환기한다.

㉡ 보호자를 응대한다.
- 상담자 및 진행 과정에 대하여 정확한 정보를 제공한다.
- 보호자에게 상담자와 상담 서비스를 소개하는 것은 신뢰도를 높이고 상담에 대한 올바른 인식을 심어줄 수 있다.

② 교육상담 신청 접수

㉠ 보호자가 상담 신청을 접수 후 반려견 행동 상담신청서를 작성한다.

㉡ 반려견 행동 상담신청서 예시

접수 번호	NO :				
신청 일자	20 . . . ( )				
보호자	성명				
	연락처				
반려견	이름	견종	성별	나이	중성화
	과거 이력				
	문제행동				

③ 교육상담 진행

㉠ 상담신청서를 근거로 반려견의 정보를 파악한다.
- 반려견의 견종, 성별, 나이 등 기초정보를 확인한다.
- 반려견의 전반적인 행동 수준과 보호자의 심리적 고충을 파악한다.

㉡ 반려견 보호자와 라포르를 형성한다.
- 상담자는 보호자의 행동양식을 파악하고 존중함으로써 신뢰 관계를 쌓는다.
- 의사소통 기술이 라포르 형성에 효과적이다.

> **용어설명** 용어설명 라포르(Rappor)
>
> 상담이나 교육을 위한 전제로 신뢰와 친근감으로 이루어진 인간관계이다. 상담, 치료, 교육 등은 특성상 상호협조가 중요한데, 라포르는 이를 충족시켜 주는 동인(動因)이 된다.

더 알아보기 반려견 보호자와 라포르 형성 방법

언어적 의사소통 기술	• 보호자의 발언에 호의적으로 반응한다. • 보호자 발언 내용 중 핵심을 언급한다. • 보호자의 감정적 호소에 호응한다.
비언어적 의사소통 기술	• 보호자와 눈을 맞추며 대화한다. • 보호자의 표정을 관찰하고 적절히 대응한다. • 보호자의 자세를 관찰하고 적절히 대응한다. • 보호자의 동작을 관찰하고 적절히 대응한다.

　　ⓒ 반려견 보호자와 상담한다.
　　　• 보호자 및 반려견과 좋은 관계를 맺을 수 있도록 우호적으로 대응한다.
　　　• 보호자가 납득이 가도록 반려견의 일반적인 행동을 설명한다.
　　　• 반려견의 나이 및 견종 차이에 따른 행동 특성을 바탕으로 문제행동을 인식한다.
　　　• 표준화된 평가 기준을 적용하여 반려견의 행동을 판단한다.
　　② 보호자에게 반려견 행동 문진표 작성을 요청한다.
　　⑩ 보호자에게 반려견에 대하여 청문한다.
　　　• 보호자로부터 반려견이 "아무에게나 적대행동을 한다.", "집안 아무 곳에나 배뇨한다." 등과 같은 설명만으로는 문제행동의 원인을 파악하기 어렵다.
　　　• 문제행동을 행동 시스템에 기반하여 선(先) 동작 - 목표 동작 - 후(後) 동작으로 구체화하여 질문한다.
　　　• '문제행동 문진표'를 근거로 개체의 특성, 생활환경 등을 세부적으로 파악한다.
　　　• 문제행동의 직접적인 촉발 요인과 심각 정도에 유의한다.
　　　• 보호자의 성향 및 생활방식, 생활환경이 문제행동에 미치는 연관성을 파악한다.

④ 문제행동의 요인과 주요 유형 설명
　　㉠ 반려견의 문제행동 발생 요인
　　　• 1차 요인 : 유전적 기질, 신체적 특성 등
　　　• 2차 요인 : 학습 기회 부족, 부적절한 경험 등
　　　• 3차 요인 : 생활환경 보호자 등
　　㉡ 반려견의 주요 문제행동

배설 행동	• 시간과 장소를 구분하지 못하는 배설 문제행동의 원인(훈련 부족, 질병, 협소 공간에 수용, 흥분, 두려움, 영역표식, 과도한 복종성 등)을 파악한다. • 배설 장소에 대한 인식이 부족한 경우는 훈련을 보강한다. • 배변 장소와 보금자리의 구분, 두려움 원인 제거 등의 해결책을 적용한다.
적대 행동	• 다양한 원인에 의하여 발생하므로 근본적인 원인을 파악하는 것이 중요하다. • 공격성을 지닌 반려견은 다른 반려견 또는 사람에게 해를 끼칠 수 있으므로 안전조치를 취해야 한다. • 심각한 공격성은 완치가 어렵지만 효과적인 교정 방법을 적용하면 완화할 수 있다.

분리 불안	• 반려견이 보호자와 떨어져 있을 때 발생한다. • 일반적으로 심박수 및 호흡 증가, 짖음, 배뇨, 파괴적 행동, 우울 등의 증상을 나타낸다. • 환경 풍부화, 행동 교정, 분리 최소화 방법을 적용한다. • 분리 불안 수준을 정확히 알기 어려운 경우, 외출 시 영상을 녹화하여 파악한다.
소음 공포	• 반려견이 큰 소리나 이상한 소리에 숨기, 떨거나 침 흘리기, 호흡 가쁨 등의 증상을 보인다면 소음 공포를 느끼는 것이다. • 소음 공포는 특정한 소리와 관련된 상황에 반응하여 발생한다. • 소음 공포증은 불안과 공존하는 경우가 많다.

ⓒ 문제행동 교정 과정 및 방법
- 반려견의 문제행동을 교정할 때 보호자의 설명을 참고한다.
- 문제행동이 구체적이지 못한 경우가 많으므로 세부적으로 파악하여 문제행동을 선정한다.
- 문제행동을 파악했다면 초기 목표를 설정하고 세분하여 계획을 수립한다.
- 이때 문제행동의 지속되는 조건을 파악해서 변화시켜야 한다.

더알아보기 문제행동 교정과정

문제행동 선정 → 초기 목표 수립 → 약화 계획 설계 → 문제행동 유지 조건 확인 → 교정 계획 실행 → 교정 완료·추후 평가

⑤ 상담 종결
ⓐ 반려견 보호자와의 상담 내용을 기록한다.
- 보호자와 상담 내용 중 반려견 문제행동 분석에 필요한 내용 위주로 작성한다.
- 보호자의 발언과 반려견을 관찰한 내용 위주로 작성한다.
- 반려견을 관찰한 내용은 구체적으로 작성한다.

ⓑ 상담 결과를 DB화한다.

CHAPTER 04 실전예상문제

PART 5 보호자 교육 및 상담

01 고객 상담 시 올바른 커뮤니케이션이 아닌 것은?

① 의뢰형 화법 사용
② 허리를 펴고 올바른 자세 유지
③ 말의 속도를 빠르게 하여 신속하게 설명
④ 고객이 이해하기 쉬운 단어 선택

해설 적절한 말의 속도로 정확하고 분명한 발음으로 설명하여야 한다.

02 공감대 형성을 위한 화법에 관한 설명으로 틀린 것은?

① 고객의 신분에 맞는 존칭어를 사용한다.
② 고객 말에 적극적인 동감 표현을 한다.
③ 고객과의 공감대를 형성하는 데 도움을 주는 공통 화제를 선정하는 것이 중요하다.
④ 전체 상담의 원활한 진행과 분위기를 위해 고객의 말을 아무 말 없이 끝까지 듣는다.

해설 전체 상담의 원활한 진행과 분위기를 위해 고객 말에 적극적인 동감 표현을 하며, 긍정적인 관심을 두고 적절한 질문을 하면서 경청한다.

03 호감 가는 음성의 조건으로 적절하지 않은 것은?

① 정확한 발음
② 느릿한 속도
③ 편안한 목소리
④ 안정적인 억양

해설 음성의 속도는 적절해야 한다.

04 양방향 의사소통의 구성 요건에 해당하지 않는 것은?

① 의사소통을 일으키는 발신자가 있어야 한다.
② 발신된 메시지를 받아들이는 수신자가 있어야 한다.
③ 발신자와 수신자 사이에 의사소통이 일어나는 통로가 있어야 한다.
④ 말하기와 쓰기가 이루어질 수 있는 환경이 필수적이다.

해설 의사소통의 수단과 형식은 유동적이므로 말하기와 쓰기가 필수적인 것은 아니다. 따라서 말과 글에 의한 언어적 의사소통뿐만 아니라 음성의 고저, 표정, 몸짓, 자세, 눈치와 같은 비언어적 의사소통과 같은 환경이 있을 수 있다.

05 비음성적 단서 중 신체 언어에 대한 설명으로 거리가 가장 먼 것은?

① 신체 언어는 전체 내용의 50% 이상을 의사소통할 수 있으므로 신체적 언어를 이해하는 것이 필수적이라고 할 수 있다.
② 모든 사람이 동일한 방식으로 비언어적 단서들을 사용하지는 않는다.
③ 언어적 메시지를 강조하기 위한 손동작의 적절한 사용은 의사소통을 촉진한다.
④ 팔짱을 끼거나 주먹을 움켜쥐는 등의 행동은 고객에게 관심을 보이는 것으로 보일 수 있다.

해설 손가락 또는 물건으로 지적하기, 팔짱을 끼거나 주먹을 움켜쥐기 등은 부정적 행동 단서에 해당한다.

06 의사소통방법 중 비언어적 의사소통이 아닌 것은?

① 목소리
② 용 모
③ 말의 빠르기
④ 문 자

해설 비언어적 의사소통에는 얼굴표정, 자세, 눈맞춤, 어조(예 목소리, 말의 속도), 신체적 거리, 옷차림, 외양(용모) 등이 있다.

07 단호한 표현보다는 미안함을 먼저 표현하는 데 강조를 두는 효과적인 고객 응대 화법은?

① 쿠션 화법
② 아론슨 화법
③ 부메랑 화법
④ 칭찬 화법

해설 ② 대화를 나눌 때 부정과 긍정의 내용을 혼합해야 하는 경우, 동일한 조건이면 부정적 내용을 먼저 말하고 끝날 때 긍정적인 내용으로 마무리하는 화법이다.
③ 고객이 자꾸 내 곁을 떠나려는 변명과 트집을 잡을 때 그 트집이 바로 나의 장점(특징)이라고 주장하여 돌아오게 하는 화법이다.
④ 상대방의 좋은 점, 잘하는 점을 긍정적으로 표현하는 화법이다.

08 다음 중 업무상 요구되는 감성지능의 5가지 요소에 해당하는 것을 모두 선택한 것은?

> 가. 자기조절(Self Regulation)
> 나. 동기부여(Motivation)
> 다. 감정이입(Empathy)
> 라. 자아인식(Self Awareness)
> 마. 자기집중(Self Concentration)

① 가, 나, 다, 라
② 가, 나, 라, 마
③ 가, 나, 다, 마
④ 가, 다, 라, 마

해설 감성지능의 5가지 요소에는 자기조절, 동기부여, 감정이입, 자아인식, 사교성(대인관계 기술)이 있다.

09 적극적인 커뮤니케이션 과정의 하나로 '상대방이 표현하는 메시지를 주의 깊게 관찰하고 관심을 가지고 내용을 파악하며 단순히 듣는 것이 아니라 최대한 열심히 관심을 기울여 듣는 것'을 무엇이라 하는가?

① 공 감
② 듣 기
③ 경 청
④ 맞장구 화법

해설 ① 공감 : 상담자가 내담자의 경험, 감정, 생각을 최대한 이해하는 태도
② 듣기 : 다른 사람의 말이나 소리를 올바르게 알아듣고 이해하는 일
④ 맞장구 화법 : 남의 말에 덩달아 호응하거나 동의하는 말하기 방법

10 다음 의사소통 채널의 종류 중 의사소통의 충실성이 가장 낮은 것은?

① 편 지
② 게시판
③ 전 화
④ 면대면 회의

해설 의사소통 채널의 종류

구 분	의사소통의 충실성
면대면 회의	높 음
전화, 화상회의	↑
e-mail, 음성메일	
편지, 메모	↓
게시판	낮 음

11 다음 중 다니엘 골먼이 제시한 감성지능을 가진 사람이 갖추어야 할 능력이 아닌 것은?

① 충동을 표현하고 불안이나 분노와 같은 스트레스의 원인이 되는 감정을 표현할 수 있는 능력
② 목표 추구에 실패했을 경우에도 좌절하지 않고 자신을 격려할 수 있는 능력
③ 타인들의 감정을 사려 깊게 이해해 줄 수 있는 능력
④ 타인과의 관계에 있어서 자신이 원하는 방향으로 움직일 수 있는 사교적인 기술

해설 충동을 표현하고 불안이나 분노와 같은 스트레스의 원인이 되는 감정을 스스로 통제할 수 있는 능력이다.

12 다음 중 바꾸어 말하는 화법의 효과로 알맞은 것은?

① 고객의 불만의 원인을 제공한다.
② 오해의 문제를 해결한다.
③ 말하기 장애 해결에 도움이 된다.
④ 상대방에게 지루함을 느끼게 한다.

해설 레이어드 화법으로 청유형 의뢰나 질문형식으로 바꾸어 말하는 화법. 예로 "이쪽 자리 괜찮으십니까?" 등으로 오해의 문제를 해결하는 데 도움이 된다.

정답 10 ② 11 ① 12 ②

13 다음 중 I-Message의 대화 표현을 사용할 때의 주의할 점이 아닌 것은?

① I-Message를 사용한 다음에는 다시 적극적 경청의 자세를 취하도록 한다.
② 상대방의 행동이 자신에게 미친 영향을 반복해서 구체적으로 이야기한다.
③ 상대방의 행동으로 인해 일어나는 표면적 감정을 표현하기보다 본원적인 마음을 표현하도록 한다.
④ 상대방의 습관적 행동이 문제가 되는 경우에는 구체적인 문제해결 방안을 함께 모색한다.

> **해설** I-Message('나' 전달법)의 구성
> - 문제행동 : 문제가 되는 상대방의 행동, 상황의 객관적인 사실만을 구체적으로 말한다.
> - 행동의 영향 : 상대방의 행동이 자신에게 미친 영향을 구체적으로 말한다.
> - 느낀 감정 : 그러한 영향으로 생겨난 감정을 솔직하게 말한다.

14 다음 중 고객과의 대화에서 첫인상을 결정 짓는 가장 큰 비중을 차지하는 것은?

① 청각적 요소
② 시각적 요소
③ 후각적 요소
④ 언어적 요소

> **해설** 미국의 심리학자 앨버트 메라비언(Albert Mehrabian)은 면대면 커뮤니케이션의 정보량은 시각적인 요소가 55%, 청각적인 요소가 38%, 기타 언어적인 요소가 7%로 형성된다고 보았다.

15 다음 설명에 해당하는 질문 기법은?

> - 단순한 사실 또는 몇 가지 중 하나를 선택하게 하여 고객의 욕구를 파악할 수 있도록 한다.
> - 고객의 니즈에 초점을 맞출 수 있고, 화제를 정리하고 정돈된 대화를 할 수 있다.

① 선택형 질문
② 절차형 질문
③ 개방형 질문
④ 확인형 질문

> **해설** 질문의 종류
>
> | | |
> |---|---|
> | 개방형 질문 | • 고객이 자유롭게 의견이나 정보를 말할 수 있도록 묻는 질문이다.
• 고객의 마음에 여유가 생기도록 한다.
• 고객이 적극적으로 말함으로써 고객의 니즈를 파악할 수 있다. |
> | 선택형 질문 | • 고객이 '예', '아니요'로 대답하거나 선택지를 고르게 하는 질문이다.
• 단순한 사실 또는 몇 가지 중 하나를 선택하게 하여 고객의 욕구를 파악할 수 있도록 한다.
• 고객의 니즈에 초점을 맞출 수 있고, 화제를 정리하고 정돈된 대화를 할 수 있다. |
> | 확인형 질문 | • 고객의 입을 통해 직접 확인받는 질문이다.
• 고객의 답변에 초점을 맞춘다.
• 고객의 니즈를 정확하게 파악할 수 있다.
• 처리해야 할 사항을 확인받을 수 있다. |

16 다음 중 경청에 대한 설명으로 바른 것은?

① 상담내용을 기억해야 하므로 기록하는데 집중한다.
② 적절한 눈 맞춤과 간단한 호응을 한다.
③ 말이 반복되면 일단 말을 자르고 상담자가 요약한다.
④ 잘못된 내용에 대해서는 즉각적으로 수정해 준다.

17 다음 상담에 대한 설명 중 잘못된 것은?

① 상담은 상담자와 고객 간의 언어적 의사소통으로만 진행된다.
② 대면 상담이나 전화 통화, 문서 상담 모두 의사소통이 원활해야 좋은 상담이 될 수 있다.
③ 효율적인 상담을 위해서 상담원은 의사소통 능력이 탁월하여야 한다.
④ 상대방에게 호감을 줄 수 있는 음성이 상담에서 더 효과적이다.

해설 상담은 언어적·비언어적 의사소통으로 진행된다.

18 다음 설명에 해당하는 반려견 보호자 상담 기술은?

- 상담의 내용이나 진전 상황을 명확히 한다.
- 보호자의 발언을 정확히 듣고 있다는 것을 보여준다.
- 일 처리를 잘하려고 한다는 것을 보여준다.

① 연 결
② 질 문
③ 확 인
④ 제 공

해설 ① 연결 : 보호자와 친밀감을 형성하고 상담 분위기를 조성하거나, 보호자의 흥미를 유발한다.
② 질문 : 질문을 통해 보호자의 요구사항에 대해 유용한 정보를 얻는다.
④ 제공 : 보호자가 긍정적이고 확실한 이미지를 갖도록 정보를 제공하거나 보호자의 요구를 충족시킬 수 있다는 것을 분명하고 간결하게 보여준다.

정답 16 ② 17 ① 18 ③

19 다음 중 상담환경 조성에 대한 설명으로 가장 옳지 않은 것은?

① 적절한 온도와 습도를 유지하기 위해 수시로 환기한다.
② 상담을 준비할 때 항상 실내조명의 밝기를 어둡게 한다.
③ 상담자 및 진행 과정에 대하여 정확한 정보를 제공한다.
④ 반려견이 불안감을 느끼지 않도록 외부의 소음을 차단하여 안정감을 준다.

해설 상담 시간을 고려하여 실내조명의 밝기를 적절하게 준비한다.

20 다음의 응대 기법은 고객의 어떤 욕구를 충족시키기 위한 것인가?

> - 고객님께서 얼마나 실망하셨을지 잘 알겠습니다.
> - 그때 어떤 느낌을 갖게 되셨는지 이야기하고 싶은데요.

① 존경을 받고자 하는 욕구
② 공평하게 대접받고자 하는 욕구
③ 적시에 신속한 서비스를 받고자 하는 욕구
④ 자신의 문제에 대해 공감해 주기를 바라는 욕구

해설 전체 상담의 원활한 진행과 분위기를 위해 고객 말에 적극적인 동감 표현을 하고, 긍정적인 관심을 두고 적절한 질문을 함으로써 공감대를 형성할 수 있다.

CHAPTER 05 | 반려견 위탁서비스

1 견종 및 성향에 따른 환경시설 조성

(1) 위탁기관의 환경

반려견은 보호자와 가족공동체의 일원으로 상호 깊은 유대감, 정서적 교감, 특별한 관계 형성을 이루고 있다. 그러므로 위탁기관에서도 반려견에게 보호자 가정과 같은 안락한 환경을 제공하며, 반려견의 종류와 성향에 맞는 생활 시설을 조성해야 한다.

(2) 견종별 환경시설

① 반려견의 체고나 체중, 피모의 상태에 따라 알맞은 주거시설을 조성한다.
② 반려견의 피모의 형태에 맞는 반려견의 빗, 샴푸 등의 청결유지 도구를 준비한다.
③ 반려견의 알러지 유무 등을 확인하여 그에 맞는 환경시설을 조성한다.
④ 반려견 산책 시 반려견의 체형과 체고에 맞는 목줄과 목끈을 준비한다.

(3) 성향별 환경시설

반려견의 기질과 성격은 제각기 다를 수 있으므로, 기관에서는 반려견의 성향을 먼저 파악하여 반려견이 기관에서 스트레스를 받지 않고 지낼 수 있는 환경시설을 조성해야 한다.

(4) 기관별 환경시설

① 반려견 유치원, 호텔, 훈련소 등 위탁기관의 특성에 맞게 반려견의 주거시설, 위생시설, 건강시설을 조성해야 한다.
② 위탁기관에 있는 동안 반려견의 안락한 생활 보장은 물론 반려견 보호자를 위한 자발성 독립성을 길러주고, 기초예절교육, 사회화 교육, 문제 행동 교정, 놀이교육, 다른 견종과의 친밀한 관계 맺기, 반려견 청결 서비스 등을 수행할 수 있다.

(5) 반려견 개체에 따른 주거시설, 운동량, 교육방법, 놀이기구 사용법 등을 고려한 환경시설

① 반려견을 소형견, 중소형견, 중형견, 중대형견, 대형견으로 나누고 크기별·체중별로 세분화하여 환경을 조성한다.
② 반려견의 크기와 체중별로 집(하우스), 급수량, 식수대, 식사량, 운동 시간 및 운동량 등의 환경을 조성해야 한다.

집(하우스)	반려견이 편안한 자세로 움직이며 일상적인 동작을 하는 데 지장이 없는 크기여야 한다.
식 기	밥그릇과 물그릇은 반려견의 머리가 그릇에 충분히 들어갈 수 있는 크기여야 한다.

물	상시로 채워주어야 하며, 채울 때에는 그릇 속에 남은 물을 버린 후 채워주어야 한다.
식사	반려견의 크기와 건강 상태, 나이별로 하루 1~3번 정도 주고, 성격이 급한 반려견은 목메임 방지를 위하여 사료의 알맹이가 큰 것으로 줘야 한다.
운동 시간	운동은 반려견의 크기별로 하루 최소 1~3시간 이상이 되어야 하며 햇빛에는 최소 2시간 이상을 노출시켜야 한다.
배변	실내, 실외로 나누고 반려견의 크기, 나이에 따라 하루 1~3회 이상 해줘야 하며 실내 배변 시나 야외 운동장에서는 배변 장소를 별도로 마련해 주는 것이 좋다.
치료	부상을 당할 경우를 대비하여 구급상자를 항시 비치해야 하고, 신속한 치료와 그 밖의 조치를 취하여야 한다.

2 반려견에 대한 제공서비스

(1) 반려견 유치원
① 반려견 유치원은 보호자와 반려견이 함께 편안하고 안락한 생활을 할 수 있도록 도와주는 역할을 한다.
② 반려견에게 필요한 교정교육, 예절교육, 복종교육, 사회화 교육 등을 제공할 수 있다.
③ 반려견 보호자와 반려견을 위해 반려견 생일파티, 체중관리, 동물병원 출장대행, 미용대행, 반려견 청결 유지 미용, 사진 보내주기, 문자보내기 등 하원 일지 제공 등을 할 수 있다.

(2) 반려견 호텔
① 반려견 호텔은 보호자와 떨어져서 행복하고 건강하게 보호 관리를 할 수 있다.
② 나이와 견종, 건강상태에 따라 먹이 급여량 조절과 운동과 산책을 충분히 시켜준다.
③ 반려견의 정신적, 신체, 건강상태를 관리해 주기 때문에 보호자가 편리하고 빠른 서비스를 제공받을 수 있다.
④ 반려견 보호자와 반려견을 위해 반려견 미용, 청결유지 미용, 목욕, 사진 보내주기 등을 제공할 수 있다.

(3) 반려견 훈련소
① 반려견 훈련소는 반려견의 기초 및 사회화 훈련 등을 통해서 타인과 다른 반려견에 대한 친화력이 향상될 수 있도록 교육한다.
② 교육을 통해 관찰된 반려견의 문제 행동 예방법 및 안전관리 교육 등에 대해 보호자가 편리하고 빠른 서비스를 제공받을 수 있다.
③ 반려견 보호자와 반려견을 위해 반려견 심리 행동분석, 사회화 교육, 기초훈련, 문제 행동 교정 교육, 어질리티 교육, 펫로스 교육, 보호자 교육, 건강체크, 동물병원 출장 대행, 투약대행, 미용대행, 청결유지 미용, 목욕, 체중관리 등을 수행할 수 있다.

(4) 청결 및 미용 유지
① 반려견의 빗질을 통해 털 엉킴과 이물질을 제거한다.
② 반려견의 피모상태를 확인하여 눈주변의 이물질을 제거하고 가위나 빗을 이용하여 눈을 자극할 수 있는 털을 간단하게 정리할 수 있다.

③ 반려견의 특성에 따라 발바닥의 털을 제거하고, 관절에 영향을 주는 긴 발톱을 정리할 수 있다.
④ 장기 반려견에 한하여 목욕서비스를 할 수 있으며, 보호자의 요청에 따라 전문 애완견 미용사에게 미용을 의뢰할 수도 있다.

3 반려견 위탁서비스 상담

(1) 반려견 보호자의 요구 파악

반려견 위탁서비스 상담은 보호자와 반려견에게 도움을 주기 위한 과정으로 전문 상담사의 상담을 통해 보호자 요구사항 등을 파악할 수 있다.

(2) 상담실의 물리적 환경 조성

① 상담실의 상담실의 위치나 분위기 등의 물리적 환경은 상담 기법 못지않게 상담 품질에 중요한 비중을 차지하므로 상담환경을 구성하는데 주의를 기울여야 한다.
② 반려견 상담실 환경(출처 : 정현진(2018). 『반려동물종합관리사』. 사단법인 한국애견연맹. p. 168.)
  ㉠ 외부로부터의 소음, 간섭 등을 차단해야 한다.
  ㉡ 반려견의 털 등이 날리지 않도록 자주 청소를 한다.
  ㉢ 반려견 등의 대소변 등 불쾌한 냄새가 나지 않도록 방향제 등을 사용한다.
  ㉣ 상담실 벽지와 바닥재, 실내 소품들은 통일시킨다.
  ㉤ 상담실 내 반려견 관리에 관련된 잡지나 정보지를 구비한다.
  ㉥ 차 또는 음료, 다과 등을 준비하거나 접대한다.
  ㉦ 편안함을 느낄 수 있는 잔잔한 선율의 조용한 음악을 틀어준다.

(3) 위탁상담 시 반드시 지켜야 할 상담 원칙(출처 : 정현진(2018). 『반려동물종합관리사』. 사단법인 한국애견연맹. p. 170.)

① 보호자와의 상담은 여유 있고, 진실한 태도로 진행한다.
  예 반갑습니다! 어떤 일로 방문하셨나요?
② 지나치게 강한 어조나 표현을 삼가고 상황에 맞는 옷차림, 메이크업, 머리스타일 등을 단정하게 한다.
  예 '선생님 차 좀 부탁 할게요.'
③ 반려견 보호자의 의견을 경청하는 것이 가장 중요하다.
  예 반려견 보호자가 이야기가 끝날 때까지 경청하고 시선을 같이 한다.
④ 보호자가 상담을 기다릴 경우, 지루하지 않게 관련 도서나 음료 등을 준비한다.
  예 죄송합니다. ○○ 때문에 시간이 ○○ 소요될 것 같습니다. 양해 부탁드리겠습니다. 빠른 상담이 이루어질 수 있도록 준비하겠습니다.
⑤ 반려견 보호자를 맞이하는 인사보다 배웅을 더욱 정중하고 밝은 태도로 한다.
  예 오늘 귀한 시간을 내어 주셔서 감사했습니다. 불편하신 것은 없으셨는지, 궁금하신 내용들이 도움이 됐으면 합니다. 그 외에 궁금하신 내용이 있으시면 언제든지 방문해주시거나, 연락주시면 답변해 드리겠습니다. 안녕히 가세요.

(4) 상담 일지
① 상담 일지를 반려견 입소 시 일일계획서에 맞추어 관찰 · 기록한다.
② 상담을 통해 보호자의 요구에 맞는 위탁프로그램 운용 사항을 기입한다.
③ 영업장 인력 현황, 시설내역, 배치도, 사업계획서, 영업등록 신청서 등을 기록한다.
④ 다양한 민원 대응 지식과 매뉴얼을 기록한다.

(5) 반려견 문제행동의 기록
반려견의 보호자와 반려견의 놀이 행동을 관찰하여 문제 행동 등을 기록한다.

(6) 수행자료 평가
일지, 시간표 등의 수행 결과를 정리해 놓은 자료를 기초로 평가하여 기록한다.

4 반려견 위탁서비스 기획과 수행

(1) 위탁서비스 기획
① 위탁서비스는 반려견 보호자를 대신하여 반려견의 스트레스를 줄이고 즐거움과 심신을 건강하게 관리해 주며 보호자와 반려견이 행복한 삶을 유지할 수 있도록 기획해야 한다.
② 반려견의 견종 및 성향에 따라 안락한 생활이 가능하도록 시설을 조성해야 한다.
③ 반려견 보호자의 다양한 요구에 반영할 수 있도록 반려견 제공서비스를 기획해야 한다.
④ 반려견 보호자가 위탁서비스의 선택을 쉽게 할 수 있도록 상담하고 설명해야 한다.
⑤ 다른 반려견과 문제가 발생하지 않도록 보호자와 상담을 통하여 반려견에 대한 정보를 파악해야 한다.
⑥ 반려견 보호자와 반려견의 개인정보를 데이터베이스(DB)화하여 관리할 수 있도록 정보를 파악하여 작성해야 한다.
⑦ 위탁서비스 기간 동안 반려견에 대한 일지를 통해 보호자에게 서비스를 제공할 수 있도록 학습하고 분석한다.
⑧ 반려견 보호자에게 특이사항 여부를 설명한 후 반려견을 인계할 수 있는 능력을 숙지할 수 있게 한다.

(2) 위탁서비스의 수행
① 반려견 정보 수행
  ㉠ 반려견 위탁서비스는 반려견의 몸과 마음을 건강하게 관리해 주며 행복한 삶을 유지할 수 있게 해야 한다.
  ㉡ 반려견의 위급 상황이 발생할 때, 보호자에게 비상 연락으로 빠른 대응을 할 수 있도록 기획하여 수행한다.
  ㉢ 반려견 및 보호자의 정보서비스 수집 : 반려견 및 보호자의 정보서비스에는 반려견 보호자 이름, 전화번호, 이메일, 주소, 반려견 이름, 나이, 성별, 중성화 유무, 품종, 애착물건 외 기타사항 등이 있다.
② 반려견 개별 정보관리 수행
  ㉠ 반려견 위탁기관의 운영시간에 맞추어 수행한다.

ⓛ 반려견 일일계획서의 내용을 반려견에게 균형 있게 맞추어 수행한다.
ⓒ 반려견의 특성, 성향을 고려하여 수행한다.
ⓔ 반려견의 관찰일지, 놀이 관찰일지를 중심적으로 수행한다.
ⓜ 반려견 관찰일지를 중심으로 보호자와의 상담을 통해 편견 없이 수행한다.
ⓗ 보호자의 의견을 적극 수립하여 수행한다.
ⓢ 반려견 청결유지 서비스를 체계적으로 수행한다.

③ 반려견에 대한 서비스 제공 수행
 ⓖ 반려견 일일계획안에 의거하여 운영한다.
 ⓛ 실내, 실외의 환경을 반려견의 성향 및 특성에 맞추어 구성하여 운영한다.
 ⓒ 반려견의 나이, 특성, 성향을 고려하여 운영한다.
 ⓔ 보호자와 기관의 상황에 맞추어 보호자 교육을 실시한다.
 ⓜ 가정과 기관이 협력하여 연계학습이 이루어질 수 있도록 운영한다.
 ⓗ 훈련사의 심화교육을 통하여 운영을 개선해 나간다.
 ⓢ 앱을 활용하여 편리하게 실시간으로 이용이 가능하도록 운영한다

> **더알아보기** 반려견의 차량 이동 시 수행 순서
>
> - 실내에서 실외로 이동할 때는 반드시 이동장을 통하여 해야 한다.
> - 반려견 인수·인계할 때는 보호자 대면 하에 반려견의 이상 유무를 확인한다.
> - 반려견 보호자와 인수인계 시에는 반드시 보호자가 직접 이동장을 개폐해야 한다.
> - 반려견의 차량 탑승 후에는 반드시 이동장의 잠금장치를 확인한다.
> - 반려견을 이동할 때는 먼저 탑승한 견을 순서대로 배치한다.

(3) 기관별 위탁서비스 수행
① 반려견 유치원·호텔의 위탁서비스
 ⓖ 반려견 유치원·호텔 등은 숙박서비스를 제공하며 반려인의 사정에 따라 시간제로도 운영된다.
 ⓛ 반려견이 생활하는 모습을 일일계획서로 작성할 수 있다.
 ⓒ 반려견 일일계획서 작성 예시

시간대	주요 활동	내 용
8:30 ~10:00	출 근	• 놀이방 안, 공기청정기 이상 유·무 확인 • 반려견 대소변 확인(반려견 신체 이상 유무·컨디션 등 확인), 컴퓨터 켜고 오늘 스케줄 확인 • 켄넬 안 확인 후 창문 열고 청소
	청 소	• 쓰레받기와 빗자루(반려견용), 파인솔(Pine-sol), EM, 락스 등을 적절히 섞은 소독액을 용기에 담아 뿌리기(반려견의 발 닿는 곳, 마킹하는 곳 등) • 호스로 깨끗이 물청소, 빨아놓은 펄프로 물기 제거한 후 방 닦는 전용 걸레 사용하여 닦기(바닥에도 물기가 많이 남아있을 시 사용) • 오물 등이 있는 수건류 등의 빨래 돌리기
	사료주기	정해진 양의 사료를 급여(날씨, 온도 등에 따라 유동적으로 조절)

10:00 ~12:00	차량	• 픽업하는 반려견 컨디션 및 상태 확인(켄넬 안의 배변, 구토 등 확인) • 보호자 알림장 확인
12:00 ~13:00	점심시간	반려견 식사 후 낮잠 준비(투약이 필요한 반려견은 따로 확인)
13:00 ~15:30	교육 및 놀이시간	반려견의 성향 파악과 함께 놀아주는 시간 갖기
15:30 ~17:00	관리시간	알림장 쓰기, 호텔 반려견 관찰, 유치원 반려견 케어, 반려견과 함께 교감하는 시간을 갖기
17:00 ~	저녁시간	• 반려견 하원 준비, 일과 종료 후 호텔링하는 반려견의 특이사항이 없으면 수면을 취하게 하기 • 문, 창문, 보일러, 전기(코드, 스위치 등)을 확인

ⓔ 반려견 유치원·호텔의 기본수칙

건강한 생활	• 반려견의 몸을 청결하게 유지한다. • 반려견의 상태에 따라 사료를 선택하여 즐겁게 먹을 수 있게 한다. • 반려견이 건강하고 일상 생활을 유지할 수 있게 한다.
안전한 생활	• 반려견을 안전하게 지낼 수 있게 한다. • 반려견의 위험한 상황에 맞춰 적절하게 반응한다.

② 반려견 훈련소의 훈련교육 수행

   ㉠ 반려견 훈련소는 사회성, 사교성 교육, 보호자교육, 문제행동 교정, 체계적 둔감화 적응 교육 등을 한다.

   ㉡ 반려견의 사회 친화력 교육을 통해서 보호자와의 신뢰감 형성, 타인과 타견에 대한 거부감을 완화할 수 있다.

   ㉢ 반려견의 보호자 교육을 통하여 반려견의 문제행동 교정을 개선시킬 수 있다.

   ㉣ 반려견의 문제행동 교정과 체계적 둔감화 적응 교육으로 반려견이 사회에 적응하도록 개선시킬 수 있다.

③ 반려견 청결유지 기획 수행

   ㉠ 반려견 보호자와 상담 후 반려견 상태에 따라 관리를 진행할 수 있다.

   ㉡ 반려견의 위생 상태를 고려하여 간단한 청결 유지 미용서비스를 제공할 수 있다.

   ㉢ 반려견 청결유지 미용서비스 제공 시에는 작업에 필요한 복장을 한다.

   ㉣ 반려견 눈 주변 이물질을 제거한다.

   ㉤ 반려견 눈앞의 털을 정리해 준다. 눈앞을 페이스콤으로 빗어준다.

   ㉥ 반려견의 특성에 따라 발톱 길이를 조절하여 발톱을 정리한다.

   ㉦ 반려견의 털 상태에 따라 발바닥 털을 제거한다.

   ㉧ 장기 위탁견의 경우 깨끗하게 목욕한다.

   ㉨ 반려견 보호자의 요청에 따라 전문 애완동물 미용사에게 미용을 의뢰한다.

(4) 반려견 알림장 기록

① 반려견 보호자가 가정에서 있었던 일들을 기관에 전달한다.
② 보호자 가정에서 반려견들의 이상 유무를 확인하고 기관에서 종합적으로 기록한다.
③ 일일계획표에 의한 시간별 알림장을 기록한다.
④ 위탁기관은 보호자에게 반려견에게 필요한 사항을 알림장을 통해 전달한다.
⑤ 반려견 신체 이상 여부 확인 등을 알림장에 기록한다.
⑥ 반려견 알림장 예시

월/ 일   반려견 이름 :

반려견 상태	가정에서	위탁기관
식 사	(반려견명)이/가 아침에 사료를 조금밖에 먹지 않음	• (반려견명)을/를 주의 깊게 관찰하였습니다. • 식사 시간에 식사량은 기존과 다름없이 잘 먹습니다.
배 변	저녁부터 지금까지 배변을 보지 않음	식사 후에 배변에는 이상이 없습니다.
투 약	없 음	없 음
특이사항	(반려견명)이/가 어제 과식을 해서 속이 좀 불편한 거 같음	(반려견명)이 보호자님께 (반려견명)이/가는 여전히 씩씩하고 밝게 친구들과 잘 지냈습니다.

5 반려견 위탁서비스 운영

(1) 반려견 보호자와 반려견 정보 수집

① 보호자 정보
  ㉠ 보호자의 이름, 전화번호, 이메일, 집 주소, 비상 연락망 등이 해당된다.
  ㉡ 보호자의 개인정보제공 동의와 개인정보수집이용 동의서는 반려견의 위탁 목적으로만 사용해야 한다.
② **반려견 일반 정보** : 반려견의 품종, 나이, 이름, 성별, 성향, 애착물건, 기본 습득 훈련정보, 기타 사항 등 자세한 사항을 수집해야 한다.

(2) 반려견 성향 정보

① 반려견의 품종, 성향(기질), 성격, 자라온 환경, 주거지 등에 맞추어 위탁서비스를 제공한다.
② 제공서비스 : 반려견 보호자와의 상담을 통해 보호자가 이용하고자 하는 서비스를 선택하여 반려견에게 제공한다.
③ 반려견 개별 정보
  ㉠ 반려견의 개인정보를 통해 기본 생활 습관, 신체적 특징, 건강, 위생습관, 예절교육 등과 관련된 정보 등을 수집한다.
  ㉡ 위급 상황 시 대처하거나 보호자에게 도움을 요청하며, 기관과 상호작용을 하는 데에 활용할 수 있다.
④ **위탁시설 기준** : 위탁서비스의 운영은 시설기준법에 의해 축산과에서 신청서와 이수교육을 받아 작성하여 허가를 받아야 한다.

(3) 위탁서비스 운영 시설 및 인력기준(동물보호법 시행규칙 별표11)

① 공통기준
  ㉠ 동물의 위탁관리실과 고객응대실은 분리 또는 구분되어야 한다. 다만 동물판매업, 동물전시업 또는 동물병원을 같이 하는 경우 고객응대실을 공동으로 이용할 수 있다.
  ㉡ 위탁관리하는 동물을 위한 개별 휴식실이 있어야 하며 사료와 물을 주기 위한 설비를 갖춰야 한다.
  ㉢ 위탁관리하는 동물이 영업장 밖으로 나가지 않도록 출입구에 이중문과 잠금장치를 설치해야 한다.
  ㉣ 동물병원을 같이 하는 경우 동물의 위탁관리실과 동물병원의 입원실은 분리 또는 구획되어야 한다.
  ㉤ 위탁관리실에서 동물의 상태를 확인할 수 있는 폐쇄회로 녹화 장치를 사각지대의 발생이 최소화될 수 있도록 설치해야 한다.
  ㉥ 개 또는 고양이 20마리당 1명 이상의 관리 인력을 확보해야 한다.
  ㉦ 고정형 영상정보처리기기를 설치·관리해야 한다.

② 미용시설 기준
  ㉠ 미용 작업실, 동물대기실 및 고객응대실은 분리 또는 구획되어야 한다. 다만 동물 판매업, 동물위탁관리업, 동물전시업 또는 동물병원을 같이 운영하는 경우에는 동물대기실과 고객응대실을 공동으로 이용할 수 있다.
  ㉡ 소독기와 자외선 살균기 등 미용기구를 소독하는 장비를 갖춰야 한다.
  ㉢ 미용작업실은 미용을 위한 충분한 작업 공간을 확보해야 하고, 미용작업대와 동물이 떨어지는 것을 예방하기 위한 고정 장치를 갖춰야 한다.
  ㉣ 미용작업실에 동물의 목욕에 필요한 충분한 크기의 욕조, 급수·배수시설, 냉·온수설비 및 건조기를 갖춰야 한다.
  ㉤ 동물미용업에 이용하는 자동차는 승합자동차, 특수자동차, 동물미용업 용도로 튜닝한 자동차로 하며, 이 자동차는 동물미용업의 영업장으로 본다.

(4) 위탁관리업자의 영업 준수사항(동물보호법 시행규칙 별표12)

① 공통 준수사항
  ㉠ 영업장 내부에는 영업등록(허가)증 및 요금표를 게시 또는 부착해야 한다.
  ㉡ 동물위탁관리업자는 위탁관리하는 동물에 대해 개체관리카드를 작성하여 갖춰 두어야 한다.
  ㉢ 동물위탁관리업자는 고정형 영상정보처리기기로 촬영하거나 녹화·기록한 정보를 촬영 또는 녹화·기록한 날부터 30일간 보관해야 한다.
  ㉣ 동물위탁관리업자는 위탁관리하는 동물이 등록대상동물인 경우에는 해당 동물의 소유자등에게 등록대상동물의 등록사항 및 등록방법을 알려주어야 한다.

② 개별 준수사항
  ㉠ 위탁관리하는 동물에게 정기적으로 운동할 기회를 제공해야 한다.
  ㉡ 깨끗한 물과 사료를 충분히 제공해야 하며, 사료나 간식 등을 과도하게 섭취하지 않도록 적절히 관리해야 한다.
  ㉢ 동물에게 건강상 위해요인이 발생하지 않도록 영업 관련 시설 및 설비를 위생적이고 안전하게 관리해야 한다.

ⓔ 위탁관리하는 동물에게 건강 문제가 발생하거나 이상 행동을 하는 경우 즉시 소유주에게 알려야 하며 병원 진료 등 적절한 조치를 해야 한다.
ⓜ 위탁관리하는 동물은 안전을 위해 체중 및 성향에 따라 구분·관리해야 한다.
ⓗ 영업자는 위탁관리하는 동물에 대한 다음의 내용이 담긴 계약서를 제공해야 한다.
- 등록번호, 업소명 및 주소, 전화번호
- 위탁관리하는 동물의 종류, 품종, 나이, 색상 및 그 외 특이사항
- 제공하는 서비스의 종류, 기간 및 비용
- 위탁관리하는 동물에게 건강 문제가 발생했을 때 처리방법
- 위탁관리하는 동물을 위탁관리 기간이 종료된 이후에도 일정 기간 찾아가지 않는 경우의 처리 방법 및 절차

ⓢ 동물을 위탁관리하는 동안에는 관리자가 상주하거나 관리자가 해당 동물의 상태를 수시로 확인할 수 있어야 한다.

(5) 위탁서비스 운영 시 안전·유의 사항

① 다른 반려견과 문제가 발생하지 않도록 반려견에 대한 정보를 자세하게 보호자에게 요청해야 한다.
② 반려견 보호자와 반려견의 개인정보를 DB화하여 관리해야 한다.
③ 위탁서비스 기간 동안 반려견에 대한 서비스를 제공해야 한다.
④ 위탁서비스 종료 시 반려견 보호자에게 특이사항 여부를 설명한 후 반려견을 인계해야 한다.
⑤ 위탁기관에서는 상담과 정보를 통해 반려견들에게 서비스를 제공해야 한다.
⑥ 기초 미용 지식과 도구의 사용방법을 숙지해야 한다.
⑦ 반려견을 빗질을 할 때는 피모와 피부 상태에 따라 찰과상에 유의한다.
⑧ 미용 도구와 장비는 애완동물의 질병 감염 예방을 위해 위생과 소독을 철저히 관리해야 한다.
⑨ 반려견 위탁 시 겁이 많은 반려견을 타 반려견과 같이 합사할 때는 충분한 시간을 두고 직원의 입회하에 시도해야 한다.
⑩ 반려견 산책 시 도주 우려가 있는 반려견은 하네스와 목줄을 병행하여 사용할 수 있다.
⑪ 반려견 보호자에게 행동 교정, 교육 등이 완료되어 인계한 이후 지속적으로 안부전화, 메시지를 통해 정보를 제공함으로써 지속적인 고객 관리를 할 수 있다.
⑫ 반려견 보호자와 민원의 유형과 종류에 따라 대응할 수 있다.

6 위탁서비스 종료 시 인계사항

(1) 반려견 평가 전달

반려견서비스 종료 시, 위탁서비스 기관에서는 반려견의 관찰일지를 통해 기록된 내용을 설명할 수 있고 보호자에게 전달할 수 있다.

① 반려견의 놀이 행동에 대한 적극성, 집착성, 이해도, 응용도를 평가한다(예 터그, 노즈워크, 볼풀, 술래잡기, 스무고개, 리트리빙, 어질리티 등).
② 반려견의 놀이 후 소강상태 시간을 평가한다.

(2) **위탁서비스 종료 후 인계사항**
    ① 위탁기관은 반려견 관찰 일지를 통해 반려견의 입소 전·후의 변화된 행동이나 모습을 영상을 통해 비교한다(예 반려견의 상태, 식사, 배변, 특이사항 등).
    ② 퇴소 후에도 반려견의 문제행동이 완화될 수 있도록 사후관리 방법을 알려준다.
    ③ 반려견 귀가 후 가정에서 반려견 보호자가 반복훈련 연습을 할 수 있도록 피드백을 준다.
    ④ 반려견이 귀가 후 가정에서 문제 행동이 다시 나타났을 때를 대비하여 사후 통신이나 문자를 통하여 관리한다.
        ⊙ 반려견의 평상 시 행동을 관찰하여 이상 증상을 파악한다.
        ⓒ 반려견의 몸을 촉진 후 이상 증상 유무를 확인한다.
        ⓒ 반려견의 평소 식사량에 이상이 있는지 확인한다.
    ⑤ 반려견의 배변 시 소변의 색과 대변의 응집도를 확인한다.
    ⑥ 반려견에게 약을 투약해야 할 경우 스스로 먹을 수 있도록 간식을 이용하여 투약한다.

CHAPTER 05 | 실전예상문제

01 반려견 위탁서비스에서 견종별 환경시설의 내용이 아닌 것은?

① 반려견의 체고나 체중에 알맞은 주거시설을 조성한다.
② 반려견의 피모의 형태에 맞는 청결유지 도구를 준비한다.
③ 반려견의 기질과 성향에 맞는 환경시설을 조성한다.
④ 산책 시 반려견의 체형과 체고에 맞는 목줄과 목 끈을 준비한다.

해설 ③은 반려견의 성향별 환경시설 조성에 해당된다. 견종별 환경시설 조성에는 ① · ② · ④ 외에 반려견 알러지 유무 등을 확인해서 그에 맞는 환경시설을 조성해야 한다.

02 다음 중 반려견 위탁서비스 기관이 아닌 것은?

① 유치원
② 호 텔
③ 훈련소
④ 동물병원

해설 반려견 위탁시설에는 유치원, 호텔, 훈련소 등이 있다.

03 다음 중 반려견 위탁기관이 수행할 수 없는 일은?

① 질병 치료 교육
② 사회화 교육
③ 반려견 청결 서비스
④ 다른 견종과의 친밀한 관계 맺기

해설 위탁기관에 있는 동안 반려견의 안락한 생활 보장은 물론 반려견 보호자를 위한 자발성 독립성을 길러주고, 기초예절교육, 사회화 교육, 문제 행동 교정 교육, 놀이교육, 다른 견종과의 친밀한 관계 맺기, 반려견 청결 서비스 등의 역할을 수행할 수 있다.

정답 01 ③ 02 ④ 03 ①

04 반려견 개체별 환경 시설 조성에 대한 내용으로 옳지 않은 것은?

① 하우스는 반려견이 일상적인 동작을 하는 데 지장이 없어야 한다.
② 밥그릇과 물그릇은 반려견의 머리가 그릇에 충분히 들어갈 수 있는 크기여야 한다.
③ 반려견의 크기와 체중별로 식사량, 운동 시간 및 운동량 등의 환경을 조성해야 한다.
④ 성격이 급한 개의 목메임을 방지하기 위해 사료의 알갱이는 작은 것으로 준비한다.

해설 사료의 알갱이가 큰 것을 줘야 한다.

05 개체별 환경 조성에서 반려견이 하루 필요한 최소 운동시간은 얼마인가?

① 1시간 이내
② 1~3시간
③ 4~5시간
④ 6시간 이상

해설 반려견의 크기별로 운동시간은 하루 최소 1~3시간 이상이 되어야 한다.

06 다음에서 설명하는 위탁기관으로 옳은 것은?

- 반려견에게 필요한 교정교육, 예절교육, 복종교육, 사회화 교육 등을 제공할 수 있다.
- 반려견 보호자와 반려견을 위해 반려견 생일파티, 체중관리, 동물병원 출장대행 미용대행, 반려견 청결유지 미용, 사진 보내주기, 문자보내기 등 하원 일지 제공 등을 할 수 있다.

① 반려견 호텔
② 반려견 훈련소
③ 반려견 유치원
④ 반려견 청결 및 미용기관

해설 반려견 유치원은 위 내용 외에 보호자와 반려견이 함께 편안하고 안락한 생활을 할 수 있도록 도와주는 역할을 한다.

07 다음의 수행을 할 수 있는 반려견 위탁기관은?

> 반려견 심리 행동분석, 사회화 교육, 기초훈련, 문제 행동 교정 교육, 어질리티 교육, 펫로스 교육, 보호자 교육, 건강체크, 동물병원 출장 대행, 투약대행, 미용대행, 청결유지 미용, 목욕, 체중관리 등을 수행한다.

① 반려견 호텔
② 반려견 유치원
③ 반려견 훈련소
④ 반려견 미용기관

해설 반려견 훈련소는 반려견의 기초 및 사회화 훈련 등을 통해서 타인과 다른 반려견에 대한 친화력이 향상될 수 있도록 교육한다. 또한 교육을 통해 관찰된 반려견의 문제행동 예방법 및 안전관리 교육 등의 서비스를 제공한다.

08 반려견 보호자와의 위탁서비스 상담 원칙으로 적절하지 않은 것은?

① 반려견 보호자의 의견을 경청하는 것이 가장 중요하다.
② 보호자와의 상담은 여유 있고, 진실한 태도로 진행한다.
③ 지나치게 강한 어조나 표현을 삼가고 상황에 맞는 옷차림을 한다
④ 보호자가 상담을 기다릴 경우 지루하지 않게 위탁관리실에 도서나 다과를 준비한다.

해설 보호자가 편안한 상태에서 상담을 진행할 수 있게 고객응대실에 기본적인 다과와 음료를 비치해 둔다.

09 위탁서비스 상담 일지에 대한 내용이 아닌 것은?

① 다양한 민원 대응 지식과 매뉴얼을 기록한다.
② 반려견 입소 시 일일계획서에 맞추어 상담일지를 관찰·기록한다.
③ 시간표 등의 수행 결과를 정리해 놓은 자료를 기초로 평가하여 기록한다.
④ 영업장 인력 현황, 시설내역, 배치도, 사업계획서, 영업등록 신청서 등을 기록한다.

해설 일지나 시간표 등의 수행 결과 자료를 기초로 평가·기록하는 것은 수행자료 평가에 대한 내용이다.

10 위탁서비스 수행을 위한 반려견의 정보 수집으로 적절치 않은 것은?

① 반려견 보호자의 정보서비스도 함께 수록해야 한다.
② 반려견 개별 정보관리를 수행할 때 위탁기관의 운영시간에 맞추어 수행한다.
③ 반려견 정보는 위급 상황 발생에 비상 연락으로 빠른 대응을 할 수 있게 하기 위함이다.
④ 반려견 개별 정보 관리 시에 일일계획서의 내용은 보호자에게 맞추어 균형있게 수행한다.

해설 반려견 일일계획서의 내용을 반려견에게 맞추어 균형 있게 수행한다.

11 위탁서비스를 위한 반려견의 개별 정보관리 수행으로 옳은 것은?

① 반려견의 놀이 관찰일지를 중심적으로 수행한다.
② 반려견 보호자의 특성과 성향을 고려하여 수행한다.
③ 반려견의 의사를 적극 수립하여 수행한다.
④ 관찰일지를 중심으로 훈련사의 의견을 그대로 수행한다.

해설 ② 반려견의 특성, 성향을 고려하여 수행한다.
　　　③ 반려견 보호자의 의견을 적극 수립하여 수행한다.
　　　④ 반려견 관찰일지를 중심으로 보호자와의 상담을 통해 편견 없이 수행한다.

12 다음 반려견에 대한 서비스 제공 수행으로 옳은 것은?

① 보호자와 기관의 상황에 맞추어 반려견 교육을 실시한다.
② 실내외의 환경을 보호자의 특성과 성향에 맞추어 운영한다.
③ 반려견 보호자의 심화교육을 통하여 운영을 개선해 나간다.
④ 가정과 기관이 협력하여 연계학습이 이루어질 수 있도록 운영한다.

해설 ① 보호자와 기관의 상황에 맞추어 보호자 교육을 실시한다.
　　　② 실내외의 환경을 반려견의 성향 및 특성에 맞추어 구성하여 운영한다.
　　　③ 훈련사의 심화교육을 통하여 운영을 개선해 나간다.

13 다음에서 반려견의 차량 이동 시 수행 순서로 옳은 것은?

> ㄱ. 반려견의 차량 탑승 후에는 반드시 이동장의 잠금장치를 확인한다.
> ㄴ. 반려견을 이동할 때는 먼저 탑승한 견을 순서대로 배치한다.
> ㄷ. 실내에서 실외로 이동할 때는 반드시 이동장을 통하여 해야 한다.
> ㄹ. 반려견 인수·인계할 때는 보호자 대면 하에 반려견의 이상 유무를 확인한다.
> ㅁ. 반려견 보호자와 인수인계 시에는 반드시 보호자가 직접 이동장을 개폐해야 한다.

① ㄱ - ㅁ - ㄷ - ㄹ - ㄴ
② ㄴ - ㄱ - ㄷ - ㄹ - ㅁ
③ ㄷ - ㄹ - ㅁ - ㄱ - ㄴ
④ ㄹ - ㄱ - ㅁ - ㄴ - ㄷ

해설 반려견의 차량 이동 시 수행 순서
1. 실내에서 실외로 이동할 때는 반드시 이동장을 통하여 해야 한다.
2. 반려견 인수·인계할 때는 보호자 대면 하에 반려견의 이상 유무를 확인한다.
3. 반려견 보호자와 인수인계 시에는 반드시 보호자가 직접 이동장을 개폐해야 한다.
4. 반려견의 차량 탑승 후에는 반드시 이동장의 잠금장치를 확인한다.
5. 반려견을 이동할 때는 먼저 탑승한 견을 순서대로 배치한다.

14 반려견 훈련소의 훈련교육 수행으로 옳지 않은 것은?

① 반려견 훈련소는 문제행동 교정, 체계적 둔감화 적응 교육 등을 한다.
② 반려견의 보호자 교육을 통하여 반려견의 문제행동 교정을 개선시킬 수 있다.
③ 반려견 숙박서비스를 제공하며 반려인의 사정에 따라 시간제로도 운영된다.
④ 반려견의 체계적 둔감화 적응 교육으로 반려견이 사회에 적응하도록 개선시킬 수 있다.

해설 반려견 유치원·호텔의 위탁서비스이다.

15 다음 중 반려견과 반려견 보호자에 대한 정보로 옳지 않은 것은?

① 반려견의 품종
② 보호자의 애착물건
③ 보호자의 비상연락망
④ 보호자의 개인정보동의서

해설 애착물건은 반려견에 대한 정보이다.

16 위탁서비스 운영 시의 안전·유의사항으로 옳지 않은 것은?

① 기초 미용 지식과 도구의 사용방법을 숙지해야 한다.
② 반려견 보호자와 반려견의 개인정보를 DB화하여 관리해야 한다.
③ 반려견을 빗질을 할 때는 피모와 피부 상태에 따라 찰과상에 유의한다.
④ 도주 우려가 있는 반려견은 산책 시 하네스나 목줄을 선택하여 사용해야 한다.

해설 반려견 산책 시 도주 우려가 있는 반려견은 하네스와 목줄을 병행하여 사용할 수 있다.

17 위탁서비스 종료 후 인계사항으로 옳지 않은 것은?

① 귀가 후 반려견 보호자가 반복훈련 연습을 할 수 있도록 피드백을 준다.
② 반려견이 배변할 때 소변의 색과 대변의 응집도를 확인해야 한다.
③ 퇴소 후에 반려견의 문제 행동을 강화할 수 있도록 사후관리법을 알려준다.
④ 반려견에게 투약해야 할 경우 스스로 먹을 수 있도록 간식을 이용하여 투약한다.

해설 퇴소 후에도 반려견의 문제 행동이 완화될 수 있도록 사후관리 방법을 알려준다.

18 반려견 미용시설 기준에 대한 것으로 옳은 것은?

① 미용 작업실, 동물대기실 및 고객응대실은 공동으로 이용할 수 있다.
② 미용작업실은 미용을 위한 최소의 공간만을 유지한다.
③ 자동차등록증의 차량용도를 반려동물의 이동 미용 용도로 표시한 경우에는 미용대기실로 본다.
④ 소독기와 자외선 살균기 등 미용기구를 소독하는 장비를 갖춰야 한다.

해설 ① 미용 작업실, 동물대기실 및 고객응대실은 분리 또는 구획되어야 한다.
② 미용작업실은 미용을 위한 충분한 작업 공간을 확보해야 한다.
③ 자동차등록증의 차량용도를 반려동물의 이동 미용 용도로 표시한 경우 영업장으로 본다.

19 반려견 유치원 · 호텔의 안전한 생활 기본수칙에 해당하는 것은?

① 반려견의 몸을 청결하게 유지한다.
② 반려견이 건강하고 일상생활을 유지할 수 있게 한다.
③ 반려견의 위험한 상황에 맞춰 적절하게 반응한다.
④ 반려견의 상태에 따라 사료를 선택하여 즐겁게 먹을 수 있게 한다.

해설 ① · ② · ④ 반려견의 건강한 생활 기본수칙이다.

20 반려견 유치원 · 호텔에서 일일계획서를 작성할 때 출근해서 하는 일이 아닌 것은?

① 켄넬 안을 확인한 후에 창문을 열고 청소한다.
② 반려견의 대소변을 확인한다.
③ 픽업하는 반려견의 컨디션 및 상태를 확인한다.
④ 놀이방 안과 공기청정기 이상 유무를 확인한다.

해설 반려견 일일계획서 작성 중 차량에서의 확인 내용이다.

CHAPTER 06 사후관리 및 보호자 민원 대응

1 반려견 교육 종료 후 사후관리

(1) 일반적인 사후관리
① 반려견 보호자와의 소통을 통해 반려견의 문제 행동 교정을 잘 수행하고 있는지 확인하고 반려견 보호자와 유대감을 형성한다.
② 사후관리 방법은 반려견 보호자에게 정기적으로 전화, 이메일, 소식지, 작은 선물로 고객에게 다가가며, 반려견 보호자와의 신뢰감 형성을 할 수 있다.
③ 반려견이 기관에서 학습한 변화된 문제행동·교육·훈련이 잘 수행하고 있는지 확인함으로써 퇴소 후에도 반려견 보호자에게 충분한 만족감을 주고 기관과의 신뢰감을 형성한다.
④ 반려견 보호자에게 지자체나 정부에서 개최하는 반려견에 관한 행정 소식, 행사 일정소식을 볼 수 있게 지속적으로 앱, 전화, 메시지 등을 통해 서비스를 제공한다.

(2) 위탁기관의 사후관리
① 위탁기관은 반려견 교육이 종료된 후 반려견의 교육, 훈련 등이 잘 진행되고 있는지 보호자에게 먼저 연락을 취함으로써 사후관리를 할 수 있다.
② 위탁기관은 반려견 보호자에게 반려견의 안부와 반려견의 변화된 모습을 묻고, 또 다른 문제점이 발생했는지 확인해야 한다.
③ 위탁기관별 사후관리(유치원, 호텔, 훈련소 등)
  ㉠ 반려견 보호자에게 반려견이 문제없이 잘 지내고 있는지 안부 전화나 메시지 등을 보낸다.
  ㉡ 교육이 종료된 후 가정에서 교육을 반복하여 반려견이 변할 수 있도록 반려견 보호자가 해야 할 역할에 대하여 설명한다.
  ㉢ 유치원, 호텔, 훈련소의 교육이 종료된 후 반려견 보호자들에게 기존의 행동 변화와 관찰일지를 통해 현재 반려견의 상태 유지를 위한 피드백을 준다.
  ㉣ 반려견에게 문제가 있다면 어떤 문제가 있는지 보호자에게 물어보고 사후 재입소를 고려하여 참고사항으로 기록한다.
  ㉤ 반려견에게 앞으로 생길 문제들이 예상된다면 사전 관찰일지나 기록 등을 바탕으로 보호자에게 설명한다.
  ㉥ 기존의 관찰일지나 기록을 토대로 반려견 행동 문제가 반려견 보호자에게 있다고 생각되면 보호자에게 재입소하여 반려견과 함께 교육을 받기를 권한다.
  ㉦ 문제가 없다면 변화된 행동들이 더 좋아지고 유지될 수 있도록 주기적으로 방문 및 상담을 통하여 기관에 대한 신뢰감을 형성한다.

◎ 반려견 보호자가 반려견 교육에 대해 흡족하게 만족을 하고 있다면 반려견이 더 좋은 서비스를 받을 수 있는 업그레이드된 프로그램을 제시하여, 설명하고 동참하기를 권한다.

2 반려견 문제 사항에 대한 사후관리

(1) 반려견 문제 사항의 원인 분석

① 위탁서비스 교육에서 이수한 내용들을 반려견 보호자가 반복 실행하고 있는지 확인한다.
② 반려견 사후관리 리스트 체크 목록을 꼼꼼히 체크한다.

반려견 사후관리리스트	년/ 월/ 일	
반려견명 :	품종 :	중성화 유무 :
나이 :	성별 :	특이사항 :

구 분	사 전	사 후
반려견 스트레스	많이 짖는다.	보호자의 잘못된 방식으로 문제 행동을 인지하여 기관에서는 경계선, 규칙, 사회화 교육을 통해 짖음이 개선됨
운동량 부족	현재 비만으로 식사량 조절이 필요하다.	기관에서는 꾸준한 운동과 식사량 조절로 체중조절 관리에 효과를 봄
예절교육	친구들에게 마운팅을 한다.	기관에서는 놀이와 운동을 통해 마운팅 횟수가 줄어들고 개선됨
복종훈련	앉아, 손 기본훈련 등이 필요하다.	기관에서는 문제 행동을 일으키지 않도록 '앉아', '손' 등의 기본훈련을 하여 긍정적인 행동에 대해 인지를 시킴
문제행동	보호자와의 과한 집착을 한다.	기관에서는 보호자로부터 반려견에게 신뢰관계를 쌓게하여 보호자와의 집착을 개선함
요구사항	입마개 적응 훈련을 요청한다.	기관에서는 입마개를 하고 산책이 가능하도록 함

(2) 반려견 문제의 정확한 설명

① 반려견 문제 사항의 원인분석으로 보호자와의 반려견의 사이에 충분한 애정, 애착의 관리 시간이 있었는지 확인한다.
② 반려견의 신체에 이상 유무가 있는지 반려견 보호자에게 확인한다.
③ 반려견의 문제 행동 등이 교육이나 훈련이 미흡하기 때문에 발생한 것이라고 판단될 때 반려견 보호자와 상의하여 적절한 해결 보상이 이루어지도록 한다.

(3) 반려견 문제의 해결방안 수행

① 반려견 문제 상황의 원인을 분석하여 반려견 보호자와 기관과의 상담을 통해 해결방안을 모색한다.
② 반려견 보호자가 여건상 반려견을 충분히 관리할 시간이 부족하다고 느끼면 유치원 입소를 권한다.
③ 반려견의 몸에 이상이 발생하였을 경우에는 동물병원에 내원하도록 권한다.
④ 반려견의 환경, 성향, 성격 등에서 문제 행동의 개선 여지가 미흡하다고 생각하는 반려견 보호자에게는 반려견의 재입소를 권한다.

반려견 서비스 실무리스트

년/ 월/ 일(요일)	내 용	시 간
문제점	산책 시 낯선 사람을 보고 도망가면서 짖는다.	am : 10~11
대책 강구	외출의 횟수를 늘려본다.	
방법 제시	낯선 사람에게 스킨십이나 간식을 주게 해서 낯선 사람에 대한 두려움을 없애준다.	
실행/감사 마무리	익숙한 환경에서 훈련사에게 교육을 받고 실행에 옮기며 훈련사에게 피드백을 받는다.	

⑤ 반려견 재입소 시에는 반려견 보호자가 강사의 지시에 따라 충분히 선행학습을 할 수 있게 한다.
⑥ 반려견 문제 행동이라 생각하는 것은 반려견 보호자의 주관적 판단에 의하여 얼마든지 달라질 수 있기 때문에 교육 시 객관적 사실에 의한 반려견의 문제 행동 패턴을 점검한다.
⑦ 반려견 행동의 문제가 어디서부터 시작했고 해결 방안은 어떻게 해야 하는지를 반려견 보호자가 충분히 이해하고 만족할 수 있도록 서비스를 제공한다.

3 반려견 보호자에 대한 사후관리

(1) 계약 종료 후 보호자의 불만과 문제점에 대한 사후관리

① 반려견 보호자가 불만이나 문제점 제기 시 대처방법
   ㉠ 보호자가 불만을 제시할 경우 훈련사는 주인의식을 가지고 대처한다.
      예 "○○보호자님. 교육이 불만족이셨나요?",
      예 "훈련사님. ○○ 교육을 받았는데 집에서 ○○을 하지 못하는 것 같나요?"
      예 "○○보호자님, ○○ 교육은 ○○해본 후 ○○이나, ○○해 보는 것이 좋을 것 같습니다."
   ㉡ 반려견 보호자가 문제점을 제시할 경우 '역지사지'의 태도로 생각한다.
      예 "훈련사님, ○○교육은 ○○을 해주셔야 할 것 같은데요."
      예 "○○ 보호자님, ○○합니다. ○○교육은 저희 기관에서 ○○하겠습니다."
      예 "○○ 보호자님, 더 도와드릴 부분이 있을까요?"
   ㉢ 반려견 보호자를 우선 배려하고 부드럽고 정확한 발음으로 응대한다.
      예 "○○ 보호자님, 더 궁금하신 점은 없으세요?"
      예 "○○ 보호자님, 불편하시거나, 궁금하신 내용이 있으시면 언제든지 연락주세요."
② 보호자를 대상으로 기관의 일정, 행정소식, 정보, 해피콜 등 사후관리 수행
   ㉠ 반려견 보호자에게 전화나 메시지를 통하여 안부를 묻는다
      예 "○○ 보호자님, ○○유치원입니다. ○○ 날씨에 건강관리 잘하시고 즐거운 ○○요일 되시기 바랍니다. 궁금한 사항이 있으시면 언제든지 연락주시면 답변해 드리겠습니다. 감사합니다."
   ㉡ 2차, 3차 교육에 관한 내용을 메시지, 메일, 앱 등으로 전달한다.
      예 "○○ 보호자님, ○○입니다. ○○에서 1차 교육받고 ○○이는 개선이 되었나요? 저희 ○○기관에서의 1차 ○○교육에 대한 피드백과 2차 ○○교육이 이루어지고 2차 교육 후 3차 학습에는○○

교육이 이루어집니다. 저희 ○○기관은 우리 아이들에게 눈높이를 맞추어 수업을 진행하며, 반려견들을 사랑으로 교육하는 ○○기관입니다. 앞으로도 많은 관심 부탁드립니다. 감사합니다. ○○ 드림."

ⓒ 반려견에 대한 투약시기, 생일, 보충학습 정보를 전달한다.

예 "안녕하세요. ○○ 보호자님, ○○입니다. ○○이의 생일을 진심으로 축하합니다. 저희 ○○기관에서 ○○이에 생일을 맞이하여 작은 선물을 보내드립니다."

예 "안녕하세요. ○○ 보호자님, ○○ 입니다. ○○이는 여전히 건강하고 씩씩하고 잘 지내고 있나요? ○○ 이에 문제행동들은 개선이 되었는지요? 궁금하신 사항들이 있으시면 언제든 연락주세요. ○○ 보호자님께서도 늘 건강하시고 ○○이와 행복하세요. ○○ 유치원 드림."

ⓔ 기관의 일정에 맞추어 각종 프로그램, 반려견 보호자 교육 등 각종 행사를 진행할 수 있다.

(2) 기관에서 해피콜(전화)를 할 때의 정보를 전달

① 반려견 보호자 응대의 언어적 소통 수행
  ㉠ 반려견 보호자(고객)에게 정확한 발음, 말 줄임, 말 속도, 억양으로 상냥하고 예의 있는 표현으로 응대하는 것을 말한다.
  ㉡ 반려견 보호자 응대의 언어적 소통에는 칭찬 화법, 긍정 화법, 쿠션 화법, 청유형 화법, 전달 화법, 아론슨 화법, 신뢰 화법, 전화 화법 등이 있다.

② 보호자에 대한 올바른 전화 응대
  ㉠ 전화는 얼굴을 마주하지 않은 상태에서 대화를 하기 때문에 상태의 표정, 동작, 태도를 알 수 없으므로 신중하고 예의바르게 전화 응대를 해야 한다.
  ㉡ 반려견 보호자 응대 전화 메모 : 전화 받은 시간, 받은 사람, 발신자(반려견 보호자), 수신자(위탁기관 담당자), 용건, 통화결과, 연락처 등을 기입한다.

(3) 관련 행사나 일정의 소식 서비스

① 사계절에 맞추어 반려견 보호자에게 각종 행사나 세미나 정보를 제공한다.
② 시기별로 전람회 및 박람회, 스포츠 행사 등의 일정을 해피콜이나 알림 서비스 등으로 제공하며, 분기별로 이루어지는 지역행사나 보호자 참여 프로그램 등도 안내한다.
③ 반려견 보호자가 연접해 있는 시·군에서 열리는 반려견 보호자교육 세미나 행사 프로그램이나, 기관이나 반려견 단체에서 개최하는 교육 참여 프로그램을 제공하기도 한다.
④ 반려견 보호자가 필요로 하는 정보나 내용에 관하여 프로그램 행사가 있을 시 해피콜, 알림 서비스 등을 제공한다. 그외 반려견의 인적사항과 품종, 특성에 따른 프로그램 등도 제공한다.

⑤ 반려견 행사 일정 소식 알림 서비스 활용

문자 서비스	안녕하세요. ○○보호자님 ○○월요일 아침입니다. 우리 ○○기관에서는 1. ○년 ○월 ○일 요일 2. ○시 3. ○○장소 ○○님이 오셔서 반려견에 대한 상식과 반려견 건강식, 반려견 응급처치, 반려견 행동교정 교육을 개최합니다. ○○보호자님과 행복한 시간이 되었으면 합니다. 참석 여부를 알려주시면 감사하겠습니다. ○○드림.
앱 서비스	안녕하세요. ○○보호자님 ○○월요일 아침입니다. 우리 ○○기관에서는 ○○님 관심과 사랑으로 서비스의 질을 향상시키기 위해 노력하고 있습니다. 보다 편리하고 빠른 서비스의 혜택을 원하시면 앱을 통하여 보호자교육, 박람회, 스포츠 행사, 기관의 연간, 월간, 주간 프로그램 서비스를 받으실 수 있습니다. 감사합니다. ○○드림.

4 보호자 민원 대응

(1) 민원 대응 매뉴얼 개발

① 반려견 보호자의 민원 유형 파악

㉠ 보호자의 성향과 상황을 파악한다.

더알아보기 반려견 보호자 민원 유형

고 객	유 형
잠재 반려견 보호자	앞으로 이용 가능성이 있거나 높은 반려견 보호자
신규 반려견 보호자	서비스를 최초로 이용한 반려견 보호자
일반 반려견 보호자	이용 빈도가 낮고, 다른 곳으로 서비스를 변경할 가능성이 있는 반려견 보호자
VIP 반려견 보호자	지속해서 기관과의 신뢰를 형성하며, 우호적인 반려견 보호자
불량 반려견 보호자	소비자보호법을 악용하여 제품(반려견 샴푸 등)을 이용해 보고 상습적으로 반품하는 고객(블랙 컨슈머)
직접 반려견 보호자	서비스에 직접 참여하여 지속해서 기관과의 신뢰를 형성하며, 우호적인 태도를 보이는 반려견 보호자
간접 반려견 보호자	최종 소비를 하는 반려견 보호자
의사결정 반려견 보호자	직접 반려견 보호자의 선택에 큰 영향을 미치거나 지불은 하지 않는 반려견 보호자

㉡ 보호자 의견을 존중하며 정확한 발음, 말 줄임, 말의 속도 등 예의 있게 민원에 대응한다.

> **더알아보기** 반려견 보호자 시 응대 올바른 용어 활용 예시

바람직하지 않은 용어	바람직한 용어
나는 ○○ 이렇게 생각합니다.	저는 ○○ 이렇게 생각합니다.
우리 ○○	저희 ○○
좀 기다려 주시겠어요.	잠시만 기다려 주시겠어요.
전화 주세요.	전화 부탁드리겠습니다.
모르겠어요.	제가 인지하지 못한 것 같습니다.
들어오면	들어오시면
자리에 없어서	자리를 비우셔서
무슨 일이신가요?	무슨 용건이 있으신가요?
또 오세요.	다시 방문해 주세요.

　　ⓒ 보호자와 소통이 가능하다는 것을 인지하면 민원으로 인한 갈등을 최소화할 수 있다.
② 반려견 보호자의 성향과 상황
　　㉠ 민원을 제기하였을 때 보호자의 감정이 상하지 않게 감정 조절을 한다.
　　㉡ 불편한 감정과 상황에 맞게 양해를 구한다.
　　㉢ 보호자의 입장에서 공감하고 경청한다.
　　㉣ 민원을 파악한 후 민원에 맞는 방법을 제시한다.
　　㉤ 민원에 대한 해결점을 찾았다면 사과와 감사의 인사로 마무리한다.
　　㉥ 불만이 많은 보호자의 성향과 상황에 따른 수행
　　　• 반려견 보호자가 민원을 제기하였을 경우에는 반려견 보호자의 감정이 상하지 않게 감정조절을 한다.
　　　　예 "○○ 보호자님, 진정하시고 다시 말씀해 주시겠어요. 제가 이해를 못 했습니다."
　　　• 반려견 보호자의 불편한 감정과 상황에 맞도록 양해를 구한다.
　　　　예 "○○ 보호자님, 불편하게 해드려서 죄송합니다. 빠른 조치를 취하겠습니다."
　　　• 반려견 보호자가 제시한 민원을 반려견 보호자의 입장에서 생각해보고 들어준다.
　　　　예 "○○ 보호자님, 네… 속상하셨죠. 저희가 ○○이에 대하여 다시 살펴보겠습니다."
　　　• 반려견 보호자의 민원을 파악 후 민원에 맞는 방법을 제시한다.
　　　　예 "○○ 보호자님, ○○이의 ○○점이 미흡하다고 느끼시는 거죠? 말씀해 주셔서 감사합니다. ○○님과 상의하고 ○○이를 관찰하여 ○○ 교육을 병행하겠습니다."
　　　• 반려견 보호자가 민원에 대한 해결점을 찾았다면 사과와 감사의 인사로 마무리한다.
　　　　예 "○○ 보호자님, ○○기관과 가족이 되어 주셔서 감사합니다."

(2) 반려견 보호자 매뉴얼 의거 대응

① 반려견 보호자의 MOT 사이클

반려견 보호자가 처음 시점부터 서비스가 마무리되는 시점까지의 모든 과정을 보여주는 과정을 나타내는 도구이다.

㉠ 기관을 방문하는 반려견 보호자들의 이동 경로를 점검하여 분석한다.

㉡ 기관을 처음 방문하는 반려견 보호자가 갖게 되는 인상과 느낌에 대해서 점검하고 반려견 보호자의 입장에서 보완하고 모색한다.

㉢ 반려견 보호자가 요구하는 것을 제공하여 분석하고 실행한다.

㉣ ㉢에서 재검토해야 하는 부분이 없는지 재조사하고 반려견 보호자가 만족할 때까지 섬세하게 관리하여 점검한다.

㉤ 반려견 보호자 MOT 사이클 관리표 활용 사례

반려견 보호자 응대 상황	
반려견 보호자	"안녕하세요? ㅇㅇ이 상담을 받으려고 하는데요."
상담사	• "반갑습니다(눈을 마주하며 환한 미소로 응대한다)." • "상담실로 안내해 드리겠습니다(반려견 보호자의 말을 경청한다)."
반려견 보호자 배웅 상황	
반려견 보호자	"우리 ㅇㅇ 잘 부탁합니다."
상담사	• "ㅇㅇ 보호자님이 말씀하신 대로 문제행동을 교정하고 눈높이에 맞추어 교육하겠습니다." • "사랑과 신뢰로 교육하는 ㅇㅇ 기관이 되겠습니다. 감사합니다."

더알아보기 반려견 보호자 MOT 사이클 활용 예시

① 반려견 보호자의 민원에 대응하기 위해 전화를 거는데, 반려견 보호자가 기관·매장에 들어올 때
② 반려견 보호자가 직원과 시선을 마주할 때
③ 반려견 보호자에게 환한 표정으로 인사할 때
④ 반려견 보호자가 직원에게 민원을 상담할 때
⑤ 반려견 보호자가 대기 시 다과를 줄 때
⑥ 반려견 보호자가 상담실로 이동할 때
⑦ 반려견 보호자의 민원을 경청할 때
⑧ 반려견 보호자의 민원 원인을 파악할 때
⑨ 반려견 보호자의 민원 대책을 수립할 때
⑩ 반려견 보호자의 민원 대책이 수립되었을 때
⑪ 반려견 보호자의 민원이 해결된 후 고객과 신뢰를 형성할 때
⑫ 반려견 보호자에게 사과와 감사의 인사로 민원 처리가 마무리되었을 때
⑬ 반려견 보호자를 배웅할 때

② 반려견 보호자의 MPT 기법
불만을 해결해 줄 수 있는 사람을 찾고, 장소를 이동하여 시간적 여유와 변화를 주어 효과를 볼 수 있는 기법이다.

Man(사람)	고객이 흥분을 많이 한 상태이거나, 여러 번 말하기 번거로움을 느끼는 고객일 경우 계속 응대하는 것보다는 경험이 많은 책임자가 나서서 응대한다. 예 "여기 책임자 나오라고 그래!"
Place(장소)	공적인 공간에서 고객이 큰소리로 불만을 호소할 때는 다른 고객이 불편함이 없도록 고객을 공적인 공간보다는 편안함을 느낄 수 있는 장소로 이동시킨다. 예 "고객님 진정하시고, 천천히 저에게 다시 말씀해 주시겠어요."
Time(시간)	흥분한 고객에게 고객의 불만 해결이 어느 정도 소요되는지 안내한다. 예 "여기서 잠시만 기다려 주시면 바로 알아보겠습니다(고객에게 음료를 대접한다)."

(3) 반려견 보호자 특수 고객 관리

① 특수 고객의 유형
  ㉠ 악성 고객 : 수용하기 힘든 요구를 하며 모욕감, 수치심, 정신적인 피해를 끼치는 고객이다.
  ㉡ 불만 고객 : 교환이나, 환불, 서비스 대처를 원하며, 악성 고객에 비하면 긍정적인 고객이다.

② 특수 고객 관리 방법
  ㉠ 반려견 보호자의 기대 : 반려견 보호자는 신속한 문제 해결을 원하므로 고객에게 적극적이고 열정적인 모습을 보여야 한다.
  ㉡ 반려견 보호자의 불만 : 직원들의 반려견 보호자 응대 과정에서 직원의 불친절, 업무처리 미숙, 책임회피 등이 발생하지 않도록 노력해야 한다.
  ㉢ 문제해결 : 반려견 보호자는 신속한 문제해결을 원하므로 고객에게 적극적이고 열정적인 모습을 보여야 한다.
  ㉣ 보상과 마무리 : 반려견 보호자들에게 물질적, 심리적으로 보상을 해주어야 하며 긍정적으로 응대한다.

③ 반려견 보호자 특수 고객 관리 활용 예시

대면 폭언	• 정중하고 단호한 어조로 중지요청 • 녹음/녹화 안내 • 폭력/협박 관련 법규 위반 안내 • 보안요원 호출 • 응대 종료 안내 • 증거자료와 함께 상부에 보고하고 전 직원들과 정보 공유
전화 폭언	• 정중하고 단호한 어조로 중지요청 • 녹음 안내 • 폭력/협박 관련 법규 위반 안내 • 응대 종료 안내 • 증거자료와 함께 상부에 보고하고 전 직원들과 정보 공유
성희롱	• 정중하고 단호한 어조로 중지요청 • 녹음/녹화 안내 • 성희롱 관련 법규 위반 안내 • 보안요원 호출 • 응대 종료 안내 • 증거자료와 함께 상부에 보고하고 전 직원들과 정보 공유

(4) 민원 처리 후 정리

① 반려견 보호자 스크립트 작성

　㉠ 반려견 보호자 스크립트를 개발하여 고객에 대한 철저한 분석과 함께 실전에서 발생할 수 있는 상황을 분석하고 직원들의 실수를 줄일 수 있다.

　㉡ 고객 관리 스크립트 활용 사례

첫인사	반갑습니다! ○○훈련사 ○○입니다. 무엇을 도와드릴까요?
반려견 보호자/반려견 정보 확인	저희 ○○에서 교육받으신 적이 있으신가요? 괜찮으시다면 정보 확인을 도와드리겠습니다. • 회원 : 반려견 보호자 정보를 확인한다. • 비회원 : 반려견 보호자 정보를 동의하에 등록한다.
유치원/호텔/훈련소/미용	○○에서는 유치원/호텔/훈련소/미용 서비스를 운영하고 있습니다. 예약해 드리겠습니다.
결제 수단(현금/카드)	예, 감사합니다. 결제는 카드와 현금결제가 가능합니다. 어떤 것으로 도와드릴까요?
온라인 입금 계좌	온라인 결제를 원하시면 계좌번호를 안내해 드리겠습니다.
문의 확인/종료 인사	○○을 이용해 주셔서 감사합니다. 날씨가 ○○입니다. ○○ 주의하시고 ○○하는 ○○이 되겠습니다.

② 직원 인권 보호 : 국민의 모든 자유와 권리는 국가안전보장·질서유지 또는 공공복리를 위해 필요한 때에만 법률로써 제한할 수 있으며, 제한하는 경우에도 자유와 권리의 본질적인 내용을 침해할 수 없다(헌법 제37조 제2항). 직원의 정신적 건강과 인권 보호를 위해 기본권을 보장해야 한다.

③ 기관의 만족도 향상 방안

　㉠ 반려견 보호자들의 민원 처리 전후로 직원들은 스트레스를 받는다. 기관에서는 직원들에게 질책보다는 격려와 칭찬을 한다.

　㉡ 대응 매뉴얼을 기준으로 민원 처리를 하는 과정이나, 민원 처리 후 직원들을 압박하는 것보다는 대응 매뉴얼을 수정 및 보완하여 대응하는 방법을 알 수 있도록 한다.

　㉢ 적합한 교육 : 수정 및 보완된 대응 매뉴얼을 가지고 직원들을 교육하여 반려견 보호자가 만족할 수 있도록 민원 처리를 하고 이수 교육을 실시한다.

　㉣ 긍정적인 팀 : 민원이 발생했을 때 직원 개인이 해결하는 것이 아니고 기관과 함께 해결 방법을 찾고 긍정적으로 대처를 한다.

　㉤ 보상 : 기관은 직원들에게 자긍심을 향상하기 위한 복지와 칭찬, 격려 등을 아끼지 않는다.

④ 반려견 보호자의 민원 처리 결과표로 기관과 직원이 공유하여 수정 및 보완을 하고 민원 대응에 수행한다.

CHAPTER

06 실전예상문제

PART 5 보호자 교육 및 상담

01 반려견의 교육 종료 후 위탁기관별 사후관리로 옳지 않은 것은?

① 보호자에게 반려견이 잘 지내고 있는지 안부 전화나 메시지 등을 보낸다.
② 가정에서 교육의 반복으로 반려견이 변할 수 있도록 반려견 보호자가 해야 할 역할을 설명한다.
③ 교육이 종료된 후 반려견 관찰일지를 통해 현재 반려견 보호자의 상태 유지를 위한 피드백을 준다.
④ 반려견의 문제를 보호자에게 물어보고 사후 재입소를 고려하여 참고사항으로 기록한다.

해설 유치원, 호텔, 훈련소의 교육이 종료된 후 반려견 보호자들에게 기존의 행동 변화와 관찰 일지를 통해 현재 반려견의 상태 유지를 위한 피드백을 준다.

02 사후관리 체크리스트 목록에서 반려견이 스트레스 받을 때 일반적인 사전 행동으로 옳은 은?

① 많이 짖는다.
② 친구들에게 마운팅을 한다.
③ 보호자와의 과한 집착을 한다.
④ 식사량 조절이 필요하다.

해설 체크리스트 목록에서 반려견이 스트레스를 받을 때 많이 짖게 된다.

03 반려견 사후관리 리스트 체크 목록에 들어가지 않는 것은?

① 품 종
② 기 질
③ 중성화 유무
④ 특이사항

해설 반려견 사후관리 리스트 체크 목록에는 날짜(년 · 월 · 일), 견명, 품종, 중성화 유무, 나이, 성별, 특이사항 등이 있다.

정답 01 ③ 02 ① 03 ②

04 '앉아', '손' 등의 기본훈련이 필요한 사후관리 체크리스트 훈련은?

① 운동량 부족 훈련
② 예절훈련
③ 복종훈련
④ 요구사항 훈련

해설 복종훈련에서 사후에 기관에서는 문제 행동을 일으키지 않도록 '앉아', '손' 등의 기본훈련을 하여 긍정적인 행동에 대해 인지를 시킨다.

05 반려견의 문제 행동에 대한 보호자 확인이 필요하지 않은 것은?

① 반려견의 훈련 미흡
② 반려견의 신체 이상 유무
③ 반려견에 대한 애착의 관리
④ 반려견과의 충분한 애정 유무

해설 반려견 문제 행동이 교육이나 훈련 미흡으로 발생한 것은 보호자와의 상의를 통하여 이루어져야 할 보상이다.

06 반려견 문제의 해결방안 수행으로 적절하지 않은 것은?

① 반려견 신체의 이상이 발생하면 동물병원을 내원한다.
② 반려견을 충분히 관리할 시간 부족하다고 느끼면 유치원 입소를 권한다.
③ 반려견 환경에서 문제행동의 개선의 여지가 충분하다고 생각하는 보호자는 반려견의 재입소를 권한다.
④ 반려견 재입소 시에는 반려견 보호자가 강사의 지시에 따라 충분히 선행학습을 할 수 있게 한다.

해설 반려견의 문제 행동의 개선 여지가 미흡하다고 생각하는 반려견 보호자에게는 반려견의 재입소를 권한다.

07 반려견 보호자가 불만이나 문제점 제기 시 대처방법이 아닌 것은?

① "○○보호자님, 교육이 불만족이셨나요?",
② "○○ 보호자님, ○○ 날씨에 건강관리 잘하시고 즐거운 ○○요일 되시기 바랍니다.
③ "훈련사님, ○○ 교육을 받았는데 집에서 ○○을 하지 못하는 것 같나요?"
④ "○○보호자님, ○○ 교육은 ○○해본 후 ○○이나, ○○해 보는 것이 좋을 것 같습니다."

해설 보호자를 대상으로 기관의 일정, 행정소식, 정보, 해피콜 등 사후관리 수행하는 방법이다.

08 반려견 보호자 응대의 언어적 소통 수행 방법이 아닌 것은?

① 친절한 미소
② 말의 속도
③ 정확한 발음
④ 상냥하고 예의 있는 표현

해설 반려견 보호자 응대의 언어적 소통 수행에는 정확한 발음, 말 줄임, 말 속도, 억양으로 상냥하고 예의 있는 표현으로 응대하는 것을 말한다.

09 반려견 행사 일정 소식 문자 서비스로 확인하지 않는 것은?

① 장소
② 시간
③ 교육 내용
④ 앱 관리

해설 문자 서비스로는 인사말, 시간, 장소, 연월일, 참석 여부 등을 확인할 수 있다.

10 반려견 보호자 민원 유형의 연결이 바른 것은?

① 일반 반려견 보호자 – 서비스를 최초로 이용한 반려견 보호자
② 잠재 반려견 보호자 – 최종 소비를 하는 반려견 보호자
③ 간접 반려견 보호자 – 서비스를 최초로 이용한 반려견 보호자
④ VIP 반려견 보호자 – 지속해서 기관과의 신뢰를 형성하며, 우호적인 반려견 보호자

해설 ① 일반 반려견 보호자 – 이용 빈도가 낮고, 다른 곳으로 서비스를 변경할 가능성이 있는 반려견 보호자
② 잠재 반려견 보호자 – 앞으로 이용 가능성이 있거나 높은 반려견 보호자
③ 간접 반려견 보호자 – 최종 소비를 하는 반려견 보호자

정답 07 ② 08 ① 09 ④ 10 ④

11 반려견 보호자 응대 시에 올바른 용어 활용 예시가 바르게 연결된 것은?

	바람직하지 않은 용어	바람직한 용어
①	전화 부탁드리겠습니다.	전화 주세요.
②	제가 인지하지 못한 것 같습니다.	모르겠어요.
③	무슨 일이신가요?	무슨 용건이 있으신가요?
④	다시 방문해 주세요.	또 오세요.

해설 ① 전화 주세요. → 전화 부탁드리겠습니다.
② 모르겠어요. → 제가 인지하지 못한 것 같습니다.
④ 또 오세요. → 다시 방문해 주세요.

12 반려견 보호자의 성향과 상황에 맞는 매뉴얼 대응은?

① 보호자의 입장에서 공감하고 경청한다.
② 민원에 대한 불편한 감정과 상황을 그대로 표현한다.
③ 민원의 해결점을 찾았다면 즉시 보호자에게 반박한다.
④ 민원을 제기하였을 때 자신의 감정이 상하지 않게 감정조절한다.

해설 ② 민원에 대한 불편한 감정과 상황에 맞게 양해를 구한다.
③ 민원의 해결점을 찾았다면 사과와 감사의 인사로 마무리한다.
④ 민원을 제기하였을 때 보호자의 감정이 상하지 않게 감정조절을 한다.

13 반려견 보호자가 민원의 해결점을 찾았을 때 사과와 감사의 인사말로 가장 옳은 것은?

① "○○님과 상의하고 ○○이를 관찰하여 ○○ 교육을 병행하겠습니다."
② "○○ 보호자님 ○○기관과 가족이 되어 주셔서 감사합니다"
③ "○○ 보호자님, 불편하게 해드려서 죄송합니다. 빠른 조치를 취하겠습니다."
④ "○○ 보호자님, 진정하시고 다시 말씀해 주시겠어요. 제가 이해를 못 했습니다."

해설 ① 반려견 보호자의 민원을 파악한 후 민원에 맞는 방법을 제시할 때
③ 반려견 보호자의 불편한 감정과 상황에 맞도록 양해를 구할 때
④ 반려견 보호자가 민원을 제기할 경우 반려견 보호자의 감정이 상하지 않게 감정조절을 할 때

14 MOT 사이클 활용에서 보호자의 민원이 해결되어 고객과 신뢰를 형성할 때에 해당하는 것은?

① ㄱ
② ㄴ
③ ㄷ
④ ㄹ

해설 ㄱ. 반려견 보호자의 민원 원인을 파악할 때
ㄴ. 반려견 보호자의 민원 대책을 수립할 때
ㄷ. 반려견 보호자의 민원 대책이 수립되었을 때

15 MOT 사이클에서 서비스 접점의 진단과 평가는 매우 중요하다. 이 과정에서 점검해야 할 요소를 찾아 모두 선택한 것은?

> 가. 반려견 보호자를 배웅할 때
> 나. 반려견 보호자의 민원을 경청할 때
> 다. 반려견 보호자가 상담실로 이동할 때
> 라. 반려견 보호자가 대기 시 다과를 줄 때

① 가, 나, 라
② 나, 다, 라
③ 가, 다, 라
④ 가, 나, 다, 라

해설 MOT 사이클은 서비스 전달시스템을 고객의 입장에서 이해하기 위한 방법이다. 그러므로 반려견 보호자를 배웅할 때, 반려견 보호자의 민원을 경청할 때, 반려견 보호자가 상담실로 이동할 때, 반려견 보호자가 대기 시 다과를 줄 때 등 모두가 서비스 점검 요소에 속한다.

16 반려견 보호자의 MPT기법의 요소가 아닌 것은?

① 사람(Man)
② 장소(Place)
③ 시간(Time)
④ 순간(Moments)

해설 반려견 보호자의 MPT 기법 : 불만을 해결해 줄 수 있는 사람(Man)을 찾고, 장소(Place)를 이동하여 시간적(Time) 여유와 변화를 주어 효과를 볼 수 있는 기법이다.

17 반려견 보호자가 흥분을 많이 한 상태일 때, 고객을 응대하는 MPT 기법 중 사람(Man)에 해당하는 것은?

① 고객의 불만 해결이 어느 정도 소요되는지 안내한다.
② 고객을 계속 응대하는 것보다 경험이 많은 책임자가 나서서 응대한다.
③ 고객에게 음료를 접대하며 고객의 흥분이 가라앉기를 기다린다.
④ 다른 고객이 불편함이 없도록 고객을 공적인 공간보다 편안함을 느낄 수 있는 장소로 이동시킨다.

해설 ① · ③ Time(시간) : 고객의 불만을 해소하는 데 걸리는 시간 안내(예 "여기서 잠시만 기다려 주시면 바로 알아보겠습니다.")
④ Place(장소) : 고객을 편안함을 느낄 수 있는 공간으로 안내(예 "고객님 진정하시고, 천천히 저에게 다시 말씀해 주시겠어요.")

18 다음 특수고객의 형태가 나머지와 다른 하나는?

① 교환을 요구하는 고객
② 환불을 요구하는 고객
③ 다른 서비스 요구하는 고객
④ 수용하기 힘든 요구를 하는 고객

해설 ④는 수용하기 힘든 요구를 하며 모욕감, 수치심, 정신적 피해를 끼치는 악성고객이다.
① · ② · ③의 형태는 불만고객에 해당하며 악성고객에 비하면 긍정적인 고객이다.

19 반려견 특수고객의 관리 방법으로 옳지 않은 것은?

① 반려견 보호자는 신속한 문제해결을 원하므로 고객에게 적극적이고 열정적인 모습을 보여야 한다.
② 직원들의 반려견 보호자 응대 과정에서 불친절, 업무처리 미숙, 책임 회피 등이 발생하지 않도록 해야 한다.
③ 반려견 보호자들의 불만을 경청하여 공감하며 상황에 맞게 민원을 응대한다.
④ 반려견 보호자에게 무조건 물질적 · 심리적 보상처리를 한 후 특수고객으로 분류한다.

해설 반려견 보호자들에게 물질적, 심리적으로 보상을 해주어야 하며 긍정적으로 응대한다.

20 다음은 위탁기관의 만족도 향상 방안이다. 이중 옳은 것을 모두 고른 것은?

> ㄱ. 민원 처리 전후로 직원들에게 질책보다는 격려와 칭찬을 한다.
> ㄴ. 대응 매뉴얼을 수정 및 보완한다.
> ㄷ. 고객 만족의 민원 처리를 하고 직원들에게 이수 교육을 실시한다.
> ㄹ. 민원이 발생했을 때 직원과 기관이 함께 해결 방법을 찾아본다.

① ㄱ, ㄷ
② ㄴ, ㄷ
③ ㄱ, ㄹ
④ 모두 옳다.

해설 기관의 만족도 향상 방안
- 반려견 보호자들의 민원 처리 전후로 직원들은 스트레스를 받으므로 기관에서는 직원들에게 질책보다는 격려와 칭찬을 한다.
- 대응 매뉴얼을 기준으로 민원 처리를 하는 과정이나, 민원 처리 후 직원들을 압박하는 것보다는 대응 매뉴얼을 수정 및 보완하여 대응하는 방법을 알 수 있도록 한다.
- 수정 및 보완된 대응 매뉴얼을 가지고 직원들을 교육하여 반려견 보호자가 만족할 수 있도록 민원 처리를 하고 이수 교육을 실시한다.
- 민원이 발생했을 때 직원 개인이 해결하는 것이 아니고 기관과 함께 해결 방법을 찾고 긍정적으로 대처한다.
- 기관은 직원들에게 자긍심을 향상하기 위한 복지와 칭찬, 격려 등을 아끼지 않는다.

교육이란 사람이 학교에서 배운 것을 잊어버린 후에 남은 것을 말한다.

− 알버트 아인슈타인 −

부록

모의고사

끝까지 책임진다! 시대에듀!
QR코드를 통해 도서 출간 이후 발견된 오류나 개정법령, 변경된 시험 정보, 최신기출문제, 도서 업데이트 자료 등이 있는지 확인해 보세요! **시대에듀 합격 스마트 앱**을 통해서도 알려 드리고 있으니 구글 플레이나 앱 스토어에서 다운받아 사용하세요. 또한, 파본 도서인 경우에는 구입하신 곳에서 교환해 드립니다.

반려동물행동지도사 모의고사

1과목   반려동물 행동학

01   기본적 욕구에 대한 만족감 부족으로 인해 나타나는 문제 행동으로 옳지 않은 것은?

① 반려견은 연령 별로 요구되는 기본적인 무리 동물적 본능을 가지고 있다.
② 반려견이 생식행동이 가능한 성징 발현 시기 이전에는 서열 본능으로 물고 당기는 놀이를 한다.
③ 성징 발현 시기 이후에는 생식행동을 위한 다양한 행동 및 영역을 포함한 소유 욕구에 관심을 가진다.
④ 무리 동물적 본능이 무시되는 때에는 부족한 본능적 욕구를 회복하기 위한 것에 집중하기 때문에 문제 행동을 유발하게 된다.

> **해설**   반려견은 생식행동이 가능한 성징 발현 시기 이전에는 안정이 보장된 보금자리와 성장을 위한 먹이에 관심을 둔다.

02   반려견의 문제 행동 원인 중 감정적 의존과 거부의 두려움에 대한 설명으로 옳지 않은 것은?

① 반려견의 보호자가 반려견의 의존행위를 무시하는 행동을 보인다면 반려견은 보호자를 무시하고 공격성을 보인다.
② 의존 행동이 무시될 경우 소심한 성향이나 회피 성향 또는 사회화 부족과 같은 증상과 유사함을 보인다.
③ 무리 동물인 반려견은 본능적으로 보호자에게 감정적 의존을 하게 되는데 이러한 의존 행동이 무시될 경우 문제 행동이 일어날 수 있다.
④ 보호자와 반려견은 서로에 대한 신뢰 관계 형성에 큰 어려움을 겪게 되고, 문제 행동 교정 가능성도 낮아진다.

> **해설**   어떠한 계기로 반려견의 보호자가 반려견의 의존행위를 무시하는 행동을 보인다면 반려견은 보호자의 행동을 자신과의 관계를 더는 유지하지 않고 무리에서 박탈시키는 것으로 이해하고 거부의 두려움으로 인해 보호자에게 회피동작 또는 무조건적인 복종행동을 보이게 된다.

정답   01 ②   02 ①

03 반려견 문제 행동 원인에서 (　　　) 안에 들어갈 말로 옳은 것은?

> 견종마다 각각의 개량 목적이 있기 때문에 특정 견종에게만 나타나는 (　　　) 특성이 현대의 생활환경과 부합되지 않을 경우 문제 행동이 나타난다.

① 목적달성을 위한 문제 행동
② 후천적 학습으로 인한 문제 행동
③ 유전적인 행동
④ 보호자의 잘못으로 인한 문제 행동

해설 제시문은 문제 행동 원인 중 유전으로 인한 문제 행동에 대한 내용으로 견종마다 각각의 개량 목적이 있기 때문에 특정 견종에게만 나타나는 유전적인 행동 특성이 현대의 생활환경과 부합되지 않을 경우 문제 행동이 나타난다.

04 반려견 문제 행동 원인 중 다음 내용에 해당하는 원인으로 옳은 것은?

> 과거의 학대 등 혐오자극이 원인으로, 사람이나 동물 또는 사물에 대해 거부감을 표현하거나 심한 경우 공포감을 갖는 행동이나 공격성과 같은 극단적 형태로 나타난다.

① 목적을 달성하기 위한 문제 행동
② 후천적 학습으로 인한 문제 행동
③ 유전으로 인한 문제 행동
④ 기본적 욕구에 대한 만족감 부족으로 나타나는 문제 행동

해설 공포감을 갖는 행동이나 공격성과 같은 극단적 형태로 나타나는 것은 반려견의 문제 행동 원인 중 후천적 학습으로 인한 문제 행동에 대한 설명이다.

05 다음 (　　　) 안에 들어갈 말로 옳은 것은?

> 최초 (　　　)을/를 파악함으로써 문제 행동의 습관화를 측정할 수 있고 행동 교정 기간을 예상하는데 참고할 수 있다.

① 발생 시기
② 발생 빈도
③ 급식 형태
④ 주요 문제 행동

해설 최초 발생 시기를 파악하게 되면 문제 행동의 습관화를 측정 가능하고 행동 교정 기간을 예상할 수 있다.

06 다음 ( ) 안에 들어갈 말로 옳은 것은?

> ( )을/를 파악함으로써 문제 행동의 성향이 습관적인 행동인지 목적성이 있는 행동인지를 알 수 있다.

① 주요 문제 행동
② 생활 형태(일과)
③ 발생 시기
④ 발생 빈도

해설 발생 빈도 파악으로 문제 행동의 성향이 습관적인지 목적이 있는 행동인지를 알 수 있으며 이때 환경의 연관성도 참고한다.

07 반려견의 문제 행동 원인 중 다른 문제 행동에 비해 행동 교정에 오랜 시간과 더 많은 보호자의 노력이 필요한 것은?

① 생물학적 요구에 의한 문제 행동
② 기본적 욕구에 대한 만족감 부족으로 인해 나타나는 문제 행동
③ 감정적 의존과 거부의 두려움에 대한 문제 행동
④ 건강 이상으로 인한 문제 행동

해설 목적을 달성하기 위한 문제 행동으로는 관심 유발, 자기만족감, 물품 소유욕 등으로 표현되며 그 중 생물학적 요구에 의한 문제 행동은 다른 문제 행동에 비해 행동 교정에 오랜 시간과 더 많은 보호자의 노력이 필요한 편이다.

08 반려견 보호자와 행동 교정 프로그램 중 방문 행동 교정에 대한 설명으로 옳지 않은 것은?

① 반려견이 지내는 곳에 행동 교정사가 직접 방문하여 행동 교정을 수행하는 형태로 보호자의 훈련 참여가 가능하다.
② 반려견의 문제 행동 성향이 소심하여 보호자에게 의존적이고 환경적 특수성에 따른 특정 문제에 대한 교정이 필요한 경우는 방문 훈련보다 전문 애견 훈련소로 보내서 교정해야 한다.
③ 의뢰 보호자도 쉽게 따라할 수 있는 간편한 도구를 많이 이용한다.
④ 소요 비용은 관련 업계 검색을 통해 산정하며 방문 행동 교정 회차별로 결제 금액을 산정한다.

해설 반려견의 문제 행동 성향이 소심하여 보호자에게 의존적이고 환경적 특수성에 따른 특정 문제에 대한 교정이 필요한 경우는 보호자의 집을 방문하여 방문 훈련으로 교정해야 한다.

정답 06 ④ 07 ① 08 ②

09 다음 (　　　) 안에 들어갈 내용으로 가장 옳은 것은?

> 반려견의 보호자 교육은 본능적인 반려견의 요구에 부합하지 않는 생활 환경이나 (　　　)에 의한 문제 행동일 때 효과적이다.

① 사회화 과정
② 문제행동
③ 반려견문제 행동
④ 보호자의 생활 습관

해설 　반려견의 보호자 교육은 문제 행동 원인이 기본적 욕구의 불만족으로 인한 증상, 즉 본능적인 반려견의 요구에 부합하지 않는 생활 환경이나 보호자의 생활 습관에 의한 문제 행동일 때 효과적이다.

10 문제행동 표현에 따른 교정 방법에 대해 바르게 연결된 것은?

① 관심 요구로 등을 대고 눕는다. - 보호자에게 집중하도록 강화한다.
② 요구 거부로 보호자의 눈을 피하고 다른 곳을 쳐다본다. - 강화물의 효력을 점검한다.
③ 강화물 집착으로 과도하게 활동적이다. - 자극을 제거한다.
④ 감각자극으로 사람이 걸어간 곳의 냄새를 맡는다. - 난이도를 점진적으로 증가시킨다.

해설 　① 관심 요구로 등을 대고 누울 때 다른 관심 거리를 제공하거나 관심 유발 요인을 제거한다.
　　　③ 강화물 집착으로 과도하게 활동적일 때는 대체 행동 강화, 바람직한 행동에 강화물 제공, 새로운 강화물을 추가하여 교정한다.
　　　④ 감각자극으로 사람이 걸어간 곳의 냄새를 맡을 때는 자극을 제거, 보호자에게 집중하도록 강화, 자극에 대해 점진적으로 적응시킨다.

11 반려견 발달단계에 따른 행동에서 사회화기에 대한 설명으로 옳은 것은?

① 자극에 반응하는 것이 가능하며 핸들링으로 인해 성장 후의 스트레스 저항성이나 정동적 안정성, 학습능력 등이 크게 개선된다.
② 눈을 뜨고 귀가 열려 소리에 반응하게 되어 행동적으로도 변화가 보인다.
③ 약간의 촉각과 체온 감각, 미각과 후각이 갖추어져 있을 뿐, 시각과 청각도 발달하지 않았다.
④ 반려견의 성격이 형성되는 결정적 시기로 감각기능과 운동기능의 발달이 현저하다.

해설 　① · ③ 신생아기(생후 2주)에 해당한다.
　　　② 이행기(생후 2~3주)에 해당한다.

12 반려견 발달단계에 따른 행동에서 신생아기에 대한 설명 중 옳지 않은 것은?

① 눈을 뜨고 귀가 열려 소리에 반응하게 되어 행동적으로도 변화가 보인다.
② 출생 후 눈을 뜨기까지 약 2주간으로 스스로 배설하지 못하고 모든 것을 어미에게 의존한다.
③ 약간의 촉각과 체온 감각, 미각과 후각 정도가 있으나, 시각과 청각은 발달하지 않은 시기다.
④ 빨거나 기어다니고 파고드는 행동을 보이는데, 배고픔, 불안, 추위에서 벗어나려는 본능에 의한 것이다.

> 해설 이행기에 대한 설명이다. 이행기는 생후 2~3주의 짧은 기간으로 눈을 뜨고(생후 13일 전후) 귀가 열려 소리에 반응(생후 18~20일)하게 되어 행동적으로도 변화가 보인다.

13 반려견의 행동에 영향을 주는 주요 요인 중 개체적 특성에 따른 불안 요인에 대한 설명으로 부적절한 것은?

① 의존성
② 두려움
③ 적대행동
④ 추종행동

> 해설 개체적 특성 중 불안 요인에는 적대행동, 의존성, 두려움이 있다. 추종행동은 개체적 특성 중 순응성에 해당한다.

14 반려견 발달단계에 따른 행동에서 약령기에 대한 설명 중 옳은 것은?

① 생후 3~12주까지의 사회화가 일어나는 결정적 시기이다.
② 감각기능과 운동기능의 발달이 현저하다.
③ 다른 개나 사람을 보고 쫓아가거나 앞발을 들어 장난을 걸거나 놀이 중에 짖거나 물기 시작한다.
④ 강아지들 간의 사회적 서열도 놀이나 사회적 행동을 통해서 형성되며, 서열의 역전이 허용된다.

> 해설 ①·②·③ 사회화기의 특징이다. 약령기(청소년기)는 강아지가 12주경부터 성 성숙에 이르기까지의 기간으로 반려견의 행동발달이 완성되는 시기이다.

15 반려견에게 공포에 의한 불안 대상으로 볼 수 없는 것은?

① 낯선 사람
② 천둥소리
③ 낯선 환경
④ 과잉보호

해설 과잉보호는 어릴 때부터 개가 좋아하는 먹이나 간식, 장난감 등으로 보상함으로써 개가 어떠한 표현을 할 때 보호자가 "오냐, 오냐" 모두 들어주는 것으로 과잉보호의 대표적 문제는 잘못된 식생활습관이 만들어지고, 자기 소유욕이 강해져 짖는 것과 무는 행동으로 발전한다.

16 반려견의 의사소통에서 놀이 행동에 대한 설명으로 옳은 것은?

① 놀이를 즐길 때는 보호자와 함께 놀아주고 놀아주는 방법을 알려 준다.
② 소심한 반려견일수록 의사소통이 잘된다.
③ 평소에 익숙한 장소에 간식을 놔준다.
④ 반려견이 스스로 엎드리면 앉아 교육으로 연결시켜 준다.

해설 ② 소심한 반려견일수록 의사소통이 잘 안 된다.
③ 간식은 포상용으로 활용한다.
④ 반려견이 테이블에 올라가면 앉아 교육을 응용 연결한다.

17 적극적인 커뮤니케이션 과정의 하나로 '상대방이 표현하는 메시지를 주의 깊게 관찰하고 관심을 가지고 내용을 파악하며 단순히 듣는 것이 아니라 최대한 열심히 관심을 기울여 듣는 것'을 무엇이라 하는가?

① 공 감
② 듣 기
③ 경 청
④ 무 시

해설 ① 공감은 주로 감정, 느낌, 정서에 관한 현상을 말한다.
② 듣기는 공감대 형성을 위한 의사소통 태도이다.
④ 무시는 반려견의 요구 등을 못 본 척하고 피하는 것을 말한다.

18 이행기에 대한 설명으로 옳지 않은 것은?

① 생후 2~3주까지의 짧은 기간을 말한다.
② 으르렁거리거나 꼬리를 흔들거나 하는 사회적 행동의 신호를 표현하기 시작한다.
③ 후각적으로 호기심이 많아지고 어미 개, 동료, 사물, 사람 등을 파악하기 시작한다.
④ 감각기능과 운동기능의 발달이 현저하다.

해설 사회화기의 특징에 해당한다. 사회화기는 반려견이 모견과 동료, 사람들과의 사회적 관계를 학습하는 시기로, 이행기 이후 3주경에 시작된다.

19 다음에서 설명하는 공격성의 종류로 옳은 것은?

| 사냥본능이 강하여 산책 중 다른 반려견이나 기타 동물을 공격하려는 행동 |

① 경합적 공격
② 공포성 공격
③ 포식성 공격
④ 영역성 공격

해설 포식성 공격은 사냥본능이 강해져 감정 변화를 보이지 않고 먹잇감 사냥에 집중하는 유형으로 산책 중 다른 반려견이나 기타 동물을 공격하려는 행동을 보인다.

20 동물 교감 치유 훈련 계획서의 안전·유의 사항으로 올바르지 않은 것은?

① 반려견의 스트레스 반응을 잘 살피고 휴식을 준다.
② 반려견의 복지를 위한 준비를 한다.
③ 반려견 활동 후 건강관리를 위해 고기류 간식을 준다.
④ 목끈과 목걸이는 가죽이나 천으로 만들어진 것을 사용한다.

해설 간식은 교육 보상용으로 활용하는데 간식은 부드러워 한 번에 씹어 먹을 수 있는 크기로 준비하여 준다.

정답 18 ④ 19 ③ 20 ③

2과목 반려동물 관리학

21 다음 중 크기에 따른 분류에서 시베리안 허스키, 잉글리시 불도그 등이 해당하는 분류는?

① 소형견
② 중형견
③ 대형견
④ 초대형견

해설 5등급 크기 분류

초소형견	25cm 미만, 5kg 미만	치와와, 요크셔테리어 등
소형견	25~40cm, 5~10kg	시츄, 퍼그, 닥스훈트 등
중형견	40~55cm, 10~25kg	코카 스파니엘, 비글 등
대형견	55~70cm, 25~40kg	리트리버, 허스키, 하운드, 잉글리시 불도그 등
초대형견	70cm 이상, 40kg 이상	마스티프, 세인트버나드, 그레이트 피레이즈 등

22 다음 중 아래턱의 앞니 4개가 마모되었을 때 이 반려견의 추정 연령은?

① 2개월령
② 4개월령
③ 7개월령
④ 2~3년령

해설 반려견 치아 발육 상태

2개월령	유치가 전부 돌출된다.
4개월령	위턱과 아래턱의 앞니 2개가 영구치로 교체된다.
7개월령	모든 유치가 영구치로 교체된다.
1~2년령	아래턱의 앞니 2개가 마모된다.
2~3년령	아래턱의 앞니 4개가 마모된다.
3~4년령	아래턱의 앞니 4개와 위턱의 앞니 2개가 마모되며 약간의 치석이 생긴다.
4~5년령	아래턱의 앞니 4개와 위턱의 앞니 4개가 마모되며 치석의 양이 증가한다.
5년령 이상	아래턱의 앞니 6개가 마모되고 위턱의 앞니 6개가 마모되며 많은 양의 치석이 존재한다.

23 신체 충실지수(BCS)에 대한 설명으로 틀린 것은?

① 1~5까지의 숫자로 건강 상태를 판정한다.
② 1로 갈수록 비만이며, 5로 갈수록 야윈 것이다.
③ 일반적으로 시각적 검사와 촉각적 검사를 통해 알 수 있다.
④ 촉각적 검사의 경우 갈비뼈 촉진 및 피하지방의 두께를 확인한다.

해설 BCS 등급은 1로 갈수록 야윈 것이며, 5로 갈수록 비만이다.

24 신체 충실지수(BCS) 등급 평가에서 약간의 지방이 갈비뼈를 덮고 있으며, 갈비뼈를 쉽게 눈으로 관찰 가능한 등급은?

① BCS 1
② BCS 2
③ BCS 3
④ BCS 4

해설 약간의 지방이 갈비뼈를 덮고 있으며, 갈비뼈를 쉽게 눈으로 관찰 가능한 상태는 저체중 상태로, 신체 충실지수(BCS) 2등급에 해당한다.

25 다음 중 반려견의 활력징후에서 정상 범위를 옳게 나타낸 것은?

① 체온 36.5~38.0℃, 맥박수 60~160회/분, 호흡수 20~40회/분
② 체온 35.7~37.0℃, 맥박수 60~90회/분, 호흡수 16~32회/분
③ 체온 36.7~38.0℃, 맥박수 60~90회/분, 호흡수 18~42회/분
④ 체온 37.7~39.0℃, 맥박수 60~160회/분, 호흡수 16~32회/분

해설
• 정상 체온 범위 : 37.7~39.0℃
• 정상 맥박수 : 60~160회/분
• 정상 호흡수 : 16~32회/분
• 정상 평균 혈압 : 90~120mmHg

정답 23 ② 24 ② 25 ④

26 반려견의 건강상태 확인에 대한 설명으로 틀린 것은?

① 눈의 충혈 및 눈곱이 껴있는지 여부를 확인한다.
② 잇몸의 색상과 치아와 잇몸 사이의 염증이나 치석을 확인한다.
③ 귀의 위생 상태와 냄새를 검사하여 이상 발견 시 수의사에게 알리고 보호자의 진료를 받도록 안내한다.
④ 체중은 BCS 외에 연령과 체중과의 연관성을 두고 성장에 대한 기본적 욕구의 불만족을 파악함과 동시에 행동 교정 수행에 적합한 체중 여부를 확인한다.

해설 귀의 위생 상태와 냄새를 검사하여 이상 발견 시 보호자에게 알리고 수의사의 진료를 받도록 안내한다.

27 다음 중 반려견의 건강정보에 해당하지 않는 것은?

① 예방 접종 여부
② BCS 등급
③ 구강 상태
④ 견 종

해설 견종은 건강정보가 아닌 기본정보에 속한다.

28 행동 교정과 관련하여 반려견의 건강 상태 확인 내용으로 틀린 것은?

① 단두종일 경우 행동 교정과 관련하여 원활한 호흡이 이루어질 수 있는 구조를 갖추었는지를 확인한다.
② 털에 윤기가 나며 피부병의 증상이 없어야 하고, 특히 털이 없는 배, 겨드랑이, 귀 뒤쪽 부분은 철저히 확인한다.
③ 정상적인 보행 여부와 행동 형성에 불편함을 느끼는 부분이 있는지 근골격계를 확인한다.
④ 병력 사항은 행동 교정과는 관계가 없기 때문에 진료를 담당한 수의사로부터 반려견 건강관리 주의사항 소견서를 발부받아 참고하지 않아도 된다.

해설 병력 사항은 행동 교정에 영향을 줄 수 있으므로 반드시 진료를 담당한 수의사로부터 반려견 건강관리 주의사항 소견서를 발부받아 참고하도록 한다.

29 급성 바이러스 전염병으로 개 홍역이라 부르기도 하며, 전염력이 매우 강하여 동거하는 반려견에게 빠른 속도로 전파될 수 있는 질병은?

① 디스템퍼
② 전염성 간염
③ 파라 인플루엔자
④ 파보 바이러스 감염증

해설 **디스템퍼(개 홍역, Distemper)**
급성 전염성 열성 질환으로, 전염성이 강하고 폐사율이 높은 전신 감염증이다.

30 병든 개의 분변 내에 있는 병원체는 6개월 이상 감염력을 가지며, 구토와 설사가 주요 증상인 전염병은?

① 파보 바이러스 감염증
② 전염성 간염
③ 코로나 장염
④ 디스템퍼

해설 **코로나 장염**
- 병원체 : 코로나 바이러스
- 개과에 속하는 모든 동물에 감수성이 높고, 병든 개의 분변 내에 있는 병원체는 6개월 이상 감염력을 가진다.
- 증상 : 구토와 설사가 주요 증상이며, 파보 바이러스 감염증의 증상과 유사하나 열이나 혈변 발생 등은 약하다.
- 예방접종과 철저한 소독이 필요하다.

31 다음 중 종합(DHPPL) 백신으로 예방이 가능한 전염병끼리 옳게 짝지은 것은?

① 디스템퍼, 파보 바이러스 장염, 전염성 간염, 코로나 장염, 렙토스피라
② 디스템퍼, 파보 바이러스 장염, 전염성 간염, 파라 인플루엔자, 렙토스피라
③ 디스템퍼, 파보 바이러스 장염, 개 인플루엔자, 파라 인플루엔자, 렙토스피라
④ 디스템퍼, 비오칸M, 전염성 간염, 파라 인플루엔자, 렙토스피라

해설 개 종합(DHPPL) 백신으로 예방하는 5가지 질병은 디스템퍼(개 홍역), 전염성 간염, 파보 바이러스성 장염, 파라 인플루엔자성 기관지염, 렙토스피라증이다. 코로나 장염, 개 인플루엔자, 비오칸M 백신은 각각 별도로 접종해야 한다.

32 다음 중 16주와 18주령에 접종하는 예방접종으로 가장 적절한 것은?

① 종합(DHPPL) 백신, 코로나 장염
② 코로나 장염, 개 인플루엔자
③ 개 인플루엔자, 비오칸M(곰팡이예방)
④ 코로나 장염, 비오칸M(곰팡이예방)

해설 개 인플루엔자(신종플루)와 비오칸M은 16주령에 1차 접종, 18주령에 2차 접종을 한다.

33 다음 중 반려견의 목욕 순서로 가장 적절한 것은?

① 브러싱 - 샴핑 - 린싱 - 드라잉
② 샴핑 - 린싱 - 드라잉 - 브러싱
③ 브러싱 - 드라잉 - 린싱 - 샴핑
④ 샴핑 - 브러싱 - 드라잉 - 린싱

해설 반려견의 목욕은 브러싱(brushing) - 샴핑(shampooing) - 린싱(rinsing) - 드라잉(drying) 순서로 진행한다.

34 다음 중 반려견의 귀 청소에 대한 설명으로 옳지 않은 것은?

① 면봉에 귀 세정제를 묻힌 후 귀 안쪽까지 부드럽게 닦아낸다.
② 귀 안쪽 점막은 손상되기 쉽기 때문에 귀 세정 시에는 부드럽게 실시해야 한다.
③ 귓속의 털이 과도한 경우 이어 파우더를 뿌리고 조금씩 털을 뽑아낸다.
④ 귓속이 헐어 있거나 분비물이 과도한 경우 보호자에게 상태를 알리지 않고 조용히 처치해 준다.

해설 귓속이 헐어 있거나 분비물이 과도한 경우, 보호자에게 상태를 알리고 검진을 받게 한다.

35 염소계 소독제인 락스에 대한 설명으로 옳지 않은 것은?

① 주성분은 글루타알데하이드로 살균력이 강하다.
② 가격이 저렴하고 소독 효과가 높아서 사육장 및 바닥 소독에 많이 사용한다.
③ 시판되는 락스는 4% 농도로 물에 희석해서 사용한다.
④ 반려견에서 가장 문제가 되는 파보 바이러스까지 사멸시킬 수 있다.

> **해설** 락스의 주성분은 차아염소산나트륨이다.
>
> **차아염소산나트륨**
> - 가정에서 흔히 사용하고 있는 '락스'의 주성분으로 염소계 소독제이다.
> - 가격이 저렴하고 소독 효과가 높아서 사육장 및 바닥 소독에 가장 일반적으로 사용하는 소독제이다.
> - 반려견에서 가장 문제가 되는 파보 바이러스까지 사멸시킬 수 있다.
> - 시판되는 락스는 4% 농도로 물에 희석해서 사용한다.
> - 바이러스가 의심되는 경우는 30~50배, 일반적인 환경소독은 100~200배 희석한다.

36 반려견의 안전사고 발생 위험 요소 중 골절, 뇌진탕, 화상 등에 대한 항목으로 옳은 것은?

① 부상/상해
② 질 병
③ 사 망
④ 탈출/분실

> **해설** 반려견 안전사고 발생 위험 요소
>
> | 구 분 | 항 목 | 안전사고 발생 위험 요소 |
> |---|---|---|
> | 시설물 | 건축물 | 구조물의 변형 및 균열, 급수배수, 냉난방, 환기 |
> | | 사육장 | 잠금장치 |
> | | 훈련장, 운동장 | 바닥 재질 |
> | | 소독 및 위생 | 입출입 소독발판, 손세정제 |
> | | 관리인력 | 부상 및 상해 |
> | | 소방/화재 | 화 재 |
> | 반려견 | 부상/상해 | 교상, 피부상처, 골절, 뇌진탕, 화상, 열사병 |
> | | 질 병 | 전염병, 구토 및 설사, 이물 섭취, 눈병, 쇼크 |
> | | 사 망 | 자연사, 질병 또는 상해 사망 |
> | | 탈출/분실 | 관리소홀로 인한 분실, 도난 |

정답 35 ① 36 ①

37 반려견의 쇼크에 대한 설명으로 옳지 않은 것은?

① 즉시 반려견을 편안한 상태로 유지시키고 체온, 맥박, 호흡수, 점막 상태를 확인한다.
② 의식이 없고 맥박수, 호흡수가 없는 경우 즉시 심폐소생술(CPR)을 실시한다.
③ 심폐소생술은 가슴부위를 눌러주는 심장마사지와 반려견의 코에 직접 공기를 불어 넣어주는 인공호흡방법으로 실시한다.
④ 국소부위의 혈액순환 장애로 인해 급격한 혈압하강이나 호흡부전이 발생한 경우를 말한다.

해설 쇼크의 원인은 다양하며, 쇼크 증상이 나타나면 힘없이 옆으로 쓰러지며 구강점막이 창백하다.

38 반려견에게 제공하는 복지적 풍부화의 내용으로 적합하지 않은 것은?

① 신선한 물과 영양이 풍부한 사료를 제공한다.
② 사회에 적응하도록 자극적인 소음을 제공하여 익숙하게 한다.
③ 반려견이 생활하기 충분한 공간을 제공한다.
④ 동종 간의 친구와 적절한 사회작용을 할 수 있도록 한다.

해설 복지 측면에서의 반려견 행동학적 풍부화 5가지
첫째, 반려견은 신선한 물과 건강한 에너지를 위한 먹이를 자유롭게 섭취함을 통해서 목마름, 배고픔, 영양실조로부터 자유로워야 한다.
둘째, 반려견은 집과 편하게 쉴 수 있는 장소 제공을 통해 신체적·온도적 불편함으로부터 자유로워야 한다.
셋째, 반려견은 예방과 빠른 진단과 치료를 통해서 부상, 통증과 질병으로부터 자유로워야 한다.
넷째, 반려견은 충분한 공간, 적절한 시설 그리고 동종의 친구를 제공받음으로써 정상적인 행동을 보일 수 있게 되어야 한다.
다섯째, 반려견은 정신적인 고통을 피할 수 있는 적절한 환경과 치료를 통해서 두려움과 고통으로부터 자유로워야 한다.

39 다음 중 개를 견종의 특성과 목적 등에 따라 7개 그룹으로 분류하고 있는 국가는?

① 대한민국
② 일 본
③ 중 국
④ 영 국

해설 영국애견협회(KC)
• 역사가 가장 오래된 애견 단체로, 견종의 특징과 목적에 따라 7개 그룹으로 분류한다.
• 건독(Gundog), 하운드(Hound), 패스트롤(Pastoral), 워킹(Working), 테리어(Terrier), 유틸리티(Utility), 토이(Toy)로 분류한다.

40 개의 후각에 대한 설명으로 옳지 않은 것은?

① 개체식별의 최종적 확인에 이용한다.
② 발정과 같은 번식 단계에 관한 정보를 파악하는 데 이용한다.
③ 매우 민감하여 검출 감도는 사람의 100만 배 이상이다.
④ 강아지는 생후 일주일이 지나면 후각을 이용해 냄새를 구별할 수 있다.

> **해설** 후각은 강아지가 세상에 태어나면 본능적으로 사용할 수 있으며, 눈을 뜨기 전부터 냄새로 어미 젖을 찾아 빨기 시작한다.

3과목 | 반려동물 훈련학

41 목줄의 종류와 그에 대한 특징으로 옳지 않은 것은?

① 가죽 목줄 : 보호자의 손을 보호해 줄 수 있다.
② 천 목줄 : 다양한 무늬가 있으며 교육이 안 된 힘이 센 대형견과 산책하기에 적합하다.
③ 자동 목줄 : 반려견의 움직임에 따라 길이가 조절되지만 버튼을 열어 놓으면 줄이 너무 길어 제어하기 어렵다.
④ 5m 이상 긴 목줄 : 추적하는 데 사용되는 전문가용 목줄이다.

> **해설** 천 목줄은 다양한 무늬가 있어 보호자들이 선호하나, 교육이 안 된 힘이 센 대형견과 산책하기에는 적절하지 않다.

42 보상용 음식에 대한 설명으로 옳은 것은?

① 보상용 음식을 항상 손에 쥐고 훈련한다.
② 초기 훈련 시 음식의 보상은 가끔 할수록 좋다.
③ 보상용 음식은 부드럽고 먹기 쉬운 형태여야 한다.
④ 보상용 음식의 크기는 소형견과 대형견 모두 같은 크기로 제공한다.

> **해설** 딱딱한 제품은 먹는 데 시간이 걸려 부적합하므로 보상용 음식은 부드럽고 빨리 먹을 수 있는 재질의 제품을 선택한다.

정답 40 ④ 41 ② 42 ③

43 버튼형 클리커 용도에 대한 설명 중 옳은 것은?

① 발을 사용해 누를 수 있도록 제작된 클리커이다.
② 스틱 끝에 있는 표시를 이용해 사람이 움직이지 않고도 사용할 수 있다.
③ 손가락에 끼워서 사용하기 때문에 손이 자유롭다.
④ 손목이나 바지에 걸어두고 칭찬할 때 손으로 눌러 사용할 수 있다.

해설 클리커 종류

버튼형 클리커	손목이나 바지에 걸어두고 칭찬할 때 손으로 눌러 사용할 수 있다.
박스형 클리커	발을 사용해 누를 수 있도록 제작되었다.
스틱형 클리커	스틱 끝에 있는 표시를 이용해 사람이 움직이지 않고도 사용할 수 있다.
반지형 클리커	손가락에 끼워서 사용하기 때문에 손이 자유롭다.

44 반려견 행동강화 훈련법 중 부적 강화에 대한 설명으로 옳은 것은?

① 부적 강화에는 먹이 강화, 물품 강화, 감정 강화 등이 있다.
② 행동약화 유인 강화물을 제거하여 원하는 행동을 증가시키는 방법이다.
③ 반려견이 좋아하는 강화물로 싫지만 해야 하는 행동을 강화시키는 방법이다.
④ 교정사나 보호자가 원하는 행동을 하면 반려견이 좋아하는 강화물을 주는 방법이다.

해설 ① 정적 강화에는 먹이 강화, 물품 강화, 감정 강화 등이 있다.
③ 반려견이 좋아하는 강화물로 싫지만 해야 하는 행동을 강화시키는 방법은 프리맥의 원리이다.
④ 교정사나 보호자가 원하는 행동을 하면 반려견이 좋아하는 강화물을 주는 방법은 정적 강화이다.

45 다음 빈칸에 들어갈 말로 옳은 것은?

> (　　　)은/는 새로운 자극에 반복 노출되어 점차 익숙해지는 과정으로, 일반적으로 약령기의 반려견이 나이를 먹은 반려견보다 이 과정이 더 쉽다. (　　　)을/를 이용한 행동 교정법으로는 '홍수법', '계통적 탈감작법'을 들 수 있다.

① 자극 일반화
② 순화(길들임)
③ 조작적 조건화
④ 처 벌

해설 ① 자극 일반화 : 특정 자극에 대해 어떤 반응을 조건화한 뒤 유사한 자극에 대해서 같은 반응이 일어나게 되는 것을 의미한다.
③ 조작적 조건화 : 반려견이 특정한 자극에서 일어나는 반응에 보상이 주어지면 같은 상황이 됐을 때 똑같은 행동을 취할 확률이 증가하는 것을 의미한다.
④ 처벌 : 특정 반응이 재발할 가능성을 줄이기 위해 그 반응이 가장 클 때나 직후에 혐오 자극을 주거나 강화 자극을 배제하는 것을 의미한다.

46 조작적 조건화 중 플러스 강화에 대한 설명으로 옳은 것은?

① 특정 자극에 대해 어떤 반응이 조건화된 뒤 유사 자극에 대해 같은 반응이 일어나는 것을 말한다.
② 혐오적인 강화 인자가 제거됨에 따라 반응이 일어날 가능성이 증가하는 조건화를 말한다.
③ 본래의 보상과 함께 주어짐으로써 강화 인자로 작용하는 2차적 보상을 말한다.
④ 강화 인자의 제시에 따라 반응이 일어날 가능성이 증가하는 조건화를 말한다.

해설 ① 고전적 조건화 중 자극 일반화에 대한 설명이다.
② 조작적 조건화 중 마이너스 강화에 대한 설명이다.
③ 조작적 조건화 중 2차적 강화인자에 대한 설명이다.

47 부정적 처벌에 대한 설명으로 옳지 않은 것은?

① 반려견에게 가치 있는 것을 제거하여 원하지 않는 행동을 줄이는 방법이다.
② 반려견에게 가치 있는 것을 제공하여 원하는 행동을 하게 하는 방법이다.
③ 반려견이 보호자가 원하지 않는 행동을 하면 반려견이 좋아하는 것을 없앤다.
④ 긍정 강화법과 함께 사용할 때는 반려견에게 무엇을 하라고 말하지 않는다.

해설 반려견에게 가치 있는 것을 제공하여 보호자가 원하는 행동을 늘리는 것은 긍정적 강화(positive reinforcement)이다.

48 기본예절 교육 시 유의 사항으로 옳지 않은 것은?

① 공격성이 있는 반려견은 제한된 환경에서 진행한다.
② 사회성이 낮은 반려견은 반응을 잘 관찰하면서 신중하게 교육을 진행한다.
③ 훈련사는 단호하며 절제된 방법으로 교육을 진행한다.
④ 훈련사를 포함한 모든 사람은 갑자기 뛰거나 과격한 행동을 하지 않는다.

해설 훈련자는 항상 부드럽고 친절한 방법으로 교육을 진행한다.

49 기본예절 교육 평가 상황으로 옳은 것은?

① 낯선 장소에서 친근한 사람이 접근하는 상황
② 조용한 장소에서 다른 사람과 반려견이 접근하는 상황
③ 유동인구가 많은 낯선 장소에서 친근한 사람이 접근하는 상황
④ 유동인구가 많은 익숙한 장소에서 낯선 사람이 접근하는 상황

해설 기본예절 교육 평가 장소와 상황
- 조용한 장소
- 조용한 장소에서 다른 사람이 접근하는 상황
- 조용한 장소에서 다른 사람과 반려견이 접근하는 상황
- 낯선 장소
- 낯선 장소에서 다른 사람이 접근하는 상황
- 낯선 장소에서 다른 사람과 반려견이 접근하는 상황

50 기본예절 교육의 항목으로 옳지 않은 것은?

① 가족 소개
② 앉 기
③ 따라 걷기
④ 이름에 반응하기

해설 기본예절 교육에는 '이름에 반응하기, 앉기, 엎드리기, 기다리기, 오기, 따라 걷기' 등이 있다.

51 움직이는 물체에 대한 둔감화 훈련에 대한 설명으로 옳지 않은 것은?

① 자동차, 이륜차를 만나는 훈련을 한다.
② 뛰어가는 사람이나 움직이는 동물을 만나는 훈련을 한다.
③ 낯선 사람과 새로운 물건에 대한 사회화를 한다.
④ 침대, 및 의자를 활용하는 훈련을 한다.

> **해설** 움직이는 물체에 대한 둔감화 훈련
> • 자동차, 이륜차를 만나는 훈련을 한다.
> • 뛰어가는 사람이나 움직이는 동물을 만나는 훈련을 한다.
> • 낯선 사람과 새로운 물건(자전거, 우산, 오토바이·킥보드)에 대한 사회화를 한다.

52 보호자의 애정과다로 분리불안이 생긴 반려견의 교육방법으로 옳지 않은 것은?

① 보호자와 함께 있는 시간에는 늘 옆에 있도록 해준다.
② 반려견이 혼자 쉴 수 있는 공간을 만들어 준다.
③ 보호자 외출 전 산책을 하여 반려견의 심신 안정을 유도한다.
④ 하우스 교육을 하여 집을 편안한 공간으로 인식시킨다.

> **해설** 반려견을 늘 옆에 있도록 하면 사람과 떨어지는 것을 싫어하게 된다. 이는 분리불안의 원인이 된다.

53 체계적 둔감법을 통한 불안유발 행동 교정 방법으로 옳은 것은?

① 자극이 되는 행동을 세분화한 후 최대 자극에서 최소 자극으로 좁혀 간다.
② 큰소리에 민감한 반려견은 지속적으로 큰소리에 노출시켜 둔감화한다.
③ 최소 자극 - 중간 자극 - 최대 자극 순으로 노출시켜 행동을 교정한다.
④ 반려견이 반응하는 최대 범위의 자극만 파악한다.

> **해설** 체계적 둔감법은 반려견에게 자극이 되는 행동을 세분화하여 점진적으로 늘려가는 방법이다. 최소 자극부터 최대 자극으로 점진적으로 늘려나가 최대 자극에도 둔감해지게 한다.

정답 51 ④ 52 ① 53 ③

54 특수 분야 보조견에 대한 설명으로 옳지 않은 것은?

① 위험으로부터 인간을 지켜 주기도 하고 신체의 일부가 되기도 한다.
② 특수 분야 보조견 교육은 국가기관에서 허가받은 탐지요원만 할 수 있다.
③ 사람과 함께 활동해야 하므로 오랜 기간의 훈련과 엄격한 자격시험을 거쳐야 한다.
④ 임무를 수행하기 위해 집중하기 때문에 함부로 쓰다듬거나 먹이를 주어서는 안 된다.

해설 목적별 훈련 프로그램을 개발해 반려견을 훈련시켜야 하긴 하지만 국가기관에서 허가받은 탐지요원만 교육할 수 있는 것은 아니다.

55 치유 도우미견의 특징으로 옳지 않은 것은?

① 병원, 학교, 양로원 등 각종 사회시설 위주로 활동한다.
② 어린 자견의 사회화 훈련은 필수적인 과정이며, 사람과의 상호작용 또한 중요하다.
③ 사회성, 환경 적응력, 뛰어난 후각과 집중력을 갖추고 있다면 어떤 견종이든 활동이 가능하다.
④ 대상자에게 안정감과 심리 치유 효과를 주기 때문에 청결함, 온순함, 사회성이 중요하다.

해설 치료 도우미견이 되려면 온순한 성격, 친근한 외모, 비공격성, 청결함, 뛰어난 적응력과 친화력을 갖추어야 하며 어떤 견종이든 활동이 가능하지만, 주로 온순한 리트리버종이 적합하다.

56 다음 빈칸에 들어갈 말로 옳지 않은 것은?

> 인명 구조견은 산사태, 지진, 건물붕괴 등 재난 사고 상황에서 실종자의 위치를 탐색하여 인명을 구조하는 데 도움을 준다. 따라서 뛰어난 후각과 청각, 어떤 현장에서도 빠르고 정확하게 수색할 수 있는 능력을 갖추어야 하며 (　　　)이/가 있어야 한다.

① 복종심
② 애착심
③ 민첩성
④ 대담성

해설 인명 구조견은 뛰어난 후각과 청각, 어떤 현장에서도 빠르고 정확하게 수색할 수 있는 능력을 갖추어야 하며 복종심, 민첩성, 대담성이 있어야 한다.

57 동물 교감치유견 이동 상황의 훈련 계획에 대한 내용으로 옳지 않은 것은?

① 여러 사람 속에서 편안함을 가질 수 있도록 한다.
② 찾아온 낯선 손님들에 대한 친화를 구분할 수 있도록 노력한다.
③ 이동 차량에서 내린 후 좋은 경험을 쌓을 수 있도록 기회를 준다.
④ 다른 반려견을 데리고 가는 사람에 대해 안정적으로 대처할 수 있도록 한다.

> **해설** 동물 교감치유견 이동 상황 훈련 계획
> • 이동 차량에서 내린 후 좋은 경험을 쌓을 수 있도록 기회를 준다.
> • 찾아온 손님들에 대한 좋은 기억을 가질 수 있도록 노력한다.
> • 여러 사람 속에서 편안함을 가질 수 있도록 한다.
> • 다른 반려견을 데리고 가는 사람에 대해 안정적으로 대처할 수 있도록 한다.
> • 보호자와 일반적인 이동 상황에서 함께 잘 움직일 수 있도록 한다.

58 플라이 볼(fly ball) 규정에 대한 설명으로 옳지 않은 것은?

① 참가견은 대회 당일 기준으로 최소한 15개월 1일 이상의 연령이어야 한다.
② 생리 중인 선수견은 경기에 참여할 수는 없다.
③ 한 팀은 최대 선수견 6마리와 각 핸들러, 박스로더로 구성한다.
④ 각 레이스에서 한 팀은 5마리의 선수견과 각 핸들러로 구성한다.

> **해설** 각 레이스에서 한 팀은 4마리의 선수견과 각 핸들러로 구성한다.

59 FCI 어질리티(agility)의 체급별 기준에 관한 설명으로 옳은 것은?

① 타이니 독은 체고측정에서 15cm 미만인 반려견
② 소형(S)은 체고측정에서 35cm 미만인 반려견
③ 중형(M)은 체고측정에서 35~45cm 미만인 반려견
④ 대형(L)은 체고측정에서 45cm 이상의 반려견

> **해설** 어질리티(agility) 체급 규정
>
> | 구 분 | 견 체고 | 허들 높이 |
> |---|---|---|
> | 타이니(Tiny) | 28cm 미만 | 10~20cm |
> | 소형(Small) | 35cm 미만 | 25~34cm |
> | 중형(Medium) | 35cm 이상 43cm 미만 | 35~45cm |
> | 대형(Large) | 43cm 이상 | 55~65cm |
>
> ※ 비기너, 노비스 클래스의 경우 타이니(tiny) 체급을 분류하여 운영

정답 57 ② 58 ④ 59 ②

60 디스크 독(disc dog) 경기 대회에서 두 사람이 한 팀이 되어 번갈아 디스크를 던져 점수를 획득하는 경기 종목은?

① 프리스타일(freestyle)
② 디스턴스/어큐러시(DA ; Distance Accuracy)
③ 페어스 디스턴스 어큐러시(PDA ; Pairs Distance Accuracy)
④ 파워 디스크(power disc)

해설 디스크 독(disc dong) 종목
- 디스턴스/어큐러시 : 60초 동안 디스크를 던져 거리에 따라 점수를 획득하는 경기
- 페어스 디스턴트 어큐러시 : 두 사람이 한 팀이 되어 90초 동안 번갈아 가며 디스크를 던져 거리에 따라 점수를 획득하는 경기
- 파워 디스크 : 디스크를 멀리 던져 선수견이 잡은 거리를 측정해 순위를 정하는 경기
- 프리스타일 : 여러 장의 디스크를 가지고 음악에 맞춰 90초 안에 자유롭게 안무를 구성하여 기술을 보여주는 경기

4과목 직업윤리 및 법률

61 반려동물행동지도사 시험 중 '직업윤리 및 법률'에 속하는 과목이 아닌 것은?

① 동물보호법
② 소비자기본법
③ 기타 생활법률
④ 반려동물행동지도사의 직업군

해설 직업윤리 및 법률의 시험 과목
동물보호법, 소비자기본법, 기타 생활법률, 반려동물행동지도사의 직업윤리

62 동물보호법 시행규칙 제3조 반려동물의 범위에서 반려동물의 범위에 해당하지 않는 것은?

① 고양이
② 페 럿
③ 기니피그
④ 사 슴

해설 "반려동물"이란 반려(伴侶)의 목적으로 기르는 개, 고양이, 토끼, 페럿, 기니피그 및 햄스터를 말한다(동물보호법 제2조 제7호, 동물보호법 시행규칙 제3조).

63 동물보호법 제6조는 농림축산식품부장관은 동물의 적정한 보호·관리를 위하여 (   )년마다 동물복지종합계획(종합계획)을 수립·시행하여야 한다고 정하였다. 괄호 안의 년 수는?

① 3
② 4
③ 5
④ 6

> **해설** 동물복지종합계획(동물보호법 제6조 제1항)
> 농림축산식품부장관은 동물의 적정한 보호·관리를 위하여 5년마다 다음의 사항이 포함된 동물복지종합계획(종합계획)을 수립·시행하여야 한다.
> • 동물복지에 관한 기본방향
> • 동물의 보호·복지 및 관리에 관한 사항
> • 동물을 보호하는 시설에 대한 지원 및 관리에 관한 사항
> • 반려동물 관련 영업에 관한 사항
> • 동물의 질병 예방 및 치료 등 보건 증진에 관한 사항
> • 동물의 보호·복지 관련 대국민 교육 및 홍보에 관한 사항
> • 종합계획 추진 재원의 조달방안
> • 그 밖에 동물의 보호·복지를 위하여 필요한 사항

64 동물보호의 기본 원칙 사항으로 바르지 않은 것은?

① 동물이 공포와 스트레스를 받지 아니하도록 할 것
② 동물이 고통·상해 및 질병으로부터 자유롭도록 할 것
③ 동물이 본래의 습성을 잃어도 정상적으로 살 수 있도록 할 것
④ 동물이 갈증 및 굶주림을 겪거나 영양이 결핍되지 아니하도록 할 것

> **해설** 동물보호의 기본 원칙(동물보호법 제3조)
> • 동물이 본래의 습성과 몸의 원형을 유지하면서 정상적으로 살 수 있도록 할 것
> • 동물이 갈증 및 굶주림을 겪거나 영양이 결핍되지 아니하도록 할 것
> • 동물이 정상적인 행동을 표현할 수 있고 불편함을 겪지 아니하도록 할 것
> • 동물이 고통·상해 및 질병으로부터 자유롭도록 할 것
> • 동물이 공포와 스트레스를 받지 아니하도록 할 것

65 동물보호법 제21조 맹견의 관리에서, 월령이 ( )개월 이상인 맹견을 동반하고 외출할 때에는 농림축산식품부령으로 정하는 바에 따라 목줄 및 입마개 등 안전장치를 하거나 맹견의 탈출을 방지할 수 있는 적정한 이동장치를 할 것이라고 기술하고 있다. 괄호 안의 수는?

① 2
② 3
③ 6
④ 7

> **해설** 맹견의 관리(동물보호법 제21조 제1항)
> - 소유자 등이 없이 맹견을 기르는 곳에서 벗어나지 아니하게 할 것. 다만, 맹견사육허가를 받은 사람의 맹견은 맹견사육허가를 받은 사람 또는 대통령령으로 정하는 맹견사육에 대한 전문지식을 가진 사람 없이 맹견을 기르는 곳에서 벗어나지 아니하게 할 것
> - 월령이 3개월 이상인 맹견을 동반하고 외출할 때에는 농림축산식품부령으로 정하는 바에 따라 목줄 및 입마개 등 안전장치를 하거나 맹견의 탈출을 방지할 수 있는 적정한 이동장치를 할 것
> - 그 밖에 맹견이 사람 또는 동물에게 위해를 가하지 못하도록 하기 위하여 농림축산식품부령으로 정하는 사항을 따를 것

66 반려동물행동지도사의 자격 취소 및 정지에 대한 설명 중 바르지 않은 것은?

① 자격 정지 기간은 2년 이내이다.
② 자격 정지 기간에 업무를 수행하면 자격이 정지된다.
③ 반려동물행동지도사의 결격사유에 해당하게 되면 자격이 취소된다.
④ 거짓이나 그 밖의 부정한 방법으로 자격을 취득하면 자격이 취소된다.

> **해설** 반려동물행동지도사의 자격취소(동물보호법 제32조 제2항)
> 농림축산식품부장관은 반려동물행동지도사가 다음의 어느 하나에 해당하면 그 자격을 취소하거나 2년 이내의 기간을 정하여 그 자격을 정지시킬 수 있다.
> - 동물보호법 제32조 제1항의 반려동물행동지도사의 결격사유에 해당하게 된 경우(취소)
> - 거짓이나 그 밖의 부정한 방법으로 자격을 취득한 경우(취소)
> - 다른 사람에게 명의를 사용하게 하거나 자격증을 대여한 경우(취소)
> - 자격정지기간에 업무를 수행한 경우(취소)
> - 이 법을 위반하여 벌금 이상의 형을 선고받고 그 형이 확정된 경우(정지)
> - 영리를 목적으로 반려동물의 소유자등에게 불필요한 서비스를 선택하도록 알선·유인하거나 강요한 경우(정지)

67 다음은 동물보호법에 따른 동물보호센터의 지정 등에 관한 사항이다. ( ) 안에 들어갈 숫자는?

> 시 · 도지사 또는 시장 · 군수 · 구청장은 지정이 취소된 기관이나 단체 등을 지정이 취소된 날부터 1년 이내에는 다시 동물보호센터로 지정하여서는 아니 된다. 다만, 동물보호법 제10조 제1항부터 제4항까지의 규정(동물학대 금지 규정)을 위반하여 그 지정이 취소된 기관이나 단체는 지정이 취소된 날부터 ( )년 이내에는 다시 동물보호센터로 지정하여서는 아니 된다.

① 2
② 3
③ 4
④ 5

해설
- 시 · 도지사 또는 시장 · 군수 · 구청장은 지정이 취소된 기관이나 단체 등을 지정이 취소된 날부터 1년 이내에는 다시 동물보호센터로 지정하여서는 아니 된다. 다만, 제4항 제4호에 따라 지정이 취소된 기관이나 단체는 지정이 취소된 날부터 5년 이내에는 다시 동물보호센터로 지정하여서는 아니 된다(동물보호법 제36조 제5항).
- 시 · 도지사 또는 시장 · 군수 · 구청장은 지정된 동물보호센터가 동물보호법 제10조 제1항부터 제4항까지의 규정을 위반한 경우 그 지정을 취소하여야 한다(동물보호법 제36조 제4항 제4호).

동물학대 등의 금지(동물보호법 제10조 제1항)
누구든지 동물을 죽이거나 죽음에 이르게 하는 다음의 행위를 하여서는 아니 된다.
- 목을 매다는 등의 잔인한 방법으로 죽음에 이르게 하는 행위
- 노상 등 공개된 장소에서 죽이거나 같은 종류의 다른 동물이 보는 앞에서 죽음에 이르게 하는 행위
- 동물의 습성 및 생태환경 등 부득이한 사유가 없음에도 불구하고 해당 동물을 다른 동물의 먹이로 사용하는 행위
- 그 밖에 사람의 생명 · 신체에 대한 직접적인 위협이나 재산상 피해 방지 등 농림축산식품부령으로 정하는 정당한 사유 없이 동물을 죽음에 이르게 하는 행위

68 동물보호법 제73조 영업의 등록에서, 등록하지 않고 영업을 하면 받을 수 있는 벌칙은?

① 2년 이하의 징역 또는 1천만원 이하의 벌금
② 2년 이하의 징역 또는 2천만원 이하의 벌금
③ 1년 이하의 징역 또는 1천만원 이하의 벌금
④ 1년 이하의 징역 또는 2천만원 이하의 벌금

해설 영업의 등록 또는 변경등록을 하지 아니하고 영업을 한 자는 1년 이하의 징역 또는 1천만원 이하의 벌금에 처한다(동물보건법 제97조 제3항 제5호).

69 동물보호법에 따라 영업의 등록을 할 수 있는 사람은?

① 미성년자
② 피성년후견인
③ 동물보호법에 따른 교육을 이수하지 아니한 사람
④ 복권 여부와 관계없이 파산선고를 받은 적이 있는 사람

> **해설** 허가 또는 등록의 결격사유(동물보호법 제74조)
> 다음의 어느 하나에 해당하는 사람은 영업의 허가를 받거나 영업의 등록을 할 수 없다.
> - 미성년자
> - 피성년후견인
> - 파산선고를 받은 자로서 복권되지 아니한 사람
> - 이 법에 따른 교육을 이수하지 아니한 사람
> - 이 법에 따라 허가 또는 등록이 취소된 후 1년이 지나지 아니한 상태에서 취소된 업종과 같은 업종의 허가를 받거나 등록을 하려는 사람(법인인 경우 그 대표자를 포함)
> - 이 법을 위반하여 벌금 이상의 실형을 선고받고 그 집행이 종료(집행이 종료된 것으로 보는 경우를 포함)되거나 집행이 면제된 날부터 3년(제10조를 위반한 경우에는 5년)이 지나지 아니한 사람
> - 이 법을 위반하여 벌금 이상의 형의 집행유예를 선고받고 그 유예기간 중에 있는 사람

70 동물보호법 제97조 벌칙에서 "다른 사람에게 반려동물행동지도사의 명의를 사용하게 하거나 그 자격증을 대여한 자 또는 반려동물행동지도사의 명의를 사용하거나 그 자격증을 대여 받은 자"가 받을 수 있는 최고 벌칙은?

① 1년 이하의 징역 또는 1천만원 이하의 벌금
② 2년 이하의 징역 또는 2천만원 이하의 벌금
③ 300만원 이하의 벌금
④ 500만원 이하의 벌금

> **해설** 다른 사람에게 반려동물행동지도사의 명의를 사용하게 하거나 그 자격증을 대여한 자 또는 반려동물행동지도사의 명의를 사용하거나 그 자격증을 대여받은 자는 1년 이하의 징역 또는 1천만원 이하의 벌금에 처한다(동물보호법 제97조 제3항 제3호).

71 소비자기본법 관련 용어 정의로 옳지 않은 것은?

① 소비자 : 사업자가 제공하는 물품 또는 용역을 소비생활을 위하여 사용하는 자 또는 생산활동을 위하여 사용하는 자
② 사업자 : 물품을 제조(가공 또는 포장은 미포함)·수입·판매하거나 용역을 제공하는 자
③ 소비자단체 : 소비자의 권익을 증진하기 위하여 소비자가 조직한 단체
④ 사업자단체 : 2 이상의 사업자가 공동의 이익을 증진할 목적으로 조직한 단체

> **해설** 사업자 : 물품을 제조(가공 또는 포장을 포함)·수입·판매하거나 용역을 제공하는 자(소비자기본법 제2조 제2호)

72 소비자중심경영의 인증에 대한 설명으로 옳지 않은 것은?

① 인증을 할 수 있는 기관은 공정거래위원회이다.
② 인증의 유효기간은 그 인증을 받은 날부터 5년이다.
③ 인증심사비용은 인증을 신청하는 사업자가 부담한다.
④ 인증을 받은 기업에 대하여 포상 또는 지원 등을 할 수 있다.

> **해설** ② 인증의 유효기간은 그 인증을 받은 날부터 3년이다(소비자기본법 제20조의2 제4항).
> ① 동법 제20조의2 제1항
> ③ 동법 영 제11조의5 제1항
> ④ 동법 제20조의2 제5항

73 소비자 단체소송을 제기할 수 있는 공정거래위원회 등록 단체에 해당하지 않는 곳은?

① 등록 후 3년이 경과한 단체
② 정회원수가 1천명 이상인 단체
③ 준회원수가 2천명 이상인 단체
④ 정관에 따라 상시적으로 소비자의 권익증진을 주된 목적으로 하는 단체

> **해설** 단체소송의 대상 등(소비자기본법 제70조 제1호)
> 공정거래위원회에 등록한 소비자단체로서 다음의 요건을 모두 갖춘 단체
> • 정관에 따라 상시적으로 소비자의 권익증진을 주된 목적으로 하는 단체일 것
> • 단체의 정회원수가 1천명 이상일 것
> • 등록 후 3년이 경과하였을 것

정답 71 ② 72 ② 73 ③

74 다음 중 중앙행정기관의 장이 청문을 실시해야 하는 경우가 아닌 것은?

① 등록의 취소
② 소비자중심경영인증의 취소
③ 소비자중심경영인증기관의 지정 취소
④ 긴급한 위해 발생 방지를 위한 물품 등의 수거 명령

> **해설** **청문(소비자기본법 제82조)**
> 중앙행정기관의 장은 제20조의3 제3항(소비자중심경영인증기관의 지정 취소 또는 업무의 정지)·제20조의4 제1항(소비자중심경영인증의 취소)·제30조(등록의 취소)·제50조(수거·파기 등의 명령 등) 또는 제80조(시정조치 등)의 규정에 따른 명령 등의 조치를 하고자 하는 경우에는 청문을 실시하여야 한다. 다만, 제50조 제1항 단서의 경우에는 그러하지 아니하다.
> **수거·파기 등의 명령 등(소비자기본법 제50조 제1항)**
> 중앙행정기관의 장은 사업자가 제공한 물품 등의 결함으로 인하여 소비자의 생명·신체 또는 재산에 위해를 끼치거나 끼칠 우려가 있다고 인정되는 경우에는 대통령령이 정하는 절차에 따라 그 물품 등의 수거·파기·수리·교환·환급을 명하거나 제조·수입·판매 또는 제공의 금지를 명할 수 있고, 그 물품 등과 관련된 시설의 개수(改修) 그 밖의 필요한 조치를 명할 수 있다. 다만, 소비자의 생명·신체 또는 재산에 긴급하고 현저한 위해를 끼치거나 끼칠 우려가 있다고 인정되는 경우로서 그 위해의 발생 또는 확산을 방지하기 위하여 불가피하다고 인정되는 경우에는 그 절차를 생략할 수 있다.

75 다음 중 3천만원 이하의 과태료 처분을 받게 되는 사람은?

① 위해정보에 관한 사항을 누설한 자
② 결함정보 보고의무를 이행하지 아니하거나 거짓으로 이행한 자
③ 수거·파기 등의 명령 등 또는 시정조치 등의 규정에 따른 명령을 위반한 자
④ 제공된 자료 및 정보를 사용목적이 아닌 용도 또는 사용절차가 아닌 방법으로 사용한 자

> **해설** ② 소비자기본법 제86조 제1항 제3호
> ① 1년 이하의 징역 또는 3천만원 이하의 벌금(동법 제84조 제2항)
> ③ 3년 이하의 징역 또는 5천만원 이하의 벌금(동법 제84조 제1항 제1호)
> ④ 3년 이하의 징역 또는 5천만원 이하의 벌금(동법 제84조 제1항 제3호)

76 다음은 반려동물 관련 배상책임에 대한 내용이다. ( )에 들어갈 숫자는?

> 반려동물판매업자에게 구입한 반려견·반려묘가 구입한 후 ( )일 이내에 죽거나 질병에 걸렸다면 특약이 없는 한 소비자분쟁해결기준의 보상기준에 따라 그 피해를 배상받을 수 있다.

① 15
② 20
③ 25
④ 30

해설 반려견·반려묘 입양 후 발생한 피해 배상(소비자분쟁해결기준)
반려동물판매업자에게 구입한 반려견·반려묘가 구입한 후 15일 이내에 죽거나 질병에 걸렸다면 특약이 없는 한 소비자분쟁해결기준의 보상기준에 따라 그 피해를 배상받을 수 있다.

77 반려동물이 사람의 다리를 물어 상처를 내는 손해를 끼쳤을 경우, 치료비 등 그 손해를 배상해야 하는 사람으로 옳지 않은 것은?

① 반려동물 판매자
② 반려동물 소유자
③ 소유자를 위해 반려동물을 보호한 사람
④ 소유자를 위해 반려동물을 사육·관리한 사람

해설 손해배상책임
- 반려동물이 사람의 다리를 물어 상처를 내는 등 고의 또는 과실로 다른 사람에게 손해를 끼쳤다면 치료비 등 그 손해를 배상해야 한다(민법 제750조 및 제759조 제1항 전단).
- 이때 손해를 배상해야 하는 자는 반려동물의 소유자뿐만 아니라 소유자를 위해 사육·관리 또는 보호에 종사한 사람도 해당한다(민법 제759조 제2항).

78 반려동물의 사체는 폐기물처리시설이 아닌 곳에서 매립하거나 소각하면 아니 된다. 이를 위반했을 경우의 과태료는?

① 100만원 이하의 과태료
② 150만원 이하의 과태료
③ 200만원 이하의 과태료
④ 250만원 이하의 과태료

해설 사체 임의 매립 및 소각 금지
- 반려동물이 죽으면 사체는 폐기물관리법에 따라 허가 또는 승인받거나 신고된 폐기물처리시설에서만 매립할 수 있으며, 폐기물처리시설이 아닌 곳에서 매립하거나 소각하면 아니 된다(폐기물관리법 제8조 제2항 본문 참조).
- 위의 사항을 위반하면 100만원 이하의 과태료가 부과된다(폐기물관리법 제68조 제3항 제1호).

79 다음 중 직업의 속성에 해당하지 않는 것은?

① 계속성　　　　　　　　　② 공익성
③ 사회성　　　　　　　　　④ 자발성

해설 **직업의 속성**

계속성	계속 행해지며, 현재 하는 일을 계속할 의지와 가능성이 있어야 함을 의미
경제성	직업이 경제 거래 관계가 성립되는 활동이어야 함을 의미
윤리성	비윤리적 영리 행위나 반사회적 활동을 통한 경제적 이윤추구는 직업 활동으로 인정되지 않음을 의미
사회성	직업 활동이 사회 공동체적 맥락에서 의미 있는 활동이어야 한다는 것을 의미
자발성	속박된 상태에서의 제반 활동은 경제성이나 계속성의 여부와 상관없이 직업으로 보지 않음을 의미

80 다음 중 직업윤리와 관련된 내용으로 옳지 않은 것은?

① 직장의 인간관계도 가족관계나 개인적 선호에 의한 친분관계와 같은 배려가 요구된다.
② 민주주의와 시장경제는 자유와 권리를 부여함과 동시에 규율의 준수와 책임을 요구한다.
③ 소명의식, 천직의식, 직분의식, 책임의식, 전문가의식, 봉사의식 등이 직업윤리에 속한다.
④ 직업인에게 봉사란 고객의 가치를 최우선으로 하는 고객 서비스 개념으로 설명할 수 있다.

해설 직장이라는 특수상황에서 갖는 집단적 인간관계는 가족관계나 개인적 선호에 의한 친분관계와는 다른 측면의 배려가 요구된다.

5과목　보호자 교육 및 상담

81 질문법 중 응답이 자유롭게 나올 수 있어 더 많은 정보가 수집 가능한 질문법은?

① 개방형 질문법
② 폐쇄형 질문법
③ 단계형 질문법
④ 선택형 질문법

해설 ② 폐쇄형 질문법 : 특정 정보를 얻거나, 대화의 주제를 좁힐 때 활용할 수 있는 질문이다.
　　③ 단계형 질문법 : 고객의 인지 영역에 따라 질문의 수준을 구분할 수 있다.
　　④ 선택형 질문법 : 단순한 사실 또는 몇 가지 중 하나를 선택하게 하여 고객의 욕구를 파악할 수 있도록 한다.

82 상담 시 목표 설정에 대한 설명으로 바른 것은?

① 모든 상담의 목표는 일정하다
② 상담 목표는 현실적이어야 한다
③ 상담 목표는 한번 정해지면 절대 수정하지 않는다
④ 목표 설정은 상담자의 권한으로 상담자가 생각해서 결정한다

해설 ② 상담의 목표 설정은 구체적이고 현실적(실현가능성)어야 한다.
　　①·③ 상담 목표는 실행과정에서 원래 목표를 수정하여 새로운 목표를 설정하기도 한다.
　　④ 상담 목표는 상담자와 내담자 간의 상호 합의에 의해 이루어져야 한다.

83 반려동물 호텔, 유치원, 훈련소 구성원들에게 요구되는 사항으로 적절하지 않은 것은?

① 반려동물 처치에 관한 실수는 상관에게 보고하고 비밀 유지를 할 것
② 감염의 잠재성을 최소화할 것
③ 반려동물의 탈출에 대한 보호장치를 유지할 것
④ 반려동물과 보호자의 비밀사항을 노출시키지 않을 것

해설 대상 반려견에 대한 민원처리 과정에서 사례, 일지, 처리결과 등은 직원들과 공유하여 같은 실수가 반복적으로 나타나지 않도록 대응 매뉴얼을 보완·수정해야 한다.

84 반려동물 체크리스트에 포함될 점검 항목 중 일반관리 항목에 해당하지 않는 것은?

① 운동 및 산책 내용을 작성한다.
② 위생관리에 대한 내용을 작성한다.
③ 반려동물 관련 법률 준수에 대한 내용을 작성한다.
④ 주거내용을 작성한다.

해설 체크리스트 점검 항목 중 건강 관리에 대한 내용이다. 위생관리로는 목욕, 발톱깎기, 귀 세정, 양치질과 털의 길이·오염도·엉킴 정도 등이 있다.

정답 82 ② 83 ① 84 ②

85 시각을 통한 의사소통 행동 중 옳은 것은?

① 꼬리를 흔드는 것은 반드시 우호적인 기분을 의미한다.
② 꼬리의 위치는 공격적일 때는 높이 올라가고 복종 시에는 낮게 내리거나 배 밑으로 말린다.
③ 귀의 위치는 공격 시에 뒤로 쏠려 내려가고 복종 시에는 쫑긋한다.
④ 복종적인 개가 상대를 진정시키려고 할 때는 꼬리를 높은 위치에서 활기차게 흔든다.

> **해설** ① 꼬리를 흔드는 것이 반드시 우호적인 기분을 의미하는 것은 아니다.
> ③ 귀의 위치는 공격 시에는 경계 태세와 같고 복종 시에는 뒤로 쏠려 내려간다.
> ④ 복종적인 개가 상대를 진정시키려고 할 때는 꼬리를 낮은 위치에서 어색하게 흔든다.

86 개인 중심 교육방법이 아닌 것은?

① 그룹레슨
② 직접 개별학습
③ 도제 제도
④ 인턴쉽

> **해설** 개인 중심 교육 방법에는 도제제도, 인턴십, 직접 개별 학습, 상담, 개인지도 등이 있다.

87 보호자에게 반려견 교육을 안내할 때 가장 올바르게 안내하는 방법은?

① 성격과 성향에 따라 훈련방식이 달라질 수 있다는 점을 안내한다.
② 보호자에게 교육을 안내할 때는 강압적인 훈련을 안내한다.
③ 반려견 교육을 할 때 반려견의 컨디션을 확인할 필요는 없다.
④ 반려견 교육은 이론보다 실습이 중요하므로 바로 실습부터 진행한다.

> **해설** 반려견은 일반적으로 개체별 성향과 성장환경에 영향을 받은 경우가 많으므로 보호자에게 반려견 개체 특성을 기반으로 반려견 행동을 설명하고 이해하며 교정하여야 한다고 안내한다.

88 반려견의 문제 행동 원인에 대한 기본 정보 작성 시 다음 내용과 관련 있는 것은?

> 대상 반려견의 기본 정보 작성 시 견종별 특성을 파악하며 대상견의 사회적 이미지에 어떠한 영향을 미쳤는지 관찰한다.

① 성별/연령
② 견종/모색
③ 중성화 유무
④ 반려동물 등록

해설
- 성별/연령 : 대상 반려견의 성별 및 연령별 특징과 문제 행동 원인과의 연관성에 대해 파악한다.
- 중성화 유무 : 문제 행동 발현과 중성화 이후의 변화가 문제 행동 원인과 어떠한 연관성이 있는지 파악한다.
- 반려동물 등록 : 대상 반려견에 대한 의무사항으로 대상견이 미등록일 경우 동물보호법과 관련하여 등록을 권장하며 반려동물 등록은 동물병원에서 시행하도록 안내한다.

89 다음은 대상 반려견의 문제 행동 정보이다. 빈칸에 들어갈 말로 가장 적절한 것은?

> 반려견의 사회화와 깊은 연관성을 가지고 있는 항목으로 산책이나 다른 사회적 활동에 관련하여 (　　　)를 질문하도록 한다.

① 예방 접종
② 급식 형태
③ 생활 형태(일과)
④ 가족 구성(주 관리자)

해설
① 예방 접종 : 예방 접종이 안 된 경우는 동물 병원을 통해 접종을 완료한 후 반려견의 항체형성이 확보된 상태에서 재상담하도록 해야 한다.
② 급식 형태 : 문제 행동 교정에서 보상 물품을 결정하고 반려견의 성격 형성을 파악하는 데에 참고할 수 있다.
④ 가족 구성 : 사회적 우선순위 항목과 관련하여 생각할 수 있으며 반려견의 문제 행동이 특정인에게만 발현되는지를 파악하여 반려견의 문제 행동 발현 범위에 대해 파악할 수 있다.

정답 88 ② 89 ③

90 반려견 보호자 교육 계약서의 포함 내용이 아닌 것은?

① 교육 목표의 명시
② 행동 지도사의 의무사항
③ 보호자의 학력 및 연봉
④ 보호자의 연락 두절 시 협의 사항

해설 반려견 보호자 교육 계약서에는 반려견명, 견종, 나이·성별, 소유자명, 보호자 전화번호, 보호자 주소, 보호자 교육 목표 및 계획 등의 기본 정보 사항, 계약 기간과 교육비용, 행동 교정사 의무사항, 응급상황 등의 안전사고, 반려견 교육에 관한 보호자와의 협의 사항 등이 있다.

91 학습자 작성용 반려견 기본 정보 상담카드 작성에 대한 내용으로 옳지 않은 것은?

① 건강원인 분석 및 치료
② 행동 교정교육 형태 실행 여부 판단
③ 안전사고 방지를 위한 대상 반려견의 건강 정보
④ 문제 행동 해결을 위한 행동 교정교육 방법 여부 판단

해설 학습자는 대상 반려견의 문제 행동에 대한 건강원인 분석과 문제 행동 해결을 위한 행동 교정교육 방법과 행동 교정교육 형태 실행 여부를 판단하고, 안전사고 방지를 위한 대상 반려견의 건강 정보를 작성한다.

92 이동장을 활용한 이동에 대한 설명으로 맞지 않은 것은 무엇인가?

① 외출을 준비하고 이동장에 반려견이 들어가도록 한다.
② 차에서 내린 다음 반려견과 즐거운 놀이시간을 함께 하거나, 산책을 충분하게 해준다.
③ 이동장에 들어가고 차를 타는 것 이후에 반려견에게 좋은 일이 생긴다는 것을 알려주도록 한다.
④ 올라오는 것을 허락했다면 내려가는 것도 허락할 것인지 결정한다.

해설 반려견이 침대나 의자를 활용하여 올라오고 내려가는 것에 대한 훈련이다.

93 반려견의 목표 행동을 이끌어내기 위한 세부적인 행동 형성 계획으로 옳지 않은 것은?

① 해당 목표 행동에 대하여 점진적으로 반려견이 쉽게 이해하고 시도할 수 있도록 목표 행동의 과정을 세분화한다.
② 행동 형성이란 반려견에게 강화 도구를 사용하여 유도하고자 하는 개선 행동에 대해 세분화하고 점진적으로 접근하는 방법이다.
③ 반려견의 교육 형태, 강화도구, 소요 기간은 보호자와의 상담과 행동 교정사의 반려견에 대한 분석을 통해 결정한다.
④ 제안하는 행동 교정교육 방법에 대한 우선순위를 정하여 권하며 이에 대한 금액은 농림수산식품부 조회를 통해 결정한다.

해설 제안하는 행동 교정교육 방법에 대한 우선순위를 정하여 권하며 이에 대한 금액은 관련 업계 조회를 통해 결정한다.

94 반려견 보호자 요구사항을 파악을 위한 '반려견 보호자와의 상담' 내용으로 가장 올바른 것은?

① 보호자와 라포를 형성한다.
② 반려견의 견종, 성별, 나이 등 기초정보를 확인한다.
③ 보호자가 납득할 수 있도록 반려견의 일반적인 행동을 설명한다.
④ 상담신청서를 통해 반려견의 전반적인 행동 수준과 보호자의 심리적 고충을 파악한다.

해설 ① · ② · ④ 반려견 보호자 상담 전의 기초 진행 과정이다.

95 학습자 작성용 반려견 기본정보 상담카드 작성에서 반려견 보호자의 기본 정보가 아닌 것은?

① 성 명
② 연락처
③ 견 명
④ 주 소

해설 견명은 대상 반려견 기본 정보에 해당한다. 반려견 보호자 기본 정보는 보호자 성명, 연락처, 주소가 있다.

정답 93 ④ 94 ③ 95 ③

96 보호자 교육 후 결과의 평가가 바르지 않은 것은?

① 원인에 따라 적절한 조치를 하였는지 평가
② 보호자가 훈련을 제대로 시켰는지 평가
③ 반려견이 불안함을 느끼지 않았는지 확인
④ 반려견의 문제행동이 줄었는지 확인

해설 반려견 교육 후 문제 행동 교정이 지속적으로 이루어질 수 있도록 반려견 보호자에게 교정교육 방법을 지도할 수 있는 능력이 있는지의 성취수준을 평가한다.

97 다음 중 보호자 상담 기술에서 촉진에 해당하는 설명으로 올바른 것은?

① 보호자가 상담에 지속적으로 참여할 수 있도록 한다.
② 보호자의 발언을 정확히 듣고 있다는 것을 보여 준다.
③ 보호자의 흥미를 유발한다.
④ 보호자와 친밀감을 형성하고 상담 분위기를 조성한다.

해설 보호자 상담 기술 중 ① 촉진, ② 확인, ③ · ④ 연결에 해당한다.

98 보호자 상담 기술의 순서로 맞는 것은?

① 연결 – 질문 – 제공 – 촉진 – 확인
② 확인 – 질문 – 촉진 – 연결 – 제공
③ 촉진 – 질문 – 제공 – 연결 – 확인
④ 연결 – 촉진 – 질문 – 확인 – 제공

해설 보호자 상담 기술에서 상담자는 보호자와의 연결 – 촉진 – 질문 – 확인 – 제공의 순서로 상담을 원만하게 진행한다.

99 다음 빈칸에 들어갈 말로 가장 적절한 것은?

> 반려견의 ( )은/는 분리불안과 같은 반려견의 불안한 감정 표현은 안정된 공간을 확보하지 못한 반려견의 불안한 심리를 나타내는 것이라 해석할 수 있다.

① 배변장소
② 보금자리
③ 보호자 품속
④ 생활 형태(일과)

해설 반려견에게 보금자리는 안정된 공간 확보를 위한 가장 중요한 요소 중 하나이다. 그러므로 분리불안의 문제 행동을 보이는 반려견에게 보금자리는 반려견이 정한 보금자리인지, 보호자가 정해준 보금자리인지를 구분하는 것이 매우 중요하다.

100 반려견 방문교육에서의 보호자와의 합의사항이 아닌 것은?

① 훈련소의 사육관리
② 방문횟수 및 비용
③ 1회 소요시간
④ 방문일자

해설 반려견 방문교육은 일반적으로 단시간 행동 교정 교육 결과를 평가하므로 훈련소의 사육관리와 같이 일정기간 위탁 사육되어 행동 교정이 이루지는 교육은 하지 않는다. 그러므로 방문횟수, 비용, 방문시간(소요시간), 방문일자, 총액 등의 기본 정보 사항에 대한 보호자와의 합의가 이루어져야 한다.

정답 99 ② 100 ①

좋은 책을 만드는 길, 독자님과 함께하겠습니다.

2025 시대에듀 반려동물행동지도사 한권으로 끝내기

개정3판1쇄 발행	2025년 04월 15일 (인쇄 2025년 02월 21일)
초 판 발 행	2021년 01월 05일 (인쇄 2020년 10월 14일)
발 행 인	박영일
책 임 편 집	이해욱
저 자	이웅종
편 집 진 행	박종옥, 오지민
표지디자인	박종우
편집디자인	김예슬 · 고현준
발 행 처	(주)시대고시기획
출 판 등 록	제10-1521호
주 소	서울시 마포구 큰우물로 75 [도화동 538 성지 B/D] 9F
전 화	1600-3600
팩 스	02-701-8823
홈 페 이 지	www.sdedu.co.kr
I S B N	979-11-383-8814-6 (13520)
정 가	29,000원

※ 이 책은 저작권법의 보호를 받는 저작물이므로 동영상 제작 및 무단전재와 배포를 금합니다.
※ 잘못된 책은 구입하신 서점에서 바꾸어 드립니다.

시대에듀
동물보건사 시리즈

동물보건사 전과목 한권으로 끝내기

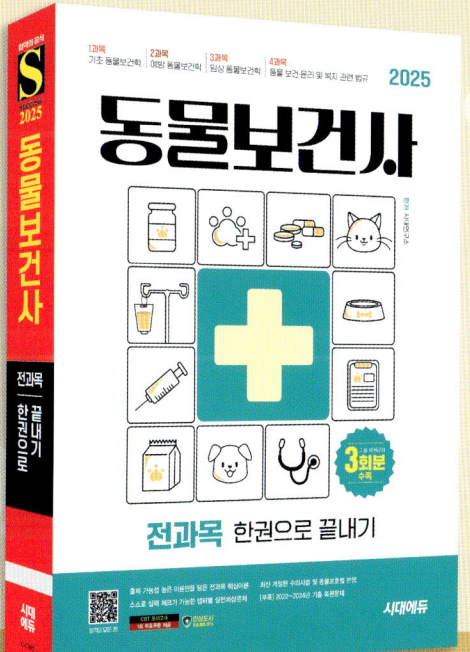

시대연구소 / 804쪽 / 41,000원

- ▶ 출제 가능성 높은 이론들만 담은 전과목 핵심이론
- ▶ 기출동향을 반영한 챕터별 예상문제
- ▶ 수의사법·동물보호법 최신 개정법령 반영
- ▶ 최신 기출복원문제 3회분 수록(2022~2024년)

동물보건사 기출모의고사

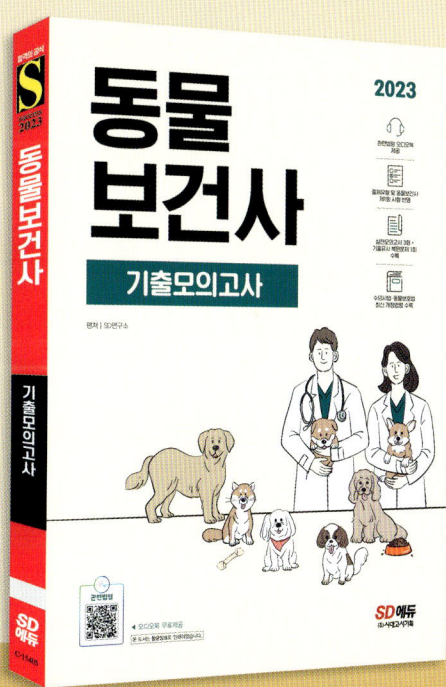

시대연구소 / 420쪽 / 28,000원

- ▶ 출제유형 및 동물보건사 제1회 시험 반영
- ▶ 전과목 실전모의고사 3회분 구성
- ▶ 기출유사 복원문제 1회분 수록
- ▶ 수의사법·동물보호법 최신 개정법령 수록

※ 도서의 이미지 및 세부구성은 변경될 수 있습니다.

또 하나의 가족을 이해하고 사랑하는 법!

반려견 미용의 A to Z!
NCS 반려견스타일리스트 한권으로 끝내기

반려동물과 반려인을 위한 이별 기술
안녕, 우리들의 반려동물
- 펫로스 이야기 -

송치용 · 최미경 · 남도균 편저 / 496쪽 / 29,000원

강성일 편저 / 234쪽 / 13,000원

- ▶ 국가공인자격 단기합격 대비
- ▶ 출제영역에 맞춘 목차구성
- ▶ 시험 연계 핵심이론, 연습문제
- ▶ 실전 모의고사 3회분 수록

- ▶ 펫로스 증후군을 앓는 반려인을 위한 에세이
- ▶ 반려동물을 떠나보낸 반려인들의 사례 수록
- ▶ 사후 기초 수습 방법 수록

시대에듀
반려동물 관련도서!

당신이 펫팸족이라면!
동물병원 119
- 강아지편 -

당신이 펫팸족이라면!
동물병원 119
- 고양이편 -

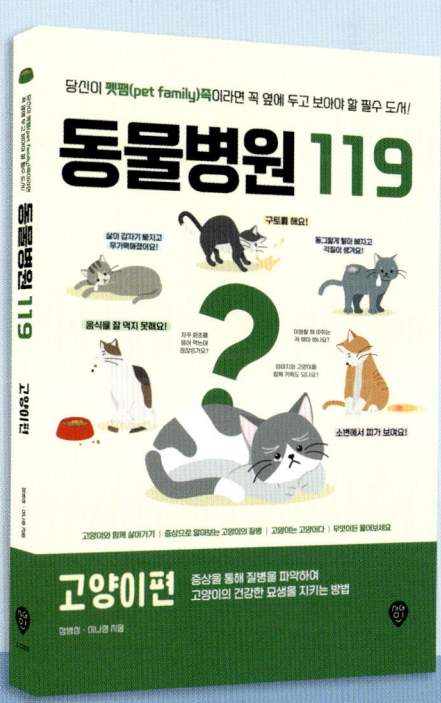

이준섭 · 한현정 편저 / 370쪽 / 16,000원

정병성 · 이나영 편저 / 284쪽 / 17,000원

▶ 2017 세종도서 교양부문 선정 도서
▶ 전문수의사 집필
▶ 반려인 필수지식 및 반려견 질환과 치료법 수록
▶ 반려동물 응급처치법 수록

▶ 전문수의사 집필
▶ 반려인 필수지식 및 반려묘 질환과 치료법 수록
▶ 반려동물 응급처치법 수록

※ 도서의 이미지 및 세부구성은 변경될 수 있습니다.